W0395751

Si desea recibir información periódica gratuita sobre nuestras novedades y sobre la revista INDEref a través de internet, envíe esta hojita.

RESPUESTA
COMERCIAL

Autorización n.º
9.173
B.O.C. n.º 45
de 9.6.89

No
Necesita
sello

A franquear
en destino

INDE
Apdo. F.D. 756
08080 BARCELONA
ESPAÑA

Deseo recibir información periódica gratuita sobre vuestras novedades
(Le rogamos escriba en letra de imprenta)
CÓD. 709

El título lo adquirí en .... de la provincia de ....

Este libro lo conocí: ☐ Anuncio revista ☐ Expuesto en librería ☐ Catálogo
☐ Recomendado profesorado ☐ Otros ....

Apellidos y Nombre ....

Domicilio ....

C.P. .... Ciudad ....

Provincia .... País ....

E-mail: .... Teléfono ....

Titulación Profesional ....

Centro de trabajo .... Cargo ....

Domicilio ....

C.P. .... Ciudad ....

E-mail: .... Teléfono ....

Provincia .... País ....

Firma

PUEDE TAMBIÉN UTILIZAR NUESTRA PÁGINA WEB PARA
INTERCAMBIAR INFORMACIÓN: **http://www.inde.com**

La información suministrada por Vd. no tiene otra finalidad que ser utilizada para el envío de información de INDE.
Los datos solicitados serán tratados con absoluta reserva.

Dr. Alfonso Jiménez Gutiérrez
Doctor en Ciencias de la Actividad Física y el Deporte (ULE).
Licenciado en Educación Física (UPM).
CSCS, NSCA-CPT.
Profesor de Actividad Física y Salud.
Director del Departamento de Fundamentos de la Motricidad y del Entrenamiento Deportivo.
Facultad de Ciencias de la Actividad Física y el Deporte
Universidad Europea de Madrid.
Socio-Director de Proyect@Fit (www.proyectafit.com), Servicios de Consultoría Especializada para Instalaciones Deportivas.
alfonso.jimenez@uem.es

Dra. Nuria Garatachea Vallejo
Doctora en Ciencias de la Actividad Física y del Deporte (ULE).
Licenciada en Ciencias de la Actividad Física y del Deporte (ULE).
Profesora Asociada del Departamento de Fisiología
Universidad de León.
dfingv@unileon.es

Jonathan Esteve Lanao
Licenciado en Ciencias de la Actividad Física y el Deporte (UEM).
Diplomado en Magisterio Especialidad en Educación Física (ULL).
Entrenador Nacional de Atletismo y Triatlón.
Profesor de Entrenamiento Deportivo I.
Facultad de Ciencias de la Actividad Física y el Deporte.
Universidad Europea de Madrid.
Entrenador Personal de atletas de mediofondo y fondo.
jonathan.esteve@uem.es

Fernando Naclerio Ayllón
Licenciado en Ciencias de la Actividad Física y el Deporte (UPM).
Profesor en Educación Física (UNLP).
CSCS.
Profesor de Entrenamiento Deportivo II.
Facultad de Ciencias de la Actividad Física y el Deporte.
Universidad Europea de Madrid.
Director Científico de Globus España.
Director Técnico de MundoSalud España.
fernando.naclerio@uem.es

Daniel Forte Fernández
Licenciado en Medicina y Cirugía (UCM).
Profesor Nacional de Educación Física (Argentina).
NSCA-CPT.
Profesor de Biomecánica de las Lesiones Deportivas.
Facultad de Ciencias de la Actividad Física y el Deporte.
Universidad Europea de Madrid.
Director Médico de la Unidad de Terapia Activa Lumbar Body Factory (Pozuelo, Madrid).
daniel.forte@uem.es

Adrián Casas
Profesor Universitario en Educación Física UNLP (Argentina).
Profesor Adjunto de la Cátedra "Fisiología Aplicada a la Educación Física".
Facultad de Humanidades y Ciencias de la Educación. Universidad Nacional de La Plata.
Profesor de Grado y de Pos-Grado en la Universidad Favaloro. Buenos Aires. Argentina.
Profesor de Pos-Grado en la Universidad Católica de La Plata. La Plata. Argentina.
Director de Estudios del Centro de Estudios Terciarios River Plate. Buenos Aires. Argentina.
Profesor Invitado por la Facultad de Ciencias de la Actividad Física y el Deporte.
Universidad Europea de Madrid.
profcasas@yahoo.com.ar

Entrenamiento Personal

Bases, fundamentos y aplicaciones

Dr. Alfonso Jiménez Gutiérrez
(Coordinador)

INDE
Publicaciones

Primera edición, 2005
Segunda edición, 2007
Tercera edición, 2011

Pl. Sant Pere, nº 4 bis, baixos 2ª
08003 Barcelona - España
Tel. 93 3199799 - Fax 93 3190954
E-mail: editorial@inde.com
http://www.inde.com

ISBN: 978-84-9729-268-9

Impreso en Service Point F.M.I., S.A.

Dep. Legal: B-5751-2011

Agradecimientos

La edición y publicación de un texto de estas características es siempre un trabajo intenso, extenso y complejo, que implica a muchas personas en diferentes ámbitos. Es por ello por lo que queremos dedicar unas líneas de agradecimiento a estos "otros protagonistas".

En primer lugar, queremos agradecer a INDE la confianza y la colaboración que nos ha prestado para llevar adelante y concluir este ambicioso proyecto, que se ha extendido durante meses de intenso trabajo y revisión. Entendemos que el éxito y prestigio de esta editorial reside en la profesionalidad y rigor de todos sus miembros, como nos han demostrado extensamente en la edición de este libro.

Al Club Tower SPA Gym de Madrid (www.towergym.com), por su generosidad y facilidades para la realización de las sesiones fotográficas que ilustran el texto. Especialmente a nuestra modelo, Begoña Álvarez, y a sus ayudantes, Carlos López, Eugenio Ferrón, Pablo Paredes y Fernando Larumbe, todos ellos miembros del Departamento Técnico-Deportivo del Club Tower.

Al Dr. D. Alejandro Lucía Mulas, Catedrático de Fisiología del Ejercicio de la Universidad Europea de Madrid, por haber accedido a prologar nuestro trabajo y dedicarnos una parte de su tiempo, siempre tan limitado.

A TechnoGym Trading, S.A. por la información técnica, el soporte y las facilidades prestadas para la utilización de su equipamiento deportivo en los capítulos de prescripción y técnica de ejecución, y por su predisposición para colaborar en la difusión de este texto.

A todos/as aquellos/as profesionales, estudiantes y/o practicantes de actividad física, que diariamente nos obligan a revisar nuestros conocimientos, nuestras actuaciones y nuestras actitudes como docentes y entrenadores. Sin este estímulo no nos hubiéramos embarcado en una aventura como ésta.

Y por último, a nuestras familias y amigos, por sus constantes ánimos, su apoyo, su confianza y su respeto por nuestro trabajo. Y especialmente por el tiempo que nos hemos visto obligados a robarles durante la elaboración de este texto.

Gracias a todos.

ÍNDICE

Capítulo V
ENTRENAMIENTO DE FUERZA Y PRESCRIPCIÓN DEL EJERCICIO.

Capítulo VI
ANÁLISIS KINESIOLÓGICO DE LOS PRINCIPALES EJERCICIOS DE FUERZA.

ACERCA DE LOS AUTORES

Dr. Alfonso Jiménez Gutiérrez (Coordinador)
Doctor en Ciencias de la Actividad Física y el Deporte (ULE)
Licenciado en Educación Física (UPM)
CSCS, NSCA-CPT
Profesor de Actividad Física y Salud
Director del Departamento de Fundamentos de la Motricidad y del Entrenamiento Deportivo
Facultad de Ciencias de la Actividad Física y el Deporte
Universidad Europea de Madrid
Socio-Director de Proyect@Fit (www. proyectafit.com) Servicios de Consultoría Especializada para Instalaciones Deportivas
alfonso.jimenez@uem.es

Dra. Nuria Garatachea Vallejo
Doctora en Ciencias de la Actividad Física y del Deporte (ULE)
Licenciada en Ciencias de la Actividad Física y del Deporte (ULE)
Profesora Asociada del Departamento de Fisiología
Universidad de León
dfingv@unileon.es

Jonathan Esteve Lanao
Licenciado en Ciencias de la Actividad Física y el Deporte (UEM)
Diplomado en Magisterio Especialidad en Educación Física (ULL)
Entrenador Nacional de Atletismo y Triatlón
Profesor de Entrenamiento Deportivo I
Facultad de Ciencias de la Actividad Física y el Deporte
Universidad Europea de Madrid
Entrenador Personal de atletas de mediofondo y fondo
jonathan.esteve@uem.es

Fernando Naclerio Ayllón
Licenciado en Ciencias de la Actividad Física y el Deporte (UPM)
Profesor en Educación Física (UNLP)
CSCS
Profesor de Entrenamiento Deportivo II
Facultad de Ciencias de la Actividad Física y el Deporte
Universidad Europea de Madrid
Director Científico de Globus España
Director Técnico de MundoSalud España
fernando.naclerio@uem.es

Daniel Forte Fernández
Licenciado en Medicina y Cirugía (UCM)
Profesor Nacional de Educación Física (Argentina)
NSCA-CPT
Profesor de Biomecánica de las Lesiones Deportivas
Facultad de Ciencias de la Actividad Física y el Deporte
Universidad Europea de Madrid
Director Médico de la Unidad de Terapia Activa Lumbar Body Factory (Pozuelo, Madrid)
daniel.forte@uem.es

Adrián Casas
Profesor Universitario en Educación Física UNLP (Argentina)
Profesor Adjunto de la Cátedra "Fisiología Aplicada a la Educación Física"
Facultad de Humanidades y Ciencias de la Educación. Universidad Nacional de La Plata
Profesor de Grado y de Pos-Grado en la Universidad Favaloro. Buenos Aires. Argentina
Profesor de Pos-Grado en la Universidad Católica de La Plata. La Plata. Argentina
Director de Estudios del Centro de Estudios Terciarios River Plate. Buenos Aires. Argentina
Profesor Invitado por la Facultad de Ciencias de la Actividad Física y el Deporte
Universidad Europea de Madrid
profcasas@yahoo.com.ar

Prólogo

Este interesante libro ha sido realizado con toda la ilusión por jóvenes licenciados y doctores en Ciencias de la Actividad Física y Salud (Jonathan Esteve, Nuria Garatachea, Fernando Nacleiro, Adrián Casas), y por un médico y profesor de Educación Física, Daniel Forte. Todo ello, bajo la coordinación del Dr. Alfonso Jiménez, el impulsor de esta buena idea.

El sedentarismo y el sobrepeso son, desgraciadamente, males demasiado frecuentes en las acomodadas sociedades occidentales, y son los grandes causantes de las temidas enfermedades cardiovasculares. Además, las previsiones para el futuro próximo no son precisamente alentadoras. Así, la tarea y la figura de un nuevo profesional de nuestro tiempo, el Entrenador Personal, son cada vez más importantes en el ámbito de las Ciencias de la Salud. Su importancia como impulsor de hábitos saludables y como verdadero profesional de la salud posiblemente no sea valorada como merece.

Este libro compendia con acierto todos los aspectos que debe contemplar en su trabajo el Entrenador Personal, y el sólido bagaje científico y de formación que debe avalar su quehacer diario: desde conocer las bases moleculares de la contracción muscular o los principios que rigen la difusión de los gases respiratorios, hasta conocer las estrategias de marketing para captar clientes y conseguir que mantengan un alto nivel de adherencia a su plan de ejercicio personalizado, y con ello que se mantengan sanos durante el mayor tiempo posible. Pasando, por supuesto, por la teoría del entrenamiento y su aplicación a los ejercicios aeróbicos y de fuerza. O por la gran olvidada de las Ciencias de la Actividad Física y la Salud: la Nutrición. De igual modo que no se puede entender –ni aceptar– ningún tipo de dieta prescrita por un facultativo sin mención específica alguna al ejercicio, la tarea de cualquier Entrenador Personal se vuelve insuficiente si éste es incapaz de discernir lo que se entiende realmente por una dieta equilibrada y saludable. Por cierto, que en los tiempos que corren se tiende a cometer muy frecuentemente el mismo error: el pensar que los grandes profesionales son meramente súper-especialistas en su materia. Nada más lejos de la realidad. Un enfoque multidisciplinar, como el que debe seguir un buen Entrenador Personal, con sólidos conocimientos de fisiología, nutrición o teoría del entrenamiento, es cada vez más necesario.

En un mundo tan cambiante y de constantes avances como en el que vivimos, animo a todos los Entrenadores Personales a que no cejen en su empeño de actualizar continuamente sus conocimientos y de refrescar los que ya tenían, asistiendo a congresos, charlas, y leyendo libros con base científica. Como éste de Alfonso Jiménez y colaboradores.

Dr. Alejandro Lucía Mulas
Catedrático de Fisiología del Ejercicio
Universidad Europea de Madrid

Introducción

El fenómeno del Entrenamiento Personal está avanzando sin barreras en un mundo global, en donde todo lo que imaginemos es hoy ya posible (o lo será muy pronto).

En este contexto, surge en la década de los noventa un fenómeno curioso y diferente, al que en nuestro país pocos ofrecían credibilidad, y al que sólo los muy optimistas consideraban como una forma válida y útil de desarrollar los programas de ejercicio físico, el Entrenamiento Personal. Hoy en día, unos años más tarde, son muchos los profesionales que desarrollan su actividad en este ámbito y si realmente tenemos que destacar algo concreto, es la asombrosa demanda, en constante crecimiento, lo que más nos sorprende.

Pero realmente, ¿qué sabemos de este fenómeno?, ¿en qué bases se sustenta?, si queremos dedicarnos a esta actividad profesional ¿cómo debemos abordar el proceso de entrenamiento individual de un sujeto concreto?, como Entrenadores Personales ¿tenemos siempre presentes sus necesidades?, ¿disponemos de la capacidad y los conocimientos para garantizar resultados?, ¿sabemos comunicar todas estas cuestiones a nuestros potenciales clientes?, será que todo esto no es más que un sueño...

Todas estas cuestiones y dudas, y muchas más, nos asaltan constantemente al enfrentarnos al mundo del Entrenamiento Personal, y es por ello por lo que un grupo de docentes y profesionales del campo de las Ciencias de la Actividad Física y el Deporte, hemos decidido realizar una aproximación actualizada, seria, rigurosa y concreta a las bases, los fundamentos y las aplicaciones del Entrenamiento Personal.

El lector tiene en sus manos una obra que trata de contemplar todos aquellos aspectos que un Entrenador Personal debe conocer y dominar para poder desarrollar su actividad profesional con garantías. Evidentemente, en este texto no están todas las claves, pero sin duda alguna su lectura y estudio aportará conceptos sólidos y criterios claros a aquellos interesados en este apasionante nuevo mundo dentro de nuestro mundo.

Desde la descripción funcional de nuestros sistemas cardiovascular, respiratorio y muscular; pasando por las adaptaciones al ejercicio aeróbico y anaeróbico; la prescripción del entrenamiento aeróbico; el desarrollo de la fuerza muscular; la actualización de la técnica de ejecución de los principales ejercicios; las lesiones más habituales a las que nos enfrentamos constantemente; los apartados y contenidos que nos permitirán realizar un diagnóstico inicial claro de las necesidades y los objetivos de nuestros clientes; las herramientas, protocolos e instrumentos para poder evaluar sus capacidades físicas inicialmente y a lo largo del programa; las bases para desarrollar una nutrición sana, equilibrada y efectiva respecto al entrenamiento en curso; las principales indicaciones, recomendaciones y consideraciones para el entrenamiento de sujetos con trastornos de salud; o finalmente, los recursos y herramientas para comunicar todo nuestro potencial al mercado, los próximos capítulos permitirán descubrir a algunos y recordar eficazmente a otros las bases, fundamentos y aplicaciones de esta forma de entender y desarrollar el entrenamiento deportivo.

Cuando lo que tenemos es TIEMPO (que es lo que paga el cliente), el Entrenador Personal debe ofrecer CALIDAD, y esta se basará siempre en sólidos CONOCIMIENTOS y en una contrastada EXPERIENCIA.

Los profesores Esteve, Garatachea, Casas, Naclerio, Forte, y Jiménez hemos hecho un esfuerzo importante por ofrecer lo último de lo último, lo realmente sustantivo, lo realmente aplicable, lo que consideramos como básico y fundamental, para poder desarrollar programas de entrenamiento (de ejercicio físico, esto es, planificado, estructurado, ordenado y sistemático) que atiendan las necesidades de los futuros clientes del lector, y que le aporten esos sólidos CONOCIMIENTOS a los que nos referíamos en el párrafo anterior.

El que nuestro objetivo se haya cumplido es algo que será el lector el que lo juzgue.

Desde esta breve introducción queremos agradecer a INDE la confianza y la colaboración que nos ha prestado para llevar adelante y concluir este ambicioso proyecto, y esperamos que este texto contribuya al desarrollo y consolidación del Entrenamiento Personal en nuestro país.

Campus UEM, Villaviciosa de Odón, enero de 2005
Dr. Alfonso Jiménez Gutiérrez

Capítulo I

El Entrenamiento Personal hoy en día. Proyecciones y expectativas de futuro de un nuevo mercado en el campo de la actividad física

Dr. Alfonso Jiménez Gutiérrez
Doctor en Ciencias de la Actividad Física y el Deporte (ULE)
Licenciado en Educación Física (UPM) CSCS, NSCA-CPT
Profesor de Actividad Física y Salud
Director del Dpto. de Fundamentos de la Motricidad y del Entrenamiento Deportivo
Facultad de Ciencias de la Actividad Física y el Deporte
Universidad Europea de Madrid
Socio-Director del Proyect@Fit (www.proyectafit.com)
Servicios de Consultoría Especializada para Instalaciones Deportivas
alfonso.jimenez@uem.es

1. CONCEPTOS Y UN POCO DE HISTORIA

Si tratáramos de definir lo que hoy en día es un Entrenador Personal, muchos términos, alguno de ellos equívoco, vendría a nuestras mentes. El Entrenador Personal es por un lado un profesional cualificado de la actividad física, y por otro, un especialista en comunicación, relaciones sociales, motivación y atención al público (Jiménez, 2002).

Si recogemos una de las definiciones más difundidas en el medio (Roberts, 1996):

> **Entrenador Personal:**
>
> Un profesional que "instruye" y entrena clientes, generalmente en una situación individual, en la realización de ejercicios apropiados y seguros, con el objetivo de incrementar su aptitud física y su salud.
>
> (Roberts, 1996)

Aunque, como señalábamos en el párrafo anterior, también es un profesional de la comunicación. En el fondo, el Entrenador Personal debe ser concebido como un **profesional proactivo** (el más proactivo de todos los que intervienen en nuestro ámbito), entendiendo por éste, a un profesional con los máximos conocimientos, pero también y muy especialmente con la máxima disposición, o lo que es lo mismo, con la máxima capacidad de estar atento y sensible a las necesidades de sus clientes (Jiménez, 2002).

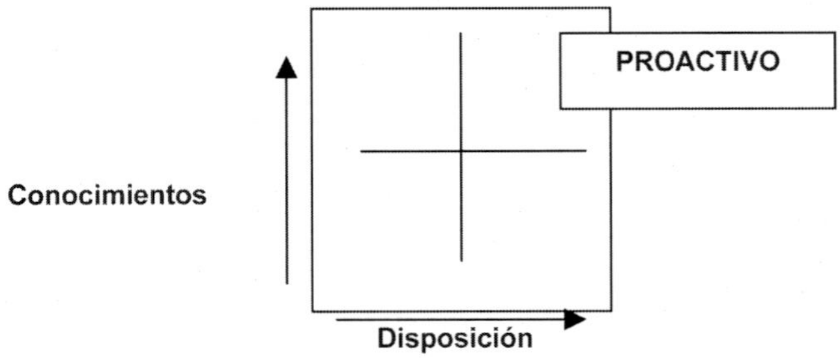

Figura 1.1. Definición del profesional proactivo.

El éxito del Entrenamiento Personal no reside tan sólo en alcanzar resultados. Alcanzar resultados es el gran reto para un profesional del Entrenamiento Personal, pero nuestros clientes buscan también otras cosas. Muchas de ellas no nos las cuentan, pero están ahí, y pesan mucho a la hora de garantizar su continuidad en el programa de actividad física que hayamos diseñado para ellos. Básicamente, nuestros clientes nos contratan para que seamos **eficaces**, esto es, para que alcancemos sus objetivos en el menor tiempo posible. Pero también nos contratan para que seamos **eficientes**. La eficacia está relacionada claramente con los resultados, y la eficiencia lo está con el proceso desarrollado hasta alcanzar esos resultados.

Ahora bien, volvamos la vista atrás y tratemos de entender porqué este servicio, esta forma de aplicar y desarrollar el entrenamiento, se ha convertido en el fenómeno más importante del mundo del fitness de la última década del siglo XX (comparable a la aparición del *bestseller* "Aerobics" del Dr. Cooper, los vídeos de Jane Fonda, los más vendidos de todos los tiempos, o el "step" de Gin Miller).

Veamos a continuación y de forma muy esquemática, cual ha sido la evolución producida en el pasado siglo hasta la consolidación del Entrenamiento Personal como un servicio deportivo generalizado en todo el mundo, partiendo de una interesante síntesis publicada por Jones en su texto de 1996.

1930s	Comienza el interés por el levantamiento de peso y los ejercicios de fuerza. Los hermanos Weider establecen el Culturismo (*Body Building*) como deporte de competición.
1940s	Tras la II Guerra Mundial, la población general comienza lentamente a interesarse por la alimentación y la salud.
1947	Vic Tanny abre al público su instalación deportiva en un *loft* (almacén) en Second Street, Santa Mónica, California.
1950s	Comienza la demanda de entrenadores personales. Mientras Tanny abre su centro, otros profesionales empiezan a trabajar en este ámbito. Jack LaLanne estrena un show en la televisión de San Francisco. Ray Wilson adquiere varios centros que ya estaban funcionando y abre su primer American Health Club.
1960s	Dr. Keneth Cooper publica su libro "Aerobics" y populariza el ejercicio aeróbico entre la población general.

1970s	Jackie Sorensen convierte la danza aeróbica en un negocio. Diez años más tarde, después de haber impartido cursos y demostraciones por todo EEUU, su negocio ha alcanzado a más de 180.000 practicantes y 4.000 profesores. Muchas celebridades buscan su asesor de fitness. Jake Steinfeld introduce su programa de fitness "Body by Jake".
1980s	Durante esta década mucha gente realiza de forma regular actividad física, y empiezan a inscribirse a centros deportivos y a contratar entrenadores personales
1990s	Importantes organizaciones y asociaciones (ACE, ACSM, IDEA, NSCA, AFAA, etc.) ofrecen certificaciones y programas de formación para entrenadores personales. Las principales conferencias y congresos del sector se orientan hacia este nuevo mercado. La mayoría de los centros deportivos en EEUU ofrecen algún tipo de servicio relacionado con el Entrenamiento Personal.

Tabla 1.1. Evolución del Entrenamiento Personal (adaptada de JONES, J. 1996).

Ahora bien, esta evolución se manifiesta realmente con claridad en la segunda mitad de la década de los noventa, cuando una parte importante de los iconos mediáticos de nuestras sociedades modernas (artistas, actores, músicos, presentadores de televisión, deportistas de alto nivel, políticos, etc.) deciden poner sus programas de actividad física en manos de profesionales que les atiendan individualmente. Esta circunstancia genera curiosidad entre la población general y despierta cierto interés entre los sectores sociales con mayor poder adquisitivo, que se lanzan a consumir este servicio inicialmente por motivos más asociados a la diferenciación social y al esnobismo, que al propio interés por los servicios de actividad física de calidad.

En los últimos años la expansión de este servicio se ha basado realmente en la percepción de calidad asociada a la experiencia individual que han identificado y vivido en primera persona los clientes que han contratado los servicios de un Entrenador Personal.

Tanto es así que el Entrenamiento Personal ha sido considerado como uno de los servicios de actividad física "top-ten" para el nuevo siglo en las predicciones publicadas por el American Council on Exercise (ACE), en donde está presente en tres de las diez categorías:

The future of Fitness: Trends Predictions for 2000 and Beyond (ACE Fitnessmatters, 2000)

- *Personal training* (entrenamiento personal);
- *Functional and sports-specific personal training programs* (programas personales específicos deportivos y funcionales);
- *On-line coaching, training and advising* (servicios de entrenamiento, asesoramiento y supervisión *on-line*).

La rápida expansión y el desarrollo del Entrenamiento Personal es un fenómeno realmente espectacular, con un incremento anual próximo al 25% en EEUU (Reed, 1999). Según datos de IHRSA (2000), existen en este momento en el mundo unos 400.000 entrenadores personales (con cerca de un 70% en EEUU).

Uno de los indicadores más claros en el crecimiento de los profesionales de un sector es el número de solicitudes para optar a certificaciones específicas de reconocido prestigio. Pues bien, según ACE, en 1993 los candidatos a superar su certificación de Entrenador Personal superaron por primera vez en la historia a los candidatos a la certificación de instructores de clases colectivas (Brooks, 2004). Un año más tarde, en 1994, la National Strength & Conditioning Association (NSCA) puso en marcha su programa de certificación NSCA-CPT para entrenadores personales. En aquel momento se presentaron al primer examen en Nueva Orleans 73 candidatos y lo superaron 49. Desde entonces, y en tan sólo 10 años, el examen ha sido convocado en 796 ocasiones, y se han presentado 19.667 candidatos de todo el mundo. Hoy son más de 6.600 los profesionales certificados en todo el mundo (NSCA, 2004).

2. ENTENDIENDO EL ÉXITO DEL ENTRENAMIENTO PERSONAL

Como indicábamos en el punto anterior, el Entrenamiento Personal puede ser considerado hoy en día como el "servicio estrella" en el campo del fitness y la actividad física recreativa y saludable. Pero la pregunta que deberíamos hacernos es ¿POR QUÉ?

La respuesta a este interrogante tiene desde nuestro punto de vista dos claras respuestas. Por un lado, porque está claramente orientado a atender las necesidades de los clientes, en un mundo cada vez más competitivo. Y por otro lado, porque es un servicio que contribuye a mejorar la gestión de los centros y sus resultados económicos de una forma notoria.

2.1. Entrenamiento Personal. Servicio orientado a atender las necesidades de los clientes

El Entrenamiento Personal es el servicio específico más orientado a la **atención al cliente**. En este caso el objetivo es poner a disposición del cliente toda la tecnología, los recursos y el tiempo que un profesional cualificado pueda ofrecerle, con la finalidad de alcanzar resultados en el menor tiempo y de la forma más efectiva y segura (Jiménez, 2002). Este servicio podría definirse entonces como un servicio integral o completo, es decir "máxima eficiencia" (procesos), "máxima eficacia" (resultados), y "mínimos riesgos" (seguridad).

En este sentido, el Entrenamiento Personal vendría a ser la materialización en el ámbito de la actividad física y el deporte de los denominados **programas C.R.M.** (*Customer Relationship Management*, o lo que es lo mismo, "Gestión de la relación con el cliente") que hoy en día se aplican en todas las empresas de todos los sectores de nuestro mundo. Estos programas surgen como respuesta a las necesidades de ofrecer soporte y resultados a las demandas de los clientes, y su principal característica es que intentan sistematizar y organizar todos los procesos que afectan a la relación con el cliente para que ésta sea lo más fluida y rentable posible (uno de los sistemas C.R.M. más conocidos es la plataforma *SAP*).

Hoy en día todas las compañías en todo el mundo invierten mucho tiempo y recursos en mantener y optimizar su relación con sus clientes, pues es la clave para poder garantizar su propio futuro. De hecho, en el mundo de hoy (profesional, se entiende), sin clientes no somos nadie.

Ahora bien, decir que un sujeto mejoró su aptitud física, experimentó diferencias significativas en su composición corporal, mejoró su estado de salud, etc., o más concretamente, que un determinado estímulo específico de entrenamiento mejoró su rendimiento concreto en un gesto o en una competición deportiva, es algo muchas veces fácil de decir y realmente difícil de demostrar. De hecho, por curioso que parezca, aún son asombrosamente escasos los estudios científicos que han demostrado que el Entrenamiento Personal es tan positivo y efectivo como decimos, pues a fecha de hoy tan sólo existen en la literatura especializada dos trabajos publicados.

El primer trabajo científico realizado para analizar el efecto real del Entrenamiento Personal en la mejora del rendimiento es el de Mazzetti, Kraemer et al. (2000). El objetivo de este trabajo fue comparar los cambios en la fuerza máxima, en la potencia y en la resistencia muscular producidos tras un entrenamiento de fuerza de 12 semanas en dos grupos de sujetos varones altamente motivados por el entrenamiento de fuerza, uno con entrenador personal en todas las sesiones (n=10) y el otro con un entrenamiento convencional no supervisado (n=8). Los resultados obtenidos mostraban claramente como el grupo que entrenó con supervisión permanente (entrenador personal) mejoró significativamente la carga utilizada en todas las sesiones (kilos por serie). Del mismo modo, los porcentajes de mejora de la fuerza máxima (1RM) en sentadilla y en press de banca también fueron significativamente superiores en este grupo (33% en sentadilla y 22% en press de banca, frente al 25% y 15% respectivamente del grupo no supervisado). Ver figura 1.2.

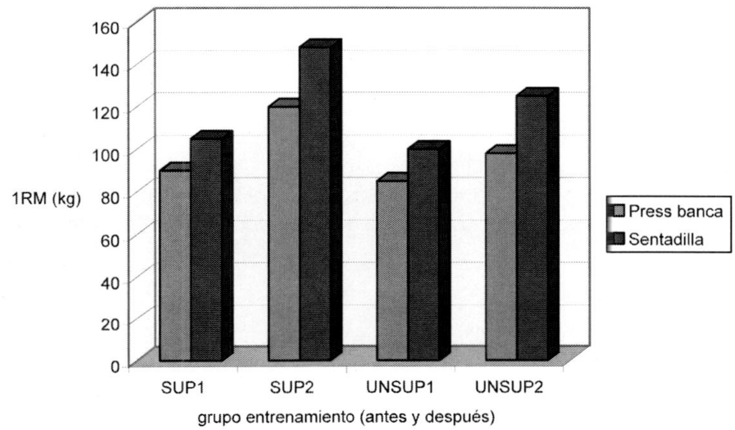

Figura 1.2. Mejoras en 1RM en sentadilla y press de banca tras 12 semanas de entrenamiento en dos grupos de sujetos: SUP (con entrenador personal) UNSUP (sin entrenador personal) Adaptado de Mazzetti, Kraemer et al. (2000).

El otro trabajo realizado hasta la fecha es el de Coutts, Murphy y Dascombe, publicado este mismo año (2004) en el *Journal of Strength & Conditioning Research* de NSCA. En esta ocasión el estudio se realizó en Australia con jugadores de rugby jóvenes, y se valoraba el efecto del entrenamiento personal en la mejora de la fuerza, de la potencia y de la velocidad de carrera tras 12 semanas de entrenamiento periodizado. Ambos grupos (supervisado y no supervisado) contaron con 21 sujetos, con una edad media de 16,7 años (SD:1,1 años). Los resultados obtenidos tras el periodo de entrenamiento mostraron que el grupo que entrenó con entrenador personal en todas las sesiones (supervisado) completó significativamente más sesiones de entrenamiento, que se relacionaron significativamente también con incrementos en la fuerza en sentadilla y press de banca (en 3RM). No hubo diferencias significativas en las mejoras obtenidas en la potencia ni en la velocidad de carrera tras las 12 semanas (ver figura 1.3.).

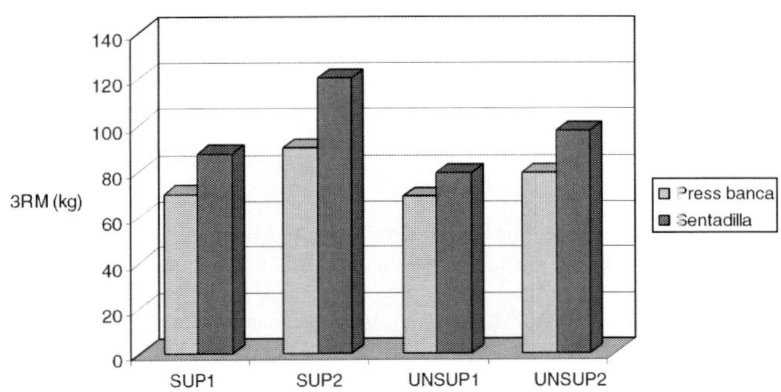

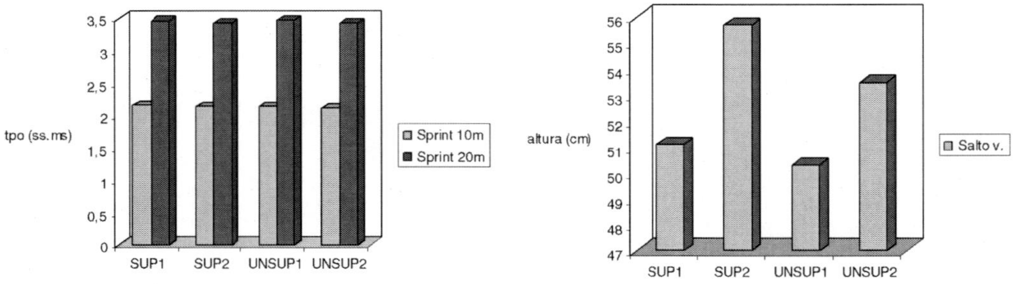

Figura 1.3. Resultados obtenidos tras 12 semanas de entrenamiento en dos grupos de sujetos: SUP (con entrenador personal) UNSUP (sin entrenador personal) Adaptado de: Coutts, Murphy y Dascombe (2004).

En el epígrafe final de su artículo, Coutts, Murphy y Dascombe (2004), manifiestan que el Entrenamiento Personal puede ofrecer además otras ventajas a los deportistas y a la población general, como mejorar su técnica de ejecución, gracias al feedback continuo del entrenador en las sesiones, aumentar su seguridad, incrementar su motivación y especialmente su nivel de competitividad durante las sesiones de entrenamiento.

2.2. Entrenamiento Personal. Servicio orientado a mejorar la gestión de los centros y sus resultados económicos

La oferta de servicios y actividades es el pilar fundamental de un centro deportivo como empresa de servicios. A diferencia de otros sectores o actividades, en los centros deportivos no producimos materiales, no comercializamos elementos; creamos, diseñamos, vendemos y desarrollamos actividades/servicios de uso, esto es, que ocurren en un determinado momento, de una determinada manera y que requieren de múltiples elementos para su consecución (Jiménez, 2002).

Hoy en día en todos los sectores se escribe mucho sobre la *gestión estratégica*, sobre cómo organizar el funcionamiento de cada área de actividad para que las cosas ocurran como está previsto, y si no es así, poder disponer de mecanismos de control y de planes de emergencia para solventar los problemas. Pues bien, una instalación deportiva es un entorno de *"máximo riesgo"* desde el punto de vista de la gestión estratégica. Tanto por la naturaleza y el carácter de los servicios que se ofrecen, como por la inevitable dependencia de las circunstancias. No obstante, la gran parte de los problemas que generan una deficiente calidad en la prestación de servicios deportivos en los centros es la habitual falta de planificación en el diseño y definición de la oferta de estos, la ausencia de mecanismos de control, análisis y reflexión, y el inherente conformismo que caracteriza a todas las empresas/profesionales de servicios (fomentado y mantenido básicamente por la falta de criterios y de información de los usuarios). En este sentido, la oferta de servicios y actividades[1] de un centro debe plantearse de forma modélica, tanto

[1] Es importante señalar que, a nivel conceptual, debemos entender el "servicio" como uno de los elementos independientes que configura la oferta del centro. Estos servicios abarcan desde la recepción del cliente, la gestión de reservas, la utilización de vestuarios y áreas complementarias, o los propios servicios deportivos, que normalmente se estructuran en "programas" (Programa de Clases Colectivas, Programa de Actividad Acuática, etc.). Estos programas están formados a su vez por una o varias "actividades". En este sentido, la "actividad" es la unidad funcional de prestación de servicio en un centro deportivo, siendo lo normal que para su desarrollo se requiera la intervención de varios servicios. (Jiménez, 2002).

en su diseño como en su posterior puesta en marcha y desarrollo, partiendo de los criterios fundamentales de la gestión estratégica. La gran diversidad de espacios de actividad, unido a la gran variedad de servicios y actividades a plantear, hacen especialmente importante la labor de diseño preliminar, con esa visión estratégica que prevea las necesidades, desplazamientos y recursos a utilizar en cada momento (Jiménez, 2002).

El Entrenamiento Personal, como servicio individual que requiere de un proceso previo de reserva y un compromiso temporal por parte del cliente, permite identificar con claridad los usos y actividades que se desarrollarán en el mismo en un determinado momento y lugar. Este hecho facilita enormemente la gestión del servicio, pues puede ser planificado con anterioridad, e incluso desarrollarse en función de las necesidades de otras áreas. Ahora bien, si queremos considerar al Entrenamiento Personal como un servicio orientado a mejorar la gestión de los centros, debemos realizar un esfuerzo de definición previa lo más amplio, ambicioso y riguroso posible (qué producto se va a ofrecer, quienes van a prestar ese servicio, dónde se desarrolla, con qué tarifas, qué ventajas claras ofrece al cliente frente a otros servicios ya existentes, porqué debería ser consumido, cómo y cuándo se puede contratar, etc.), pues los cambios a posteriori siempre son más costosos a todos los niveles, y en este caso, la percepción de calidad en torno al servicio debe ser impecable en todo momento.

Pero es que además, el Entrenamiento Personal surge para mejorar los resultados económicos de esa gestión, tratando de generar recursos adicionales en una estructura de costes concreta y razonablemente estable como es una instalación deportiva.

En un interesante estudio realizado por el Doctor Campos sobre la situación del mercado del Fitness en nuestro país (*Informe Fitness 2000*), el autor hacía referencia al escasísimo desarrollo que suponían en España los ingresos no procedentes de las cuotas (sean éstas de inscripción al club o de abono periódico) en comparación con la situación de un mercado más maduro como era el norteamericano. A partir de esta reflexión y analizando los datos anuales publicados por la prestigiosa IHRSA (*International Health, Racquet & SportClubs Association*) en sus informes anuales "*Profiles of Success*", Campos consideraba que uno de los aspectos más destacables de la consolidación y estabilidad del mercado del fitness en EEUU en los últimos años era la creciente incidencia de los ingresos no provenientes de las cuotas; o lo que es lo mismo, lo que ellos habían denominado como *nuevos centros de beneficio*. En este sentido, Campos (2000) señalaba:

"....Cabe apuntar que la primera vez que se utilizó este indicador del porcentaje que representan este tipo de ingresos respecto del total de ingresos fue en el informe de IHRSA "*Profiles of Success*" de 1.993. Por su parte, en el "*Profiles of Success*" de 1.995 ya se advertía del hecho de que aquellos centros que continuaran haciendo recaer el 80% o más de sus ingresos totales en la cuantía de las cuotas, pronto se encontrarían en una situación de desventaja competitiva respecto a aquellos otros que hubieran desarrollado una aproximación basada en el fomento de los nuevos centros de beneficio. Por lo que respecta al "Profiles of Success" de 1.998, en dicho informe se indicaba textualmente: "A medida que la industria de los centros deportivos ha ido creciendo en sofisticación, éstos han comenzado a perseguir de un modo agresivo la creación de programas y servicios dentro de sus centros que contribuyan simultáneamente a contribuir a los beneficios del centro, y a afrontar las necesidades de una base de clientes crecientemente diversa. Desde un punto de vista competitivo, aquellos centros que han tenido éxito en el desarrollo de significativos centros internos de beneficio, han sacado partido del hecho de no tener que depender excesivamente de las ventas de abonos a la hora de promover el crecimiento de sus ingresos" (IHRSA, 1998). Y con este propósito en mente, el citado informe de 1.998 manifestaba que los centros de fitness habían tenido la capacidad de generar de 1/5 a 1/3 de sus ingresos de este tipo de programas y servicios no contemplados en las cuotas, siendo el porcentaje promedio del 32%. Aquellos centros que además de oferta de fitness, presentaban también deportes de raqueta informaban de un porcentaje promedio del 25%. En dicho informe de 1.998 se ponía de manifiesto que aquellos centros deportivos más exitosos en esta parcela eran obviamente los que declaraban más ingresos por abonado, y menores tasas de deserción de clientes".

En este sentido, es muy relevante recoger en este apartado los resultados publicados por IHRSA (2001), en donde el Entrenamiento Personal aparece en primer lugar dentro de la relación de servicios más rentables para los centros deportivos americanos.

1.	Personal Training	50.5%
2.	Massage Therapy	28.2%
3.	Pro Shop	26.2%
4.	Aquatics Programs	24.3%
5.	Tennis Programs	20.5%
6.	Food & Beverage Sales	11.7%
7.	Tanning	9.7%
8.	Physical Therapy	7.8%
	Summer Camps	7.8%
9.	Kids Programs	6.8%
	Martial Arts	6.8%

Tabla 1.2. Servicios más rentables en EEUU (IHRSA 2001 Clubs' Most Profitable Programs and Services).

Una representación clara del potencial y del crecimiento de este servicio de actividad física en los centros deportivos de EEUU, es su lugar dentro de los programas ofrecidos por las instalaciones deportivas a sus clientes. Así, en otro informe de IHRSA realizado dos años más tarde (*Profiles of Success 2003*), en un epígrafe concreto sobre los programas de mayor éxito ofrecidos por los centros, podemos observar cómo este servicio es ofrecido por el 94% de los centros, convirtiéndose de esta forma en el principal "producto" de actividad física comercializado hoy en día en el mercado de la actividad física y el deporte más estable y más maduro, el norteamericano.

Personal Training	94%
Step/Bench Aerobics	90%
Fitness Evaluation	89%
Cardio Kickboxing or Similar	86%
Yoga	86%
Strength Training	85%
Lo Impact Aerobics	83%
Hi Impact Aerobics	77%
Group Cycling Classes	72%
Child Care	70%

Tabla 1.3. Programas de mayor éxito ofrecidos por los centros deportivos en EEUU. Adaptado de: IHRSA 2003 Profiles of "Succes" "Top Ten Programs offered at clubs" (2003 IHRSA member census, 1.208 North American Clubs).

3. EL FUTURO DEL ENTRENAMIENTO PERSONAL

Evidentemente si hay una cuestión en el aire actualmente, es hasta dónde llegará este fenómeno del EP. Pero si reflexionamos brevemente partiendo de la información presentada en este capítulo, lo cierto es que este fenómeno no presenta indicios de estar agotado ni mucho menos, y tiene por delante unas muy positivas expectativas de desarrollo y continuidad.

Por lo tanto, si pensamos en el futuro, las dudas se centrarían en otras cuestiones más concretas y a la vez mucho más determinantes, asociadas en realidad con la capacidad que tengan los propios profesionales para dirigir su futuro. De esta forma, a la pregunta ¿Cómo evolucionarán los servicios de entrenamiento personalizado?, podríamos dar distintas respuestas, algunas de ellas ya identificadas por otros autores.

Brooks, en un texto monográfico de reciente publicación en EEUU (2004), identifica cuatro factores importantes de cara al futuro: el reconocimiento del sector médico y sanitario; la especialización; el asesoramiento en otros productos de actividad física; y el *smart training*, como paradigma de un servicio de calidad. Por su interés y actualidad nos detendremos brevemente en estos cuatro factores.

- Reconocimiento del sector médico y sanitario: una parte importante de la comunidad médica y sanitaria ya reconoce que los Entrenadores Personales cualificados (es decir, con formación superior universitaria específica en Ciencias de la Actividad Física y del Deporte, certificación RCP, y certificaciones internacionales de prestigio como el ACSM ó NSCA) pueden jugar un importante papel en el tratamiento de sujetos afectados por importantes trastornos de salud y enfermedades crónicas (Ashton, 1998; Couzens, 1992; Gesing, 1990; Molk, 1996). Ahora bien, en este ámbito sólo la evidencia contrastada de la efectividad de los programas nos dará la credibilidad que necesitamos para poder trabajar con población enferma y/o con trastornos de salud, y la investigación actual es escasa y en muchos casos poco rigurosa. Por lo tanto, y en nuestra modesta opinión, de cara al futuro hay mucho que trabajar aun en este campo.
- Especialización: antes o después el Entrenamiento Personal será específico, pues específicas e individuales son las necesidades de nuestros clientes, y específicas o limitadas deberían ser nuestras capacidades, conocimientos y habilidades para entrenarles. De esta forma, en un futuro próximo este servicio se diversificará hacia distintos tipos de entrenamiento: específicos deportivos (deportes de raqueta, golf, etc.), entrenamiento funcional, rehabilitación y reentrenamiento, yoga, pilates, tai-chi, etc. Esta diversificación implicará especialización, y lo importante en este caso será que sepamos y podamos posicionarnos como profesionales cualificados y con experiencia en el ámbito que realmente dominemos.
- Asesoramiento y consultoría para la adquisición de material y equipamiento deportivo: teniendo en cuenta que los clientes del servicio de Entrenamiento Personal están muy interesados y motivados hacia la práctica del deporte y el ejercicio físico, sería lógico pensar que consumirán gran cantidad de productos asociados a esta práctica. De esta forma, en un futuro próximo el Entrenador Personal será habitualmente consultado por sus clientes a la hora de realizar alguna inversión en material y/o equipamiento deportivo, especialmente si su precio es elevado. Esta nueva demanda de nuestros clientes deberá obligarnos a estar al día en todo lo relacionado con los nuevos avances tecnológicos aplicados en el entrenamiento deportivo, así como disponer de un mínimo de experiencia en su uso para poder emitir un juicio sólido y real sobre la consulta realizada por nuestro cliente.
- *Smart Training* (rentabilidad del tiempo de entrenamiento): la traducción literal al castellano de "smart" es "listo". Pues bien, en un futuro próximo el Entrenador Personal debería tender a ser cada vez más listo, es decir, a no cometer equivocaciones ni errores en el

diseño y/o desarrollo de los programas con nuestros clientes, a estar centrado para detectar cualquier nueva necesidad, o síntoma de fatiga, o de abandono, en sus clientes. En realidad, se tratará de ser más efectivo, más ágil y en definitiva, más rentable para nuestros clientes.

3.1. La clave para el futuro

Ahora bien, desde nuestro punto de vista, la evolución en el futuro de este servicio de actividad física dependerá en última instancia de un único factor clave, la *disponibilidad de profesionales cualificados*. Para poder desarrollar este servicio de forma adecuada y constituir un mercado estable y próspero, tanto para las instalaciones deportivas como para los propios profesionales independientes, es absolutamente necesario disponer de Entrenadores Personales cualificados. Esta cualificación tiene que ver fundamentalmente con tres aspectos: su formación, sus conocimientos específicos, y sus recursos, para atender las necesidades de los clientes.

Formación

La formación y el reciclaje continuo debe ser uno de los principales elementos diferenciales en estos profesionales. Como norma general, está reconocido en otros mercados y sectores profesionales más consolidados que un profesional especializado debe reinvertir en formación al menos entre un 2-5% del total de su facturación anual. Sólo así podrá seguir innovando con sus clientes. La formación especializada en Entrenamiento Personal está actualmente poco definida en nuestro país y ello puede suponer un importante freno al desarrollo de este nuevo mercado. Existen, no obstante, diferentes y abundantes iniciativas orientadas a atender las necesidades de formación especializada para estos profesionales, desde un enfoque o muy instrumental, o excesivamente básico, que reflejan la falta de madurez general del sector y de sus profesionales.

Ante esta situación coyuntural la única opción viable y con criterio sería acceder a algún programa de certificación internacional de reconocido prestigio, que exija un importante esfuerzo de estudio y dedicación, y que nos facilite el acceso incluso al mercado internacional, mucho más estable y maduro que el español en estos momentos.

Conocimientos

En estrecha relación con el apartado anterior, si hay un profesional que necesite una revisión constante de sus conocimientos y muchas horas de dedicación y estudio, este es el Entrenador Personal. Para dar credibilidad y valor a nuestro trabajo es fundamental dominar múltiples contenidos y variables que afectarán al entrenamiento, y por tanto, a los resultados de cada programa. Y saber cómo actuar en cada caso requiere sólidos conocimientos (Jiménez, 2002). El texto que tiene en sus manos responde a esta necesidad, pero evidentemente no están aquí todas las respuestas.

Recursos

Además, un Entrenador Personal debe conocer y controlar múltiples herramientas y recursos para alcanzar sus objetivos y potenciar el grado de adherencia de sus clientes al programa de actividad física.

El ser humano, en las sociedades modernas del mundo occidental, vive absolutamente influido y mediatizado por la presencia, utilización y aprovechamiento de lo que hemos denominado como "tecnología". Esta situación ha cambiado en los últimos 15 años nuestra forma de relacionarnos con los demás y con nuestro entorno, hasta el punto de ser absolutamente inconcebible para nosotros hoy en día que determinados elementos o herramientas no existieran (teléfonos móviles, ordenadores personales para la población general; agendas electrónicas, GPS, cámaras digitales, etc., para otros muchos). Esta verdadera "Revolución" ha afectado especialmente a los sectores sociales con mayor poder adquisitivo y mayor formación, que han podido disponer de grandes novedades, inimaginables hace pocos años. Nuestro principal grupo de clientes se encontrará, al menos durante los próximos años, precisamente en este sector de mayores recursos socioeconómicos, que es hoy por hoy, el más avanzado tecnológicamente. Por lo tanto, si queremos posicionarnos en este "nuevo mercado", debemos conocer, aplicar y potenciar el uso de nuevas tecnologías, pues serán en gran parte también responsables de nuestro éxito (Jiménez, 2002). Ahora bien, aunque exista por tanto una necesidad imperiosa de conocer y dominar las nuevas tecnologías de aplicación en el entrenamiento deportivo, no debemos olvidar en ningún caso la importancia de los recursos didácticos y metodológicos a la hora de plantear las actividades a desarrollar con nuestros clientes.

Pero además, estos recursos no se limitan tan sólo a los materiales (básicos o tecnológicamente avanzados), el Entrenador Personal debe disponer también de recursos de comunicación, de "inteligencia emocional", de carisma personal, en definitiva, de recursos para atender adecuadamente a sus clientes. Durante mucho tiempo se ha considerado que estos recursos tenían un componente básicamente innato y que realmente poco se podía hacer por mejorar la utilización y el aprovechamiento de estos, pero lo cierto es que no es así, y que estas "habilidades", estos instrumentos, pueden y deben ser aprendidos, entrenados y trabajados con regularidad.

En una conferencia impartida en nuestro Campus hace un par de años (2002), el profesor Ricard Saura, director del departamento de formación de la compañía TechnoGym en España, presentó los resultados de un pequeño estudio realizado en los centros del área metropolitana de Barcelona que ofrecían este servicio a sus clientes. En su conferencia, titulada "Presente y futuro de los servicios de entrenamiento personalizado", Saura manifestó que en la muestra que ellos analizaron, los propios entrenadores reconocían que su perfil profesional requería de un 50% de habilidades psicológicas, de marketing y comunicación y de técnicas de venta; un 20% de conocimientos sólidos de anatomía, kinesiología y biomecánica; otro 20% de fisiología del ejercicio y del entrenamiento deportivo; y finalmente, un 10% tan sólo dedicado al entrenamiento de las cualidades físicas básicas. (ver figura 1.4.)

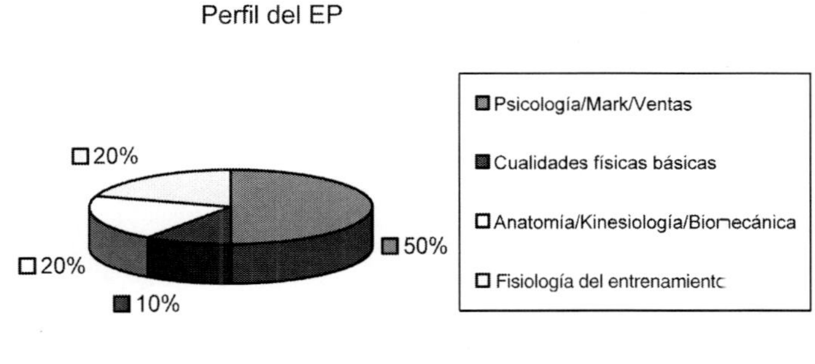

Figura 1.4. Necesidades de formación y utilización de recursos asociados en una muestra de EP de BarcelonaInforme sobre el Presente y el futuro de los servicios personalizados Adaptado de: Saura, R. TechnoGym España (2002). Sin publicar.

A la vista de estos datos, y a pesar de las limitaciones del estudio referenciado por Saura (2002), es evidente que el Entrenador Personal del futuro deberá trabajar constantemente en su formación, deberá desarrollar sus habilidades de comunicación y venta, deberá disponer de unos sólidos conocimientos y, por último, deberá estar dispuesto a seguir aprendiendo siempre. Lejos de convertirse en una figura pasajera, estamos convencidos de que el Entrenador Personal cambiará la forma en la que ahora entendemos el proceso de entrenamiento con la población general (no deportista de alto nivel), y en los próximos años se constituirá como un valor de referencia en el ámbito de la Actividad Física y el Deporte.

Capítulo II

Estructura y función de los sistemas muscular, respiratorio y cardiovascular

Dra. Nuria Garatachea Vallejo
Doctora en Ciencias de la Actividad Física y del Deporte (ULE)
Licenciada en Ciencias de la Actividad Física y del Deporte (ULE)
Profesora Asociada del Departamento de Fisiología
Universidad de León
dfingv@unileon.es

El conocimiento de los principios básicos de la anatomía y la fisiología del cuerpo humano es esencial para una óptima valoración y prescripción de ejercicio físico para nuestros clientes. Este capítulo se centra en los conceptos fundamentales de los sistemas muscular, respiratorio y cardiovascular.

1. ESTRUCTURA Y FUNCIÓN DEL SISTEMA MUSCULAR

El sistema muscular es el encargado de generar las fuerzas necesarias para desarrollar cualquier actividad física. En este apartado se explicará tanto la estructura del sistema muscular como su función con una detallada explicación del proceso de contracción muscular.

1.1. Estructura y organización del músculo

1.1.1. Estructura general

El movimiento es una de las características vitales más típicas del ser humano y que se aprecian con más facilidad. Cuando realizamos cualquier tipo de actividad física que está bajo el control voluntario del individuo, lo hacemos por medio de la contracción de los músculos esqueléticos.

Existen en el cuerpo humano más de 600 músculos esqueléticos. En conjunto, constituyen el 40-50% del peso corporal.

Un músculo esquelético es un órgano compuesto principalmente de células musculares estriadas, llamadas fibras musculares, y tejido conjuntivo. Cada músculo estriado está compuesto desde unos cuantos cientos a muchas decenas de millares de fibras musculares estriadas paralelas, cada una de las cuales se extiende a toda la longitud del músculo. A su vez, cada fibra muscular contiene de varios cientos a varios miles de miofibrillas paralelas. La mayoría de los músculos esqueléticos se insertan en dos huesos que tienen una articulación movible entre ellos. La conexión del músculo con el hueso más estacionario se conoce como su origen, y la conexión con el hueso más móvil se denomina inserción del músculo. Es el tendón el que ancla el músculo con firmeza al hueso ya que tiene una gran resistencia. Está compuesto de tejido conjuntivo fibroso denso y con forma de cordones gruesos. El epimisio es una gruesa lámina que recubre al músculo. El perimisio, por su parte, recubre a un grupo de fibras musculares esqueléticas, llamado fascículo, en una envoltura más fuerte de tejido conjuntivo. Y el endomisio es una delicada capa de tejido conjuntivo que rodea la fibra muscular esquelética. La membrana plasmática de la fibra muscular se denomina sarcolema. Y se llama sarcoplasma al citoplasma de la célula muscular donde se encuentran suspendidas las miofibrillas.

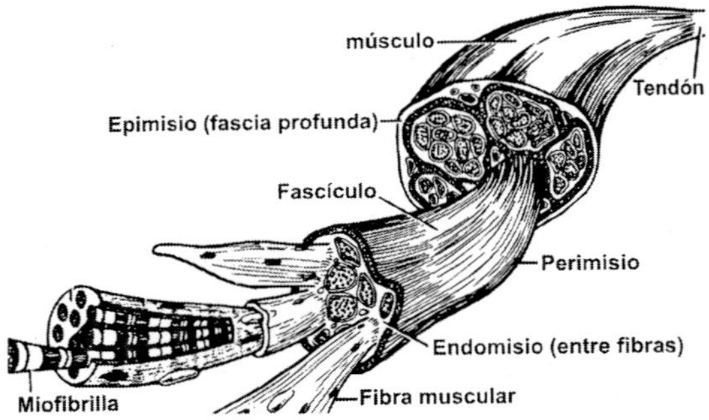

Figura 2.1. Estructura del músculo.

1.1.2. Estructura microscópica

1.1.2.1. Componentes de la fibra muscular

Cada fibra muscular contiene de varios cientos a varios miles de miofibrillas, y éstas a su vez contienen miofilamentos de actina y de miosina, que son grandes proteínas encargadas de la contracción muscular.

La figura 2.2 muestra un grupo de miofibrillas rodeadas por el sistema de túbulos transversos y retículo sarcoplásmico. Puede verse como los túbulos transversos penetran por todo el interior de la fibra de un lado a otro. En el sarcoplasma hay un retículo endoplásmico extenso, que en la fibra muscular se llama retículo sarcoplásmico. Este retículo tiene una organización especial extremadamente importante para la regulación de la contracción muscular. Está compuesto por dos partes principales: a) Túbulos longitudinales largos, que terminan en b) grandes cavidades llamadas cisternas terminales que lindan con el túbulo T.

Uno de los aspectos especiales del retículo sarcoplásmico consiste en que contiene iones calcio en concentración muy elevada, y que se liberan muchos de estos iones cuando se excita el túbulo T adyacente. Esta excitación produce una liberación rápida de iones calcio desde las cisternas hacia el sarcoplasma circundante. Los iones calcio que se liberan de esta manera desde la cisterna se difunden hacia las miofibrillas adyacentes, sitios en los que se fija con firmeza a la troponina, lo que a su vez desencadena la contracción muscular.

Una vez que se han liberado los iones calcio desde las cisternas y se han difundido hacia las miofibrillas, la contracción muscular proseguirá en tanto se encuentre iones calcio en concentración elevada en el líquido sarcoplásmico. Pero hay una bomba de calcio activa que continuamente saca el calcio del líquido sarcoplásmico, devolviéndolo hacia las cavidades vesiculares del retículo; y es entonces cuando la actina y miosina dejan de interactuar y el músculo se relaja.

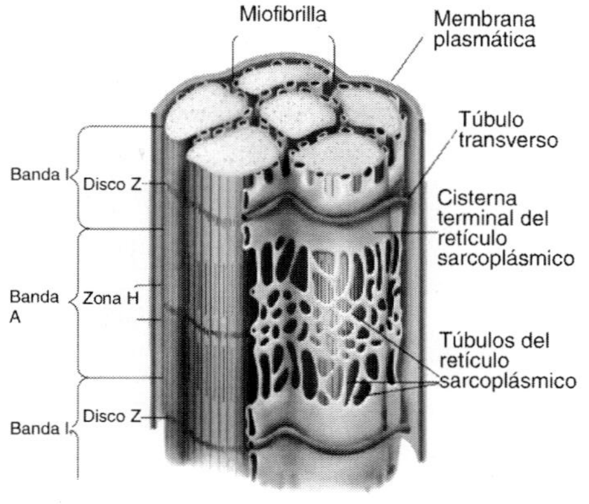

Figura 2.2. Estructura de la fibra muscular.

1.1.2.2. Subcomponentes de las miofibrillas

El filamento de miosina está compuesto aproximadamente por 200 moléculas de miosina. En la figura 2.3. derecha se ilustra una molécula aislada, a la izquierda se ilustra la organización de las moléculas para formar un filamento de miosina. Obsérvese que las porciones de bisagra de las moléculas de miosina hacen protrusión desde todos los lados del filamento de miosina, como se ilustra en la figura. Estas porciones salientes constituyen los puentes cruzados. Las cabezas de los puentes cruzados se encuentran contra los filamentos de actina, y las porciones en forma de bastoncillo de los puentes cruzados actúan como brazos articulados que permiten que las cabezas se extiendan bastante hacia el exterior desde el cuerpo del filamento de miosina.

La cabeza de la miosina tiene una doble función: por una parte combinación a los "lugares activos" de la actina y actividad ATPasa. Por tanto, la cabeza juega un doble papel decisivo en el establecimiento de los enlaces acto-miosínicos y en el suministro energético imprescindible para el desarrollo de la contracción.

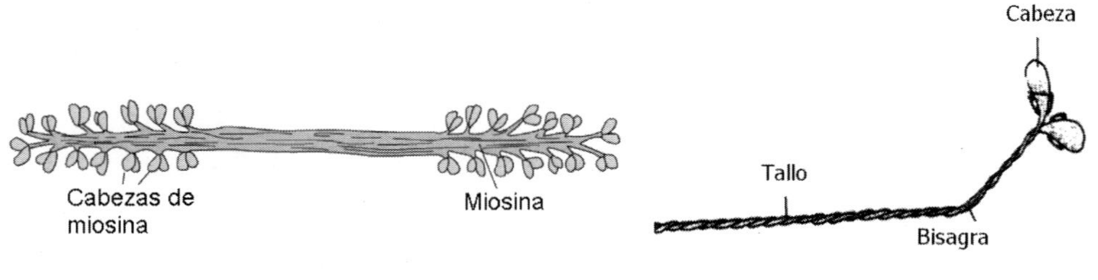

Figura 2.3. Izquierda: combinación de muchas moléculas de miosina para formar un filamento de miosina. Derecha: molécula de miosina.

El **filamento de actina** es complejo y está compuesto por tres componentes diferentes: actina, tropomiosina y troponina.

El armazón estructural del filamento de actina es una molécula proteínica de actina de doble banda (Ver figura 2.4. izquierda). Las dos bandas están dispuestas en espiral entre sí.

El filamento de actina también contiene otras dos bandas constituidas por la proteína tropomiosina. Se cree que cada banda de tropomiosina se encuentra débilmente unida a la banda de actina, y que en estado de reposo cubre desde el punto de vista físico los sitios activos de las bandas de actina, de modo que no puede ocurrir interacción entre la actina y la miosina para que se produzca contracción.

Unido periódicamente a lo largo de cada banda de tropomiosina se encuentra un complejo de tres moléculas proteínicas que se llama troponina. Estas subunidades se denominan Tn T, Tn C y Tn I. Una de las proteínas tiene gran afinidad por la actina, otra por la tropomiosina, y una tercera por los iones de calcio. La gran afinidad de la troponina por los iones de calcio inicia el proceso de contracción, como se explicará más adelante.

La Tn T es susceptible de interactuar sobre la tropomiosina, obligándola a modificar su posición, y permitiendo entonces la libre expresión de los "lugares activos" de la actina, que podrán combinarse con las cabezas de miosina, permitiendo la manifestación de la actividad ATPasa y posibilitando el establecimiento de puentes de unión con ellas.

La Tn I se cree que, en el músculo en reposo, presenta una acción inhibidora de la actividad ATPasa del sistema actomiosínico, contribuyendo, junto con el bloqueo de los "lugares activos" en la actina, a impedir la formación de los puentes actomiosínicos.

La Tn C es capaz de combinarse con iones calcio, formando complejos con ellos. Existen 4 lugares de combinación con el calcio, con distintos niveles de afinidad. En reposo, los dos más afines ya se encuentran unidos a calcio y los otros dos quedan libres. Al iniciarse la contracción los dos lugares menos afines también se unen al calcio, con lo cual presentan una capacidad de interacción con la Tn T, provocando así cambios en la conformación de la tropomiosina y la posibilidad de descubrir esos sitios activos de la actina. Es posible, además que estos complejos actúen sobre la Tn I, haciendo que cese su actividad inhibidora de la actividad ATPasa del sistema acto-miosínico.

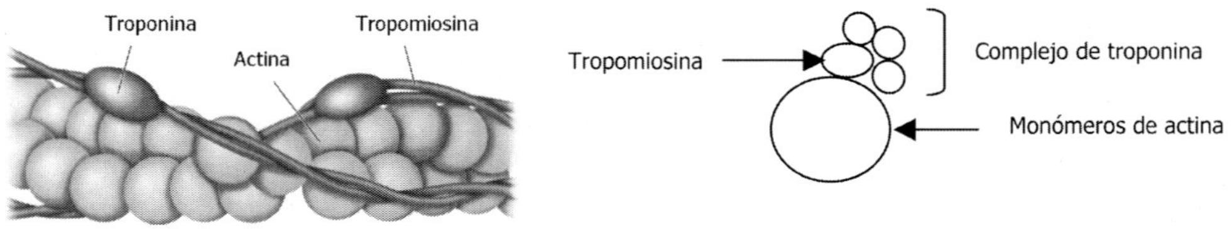

Figura 2.4. Filamento de actina. Izquierda: visión longitudinal y derecha: visión transversal.

1.1.2.3. Estructura del sarcómero

Cuando el músculo estriado es observado al microscopio, ofrece una imagen característica con alternancia de zonas claras y oscuras, que forman una serie de bandas dispuestas transversalmente al eje sobre el cual el músculo se contrae (Ver figura 2.5. izquierda). Las bandas claras reciben la denominación de bandas I, por ser relativamente isótropas, mientras que las bandas oscuras se denominan bandas A, porque son relativamente anisótropas. Al observar la fibra muscular con el suficiente poder de resolución, es posible comprobar que en ambas bandas existen, además, zonas específicas bien diferenciadas. Así, en el centro de la banda I aparece una línea oscura, que se denomina línea o disco Z, mientras que en la porción central de las bandas A, existe otra zona diferenciada por su aspecto más claro, la zona AH según la nomenclatura actual. Las otras dos fracciones de banda A que quedan situadas a cada lado de esta zona AH se denominan banda AI. En algunos modelos, en la parte central de la zona AH se distingue una línea oscura, que se denomina línea M.

Esta alternancia de zonas refleja la disposición altamente ordenada de las miofibrillas que constituyen el componente contráctil de la fibra muscular. En la zona AH aparecen exclusivamente filamentos gruesos, y la zona AI está provista de filamentos finos y gruesos. En las bandas I existen únicamente filamentos delgados, dispuestos en dos mitades idénticas a cada lado de la línea Z central.

En sentido transversal, aparece también una disposición altamente organizada y estable (Ver figura 2.5. derecha). Varía en función del lugar en el que se efectúe el corte. A nivel de la banda I aparecen los miofilamentos delgados en disposición hexagonal A nivel de la banda AH aparecen los miofilamentos gruesos, también en disposición hexagonal. A nivel de la zona AI coexisten filamentos gruesos y delgados, de manera que cada miofilamento grueso está rodeado de seis miofilamentos delgados, y cada miofilamento delgado se sitúa equidistante entre tres miofilamentos gruesos.

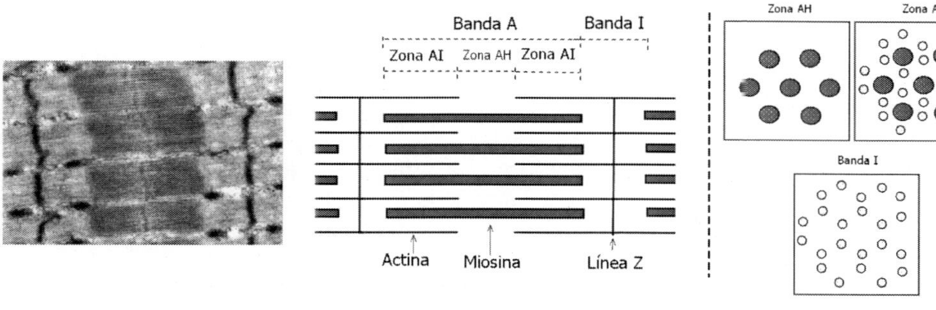

Figura 2.5. Estructura del sarcómero: longitudinal (izquierda) y transversal (derecha).

1.2. Proceso de contracción muscular

1.2.1. Control neurológico del movimiento

En este apartado realizaremos un repaso de los principales conceptos relacionados con el control neurológico del movimiento, que permitirá comprender más fácilmente el proceso de la contracción muscular.

Las neuronas son células excitables que conducen los impulsos, que hacen posibles todas las funciones del sistema nervioso. Están formadas por 3 partes: cuerpo celular, una o más ramificaciones conocidas como dendritas, y una proyección larga llamada axón. Las neuronas pueden ser de tres tipos: sensoriales, motoras e interneurales.

Las neuronas motoras transmiten impulsos desde el encéfalo y la médula espinal hacia el músculo. El axón es una prolongación única que se extiende desde una porción cónica del cuerpo celular y conduce los impulsos lejos del cuerpo celular. Su longitud es variable, desde un metro hasta unos milímetros. Algunos axones están rodeados por una envoltura segmentada de una sustancia llamada mielina. La mielina es un material graso blanco formado por células de

Schwann. La vaina de mielina aporta aislamiento eléctrico a los axones. Estás fibras nerviosas que contienen mielina se denominan fibras mielínicas, y transmiten señales nerviosas con una rapidez extrema debido a un proceso llamado conducción saltatoria, que veremos más adelante. Estas señales regulan principalmente la actividad muscular rápida. Las fibras amielínicas controlan estructuras como los vasos sanguíneos. El nódulo de Ranvier son unas indentaciones entre células de Schwann adyacentes, y es por tanto el lugar donde la vaina de mielina se interrumpe de forma periodica.

La unión neuromuscular es la unión entre la terminación nerviosa y la fibra muscular. En la figura 2.6. se ilustra una unión neuromuscular. La fibra nerviosa se ramifica en su extremo para formar un complejo de terminales axonianas ramificadas, que se llama placa terminal, que se invagina en la fibra muscular. La invaginación de la membrana de la fibra muscular se llama conducto sináptico, y el espacio entre la terminación nerviosa y la membrana hendidura sináptica. En el fondo del conducto se encuentran numerosos pliegues de la membrana muscular, que forman hendiduras subneurales, que incrementan ampliamente el área sobre la cual puede actuar el transmisor sináptico. En la terminación del axón se encuentran gran cantidad de mitocondrias que envían energía para la síntesis del transmisor excitatorio acetilcolina, que a su vez excita a la fibra muscular. La acetilcolina se sintetiza en el citoplasma de la terminal, pero se absorbe con rapidez hacia muchas vesículas sinápticas. En la superficie de las hendiduras subneurales se encuentran agregados de la enzima colinesterasa, capaz de destruir a la acetilcolina.

Los medios por los que las neuronas "hablan" unas con otras son los neurotransmisores. A billones, o probablemente a trillones, de sinapsis repartidas por todo el cuerpo, las neuronas presinápticas liberan neurotransmisores que facilitan, estimulan o inhiben neuronas postsinápticas y células efectoras.

Se llama unidad motora a una neurona motora y todas las fibras musculares que inerva (puede ser hasta miles de fibras). La unidad motora es la identidad funcional básica de la actividad muscular. Todas las fibras de una unidad motora se contraen juntas cuando son estimuladas por la neurona motora. Los músculos que tienen una función de gran precisión, tal como los músculos de los ojos, pueden tener unidades motoras con pocas fibras musculares por neurona motora. Los cambios en el número de unidades motoras activas en estos pequeños grupos musculares pueden producir una perfecta graduación en la fuerza, que es necesaria para movimientos precisos del ojo. Por el contrario, el cuádriceps que mueve la pierna con menos precisión puede tener varios cientos de fibras por unidad motora.

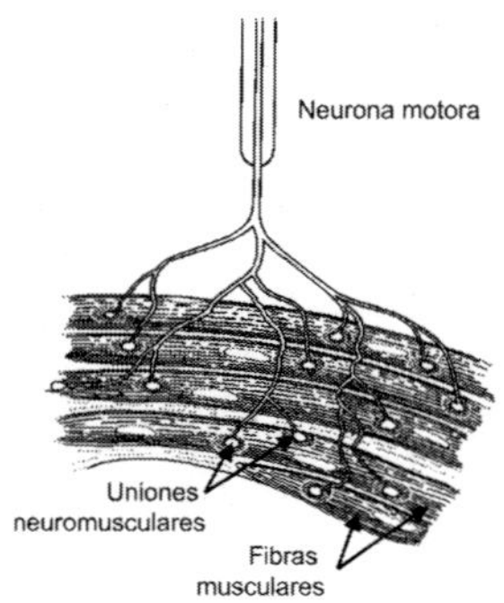

Figura 2.6. Unión neuromuscular.

1.2.2. Descripción de los eventos

1. El impulso nervioso viaja a todas las fibras de la unidad motora: para que se inicie el proceso de contracción muscular es necesario un estímulo nervioso. Todas las fibras nerviosas tienen un potencial eléctrico de -90 milivoltios, que se llama potencial de membrana. Viene dado por las diferencias de concentración iónica a través de la membrana celular; la concentración de iones potasio (-) en el interior de la membrana es muy elevada en comparación con su concentración en el exterior, a la vez que tiene una elevada concentración de iones sodio (+) en el exterior. Cuando la fibra nerviosa se estimula apropiadamente, los conductos de sodio de la membrana se vuelven muy permeables, y los iones sodio de carga positiva pasan por tanto en este momento en grandes cantidades hacia el interior del axón, y hacen que el potencial de membrana se vuelva súbitamente positivo en lugar de negativo. Pero esto dura menos de una milésima de segundo, y una vez que ha pasado, salen de nuevo los iones de potasio hacia el exterior, y restablecen así la negatividad dentro de la membrana. Cuando viaja un impulso dentro de la fibra nerviosa, ésta no puede transmitir un segundo impulso hasta que no se haya repolarizado su membrana. Por esta razón se dice que la fibra se encuentra en estado refractario, y el tiempo que se conserva así se llama periodo refractario. Este cambio secuencial del potencial de membrana de negativo a positivo, y a continuación otra vez a negativo, se llama potencial de acción y es así como viajan las señales nerviosas, llamadas impulsos nerviosos.

Si un estímulo tiene la potencia suficiente para producir un impulso nervioso, este estímulo viajará en ambas direcciones a lo largo de la fibra hasta que se estimule toda ella. El estímulo débil no hace que se despolarice sólo una parte del nervio, el estímulo es o no es de intensidad suficiente para despolarizar toda la fibra. Esto se conoce como **ley del todo o nada**.

Recordar que cada fibra mielínica está rodeada de su vaina de mielina, interrumpida por un nodo de Ranvier aproximadamente cada milímetro, en toda su longitud. En todos estos nodos puede ocurrir despolarización de la membrana, pero debajo de la vaina de mielina no ocurre despolarización de la membrana, por las propiedades aislantes de esta sustancia. Más bien los impulsos se trasmiten a lo largo del nervio mielínico, por un proceso llamado conducción saltatoria. Una vez se despolariza el primer nodo de Ranvier, la corriente eléctrica se difunde alrededor del exterior de la vaina de mielina, y también hasta la parte central de la fibra por todo el camino hasta el siguiente nodo de Ranvier, que como consecuencia también se despolariza. La corriente generada por este primer nodo de Ranvier produce el mismo efecto a continuación en el nodo que sigue; por tanto el impulso "salta" de un nodo a otro, lo que constituye el proceso llamado **conducción saltatoria**.

El valor de la conducción saltatoria viene dado por dos razones: a) la velocidad de conducción sobre la fibra es mucho más rápida, ya que el proceso de despolarización salta a intervalos largos sobre la fibra nerviosa, b) disminuye la cantidad de energía que requiere el nervio para la transmisión del impulso, ya que impide la despolarización de grandes zonas del nervio, y por tanto, evita el paso de grandes cantidades de sodio hacia el interior y de potasio hacia el exterior de las fibras al transmitirse cada impulso nervioso.

El haz nervioso cuenta con dos formas para transmitir señales de intensidad diferente. Esta forma consiste en transmitir impulsos: a) de manera simultánea sobre un número variable de fibras nerviosas, lo que se llama *sumación espacial*, y b) a frecuencia lenta o rápida sobre la misma fibra, lo que se llama *sumación temporal*.

2. Liberación de los neurotransmisores (acetilcolina): cuando llega un impulso nervioso a la unión neuromuscular, el paso del potencial de acción sobre la membrana de la terminación nerviosa hace que muchas de las vesículas pequeñas de acetilcolina almacenadas en la terminación se rompan en la membrana terminal de la hendidura sináptica, entre ésta y la membrana de la fibra muscular. La acetilcolina actúa a continuación sobre la membrana muscular plegada, incrementando su permeabilidad a los iones de sodio. Este aumento de la permeabilidad permite, a su vez, el escape de iones sodio con carga positiva hacia el interior de la fibra, que despolariza de inmediato esta zona local de la membrana muscular. Esta despolarización local envía un potencial de acción que viaja en ambas direcciones a lo largo de la fibra.

3. La onda de despolarización viaja alrededor y hacia adentro de la fibra muscular vía los Túbulos-T: las fibras del músculo estriado transmiten impulsos exactamente igual a como lo hacen las fibras nerviosas. La velocidad normal de transmisión en las fibras de músculo estriado es de aproximadamente 4 metros por segundo, en contraste con 50 a 100 metros por segundo de las grandes fibras mielínicas. Estos potenciales de acción, que se difunden a lo largo de la membrana, casi no producen flujo de corriente hacia la profundidad de la fibra. Para producir la contracción, estas corrientes eléctricas deben penetrar hacia la vecindad de todas las miofibrillas. Esto se logra mediante la transmisión de los potenciales de acción a lo largo de los túbulos T que penetran en todo el espesor de la fibra muscular, desde un lado a otro.

4. El potencial de acción llega al terminal de la cisterna y causa la liberación del calcio: el potencial de acción que viaja a lo largo de los túbulos T, hace que fluya corriente a través de las cisternas en los sitios en que éstos lindan con el túbulo T. Este flujo de corriente produce, a su vez, liberación rápida de iones calcio desde las cisternas terminales hasta el sarcoplasma circundante. A continuación ocurre el acortamiento del sarcómero que se describe en el siguiente apartado.

1.2.3. Acortamiento del sarcómero

Después del vaciado de calcio al sarcoplasma, éste se fija a la troponina en los lugares de combinación específicos. La formación de los complejos troponina-calcio induce modificaciones de la troponina, que se traduce en desplazamiento de la tropomiosina, con lo que los lugares activos de la actina quedan al descubierto, pudiendo de esta manera establecerse libremente "puentes cruzados" de unión acto-miosínica entre filamentos gruesos y finos.

La capacidad ATPásica es necesaria para los procesos siguientes de giro de bisagra y rotura de los puentes formados. El acortamiento del sarcómero y la contracción muscular ocurren por sucesión de ciclos de formación de puentes acto-miosínicos, giro en bisagra y rotura de puentes. Veamos a continuación este proceso en 4 etapas:

1) **Hidrólisis de ATP**, la energía resultante de la hidrólisis posibilita enderezar la cabeza de miosina que se encontraba "agachada", formando un ángulo de unos 90° con el cuerpo del miofilamento grueso, de manera que ahora quedará enfrentada directamente al lugar activo de la actina, situado más próximo, y que ya ha sido previamente desbloqueado. El giro se produce a nivel de uno de los dos puntos de torsión de la zona del "cuello" de la miosina.

2) **Formación de los enlaces acto-miosínicos**, con liberación del fosfato. Para que esta etapa se produzca se hace necesaria la presencia de calcio.

3) La **activación y formación de puentes cruzados actomiosínicos** no produce disminución alguna de la longitud del sarcómero. Para que ocurra es necesario que estos puentes cruzados empujen los filamentos delgados de cada lado hacia el centro del sarcómero, acercando las líneas Z adyacentes, y disminuyendo las distancias entre ellas. Ahora interviene nuevamente la zona del cuello de la miosina, que vuelve a girar nuevamente hasta los 90°, con lo que se produce un efecto de empuje sobre el filamento delgado, de manera que éste tiende a ser desplazado hacia el centro del sarcómero. En el transcurso de este proceso se libera el ADP que todavía permanecía unido a la cabeza de la miosina.

4) Se fija una nueva molécula de ATP en el lugar destinado a la cabeza de la miosina, con lo que se produce la **rotura del enlace acto-miosínico preformado** y se **reinicia** el ciclo.

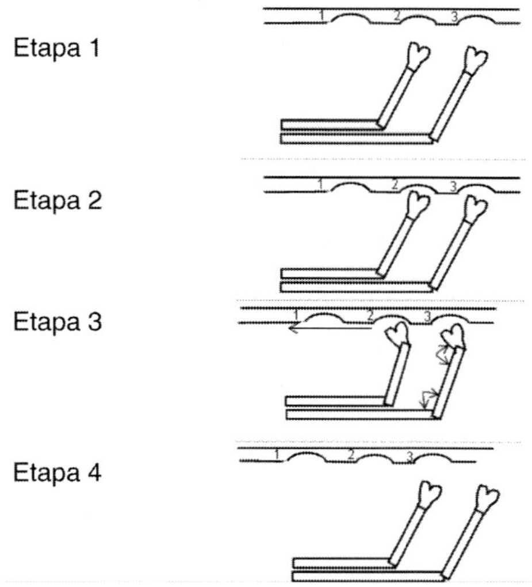

Figura 2.7. Acortamiento del sarcómero.

Como este fenómeno, que hemos descrito en 4 etapas, se produce en ambos costados del sarcómero, resulta que este se acorta disminuyendo la anchura de la banda I, aunque la de la banda A no se ve modificada. La zona AI aumenta, mientras que en la zona AH se produce un estrechamiento similar. Si la contracción prosigue la zona H puede llegar incluso a desaparecer.

Este proceso de acortamiento del sarcómero continúa repitiéndose hasta que 1) finaliza el impulso nervioso, y por tanto el calcio vuelve a las cisternas terminales del retículo sarcoplásmico, 2) se agota el ATP, 3) chocan los miofilamentos de la miosina con las líneas Z, y/o 4) aumentan los productos metabólicos producidos e inhiben este proceso.

1.3. Tipos y propiedades de las fibras musculares

1.3.1. Tipos y propiedades de las fibras musculares

Tradicionalmente las fibras musculares se han clasificado en tres tipos: fibras tipo I, tipo IIa y tipo IIb (aunque se podrían hacer más subdivisiones).

Las **fibras tipo I** son células rojas debido a la presencia de mioglobina. Contienen relativa baja cantidad de miosin-ATPasa, y por lo tanto se contraen lentamente. Este tipo de fibras tienen numerosas mitocondrias, localizadas principalmente en la periferia de las fibras y cerca de los capilares sanguíneos, que aportan oxígeno y nutrientes, así como enzimas mitocondriales. Las fibras tipo I tienen una gran capacidad del metabolismo oxidativo, y por tanto son resistentes a la fatiga. Estas fibras se utilizan fundamentalmente y están "especializadas" en ejercicios de larga duración, tales como: aeróbic, carrera, natación, spinning...

Las **fibras tipo IIb** son mucho más pálidas, porque contienen menor cantidad de mioglobina. Estas fibras tienden a tener un diámetro mayor que las tipo I. Tienen una gran actividad miosin-ATPasa, lo que implica que la contracción y relajación es más rápida, y así de esta forma pueden desarrollar una mayor potencia máxima que las de tipo I. Estas fibras tienen pocas mitocondrias y una pobre densidad capilar, pero tienen altos contenidos de glucógeno y fosfocreatina en comparación con las de tipo I. La alta actividad de las enzimas glucolíticas dota a las fibras tipo IIb de una alta capacidad para producir rápidamente ATP, cuando las necesidades de energía exceden a la producción por vía de la fosforilación oxidativa; en otras palabras, tienen una alta capacidad anaeróbica. Las fibras tipo IIb son las más apropiadas para realizar esfuerzos de gran potencia y de corta duración, pero por el contrario son rápidamente fatigables.

Las **fibras tipo IIa** son células rojas con características metabólicas y fisiológicas que están entre las propiedades extremas de los dos tipos de fibras musculares anteriores, las tipo I y las IIb. Poseen una alta actividad miosin-ATPasa, como las fibras tipo II, pero también tienen capacidad oxidativa más semejante a las de tipo I.

Características	Tipo I	Tipo IIa	Tipo IIb
	Lentas, rojas, oxidativas, resistentes a la fatiga	Rápidas, rojas, oxidativas, glucolíticas y resistentes a la fatiga	Rápidas, blancas, glucolíticas, fatigables
Tamaño de la motoneurona	Pequeño	Grande	Grande
Frecuencia de reclutamiento	Baja	Media	Alta
Velocidad de contracción	Lenta	Rápida	Rápida
Velocidad de relajación	Lenta	Rápida	Rápida
Potencia máxima	Baja	Alta	Alta
Resistencia	Alta	Media	Baja
Densidad capilar	Alta	Media	Baja
Densidad mitocondrial	Alta	Media	Baja
Carácter metabólico	Oxidativa	Intermedia	Glucolítica
Contenido de mioglobina	Alto	Medio	Bajo
Actividad de las enzimas glucolíticas	Baja	Alta	Alta
Actividad de las enzimas oxidativas	Alta	Baja	Baja
Contenido de glucógeno	Bajo	Alto	Alto
Contenido de triglicéridos	Alto	Medio	Bajo
Contenido de fosfocreatina	Bajo	Alto	Alto
Actividad miosin-TPasa	Baja	Alta	Alta

Tabla 2.1. Características de los tipos de fibras musculares (Maughan et al., 1997).

1.3.2. Distribución del tipo de fibras en diferentes músculos y poblaciones

Es importante destacar que los músculos de las extremidades superiores e inferiores tienen una proporción similar de fibras rápidas y lentas, a excepción del músculo sóleo, que tiene una mayor proporción de fibras lentas.

Parece que no existe diferencia entre sexos en la distribución del tipo de fibras musculares, la diferencia sólo ocurre en el tamaño del músculo. En los grandes deportistas sí que existen marcadas diferencias en la distribución del tipo de fibras. Aquellos atletas de largas distancias tienen principalmente fibras lentas mientras que los velocistas tienen fibras rápidas (ver tabla 2.2.).

Deporte	**Porcentaje de fibras tipo I en el vasto lateral**
Ciclistas	61.4
Remeros	61.4
Corredores de orientación	68.8
Corredores	58.9
Velocistas	26.0
Nadadores	57.7
Levantadores de peso	46.1
Futbolistas	52.9
Desentrenados	42.1

Tabla 2.2. Porcentaje de fibras tipo I en el vasto lateral en diferentes deportes (Kuzon et al. 990).

Las características de las fibras musculares se determinan en los primeros años de vida (determinadas genéticamente), y varían muy poco a lo largo de la vida. A medida que las personas avanzan de edad pierden fibras rápidas, como consecuencia de envejecimiento y de la inactividad física.

2. ESTRUCTURA Y FUNCIÓN DEL SISTEMA RESPIRATORIO

Funcionalmente el sistema respiratorio se compone de un grupo de procesos regulados entre sí, de ellos estudiaremos: la ventilación pulmonar (respiración), y el intercambio gaseoso en los pulmones y tejidos, ya que el transporte de los gases por la sangre se estudiará en el apartado 3 de este mismo capítulo.

2.1. Estructura del sistema respiratorio

2.1.1. Tracto respiratorio superior

El aire entra por la vía respiratoria a través de los orificios nasales externos. A continuación, fluye por las cavidades nasales derecha e izquierda, que están revestidas por mucosa respiratoria. Estas dos cavidades están separadas por el tabique nasal. La superficie de las cavidades nasales está humedecida por moco y calentada por la sangre que fluye inmediatamente debajo de ella.

La faringe es la estructura que muchos de nosotros llamamos <garganta>. Mide aproximadamente 12.5 cm y se puede dividir en 3 porciones:

- Nasofaringe: es la parte superior del tubo y se encuentra inmediatamente por detrás de las cavidades nasales.
- Orofaringe: es la porción situada detrás de la boca.
- Laringofaringe: es el segmento más bajo.

La faringe en conjunto desempeña el mismo papel para la vía respiratoria y digestiva. El aire y los alimentos pasan a través de la faringe en su camino hacia los pulmones y el estómago, respectivamente.

La laringe está situada inmediatamente por debajo de la faringe. Es un conducto cartilaginoso corto que contiene el cartílago tiroides, comúnmente conocido como "nuez de Adán", y las cuerdas vocales para la producción de sonido, y comunica la laringe-faringe con la tráquea. Una lengüeta de cartílago, llamada epiglotis, cierra la entrada de la laringe durante la deglución para evitar que los alimentos pasen a la tráquea.

2.1.2. Tracto respiratorio inferior

La tráquea es un tubo de unos 11cms de longitud que se extiende desde la laringe en el cuello hasta los bronquios en la cavidad torácica. La tráquea realiza una función simple pero vital; proporciona parte del conducto abierto a través del cual el aire puede llegar a los pulmones desde el exterior. Está formado por un material casi incolapsable: 15 a 20 anillos de cartílagos con forma de C, colocados uno sobre otro.

La tráquea se divide en su extremo inferior en dos bronquios principales, el derecho y el izquierdo. Cada bronquio principal entra en el pulmón y se divide inmediatamente en bronquios más pequeños, denominados bronquios secundarios. Éstos siguen ramificándose, dando lugar a los bronquios terciarios y a los bronquiolos.

La estructura de los bronquios secundarios y terciarios y de los bronquiolos muestra alguna diferencia con respecto a la de los bronquios principales. Los anillos cartilaginosos se hacen irregulares, y desaparecen por completo en los pequeños bronquiolos.

Los bronquiolos se subdividen en tubos cada vez más pequeños, terminando en ramos microscópicos, que se dividen en los conductos alveolares, que terminan en varios sacos alveolares, en cuyas paredes se encuentran los alvéolos.

En los conductos y sacos alveolares y en los alvéolos sólo persiste la capa de células de la superficie interna (una única capa de epitelio escamoso simple). Así, esta estructura permite la realización de sus funciones.

Los alvéolos envueltos por una red de capilares, llevan a cabo la función primordial del pulmón, el intercambio de gases entre el aire y la sangre.

Los pulmones están formados por todas las estructuras mencionadas anteriormente, desde los bronquios lobulares hasta los alvéolos, se localizan en la cavidad torácica, y están separados entre sí por el mediastino. La porción superior estrecha de cada pulmón, que llega hasta debajo de la clavícula, es el vértice o ápex; la porción inferior más ancha, que se apoya sobre el diafragma, es la base. La pleura cubre la superficie externa de los pulmones y reviste la superficie interna de la caja torácica. La pleura recuerda a otras membranas serosas en cuanto a estructura y función, como el pericardio, la pleura es una membrana extensa, fina, húmeda y deslizante. Los pulmones por tanto, realizan dos funciones, la distribución del aire y el intercambio de gases.

2.2. Volúmenes pulmonares

Se pueden diferenciar varios volúmenes pulmonares, que a continuación se explican:

- Volumen corriente o volumen Tidal (VT): volumen de aire inspirado o espirado por respiración.
- Volumen de reserva de inspiración (VRI): el volumen de aire desde una inspiración tidal o normal hasta una inspiración máxima.
- Volumen de reserva espiratoria (VRE): el volumen de aire desde una espiración tidal o normal hasta una espiración máxima.

- Volumen residual (VR): volumen de aire que permanece en los pulmones después de una espiración máxima.
- Capacidad pulmonar total (CPT): el volumen de aire en los pulmones después de una inspiración máxima.
- Capacidad vital (CV): CPT - VR.

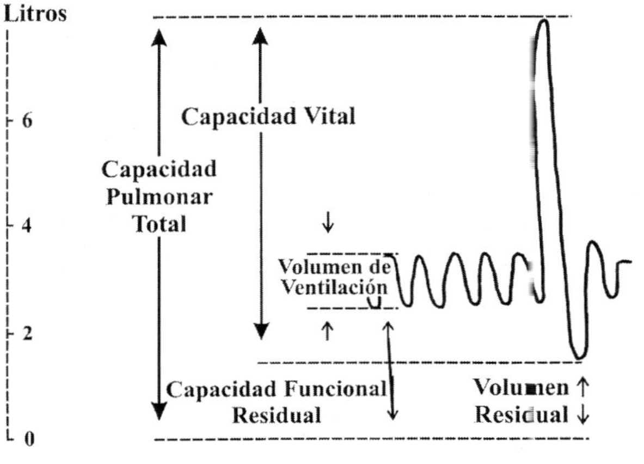

Figura 2.8. Volúmenes pulmonares.

La ventilación minuto es el volumen de aire respirado en un minuto, y está en función del volumen tidal y de la frecuencia respiratoria (número de respiraciones en un minuto).

Se conoce como espacio muerto anatómico a las áreas ocupadas por aire (boca, nariz, tráquea, bronquios y bronquiolos), pero en las que no ocurre un intercambio gaseoso. Y el espacio muerto fisiológico se refiere a los alvéolos, en donde apenas existe intercambio gaseoso porque el flujo de sangre y/o la ventilación es insuficiente, o porque existen otros problemas.

2.3. Ventilación

La ventilación se refiere al intercambio de aire entre el ambiente y los pulmones. Este movimiento de aire ocurre por diferencia de presión. A continuación nos centraremos en los músculos que intervienen en la respiración, y que hacen que los pulmones se expandan y retrocedan para generar las citadas diferencias de presión.

2.3.1. Músculos inspiratorios

Durante el reposo: los músculos intercostales externos y el diafragma están en función. La inspiración ocurre cuando la cavidad torácica aumenta de tamaño. Conforme el tórax se agranda, los pulmones se expanden junto con él y el aire entra en su interior hasta los alvéolos. Los músculos de la inspiración, clasificados como músculos inspiratorios, incluyen al diafragma y a los intercostales externos.

El diafragma es el músculo con forma de cúpula que separa las cavidades abdominal y torácica. El diafragma se aplana al contraerse durante la inspiración. En lugar de sobresalir en la cavidad torácica, se mueve hacia abajo, en dirección a la cavidad abdominal. Así pues, la contracción o aplanamiento del diafragma alarga la cavidad torácica en sentido vertical. Los músculos intercostales externos están situados entre las costillas. Al contraerse, agrandan el tórax, al aumentar su tamaño en sentido anteroposterior y transversal. La contracción de los músculos inspiratorios aumenta el volumen de la cavidad torácica y reduce la presión dentro de ella, aspirando aire hacia el interior de los pulmones.

Durante el ejercicio los músculos del diafragma, los intercostales externos, serrato anterior, escalenos y esternocleidomastoideo están activados. Durante la inspiración forzada de grandes volúmenes se utilizan músculos accesorios que aumentan el interior de la caja torácica. Los músculos escalenos del cuello y los esternocleidomastoideos, que se insertan en lo alto del esternón, juegan un papel importante, elevando hacia arriba la caja torácica más todavía, incrementando así el volumen torácico.

2.3.2. Músculos espiratorios

La espiración en reposo es un proceso pasivo que comienza cuando se relajan los músculos inspiratorios. La cavidad torácica vuelve entonces a su menor tamaño. La naturaleza elástica del tejido pulmonar hace también que estos órganos "se retraigan", y disminuyan de tamaño conforme el aire sale de los alvéolos y fluye hacia el exterior a través de las vías respiratorias.

Durante el ejercicio los músculos intercostales internos y abdominales están activos. Durante el ejercicio de espiración forzada se contraen los músculos espiratorios (intercostales internos y abdominales). Los músculos intercostales internos deprimen la caja torácica y disminuyen el tamaño antero-posterior del tórax. La contracción de los músculos abdominales empuja los órganos del abdomen contra la superficie inferior del diafragma, con lo que este se eleva y su forma de cúpula se hace más pronunciada, de tal forma que disminuye el tamaño vertical de la cavidad torácica. Conforme la cavidad torácica disminuye de tamaño, la presión del aire dentro de ella aumenta y el aire sale de los pulmones.

2.3.3. Control de la respiración

El sistema nervioso es el encargado de controlar la respiración, ajustando la frecuencia y la profundidad de la respiración en función de las necesidades corporales. El ritmo básico de la respiración depende del centro respiratorio, localizado en la sustancia reticular del bulbo raquídeo y protuberancia del tallo cerebral. Este centro está, a su vez, comprendido por tres grupos principales de neuronas que se llaman: área inspiratoria, área espiratoria y área neumotáxica.

Durante la respiración en reposo, es el área inspiratoria la que se activa aproximadamente cada 5 segundos, y hace que cada inspiración dure del orden de 2 segundos. La respiración normal es provocada casi por completo por los músculos inspiratorios, sin apenas contribución de los espiratorios, pues el aire sale de los pulmones por acción pasiva debido al rebote elástico de los pulmones y de la caja torácica. Sin embargo, durante ejercicios intensos el centro inspiratorio se activa, lo que produce la contracción de los músculos inspiratorios, provocando que el aire entre a los pulmones. Además, el área espiratoria también se activa durante la fase espiratoria del ciclo respiratorio, de tal forma que el aire es expulsado de los pulmones.

La estimulación del área neumotáxica incrementa el ritmo respiratorio y disminuye la profundidad de la respiración en un grado casi igual, de tal forma que apenas se modifica el volumen de aire respirado.

La frecuencia y la profundidad de las respiraciones está regulada por 4 factores diferentes que son: 1) presión del dióxido de carbono en la sangre, 2) concentración de los iones de hidrógeno de la sangre, 3) presión de oxígeno en la sangre, y 4) señales nerviosas de las áreas de regulación muscular del cerebro. Tiene mayor importancia en la regulación de la respiración la presión de dióxido de carbono y la concentración de iones de hidrógeno en la sangre que la presión de oxígeno, que es lo que cabría pensar.

2.4. Difusión

El intercambio de gases entre la sangre y el aire alveolar ocurre por difusión. La difusión es un proceso pasivo que origina movimiento a favor de un gradiente de concentración; es decir, las sustancias se mueven desde un área de concentración alta, hacia otra de concentración más baja. De este modo, el oxígeno del alvéolo pasa a la sangre, y el dióxido de carbono de la sangre pasa al alvéolo.

El intercambio de gases en los tejidos ocurre también por difusión, que produce movimiento del oxígeno desde un área de alta concentración (la sangre), hacia otra de concentración más baja (las células), donde hay necesidad de él. Mientras esto sucede, las moléculas de dióxido de carbono salen de las células y entran en los capilares titulares.

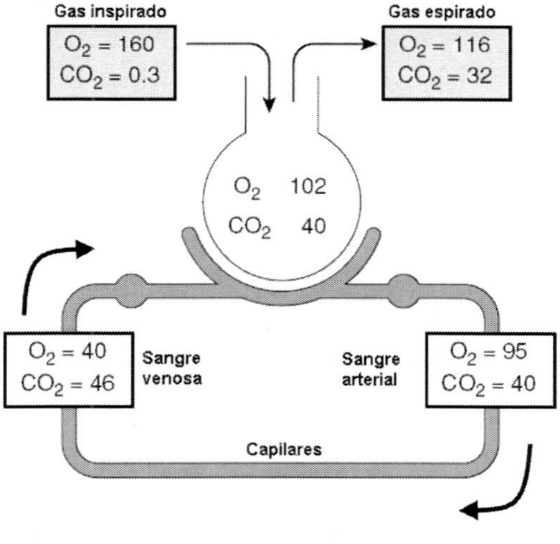

Figura 2.9. Presiones parciales de los gases en el proceso de difusión a nivel pulmonar y tisular. (Adaptado de Rodney et al., 2003).

El movimiento del oxígeno y del dióxido de carbono a través de la membrana celular está en función de la concentración de cada gas, y es el resultado de la presión parcial. La difusión ocurre por el movimiento de los gases desde lugares de alta concentración a otros de baja concentración.

A nivel tisular, donde se utiliza el oxígeno para el metabolismo y se produce dióxido de carbono como resultado, las presiones parciales de estos gases difieren considerablemente de las de la sangre arterial. En reposo, la presión parcial del oxígeno cae desde 100 mm de Hg en la sangre arterial hasta 40 mm de Hg a la salida del músculo, mientras que la presión parcial del dióxido de carbono se incrementa hasta 46 mm de Hg en el músculo, desde los 40 mm de Hg en la sangre arterial. En ejercicios aeróbicos muy pesados, la presión parcial de estos gases puede ser en el músculo de hasta 3 mm de Hg para el oxígeno, y 90 mm de Hg para el dióxido de carbono.

3. ESTRUCTURA Y FUNCIÓN DEL SISTEMA CARDIOVASCULAR

Las principales funciones del sistema cardiovascular son: transportar nutrientes, eliminar los productos de desecho, y ayudar en el mantenimiento de todas las funciones corporales.

3.1. Estructuras del sistema cardiovascular

3.1.1. El corazón

El corazón es un órgano muscular, pero no es macizo sino hueco. El interior del corazón está dividido en cuatro cavidades o cámaras cardíacas, las dos superiores se llaman aurículas y las dos inferiores ventrículos. Las cavidades izquierdas están separadas de las derechas por una prolongación de la pared cardíaca llamada septo o tabique; y en cada lado la aurícula está separada del ventrículo por una válvula.

Las aurículas se denominan con frecuencia cámaras receptoras, debido a que la sangre entra al corazón a través de los vasos, llamados venas, que desembocan en esas cavidades superiores. Sus paredes no son muy gruesas, porque no necesitan de gran fuerza para mover la sangre de la aurícula al ventrículo.

Los ventrículos reciben la sangre de las aurículas y la bombean fuera del corazón por unos vasos llamados arterias, por eso los ventrículos se llaman también cámaras de descarga. Debido a que se requiere más fuerza para bombear la sangre tan lejos, el músculo de los ventrículos es más grueso que el de las aurículas.

El nombre de cada cámara indica su localización: las aurículas, derecha e izquierda, por arriba y los ventrículos, derecho e izquierdo, por abajo.

Existen unos dispositivos mecánicos que permiten el paso de la sangre en una sola dirección llamados válvulas cardíacas. Cuatro juegos de válvulas facilitan el normal funcionamiento del corazón. Dos de ellas, las válvulas auriculo-ventriculares custodian las aberturas entre las aurículas y los ventrículos (orificios auriculoventriculares) [Válvula auriculoventricular derecha: válvula tricúspide; Válvula auriculoventricular izquierda: válvula mitral]. Las válvulas semilunares, están situadas en el punto donde la aorta y la arteria pulmonar arrancan de los ventrículos izquierdo y derecho, respectivamente: Válvula semilunar aórtica (situada a la entrada de la aorta) y Válvula semilunar pulmonar (situada a la entrada de la arteria pulmonar).

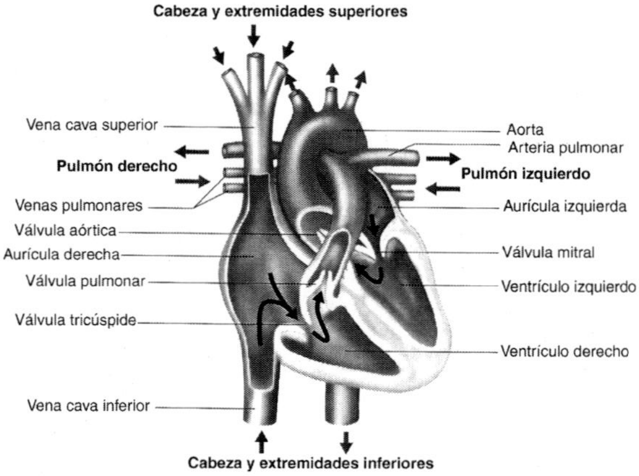

Figura 2.10. Estructura del corazón y flujo de sangre a través de sus cavidades. (Adaptado de Baechle y Earle, 2000).

3.1.1.2. Frecuencia cardiaca

La frecuencia cardíaca (FC) es el número de latidos del corazón por minuto, y puede valorarse por el pulso (es la pulsación que puede sentirse a través de la pared arterial cuando el corazón expulsa la sangre mediante un latido) en diferentes sitios, siendo los más comunes en la arteria radial y carotídea.

Aunque el nódulo SA inicia cada latido en el corazón (ver apartado 3.1.1.4.), la frecuencia que determina no es inalterable, de forma que varios factores pueden modificarla. Uno de los modificadores más importantes de la función del nódulo SA, y por lo tanto de la FC, es la relación entre los estímulos simpáticos y parasimpáticos que llegan al nódulo por minuto. El control autónomo de la FC es el resultado de las influencias contrapuestas de ambos sistemas: simpático y parasimpático. Los efectos parasimpáticos en el corazón son inhibidores, mientras que los efectos simpáticos son estimuladores. Durante el ejercicio, la FC aumenta de forma lineal con el incremento de la carga de trabajo en ejercicios aeróbicos. En ejercicios de fuerza, la FC está todavía más incrementada.

3.1.1.2. Volumen sistólico

El volumen sistólico (VS) es el volumen de sangre expulsado por el ventrículo (normalmente se toma de referencia el ventrículo izquierdo) con cada latido, medido en mililitros. El VS es el resultado de restar al volumen diastólico final (VDF) (cantidad de sangre en el ventrículo izquierdo al final de la diástole) el volumen sistólico final (VSF) (volumen de sangre al final de la sístole en el ventrículo izquierdo).

Existen factores mecánicos, neurológicos y químicos que regulan el VS. Durante el ejercicio el VDF aumenta, y por tanto, las fibras musculares de las paredes del corazón se estiran, lo que provoca una mayor contracción del corazón (Mecanismo de Frank-Starling: cuanto más distendidas estén las fibras del miocardio (siempre dentro de unos límites), mayor será la contracción del corazón). El aumento de la estimulación simpática que libera catecolaminas también provoca una mayor contractilidad cardíaca, que se traduce en un aumento del VS.

3.1.1.3. Gasto cardíaco

El gasto cardíaco (GC) es la cantidad de sangre que el corazón bombea por unidad de tiempo. Normalmente se expresa como: L (o ml) min-1. El GC se puede expresar según la siguiente ecuación:

$$GC = VS \times FC$$

3.1.1.4. Sistema de conducción eléctrico del corazón

Un sistema de conducción eléctrica especializado controla la contracción mecánica del corazón. El sistema de conducción comprende:

- Nódulo sino-auricular (nódulo SA).
- Nódulo auricolo-ventricular (nódulo AV).
- Fascículo auriculo-ventricular (Haz de Hiss).
- Fibras de Purkinje.

El impulso cardiaco normal, que inicia la contracción mecánica del corazón, nace del nódulo SA que se localiza en la pared lateral superior de la aurícula derecha. Estos impulsos se desplazan rápidamente por las fibras musculares de ambas aurículas. Un haz interauricular de fibras de conducción facilita la conducción rápida hacia la aurícula izquierda. Así estimuladas, las aurículas comienzan a contraerse. Cuando el potencial de acción llega al nódulo AV procedente de la aurícula derecha, a través de los tres haces internodales de fibras de conducción, su conducción se hace notablemente más lenta, dando así lugar a la contracción auricular completa antes de llegar a los ventrículos. Después de atravesar lentamente el nódulo AV, la velocidad de la conducción aumenta cuando el impulso se mueve por el haz auriculoventricular (haz de His) hasta los ventrículos. Aquí, las ramas derecha e izquierda del haz de Hiss y las fibras de Purkinje en las que terminan, conducen los impulsos por el músculo de ambos ventrículos, provocando su contracción de forma casi simultánea.

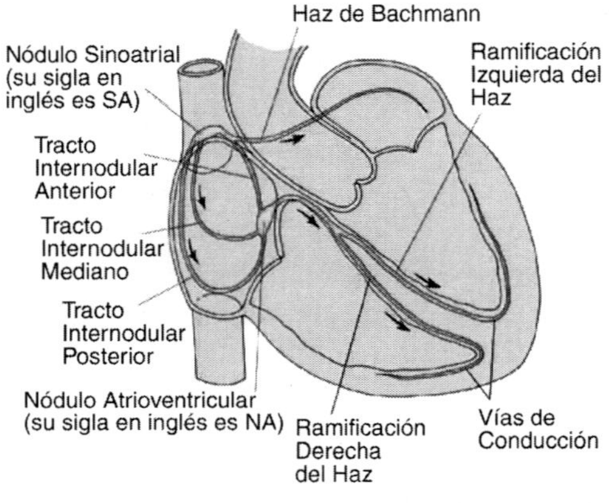

Figura 2.11. Sistema de conducción eléctrico del corazón.

3.1.2. Los vasos sanguíneos

Los vasos sanguíneos son los conductos por los que circula la sangre por todo el cuerpo, formando un circuito cerrado. Hay tres clases de vasos sanguíneos: arterias, capilares y venas.

3.1.2.1. Arterias

Las arterias son grandes vasos de distribución que transportan la sangre desde que sale del corazón y la alejan de éste. Las arterias, que poseen una fuerte pared muscular, se subdividen cada vez en vasos más pequeños, hasta llegar finalmente a las diminutas arteriolas. Las arteriolas controlan la sangre que pasa a los capilares, cerrándose o dilatándose en función de las necesidades de los tejidos.

3.1.2.2. Capilares

Los capilares son vasos microscópicos, que llevan sangre desde las pequeñas arterias a las pequeñas venas, es decir, desde las arteriolas hasta las vénulas. Su función principal es el intercambio de gases, líquidos, nutrientes, electrolitos, hormonas y otras sustancias, entre la sangre y los tejidos corporales. La fina pared de los capilares facilita el movimiento de estas sustancias a través de ella.

3.1.2.3. Venas y vénulas

Las venas son los vasos que llevan la sangre hacia el corazón. Todas ellas, excepto las venas pulmonares, llevan sangre no oxigenada. Las pequeñas venas se denominan vénulas, que se unen unas con otras y aumentan de tamaño para convertirse en venas. Como la presión sanguínea en las venas es baja, la pared de éstas es más fina que la de las arterias, pero está rodeada por tejido muscular, que permite la vasodilatación o vasoconstricción, de tal forma que las venas actúan como reservas de sangre. Además, algunas venas (p.e. las venas de las extremidades inferiores), poseen válvulas que ayudan a mantener el retorno venoso, especialmente útiles en posición de pie, pues ayudan a que la sangre retorne al corazón venciendo la fuerza de la gravedad.

Tipo de vaso	**Túnica íntima** (endotelio)	**Túnica media** (músculo liso tejido conjuntivo elástico)	**Túnica adventicia** (tejido conjuntivo fibroso)
Arterias	Revestimiento liso	Permite la contracción y dilatación de los vasos; más gruesa que en las venas; músculo inervado por fibras autónomas	Permite el sostén flexible, que resiste el colapso o la lesión; más gruesa que las venas; más delgada que la túnica media
Venas	Revestimiento liso con válvulas semilunares para asegurar lacirculación en un solo sentido	Permite la contracción y dilatación de los vasos; más fina que en las arterias; músculo inervado por fibras autónomas	Permite el sostén flexible, que resiste el colapso o la lesión; más fina que las arterias; más gruesa que la túnica media
Capilares	Forma la totalidad de la pared capilar; su finura permite el fácil transporte a través de la pared vascular	(Ausente)	(Ausente)

Tabla 2.3. Estructura de los vasos sanguíneos.

3.2. Circulación sanguínea

3.2.1. Circulación sistémica

El flujo de sangre desde el ventrículo izquierdo del corazón, a través de los vasos sanguíneos, a todas las partes del cuerpo y de regreso a la aurícula derecha, ha sido descrito como circulación sistémica.

El ventrículo izquierdo bombea la sangre hacia la aorta. Desde ésta, la sangre fluye por las arterias que la transportan hasta los tejidos y órganos del cuerpo. Dentro de cada estructura, la sangre se mueve desde las arterias hasta las arteriolas y hasta los capilares. En los capilares se produce el intercambio bidireccional de sustancias entre la sangre y las células, un proceso de importancia vital. A continuación, la sangre sale de cada órgano por medio de sus vénulas y después de sus venas, para drenar eventualmente en la cava inferior o en la superior. Esas dos grandes venas devuelven la sangre venosa a la aurícula derecha del corazón para completar la circulación sistémica.

3.2.2. Circulación pulmonar

Pero la sangre todavía no ha completado el círculo completo hasta el punto de origen, en el ventrículo izquierdo. Para hacerlo y poder comenzar otra vez su camino, debe fluir primero a través de otro circuito, conocido como *circulación pulmonar*. En la figura 2.12. se aprecia que la sangre venosa circula desde la aurícula derecha al ventrículo derecho, a la arteria pulmonar, a las arteriolas pulmonares y a los capilares pulmonares. En esos capilares tiene lugar el intercambio de gases entre la sangre y el aire, con lo que el color oscuro típico de la sangre venosa se transforma en el color escarlata de la sangre arterial. Esta sangre oxigenada fluye después a través de las vénulas pulmonares hacia las cuatro venas pulmonares, para volver a la aurícula izquierda. Desde allí pasa al ventrículo izquierdo, y será bombeada otra vez a través de la circulación sistémica.

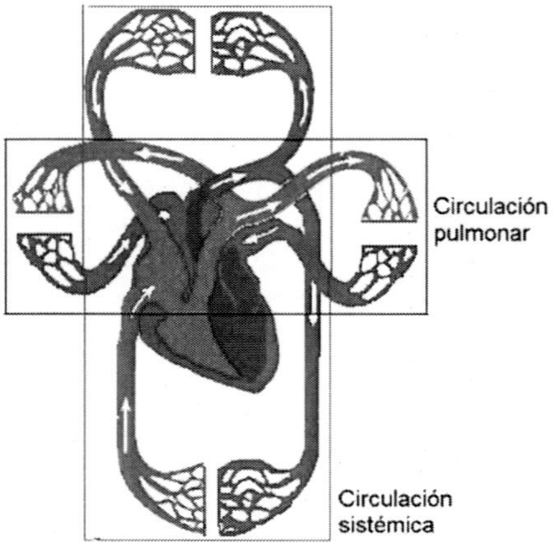

Figura 2.12. Circulación sistémica y pulmonar.

3.2.3. Circulación coronaria

Si bien las cámaras del corazón contienen sangre en todo momento, esta sangre suministra muy poca nutrición al músculo cardíaco. Las arterias coronarias que se encuentran en la superficie externa del corazón, son la vía de aporte de sangre para el epicardio (capa protectora externa), y el miocardio (capa muscular media que es la masa de la pared cardíaca gruesa y contráctil). El endocardio (revestimiento interno del corazón) es nutrido directamente de la sangre que circula por las cámaras del corazón.

3.2.4. Control de la circulación

3.2.4.1. Patrón de distribución de la sangre

Los patrones de distribución de la sangre pueden verse modificados por factores que controlan los cambios de diámetro de las arteriolas. Se podría decir que estos factores constituyen el **mecanismo de control vasomotor**. El control de la distribución de la sangre es debido a la capacidad de los vasos para autorregular su propio flujo de sangre, dependiendo de las necesidades inmediatas de los tejidos a los que abastecen, y también es una respuesta directa a los cambios en el ambiente químico local de los tejidos (demanda de oxígeno e incremento de productos de desecho).

Los principales depósitos de sangre son los plexos venosos, y los senos de la piel y de los órganos abdominales (sobre todo el hígado y el bazo). En otras palabras, los depósitos de sangre son las redes venosas de las principales partes del cuerpo, excepto las de los músculos esqueléticos, corazón y cerebro.

En la tabla 2.4. se muestra en valores absolutos y relativos la distribución del volumen de sangre en el sistema circulatorio durante el reposo.

Durante el ejercicio no sólo aumenta el flujo sanguíneo global, sino que cambia el flujo de sangre relativo de los distintos órganos del cuerpo. Durante el ejercicio la sangre es desviada de los riñones y los órganos del cuerpo hacia los músculos esqueléticos, el músculo cardíaco y la piel. La desviación de la sangre se consigue mediante contracción de los esfínteres precapilares en algunos tejidos (con lo que disminuye el flujo sanguíneo), y relajación de esos esfínteres en otros tejidos (con lo que aumenta el flujo). En la tabla 2.4. se muestra la distribución relativa y absoluta del gasto cardíaco durante un ejercicio ligero, moderado e intenso.

	Distribución relativa (%)				**Distribución absoluta (ml min-1)**			
	Reposo	Ligero	Moderado	Intenso	Reposo	Ligero	Moderado	Intenso
Esplácnico	27	12	3	1	1350	1100	600	300
Renal	22	10	3	1	1100	900	600	250
Cerebral	14	8	4	3	700	750	750	750
Coronario	4	4	4	4	200	350	750	1000
Muscular	20	47	71	88	1000	4500	12500	22000
Cutáneo	6	15	12	2	300	1500	1900	600
Otro	7	4	3	1	350	400	400	100
Total	100	100	100	100	5000	9500	17500	2550

Tabla 2.4. Distribución relativa y absoluta del gasto cardiaco durante reposo, ejercicio ligero, moderado e intenso (ACSM, 2000).

3.2.4.2. Tensión sanguínea

La tensión arterial sistólica (TAS) es la presión que ejerce la sangre sobre la pared de la arteria en el momento de una contracción o sístole ventricular. La tensión arterial diastólica (TAD), por el contrario, se refiere al momento de la relajación o diástole ventricular.

Los valores normales de tensión arterial en un adulto sano, en condiciones de reposo, oscilan entre 60 y 89mm de Hg de TAD y entre 100 y 139 de TAS. Durante un ejercicio de tipo aeróbico, la TAS puede incrementarse normalmente hasta 220 o más, mientras que la TAD permanece inalterable o disminuye levemente. Se considera que un sujeto tiene hipertensión cuando supera la cifra de 90 para la TAD o la de 140 en TAS, o ambas cifras.

La tensión arterial media (TAM) representa la presión media ejercida por la sangre cuando se mueve por las arterias en un ciclo cardíaco completo. Puede calcularse de la siguiente forma:

$$TAM = TAD + (TAS - TAD)/3 \quad ó \quad TAM = (2TAD + TAS)/3$$

Como se observa, no es la media aritmética de la TAS y la TAD, la razón de esta fórmula es debido a que el corazón está más tiempo en diástole que en sístole.

En la aorta se registra la máxima tensión arterial, y también en las principales arterias. La tensión en la aorta es pulsátil debido al bombeo de sangre del corazón, y fluctúa entre el momento de la sístole y el de la diástole. Esta tensión cae rápidamente al pasar por las arteriolas y los capilares. En el sistema venoso la tensión que la sangre ejerce sobre las venas es muy pequeña (ver figura 2.13.).

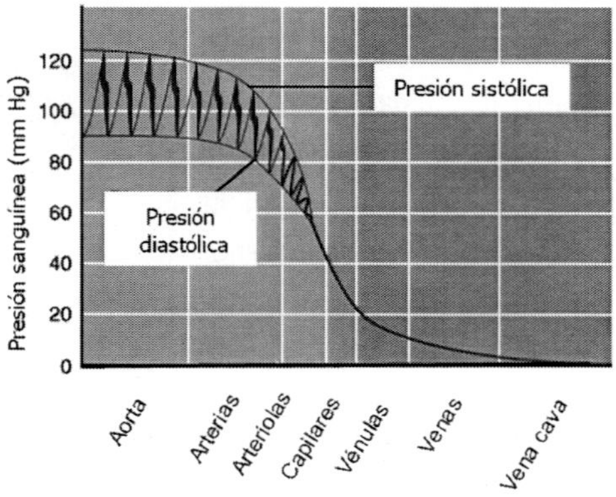

Figura 2.13. Tensión sanguínea en diferentes tramos de la circulación sanguínea

3.3. Transporte e intercambio de oxígeno y dióxido de carbono

3.3.1. Oxígeno

Una pequeña cantidad del oxígeno es transportado disuelto en el plasma sanguíneo (aprox. 2%), que apenas puede satisfacer las demandas corporales ni aún en reposo. El resto es transportado en combinación con la hemoglobina (Hb) de la sangre, en forma de oxihemoglobina (HbO_2). La cantidad de oxígeno transportada de esta forma depende de la concentración de Hb en sangre. La concentración normal de Hb en hombres es de 15-16 g Hb.100 ml^{-1} de sangre, y en mujeres de 14 g Hb.100 ml^{-1} de sangre.

Cada gramo de Hb puede transportar 1.34 ml de oxígeno. Se considera que la Hb está saturada al 100% cuando lleva 20 ml de O_2 .100 ml^{-1} de sangre. A nivel del mar el oxígeno del ambiente satura la Hb al 97% en los capilares alveolares.

Ejemplo de cálculo de la capacidad de oxígeno de 100 ml de sangre:

- Hombre: 15 g Hb x 1.34 ml O_2= 20.1 ml de O_2 .100 ml^{-1} de sangre
- Mujer: 14 g Hb x 1.34 ml O_2= 18.8 ml de O_2 .100 ml^{-1} de sangre

La difusión es el proceso por el cual un gas atraviesa la membrana celular, y para ello se necesita un gradiente de difusión, que no es más que una alta concentración de dicho gas a un lado de la membrana, y una concentración menor al otro lado. El gas, por tanto, se moverá de la zona de alta concentración a la de baja. En los tejidos donde se utiliza el oxígeno, la unión entre éste y la Hb debe romperse (disociación), para aportar oxígeno a sus células. El principal factor que determina la saturación y disociación de la Hb es la presión parcial de oxígeno. Este efecto puede observarse en la figura 2.14., que muestra la curva de disociación de la Hb. Pero existen otros factores que modifican esta curva, desplazándola hacia la derecha, lo que provoca que la Hb lleve menos oxígeno, y por tanto exista mayor disponibilidad de este gas. Estos factores son: el aumento de la temperatura, de la acidez y de la presión de dióxido de carbono. Es evidente que la curva de disociación de la Hb se desplaza hacia la derecha cuando el organismo incrementa su metabolismo.

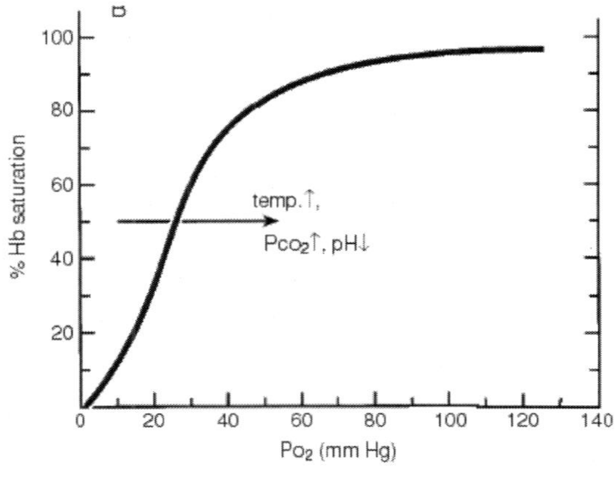

Figura 2.14. Curva de disociación de la oxihemoglobina

3.3.2. Dióxido de carbono

El transporte del dióxido de carbono para su eliminación se lleva a cabo de tres formas. Una pequeña cantidad del dióxido de carbono producido (5-10%) es transportado disuelto en el plasma hasta los pulmones. Aproximadamente, el 30% es transportado en combinación con la Hb en forma de carboxihemoglobina. Las mayores cantidades de dióxido de carbono (aproximadamente el 60-70%) se eliminan como iones de bicarbonato resultantes de la disociación del ácido carbónico (CO_2 + H_20 à H_2CO_3 à H+ + HCO_3-).

3.3.3. Consumo de oxígeno

El consumo de oxígeno (VO_2) es la cantidad de oxígeno utilizada por los tejidos corporales. Las unidades de medida más utilizadas son:

L (o ml) de O_2 min^{-1} ml de O_2 kg^{-1} min^{-1}

La capacidad de utilización del oxígeno depende de la capacidad del sistema cardiocirculatorio de transportar la sangre y el oxígeno, y de la capacidad de los tejidos de extraer el oxígeno de la sangre. El GC es un indicador del volumen de sangre transportada, y la diferencia arteriovenosa (dif a-vO_2) de la cantidad de oxígeno extraído de la sangre transportada. La Dif a-vO_2 es la diferencia del contenido de oxígeno entre la sangre arterial y venosa, expresada en mililitros de oxígeno por 100 mililitros de sangre.

El VO_2 puede ser calculado de la siguiente forma:

$$VO_2 = GC \times \text{dif } a\text{-}vO_2$$

$$VO_2 = (VS \times FC) \times \text{dif } a\text{-}vO_2$$

La fórmula anterior es una modificación de la ecuación de Fick. Esta ecuación es una manera excelente de entender la respuesta total cardiaca al ejercicio, y se define de la siguiente forma:

$$GC = VO_2 \div \text{dif a-}vO_2$$

$$VO_2 = GC \times \text{dif a-}vO_2$$

$$VO_2 = [VS \times FC] \times [\text{dif a-}vO_2]$$

$$VO_2 = [(EDV - ESV) \times FC] \times [\text{dif a-}vO_2]$$

A continuación se propone un ejemplo de cálculo del VO_2 en *condiciones de reposo*: VO_2 = (60 ml de sangre/lat x 70 lat/min) x 5 ml O_2/100 ml de sangre VO_2 = (4200 ml de sangre/min) x 5 ml O_2/100 ml de sangre VO_2 = 210 ml O_2/min Si dividimos la cantidad anterior por el peso corporal, se obtiene el VO_2 en la otra unidad de medida citada comúnmente utilizada: VO_2 = 210 ml O_2/min ÷ 60 Kg = 3.5 ml O_2 Kg^{-1} min^{-1}
El siguiente ejemplo se refiere al VO_2 en *condiciones de esfuerzo aeróbico máximo*: VO_2 = (100 ml de sangre/lat x 185 lat/min) x 12 ml O_2/100 ml de sangre VO_2 = (ml de sangre/min) x 12 ml O_2/100 ml de sangre VO_2 = 2220 ml O_2/min ; 2220 ml O_2/min ÷ 60 Kg = 37 ml O_2 Kg^{-1} min^{-1}

Tabla 2.5. Ejemplos de cálculo del VO_2 en condiciones de reposo y de ejercicio aeróbico máximo.

Se estima que el VO2 en reposo equivale a 3.5 ml O_2 Kg^{-1} min^{-1}. Este valor se conoce como equivalente metabólico o **MET**.

El consumo de oxígeno máximo (VO_2 max) es la máxima cantidad de oxígeno que puede utilizar el organismo. El VO_2 max es un indicador del grado de acondicionamiento físico, y está reconocido como la medida más aceptable del fitness cardiovascular. Los valores de VO_2 max oscilan entre 30 y 80 ml O_2 Kg^{-1} min^{-1} en individuos sanos, dependiendo de diferentes parámetros fisiológicos, así como del nivel de entrenamiento.

Capítulo III

Adaptaciones al entrenamiento aeróbico y anaeróbico

Dra. Nuria Garatachea Vallejo
Doctora en Ciencias de la Actividad Física y del Deporte (ULE)
Licenciada en Ciencias de la Actividad Física y del Deporte (ULE)
Profesora Asociada del Departamento de Fisiología
Universidad de León
dfingv@unileon.es

Este capítulo plantea una visión general de las principales adaptaciones que ocurren en el organismo humano como consecuencia de un entrenamiento físico. Conocer los efectos de un programa continuado de ejercicio es de suma importancia para el trabajo diario del Entrenador Personal.

1. CONCEPTO DE ADAPTACIÓN

Las cargas de entrenamiento producen unos estímulos sobre el organismo que alteran su estado de homeóstasis (equilibrio interno). La **adaptación** consiste en el reequilibrio permanente del organismo ante los estímulos provocados por la actividad física. La adaptación progresiva es la base del proceso de entrenamiento, cuyo objetivo es conseguir niveles de rendimiento cada vez más elevados.

La adaptación puede ser definida, por tanto, como los cambios duraderos en la función o en la estructura, que normalmente capacitan al organismo para responder de forma más fácil a subsiguientes estímulos producidos por el ejercicio. Es importante diferenciar el concepto de adaptación del de respuesta; entendemos por **respuesta** los súbitos y temporales cambios en la función causados por el ejercicio.

Los procesos de adaptación están sujetos a unas "leyes" que nos van a permitir diseñar y orientar los estímulos del entrenamiento para obtener las modificaciones deseadas. Estas "leyes" son (a continuación se explicará brevemente cada una de ellas):

- Síndrome General de Adaptación de Seyle.
- Ley del umbral o de Arnold-Schultz.
- Supercompensación.

Seyle observó que, ante una situación desequilibradota, que denominó estrés (calor, frío, fatiga, infecciones...), el organismo reacciona mediante una serie de ajustes fisiológicos específicos para oponerse al agente estresante y reestablecer el equilibrio. Pero también observó que, aunque los ajustes eran específicos (nerviosos, químicos, físicos), la forma de producirse era inespecífica, es decir, siempre seguían la misma secuencia. A dicha secuencia la denominó **síndrome general de adaptación** (S.G.A.). El concepto de S.G.A. es pues la respuesta adaptativa y no específica del organismo a toda causa que pone en peligro su equilibrio biológico (Seyle, 1984). Existen 3 fases:

1. ALARMA (choque y antichoque): En la fase de alarma es cuando se rompe el equilibrio y el organismo pone en funcionamiento toda clase de ajustes para reestablecerlo. En la fase de antichoque empieza la adaptación.
2. ADAPTACIÓN O RESISTENCIA: En la fase de resistencia o adaptación, una vez conseguidos los ajustes, el organismo tiene sus parámetros restituidos y aumentados, por lo que aguanta al agente estresante o estímulo.
3. FATIGA: Si el estímulo aumenta mucho su intensidad o perdura excesivamente en el tiempo, se pierde la resistencia y los parámetros vuelven a disminuir.

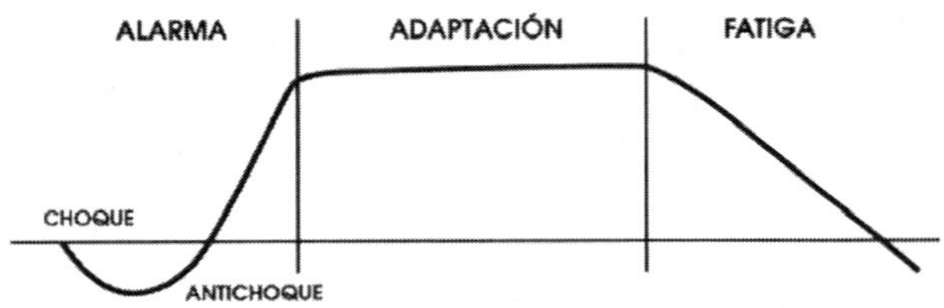

Figura 3.1. Síndrome General de Adaptación de Seyle.

Según la **ley del umbral**, todo sujeto tiene un estímulo umbral, nivel de esfuerzo por debajo del cual no se produce adaptación de ningún tipo, y un límite de tolerancia, nivel de esfuerzo máximo en el que el organismo no asimila el estímulo por excesivo. Tanto el estímulo umbral, como el límite de tolerancia, vienen determinados por las cualidades innatas del deportista y por el nivel adquirido de entrenamiento.

En vistas al diseño de un entrenamiento, hay que considerar que los estímulos bajo el umbral no entrenan, los estímulos próximos al umbral y muy repetidos pueden entrenar, los estímulos que sobrepasan ligeramente el umbral sí entrenan, y los estímulos muy fuertes pueden entrenar si no se repiten en exceso.

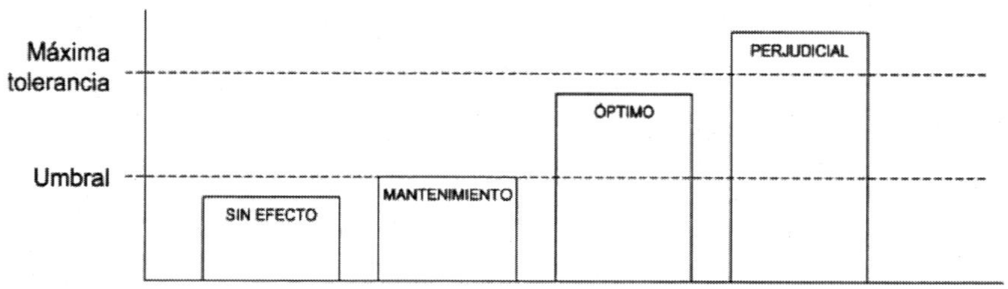

Figura 3.2. Ley del umbral o de Arnold-Schultz.

La adaptación crónica al entrenamiento se produce en 4 etapas (Ver figura 3.3.). Durante la primera etapa, se movilizan sistemáticamente los recursos funcionales del organismo del deportista cuando realiza el entrenamiento. En la segunda, a partir de las cargas que se van incrementando, se producen una serie de transformaciones estructurales y funcionales en los órganos y sistemas correspondientes. Al final de esta etapa, se asegura la actividad del sistema funcional en las nuevas condiciones. La tercera etapa se caracteriza por una reserva, que es indispensable para proporcionar un nuevo nivel de funcionamiento del sistema y de estabilidad de las estructuras funcionales. La cuarta etapa se caracteriza por el desgaste de los componentes aislados del sistema funcional. Esta última etapa solamente ocurrirá cuando el entrenamiento se organice de una forma irracional, sea demasiado fuerte o cuando la recuperación y la alimentación sean insuficientes.

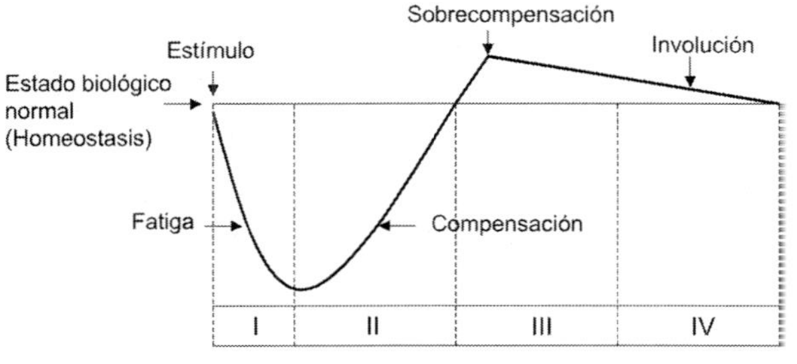

Figura 3.3. Ley de la sobrecompensación.

2. FACTORES QUE DETERMINAN LAS ADAPTACIONES AL ENTRENAMIENTO

Existen una serie de factores que determinan, en general, las adaptaciones al entrenamiento. Estos factores se explican a continuación.

2.1. Especificidad del entrenamiento

Toda adaptación está sujeta a la especificidad del entrenamiento. Esto significa que las adaptaciones que ocurren son consecuencia de un determinado entrenamiento. Si un individuo entrena con bicicleta, sus adaptaciones estarán más directamente relacionadas con el rendimiento en ciclismo. Dicho en otras palabras, el organismo se adapta de la forma más específica posible al ejercicio que se le demanda.

Los deportistas están más capacitados para una carga específica que para una carga no específica, en relación con su entrenamiento. Como ejemplo para ilustrar esta posición, se muestran en la figura 3.4. (Derecha) los valores individuales de VO_2 max de los ciclistas en ruta de alto nivel en pruebas sobre cicloergómetro y sobre cinta ergométrica (Hollmann y Hettinger, 1980). Como es esperable, obtuvieron mejores resultados en la prueba sobre cicloergómetro. En la figura 3.4. (Izquierda) se muestran los resultados de un grupo de sujetos que realizaron un entrenamiento de squats durante 8 semanas. En el ejercicio de squat obtuvieron grandes mejoras, pero en otros ejercicios que utilizaban los mismos músculos la mejora de fuerza fue mucho menor (Sale, 1988).

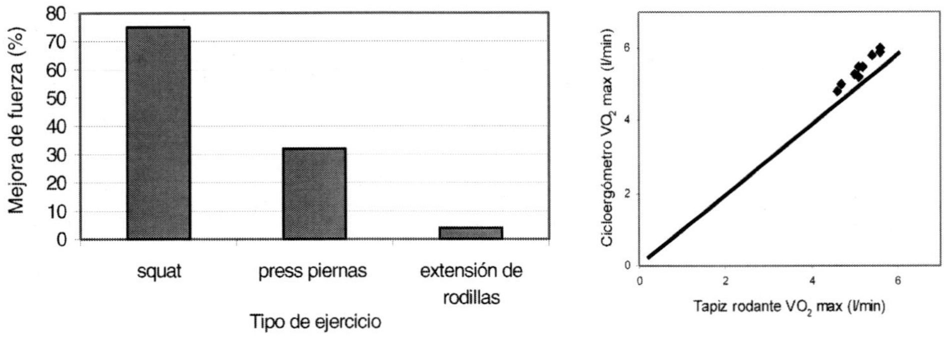

Figura 3.4. Izquierda. Mejora de fuerza en diferentes ejercicios de fuerza tras un entrenamiento con squat (Sale, 1988).

Derecha. VO_2 max en ciclistas de carretera con carga en tapiz rodante y en cicloergómetro (Hollmann y Hettinger, 1980).

Por lo tanto, si un cliente quiere ser un buen esquiador, tendrá que esquiar, y si quiere ser un buen nadador, deberá nadar. El Entrenador Personal tendrá que aplicar este simple concepto, pero a su vez deberá ser creativo para superar el posible aburrimiento por la repetición de tipos de ejercicio similares.

2.2. Dotación genética

Podemos afirmar que cada individuo nace con un límite teórico de rendimiento humano, que viene determinado por sus características genéticas y que ha heredado de sus antecesores. Es obvio que no tenemos control sobre este factor, pero debemos tener presente que juega un importante papel sobre el desarrollo deportivo. Podríamos decir que el entrenamiento de un gran campeón comienza con la elección de los padres adecuados.

2.3. Estado de entrenamiento

Un trabajo del mismo volumen e intensidad provoca una distinta reacción en sujetos de distinto nivel de entrenamiento. Si un determinado trabajo en un deportista de alto nivel apenas provoca modificaciones en los sistemas funcionales, ese mismo trabajo en un deportista de bajo nivel provoca mayores modificaciones sobre los citados sistemas funcionales, y además será más largo el periodo de recuperación.

El proceso de adaptación, además, se modifica a lo largo del proceso de entrenamiento; conforme aumenta el nivel y las posibilidades de los distintos órganos y sistemas, el ritmo de adaptación decrece considerablemente. Esta norma se cumple en una preparación de muchos años (Platonov, 1991).

3. ADAPTACIONES AL ENTRENAMIENTO AERÓBICO

El organismo sufre una serie de adaptaciones estructurales y funcionales como consecuencia del entrenamiento aeróbico. La magnitud de estas adaptaciones es proporcional al volumen y a la intensidad de entrenamiento. La adaptación general a dicho entrenamiento es un organismo más eficiente, que resulta en un menor esfuerzo para cada órgano y sistema, ante un nivel de ejercicio físico determinado. La tabla 3.1. resume las principales adaptaciones al entrenamiento aeróbico que en los siguientes subapartados se explican con más detalle.

Variable	Respuesta
VO_2 max	↑
Frecuencia cardiaca de reposo	↓
Frecuencia cardiaca submáxima	↓
Frecuencia cardiaca máxima	↔ o ↓ ligeramente
Dif a-VO_2	↑
Volumen sistólico	↑
Gasto cardiaco	↑
Presión sanguínea sistólica	↔ o ↓ ligeramente
Capacidad oxidativa del músculo	↑

Tabla 3.1. Resumen de las adaptaciones al entrenamiento aeróbico en sujetos desentrenados.

3.1. Cambios metabólicos

El VO_2 max aumenta entre un 15 y un 25% con un entrenamiento aeróbico. Los primeros estudios apuntaban que la mujer y las personas mayores tenían incrementos más pequeños comparados con los del hombre y con los más jóvenes. Sin embargo, los estudios más recientes indican que el porcentaje de incremento de VO_2 max es independiente del sexo, edad y raza (Willmore, 2003).

El umbral de lactato (U.L.) es definido como la intensidad de trabajo por encima de la cual la concentración de lactato sanguíneo comienza a aumentar por encima de los valores de reposo, mientras que la concentración de bicarbonato desciende, acompañándose de cambios asociados en el intercambio gaseoso (Wasserman, 1999). Este punto indica el inicio de la producción de energía de forma anaeróbica, además de la que se produce de forma aeróbica. El entrenamiento aeróbico permite trabajar, a los sujetos entrenados, a intensidades más altas sin recurrir a la producción de energía anaeróbica en comparación con los sujetos no entrenados. En otras palabras, se puede decir que el umbral de lactato tiene lugar a intensidades de trabajo más altas, por lo tanto, el entrenamiento provoca el desplazamiento de la curva de lactato hacia la derecha, como se indica en la figura 3.5.

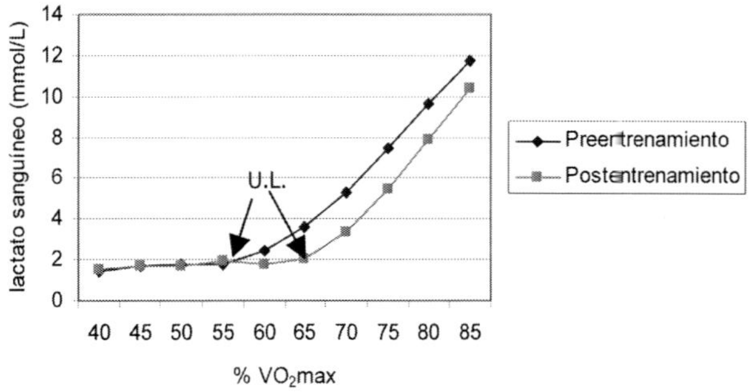

Figura 3.5. Efectos del entrenamiento sobre la concentración de lactato en un ejercicio de intensidad progresiva.

Numerosos estudios informan que los individuos entrenados tienen un mayor contenido de glucógeno muscular en reposo. Este incremento puede ser debido, en parte, al incremento de la sensibilidad de la insulina producida con el entrenamiento (Dela et al., 1992). La actividad de la glucógeno sintetasa es mayor después de un entrenamiento, al igual que la actividad de las enzimas encargadas de la ruptura del glucógeno. Estos hallazgos indican que el músculo entrenado desarrolla una mejora de la capacidad de almacén, tanto de glucógeno como de glucosa. Además, también ocurre un incremento de la concentración de triglicéridos intramusculares como resultado del entrenamiento aeróbico (Essen, 1997).

El contenido de enzimas glucolíticas en los músculos de deportistas de resistencia es menor; este hecho puede ser fácilmente explicado por el mayor porcentaje de fibras tipo I en estos deportistas, las cuales tienen una menor capacidad glucolítica, comparada con las fibras tipo II.

La capacidad de la mitocondria para generar ATP de forma aeróbica es mayor en el músculo entrenado. La capacidad oxidativa del músculo entrenado también está mejorada por un marcado incremento, tanto en el tamaño como en el número de mitocondrias por unidad de área, y por un incremento en el área de la superficie de la membrana de la mitocondria muscular.

3.2. Cambios musculares

Las fibras musculares tipo I son las predominantes en los deportistas de resistencia. Esta mayor proporción de fibras tipo I parece ser más atribuida a una dotación genética que a una adaptación al entrenamiento (Maughan, 1997). Además, existen estudios longitudinales que han confirmado que un entrenamiento de resistencia puede influir en el tamaño de las fibras musculares, provocando una hipertrofia selectiva de las fibras tipo I, y además también puede incrementar poderosamente su capacidad oxidativa.

Tanto estudios longitudinales como transversales han demostrado que un entrenamiento de tipo aeróbico aumenta la densidad capilar del músculo esquelético, expresado como número de capilares por fibras y como número de capilares por unidad de área. De este modo, se favorece el transporte de oxígeno, nutrientes y productos de desecho.

3.3. Cambios cardiovasculares

Durante el ejercicio aeróbico, la FC y el VS aumenta con la carga de trabajo. Como consecuencia de estos cambios, el GC también aumenta; recordemos que GC = FC x VS. Cuando estos ejercicios se repiten de forma continuada (entrenamiento), se producen una serie de adaptaciones a nivel cardíaco que se presentan a continuación.

Los sujetos entrenados tienen un mayor volumen sistólico, de tal forma que a una intensidad de trabajo submáxima, que requiere de un GC dado, el sujeto tendrá un VS mayor (Figura 3.7. Izquierda). Además, este deportista llegará a alcanzar un GC máximo mayor que el sujeto no entrenado, lo que le permite desarrollar trabajos de mayor carga (Ver figura 3.6.). El incremento del VS puede ser debido a que el ventrículo izquierdo se llena de forma más completa. Además, el volumen de plasma sanguíneo se incrementa, lo que produce un aumento del volumen diastólico final. De esta forma, el mayor volumen de sangre en el ventrículo incrementa el estiramiento de las paredes del ventrículo, y por el mecanismo de Frank-starling, ocurre un mayor retroceso elástico. Por otra parte, las paredes del ventrículo izquierdo están aumentadas, ello también favorece el aumento del volumen sistólico, pues el corazón tiene una mayor contractilidad que produce la disminución del volumen sistólico final.

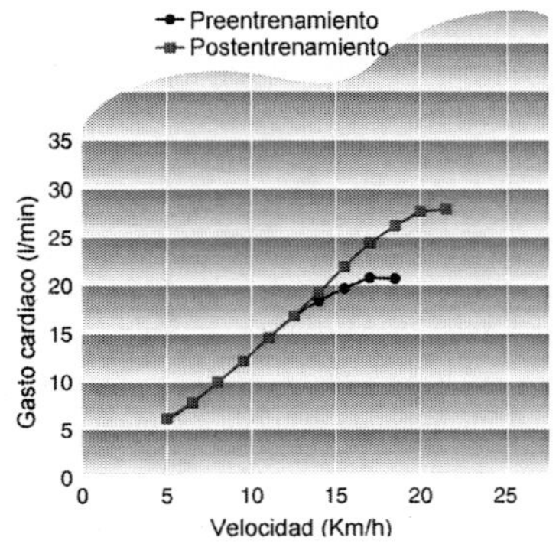

Figura 3.6. Cambios en el gasto cardíaco con el entrenamiento aeróbico (Adaptado de Willmore y Costill, 2004).

Otra de las adaptaciones típicas al entrenamiento aeróbico es la reducción de la FC en reposo. Esta adaptación se cree que es debida al aumento de la actividad parasimpática, a la disminución de la influencia simpática, y a una FC intrínseca más baja. Algunos estudios han confirmado que esta adaptación ocurre desde las primeras semanas de entrenamiento (Dart et al., 1992), y otros estudios no constatan esta adaptación hasta las 10 semanas de entrenamiento aeróbico (Rubal et al., 1987). La FC durante un esfuerzo submáximo también disminuye (Ver figura 3.7. derecha), debido a que el corazón se hace más eficaz y es una consecuencia de todas las mejoras en los mecanismos de extracción del oxígeno. La FC máxima tiende a ser estable y no variar después del entrenamiento, si bien deportistas altamente condicionados tienden a tener una FCmax menor que los no condicionados de la misma edad.

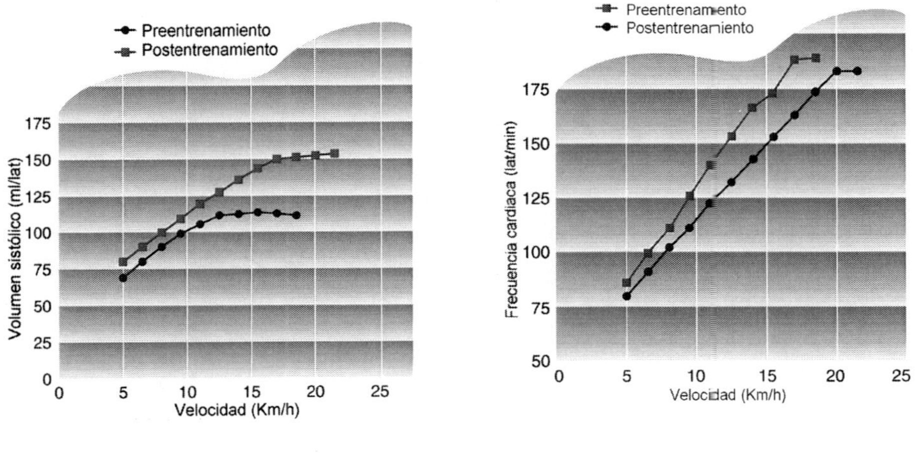

Figura 3.7. Cambios en el volumen sistólico (izquierda) y frecuencia cardiaca (derecha) con el entrenamiento aeróbico (Adaptado de Willmore y Costill, 2004).

En esfuerzos submáximos, el organismo ajusta la mejor combinación posible de VS y FC para alcanzar un GC determinado. Por lo general, para una determinada carga de trabajo, el GC apenas cambia, o bien podría disminuir levemente como consecuencia del aumento de la dif a VO_2. Por el contrario, el GC máximo aumenta considerablemente (Ver figura 3.6.). Apuntar también que en cargas de trabajo submáximas, el VO_2 tras un periodo de entrenamiento suele ser menor, debido al aumento de la eficiencia mecánica (López Calbet et al., 1993), que es el cociente entre el trabajo desarrollado y la energía necesaria para desempeñar dicho trabajo. También ocurre un incremento en el área transversal de las arterias coronarias y se cree que es proporcional al incremento de la masa ventricular (Haskell et al., 1993).

En la tabla 3.2. se resumen los cambios inducidos por el entrenamiento aeróbico en algunas variables cardiovasculares.

Variable	**Reposo**	**Ejercicio máximo**	**Ejercicio submáximo**
Consumo de oxígeno	SC	SC	↑
Frecuencia cardiaca	↓	↓	SC
Volumen sistólico	↑	↑	↑
Gasto cardiaco	SC	SC	↑
Contractilidad cardiaca	SC	SC	SC o ↑
Resistencia vascular	SC	SC	↓
Flujo sanguíneo muscular	SC	SC	↑
Flujo sanguíneo esplácnico	SC	SC	↓
Extracción de oxígeno	SC	SC	↑

Tabla 3.2. Resumen de los cambios inducidos por el entrenamiento aeróbico en algunas variables cardiovasculares (ACSM, 2000).

3.4. Cambios respiratorios

Los cambios en el sistema respiratorio con el entrenamiento aeróbico están íntimamente relacionados con los cambios cardiovasculares. Si con el ejercicio aumenta el flujo de sangre, también aumenta la capacidad de difusión del oxígeno a través de la membrana alveolar para que pase a la sangre, y posteriormente sea utilizado por los músculos que trabajan. Las adaptaciones que ocurren en el sistema respiratorio incluyen adaptaciones funcionales pulmonares y adaptaciones en los volúmenes pulmonares y en el patrón ventilatorio.

Los sujetos entrenados se caracterizan por un patrón ventilatorio más económico que los sujetos sedentarios. Por lo general, el deportista respira de forma más profunda (aumento del volumen tidal), y con menor frecuencia respiratoria durante el ejercicio. De esta forma, se favorece el intercambio alveolar del dióxido de carbono y se evita el aumento de la ventilación del espacio muerto, o el aumento del trabajo causado por la frecuencia respiratoria.

Una de las principales adaptaciones a nivel respiratorio, que más bien podría ser una consecuencia secundaria que un efecto primario (Ribas, 1992), es la disminución de la ventilación a cualquier intensidad de trabajo (Ver figura 3.8.).

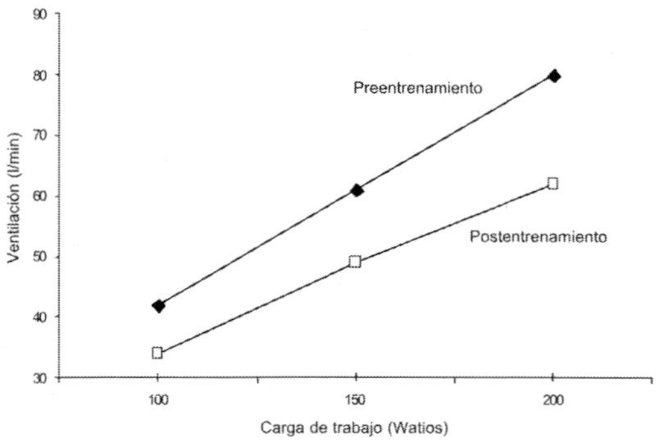

Figura 3.8. Cambios en la ventilación con el entrenamiento aeróbico.

Por el contrario, la ventilación en reposo no se modifica mucho con el entrenamiento, sin embargo, a cargas submáximas de esfuerzo la ventilación es mucho más eficiente en los sujetos entrenados. La ventilación máxima sí se modifica sustancialmente con el entrenamiento.

Normalmente la ventilación no se considera un factor limitante del rendimiento en ejercicios aeróbicos, sin embargo, en personas altamente entrenadas ocurre que la capacidad del sistema pulmonar para transportar el oxígeno no puede satisfacer las demandas impuestas por el esfuerzo (Dempsey, 1986).

3.5. Cambios esqueléticos

Los cambios esqueléticos asociados con el entrenamiento de resistencia, y referidos con mayor frecuencia en la literatura especializada, son el incremento de la densidad mineral ósea y la alteración del cartílago articular. El incremento de la densidad mineral ósea tiene una mayor importancia especialmente desde el punto de vista del envejecimiento, ya que de forma natural ocurre una pérdida de la densidad mineral ósea con el avance de la edad. Es de destacar en las personas sanas que el entrenamiento aeróbico cambia ligeramente, o apenas cambia, la densidad mineral ósea. Si esta densidad se incrementa como resultado de ejercicios en los que se tiene que soportar el peso corporal (p.e. correr), los incrementos ocurren en sitios específicos, especialmente en la tibia y en el cuello del fémur, comparado con aquellos ejercicios que no tienen que soportar el peso corporal (p.e. natación) (Duncan, 2002). En los individuos no sanos, se ha demostrado que la densidad mineral ósea aumenta en otros sitios.

3.6. Cambios en la composición corporal

Uno de los cambios más fácilmente observables con el entrenamiento aeróbico es la reducción del peso corporal. Cuando se necesita perder peso, se recomienda un programa de ejercicios de tipo aeróbico, pues resulta que una adaptación a este tipo de entrenamiento es el cambio de la composición corporal, en el sentido de que se reduce la masa grasa y se aumenta la masa libre de grasa.

Se ha demostrado que pequeñas cantidades de ejercicio aeróbico, acumuladas a lo largo del día, tienen el mismo efecto en la pérdida de peso corporal que realizar ese mismo ejercicio en una única sesión (Jakicic *et al.*, 1995). Esto se debe a que lo realmente importante para conseguir perder peso es el gasto energético total al cabo del día.

4. ADAPTACIONES AL ENTRENAMIENTO ANAERÓBICO

Aunque no existe una definición aceptada sobre el término entrenamiento anaeróbico, sí que existen unos criterios de entrenamiento (McArdle et al., 11991) para considerarlo como tal. El primero es que la intensidad de los ejercicios tiene que superar el límite superior del ejercicio en estado estable. Segundo, las series de ejercicios se deben desarrollar cerca del punto de agotamiento muscular. Tercero, la recuperación entre series de ejercicios en una misma sesión de entrenamiento debe ser incompleta. Y cuarto, se debe seguir el principio de progresión, para que se produzca un incremento de fuerza (Cahill et al., 1997).

En vista de lo anterior, en este apartado, al hablar de entrenamiento anaeróbico nos referiremos a ejercicios de fuerza, potencia y velocidad. Un entrenamiento de tipo anaeróbico provoca una serie de adaptaciones que finalmente se traduce en un aumento de la fuerza, potencia y tamaño de los músculos entrenados. El sistema nervioso y el muscular son los principales sistemas fisiológicos implicados en dichas adaptaciones para conseguir la mejora de la producción de fuerza. A nivel cardiovascular y respiratorio apenas ocurren adaptaciones significativas.

4.1. Cambios neurológicos

Una adaptación al entrenamiento es la mejora de la capacidad de reclutamiento de las unidades motoras para la realización de una tarea (Sale, 1987). Las ganancias de fuerza pueden ser el resultado de la movilización de unidades motoras adicionales para actuar de forma sincrónica.

El sistema nervioso central es capaz de limitar la fuerza mediante mecanismos de inhibición sobre el sistema neuromuscular, siendo éste un mecanismo de protección (inhibición autogénica), pues impide que los músculos realicen más fuerza de la que los huesos y el tejido conectivo puedan soportar. El entrenamiento puede reducir este mecanismo de inhibición, permitiendo que el músculo alcance mayores niveles de fuerza, y así mejorar el rendimiento de determinados tipos de acciones musculares.

Además del aumento de reclutamiento de unidades motoras y de la inhibición autogénica, hay que considerar otros factores neurológicos que pueden contribuir al aumento de fuerza. La coactivación de los músculos agonistas (los que realizan la acción), y los antagonistas (los que actúan contra el movimiento), es uno de ellos. Si los dos músculos se contrajeran por igual, no existiría movimiento, por lo tanto, para maximizar la fuerza generada por el músculo agonista es necesario reducir al máximo la coactivación. La contribución de este factor a la ganancia total de fuerza es pequeña.

Durante el proceso de entrenamiento, los factores neurales son los responsables en gran medida de los incrementos de fuerza en las primeras semanas del proceso, donde todavía apenas se ha dado la hipertrofia de los músculos entrenados. Por esto, durante esas primeras semanas la correlación entre el incremento de fuerza y de masa muscular es muy débil. Todo esto es más evidente en las primeras fases del entrenamiento (2 a 8 semanas), cuando las ganancias de fuerza no pueden ser explicadas por la hipertrofia muscular.

Sale (1988) ha estudiado la interacción entre los factores neurales y los hipertróficos. En la mayoría de estudios se observa un gran incremento en la adaptación de los factores neurales en las primeras etapas del entrenamiento (6-10 semanas). Cuando prosigue el entrenamiento más allá de 10 semanas, la hipertrofia muscular contribuye más que los factores neurales a las ganancias de fuerza (Ver figura 3.9.).

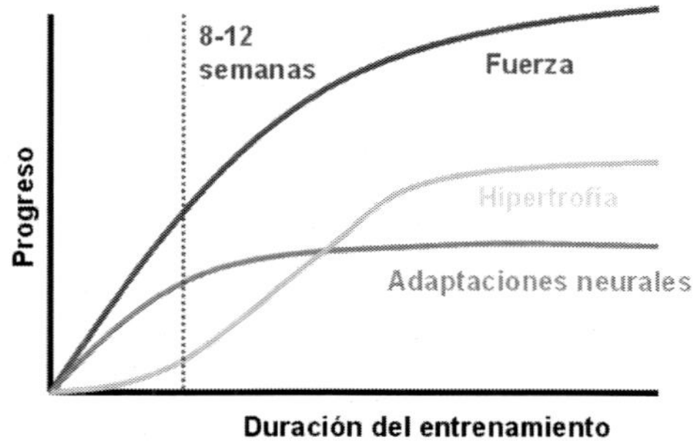

Figura 3.9. Interacción de los factores neurales e hipertróficos en la ganancia de fuerza.

4.2. Cambios musculares

El aumento del tamaño muscular se asocia de forma paralela a ganancias de fuerza, y la disminución de dicho tamaño tiene una alta correlación con pérdidas de fuerza. El incremento del tamaño muscular ocurre principalmente por hipertrofia (aumento del tamaño de la fibra muscular). La hiperplasia (aumento del número de fibras musculares) no parece ser la principal estrategia de adaptación del tejido muscular.

Cambios en el tamaño de la fibra (Hipertrofia). La hipertrofia de las fibras musculares se produce probablemente por un aumento de las miofibrillas y de los filamentos de actina y miosina, de tal forma que se forman más puentes cruzados para la producción de fuerza (Willmore y Costill, 2004). Por lo tanto, dicho en otras palabras, la hipertrofia de las fibras musculares que ocurre tras el seguimiento de un programa de entrenamiento contra resistencia es el resultado del incremento de la síntesis de proteínas.

En las adaptaciones musculares se debe considerar la mejora tanto en la calidad como en la cantidad de las proteínas contráctiles de las fibras musculares. Al inicio del programa de entrenamiento ya ocurren cambios en los tipos de proteínas musculares, y más a largo plazo se incrementa el área de la sección transversal de las fibras, y la cantidad de las proteínas contráctiles comienza a incrementarse. Se considera que se necesitan unas 16 sesiones de entrenamiento para que aparezca la hipertrofia.

Cambios en el número de fibras musculares (Hiperplasia). Investigaciones recientes sugieren que la hiperplasia pudiera ser también un factor de hipertrofia en animales. Solamente un estudio longitudinal ha demostrado la posibilidad de hiperplasia en humanos (McCall et al., 1996). Este estudio apunta la posibilidad de hiperplasia en algunos sujetos y en determinadas condiciones de entrenamiento. De la información existente al respecto, parece ser que la hiperplasia ocurre en animales y pudiera darse en humanos, sin embargo los estudios al respecto son muy escasos por el momento.

Cambios en el tipo de fibra. Con un entrenamiento de alta intensidad se da una transformación de fibras tipo IIb a fibras tipo IIa. Esto fue confirmado por Ataron et al (1990). Las fibras tipo IIb, que son las fibras de fuerza y potencia, si se activan lo suficiente, llegarán a ser fibras IIa. Sin embargo, la transformación de fibras tipo I a tipo II parece ser menos probable.

4.3. Cambios metabólicos

De acuerdo con Dudley (1988), la fisiología y la bioenergética del sistema anaeróbico no son tan bien conocidas como la del sistema aeróbico, sin embargo, no hay duda entre los investigadores, médicos y entrenadores de que el sistema anaeróbico responde de una forma acorde al entrenamiento anaeróbico, provocando adaptaciones biológicas que mejoran el rendimiento deportivo. Durante los ejercicios anaeróbicos se utiliza la energía derivada fundamentalmente del sistema ATP-PC y de la glucólisis anaeróbica del glucógeno. A continuación, nos centraremos en las adaptaciones en cada uno de los sistemas energéticos.

Sistema ATP-PC. Ejercicios como sprints, lanzamientos, saltos, utilizan fundamentalmente la energía derivada del sistema ATP-PC. Un entrenamiento de fuerza produjo un incremento en la concentración intramuscular en reposo de ATP, PCr y glucógeno en un 5%, 10-30%, respectivamente (Ingjer, 1979). Este aumento pudiera ser el reflejo del aumento del área de las fibras tipo II, ya que como es conocido, estas fibras tienen mayores concentraciones de fosfágeno y glucógeno que las fibras I. En un entrenamiento de velocidad no se encontraron cambios en la concentración en reposo de ATP ni PCr, después de 4-8 semanas de duración (Nevill et al., 1989). Sin embargo, sí que aumento el glucógeno muscular como es evidente, pues éste es un importante combustible energético en este tipo de ejercicios.

Glucólisis anaeróbica. En ejercicios de altas intensidades, que duran entre 30 segundos y 2 minutos, ocurre una gran demanda de energía sobre esta vía energética. Esta vía energética produce energía de forma anaeróbica, y como consecuencia, ello produce ácido láctico que produce fatiga en último término. Los entrenamientos de velocidad aumentan la producción de ATP por la mayor contribución de la glucólisis anaeróbica. La actividad de las enzimas que participan en la vía glucolítica (p.e. fosfofructoquinasa) aumenta con el entrenamiento de velocidad y también con el de fuerza (Nevill et al., 1989). Los atletas entrenados tienen una mayor capacidad para amortiguar las cargas ácidas del ácido láctico, y toleran concentraciones más altas en sangre y en músculo que los no entrenados (Brooks, 1996), lo que les posibilita desarrollar cargas de trabajo superiores.

Sistema oxidativo. La contribución aeróbica en la producción de energía aumenta notablemente después de los primeros 30 segundos. Los entrenamientos con ejercicios de carácter altamente anaeróbico, pero en los que hay una contribución notable de las vías aeróbicas (p.e. ejercicios de esfuerzos máximos de 1 minuto), producirán un incremento de la capacidad aeróbica de los músculos (Costill et al., 1979).

4.4. Cambios esqueléticos

Los ejercicios de pesas son un estímulo mecánico de carga muy importante para el mantenimiento y la mejora de la salud ósea. Existen varios estudios longitudinales que describen una relación directa y positiva entre los efectos de un entrenamiento de pesas y la densidad ósea (Layne y Nelson 1999). Existen pocos estudios referidos al efecto del entrenamiento de fuerza sobre el tejido conectivo. Stone (1988) sugiere que este tipo de entrenamiento puede incrementar la masa y la fuerza del tejido conectivo.

4.5. Cambios en la composición corporal

En consecuencia, con los cambios de los apartados anteriores, los principales cambios que ocurren en la composición corporal son el aumento de la masa magra y la disminución del porcentaje de grasa. El efecto del entrenamiento es mayor sobre la masa magra que sobre la masa grasa.

A modo de resumen, y de comparación entre las adaptaciones al entrenamiento aeróbico y al entrenamiento anaeróbico, se presenta a continuación la tabla 3.3.

Variable	Entrenamiento de fuerza	Entrenamiento aeróbico
Rendimiento		
Fuerza muscular	Aumenta	No cambia
Resistencia muscular	Aumenta a nivel alto	Aumenta a nivel bajo
Potencia aeróbico	No cambia	Aumenta
Producción de fuerza	Aumenta	No cambia
Salto vertical	Aumenta	No cambia
Potencia anaeróbico	Aumenta	No cambia
Velocidad en esprint	Mejora	No cambia
Fibra muscular		
Tamaño de fibra	Aumenta	No cambia
Densidad capilar	No cambia o disminuye	Aumenta
Densidad mitocondrial	Disminuye	Aumenta
Miosina rápida y pesada	Aumenta	No cambia
Actividad enzimática		
Fosfoquinasa de creatina	Aumenta	Aumenta
Mioquinasa	Aumenta	Aumenta
Fosfofructoquinasa	Aumenta	Variable
Deshidrogenasa de lactato	No cambia o variable	Variable
Reservas de energía		
ATP	Aumenta	Aumenta
Fosfato de creatina	Aumenta	Aumenta
Glucógeno	Aumenta	Aumenta
Triglicéridos	No cambia	Aumenta
Tejido conectivo		
Fuerza del ligamento	Aumenta	Puede aumentar
Fuerza del tendón	Aumenta	Puede aumentar
Contenido de colágeno	Variable	Puede aumentar
Densidad ósea	Aumenta	Aumenta o no cambia
Composición corporal		
% de grasa	Disminuye	Disminuye
Masa fibrosa	Aumenta	No cambia

Tabla 3.3. Comparación de las adaptaciones fisiológicas entre un entrenamiento aeróbico y un entrenamiento con resistencia (Kraemer, 2000).

5. SOBREENTRENAMIENTO

Para la mejora del rendimiento deportivo son tan importantes las sesiones de entrenamiento como los periodos de recuperación. Si no se respetan los periodos de descanso, y los estímulos de entrenamiento se realizan antes de que el organismo alcance un estado de supercompensación, se puede llegar a desarrollar el síndrome de sobreentrenamiento. Dicho síndrome se desarrolla por tanto cuando se combinan un excesivo estresante físico y/o psicológico con inadecuados periodos de tiempo de recuperación.

Se ha definido el **síndrome de sobreentrenamiento** como un estado persistente de bajo rendimiento físico, con o sin acompañamiento de otros síntomas físicos o psicológicos, después de dos semanas de un entrenamiento ligero, o de completo reposo (Kreider et al., 1998). Este síndrome ha sido diagnosticado en una amplia variedad de deportes tanto de resistencia o fuerza como de potencia (Morgan et al., 1987; Lehmann et al., 1998).

Es fundamental para la seguridad del deportista diagnosticar lo antes posible un estado de sobreentrenamiento, y así poder reajustar el programa de entrenamiento. Numerosos investigadores han utilizado medidas fisiológicas para diagnosticar de forma objetiva el sobreentrenamiento en sus primeras fases, pero desafortunadamente ninguna ha sido totalmente efectiva. Con frecuencia es difícil diferenciar si las mediciones están relacionadas con el sobreentrenamiento, o simplemente son respuestas fisiológicas normales a un intenso entrenamiento (Willmore y Costill, 1988).

Desafortunadamente, no existe un test de diagnóstico específico y suficientemente sensible para determinar el estado de sobreentrenamiento. Muchos de los marcadores biológicos requieren mediciones consecutivas para comparar con los resultados de una línea base. Estas circunstancias hacen que la recogida de resultados solamente sea posible en situaciones muy concretas.

A pesar de que Willmore y Costill afirman que ninguna medida fisiológica se ha probado como efectiva al 100% para diagnosticar el sobreentrenamiento, a continuación presentamos una tabla que resume los principales marcadores del sobreentrenamiento.

Marcadores del sobreentrenamiento anaeróbico	Marcadores del sobreentrenamiento aeróbico
Efectos psicológicos: disminución del deseo de entrenar y disminución del placer con el entrenamiento. La epinefrina y norepinefrina aguda aumentan más que los niveles normales inducidos por el ejercicio (sobreentrenamiento del sistema simpático). Disminución del rendimiento (esta disminución ocurre demasiado tarde para ser un buen predictor).	Disminución del rendimiento. Disminución del porcentaje de grasa corporal. Disminución del VO_2 max. Alteración de la presión sanguínea. Aumento del dolor muscular. Disminución del glucógeno muscular. Alteración de la FC reposo. Aumento de la FC submáxima. Disminución del lactato. Aumento de la creatin kinasa. Alteración de la concentración de cortisol. Disminución de la concentración de testosterona total. Disminución de la relación testosterona total / cortisol. Disminución de la relación testosterona libre / cortisol. Disminución en la relación del total de testosterona y globulina que adhiere las hormonas del sexo. Disminución del tono simpático (disminución de las catecolaminas nocturnas y en reposo). Incremento de la respuesta simpática al estrés.

Tabla 3.4. Marcadores del sobreentrenamiento aeróbico y anaeróbico (Fry, 1997).

Un registro diario del entrenamiento, donde se tome nota de la calidad del sueño, el nivel de estrés, la fatiga y el dolor muscular, es suficientemente sensible y específico para determinar si el deportista pudiera llegar a un estado de sobreentrenamiento (Mackinnon y Hooper, 2000; Fry et al., 1991; Uusitalo, 2001). Un estudio de Hooper (1995), que registró estas variables en una escala del 1 al 7, observó que altas puntuaciones en estas variables predecían el síndrome de sobreentrenamiento 1 o 2 semanas antes de que el rendimiento disminuyese.

Los síntomas subjetivos siguen siendo los indicadores más sensibles al síndrome de sobreentrenamiento (Mackinnon y Hooper, 2000; Fry et al., 1991; Uusitalo, 2001; Urhausen y Kindermann, 2002). Se han aplicado para el diagnóstico gran variedad de herramientas psicológicas, pero es el perfil de los estados de ánimo la que ha sido con mayor frecuencia estudiada. Los deportistas con sobreentrenamiento tienen unas mayores puntuaciones en las alteraciones del humor, depresión y tensión, así como disminución del vigor.

Los registros diarios del entrenamiento, así como el test de perfil de los estados de ánimo, pueden ser herramientas útiles, tanto para los deportistas como para los Entrenadores Personales, para diagnosticar el síndrome de sobreentrenamiento (Hawley y Schoene, 2003).

El sobreentrenamiento puede ser el fin de la temporada o de la carrera deportiva de un atleta, por lo tanto, el principal objetivo debe ser la prevención de este síndrome. Actualmente, el diagnóstico del sobreentrenamiento no tiene unos criterios claros, y aunque los síntomas físicos y psicológicos se presentan con frecuencia, no se incluyen como parte del criterio de diagnóstico. Además, el diagnóstico del síndrome requiere la exclusión de otras causas de disminución del rendimiento después de 2 semanas de completo o relativo reposo (Hawley y Schoene, 2003).

Aunque existen pocos datos sobre el tratamiento del sobreentrenamiento, es el reposo el fundamento de todo tratamiento, ya que esta situación representa un desequilibrio entre el entrenamiento y la recuperación. También se utilizan ejercicios terapéuticos, que consisten en suaves ejercicios aeróbicos diferentes a la modalidad deportiva del individuo. Además, unido al reposo, se pueden incluir masajes e hidroterapia para el persistente dolor muscular y la reducción del estrés. De forma paralela, en cuanto a la nutrición se refiere, se debe poner énfasis en una dieta equilibrada y una apropiada hidratación.

6. DESENTRENAMIENTO

De acuerdo con el principio de reversibilidad del entrenamiento, el ejercicio regular provoca una serie de adaptaciones que mejoran el rendimiento deportivo, pero si el entrenamiento se detiene o se reduce notablemente, estas adaptaciones revierten parcial o totalmente, comprometiendo así el rendimiento deportivo.

El **desentrenamiento** es definido como la pérdida total o parcial de las adaptaciones anatómicas y fisiológicas, inducidas por el entrenamiento, como una consecuencia de la reducción o la cesación de dicho entrenamiento (Mujika y Padilla, 2000). En general, podemos decir, que cuando ocurre el desentrenamiento las funciones fisiológicas del individuo revierten al estado normal antes del entrenamiento. La tasa de disminución del entrenamiento dependerá del estado de acondicionamiento físico antes de comenzar el desentrenamiento (Coyle, 1990).

Las adaptaciones al entrenamiento aeróbico son más sensibles al desentrenamiento, mientras que las adaptaciones a un entrenamiento de fuerza son más resistentes a la inactividad, y decaen en el tiempo más lentamente.

Los deportistas altamente entrenados en resistencia, sufren rápidas disminuciones del VO_2max, incluso con cortos periodos de desentrenamiento, aunque mantengan valores superiores a los de sujetos sedentarios. En sujetos normales y sanos también disminuye el VO_2max, y en 4 semanas de desentrenamiento se vuelve a los valores previos al entrenamiento. Después de un periodo de desentrenamiento, la concentración de lactato a cargas submáximas es mayor, y el umbral anaeróbico ocurre a intensidades de ejercicio más bajas. El rendimiento en ejercicios de tipo aeróbico puede reducirse entre un 9.2% (Houmard et al., 1992 y 1993) y un 25% (Houston et al., 1979) en 2 semanas de desentrenamiento, y entre un 7.6% (Coyle, 1990) y un 21% (Madsen et al., 1993) en 4 semanas.

La disminución de la densidad capilar muscular puede ocurrir en 2-3 semanas de inactividad, mientras que la reducción de la diferencia arteriovenosa ocurre entre la 3 y 8 semana. El área de la sección transversal de la fibra muscular disminuye rápidamente en deportista de fuerza o velocidad. El rendimiento en los deportes de fuerza puede mantenerse aún tras 4 semanas de inactividad (Mujika y Padilla, 2001).

Capítulo IV

Prescripción de ejercicio aeróbico

Jonathan Esteve Lanao
Licenciado en Ciencias de la Actividad Física y el Deporte (UEM)
Diplomado en Magisterio Especialidad en Educación Física (ULL)
Entrenador Nacional de Atletismo y Triatlón
Profesor de Entrenamiento Deportivo I
Facultad de Ciencias de la Actividad Física y el Deporte
Universidad Europea de Madrid
Entrenador Personal de atletas de mediofondo y fondo
jonathan.esteve@uem.es

La mayor causa de mortalidad en la sociedades occidentales son las enfermedades cardiovasculares, y esa misma es la previsión para los próximos 20 años en Europa.

En 1993 se publicó un estudio epidemiológico que duró 45 años y fue realizado con 2.313 deportistas y 1.712 sedentarios, en el que demostraban que los deportistas vivían más, y entre ellos los de deportes de resistencia (frente a halterófilos, deportes de equipo, etc). 9 años después, investigadores del Instituto Cooper de Dallas, que estudiaron durante 26 años a 27.459 hombres, hallaron que la frecuencia cardiaca de reserva y el nivel de fitness eran los mejores indicadores para predecir la mortalidad cardiovascular.

La importancia del desarrollo de la aptitud cardiorrespiratoria es pues innegable, no sólo en la población general o deportistas de resistencia, sino incluso en deportistas de potencia. La destinación de espacios y el número de usuarios para tal efecto en los clubes de fitness es muy importante. La facilidad de acceso y espontaneidad propia de determinadas actividades técnicamente poco complejas en su nivel básico y muy naturales de la motricidad humana, unido a la admiración de las gestas de algunos deportistas, han llevado a una gran popularidad de su práctica. Por ejemplo, en los hogares españoles el material deportivo más habitual después de un balón es una bicicleta. Otro ejemplo: la gran mayoría de corredores en carreras populares no había empezado a correr hasta pasados los 30 años. También es cierto que muchos de estos corredores han empezado pensando en que el remedio para, por ejemplo, dejar de fumar, es, por ejemplo, prepararse directamente para correr los 42 kilómetros una maratón en cuestión de semanas.

En cualquier caso, todo ello conforma una coyuntura propicia para un gran mercado de personas que van a requerir de los servicios de profesionales preparados para administrarles este gran recurso, que ya sea bien ayudando a salvar una vida o a mejorar la autoestima, estarán educando en hábitos saludables al particular y al general de la población.

1. Fitness cardiorrespiratorio: ¿a qué llamamos resistencia?

Existen múltiples definiciones de esta cualidad, aunque quizá lo más aplicable es tener un concepto global. Podemos decir que hablamos de la "capacidad física y psíquica de mantener un esfuerzo en fatiga o retardando la fatiga", que se puede clasificar en función de diversos aspectos:

- La forma de trabajo, según el tipo de contracción muscular (isométrica o dinámica).
- La cantidad de masa muscular implicada, según sea un trabajo más local o global.
- La especificidad o la duración del esfuerzo, aspectos más propios del ámbito deportivo, aunque alguna referencia haremos posteriormente.
- La vía energética predominante, clasificación que ampara términos muy habituales en la teoría del sector ("aeróbico", "anaeróbico",...) y que deben controlarse en la práctica del técnico.

En el campo de la condición física (fitness) orientada a la salud, las anteriores clasificaciones se simplifican diferenciando de una parte el componente de "resistencia muscular" del de "resistencia cardiorrespiratoria".

La *resistencia muscular* hace referencia a la capacidad de músculos individuales, de modo que, por lo general, tiene estrecha relación con la fuerza y el desarrollo anaeróbico, por lo que los esfuerzos, ya sean cíclicos o estáticos, no suelen ser superiores a 1 o 2 minutos.

La *resistencia cardiorrespiratoria*, por su parte, guarda relación con el cuerpo como un todo, especialmente con ejercicios cíclicos que involucren numerosa cantidad de masa muscular durante tiempo prolongado, por lo que sean predominantemente aeróbicos y por ello se soliciten de forma importante los sistemas cardiovascular y respiratorio.

El término "cíclico" significa que es un mismo gesto repetido muchas veces (por ejemplo, caminar, ir en bicicleta, nadar, correr...), y el límite más o menos definido de "numerosa" masa muscular, según autores y definiciones, estará a partir de un mínimo de una séptima parte, aunque preferiblemente más de uno o incluso dos tercios de la musculatura corporal.

Existen una serie de determinantes del fitness cardiorrespiratorio. Fundamentalmente, el VO_2 máx., el umbral anaeróbico y la economía de gesto. Estos son elementos que interactúan entre ellos dando lugar a un nivel determinado de resistencia aeróbica. Esto los convierte en objetivos generales de trabajo de la resistencia.

El más conocido es el VO_2 máx, o **máximo consumo de oxígeno**, del que ya se habló anteriormente. En niveles bajo o medio es el que mejor define el desarrollo cardiorrespiratorio de una persona, representando la habilidad de estos sistemas para producir la máxima energía aeróbica por unidad de tiempo. Por ello se conoce también como *potencia aeróbica*. Se suele utilizar más habitualmente la expresión relativa del mismo respecto al peso corporal (ml de O_2 / kg / minuto). Con bajo nivel de fitness este parámetro se puede mejorar con relativa facilidad, y aunque sean pequeñas las mejoras éstas comportan grandes mejoras en la funcionalidad cardiorrespiratoria. Tal es así que los niveles de deportistas de élite de resistencia pueden entre duplicar y casi cuadruplicar a los de personas con muy bajo nivel (75 a 85 respecto a 20 - 40), y eso teniendo en cuenta que con los años de entrenamiento continuado este parámetro apenas se mejora, y que por tanto, para personas ya bastante entrenadas y actividades de larga duración, otros elementos pueden ser más importantes que ese en determinadas actividades.

Con un nivel inferior a 40 ml(kg/min prácticamente cualquier metodología de entrenamiento mejorará este aspecto, pues diversos elementos fisiológicos tanto centrales como periféricos van a contribuir a ello. A partir de ahí, serán necesarias intensidades de al menos el 70% de la frecuencia cardiaca máxima (FC máx) para obtener beneficios, y aunque no se saben los mínimos para las máximas mejoras, parece que en niveles superiores es mejor trabajar cercano al 90-100% de la FCmáx. Esto se hace inicialmente con métodos interválicos de corta duración y posteriormente de mayor duración y recuperación (se hablará de ello en el apartado de "métodos de entrenamiento"). Para esos deportistas de mayor nivel ya no se mejora apenas el valor de VO_2 máx, sino la velocidad a la que se desarrolla dicha potencia, es decir, que "corren más rápido con el mismo valor", lo cual, para el caso, sigue siendo una mejora, aunque ya más relacionada con los otros dos determinantes.

Uno de ellos es el **umbral anaeróbico**. Aunque existen múltiples formas de determinación y terminología, podemos englobarlos todos bajo ese término. Cuando una persona inicia un ejercicio de menos a más velocidad, la fatiga no es siempre proporcional al incremento, sino que existe un momento a partir del cual se incrementan notablemente las dificultades y sensaciones de fatiga. Globalmente, constituye pues una zona crítica de intensidad a partir de la cual se limita el tiempo de ejercicio especialmente. El rendimiento a esa intensidad umbral anaeróbico se representa por el porcentaje de VO_2 max al que ocurre eso, y especialmente en la velocidad desarrollada en esas condiciones, y por tanto también, en definitiva, de la economía de gesto.

Si el VO_2 max representa la habilidad de generar mucha energía por unidad de tiempo, y el umbral anaeróbico se relaciona con mantenerse mucho tiempo a una intensidad por debajo de la anterior, la **economía** representa la habilidad para gastar la menor energía a una determinada velocidad.

Este último elemento no es tan importante en personas de bajo nivel, en las que incluso interesa que consuman mucha energía en poco tiempo en algunos casos. Sin embargo, es el parámetro de mayor importancia en deportistas muy entrenados y dedicados a deportes de muy larga duración (más de una hora), en los que la cantidad de energía almacenada empieza a estar limitada.

En el presente capítulo desgranaremos los elementos necesarios para la obtención de mejoras en la resistencia cardiorrespiratoria, desde el modo de ejercicio a la programación del mismo, pasando por el conocimiento de los métodos básicos y la cuantificación del entrenamiento. Obviamente, la diferencia de niveles requerirá de muy distintos enfoques de trabajo. En las siguientes páginas también se tratará de atender a dicha necesidad, si bien sin profundizar en el alto nivel deportivo, y centrándonos más en el campo de la salud. Así mismo, se harán necesarias referencias a diferentes tipos de poblaciones especiales y elementos relacionados (fuerza, nutrición, tests de valoración,...) que se abordarán en posteriores capítulos del texto.

2. Modo de ejercicio: con qué actividades entrenar la resistencia

2.1. Modos de ejercicio aeróbico

Con la definición de resistencia cardiorrespiratoria ya ha quedado claro que estamos hablando de ejercicios cíclicos, que involucren numerosa masa muscular, tales como caminar, correr, patinar, ir en bicicleta, nadar, esquí de fondo, etc.

En este capítulo hablaremos sobre los siguientes:

· Caminar · Correr · Bicicleta · Nadar · Elíptica (cross-trainer)	· Subir escaleras (steps). · Clases colectivas · Otros: remo, pedaleo con brazos, patinaje, esquí de fondo, ejercicios globales de resistencia muscular (circuito training)

Tabla 4.1. Modos de ejercicio aeróbico.

Caminar y correr

Actividades como caminar o correr no requieren apenas de material ni de una instalación específica por lo general, aunque cabe hacer ciertas consideraciones. Correr es una actividad que para personas no acostumbradas puede ser de enorme intensidad, tanto a nivel cardiorrespiratorio como articular (por el impacto), por lo que no debe utilizarse inicialmente en dichas personas. Tampoco es generalmente aconsejable en personas que ya lleven tiempo con otros tipos de ejercicio aeróbico si su peso corporal es elevado y/o su nivel de condición aeróbica es bajo. En cualquier caso, debe introducirse de forma muy progresiva, incluso en deportistas, por el riesgo traumático que supone. Se recomienda que personas que empiezan a correr no lo hagan más de 30 minutos por sesión durante 3 días a la semana para evitar lesiones.

Es habitual ver que la limitación inicial en sujetos ya entrenados en otros ejercicios, pero que llevan tiempo sin correr, radica inicialmente en mayor medida en el aparato locomotor que en el cardiorrespiratorio, por lo que siendo lo segundo nuestro objetivo en este capítulo, será necesario dotar, en una preparación previa, a lo estructural (peso, musculatura, articulaciones, técnica de ejecución).

Por el contrario, caminar puede resultar una de las actividades más elementales y sencillas a realizar. No está exenta de un mínimo desarrollo técnico (y no hablamos de marcha atlética). Resumen esas características una correcta amortiguación y una acción "rodante" de pie y tobillo, al tiempo que los brazos colaboran de forma coordinada con el tronco, firme y en posición vertical.

Ambas actividades requieren de un calzado adecuado al tipo de pie y pisada de la persona, así como a su peso y terreno de práctica. En ambas actividades, pese a que pueden realizarse de forma espontánea sin una instalación específica, no conviene abusar de superficies duras (tipo asfalto) ni onduladas (cuestas y pendientes), pues amplifican el impacto traumático para articulaciones y músculos, y con ello el riesgo de lesión. En el caso de utilizar tapices rodantes, cabe tener en cuenta la amortiguación de los mismos, pues algunos modelos reproducen una dureza muy elevada, y que el uso de las velocidades respecto a las que se desarrollarían fuera está condicionado por la ausencia de resistencia aerodinámica al avance, y por ello determinado por la velocidad. Es decir, si valoramos una intensidad de trabajo con frecuencia cardiaca en tapiz y esto se relaciona con una velocidad, al salir a trabajar al aire libre, pese a que sea en llano, sin viento, sobre similar dureza de superficie y a igual temperatura, ya que ahora quien se desplaza somos nosotros, a diferencia del tapiz, hay que "penetrar en el aire" por lo que se entiende que un 1% de inclinación en el tapiz equivale a una misma velocidad en el exterior. Sin embargo, el desfase se amplifica con la velocidad, especialmente a partir de 15 km/h.

Bicicleta y natación

Una característica destacada de natación y bicicleta es que son actividades sin impacto en el gesto realizado, y otras dos en relación a ésta es que el medio soporta el peso corporal, y con ello la posición es sentada o reclinada en bicicleta, o bien tumbado en natación.

Del mismo modo que caminando o corriendo, en bicicleta hay que atender a los recorridos ondulados, especialmente por la nula intensidad cardiorrespiratoria si la cuesta abajo es prolongada. Esto hace que, unido a la posición sentada, el gasto energético no sea tan alto como en otros modos de ejercicio, y se requiera habitualmente más duración de ejercicio para alcanzarlo.

Una alternativa es el llamado ciclismo "indoor" o "spinning", pese a que debe estudiarse con mayor profundidad, parece que produce una exigencia cardiorrespiratoria muy elevada, fruto de las elevadas cadencias que suelen demandarse. Así mismo, parece que dicha exigencia es creciente (gran componente lento, algo que posteriormente se explicará), y que un ligero ejercicio de brazos puede atenuarlo. La falta de movimiento repercute especialmente en la termorregulación, y con ello en la elevada sudoración y frecuencia cardiaca también creciente (deriva de la frecuencia cardiaca, que se explicará con claridad más adelante). La exigencia muscular puede ser muy elevada si se usan desarrollos altos (combinaciones con platos grandes y coronas pequeñas), lo cual no es recomendable inicialmente en un programa de ejercicio. En cualquier caso, la recuperación de dicha fatiga muscular es siempre más rápida que en carrera, dado que apenas existen contracciones excéntricas.

La natación tiene la ventaja de solicitar mayor cantidad de masa muscular que la bicicleta, que emplea incluso menos que caminar, patinar o correr. Así mismo, facilita el retorno venoso gracias a la posición horizontal y a la mayor presión del medio. Esto hace que pese a solicitarse mucha masa muscular, la frecuencia cardiaca suela ser un 10-15% menor que en otras actividades para una misma sensación de esfuerzo. Aunque algunas personas con deficiente dominio del medio acuático pueden desarrollar excesiva ansiedad, esto puede solucionarse con otro tipo de actividades en el propio medio acuático, material especial, y a medio plazo, con la adquisición de las adecuadas habilidades técnicas. La mayor densidad del medio, la gran cantidad de musculatura implicada, y esa necesidad de mantenerse a flote, producen que en poco tiempo el gasto energético sea muy elevado en personas no muy entrenadas, lo que va a favor de la rentabilidad del tiempo con este modo de ejercicio.

Elíptica y step

Son otros dos modos de ejercicio sin impacto. Las máquinas conocidas como elípticas reproducen un gesto similar al de correr o esquí de fondo, según la elipse, regulable en algunos casos, que describe el recorrido del pie. Es un ejercicio que al realizarse de pie y movilizar brazos y piernas se ha mostrado tan completo como la carrera en población general, permitiendo alcanzar mismos consumos de oxígeno y frecuencias cardiacas. Por ello, cada vez más deportistas lo utilizan como medio complementario a la carrera, pues la ventaja respecto a ésta es que no produce ningún impacto. Para la población general, además, tiene la ventaja de que la técnica es muy sencilla.

Respecto al ejercicio conocido como "step", o la variante "casera" de subir escaleras que reproduce, pese a no involucrar al tren superior (salvo cierta acción isométrica en posiciones extremas), sí permite desarrollar un elevado gasto calórico. Por ejemplo, subir por escaleras con peldaños de 15 cms ha mostrado un gasto de 9,6 MET (similar a correr a 9,6 km/h). Bajar dichas escaleras evidentemente exige mucho menor gasto, aproximadamente la mitad.

En el caso del equipamiento de las salas de fitness para dicho gesto, cabe incidir en la modificación de la implicación muscular en función de flexionar más o menos el tronco, siendo mayor de los glúteos al inclinarse adelante y de los cuádriceps al inclinarse atrás (aunque esto último no sea recomendable para la zona lumbar, si no hay una fuerte tensión abdominal constante).

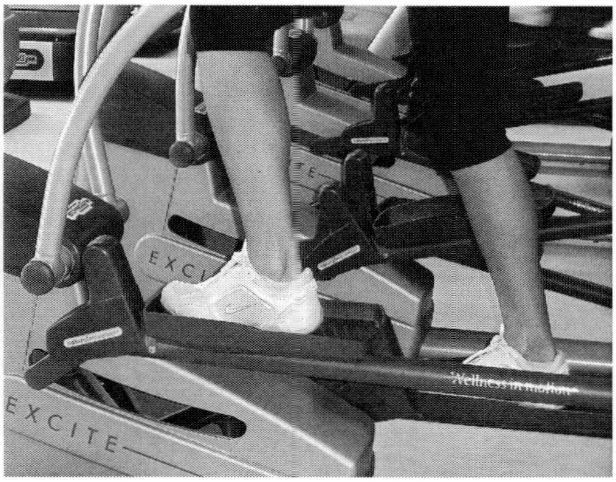

Ejercicios de brazos

Al margen de la natación, no hemos citado ejercicio alguno del tren superior. Sin embargo, es lógico que realicemos ejercicio aeróbico también con los brazos por varios motivos. El más evidente es que numerosas acciones de la vida diaria requieren de los mismos. Incluso en cardiópatas se ha demostrado su seguridad y efectividad.

Un ergómetro de sala de fitness habitual es el "pedaleo de brazos" (arm crank). Si se hace trabajo exclusivo de brazos el beneficio es que, a igual carga de trabajo, el gasto energético es mayor. Por ejemplo, el 70% del consumo que pueden hacer los brazos equivale al 50% del de las piernas. La carga apropiada (watios, p.e.) se ha indicado como la del 40 a 50% de la que se haría en ejercicio de piernas. Sin embargo, y aunque al igual que la natación, el volumen sistólico sea relativamente mayor que en ejercicio de piernas, el máximo estrés cardiorrespiratorio es menor, siendo la frecuencia cardiaca máxima un 7% menor, que por lo general se diferencia en unas 10 pulsaciones menos en brazos que en piernas a cualquier intensidad.

Ahora bien, si es cierto que puede que los ejercicios de brazos por sí solos no supongan un estímulo suficiente para producir efectos generales en la función aeróbica, añadirlos al ejercicio de piernas puede ser muy beneficioso, e incluso puede permitir mayor tolerancia al esfuerzo. Por ejemplo, caminar con muñequeras o mancuernas ligeras de entre 0,5 y 2 kgs incrementa el gasto energético de la actividad (aunque en hipertensos no sea muy recomendable).

Un modo clásico de ejercicio en este sentido es el remo, del que existen ergómetros de sala muy bien logrados, siendo un ejercicio que involucra a casi toda la musculatura del cuerpo.

Clases colectivas

Nos referiremos principalmente a las variantes del clásico "aeróbic". Pese a que la coreografía y ritmo empleados condicionan enormemente su exigencia aeróbica, diversos estudios desde 1985 han valorado la respuesta cardiorrespiratoria. Parece que la percepción subjetiva del esfuerzo o escala de Borg, junto a la FC, son medios válidos para valorar la intensidad de estos ejercicios, siendo actividades que vienen a consumir entre 230 y 300 calorías. Dicho gasto no se ve afectado por añadir ligeras mancuernas de 0,5 kgs., de modo que la intensidad parece venir especialmente marcada por la velocidad y el recorrido de los desplazamientos.

Una intensidad media que suele estar entre el 80 y el 90% de la FC máxima, alrededor de 4 mMoles de lactato, con picos de 6mMol y de más del 90% del VO2 max en ocasiones, por lo que las connotaciones del término "aeróbic" deben matizarse, y la participación de nuestros clientes en dichas actividades debe supervisarse.

El uso y valoración de la FC, sin embargo, debe hacerse en relación a ese tipo de esfuerzos, puesto que se ha reiterado que no sirve extrapolar las zonas de intensidad de carrera en tapiz al aeróbic.

Actualmente existen variantes de clases colectivas que buscan el compromiso entre la resistencia muscular y la cardiorrespiratoria. Su origen proviene en definitiva de variantes del clásico "circuit training", al que hacemos referencia en los medios de entrenamiento. Son, sin embargo, aproximaciones muy interesantes que están evolucionando desde el uso de pesos libres a sencillas máquinas, fácilmente regulables en resistencia, incluso en el medio acuático. Ésta es una de las tendencias de futuro que tratan de lograr el compromiso de rentabilidad entre los objetivos y el tiempo de que dispone el sujeto para la práctica.

2.2. Aspectos a considerar para la elección

Todos estos ejercicios pueden solicitar al máximo los sistemas cardiovascular y respiratorio, especialmente en personas bien entrenadas en uno de ellos. Pero a menudo podemos encontrar personas con dificultades o preferencias para un modo de ejercicio. De cara a la elección del mismo nos centraremos en 6 aspectos:

- Disponibilidad de uso y acceso al equipamiento
- Preferencias personales del sujeto
- Habilidad del sujeto para realizar el ejercicio
- Características físicas del sujeto: nivel de forma, peso y antropometría
- Características del tipo de ejercicio: soporte o no de peso corporal, posición, cantidad de masa muscular empleada y gasto energético por unidad de tiempo
- Objetivo del programa

Tabla 4.2. Aspectos a considerar para la elección de un modo de ejercicio aeróbico.

En ocasiones nos decantaremos por un modo de ejercicio concreto ante las dificultades para el uso o disponibilidad de la instalación o el material, y por supuesto, otro elemento a tener en cuenta, aparte de la habilidad del sujeto, es su agrado por realizar un tipo determinado de actividad.

De cara a los objetivos del programa, es evidente que habrá que cumplir con el principio de progresión, especialmente con la carrera, así como tener en cuenta el tiempo del que se dispone para el ejercicio, pues el gasto calórico por unidad de tiempo difiere entre ellos y puede resultar más rentable cambiar de actividad. Cumpliendo asimismo con el principio de especificidad, si preparamos a una persona para un determinado modo de ejercicio, éste será a priori el principal modo de entrenamiento, pero cabe tener en cuenta el efecto polivalente beneficioso (llamado "efecto cruzado") que puede tener uno sobre otro, por lo que, salvando el resto de consideraciones, pueden alternarse indistintamente, modificando el tiempo de ejecución. (Ver más adelante - "entrenamiento cruzado", en medios de entrenamiento).

3. PRESCRIPCIÓN DEL EJERCICIO DE RESISTENCIA: CÓMO ENTRENAR

La prescripción de ejercicio debe realizarse en dos etapas. La primera es la **periodización** del entrenamiento, que supone la división del tiempo en fases, distribuyendo los objetivos deseados y los contenidos para lograrlos. A partir de ahí, la siguiente fase, llamada programación, es concretar esos contenidos en cargas con tareas y ejercicios, a lo largo de las semanas.

En la urgencia de realizar recomendaciones adecuadas o de iniciar programas de ejercicio, a menudo la periodización ha quedado descuidada en el campo de la salud. No habiendo modelos contrastados o posicionamientos por parte de las autoridades. Por ello, si bien haremos un inciso y una revisión de las alternativas básicas, empezaremos hablando de la programación, concretamente por lo más básico: la definición de la carga de entrenamiento.

3.1. Medios y métodos de entrenamiento

Los **medios** de entrenamiento son herramientas con las que entrenar. En el caso de la resistencia, incluyen los diversos modos de entrenamiento, así como el trabajo cardiorrespiratorio en relación con el trabajo de fuerza.

Los **métodos** son propuestas concretas de carga externa (en términos de intensidad, volumen, recuperación, forma de organización) para esperar unos determinados efectos fisiológicos (carga interna). Existen gran número de estas "recetas", que por motivos de extensión vamos a resumir en una clasificación general de los mismos (el lector interesado deberá remitirse a manuales de entrenamiento de la resistencia).

Métodos continuos

Son los métodos más naturales y espontáneos. No existe descanso, o son repeticiones de larga duración con ese carácter. Se dividen entre los que son a intensidad constante y los que son a intensidad variable.

Los primeros consisten en ejercicios a intensidad fisiológica constante (p.e. FC, no a ritmo necesariamente) y grosso modo pueden ser a baja, moderada o alta intensidad. El ACSM recomienda especialmente la baja y moderada intensidad, con largas duraciones, de 20 a 60' o más. En nivel bajo quizá realizando repeticiones, incluso repartidas a lo largo del día, de al menos 10'. La alta intensidad es especialmente fatigante, y mucho más de forma continua, por lo que para un entrenamiento sin fines deportivos es totalmente descartable, especialmente por la imposibilidad para sujetos que no estén muy entrenados de mantener estados metabólicos constantes.

Por otra parte, los métodos de intensidad variable trabajan todo un espectro de intensidades, con dos variantes principales. De una parte, los "cambios de ritmo", sin pausas, que favorecen la activación y recuperación rápidas de los sistemas cardiovascular y respiratorio. Por otra, los ejercicios en progresión, con muy sutiles incrementos de la intensidad, cubriendo un determinado abanico de intensidades. La ventaja global de ambos métodos de intensidad variable es su carácter genérico, al trabajar un poco cada intensidad seleccionada, así como la mayor distracción respecto al tiempo total transcurrido. Pero no por ello son los preferibles de cara a la población general no muy entrenada, con quienes conviene limitar nuevamente la intensidad, así como tener una monitorización continua de la misma, siendo poco fiable para ellos la percepción subjetiva, especialmente en estos ejercicios. La duración de estos métodos variables oscilará entre 10' (inicialmente en nivel bajo) y 40' generalmente.

Métodos interválicos

Estos métodos fueron inventados por el entrenador y profesor alemán Toni Nett, aunque popularizados por la "locomotora humana", Emil Zatopek, y sistematizados por los alemanes Gerschler (médico) y Reindell, (entrenador) a lo largo de las décadas de los '40 y '50.

Son entrenamientos en los que se hacen pequeñas pausas que permiten cierta recuperación, y con ello la posibilidad de acumular más tiempo a una determinada intensidad, habitualmente intensa. Lógicamente, la pausa es mayor conforme la duración del intervalo es mayor, y viceversa. El entrenamiento interválico permite pasar más tiempo a un % de VO_2 max que el trabajo continuo, incluso pese a que el tiempo real de trabajo sea el mismo en ambos casos.

¿Tan importante es la pausa? Precisamente, es más importante en entrenamientos con intervalos de corta duración que si son largos. Trabajos interválicos del tipo 15" de trabajo / 15" de pausa activa, ó 30"/30" se sabe que permiten especialmente esos beneficios antes comentados.

¿Cuál es el motivo fisiológico? Cualquier esfuerzo ya sabemos que al principio es más anaeróbico, y conforme se prolonga, cada vez más aeróbico, al margen del cómputo global aeróbico. Al inicio de un esfuerzo, y especialmente cuanto más intenso es, el sustrato energético predominante es la fosfocreatina (PC). Además, en la musculatura siempre hay una pequeña reserva de O_2, contenida en la mioglobina. Esto permite que estas reservas contribuyan rápidamente al inicio del esfuerzo cada vez que tenemos un período de intensidad, que al ser breve, no llega a gastar tanto glucógeno como si no parásemos periódicamente. Si no se gasta tanto glucógeno, aunque vayamos a alta intensidad, no producimos tanto lactato, que ya sabemos que aunque no es la causa de la fatiga, sí se relaciona con ella. Además, es mayor la actividad de los enzimas lipídicos que la oxidación del piruvato en el abastecimiento aeróbico de la energía, con lo que hay mayor depleción de los triglicéridos intramusculares (en la recuperación y posteriormente) respecto a si no paramos nunca. Para esto, y para que no de tiempo al decaimiento del VO_2 y la FC, es muy importante la recuperación activa. Conforme son más largos los intervalos y recuperaciones, menor efecto de todo lo dicho.

Existen diversos métodos, pero para el general de la población, y dentro de la función eminentemente aeróbica, básicamente un tipo de entrenamiento de intervalos largos (2 a 10' habitualmente con pausas de 1 a 2') y otro de intervalos cortos (15" a 1'), con pausas en proporción 1:1 habitualmente. El primero es a intensidad del segundo umbral o ligeramente inferior. El tiempo total de la suma de repeticiones puede empezar por 10' (p.e. 5x2'), para llegar progresivamente a 30' en alto nivel (p.e. 10x3' ; 7x4' ; 6x5' , 5x6' ...).

En el segundo método la intensidad será algo superior al segundo umbral o incluso cercano o igual a VO_2 max, aunque esto sólo es recomendable para sujetos notablemente entrenados, siendo preferible e innecesario, de nuevo, no sobrepasar apenas el umbral anaeróbico. El tiempo total de las repeticiones puede oscilar entre 5' (inicialmente) y 10-15' en alto nivel de desarrollo.

Circuito training

Inventado en 1959 por Adamson y Morton en la Universidad inglesa de Leeds, todavía mantiene uno de sus originarios objetivos, en el sentido de constituir una forma de entrenamiento simultánea de la resistencia cardiorrespiratoria y la resistencia muscular, con una organización que permite empezar el circuito en cualquier momento, y haciendo compatible la práctica simultánea de sujetos con distinto nivel de aptitud. Hoy en día estas características siguen siendo perseguidas, y en muchas ocasiones no logradas, en nuevas propuestas de actividades colectivas en clubes de fitness.

Consiste en destinar un tiempo de esfuerzo y un tiempo de pausa a lo largo de un minuto total de tiempo para ambos (p.e: 30/30 ó 40/20), realizando un ejercicio genérico, sencillo y de grandes grupos musculares (brazos y piernas a poder ser), a alta velocidad de movimientos (por tanto número de repeticiones), y durante un determinado número de estaciones. Esto da lugar a una activación notable desde el punto de vista cardiorrespiratorio, que según el nivel de práctica y esfuerzo, estará entre el 70 y el 80% de la FC de reserva, así como un importante trabajo de resistencia muscular. Por supuesto, se recomienda que estos ejercicios se dominen completamente antes de realizarlos en este tipo de circuito, en el que se realizan a alta velocidad.

			Intensidad población general
Métodos Contínuos	Uniformes	Extensivo / Medio (20' a 60'ó+ / 10 a 40')	(<60% a 70% FC Res)
	Variables	Cambios de ritmo (10' a 40')	(<60% a 80% FC Res)
		Progresivo (10' a 40')	(<60% a 80% FC Res)
Métodos Interválicos	Extensivo Largo (10 a 30' = reps 2' a 10' ; r'=1' a 2')		(80% FC Res)
	Extensivo Medio (5 a 15' = reps 15" a 1' ; r' 1:1)		(90% FC Res)
Circuito Training	2-3 x 6-10 ejercicios 30"/30" a 40"/20"		(70 a 80% FC Res)

Tabla 4.3. Métodos de entrenamiento del ejercicio aeróbico.

Entrenamiento cruzado

Del inglés "cross training", como ya explicamos anteriormente, se trata del efecto beneficioso o equivalente para ciertos aspectos que un modo de ejercicio puede tener sobre otro. Quizá el ejemplo máximo de tal beneficio lo demuestran los increíbles rendimientos de los triatletas en cada disciplina, sin que sean especialistas o puedan dedicar el mismo tiempo que un especialista en cada una de ellas. Otros deportistas lo utilizan como medio complementario para evitar sobrecargas, o suplementario en caso de lesión. Y pese a que en deportistas de alto nivel, de una sola disciplina, pueda ser cuestionable como entrenamiento equivalente o siquiera complementario en ocasiones, en el resto de la población puede ser muy beneficioso y especialmente motivador. En personas de bajo nivel de condición física, incluso el ejercicio exclusivo de brazos o piernas puede tener efecto beneficioso sobre los miembros inactivos.

Ahora bien, es cierto que, dado el distinto gasto energético que requieren una u otra actividad, el tiempo que deberá emplearse será distinto. Por ejemplo, las equivalencia en gasto energético o en distancia entre bicicleta y carrera son de 2,5:1, entre carrera y natación de 4:1, y entre bicicleta y natación de 10:1.

Entrenamiento concurrente

Es el nombre que recibe el entrenamiento paralelo de fuerza y resistencia. A diferencia del circuit training, en sesiones exclusivas o con partes diferenciadas para el desarrollo de ambas cualidades, y no sólo de la resistencia muscular. Parece que en personas poco entrenadas, o incluso con afecciones severas, como los cardiópatas, este tipo de entrenamiento puede ser muy beneficioso, lejos de ser incompatible. Para mostrar incompatibilidad, parece que debería compaginar cargas con el potencial de conducir a una mayor hipertrofia, con intensidades alrededor del VO_2max, y además, con gran frecuencia de entrenamientos. Estudios recientes (2003 y 2004) realizados en la Universidad Europea de Madrid no han hallado semejante incompatibilidad, incluso con esas cargas durante corto espacio de tiempo. En cualquier caso, es importante recalcar la idea de que el trabajo de fuerza y resistencia pueden ser complementarios.

3.2. La carga de entrenamiento

La carga real de entrenamiento son los efectos fisiológicos que producen en el organismo la suma de esfuerzos realizados durante una sesión tras otra. Esta es la llamada carga interna. Cuando programamos un entrenamiento, debemos hacerlo pensando en dichas respuestas y adaptaciones, que hemos visto en el capítulo 3. Para ello, los entrenadores prescribimos cargas "externas" de entrenamiento, es decir, tareas determinadas, atendiendo a 3 componentes: volumen, intensidad y densidad.

Volumen

A veces denominado incorrectamente como "duración", el volumen engloba la cantidad total de actividad realizada y se compone de:

- duración (tiempo)
- distancia recorrida o número de repeticiones de un ejercicio o elemento e
- (ambas en una sesión o un ciclo de entrenamientos)

Según el modo de ejercicio será preferible utilizar una u otra medida. Las últimas recomendaciones del ACSM (2000) promueven un total de 20 a 60' al día, según la intensidad, ya sea de forma continua o repartidas en tandas de al menos 10'. Por ejemplo, un trabajo de 2004 muestra que 3 series de 10' al 70% del VO2 max máxima tiene el mismo efecto que 30'.

En un grupo de sujetos, especialmente si es heterogéneo, se debe distinguir entre el volumen relativo o general del grupo, y el volumen relativo o individual de cada uno de ellos. Por ejemplo, en una clase colectiva de spinning a lo largo de una hora un sujeto puede haber recorrido 30 kms y otro 20 kms. Asimismo, habrá que valorar el tiempo real de trabajo. Por ejemplo, en un grupo de corredores que han entrenado durante una hora, y han hecho 3 veces 15 minutos, con pausas de 5 minutos, pese a emplear 60' desde que empezaron a correr, es en realidad de 45'.

Uno de los mayores beneficios del incremento del volumen de entrenamiento es el incremento del volumen sanguíneo, que comportará un incremento del gasto cardiaco, y el incremento del diámetro de arterias y la formación de más capilares que distribución. Asimismo, junto con la fuerza, permite desarrollar la técnica. El volumen constituye la base imprescindible sobre la que incrementar posteriormente la calidad del ejercicio a medio o largo plazo, así como facilitar la recuperación de los entrenamientos sucesivos.

En general, se entiende que más volumen suele ser mejor. El propio ACSM recomienda el incremento del volumen preferiblemente sobre el incremento de intensidad, por la solidez de los beneficios y la mejor adherencia en población general. Con el progresivo incremento del volumen, las mejoras empiezan siendo proporcionales al incremento, pero luego disminuye, y con superiores incrementos continuados alcanzan una meseta y un posterior riesgo de lesión por sobreuso o sobreentrenamiento. Por tanto, pequeños incrementos producen grandes mejoras inicialmente, mientras que en deportistas especializados grandes volúmenes provocan pequeñas mejoras, aunque sin embargo puedan ser decisivas. Por todo ello, debe individualizarse.

Para su incremento, algunos autores indican que primero se prolongue la duración de las sesiones y posteriormente la frecuencia, y otros recomiendan lo contrario, como el ACSM, desde el punto de vista de la adherencia y las necesidades de determinados trastornos o enfermedades. En cualquier caso, a lo largo de sus posicionamientos oficiales, vienen haciendo especial hincapié en incrementar ambos aspectos frente al de intensidad. También es cierto que, en muchas ocasiones, el tiempo disponible por el sujeto condiciona la elección de una mayor duración o una mayor frecuencia.

Duración: 20 a 60' al día, según la intensidad, ya sea de forma continua o repartidas en tandas de al menos 10'.

Intensidad: 40 al 85% de la FC de reserva, equivalentes al 55 y 90% de la FC máxima.

Frecuencia: 3 a 5 días a la semana.

Modo de ejercicio: cualquier actividad continua de naturaleza cíclica y aeróbica con grandes grupos musculares.

Tabla 4.4. Recomendaciones generales de la ACSM para el desarrollo del ejercicio cardiorrespiratorio.

Intensidad

Si el volumen se asocia a la cantidad, la intensidad es el componente de calidad del entrenamiento. La intensidad se puede medir como:

- Velocidad
- Porcentaje de carga, velocidad, FC máxima o VO_2 max

- Porcentaje de FC de reserva o VO2 de reserva
- Nivel de lactato en sangre
- Percepción subjetiva del esfuerzo ("RPE")
- Equivalentes metabólicos ("METs")
- Implicación del sistema nervioso

Tanto la medición del VO_2 max, como del lactato capilar, son mediciones complejas, siendo parámetros que pueden relacionarse con valores de frecuencia cardiaca, percepción subjetiva del esfuerzo o METs. De cara a valorar mejoras tangibles, de todos modos, conviene no perder de vista su relación con la velocidad o potencia desarrollada.

Frecuencia cardiaca (FC)

La frecuencia cardiaca es hoy en día fácil de registrar con monitores de ritmo cardiaco, mucho mejores por fiabilidad, almacenamiento y rapidez que la medición manual de la misma. Cabe tener en cuenta que, aunque se pueda establecer una relación, los porcentajes de la FC máx no se corresponden con los porcentajes de VO_2 max. Sí son equivalentes las mediciones llamadas "de reserva" de uno y otro. Para ello, debemos conocer la FC en reposo y la FC máxima de la persona. En reposo es sencillo, preferiblemente al despertarse, y en su defecto estando tumbado después de unos minutos. Ciertamente, sería preferible la FC basal, pues difícilmente alcanzaremos en reposo tras haber hecho actividad o simplemente despertarnos, una FC tan baja. Puede ser válido lo comentado o tomarla al despertarse tras una noche tranquila.

La frecuencia cardiaca máxima no es difícil de medir, basta con un esfuerzo progresivo hasta la extenuación, pero evidentemente eso no es muy atractivo para las personas no muy entrenadas, así como peligroso, especialmente en ciertas patologías. Además, puede estimarse. Cabe destacar que la fórmula clásica de 220-edad, si bien se aproxima, recientemente se ha descubierto su origen poco científico. Así, Karvonen ha manifestado en el año 2000 que él no inventó dicha fórmula. Parece que su origen está en un comentario cualitativo de Fox y colaboradores en 1971 en revisión de otros datos. Existen fórmulas más fiables, muchas, siendo quizá las mejores, en general, la de "208 - (0,7 x edad)" y la de "205,8 - (0,685 x edad)". Asimismo, otras fórmulas añaden más variables, como el peso y el sexo (ejemplo: 210-(1/2x edad) - 1% del peso en libras + 0 en caso de los hombres o + 4 en caso de las mujeres (recordamos que 1 libra = 456 gramos). En caso de no recordarlas, siempre queda el recurso del "220-edad".

Se entiende que un error aceptable en esta estimación para prescribir intensidades es un número de hasta 8 pulsaciones por minuto. Este hecho, unido a la menor relación con la edad de la FC máxima en deportistas de resistencia bien entrenados, hace que para estos sujetos sea preferible su medición directa en esfuerzos progresivos hasta la extenuación.

Con ello podemos ya determinar intensidades de ejercicio para la población general. La llamada "FC de reserva" es la diferencia entre la FC máxima y la FC de reposo. Suelen usarse el 60 y 80% de la FC de reserva para estimar dos intensidades de trabajo claves. A esos valores se les añade la FC de reposo, pues obviamente ese gasto siempre está como mínimo. Conviene, en cualquier caso, familiarizarse con los valores tanto de % de reserva como % del máximo, pues en ocasiones podemos no disponer del valor de reposo. Por ello, cabe indicar que los valores de reserva indicados se relacionan con el 70 y 85% de la FC máxima aproximadamente.

Estas dos intensidades representan dos fronteras aproximadas (relacionadas con umbrales obtenidos con métodos directos de VO_2 o lactato), que delimitan fases a las que luego haremos referencia. No son en sí las únicas intensidades objetivo. En entrenados, estos porcentajes suelen ser algo superiores, y suelen ser preferibles mediciones en esfuerzo de parámetros ventilatorios o de lactato.

- **FC máxima (FCmáx) = 207- (0,7 x edad)**
  Ejemplo: persona 40 años, --- 207 – (0,7x40) = 179

  210-(1/2 x edad) – 1% del peso en libras + (0 si • o +4 si •)
  Ejemplo: mujer 40 años y 54 kgs peso
  210-(1/2 x 40) – 1% de (54x1000/456)+ 4 =
  210- 20 - 1,18 + 4 = 184,8 -- 185
  (1 libra = 456 gramos)
- **Estimación FC umbrales = 70 / 85% FCmáx**
  Ejemplo: persona 40 años, --- 179x70/100= 125
  179x85/100= 152

  (Karvonen)= **FC Reserva = (FCmax – FC reposo) + FC reposo**
  (FCRes) (FCRep)
  Ejemplo: persona 40 años, --- 179-50 = 129 FC Rep=50
  60% de FCRes (+ FCRep) --- 129x60/100 = 77 (+50)= 127
  80% de FCRes (+ FCRep) --- 129x80/100 = 103 (+50)= 153

Tabla 4.5. Cálculo de las intensidades de ejercicio.

Una limitación muy importante es que, según estos cálculos, la FC determinada sería la misma intensidad para todos los modos de ejercicio, y sin embargo no es así. La FC máxima es, por ejemplo, distinta en un modo u otro, si no se tiene un nivel muy elevado de entrenamiento en alguna actividad de las que habitualmente muestran valores más bajos. Estas son principalmente la natación, la bicicleta o el ejercicio exclusivo de brazos, precisamente por motivos de cantidad de masa muscular implicada, posición, medio o soporte de peso corporal anteriormente comentados. Dado que no conviene calcular la FC máxima en ninguna actividad, habrá que realizar estimaciones alrededor de un 5 a 10% inferiores a las fórmulas.

De cara a usar esas referencias en entrenamiento, cabe tener en cuenta que la frecuencia cardiaca se ve afectada por aspectos como la temperatura, la humedad, el sistema nervioso simpático o la fatiga aguda, de modo que un mayor valor o activación de éstos la incrementa. Ello conduce a un incremento progresivo de la FC para una intensidad constante, llamada deriva pulsativa ("heart-rate drift"), a tener muy en cuenta a todos los niveles. Por el contrario, el sobreentrenamiento impide la posibilidad de alcanzar altos valores de FC.

Otro agente responsable del incremento de la FC, y de gran importancia y magnitud en personas de bajo nivel, es el llamado "componente lento" del VO_2 ("VO_2 drift", o "slow component"). Esto implica que se consuma más O_2 del previsto respecto a la teórica relación lineal entre la intensidad y el VO_2 en un esfuerzo progresivo. Este hecho debe conocerse, puesto que implica que esa persona, a una determinada intensidad prolongada en el tiempo, acaba realizando un esfuerzo mayor que el inicial, y es por ello que no alcanza estados estables metabólicos. Por ejemplo, creemos que se ejercita por debajo del umbral anaeróbico y en realidad los hace cerca del VO_2 max. Este componente lento del VO_2 se refleja habitualmente en el incremento de FC.

Una vez entendemos lo anterior, la cuestión fundamental es ¿a qué intensidad debemos programar las sesiones? Hemos visto dos intensidades "frontera" o "umbral". Nos centraremos, por un lado, en el metabolismo de las grasas, y por otro, en el desarrollo del fitness cardiorrespiratorio en sí.

En el campo de la salud, suelen estudiarse los mínimos necesarios para obtener beneficios. Por ejemplo, para usar el máximo de grasas parece que en población general activa el punto máximo es alrededor del 74% de la máxima FC (zona entre el 68% y el 79%) y que a partir del 90% de la FC max desciende mucho la contribución energética de las grasas al esfuerzo. En población obesa, o con notable sobrepeso, parece más efectivo, sin embargo, trabajar entre el 70 y el 55%.

Las recomendaciones generales del ACSM para el desarrollo del fitness cardiorrespiratorio van desde el 40 al 85% de la FC de reserva, equivalentes al 55 y 90% de la FC máxima. Los trabajos con poblaciones de diverso nivel de fitness suelen indicar que éstos mínimos varían según el nivel de VO_2 max inicial, habiendo una gran diferencia en la respuesta al entrenamiento. Recordemos que el VO_2 max es también llamado la "capacidad funcional" de un individuo, y se considera el mejor indicador del fitness cardiorrespiratorio de una persona. La unidad de medida de VO_2 max comparable entre individuos son los mililitros de O_2 consumidos por cada kilogramo de peso y por cada minuto. Así, un trabajo reciente de Swain y Franklin (2002), indica que los sujetos de más de 40 ml/kg/min necesitan ejercitarse a un mínimo del 70% de la FC máx para mejorar, mientras que los de nivel inferior a un mínimo de intensidad del 60%, una intensidad muy baja, por lo que se entiende que mejoran siempre por el mero hecho de ejercitarse.

A mayor intensidad, mayor mejora para el VO2 max de cualquier individuo. A partir de ahí no se sabe el mínimo para la máxima mejora, pero se cree que estará entre el 90 y 100% de la FC max. Pero hay que recalcar que dichos esfuerzos solo pueden ser recomendables para sujetos sin factores de riesgo y bien entrenados, preferiblemente tras valoraciones de laboratorio previas.

- **Intensidad mínima para desarrollo cardiorrespiratorio**

Sujetos • 40 ml/kg/min --- 70% FCmáx
Sujetos < 40 ml/kg/min --- 60% FC máx

- **Intensidad objetivo para consumo de grasas**

Zona persona activa = 68 a 79% de FCmáx
Zona persona obesa o con sobrepeso = 55 a 70% de FCmáx

Tabla 4.6. Intensidades recomendadas de ejercicio aeróbico.

RPE

Inicialmente, los sujetos no perciben la fatiga hasta que están exhaustos, o días después advertimos una fatiga desmesurada. Por ello, no conviene guiarse por sus sensaciones al inicio de un programa. Pero dicha percepción subjetiva del esfuerzo (siglas RPE, de sus términos en inglés), una vez los sujetos adquieren cierta experiencia de trabajo, es un fiable indicador de la intensidad en sujetos de mediana edad (no niños y con dificultad en mayores). Es pues recomendable usarla junto a la monitorización de la FC, siendo especialmente necesaria cuando se administran medicamentos que alteran la FC.

Existen escalas que clasifican las intensidades entre 6 y 20 o entre 0 y 10, desarrolladas por Gunnar Borg. Los valores de la primera se basan en que multiplicados por 10 son aproximados a la FC que puede llevar el sujeto de mediana edad cuando aprende a usar la escala y señala un valor. En caso de larga duración de ejercicio, esto puede no ser tan preciso, siendo mayor en personas de mayor nivel de fitness. Aunque se ha relacionado el valor 12 de la escala de 6 a 20 con el umbral aeróbico, falta por precisar y consensuar la relación entre los valores de la escala y dichos umbrales aeróbico y anaeróbico. Se recomienda realizar una relación individualizada FC/ RPE así como relacionar ambos parámetros con la velocidad o potencia.

Escala 6 a 20	% FC máx	Escala de 0 a 10
6		
7 Eºxtremadamente ligero		
8		0
9 Muy ligero		1 Extremadamente ligero
10		2 Ligero
11 Ligero	52-66	3 Moderado
12		4
13 Algo duro		5 Duro
14	61-85	6
15 Duro		7 Muy duro
16		8
17 Muy duro	86-91	9
18		10 Extremadamente duro
19 Extremadamente duro		
20	92 ->	

Tabla 4.7. RPE: Escala de percepción del esfuerzo.

MET

Se ha estudiado con detalle el coste energético de gran número de actividades, tanto de estilo deportivo como de la vida diaria, con tablas actualizadas periódicamente por el ACSM (Ainsworth et al, 2000). Estos cálculos tienen un margen a tener en cuenta, pues ya se indicado anteriormente que, más allá de la intensidad, el gasto va a depender del nivel del sujeto conforme se prolonga la duración del esfuerzo. Su cálculo puede ser un apoyo para actividades con escaso requerimiento técnico. Y puede ser especialmente útil su medición a partir de acelerómetros de 2 y 3 dimensiones que existen hoy en día con gran precisión. Estos pequeños aparatos se pueden enganchar en la cintura y registran el movimiento, calculando los llamados METs o múltiplos del metabolismo basal, a partir de los valores de peso, sexo y edad.

Para incrementar la intensidad existen varias maneras. La más obvia es incrementar la velocidad o % de FC máx, RPE, METs etc. Pero también a partir de los demás componentes de entrenamiento se incrementa la intensidad. Así, a igual duración total o recuperación parcial, pero con mayores fases de trabajo intenso, el entrenamiento es más intenso. De forma similar, a igual duración real, pero con pausas más breves entre repeticiones (menor duración absoluta), el entrenamiento es más intenso.

Densidad

La densidad representa la frecuencia de estímulos de entrenamiento por unidad de tiempo. Permite llegar al compromiso óptimo entre la carga que supone una sesión y la obtención de su beneficio con posterioridad (supercompensación). La escasa recuperación conduce hacia la lesión o el sobreentrenamiento, mientras que su exceso al mantenimiento y posterior descenso del nivel de condición física. De ahí que la frecuencia de entrenamiento esté tan relacionada con la intensidad, como vimos anteriormente, a lo que hay que añadir que la intensidad es el elemento clave para mantener el nivel de condición física, en caso de una menor frecuencia o dificultades para la continuidad.

La recuperación post-esfuerzo conviene ser controlada por la FC. Los deportistas entrenados recuperan alrededor de un 25% del valor final de esfuerzo en cuestión de 30-40", mientras que los no entrenados recuperan algo menos y en más tiempo, hasta los 90", por lo que conviene medir la recuperación cada 30" hasta los 2'.

La continuidad en el entrenamiento aeróbico es especialmente imprescindible, produciéndose palpables empeoramientos a partir de las dos semanas de cese de actividad. La frecuencia mínima recomendada por el ACSM es de 3 sesiones semanales, obteniéndose cambios menos drásticos a partir de 5 d/semana, si bien la necesidad de generar al tos volúmenes en deportistas especializados en resistencia les lleva a realizar de 6 hasta 12 sesiones semanales o en ocasiones más, buscando leves mejoras.

3.3. Cuantificación de la carga de entrenamiento

En busca de aunar en un solo dato los componentes de una carga de entrenamiento, o cuando menos los de volumen e intensidad, existen diversos índices, utilizando tiempo y registro de frecuencia cardiaca. El índice de Intensidad Global de Illuta y Dumitrescu es el resultado de multiplicar la duración del esfuerzo por el la media de la FC realizada en % de FC máxima, y dividirlo por el tiempo total del esfuerzo. En caso de realizarse varios esfuerzos, o querer obtener un valor semanal del mismo, debe obtenerse el cociente de la suma de los respectivos numeradores y denominadores, siendo la FC media la de los intervalos de esfuerzo (ver ejemplo, Tabla 4.8.). Otro índice de volumen e intensidad, en este caso un cociente, es una variante de los TRIMPS originalmente desarrollados por Banister y colaboradores. Se trataría de multiplicar por el valor 1 a cada minuto que se ha pasado en fase I (entre umbrales o bien intensidades de Karvonen), multiplicar por 2 cada minuto en fase II, y por 3 cada minuto en fase III. El producto es un valor cuya unidad llamada TRIMP (del inglés "impulso de entrenamiento") (ver ejemplo tabla 4.8.). Para el cómputo del tiempo real en cada fase son muy útiles los pulsómetros que tienen la opción de señalar zonas de trabajo. Si en el límite inferior colocamos la FC del 60% de reserva + reposo y en el superior la del 80%, entonces nos registrará el tiempo en zona, y según qué modelos el tiempo por debajo y por encima, con lo que tenemos los tiempos pasados en fases I, II y III registrados.

Si cuantificar la carga de entrenamiento a prescribir es básico, la cuantificación del entrenamiento realizado es fundamental, y debe ser la que marque la pauta de la siguiente programación. A las recomendaciones de este punto hay que añadir las hechas en el anterior al respecto de la medición de volumen, intensidad y densidad.

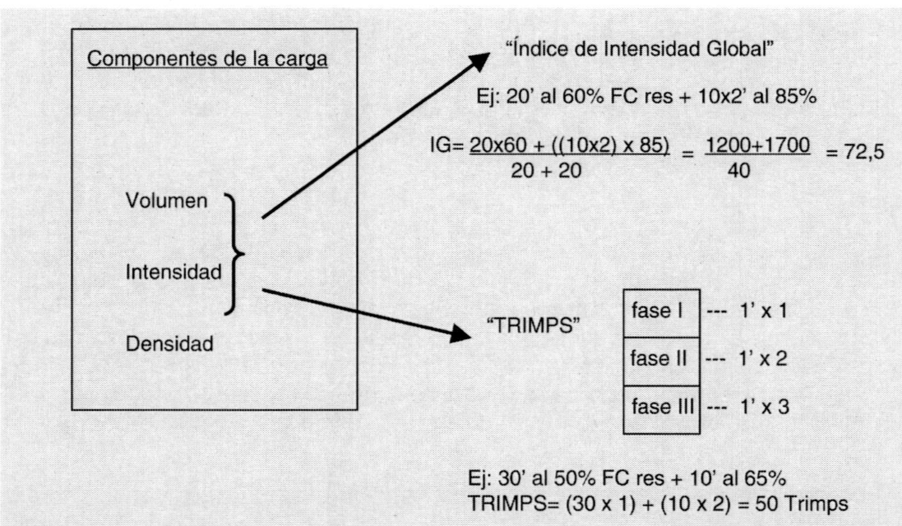

Tabla 4.8. Componentes y cuantificación de la carga de entrenamiento.

3.4. Periodización y programación del entrenamiento

El término "periodización" supone la división en ciclos del programa de entrenamiento. Estos ciclos responden a objetivos y contenidos determinados. La "programación", por su parte, se refiere a la concreción de esas previsiones en cargas semanales, es decir, en el programa semanal.

Clásicamente, y fruto de argumentos anteriormente comentados, existen diversas premisas originarias de Matveiev (años 50 y 60) que se mantienen vigentes. La primera de ellas indica que todo programa precisa de una etapa inicial basada en el volumen como base para el posterior incremento de la intensidad. Esta premisa es compartida por todos los modelos de periodización con fines deportivos, y en el campo de la salud, pese a no existir modelos definidos, es especialmente aceptable. Otra cosa serán etapas posteriores de preparación y demás particularidades. Del mismo modo, en salud y rendimiento se acepta como clave la premisa de que volumen e intensidad tienen un compromiso antagónico, de modo que cuando uno destaca el otro no puede hacerlo y viceversa.

Sin entrar en otros modelos complejos, cuya finalidad es exclusivamente deportiva, en el desarrollo de la resistencia aeróbica existe otro apartado básico de relación de ambos elementos (volumen e intensidad). Se trata de establecer el porcentaje adecuado de trabajo respectivo. Para ello, se recurre nuevamente a la concepción "trifásica" que establecen los dos umbrales que, por ejemplo, hemos establecido anteriormente con la fórmula de Karvonen.

Clásicamente, se ha considerado que la mejora de la resistencia aeróbica requería de una predominancia del trabajo en fase II. Es obviamente difícil poder realizar mucho trabajo en fase III, pero al respecto del trabajo en fase I, cierta concepción de que la intensidad mínima para la obtención de mejoras era esa primera intensidad "umbral" (p.e. 60% reserva) derivó en ese énfasis en la fase II. La figura 4.2. representa este modelo, que ha sido llamado del "umbral láctico" en referencia al segundo umbral, bajo el que se desarrolla una gran base (y cuyas proporciones pueden rondar los 30/60/10% de dedicación de tiempo a fases I/II/III).

Sin embargo, muy recientemente se ha desarrollado una tendencia hacia lo que en cierto modo propone todo lo contrario, es decir, limitar el trabajo en fase II y desplazar la mayor parte a la fase I (buscando una proporción 75-5-20).

Dadas las limitaciones para poder trabajar a alta intensidad, que por otra parte produce un efecto de gran fatiga para el sistema nervioso simpático, y con ello riesgo de sobreentrenamiento, se opta por evitar "medias tintas" en forma de fase II, para poder realizar la máxima intensidad los días fuertes (en forma de más trabajo, aunque a igual intensidad), y compensado el sistema nervioso autónomo, cumpliendo con el principio de alternancia reguladora de las cargas.

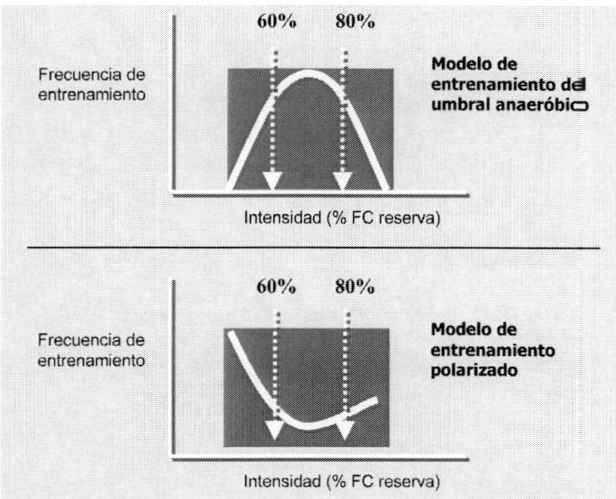

(Adaptado de Seiler y Kjerland, 2004)

Figura 4.2. Formas de distribución de la intensidad de entrenamiento.

Semanalmente, más de dos sesiones de alta intensidad (fase III), deberían reservarse para deportistas muy entrenados, siendo lo aconsejable una o dos para sujetos entrenados, e inicialmente ninguna.

En relación con la resistencia muscular, otra clásica teoría deportiva aboga por dotar de una base de esta a una determinada intensidad cardiorrespiratoria, previa al desarrollo de esa intensidad por medio del ejercicio cíclico. Una aproximación muy interesante también para el campo de la salud, si bien con otros fines, más bien preventivos.

Dada la falta de modelos establecidos para el entrenamiento personal más allá de los sujetos con miras hacia el máximo rendimiento, y a tenor de las diversas recomendaciones y concepciones, se podría indicar que el trabajo en fase I es estímulo suficiente para personas que se inician o con bajo nivel, con eventuales sesiones en fase II. Aunque realmente el objetivo inicial no es otro que ser capaz de mantener estados metabólicos constantes (que hemos visto, pueden reflejarse en la FC y la RPE). En estas personas habrá que buscar un modo de ejercicio muy liviano para permitir dichos progresos, y no pasar a una deriva pulsativa continua y con rapidez a la fase II. Éste será el primer objetivo, al que se une la habilidad para una rápida recuperación. 8 a 12 sesiones pueden servir para obtener mejoras en este sentido.

Para personas con nivel medio, pero sin gran disponibilidad de tiempo, el modelo del umbral anaeróbico (énfasis en fase II) puede ser el más adecuado, siempre que no tengan factores de riesgo, cumpliendo con las recomendaciones de tratar de hacer algunas sesiones suaves de larga duración, y si no compensarlo con sesiones breves de mayor intensidad, así como alcanzando esos mínimos superiores para el desarrollo cardiorrespiratorio propios de su nivel.

Para deportistas con alto nivel o larga experiencia en trabajo de resistencia, deseo de dedicación a este tipo de actividades y posibilidad para dedicar mucho tiempo al entrenamiento, su opción puede ser el modelo "polarizado" (concentración en fase I y III). Así, pueden desarrollar mayores intensidades o volúmenes a alta intensidad los días fuertes, y paralelamente, crear una sólida base para mantener esas adaptaciones.

Unido a las indicaciones hechas de volumen e intensidad, la comprensión en el diseño de medios de entrenamiento, y la monitorización de la intensidad, con pulsómetros o calorímetros, y percepción de esfuerzo, estos elementos pueden dar luz a la concreción de programas de entrenamiento adecuados para el desarrollo de la resistencia cardiorrespiratoria.

<u>Bajo nivel:</u>
1- Desarrollar base en fase I, consiguiendo estados estables a 50 y 60% FCReserva

<u>Medio nivel sin mucha disponibilidad de tiempo:</u>
2- Proseguir con mayor trabajo en fase II (1º con circuito training fase II)
3- Mejora de activación y recuperación (continuo variable) + circ training 30/30 fase III
4- Progresivo desarrollo 2º umbral (fijar 1º volumen y r' fijos, incrementar tiempo intervalo. Ej: sobre 15' y r'=2' ; 5x3' ---> 4x4' ---> 3x5' ---> 2x7' ...)

<u>Alto nivel y disponibilidad de tiempo:</u>
5- Trabajar más fase I
6- Circuito training 40/20 series seguidas (p.e= de 3x8 estaciones a 2x12 y 1x24)
7- Idem que 4 sobre más tiempo y menor r' (p.e, 30' y r'=1' ; 9x3' --- 7x4' --- 6x5' ...)
8- Trabajo por encima de 80% (método progresivo y interval corto)

Tabla 4.9. Propuesta de progresión en programación desarrollo cardiorrespiratorio.

Capítulo V

Entrenamiento de fuerza y prescripción del ejercicio

Fernando Naclerio Ayllón
Licenciado en Ciencias de la Actividad Física y el Deporte (UPM)
Profesor en Educación Física (UNLP)
CSCS
Profesor de Entrenamiento Deportivo II
Facultad de Ciencias de la Actividad Física y el Deporte
Universidad Europea de Madrid
Director Científico Globus España
Director Técnico MundoSalud España
fernando.naclerio@uem.es

1. DEFINICIONES DE FUERZA Y FORMAS EN QUE SE MANIFIESTA

La fuerza, es una capacidad física esencial del hombre, que puede manifestarse de diferentes formas según las condiciones particulares y objetivos con que se realizan las acciones (Bosco, 2000; González Badillo, y Gorostiaga, 2000).

La fuerza ha sido definida de diferentes formas por muchos autores e investigadores de las Ciencias del Deporte, pero en esta oportunidad la consideraré desde dos perspectivas diferentes, las cuales pueden expresarse de manera conjunta durante la realización de las actividades físicas.

1) Desde el punto de vista **físico mecánico**, la fuerza se manifiesta por una acción capaz de inducir cambios en el comportamiento de un cuerpo, modificando el estado del mismo, pudiendo, detenerlo o alterar su desplazamiento, si esta en movimiento, desplazarlo, si esta quieto, o deformarlo si esta fijo (González Badillo y Ribas Serna, 2003; Watkins 1999)

2) Desde un punto de vista **fisiológico**, la fuerza es una capacidad funcional que se expresa por la acción conjunta del sistema nervioso y muscular para generar tensión, que constituye, la forma en que el sistema neuro-muscular produce fuerza (Bosco, 2000; Siff y Verkhoshansky 2000). Esta fuerza "fisiológica" puede tener relación con un cuerpo externo, o no, dependiendo de que se aplique sobre una resistencia o ante la inercia de un cuerpo en movimiento, o por la tensión simultanea de los músculos agonistas y antagonistas empleados en la acción (Martín y Col, 2001) De todas formas siempre que el sistema neuromuscular genere fuerza, se producirá una deformación cuya magnitud se relaciona al estrés inducido por las fuerzas que la originan (McGinnis, 1999). Vinculando estos dos puntos de vista, la fuerza muscular, como causa, sería

la capacidad de la musculatura para deformar un cuerpo, modificar la aceleración del mismo, iniciar o detener su movimiento, alterar su velocidad o cambiar su dirección (González Badillo y Ribas Serna, 2003).

El nivel de fuerza generado por el sistema neuromuscular dependerá de la suma de los niveles de tensión producidos desde las unidades motoras activadas (Martín y Col, 2001). Aunque con relación a la cantidad de masa muscular empleada, la fuerza depende de la cantidad de tensión producida, por cm^2 de superficie muscular, considerando la mayor cantidad de puentes electromagnéticos generados entre la miosina y el filamento delgado, en un instante específico. Cuanto mayor sea el número de estos "puentes cruzados" por superficie de fibra muscular, más elevada será la tensión y por ende la fuerza producida. (Martín y Col, 2001; Watkins, 1999). No obstante, al analizar la fuerza aplicada sobre objetos externos, como barras, mancuernas, etc. se considera especialmente el efecto transmitido sobre éstos, generalmente observable, producido por una acción muscular, la atracción de la gravedad o la inercia del cuerpo (González Badillo y Ribas Serna, 2003).

Si bien desde el punto de vista físico la fuerza resulta del producto entre masa y aceleración, con relación al movimiento humano, cuando se aplica fuerza desde el sistema neuromuscular a un objeto, la forma en que esta se transmite puede adquirir diversas características, dependiendo tanto de la magnitud del objeto (peso, tamaño, forma) como de la cantidad de aceleración y la tasa o ritmo a la cual la fuerza es aplicada (Kutnezov 1989; Nigg, 2000).

Según Verkhoshansky (2002), la fuerza aplicada por el sistema neuromuscular podrá expresarse de diferentes maneras, que estarán supeditadas a la influencia de los siguientes factores:

1. Magnitud de la tensión generada desde el sistema neuromuscular.
2. Ritmo de desarrollo de la fuerza o tensión.
3. tiempo durante el cual se aplica un cierto nivel o magnitud de fuerza o tensión.

Según Martín y Col (2001), si la intensidad de los esfuerzos, se determina por su magnitud, y velocidad, al relacionar la intensidad de los mismos con el tiempo, se podrían distinguir diferentes tipos o direcciones en que se expresa la fuerza muscular.

1. Fuerza absoluta (involuntaria): Sería la mayor cantidad de tensión que el sistema neuromuscular puede generar, utilizando todas sus posibilidades potenciales, que no pueden activarse por medio de la voluntad, sino en situaciones especiales en las que se desencadenan reacciones neurogénicas y metabólico-hormonales que posibilitan la producción de niveles de fuerza extremas o máximas (utilizando las Fuerza de reserva) (De Hegedüs 1984; 1981).

2. Fuerza máxima (voluntaria): sería el máximo nivel de fuerza absoluta factible de producir voluntariamente. Se relaciona al régimen de acción muscular específico desarrollado, pudiéndose distinguir entre fuerza máxima **excéntrica, estática o concéntrica**. (De Hegedüs 1984; 1981).

3. Fuerza velocidad: se relaciona a la posibilidad de desarrollar altos valores de tensión muscular en el menor tiempo posible (Kuznetzov 1989; Verkhoshansky, 2002).

4. Fuerza lenta: Se relaciona a la habilidad para desarrollar un nivel óptimo de tensión muscular a un ritmo o tasa de producción de fuerza moderada o baja (Harre, 1987; Martín y col, 2001) .

5. Fuerza resistencia: se relaciona a la habilidad de sostener un nivel de fuerza requerido por el mayor tiempo posible, vinculado a un rendimiento específico, de modo que los niveles de tensión no se reduzcan significativamente como para perjudicar el rendimiento (De Hegedüs 1984; Harre 1987; Tous, 1999).

Dentro de estas formas básicas de expresar la fuerza muscular, surgen diversas subdirecciones que dependen de factores como la magnitud de la resistencia a vencer, el tiempo necesario o disponible para aplicar fuerza, la técnica de movimiento, etc. Estos subtipos de fuerza se identificarán a lo largo del capítulo (ver tablas 5.2. y 5.4.).

1.1. Principios generales del entrenamiento de fuerza

Si bien todos los programas de entrenamiento, para ser efectivos, deben considerar una serie de principios esenciales basados en la respuesta adaptativa del organismo a las diferentes cargas psicofísicas (Bompa, 2003; De Hegedüs 1984), para el entrenamiento de la fuerza, adquieren una importancia fundamental los principios de Especificidad, Sobrecarga y progresión (Earle y Baechle 2000; Fry y Newton, 2002).

- **Especificidad.** Se refiere a considerar los objetivos particulares de cada persona. Por ejemplo, elegir los ejercicios específicos para fortalecer una zona muscular concreta, o planificar adecuadamente las cargas de entrenamiento para mejorar el rendimiento en una actividad o deporte concreto (Earle y Baechle 2000,Verkhoshansky, 2002).
- **Sobrecarga.** Se refiere a que el efecto positivo del entrenamiento de fuerza, depende de que el organismo sea forzado a realizar esfuerzos de mayores magnitudes respecto a los realizados habitualmente (Earle y Baechle, 2004). De hecho, el éxito de los programas de entrenamiento depende del control y la actualización permanente de los estímulos aplicados, lo cual se vincula al tercer principio, el de progresión.
- **Progresión.** Se basa en adaptar la carga de trabajo a las variaciones del rendimiento, que se van produciendo a lo largo de un proceso de entrenamiento (Earle y Baechle, 2004; Fry y Newton, 2002).

1.2. Definiciones básicas sobre el entrenamiento de fuerza contra resistencias

El conocimiento del significado de algunos temimos comúnmente utilizados en el entrenamiento de fuerza es un aspecto fundamental para comprender, con claridad, la orientación y los efectos de los diferentes entrenamientos.

- **Repetición.** Comprende un ciclo de movimiento completo de un ejercicio. En un régimen dinámico concéntrico, consta de dos fases: la acción concéntrica, o contracción, y la acción excéntrica o decontracción. (Bompa y Cornacchia, 1998) En el régimen estático la repetición es determinada por el tiempo que dure el sostenimiento de cada tensión individual (Zhelyakov, 2001).
- **Series.** Es un grupo de repeticiones desarrolladas consecutivamente. (Earle y Baechle, 2004) Están constituidas por un determinado numero de repeticiones, 1, 2, 10, etc. Lo cual depende de la magnitud del peso a vencer la velocidad de ejecución y fundamentalmente por los objetivos del entrenamiento (Bompa 1995).
- **Máximas repeticiones (MR).** Se refieren al máximo número de repeticiones por serie factibles de realizar con un peso o resistencia a vencer (Kg) y una correcta técnica de ejecución (Bompa, 1995, 1998). En este caso el sujeto llega al fallo o fatiga muscular momentánea, de modo que es incapaz de seguir realizando repeticiones (Bompa y Cornacchia, 1998).
- **Valor de 1 máxima repetición (1 MR).** Mayor Peso factible de movilizar en un ejercicio, cuando se realiza 1 repetición y no puede ejecutarse la 2° en forma consecutiva (Bompa, 1995; Fleck y Kraemer 1997) el valor de 1 MR, constituye un parámetro práctico (100%) a partir del cual, se determinan los porcentajes específicos de peso a usar para planificar

los entrenamiento con diferentes objetivos (Bompa 1995; 2003; Naclerio 2001; Siff y Verkhoshansky 2000; Stone y col, 2000).

- **Velocidad de ejecución del ejercicio**: se refiere a la velocidad en m*seg que alcanza el implemento movilizado (barra, mancuerna, etc.) durante la ejecución del un ejercicio específico.
- **Rimo de ejecución del ejercicio**: se refiere a la cadencia o frecuencia de movimientos. Esta puede ser, controlada o máxima.
- **Cadencia controlada**: se respeta un ritmo de movimiento en cada repetición, es característica de los entrenamientos de resistencia de fuerza, en los que se intenta mantener los niveles de fuerza, dentro de rangos específicos, y por el mayor tiempo o numero de repeticiones posibles (Bosco 1991).
- **Cadencia máxima**: no se respeta un ritmo de movimiento especifico, sino que se intenta realizar una repetición detrás de la otra lo más rápido posible, y sin solución de continuidad. En algunos casos la realización de un ejercicio a la máxima velocidad, no implica que también deban ser realizados con la máxima frecuencia.
- **Máxima velocidad de desarrollo de la fuerza**: se relaciona a la intención de aplicar fuerza lo más rápido posible, independientemente del nivel de la resistencia a vencer. Cuanto más ligera sea la resistencia mas velocidad se alcanzará en la acción, y viceversa (Bosco 2000; Sale, 1991; Siff y Verkhoshansky, 2000; Verkhoshansky, 1996; Zatsiorsky, 1995).
- **Pausa de recuperación entre series**: es el espacio de recuperación que abarca desde el momento en que se finaliza una serie hasta que comienza el primer movimiento de la otra. Su duración variará, según los objetivos propuestos, entre 30 seg a 5 min. (Earle y Baechle, 2004).
- **Micropausa**: pequeños intervalos de entre 1 a 29 seg que se introducen dentro de una serie, de modo de permitir una recuperación parcial de las energías para poder efectuar algunas repeticiones más y llegar al número deseado, manteniendo la intensidad del movimiento. Ejemplo: Realizar una serie de 8 Rep. con el 80% de 1MR, descansar 10 seg y realizar 1 o 2 Rep más (González Badillo y Ribas Serna, 2003).
- **Macroseries**: son series Gigantes donde se propone realizar una cantidad de repeticiones determinada, con un peso muy elevado como para realizarla sin interrupciones. La macroserie consta de repeticiones al fallo, entre las que se insertan micropausas de entre 5 seg a 29 seg, para poder recuperar parcialmente las energías, y poder completar el número total de repeticiones planificadas. Ejemplo: Realizar una Macroserie de 20 Rep. con el 85 % del 1MR, introduciendo Microseries de 5 seg, 10 seg y 15 seg en forma creciente.
- **Repeticiones forzadas submáximas**: se refiere a realizar algunas Repeticiones más, luego de haber llegado al fallo muscular. Este trabajo va destinado a activar al máximo todas las unidades motoras comprendidas en el movimiento, por lo cual y debido a que la fatiga se dará sólo en un punto o rango del recorrido articular donde se produce la mayor deficiencia mecánica, (Fase de atasco) La función del entrenador será asistir, únicamente, en este punto o zona del recorrido articular y no en los demás donde el movimiento debe ser realizado sin ayuda. Por otro lado, la intención del ejecutante siempre debe ser intentar vencer la resistencia, aunque se vea superado por esta (Bompa y Cornacchia, 1999).
- **Forzadas supramáximas**: se realizan con las mismas características técnicas que las repeticiones forzadas, pero se utilizan pesos superiores al 1MR (mas del 100 %), es decir que no pueden ser movilizadas sin la asistencia de un entrenador (Fleck y Kraemer, 1997).
- **Ayudas**: es la acción de **asistir directamente** a un ejecutante cuando realiza un trabajo específico (forzadas, excéntrico, etc.) (Naclerio 1998; 1997).

- **Cuidados**: es la acción de **controlar** la realización correcta de un ejercicio, para prevenir accidentes o técnicas defectuosas en su realización (Naclerio 1998; 1997).

2. ORIENTACIONES PARA PLANIFICAR EL ENTRENAMIENTO DE FUERZA

El proceso de planificación del entrenamiento de fuerza comienza con la consideración de las características individuales de las personas. Antes de iniciar un plan de entrenamiento, es indispensable realizar una entrevista que permita, establecer los objetivos, valorar los antecedentes y el nivel de rendimiento actual de los individuos, identificar los puntos fuertes, débiles, las áreas corporales con mayor riesgo de lesión, y las posibles contraindicaciones para ejecutar algunos ejercicios (Earle y Baechle, 2004). Salvando los aspectos médicos, al tratarse de población adulta, los dos aspectos más importantes son:

1. **Nivel de rendimiento inicial**
2. **Experiencia en el entrenamiento de fuerza y dominio técnico de ciertos ejercicios**

   Earle y Baechle (2004) proponen clasificar a las personas, según el nivel de entrenamiento, con la ayuda de la tabla 5.1 donde se valora la experiencia y el dominio de ejercicios de entrenamiento de fuerza.

Pregunta 1 ¿Realiza actualmente entrenamiento de fuerza?	**Pregunta 2** ¿Cuánto tiempo hace que realiza entrenamiento de fuerza sistemático?	**Pregunta 3** ¿Con qué frecuencia semanal entrena?	**Pregunta 4** ¿Con qué dificultad considera usted que entrena?	**Pregunta 5** ¿Qué tipos y cuantos ejercicios realiza correctamente?	**Clasificación estimada**
No* Sí Sí	X ≤2 meses < 2 a 4-6 meses	X 1-2 2-3	X Bajo Bajo-Medio	X 3-5 Ej en máquinas 6-10 Ej multiarticulares en máquinas y 3-5 Ej. monoarticulares con pesos libres	Novicio sedentario Novicio
Sí	8 a 10 meses	3	Medio	1-11 Ej en máquinas (Muti. y monoarticulares) 6-10 Ej. Multiarticulares y 3-5 monoarticulares con pesos libres	Intermedio A
Sí	1 año	4	Medio-alto	> 15 Ej. Multi y monoarticulares con pesos libres y máquinas	Intermedio B
Sí	1 a 1,5 años	4	Alto	> 15 Ej. Multi y monoarticulares con pesos libres y máquinas y 3-5 Ej de potencia o levantamiento	Avanzado A
Sí	2 o más años	4-5 o más	Muy alta	> 15 Ej. Multi y monoarticulares con pesos libres y máquinas y varios. Ej. de potencia o levantamiento	Avanzado B

Tabla 5.1. Metodología para clasificar a los sujetos por el nivel de rendimiento. Modificada de Earle, Baechle (2004).

Notas:

1. *Si una persona no está entrenando en el momento de la entrevista, pero ha realizado un entrenamiento sistemático hasta 4 a 6 semanas antes, puede considerarse que la pregunta 1 es sí, entonces podrá responder las preguntas 2 a 5, basándose en la configuración del programa de entrenamiento realizado recientemente.
2. La clasificación del nivel de rendimiento del sujeto, puede hacerse efectiva cuando se responden al menos tres preguntas.
3. Este método de clasificación constituye sólo una propuesta que posiblemente no pueda aplicarse a todas las personas, no obstante, en última instancia, la decisión sobre el nivel de rendimiento de cada sujeto depende de la experiencia y el criterio de cada entrenador.

2.1. Objetivos y variables relacionados al entrenamiento de fuerza

Uno de los condicionantes del éxito o el fracaso en el desarrollo de los programas de entrenamiento de fuerza radica en que las modificaciones inducidas en el organismo por el entrenamiento, coincidan con los objetivos perseguidos (Kuznetzov, 1989; Naclerio, 2002). Los objetivos comúnmente perseguidos por los entrenamientos de fuerza pueden ser de dos tipos:

1. Funcional, referido a inducir una mejora en el rendimiento, asociado a un tipo de fuerza específica, vinculada a un mejor o más eficiente desarrollo de acciones deportivas, actividades cotidianas, etc.

2. Estructural, referido a los cambios orgánicos producidos en las estructuras corporales a consecuencia de la adaptación a los entrenamientos, por ejemplo hipertrofia muscular (Siff y Verkhohansky, 2000). No obstante, es de considerar que los objetivos estructurales, en sí, siempre llevan implícitos un logro funcional, es decir, que una persona para lograr hipertrofiar su musculatura, debe entrenar fundamentalmente la fuerza resistencia con pesos moderados a altos, que es la que identifica el objetivo real y funcional del entrenamiento, que a su vez producirá una adaptación estructural, que en este caso identifica el objetivo perseguido (Martín, 2001; Siff y Verkhoshansky, 2000). Por consiguiente, no se identifica a la hipertrofia como un objetivo del entrenamiento de fuerza en si, sino como una adaptación estructural producida en el organismo como consecuencia del entrenamiento. (Ver tabla 5.2.).

Dirección de Fuerza	Aplicación	Principales adaptaciones estructurales
Fuerza Máxima	Mejora rendimiento y capacidad funcional general	Hipertrofia proteica general (especialmente FTF2A)
Fuerza Velocidad Fuerza Potencia Fuerza Explosiva	Mejora rendimiento deportivo especifico	Hipertrofia selectiva FTFab (proteica) Hipertrofia selectiva FTFb; FTFb (proteica)
Resistencia de Fuerza pesos altos	Mejora rendimiento deportivo específico, y tolerancia a los esfuerzos repetidos. Imagen corporal	Hipotrofia general (proteica y sarcoplasmatica) Expansión celular (Aumento de glicógeno muscular)
Resistencia de Fuerza pesos bajos	Mejora rendimiento deportivo especifico, corrección postural, recuperación funcional luego de lesiones, imagen corporal	Adaptación anatómica, mejora estructura y función de tejidos blandos y óseos Hipertrofia sarcoplasmatica FTS y FTF2AExpansión celular (aumento glucógeno muscular, densidad mitocondrial y capilarisación fibrilar)

Tabla 5.2. Objetivos funcionales, aplicación y adaptaciones estructurales asociadas a las diferentes direcciones en que puede entrenarse la fuerza.

FTF: fibras musculares rápidas, y sus subtipos: FTFa: rápido glucolítico lento; FTFab Rápido glucolítico; FTFb ultrarrápido; FTS: Fibras Musculares lentas (Kraemer y col, 1996).

Nota: En el cuadro sólo se indican las adaptaciones de tipo estructural más importantes que "predominan" al entrenar específicamente cada dirección de fuerza, lo cual no significa que estas mismas adaptaciones no estimulen en menor grado, al entrenar otra dirección de fuerza.

Una vez que el entrenador ha entrevistado, clasificado y determinado los objetivos a corto, medio y largo plazo, que se platearán en el entrenamiento, para realizar una planificación adecuada, debe partir del conocimiento de las leyes y principios básicos que regulan este proceso, lo cual implica considerar dos aspectos fundamentales relacionados con la confección del entrenamiento de fuerza:

1. Aspectos que influyen en la respuesta metabólica funcional del organismo,
2. Aspectos relacionados con la mecánica o los ejercicios seleccionados para realizar en las sesiones de entrenamiento.

El 1er aspecto comprende las variables que determinan la magnitud de la carga o estímulo en las diferentes sesiones de entrenamiento (De Hegedüs, 1984; Martín y col 2001) mientras que el segundo se refiere a la selección de los medios (máquinas, pesos libres, bandas elásticas, etc.) y los ejercicios a realizar en cada sesión. (Earle y Baechle 2004; Kraemer y Ratames, 2004) El análisis conjunto de estos dos aspectos origina el 1er grupo de variables a considerar para planificar el entrenamiento de fuerza: "**las variables de programación**" de las cuales existen dos tipos:

1. Variables relacionadas a la magnitud del estimulo, y determinan la orientación funcional del entrenamiento: 1. Intensidad, 2. Duración, 3. Densidad, 4. Frecuencia, y 5. Duración, de los esfuerzos (De Hegedüs, 1984;1981).
2. Variables relacionadas a los medios utilizados y a la mecánica de ejecución de los ejercicios: Ejercicios seleccionados y orden de realización durante los entrenamientos (Earle y Baechle 2004; Kraemer y col 2002; Kraemer, 2002).

El segundo grupo de variables se refiere a las "**variables de control**" que sirven para valorar los efectos del entrenamiento, y estimar las adaptaciones que se van produciendo en el organismo del sujeto. Estas variables son el rendimiento mismo de cada persona, ante las diversas cargas de trabajo a las que se somete, la percepción subjetiva del esfuerzo, las respuestas orgánicas, expresadas por parámetros como la frecuencia cardiaca, la acumulación de ácido láctico en sangre, u otros elementos como el amonio (NH_3), la actividad eléctrica muscular, y neuroendocrina.

2.2. Variables de programación

Dentro de este grupo de variables las primeras que deben considerarse para determinar la orientación del entrenamiento de fuerza son las que determinan la magnitud del estímulo y su orientación funcional:

Intensidad. Se refiere a la cantidad de trabajo producido en la unidad de tiempo (De Hegedüs, 1984; 1981; García Manso, 1999) Aplicado al entrenamiento de fuerza contra resistencias la intensidad se determina por la velocidad a la cual se movilizan los pesos en las acciones dinámicas, o al ritmo y nivel de aplicación de la fuerza en las acciones estáticas. No pudiendo ser relacionada sólo con el porcentaje de peso, como se ha sugerido hasta ahora, sino por los valores de potencia producida en cada repetición, que están en directa relación con la dirección de fuerza a entrenar (Bosco, 2000; 1991; González Badillo y Ribas Serna, 2003; Jiménez, 2003; Naclerio, 2001; 2004). La intensidad no depende solo del nivel de peso a vencer sino también de la aceleración transmitida desde el sistema neuromuscular y la velocidad alcanzada en el rango de movimiento o acción realizada. La velocidad alcanzada en un movimiento, se mide en m*seg, e influye en el tiempo en que se tarda en realizar el trabajo, determinando así, la eficiencia mecánica de cada acción. Esta eficiencia mecánica se relaciona a la cantidad de trabajo producido, en el tiempo empleado para realizarlo, y se expresa por la "potencia", cuya unidad de medición es el Watio. (Armstrong, 1993) De esta forma, la intensidad en los ejercicios de fuerza puede definirse por el nivel de actividad muscular generado, que puede cuantificarse por la potencia o watios producidos al realizar los ejercicios (Fry y col 2002; Graham, 2002).

En los ejercidos con pesos la intensidad está determinada por 3 factores básicos (Bosco, 1991; Gonzáles Badillo y Ribas Serna, 2003; Naclerio 2001):

1) la magnitud porcentual de la resistencia de oposición (usualmente respecto al valor de 1 MR);

2) la aceleración que el sistema neuro-muscular aplica a la resistencia;

3) la velocidad alcanzada en las acciones dinámicas o ritmo de desarrollo de la fuerza en las acciones estáticas.

Considerando que la fuerza aplicada en un rango de movimiento o durante un tiempo, determina la cantidad de trabajo producido (juoles) y que cuanto mas velocidad se alcance durante la realización de este trabajo menos tiempo se tarda en producirlo, entonces mas eficiente es la acción, mas potencia se produce, y mas intensidad se requiere para desarrollarla (Gutiérrez Dávila 1998; Nigg, 2000).

Los entrenamientos de fuerza son generalmente organizados en series de repeticiones, por lo cual, se debería considerar también la **"cadencia" o ritmo al que se realizan los movimientos**, porque esta afectará la aceleración, velocidad y potencia producida en cada repetición a medida que se prolongue la serie, e influirá notablemente en la intensidad global de la misma y por lo tanto, en los efectos de la sesión de entrenamiento (Naclerio, 2002). La cadencia o ritmo de ejecución de los movimientos está afectado a su vez por:

- El número de repeticiones realizadas por serie,
- Mecánica o tipo de ejercicio,
- Modalidad de ejecución de las repeticiones que conforman una serie, que puede ser: **continua**, o **fraccionada**, con micro-pausas entre una repetición y la siguiente, o entre pequeños grupos de repeticiones, por ejemplo: hacer 6 repeticiones seguidas, 10 segundos de micropausa e inmediatamente 2 repeticiones mas, para terminar la serie global 8 repeticiones, pero con una micro-pausa intermedia que permite una recuperación parcial de la capacidad metabólica y neural de trabajo, para mantener la intensidad y la dirección de fuerza entrenada (González Badillo y Ribas Serna, 2003; Haff y col 2003).

De todas formas, el factor más importante a considerar en el entrenamiento de cada una de las direcciones de fuerza, es la realización de cada acción con la intensidad adecuada, y específica para cada tipo de fuerza (Bosco 2000; Chandler, 2001, Naclerio, 2001).

La intensidad puede ser considerada desde dos puntos de vista:

a) **Intensidad relativa**, indicada por el porcentaje de potencia producido respecto al máximo factible de producir con cada peso, que es un aspecto general que define la **dirección de fuerza entrenada**, que se determina, a su vez, por **porcentajes de intensidades**, **rigurosamente determinados** que son "**constantes**" para todos los sujetos independientemente de su nivel de rendimiento (Kuznetzov, 1989).

Para el entrenamiento de la fuerza Máxima la intensidad será la máxima posible de aplicar con los pesos movilizados (80-100% 1MR). Para fuerza velocidad, se utilizan pesos más ligeros (25% al 55% en fuerza explosiva y +55% al 80% para fuerza potencia). En este caso la intensidad es máxima o cercana a la máxima, desarrollándose velocidades y potencias de movimiento de entre el 93% al 100% de la máxima posible de producir con los pesos utilizados. En el caso de la fuerza resistencia se pueden determinar varios niveles de entrenamiento al regular la velocidad y la potencia de movimiento, entre el 50% al 90%-93% de la máxima posible de producir con los pesos utilizados. Así, surgen diferentes direcciones de fuerza resistencia, que van desde la resistencia a la fuerza velocidad, hasta la fuerza resistencia con pesos bajos o moderados de larga duración. Ver tabla 5.4. (Naclerio, 2002).

Sólo se puede asociar la intensidad con el porcentaje de peso utilizado cuando se trabaja con niveles cercanos al máximo (≥85% 1 MR) debido a que este nivel de pesos, determina un reclutamiento máximo, no selectivo y progresivamente sincrónico (hasta el 100% de la fuerza máxima) de la mayor cantidad de Unidades Motoras factibles de convocar, rápidas y lentas, proque la elevada magnitud de la resistencia determina la generación de un altísimo nivel de fuerza para superarla, lo cual requiere mucho tiempo de activación que perjudicará la velocidad de movimiento y el nivel de potencia resultante. En este caso la modulación de la aceleración aplicada es imposible, y solo se puede aumentar la fuerza incrementando la frecuencia de estímulos y no por la convocatoria de más unidades motoras. Pero con pesos inferiores la capacidad de modular la aceleración aplicada hace posible que aunque los pesos a desplazar sean los mismos los niveles fuerzas producidas y las velocidades alcanzadas en cada acción puedan ser diferentes (Bosco, 2000; Siff y Verkhoshansky 2000).

b) **Intensidad absoluta**, indicada por la cantidad de watios o potencia total producida por cada sujeto al movilizar o actuar contra una resistencia (Bosco, 1991; Kuznetzov, 1989) Este es un aspecto individual que define el rendimiento de cada sujeto, y las características especificas para entrenar con mayor o menor eficiencia las diferentes direcciones de fuerza.

Volumen. Ha sido definido por la cantidad total de trabajo realizado (joules) (Fleck y Kraemer, 1997; Fry y col, 2002) pero desde el punto de vista práctico, se lo ha relacionado a la cantidad total de peso movilizado en un ejercicio, o grupos de ejercicios. En este caso se calcula a partir del número total de repeticiones y el peso utilizado en cada una de estas (Earle y Baechle, 2004; Fleck y Kraemer, 1997). También se lo ha relacionado a la cantidad total de repeticiones por ejercicio o grupo de ejercicios, efectuadas en una sesión o grupo de sesiones. En este caso se calcula a partir del número de series y las repeticiones realizadas en cada una de estas (Earle y Baechle, 2004). No obstante, la forma mas comúnmente utilizada para valorar el volumen en los entrenamientos de fuerza contra resistencias, es a partir de la cantidad total de repeticiones efectuadas y los pesos utilizados (kg) (González Badillo, y Gorostiaga, 2000; González Badillo y Ribas Serna, 2003). El volumen resultante de esta relación constituye un valor **absoluto**, que sólo es válido, para comparar los Kg o toneladas, movilizados por una persona, en un ejercicio o grupo de ejercicios que tengan cierta influencia, en el rendimiento, durante distintos periodos del entrenamiento, o con respecto a otros deportistas que hayan logrado resultados importantes en una especialidad deportiva similar. (Kuznetzov, 1989; Zatsiorsky, 1995). No obstante, si consideramos al volumen como la cantidad total de repeticiones realizadas con un "porcentaje" de 1 MR, obtendremos un parámetro mas individualizado del esfuerzo, que expresa un valor, que integra la cantidad total de trabajo realizado con un porcentaje de las posibilidades máximas de producir fuerza: el **Volumen/porciento (Vol/%)** (Naclerio, 2001; 2004).

Al vincular la cantidad de repeticiones totales, (series x repeticiones) con el porcentaje de peso utilizado, se obtiene un valor que expresa con mayor precisión el impacto del entrenamiento (Kraemer y col 1998). Así, el volumen del entrenamiento de fuerza puede expresarse de dos formas:

a) Volumen absoluto, definido por el numero máximo de repeticiones realizadas con un peso determinado en Kg, por ejemplo si un sujeto realiza 3 Sr. de 10 repeticiones con 50 Kg el volumen absoluto realizado será 3*10*50 = 1500 Kg

b) Volumen relativo, definido por el numero máximo de repeticiones realizadas con un porcentaje de peso respecto al valor de 1 MR o 100% evaluado en el ejercicio específico, por ejemplo, si un sujeto realiza 3 Sr. de 10 repeticiones con el 70% del 1MR, el volumen relativo será 3*10*0,70 = 21 Vol%. Esto indica que el sujeto esta movilizando 21 veces el peso correspondiente el valor de 1MR.

Tanto el volumen absoluto, como el relativo pueden referirse, a un solo ejercicio, o a un grupo de ejercicios en una sesión, grupo de sesiones (semana) o meses de entrenamiento (Bompa, 1995). No obstante, actualmente existe un consenso para considerar al volumen del entrenamiento de fuerza con relación a un grupo muscular, de modo que refleje la cantidad de trabajo realizado sobre una zona o núcleo articular específico, independientemente de que se apliquen diferentes formas o técnicas de movimiento (Kremer y col 2000; Peterson y col 2004; Rhea, y col 2003).

Kuznetzov (1989) define al volumen como el número de acciones o repeticiones factibles de realizar manteniendo la intensidad adecuada. Es decir que la intensidad y el volumen son específicos para cada tipo de fuerza a entrenar. Por ejemplo para fuerza explosiva, la intensidad de cada acción debe ser máxima, y cuando por efectos de la fatiga, la intensidad, cae por debajo de un rango óptimo, el sujeto habrá sobrepasado el volumen máximo con el que es capaz de entrenar esta dirección de fuerza, alterando la dirección y efectos del entrenamiento (Bosco, 2000; 1991; Naclerio y Figueroa, 2004). A diferencia de la intensidad relativa, que es igual para todos los sujetos, el volumen para entrenar cada dirección de fuerza es un factor individual, que depende esencialmente de la capacidad de cada sujeto para mantener la intensidad adecuada por la mayor cantidad de acciones posibles (Kuznetzov, 1989).

Factores a considerar para determinar el volumen de los entrenamientos de fuerza

El volumen mínimo a cumplir en cada entrenamiento, que garantice un estimulo adecuado para desarrollar las adaptaciones deseadas, dependerá de:

1. **Los objetivos del entrenamiento.** Determinan, la dirección de fuerza a entrenar. El volumen es más alto en fuerza resistencia y fuerza máxima, pero algo menor para fuerza velocidad (Earle y Baechle, 2004).
2. **La situación particular de cada sujeto.** El volumen es más alto cuando se busca desarrollar una capacidad, respecto a cuando se desea mantenerla (Bompa, 2003).
3. **Las características individuales de la persona.** Nivel de rendimiento, especialidad deportiva, edad, etc. (Fleck y Kraemer, 1997, Kraemer y Ratames, 2004). Los entrenados necesitan, y pueden realizar volúmenes mayores de entrenamiento para desarrollar o mantener cada dirección de fuerza (Naclerio, 2004; Peterson y Col, 2004).

La realización de volúmenes muy elevados de entrenamiento sobrepasando la capacidad de cada sujeto de mantener la intensidad adecuada para cada dirección de fuerza, no induciría mejoras significativas y por otro lado podría desvirtuar los beneficios obtenidos, al inducir adaptaciones diferentes a las deseadas, debido a que los efectos del entrenamiento sobre el organismo, se producen en forma global, con relación al estimulo aplicado a lo largo de toda la sesión, donde los efectos de la fatiga afectan notablemente las adaptaciones inducidas (Siff y Verkhoshansky, 2000).

Orientaciones para determinar el volumen de los entrenamientos de fuerza

Diversas investigaciones han demostrado que existiría un rango de volumen óptimo, que es la cantidad de trabajo ideal, necesaria para inducir las adaptaciones funcionales y estructurales deseadas, por encima del cual, los beneficios no aumentan, e incluso podrían disminuir, y hasta incrementar el riesgo de deterioro de sus estructuras, disminución del rendimiento o lesión (Naclerio, 2004; Ostrowoki y col 1997). Por otro lado la aplicación de volúmenes muy reducidos, no alcanzan a estimular adecuadamente, al organismo para crear una óptima reacción de adaptación (Naclerio, 2004; Verkhoshansky, 2002). No obstante, debido a las inmensas diferencias individuales en las respuestas de adaptación al entrenamiento, determinadas no sólo por el nivel de rendimiento, sino por las condiciones genéticas, el tipo de entrenamiento realizado, y otros factores, parece muy difícil determinar una dosificación general del volumen, válida para todos los sujetos. Aunque se podría considerar un volumen "**mínimo**", necesario para obtener los resultados deseados, un volumen "**medio**", con el cual se podría trabajar a mas largo plazo, donde el rendimiento aumenta progresivamente, y un volumen "**máximo**" que marcaría un límite a partir de la cual los resultados se estancarían, e incluso podrían reducirse si se prolongan por demasiado tiempo, o se aplican entrenamientos con volúmenes que lo sobrepasen significativamente.

Considerando las orientaciones efectuadas en la tabla 5.4 pueden hacerse las siguientes aclaraciones:

El **volumen mínimo**, por grupo muscular o mecánica similar de ejercicios oscila entre 1 a 3 series. Por ejemplo, hacer 1 sola serie, de tres ejercicios diferentes para pectorales (pres de banca plano, pres declinado y aperturas en plano inclinado). Este volumen se aplica en las semanas de descanso activo, o en periodos de mantenimiento en la preparación aplicada a los deportes. No tiene un efecto muy importante para inducir mejoras en los niveles de fuerza, salvo en el inicio de un programa de entrenamiento o en novicios durante las primeras 4 semanas (Kraemer y col, 2000; Peterson y col, 2004).

El **volumen medio** oscila entre 4 a 8 ó máximo 9 series por grupo muscular o mecánica similar de ejercicios, dependiendo de:

1) El nivel de rendimiento: los novicios y los intermedios (Tabla 1) pueden obtener importantes mejoras con 4 series por grupo muscular, mientras que los avanzados, deberán realizar entre 6 a 8 o 9 series por grupo muscular (Peterson y col, 2004; Rhea y col, 2003).

2) La importancia de la fuerza para los objetivos particulares: Los levantadores o los culturistas deberán realizar volúmenes mas elevados mientras que un jugador de fútbol, o una persona que entrene en forma recreativa para mejorar su forma física, podrá realizar volúmenes inferiores (González Badillo y Ribas Serna, 2003).

3) Los ejercicios seleccionados: En los ejercicios que convoquen grandes masas musculares y alta complejidad como los olímpicos pueden obtenerse buenos resultados con 4 a 6 series, mientras que si se seleccionan ejercicios mas localizados, pueden efectuarse hasta 8 a 9 series por grupo muscular. Por ejemplo: hacer 3 series de 3 ejercicios diferentes para pectorales (pres de banca plano, pres declinado y aperturas en plano inclinado) (9 series totales) o 3 Series de dos ejercicios (pres de banca plano y aperturas en plano inclinado) (6 series totales).

Este volumen se aplica como carga de estimulo "**óptimo**" para desarrollar eficazmente los niveles de fuerza, sin causar grandes agotamientos de las reservas de adaptación, y permitir un adecuado ciclo de estimulo y recuperación entre las sesiones de entrenamiento (Kuznetzov, 1989; Siff y Verkhoshansky, 2000).

El **volumen máximo**, sería de 9 hasta 12 series por grupo muscular o mecánica similar de movimiento (mas de 12 es una carga extrema no recomendada) (Ostrowoki y col, 1997). Por ejemplo: 3 Series de 4 ejercicios (pres de banca plano, pres declinado, aperturas en plano inclinado, y contractora) (12 series totales). Este volumen debería aplicarse solo en sujetos bien entrenados con capacidad, comprobada, para tolerar cargas de entrenamiento elevadas (culturistas en periodo de volumen, levantadores de peso, etc) y no recomendándose su extensión por mas de uno o dos microciclos o semanas de entrenamiento (se recomienda un microciclo como máximo), ya que el objetivo es inducir una importante demanda sobre las reservas de adaptación de los sujetos para estimular una gran reacción del organismo que determine una respuesta adaptativa mayor, razón por la cual luego de una semana de máximos volúmenes de trabajo se aplican semanas de bajo volumen o recuperación activa, con 3 o máximo 6 series por grupo muscular dependiendo de otros factores como la intensidad del entrenamiento (Kraemer y col 1998).

Acerca de la cantidad de repeticiones a realizar por serie. La cantidad de repeticiones a realizar por cada serie esta en directa relación con los objetivos del entrenamiento (La Chance, 2000; Bosco 1991). Las repeticiones ideales por serie son las que permiten mantener la intensidad adecuada para cada dirección de fuerza, por lo cual sería muy difícil establecer un rango ideal de repeticiones para cada tipo de fuerza, que se pueda aplicar en forma general a todos los sujetos. No obstante en la tabla 5.4 se da una orientación para seleccionar el rango idóneo de repeticiones por serie, para cada dirección de fuerza (Naclerio, 2002).

Acerca de las series al fallo muscular. Existen numerosos estudios donde se cuestionan la eficacia de los entrenamientos al fallo muscular, e incluso proponen un mayor beneficio sobre la ganancia de fuerza e hipertrofia entrenando varias series sin llegar al fallo muscular (Kramer, y col, 1997).

El entrenamiento al fallo conduciría a una fatiga neuromuscular muy elevada y precoz que no permite al sistema neuromuscular recuperarse para seguir produciendo niveles altos de tensión en las series sucesivas, por lo cual, el estímulo de entrenamiento cae y no es lo suficientemente eficaz para desencadenar las adaptaciones deseadas (Kraemer y Ratames, 2004; Kramer y col 1997; Macaluso y De Vito, 2004). Al entrenar sin llegar al fallo, pero produciendo el nivel de fuerza deseado en cada movimiento, e interrumpiendo la serie, antes del agotamiento muscular, el organismo puede recuperarse mas eficientemente durante las pausas y mantener la intensidad de trabajo deseada por mayor cantidad de series y repeticiones totales, efectuando un volumen mayor de entrenamiento en la dirección de fuerza adecuada (Kuznetzov, 1989). No obstante algunos autores proponen que el entrenamiento al fallo muscular es el estimulo mas importante para estimular el aumento de fuerza e hipertrofia (Ahtiainen y col 2003; Bompa, 1995). Aunque de todos modos, estas consideraciones se refieren a un estimulo global para entrenar la fuerza resistencia, o la resistencia de fuerza máxima. El entrenamiento al fallo causa una máxima convocatoria de unidades motoras, con un estrés osteoarticular y neuromuscular muy importante, que requiere amplios periodos de recuperación, mas de 5 min entre series, y varios días entre los entrenamientos (Berhm, y col 2002). Debido a esto, su aplicación sistemática en forma continua puede inducir a agotamiento o lesión (Ahtiainen y col 2003; Bompa, 1995). Por otro lado este tipo de trabajo no puede aplicarse al desarrollo de fuerza velocidad, o de la fuerza resistencia aplicada a las acciones deportivas, debido a que no respeta la cinética de movimiento necesaria para desarrollar la fuerza especifica destinada a mejorar el rendimiento deportivo (Ahtiainen y col 2003; Naclerio, 2004; Siff y Verkhoshansky, 2000). Según mi opinión, los trabajos al fallo e incluso con repeticiones forzadas solo debieran aplicarse en casos concretos para inducir ganancias importantes de fuerza máxima, o estimular intensamente los procesos de hipertrofia proteica, sin considerar su aplicación a ningún gesto deportivo específico. Por eso pueden ser desarrollados solo por personas adultas, muy bien entrenadas con mas de 2 a 3 años de entrenamiento sistemático de fuerza, siempre dentro de una planificación debidamente organizada y periodizada (Ahtiainen y col 2003; Bompa y Cornacchia, 1998). Si se decide realizar entrenamientos al fallo, es recomendable introducirlos, solo en uno o máximo dos ejercicios por grupo muscular, en la última serie (no en todas), debido a que la gran fatiga neuromuscular no permitirá una eficiente recuperación neural y perjudicará la eficiencia de los trabajos subsiguientes. Los trabajos al fallo debieran realizarse una vez cada 3 o 4 semanas, siendo aconsejable introducir un microciclo o semana de descarga, inmediatamente luego de su aplicación.

3. Duración. Se refiere al tiempo durante el cual se aplican los estímulos, y puede referirse a la duración total de una sesión de entrenamiento, o el tiempo de entrenamiento sobre un grupo muscular o varios grupos musculares (Martín y colm 2001). Por ejemplo: para un entrenamiento isométrico de 3 tensiones de 6 segundos con 2 minutos de pausa entre cada una, al 70% de la fuerza isométrica máxima, la duración de cada estimulo individual es de 3 segundos, y la del estimulo total fue de 18 segundos. La duración esta relacionada al volumen, pero a diferencia de este, indica solo el tiempo de trabajo, no la cantidad del peso ni índice vol/% entrenado.

4. Densidad. Expresa la relación entre la duración del esfuerzo y la longitud de la pausa de recuperación. La alteración de esta relación, ya sea alargando o acortando la pausa con relación a la duración del esfuerzo puede cambiar diametralmente la dirección del entrenamiento, aunque no varié significativamente la magnitud del peso movilizado (Macaluso y De Vito, 2004; Martín y col, 2001). Tanto la longitud de la pausa como su carácter (activo o pasivo) influyen en el nivel de recuperación, determinando variaciones en los procesos energéticos y el tipo de unidades motoras reclutadas a medida que transcurre el entrenamiento, lo cual se refleja en las variaciones de la velocidad alcanzada y la potencia producida, que constituyen los índices de referencia mas importantes para conocer la intensidad del ejercicio y estimar mas precisamente como el organismo percibe y se adapta a las cargas de entrenamiento realizadas (Bosco, 1991; 2000; González Badillo y Ribas Serna, 2003).

Si bien la capacidad de recuperación es un factor muy individual, en líneas generales, la fuerza máxima, y fuerza velocidad requieren pausas amplias o completas, para mantener la intensidad requerida, porque cada acción requiere una máxima actividad del sistema nervioso para reclutar la mayor cantidad de unidades motoras. La capacidad de producir grandes estímulos a la máxima frecuencia, desde el sistema nervioso central, se agota rápidamente, y necesita tiempos mas largos para recuperarse, porque la célula nerviosa se recupera entre 5 a 6 veces más lenta que la célula muscular (DI´Slep y Gollin, 2002). En estos casos la densidad del entrenamiento es baja, recomendándose relaciones entre duración del estimulo y la pausa de 1:15 para fuerza máxima y de 1:10 para resistencia de fuerza máxima, 1:25 a 1:30 para fuera-velocidad (DI´Slep y Gollin, 2002). Para la fuerza resistencia, las pausas son algo más cortas.

La densidad será moderada, (pausas intermedias) en resistencia de fuerza velocidad, donde la relación estimulo pausa es de 1:12 a 1:20 y en fuerza resistencia con pesos medios a bajos, cuando se entrena la resistencia específica aplicada a los deportes, donde la relación estímulo pausa es de 1:6 a 1:9 (DI´Slep y Gollin, 2002).

La densidad será alta (pausas incompletas) en fuerza resistencia con pesos moderados a altos, destinada a lograr hipertrofia, donde la relación estimulo pausa oscila entre 1:2, 1:4 (DI´Slep y Gollin, 2002, Harre, 1987; Naclerio, 2002).

En la tabla 6.4 se muestran las pausas de recuperación recomendadas para el entrenamiento de cada dirección de fuerza. Los rangos de duración de las pausas, pueden variar según las características de los sujetos y especialmente el nivel de rendimiento, debido a que los más entrenados suelen recuperarse más rápido respecto a los menos entrenados (Bosco, 2000; Earle y Baechle, 2004).

5. Frecuencia. Se refiere al número de veces que se entrena cada grupo o zona muscular en un período de tiempo, generalmente 1 semana (Peterson, y col 2004; Rhea, y col 2003). Es un factor muy importante para organizar, programar y periodizar las cargas de entrenamiento, con especial influencia sobre el ritmo de mejora y el mantenimiento de los niveles de fuerza logrados (Martín y col 2001; Siff y Verkhoshansky 2000). La frecuencia de entrenamiento está altamente influenciada por el nivel de rendimiento de cada sujeto, la realización de otra actividad física, y la organización y disponibilidad de cada persona para entrenar (Earle y Baechle, 2004). Los sujetos menos entrenados requieren más tiempo de descanso entre cada entrenamiento por lo cual la frecuencia es más baja, mientras que los más entrenados al recuperarse más rápido, pueden y necesitan entrenar más frecuentemente. Por otro lado, si la cantidad de trabajo físico del sujeto es elevada, la frecuencia debería reducirse aunque el nivel de rendimiento sea bueno. Por ejemplo, si la persona tiene un trabajo con alta demanda física (albañil, repartidor, etc), la frecuencia puede ser de 2 a 3 veces por semana en lugar de 4 a 5 veces, como podría ser el caso de otra persona, que tenga un trabajo más sedentario. De todas formas la frecuencia óptima de entrenamiento es diferente para cada persona y su conocimiento no sólo ayuda a disminuir los riesgos de agotamiento o lesión, sino también a maximizar las respuestas adaptativas a los entrenamientos (Mclester y col, 2003). No obstante, una vez conocido el nivel de rendimiento, la frecuencia de entrenamiento ideal estará en función de la dirección de fuerza, los objetivos deseados (aumento de fuerza, mantenimiento o recuperación) y la organización de cada sesión de entrenamiento (tipos de ejercicios, y orden de realización, cantidad de grupos musculares a entrenar) (Kraemer y col, 2002).

Para la mejora del rendimiento aplicado a la salud es recomendable dejar al menos 1 día de pausa entre cada sesión pero no más tres, entre los entrenamientos del mismo grupo o zona muscular (Earle y Baechle, 2004). Un principiante usualmente entrena entre 2 a 3 veces por semana, un intermedio entre 3 a 4 veces por semana y un avanzado 4 o más veces por semana. No obstante, al progresar hacia un nivel intermedio, no se necesita cambiar, la frecuencia de entrenamiento para cada grupo muscular, porque pueden variarse otros factores como la intensidad, el volumen o los ejercicios. Al aumentar la frecuencia de entrenamiento se permite mayor especialización y volumen de entrenamiento por grupo muscular (Kraemer y col, 2002; Kraemer, 2002). En intermedios se puede mantener una frecuencia de 2 a 3 entrenamientos globales por semana, o aumentar a 3 o 4, en el caso de poder dividir los entrenamientos por grupos musculares, pero siempre manteniendo una frecuencia de 2 veces por semana cada grupo (Kraemer, 2002; Rhea y col, 2003). En avanzados la frecuencia ideal sería de 4 a 5 ó 6 días por semana, los deportistas especializados en fuerza como culturismo, levantamiento olímpico, y de fuerza llegan a entrenar de 4 a 6 o más sesiones por semana, realizando en algunos casos, 2 entrenamientos por día. En estos casos las sesiones son muy cortas entrenando un grupo o zona muscular por vez, espaciadas con un periodo de recuperación de 6 a 8 horas (Kraemer y col, 2002; Kraemer 2002).

Nunca es recomendable entrenar los grupos musculares con una frecuencia superior a 2 ó 3 veces a la semana (Hartfield, 1989; Kraemer y col, 2002). Por lo tanto, cuando la frecuencia de entrenamiento supera las 3 veces por semana, es necesario realizar entrenamientos divididos. La esencia de la alta frecuencia es dividir los grupos musculares, debido a que cada grupo, se entrena cerca de 2 veces a la semana (1 cada 3 o 4 días) a pesar del gran número de entrenamientos realizados por semana o microciclo (Kraemer y col, 2002).

Considerando la situación particular de cada sujeto dentro de un periodo de entrenamiento se puede indicar que para fuerza máxima, 1 sesión por semana, mantiene los niveles alcanzados, y con dos sesiones por semana se desarrolla. Para fuerza resistencia, con 1 sesión por semana se mantiene o se pierde lentamente, y con 2 a 3 sesiones se desarrolla. Para fuerza velocidad, con 1 sesión por semana se mantiene o pierde lentamente, mientras que con 2 a 4 sesiones se desarrolla (Bompa, 1995; 2003; González Badillo y Ribas Serna, 2003).

2.3. Variables de control

Son las que nos indican cómo responde cada persona al proceso de entrenamiento. La variable de mayor importancia es el rendimiento mismo que cada persona manifiesta, durante los entrenamientos y los test de valoración (ver capítulo 10) Para controlar el rendimiento, existen diversos parámetros como la frecuencia cardiaca, o marcadores bioquímicas y hormonales como el ácido láctico, el amonio, y hormonas como la testosterona, la hormona de crecimiento, insulina, etc o índices de la actividad eléctrica muscular como los estudios electromiográficos que han sido y continúan siendo analizados por numerosos estudios sobre las respuestas y adaptaciones del organismo al esfuerzo físico. Si bien la frecuencia cardiaca es un parámetro de gran utilidad para controlar las cargas de entrenamiento aeróbico, su aplicabilidad en los esfuerzos de alta intensidad es muy limitada, y no constituye un parámetro de control válido para controlar las adaptaciones a los entrenamientos de fuerza (Day y col, 2004; Suminiski y col 1997).

Como el análisis de los parámetros bioquímicos, hormonales y de la actividad eléctrica muscular, escapan a los objetivos de este capitulo, me centraré específicamente en la utilización de la percepción subjetiva de esfuerzo, como uno de los elementos fundamentales del que puede valerse el entrenador para controlar la evolución del rendimiento de cada sujeto (Day y col, 2004; Gearhart y col 2000; 2002 Lagally y col 2002; Pincivero y col 2003; Robertson y col 2003; Suminiski y col 1997).

Los aspectos metodológicos vinculados a la programación de los entrenamientos de fuerza afectarán notablemente el efecto del entrenamiento, que se reflejará en las variaciones de los niveles de fuerza velocidad y potencia de las acciones, que a su vez indican la intensidad, y el efecto real de los entrenamientos, relacionándose a la forma en que cada persona percibe la carga global de trabajo. De esta manera tanto los esfuerzos individuales (repeticiones, series) como el efecto global de una sesión de entrenamiento pueden ser valorados con cierta fiabilidad por el "**carácter o percepción del esfuerzo**" (Lagally y col, 2004). González Badillo y Ribas Serna (2003) relacionan al carácter del esfuerzo aplicado a los trabajos de fuerza con pesos con el **numero de repeticiones realizadas en una serie" respecto a las "máximas posibles de realizar en ese mismo ejercicio, con el mismo peso y en ese momento**. Por ejemplo, si un sujeto con el 75% del 1MR puede realizar 12 repeticiones máximas (llegando al fallo), cuando este sujeto estando en las mismas condiciones de rendimiento realiza 10, el carácter del esfuerzo será submáximo porque efectuará sólo el 83% de sus máximas posibilidades, pero si hubiese realizado 12 repeticiones entonces el carácter del esfuerzo seria máximo (100%) de acuerdo a esto para entrenar la fuerza velocidad el carácter del esfuerzo siempre será submáximo, con una sensación de poder desplazar la resistencia, con la máxima velocidad posible, mientras que para fuerza resistencia, el carácter del esfuerzo se acercará al máximo pudiendo incluso ser máximo o hasta supramáximo (forzadas) en algunas situaciones, como cuando se entrena para lograr hipertrofia general (Ahtiainen y col, 2003; Bompa y Cornacchia, 1998).

Los factores que determinan el carácter del esfuerzo son:

- El porcentaje de resistencia utilizado con respecto al valor de 1 MR
- La fuerza aplicada
- La velocidad lograda y la potencia producida durante el ejercicio
- La cadencia o ritmo de los movimientos realizados en la serie de trabajo
- La cantidad total de repeticiones efectuadas con relación a las que pudieran haberse realizado si la serie llegara al agotamiento o fallo muscular.
- La organización de las variables de programación que afectan el entrenamiento (intensidad, volumen, densidad, frecuencia, y duración)

Así, se producirá un **impulso adecuado de entrenamiento** que inducirá adaptaciones funcionales y estructurales específicas y favorables para los objetivos perseguidos, en concordancia con la dirección de fuerza entrenada.

Otra forma de utilizar el carácter o percepción del esfuerzo para controlar el entrenamiento de fuerza es la utilización de la escala de Borg, que nace de la propuesta de este autor, al relacionar el esfuerzo y la percepción subjetiva en los ejercicios aeróbicos. Esta metodología, se basa en que la respuesta subjetiva ofrece informaciones similares, a la respuesta fisiológica, respecto al rendimiento físico, (Borg, 1998; Lagally y col, 2004). A partir de los trabajos de Borg se realizaron numerosas investigaciones para validar la utilidad de este método para controlar la intensidad de loe trabajos aeróbicos. No obstante con respecto al entrenamiento de fuerza, la inquietud para establecer una relación científica adecuada entre la respuesta subjetiva y el esfuerzo desarrollado, si bien fue considerada en forma empírica, no ha sido investigada convenientemente hasta hace unos años, cuando comenzaron a publicarse algunas investigaciones que intentaron establecer la relación entre la percepción y las respuestas fisiológicas al ejercicio de fuerza como herramienta válida para prescribir y controlar la intensidad desarrollada durante las acciones. (Pincivero y col, 2003; Robertson y col 2003; Suminiski, y col 1997). En mi caso particular, he utilizado la escala de Borg de 15 puntos (6-20) y la de 10 Puntos (0-10) (fig. 5.1.) para controlar y evaluar la respuesta al entrenamiento de fuerza desde 1997, encontrado en ella una herramienta de gran valor y utilidad para conducir el entrenamiento, especialmente cuando no se dispone de sistemas de control mas sofisticados como transductores de velocidad, o dinamómetros.

La percepción del esfuerzo, sería la intensidad subjetiva, estrés, disconformidad, y fatiga percibida al realizar un esfuerzo físico (Robertson y col, 2003).

ESCALA DE PERCEPCIÓN DEL ESFUERZO 6-20

6 7 8	MUY, MUY, LIGERO
9 10	MUY, MUY, LIGERO
11 **12** **13** **14**	**LIGERO** **ALGO DURO**
15 16	DURO
17 18	MUY DURO
19 20	MUY, MUY, DURO

ESCALA DE PERCEPCIÓN DEL ESFUERZO 0-10

0 0,5	
1	
2	
3	
4	
5 6	
7 8 9	
10	

Figura 5.1. Dos variantes de la escala de percepción del esfuerzo (Borg, 1998).

A diferencia de la propuesta de González Badillo y Ribas Serna (2003), la utilidad de la escala de percepción del esfuerzo en los entrenamientos de fuerza es respaldada por numerosas investigaciones que han validado su aplicabilidad para controlar la intensidad y la respuesta orgánica a las cargas de entrenamiento, porque permite ajustar el estímulo de trabajo para mantener el efecto adecuado sobre el organismo, en cada sesión de entrenamiento, sin necesidad de efectuar tests de control (Day, y col 2004; Lagally y col 2004; Robertson y col 2003).

La percepción en los trabajos de fuerza esta determinada por tres variables fundamentales: el porcentaje de la resistencia (% 1MR), el trabajo total producido en una serie o grupo de series con un peso estándar (repeticiones totales) y la longitud y carácter de la pausa de recuperación (densidad del estimulo de entrenamiento) (Gearhart y col 2000). La percepción se relaciona a la cantidad de unidades motoras activadas, y la frecuencia de activación, por lo tanto tiende a subir con los pesos más altos o cuando se realizan series al fallo (con alto carácter de esfuerzo) (Gearhart y col 2000, Lagally y col, 2002). De acuerdo a esto puede establecerse que existe una relación neurofisiológica entre los ejercicios de fuerza y la percepción del esfuerzo que puede expresarse claramente por medio de la escala de percepción subjetiva (Lagally y col 2002; Suminiski y col 1997). Pincivero y col. (2003), Lagally y col. (2002) y Suminiski y col (1997) han demostrado una asociación significativa entre la percepción del esfuerzo, reflejada en diferentes escalas de medición, con las concentraciones de lactato sanguíneo, y la actividad eléctrica muscular. La asociación demostrada entre la percepción subjetiva de esfuerzo reflejada en una escala, el porcentaje de 1MR y la actividad electromiografica muscular, constituye un fundamento fisiológico, que avala la utilización de la percepción como herramienta valida para controlar la intensidad de los entrenamientos de fuerza (Lagally y col, 2004). Debido a esto actualmente se acepta la utilización de la escala de Borg, en cualquiera de sus variantes, para controlar la exigencia de los entrenamientos de fuerza, tanto en novicios como en entrenados, porque su respuesta es similar ante un porcentaje de 1MR, independientemente del tipo de ejercicio y el nivel de entrenamiento (Lagally y col, 2004).

En un reciente trabajo realizado por Robertson y col (2003) se comprueba la validez de una nueva escala específicamente desarrollada para controlar la intensidad de los ejercicios de fuerza contra resistencias: la escala OMNI-Resistance (0-10) fig. 5.2. Esta escala a diferencia de las anteriores esta acompañada de figuras que ayudan al sujeto a decidir el nivel de percepción.

La utilización de esta escala de 0-10 puntos tendría ventajas para percibir adecuadamente la intensidad del esfuerzo, en actividades intermitentes como los entrenamientos de fuerza (Day y col 2004; Pincivero y col, 2003).

La percepción aumenta a lo largo de todo el espectro de resistencias (% de 1 RM) donde la escala 0-10 presentaría vinculaciones más ventajosas con los porcentajes de 1 MR, respecto a otras escalas (Day y col, 2004).

Tras superar valores próximos al 60% 1 MR, se produce un "umbral de ruptura" donde la relación de la percepción con los porcentajes de peso, deja de ser lineal y se hace exponencial, mostrando un aumento mas veloz y sensible a medida que se incrementa la resistencia de oposición (Pincivero y col, 2003).

El valorar la percepción como índice del esfuerzo de una sesión global de entrenamiento, expresándola 30 minutos, luego de haber finalizado la sesión, para evitar la influencia de elementos específicos que puedan afectar la percepción de la sesión en forma global, ha mostrado ser una metodología útil para regular la carga de entrenamiento aplicada a través de un grupo de sesiones (Day y col, 2004).

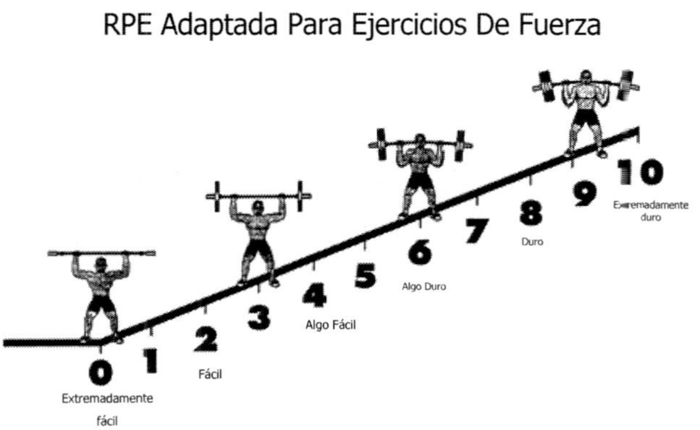

Figura 5.2. Escala de percepción del esfuerzo, especialmente diseñada par entrenamientos de fuerza contra resistencias (Robertson y col, 2003).

Pincivero y col (2003) estudiaron la repuesta subjetiva al realizar 3 repeticiones del ejercicio de extensiones de rodillas en diferentes porcentajes del 1RM, en hombres y mujeres, observando una relación bastante alta entre la percepción del esfuerzo y los diferentes porcentajes del 1MR, no siendo diferente entre hombres y mujeres a pesar de que los primeros producen mas fuerza, y movilizan pesos mas elevados. También Day y col, (2004) hallaron una relación elevada entre diferentes porcentajes de 1MR y los valores expresados en la escala 0-10 en un grupo de 10 varones y 10 mujeres que realizaron 5 ejercicios con pesas, durante 7 sesiones de entrenamiento. En mi caso luego de haber realizando mas de 8000 valoraciones en diferentes ejercicios (pres de banca plano, y en multipower, cargada en 1 tiempo, sentadilla paralela y profunda con barra libre, y en multipower, dominadas en barra alta, peso muerto, extensiones de brazos, por delante, desde posición de pie con barra) y de haber utilizado la escala de Borg 6-20 y de 0-10 como elemento de control del entrenamiento en numerosas poblaciones de deportistas de diferentes especialidades, personas que entrenan para mejorar su condición física y salud, etc, en muchos ejercicios, he hallado una relación similar a la que muestran los dos trabajos mencionados, entre la percepción subjetiva de esfuerzo producida **entre la 1° y la 3° repetición y el porcentaje de 1MR**. Esta relación puede resumirse en la tabla 5.3.

Valor	Percepción	% 1MR aproximado
0 1	Extremadamente fácil	Hasta 30%
2	Fácil	40%
3	Fácil	50%
4	Algo Fácil	60%
5	Algo Fácil	65%
6	Algo Fácil	70%
7	Algo Fácil	85%-90%
8	Duro	91%-95%
9	Duro	96%-98%
10	Extremadamente Duro	100%

Tabla 5.3. Relación entre la percepción de esfuerzo tras la realización de la 1ª a 3ª repetición y el porcentaje de 1 RM (Escala 0-10 OMNI-RES). Adaptado de referencias (Day y col 2004; Pincivero y col, 2003) y datos del autor no publicados.

Entrenamiento de

Dirección de fuerza	% de 1MR	% de Potencia con el peso utilizado (intensidad)	Rep o duración de la Sr.	Series gr. Muscular	Pausas Entre Sr.	Micropausas	RPE* Percepción del Esfuerzo	Adaptaciones Orgánicas principales
Fuerza máxima	+80-100% o mas (Forz)	~ 90%	1 a 6 3 a 30 Seg	1 a 9	3 a 7 m	+7 a 15m	7 a 10	Hip FTF 2a ⇧ reclut. UM
Resistencia de Fuerza Máxima	+80-100% o mas (Forz	80±10%	2 a 8 5 a 60 seg	6 a 9-12	3 a 5-7 m	+ 7 -10m	7 a 10	Hip. FTF2a ⇧ Reclut. UM
Resistencia de Fuerza pesos Medios-altos	65 -80%	80 ± 10%	6 a 12 30 a 60-90 seg	6 a 8-12	1 a 3 min	+3 a 5m	5 a 7	Hip. general
Resistencia de Fuerza Pesos Bajos	30-60%	70 ± 10%	+ de 10 30 a + de 60 seg	3 a 8	1 a 2	+2 a 5m	2 a 4	Hip. FTF2A/FTS ⇧ coord. AA, E.C. Cap
Fuerza-Rápida Explosiva **Potencia**	20-55% +55-80%	98%+2% Tolerancia hasta el 93%	1 a 5 1 a 6 seg	3 a 6	2 a 3-5m 3 a 5-7 m	+5m a 15m	1- 3 4 – 6	Hip. FTF2b ⇧ Activación Nerviosa Hip FTF ab ⇧ Activación Nerviosa
Resistencia de Fuerza-Rápida Explosiva **Potencia**	25-50% +55-75%	+ 90%	5 a 10 3 a 20 seg	3 a 8-9	1 a 3 min 2 a 5m	+5m a 10	1-3-4 4 -6 -7	⇔ Activación Nerviosa Hip FTFb ab Hip FTF ab a

Tabla 5.4. Orientaciones para planificar el entrenamiento de fuerza. Adaptado de Bosco, (1991); Naclerio, (2002); Siff y Verkhoshansky, (2002).

Notas: Forz: repetición forzada; Hip: Hipertrofia; Reclut.: Reclutamiento simultaneo de unidades motoras (UM); FTF2a: Fibras rápidas tipo 2a (glucoliticas lentas); FTF2b: Fibras rápidas (ultrarrápidas) FTFab: Fibras rápidas (glucoliticas) FTS: Fibras lentas. AA: Adaptación anatómica-articular E.C.: Expansión celular (incremento de substratos, glucógeno, grasas intramusculares) Cap: Aumento de capilares, y densidad mitocondrial. RPE*: Percepción subjetiva del esfuerzo, medida entre la 1° y 3° repetición de cada serie.

Recomendaciones para utilizar la escala de percepción de esfuerzo (RPE) para controlar los entrenamientos de fuerza

La percepción del esfuerzo es un factor fundamental que influye en la selección de los diferentes tipos de actividad física en adultos hombres y mujeres. Su control para valorar sistemáticamente la predisposición y los efectos de una plan de actividad física es fundamental, no sólo para adaptar la carga de entrenamiento, sino, para mantener la adherencia al ejercicio, regulando la magnitud de los estímulos dentro de los niveles que se adecuan a los objetivos perseguidos y se relacionan a la capacidad y predisposición de cada persona para realizar la actividad física que necesita (O`Connor y col, 2002).

La utilización de la escala de percepción del esfuerzo, para controlar el entrenamiento de fuerza, requiere de un periodo de adaptación y aprendizaje, con adecuadas instrucciones sobre su aplicación (Glass y Satanon, 2004; Noble y Robertson, 1996) Este periodo ha sido valorado entre 8 a 12 sesiones de entrenamiento, donde el sujeto debe familiarizarse con el uso de la escala según las indicaciones dadas por el entrenador. En general se debe indicar asociar el valor 0 a la sensación que se tiene cuando no se realiza ningún tipo de esfuerzo, mientras que el valor 10 se correspondería a un esfuerzo máximo, que lleva al agotamiento y no permite seguir realizando ningún tipo de esfuerzo (Gearhart y col, 2000).

El uso de la escala de Borg, especialmente 0-10 para controlar la intensidad en las repeticiones y series de cada ejercicio así como los efectos globales de la sesión de entrenamiento de fuerza, se recomienda especialmente para las direcciones de fuerza máxima y fuerza resistencia, tanto en deportistas como para la población general (Lagally, y col 2004).

En la sección 3 de este capitulo se indicará cómo introducir a un sedentario en el entrenamiento de fuerza y se ampliará la utilización de la escala de 0-10, OMNI-Resistance (Figura 5.2.).

2.4. Aspectos mecánicos a considerar para planificar el entrenamiento de fuerza

Se refiere a la selección de los medios (máquinas, pesos libres, bandas elásticas, etc.) y los ejercicios a realizar en cada sesión de entrenamiento.

Medios para entrenar la fuerza. Los medios para entrenar la fuerza muscular, se diferencian en la forma en actúan o producen fuerzas sobre el sistema neuromuscular. Así, podemos distinguir los siguientes medios de entrenamiento de la fuerza: (Harman, 2000; Wathen y Roll, 1994).

1. Medios de acción GRAVITACIONAL (Pesos libres y máquinas convencionales y de palanca)
2. Medios de acción INERCIAL
3. Medios ISOTÓNICOS
4. Medios de FRICCIÓN
5. Medios de acción por RESISTENCIAS DE FLUIDOS
6. Medios de acción por DEFORMACIÓN DE ESTRUCTURAS CONSTITUYENTES (Elásticos y resortes)
7. Medios de acción por control DE LA VELOCIDAD ISOCINÉTICOS
8. ESTIMULACIÓN VIBRATORIA
9. ELECTROESTIMULACIÓN

1. Medios de acción gravitacional (barras, mancuernas, discos, etc). Actúan por medio de la fuerza que la masa de los objetivos determina al caer sobre la superficie de la tierra por la aceleración de la gravedad (Gutiérrez Davila, 1998; Hartman, 2000). Los pesos libres y las maquinas convencionales pertenecen a este grupo.

Pesos libres. Al ejercitarse con pesos libres, el peso permanecerá fijo durante todo el ejercicio, pero la distancia horizontal respecto al eje de giro articular varia constantemente a lo largo de todo el rango de movimiento, así cuando la resistencia se acerca horizontalmente hacia el eje articular, los momentos de fuerza determinados serán menores, y por lo tanto, menos fuerza tendrá que generar la masa muscular para sostener o vencer la resistencia, pero cuando esta se aleja del núcleo articular se determinan momentos de fuerza mayores y por lo tanto más fuerza, se tendrá que ejercer para realizar el ejercicio (Gutiérrez Davila, 1998; Hartman, 2000).

Todos los movimientos con pesos libres requieren que el nivel de fuerza inicial crezca hasta igualar y luego superar la resistencia que los implementos ofrecen. Cuando los implementos están inmóviles, al velocidad es 0, por lo tanto la fuerza de inicio no es nula, sino al menos igual a la que la resistencia determina por la acción gravitacional (masa del implemento * g) (Hartman, 2000; Siff y Verkhoshansky, 2000).

Al principio de un movimiento los músculos agonistas reciben una sobrecarga excesiva por parte de la resistencia de oposición, que será proporcional a la aceleración que se le intente transmitir al objeto, pero cuando el implemento adquiere cierta velocidad, entonces la carga sobre la musculatura actuante va disminuyendo llegando a ser mucho menor hacia el final del rango de movimiento, este es el caso de los levantamientos olímpicos o los gestos explosivos, como los lanzamientos, que implican una gran aceleración o generación de fuerzas al principio del gesto, con altas velocidades bajos niveles de fuerza final (Sale, 1991).

Máquinas convencionales y de palanca. Se basan en el mismo principio que los pesos libres, la gravedad, pero permiten un mayor control y localización en la ejecución de los movimientos, lo cual determina manifestaciones de fatiga diferentes (más localizadas) y patrones de movimiento distintos respecto a los ejercicios con pesos libres (Wathen y Roll, 1994). En las máquinas convencionales, la fuerza a ejercer esta determinada, solo por la resistencia de la máquina, y el rozamiento de sus estructuras. Por ejemplo, el multipower. En el caso de las máquinas que actúan por medio de palancas, además del rozamiento y desgaste de sus estructuras, la fuerza ofrecida depende especialmente de la variación de las longitudes que van adquiriendo el brazo de acción de la resistencia (distancia perpendicular de la resistencia o peso respecto al eje de giro de la máquina) y el brazo de acción de la fuerza (distancia perpendicular del punto desde donde la persona aplica fuerza, respecto al eje de giro de la máquina) (ver figura 5.3.).

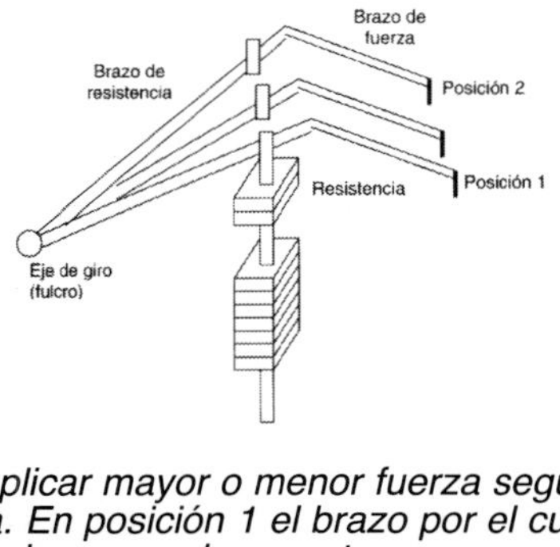

Figura 5.3. La persona debe aplicar mayor o menor fuerza según se acorte o se alargue el brazo de fuerza de la máquina. En posición 1 el brazo por el cual se transmite la fuerza aplicada para movilizar la resistencia es mas largo entonces se crea un momento de fuerza mayor y la fuerza que debe hacer la persona es menor, pero en posición 2 el brazo por el cual el sujeto transmite fuerza disminuye, entonces existe una desventaja mecánica que implica que para producir el mimo momento de fuerza que en la posición 1, la persona tenga que hacer más fuerza desde sus sistema neuromuscular. Adaptado de referencia (Tous, 1999).

2. Medios de acción inercial. Son máquinas de tipo convencional que ofrecen la resistencia de forma tal que la acción muscular se realiza perpendicularmente y no en contra a la gravedad, por lo tanto no se actúa directamente contra esta sino para vencer el momento de fuerza resultante entre la masa ofrecida por la resistencia de la máquina y la distancia entre el punto de salida de la fuerza y el eje de giro de la polea. Al actuar por medio de cables, y poleas, los momentos de fuerza pueden variar en función de su tamaño, amplitud o distancia del eje de giro hasta el punto de aplicación de la fuerza, desgaste, rozamiento, etc.

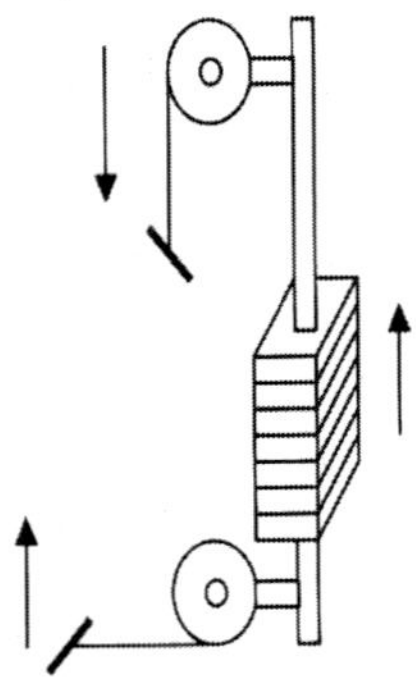

Figura 5.4. Tomado de referencia (Tous, 1999).

Máquinas de radio variable (CAM). Están diseñadas con la intención de ir variando la longitud de los brazos de palanca de la máquina, lo que permite aumentar o disminuir los momentos de fuerza producidos, para ofrecer más resistencia en las angulaciónes donde los músculos pueden ejercer más fuerza (ventaja mecánica interna), y menos resistencia en las angulaciones donde los músculos pueden transmitir menos fuerza (desventaja mecánica) (Hartman, 2000) Podría ser considerado un sistema de resistencia de acomodación - isotónico - porque al acomodar la carga se intenta mantener una tensión relativamente constante a lo largo de todo el arco de recorrido articular, y los momentos de fuerza producidos no deberían variar, pero la exactitud del sistema CAM es discutida ya que presenta imprecisiones debido a que sus radios de acción fueron diseñados en base a datos estadísticos de miles de sujetos, donde no se toman en cuenta las posibles variaciones individuales a nivel antropométrico, inserciones musculares, técnicas de movimiento específicas, etc. (Wathen y Roll, 1994)

3. Medios isotónicos. Funcionan generalmente por un freno mecánico que les permite mantener la misma magnitud de los Momentos de Fuerza a lo largo de todo el recorrido articular, de modo que controlan los Momentos de Fuerza externos generados por el sistema músculoesquelético, variando la aceleración y la velocidad desarrollada dentro de estos valores de fuerza, no son encontrados en los gimnasios o centros deportivos como medio de entrenamiento habitual, sino algunos centros de alto rendimiento, más que nada como medios de evaluación. (Sale, 1991)

4. Medios de fricción. La resistencia de oposición es proporcional al producto entre el **coeficiente de fricción** existente entre los dos cuerpos en contacto y la **fuerza** que las oprime para mantenerlas juntas. Este mecanismo es el que presentan las bicicletas ergométricas donde a medida que se incrementa la fuerza que presiona las dos superficies, se incrementa la resistencia a vencer (Hartman, 2000).

Los coeficientes de fricción para iniciar y mantener un movimiento son diferentes, debido a que para imprimir movimiento a dos substancias en contacto, la fuerza necesaria para iniciar el movimiento es mayor respecto a la que se requiere para mantenerlo. Por lo tanto en los sistemas de resistencia de fricción, presente en algunas bicicletas ergo métricas, hay que hacer más fuerza para vencer su inercia, al principio del movimiento y menos fuerza para mantener la aceleración lograda una vez que el movimiento ha comenzado, no importa cual sea la velocidad que hay que sostener: La fuerza de fricción puede ser ajustada por mecanismos que incrementan la presión o la cantidad de superficies en contacto (Hartman, 2000).

5. Resistencia de fluidos. Utilizan fluidos o gases, y son de gran importancia en ciertos deportes como la natación, donde a diferencia de otras actividades, en que el fluido es el aire, en la natación es el agua. Estos medios comenzaron tener gran auge cuando con los viajes espaciales surge la necesidad de crear un modo de entrenar la fuerza que no dependa de la gravedad, porque una de las consecuencias de la microgravedad es el deterioro de las estructuras orgánicas debido a la falta del estimulo gravitacional, siendo la forma mas importante de combatirla la realización de ejercicio físico intenso (principalmente con sobrecarga). En órbita los sistemas que actúan por la acción de la gravedad, como los pesos libres, pierden su valor, por lo cual se desarrollaron, otros medios de entrenamiento como las máquinas hidráulicas y neumáticas que permiten entrenar la fuerza muscular utilizando otros principios (Wathen y Roll, 1994).

Las máquinas de resistencia de fluidos funcionan por medio de un cilindro dentro del cual hay un pistón que al moverse, por la acción muscular, empuja un fluido (liquido o aire) a través de un orificio. Las resistencias de fuerza ofrecidas por la máquina aumentan cuando, el pistón es desplazado rápidamente o la viscosidad del fluido es alta. Estos medios incrementan la resistencia a vencer en proporción a la velocidad de movimiento, permitiendo una gran aceleración al principio del gesto y menor aceleración al final (Hartman, 2000).

6. Medios que actúan por deformación de sus estructuras constituyentes. Su principio de acción es similar al de los medios por resistencia de fluidos. En de esta categoría encontramos a las bandas elásticas, cuyo nivel de resistencia (FR) es proporcional al producto entre la distancia a la cual el cuerpo elástico es estirado, por encima de su longitud de reposo (G cm) y la constante (k) que refleja las características físicas de los componentes elásticos (FR= Gcm x k) La más obvia característica de este sistema es que cuanto mas se estira la banda mayor será la resistencia ofrecida por esta. Todos los movimientos comienzan con poca resistencia y finalizan con gran resistencia, llegando a hacerse máximos y casi estáticos en el punto de finalización del movimiento.

Este sistema tiene poca aplicabilidad a los gestos deportivos específicos debido a que presenta un patrón de comportamiento motor completamente diferente (Hartman, 2000, Verkhoshansky, 2002). Al principio del gesto no hay una gran demanda de fuerza, lo cual, es distinto a lo que sucede en muchos gestos deportivos, como los saltos, donde se ejerce una gran fuerza para impulsar el cuerpo al inicio del movimiento, y que solo hay que aprovechar esta fuerza y desarrollar alta velocidad al final, que es precisamente cuando la goma ofrece una resistencia casi máxima lenificando el gesto, y empujando al sujeto hacia abajo. Por esto no es recomendable utilizar medios elásticos para mejorar la fuerza explosiva (Verkhoshansky, 2002; Wathen y Roll, 1994).

7. Medios de acción por control de velocidad, isocinéticos. Son máquinas diseñadas para mantener la velocidad de movimiento constante. En este tipo de dispositivos no se programa la resistencia ni la fuerza a realizar sino la velocidad a alcanzar es decir que se producirá el mayor momento de fuerza a la velocidad programada. Los medios isocineticos no se encuentran en los centros deportivos, sino en laboratorios biomecánicos o centros de alto rendimiento. Los que permiten velocidades limitadas de movimiento (hasta 300 a 500°/seg) son utilizados fundamentalmente para rehabilitación, mientras que los que permiten velocidad mas elevadas, superiores a los 1000°/seg pueden utilizarse para desarrollar direcciones de fuerza velocidad (Sale, 1991).

8. Estimulación vibratoria. Sus efectos para mejorar la fuerza máxima se deberían a una facilitación de la tensión muscular impulsada por una mas alta activación desde el reflejo miotatico, y una disminución de la inhibición generada por los órganos tendinosos de Golgi (Tous, 1999). Las ultimas investigaciones indican que la aplicación de las vibraciones con diversas amplitudes de frecuencia, 20 a 60 Hz, utilizando plataformas o dispositivos de estimulación vibratorios, inducirían mejoras significativas en los niveles de fuerza máxima, especialmente cuando se aplican junto con el entrenamiento tradicional con pesos libres (Mester y col, 2002).

9. Electroestimulación. Es un medio de entrenamiento de la fuerza, que utiliza la corriente eléctrica, para provocar una tensión muscular, mediante un aparato llamado electroestimulador, que reemplaza la acción del sistema nervioso, por lo que actúa bajo un régimen involuntario para producir fuerza. Su aplicación esta actualmente muy difundida, aunque sus beneficios para mejorar el rendimiento deportivo son algo discutidos especialmente en las direcciones de fuerza velocidad, aunque para mejorar la fuerza máxima, y la resistencia de fuerza, podría ser beneficioso. De todos modos la utilidad y aplicabilidad de esta modalidad de trabajo puede tener un importante lugar en el campo de la prevención, fortalecimiento de zonas débiles, recuperación de lesiones, y especialmente para acelerar los procesos de recuperación, o ganar masa muscular rápidamente. Sus beneficios, al no estimular mejoras en el sistema nervioso se pierden rápidamente cuando se deja de entrenar (Siff y Verkhoshansky, 2000). El análisis de este medio de entrenamiento escapa a los objetivos de este capitulo, pero pueden profundizarse en las referencias (Boschetti, 2000; Siff y Verkhoshansky, 2000).

2.5. Selección y orden de los ejercicios para entrenar la fuerza

La selección de los ejercicios a realizar en los entrenamientos de fuerza depende de varios factores:

1. El nivel de rendimiento de cada sujeto, experiencia, y dominio técnico para realizar ciertos ejercicios.
2. los objetivos a corto mediano y largo plazo. 3 El equipamiento disponible, 4. El tiempo disponible para entrenar en cada sesión y 5. La planificación global del entrenamiento considerando la frecuencia de entrenamiento por semana o microciclo (Earle y Baechle, 2004; Kraemer, 2002).

Una vez analizados estos factores, se deben seleccionar aquellos ejercicios que la persona sea capaz de realizar adecuadamente, y que se correspondan con los objetivos perseguidos (principio de especificidad) (Earle y Baechle, 2004).

Clasificación de los ejercicios de fuerza. De acuerdo a Bompa (1995; 2003) los ejercicios pueden clasificarse según su importancia para el rendimiento y los objetivos perseguidos en:

Motores principales. Son aquellos que más influencia tienen para el rendimiento específico. Son casi siempre ejercicios multiarticulares, es decir que implican la participación de al menos dos núcleos articulares, y comprenden acciones de al menos 1 gran grupo muscular, apoyado por los grupos musculares pequeños. Por ejemplo el pres de banca plano con barra es un ejercicio principal para entrenar la musculatura extensora del tren superior donde participan principalmente los pectorales, y el hombro anterior, junto a una acción sinérgica del tríceps, braquial (Baechle y col, 2000, Earle y Baechle, 2004).

Ejercicios complementarios. Son ejercicios de tipo multiarticular pero que tienen una importancia secundaria para mejorar el rendimiento especifico. Por ejemplo el realizar un pres de banca con mancuernas para mejorar el trabajo individual de cada brazo, y apoyar la ganancia de fuerza global en el ejercicio de pres de banca en un sujeto desea mejorar los niveles de fuerza en este último ejercicio.

Ejercicios asistentes. Son ejercicios aplicados para mantener equilibrios musculares, ayudar a prevenir lesiones, desarrollar trabajos de rehabilitación luego de lesiones, o para trabajar en forma aislada grupos musculares específicos. Generalmente implican la participación de un solo núcleo articular y comprenden la acción de menor cantidad de masas musculares respecto a los ejercicios anteriores (Earle y Baechle, 2004). Por ejemplo, el bíceps con mancuernas a 1 brazo implica la acción principal de los flexores del codo actuando específicamente sobre este núcleo articular o bien los pectorales realizados en la contractora, localizan el movimiento en la articulación del hombro aislando la acción sobre los pectorales y el deltoides anterior (Earle y Baechle, 2004).

Criterios a seguir para seleccionar los ejercicios de entrenamiento. Hay dos criterios principales que pueden utilizase separadamente o en conjunto para seleccionar los ejercicios a realizar en las sesiones de entrenamiento:

1. Seleccionar 1 a máximo 2 ejercicios por grupo muscular, lo cual es aplicado para los novicios, con el objetivo de inducir una adaptación general al entrenamiento. En este caso se intenta no superar los 10 a máximo 12 ejercicios por sesión.
2. Seleccionar los ejercicios basándose en su influencia en el rendimiento y los objetivos perseguidos por cada sujeto, por ejemplo en personas bien entrenadas que desean mejorar la fuerza del tren inferior puede comenzarse por sentadilla paralela, luego split frontal con barra, y finalmente las extensiones de rodillas en la máquina.

Criterios para determinar la secuencia u orden de los ejercicios en la sesión de entrenamiento. Este factor está determinado fundamentalmente por el principio de especificidad, pero depende también del tipo y característica de los ejercicios seleccionados (Earle y Baechle, 2004). De esta manera los ejercicios motores principales se realizarán al inicio de la sesión mientras que los asistentes al final, no obstante también debe considerarse que los ejercicios de mayor dificultad mecánica deberían realizarse al inicio para que la fatiga no perjudique la ejecución técnica de los movimientos más complejos, que pueden distorsionarse con facilidad aumentando el riesgo de lesión (Kraemer, 2002).

Principales criterios de secuenciación de los ejercicios en los entrenamientos de fuerza:

1. **Por grupos musculares**: aplicable a culturismo, fitness, mejora de la imagen corporal general.
2. **Por Importancia para el rendimiento**: aplicable para complemento deportivo, salud y mejora funcional.
3. **Por complejidad técnica**: aplicable para complemento deportivo, salud y mejora funcional

El criterio 1 se basa en ordenar y dividir los entrenamientos agrupando los ejercicios por grupos musculares. En general, se recomienda entrenar primero los grupos musculares más grandes y luego los pequeños, para que la fatiga inducida por los ejercicios realizados el inicio de la sesión no perjudique el rendimiento en los ejercicios mas complejos en las fases finales (Sforzo y Tousey, 1996). Algunos entrenadores especialmente vinculados al culturismo proponen un orden de ejecución partiendo de ejercicios más localizados o los grupos musculares más pequeños, para terminar la sesión con los grupos musculares más grandes o ejercicios multiarticulares (preagotamiento). Por ejemplo, realizar primero extensiones de tríceps para finalizar con press de banca. Este concepto se basa en el planteamiento de que realizando este orden "inverso" hacia el final de la sesión al abordar los ejercicios multiarticulares, los grupos musculares más grandes, como el pectoral, al estar el tríceps fatigado, por el ejercicio anterior, actúan más aisladamente y participan más activamente en el esfuerzo. No obstante, los beneficios de esta forma de secuenciar los ejercicios para lograr mayor actividad en los grandes grupos musculares, no ha sido comprobado científicamente, e incluso los reportes empíricos, son altamente contradictorios (Augustsson y col, 2003; Bompa, 1995; Sforzo y Tousey, 1996). Por otro lado, el concepto de aislamiento de las acciones musculares, si bien puede ser interesante para deportes como el culturismo, no es aplicable, en absoluto, a otros deportes, donde el entrenamiento de fuerza, apunta a una mejora del rendimiento, que está determinado por acciones complejas y no por movimientos aislados. Incluso, no sería ni siquiera aplicable para el entrenamiento de la salud, donde el propósito es mejorar la calidad de vida y el desarrollo más eficiente de las actividades cotidianas, que en general responden a movimientos globales y no estrictamente localizados (Bompa, 1995; 2003).

Los dos criterios restantes se basan en principios mecánicos que indican que los ejercidos mas complejos donde participan grandes masas musculares debe ser los primeros en realizarse durante el entrenamiento. Por ejemplo, si se introducen ejercicios de levantamiento, que demandan una gran dominio técnico, estos deben realizarse al inicio de la sesión, antes de otros ejercicios mulitarticulartes, como el press de banca o ejercicios asistentes como el tríceps o bíceps con barra o mancuernas (Earle y Baechle, 2004).

3. INICIACIÓN Y PRESCRIPCIÓN DEL ENTRENAMIENTO DE FUERZA

La iniciación de un sedentario al entrenamiento de fuerza comprende las siguientes fases:

1. **Inicial.** Comprende 1 a 2 sesiones, e implica la familiarización del sujeto con los implementos, el aprendizaje de las técnicas básicas de movimiento, y los métodos utilizados para controlar los progresos (escala de percepción subjetiva de esfuerzo). Una vez aprendidos los ejercicios, se aumenta progresivamente el nivel de dificultad para estimular mejoras de los niveles de fuerza, sobre todo en la musculatura postural (tronco, abdominales, espalda alta y baja, glúteos, y cuadriceps). Esta fase de iniciación finaliza cuando la persona ha realizado al menos 10 a 12 entrenamientos sistemáticos, conoce la ejecución de los ejercicios básicos y ha mostrado una progresión aceptable en los niveles fuerza.
2. **Fase práctica.** Se inicia cuando se han conseguido adaptaciones neurofisiológicas de base y se ha aprendido la técnica de los ejercicios correctamente. El sujeto debería estar apto para realizar un test de control, (que puede ser el test de 1 MR u otra forma alternativa). (Earle y Baechle, 2004) A partir de esta etapa el entrenamiento se hace mas especifico, con relación a los objetivos y necesidades personales, por lo cual se pueden abordar técnicas de ejercicios mas complejas o especiales, para crear las bases de fuerza general, solventar las posibles deficiencias posturales o desequilibrios musculares observados durante los entrenamientos, de iniciación (Earle y Baechle, 2004).
3. **Fase específica.** Se establece una planificación del trabajo a largo plazo, es decir que se plantea un entrenamiento con una duración determinada 3 a 6 semanas, luego de la cual se aconseja introducir un periodo de descanso activo, durante el que se entrena, pero con menor intensidad, para permitir eliminar los riegos de la fatiga acumulada, y efectuar un nuevo control y replanificar el periodo siguiente, que se basará en los logros alcanzados en la etapa anterior (Fleck, 2002; Fleck y Kraemer, 1997).

3.1. Forma de realizar el periodo de adaptación en principiantes-sedentarios

1ª sesión de entrenamiento: Se aconseja realizar 6 a 10 o hasta un máximo de 12 ejercicios para todo el cuerpo, dando prioridad a los ejercicios posturales y tronco, como abdominales, prensa, tracción de dorsales, pres de banca plano o en máquina, media sentadilla sin pesos, o pesos ligeros, si el sujeto manifiesta buen dominio técnico, sino es recomendable comenzar por ejercicios mas simples. Los ejercicios localizados son de menor importancia y se realizan en la última parte de la sesión o como alternativa cuando el nivel del sujeto es muy bajo y debe comenzar por las mecánicas más simples. Esta sesión es de aprendizaje para el alumno y de observación para le profesor o entrenador el cual debe identificar las posibles falencias posturales y de fuerza para seleccionar o cambiar los ejercicios durante las próximas sesiones de trabajo. Se aconseja realizar **una serie de cada ejercicio** con un peso que la persona pueda mover con facilidad en forma correcta. Al mismo tiempo se sugiere introducir la escala de Borg 0-10 (figura 5.2.) para indicar la dificultad del entrenamiento, pidiendo al sujeto que intente realizar un esfuerzo que al terminar la serie le cause una percepción de entre 5 o 6. Si el peso movilizado se percibe mucho mas ligero, se indicará elevar ligeramente el peso, para la próxima sesión, pero si lo percibe mas alto, podría sugerirse disminuir el peso, al menos durante las primeras series de la sesión subsiguiente.

2ª sesión de entrenamiento. Con las mismas premisas que la sesión anterior se aumenta el volumen de trabajo a 2 series por ejercicio, mientras que el peso puede ser igual o aumentar ligeramente, para producir la misma percepción subjetiva de esfuerzo, 5 a 6 en la escala (0-10) figura 6.2. El objetivos serán realizar correctamente los ejercicios, manteniendo las repeticiones indicadas, y la percepción subjetiva de esfuerzo sugerida al final de la serie, para esto se podrá incrementar o disminuir ligeramente los pesos utilizados, intentando hacer las repeticiones sugeridas, con la percepción indicada.

3ª sesión de entrenamiento. Si hay un buen dominio técnico, se puede aumentar el volumen de entrenamiento realizando de dos a tres series por ejercicio, manteniendo el nivel de dificultad entre 5 a 6 por la escala (0-10). Ver figura 5.2.

En estas tres primeras sesiones se aconseja organizar las secuencias de ejercicios en forma circular, es decir, que no se realicen las dos o tres series del mismo ejercicio y luego se pase al siguiente, sino que se realice 1° una serie cada ejercicio en forma consecutiva, para luego volver a comenzar la segunda vuelta desde el principio. Esto permite evitar la fatiga concentrada en una región o grupo muscular, porque las zonas específicas van a ser estimuladas después de que se haya trabajado en todos los demás ejercicios, disponiéndose así de un tiempo largo de recuperación para la zona o núcleo articular (Bompa, 1995).

A partir del 4° entrenamiento se puede comenzar a entrenar con una organización por series y pausas concentradas en cada ejercicio, es decir que primero de realizan todas las series del ejercicio 1° y luego se pasa al 2°, y así sucesivamente. A partir de la 5° sesión puede indicarse que el nivel de percepción llegue a 6 o 7, mientras que en las sesiones 7° y 8°, se puede llegar a una percepción de 8 o 9, e incluso 10 si los sujetos muestran un buen dominio técnico, y no presentan ninguna restricción en el plano de la salud.

3.2. Determinación de las repeticiones, series y pesos

De acuerdo a las características y objetivos de la persona se pueden plantear series con mayor o menor número de repeticiones, considerando las siguientes opciones generales:

1°) Progresión sencilla. Se utilizan rangos de repeticiones fijas. Por ejemplo, entre 10 a 12 repeticiones, cuando se desea lograr incrementos importantes del peso a vencer; o entre 12 a 15 repeticiones cuando se desea mantener el peso relativamente bajo (como es el caso de los adolescentes)

2°) Progresión creciente. Se utilizan rangos de repeticiones variables. Por ejemplo, en la 1ª serie 12 a 15 repeticiones, en la 2ª serie 10 a 12 repeticiones y en la 3ª serie 8 a 10 repeticiones, intentando mantener la percepción subjetiva de esfuerzo siempre dentro de los rangos indicados anteriormente, o incluso puede sugerirse que esta varíe en forma creciente según disminuyan las repeticiones y se incremente o mantenga el peso a vencer. Por ejemplo, la percepción en la 1ª serie será de 5 a 6; en la 2ª de 7 a 8, y en la 3ª de 8 a 9, o incluso 10 en ciertos casos especiales (ver figura 5.2.).

Es importante considerar que durante las primeras 4 semanas de entrenamiento (8 a 12 sesiones), que normalmente abarcan el periodo de adaptación, los principiantes responden favorablemente a los entrenamientos de bajos volúmenes (1 serie por grupo muscular), pero a medida que se van adaptando, el efecto se hace cada vez menos importante. Esto se debe a que en esta fase las mejoras de la fuerza muscular se producen fundamentalmente por los factores neurales (Kraemer y col, 1996; Rhea y col 2003). Con el avance del entrenamiento el volumen del trabajo deberá aumentar, paralelamente a la intensidad, debido a que el incremento de los beneficios sólo podrá mantenerse con volúmenes algo más elevados (Rhea y col, 2003).

No hay estudios que demuestren concluyentemente, que los entrenamientos de una sola serie por grupo muscular, sean igual de efectivos o superiores, respecto a los de series múltiples para mejorar cualquiera de las direcciones de fuerza mencionadas anteriormente (Kraemer y col, 2002; Naclerio, 2004). No obstante, hay que considerar que no todos los ejercicios deben ser entrenados con el mismo volumen, sino que el énfasis debe ser aplicado en los ejercicios motores principales y complementarios, mientras que en los asistentes el volumen puede ser inferior, e incluso con una serie podría ser suficiente (Kraemer y col, 2002; La Chance, 2000).

Una vez cumplida la primera fase de adaptación, el sujeto deberá dominar las técnicas básicas de movimiento, haber logrado importantes mejoras en los niveles de fuerza, especialmente debidas al dominio técnico y las adaptaciones neurales (mejora de la convocatoria y sincronización de unidades motoras, disminución de las inhibiciones producidas desde los órganos tendinosos de Golgi, y otras células inhibidoras, aumento de la frecuencia estimulación, etc.), aunque todavía es pronto para observar mejoras significativas en los aspectos morfológicos (hipertrofia muscular) debido a que, si bien existen modificaciones estructurales y funcionales que comienzan a producirse desde el primer día de entrenamiento, se necesita un tiempo prolongado, entre 8 a 12 semanas, o algo más para que puedan observarse externamente (Bosco, 1992; Verkhoshansky, 2002).

Las mejoras inducidas en el periodo de adaptación deberán capacitar a la persona para poder ser evaluada, en los ejercicios que el entrenador considere más significativos para su rendimiento. Estos datos deben constituir un índice de valoración de los niveles de fuerza (Bompa, 1995; González Badillo y Ribas Serna, 2003; Jiménez, 2003). La evaluación de los niveles de fuerza de cada sujeto es un requisito indispensable para poder establecer la magnitud de los pesos a utilizar en los entrenamientos, los cuales deberán ser estimados a partir de un porcentaje relacionado al valor de 1 MR (Bompa, 1995; Sale, 1991; Siff y Verkhoshansky, 2000; Zatsiorsky, 1995). No obstante, es prácticamente imposible realizar un testeo de todos los ejercicios utilizados, por lo cual es recomendable sólo evaluar aquellos que el entrenador considere que puedan ofrecer un índice significativo de la evolución del rendimiento. Generalmente, se escogen 2 a 4 ejercidos motores principales que comprendan movimientos que expresen la fuerza del tren inferior, superior y el tronco. Por ejemplo, sentadilla paralela o prensa, cargada en 1 tiempo, press de banca plano y dorsal o dominadas por delante. El resto de los ejercicios pueden controlarse por el rendimiento del sujeto en los entrenamientos, y la relación entre la percepción o carácter del esfuerzo, el peso utilizado y la estimación de su valor porcentual, con relación a las primeras 2 ó 3 repeticiones de una serie, o respecto a la máxima cantidad de repeticiones factibles de realizar con cada peso en concreto (González Badillo, y Ribas Serna, 2003; Lagally, 2004).

Relación entre el porcentaje de 1MR y las máximas repeticiones posibles. Existe una relación inversa entre el número de repeticiones y el peso factible de movilizar en una serie. Esta relación ha sido tomada como base para estimar los valores porcentuales del peso a utilizar en los entrenamientos, según los objetivos perseguidos. De hecho, existen trabajos que establecen diversos tipos de relaciones (lineales, y exponenciales) a partir de los cuales se puede estimar el porcentaje y el valor del peso correspondiente a partir del número de repeticiones realizadas (Earle y Baechle, 2004; Fleck y Kraemer, 1997; González Badillo y Ribas Serna, 2003; Mayhew y col 2000; Wathen y Roll, 1994). En la tabla 5.5. se reportan las relaciones entre los porcentajes y el número de repeticiones, encontradas por diferentes autores. De todas formas, es de destacar que la relación porcentaje de peso/número máximo de repeticiones, está influenciada por numerosos factores, como el nivel y tipo de entrenamiento específico, y/o el tipo de ejercicio (Bompa, 1995; Earle y Baechle, 2004). Algunos autores reportan que los sujetos más entrenados suelen realizar más repeticiones con los mismos porcentajes que los menos entrenados. (Earle y Baechle, 2004) No obstante, este es un factor que estaría muy influenciado no solo por el nivel, sino por el tipo especifico de entrenamiento al cual los sujetos están acostumbrados, es decir, que se tenderá a realizar mayor cantidad de repeticiones con aquellos pesos más frecuentemente utilizados en los entrenamientos (Bompa, 1995; Ware y col, 1995).

La cantidad de repeticiones factibles de realizar con un porcentaje determinado es aplicable solo a la 1ª serie, no a todas, porque la fatiga afecta el nivel de rendimiento en las series sucesivas (Earle y Baechle, 2004).

La relación porcentual ha sido estudiada en pocos ejercicios, fundamentalmente el pres de banca, la sentadilla y la cargada en 1 tiempo, pudiendo no ser transferible hacia otros ejercicios como curl de bíceps, elevaciones de hombros, etc. En un trabajo realizado por Morales y Sobonya (1995) determinaron en base a sus resultados, que el factor que más influye en el número máximo de repeticiones es el núcleo articular y la cantidad de masas musculares implicadas en el movimiento. De todas formas, independientemente del tipo de ejercicio, la mayoría de los autores coincide en que la relación pierde fiabilidad con pesos bajos, > 75% o cuando se hacen más de 10 repeticiones máximas, debido a que los factores metabólicos y la capacidad individual de realizar esfuerzos de resistencia de fuerza influyen significativamente el resultado

% 1 MR	**Rep. Max.** Earle y Baehcle (2004)	**Rep. Máx.** González Badillo y Ribas Serna (2003)	**Rep. Máx** Bompa (1995)	**Rep. Máx.** Morales y Sobonya (1996)	**Rep. Máx** Datos del autor no publicados
100	1	1	1	1	1
95	2	2	2	2	2
93	3	3	3	3	3
90	4	4	4	4	4
87	5	5	5	5	
85	6	6	6	6	5
83	7	7	7	7	6
80	8	8 a 9	8 a 9	8	7
77	9	10	10	9	8
75	10	11	11 a 12	10	9 a 10
70	11	12 a 14	15		12
67	12		18		
65	15		20 a 25		

(Lesuer y col, 1997; Mayhew, y col, 1992; Zhelyakov, 2001).

Tabla 5.5. Relaciones entre el porcentaje de peso y el numero máximo de repeticiones posible de realizar.

Como se puede observar, existe una gran coincidencia entre los diferentes autores, en los pesos más altos, mientras que en los pesos más bajos hay mayores diferencias, debido a la influencia de los factores metabólicos sobre el rendimiento con pesos bajos, (factor altamente influenciado por el nivel de entrenamiento específico de cada persona) (Bompa, 1995; Siff y Verkhoshansky, 2000).

Tests de valoración de la fuerza muscular

Existen muchas metodologías para valorar los niveles de fuerza muscular (Logan y col, 2000; Terreros y col, 2003). No obstante, al inicio del entrenamiento, no es aconsejable aplicarlas, debido a que la falta de adaptación, y las rápidas mejoras que se producen en las primeras fases del entrenamiento, arrojarán datos que no podrán utilizarse como parámetros de planificación, porque en pocos días u horas ya no serán reales. Debido a esto algunos autores (Earle y Baechle, 2004) recomiendan prescribir los pesos para entrenar, basados en el peso corporal o en datos de referencia de poblaciones generales, mientras que en mi caso he sugerido una metodología basada en la percepción del esfuerzo, sin dejar de lado las características individuales de cada sujeto y sus objetivos particulares. Los tests de fuerza descriptos en el capitulo 10 podrán aplicarse según el criterio del entrenador, en diferentes poblaciones para estimar el valor de 1MR en forma directa, o por los test de máximas repeticiones y aplicando cualquiera de las fórmulas validadas (Lesuer, y col, 1997).

Orientaciones para ajustar los pesos a utilizar en los entrenamientos de fuerza

Si se conoce o estima el valor de 1MR o 100%, se determinan los rangos porcentuales del peso a utilizar, de acuerdo con los objetivos perseguidos y la dirección de fuerza a entrenar. En la Tabla 6.4 se describen las direcciones de fuerza, los porcentajes adecuados para entrenarlas, la potencia (que se asocia a la velocidad de cada movimiento), el número de repeticiones y series recomendado por grupo muscular, la longitud de las pausas, y las modificaciones estructurales principales inducidas por el entrenamiento. Se sugiere considerar la percepción del esfuerzo, según la escala de 0-10 (figura 5.2.), como herramienta de control de la intensidad de los entrenamientos (Lagally y col, 2002; Robertson y col, 2003). De esta forma, una vez cumplido el periodo de adaptación, y considerando la metodología propuesta en la sección 3.1., el entrenador podrá valorar los niveles de fuerza en los ejercicios seleccionados (capítulo 9) y estimar los niveles de 1MR a partir de los rendimientos obtenidos en los últimos entrenamientos. Así, aplicando cualquiera de las relaciones de la tabla 5.5. o utilizando la percepción a partir de la tabla 5.3. (que utiliza solo las primeras 3 repeticiones), podrá planificar el entrenamiento de fuerza, para cada uno de los ejercicios, siguiendo los criterios de la tabla 5.4. No obstante, puede suceder que durante la realización de los ejercicios los pesos no se ajusten al rendimiento esperado de cada persona. En este caso se recomienda utilizar la escala 0-10 (figura 5.2.), para ajustar los pesos, aumentando o disminuyendo estos según la percepción que cada sujeto manifiesta durante el entrenamiento. Veamos a continuación las principales orientaciones concretas para el ajuste de los pesos (la carga) en función de la dirección de fuerza a desarrollar:

- Para **fuerza máxima o resistencia de fuerza máxima**, se considera la percepción de la 1ª o 2ª repetición. Si se percibe el peso, más ligero, de lo esperado, elevarlo un 5% si se percibe 1 a 2 puntos menos, o 10% si se percibe más de 2 puntos menos.
- En las direcciones de **Fuerza velocidad**, se considera la percepción de la 1ª a 3ª repetición. Si se percibe el peso más ligero de lo esperado, elevarlo un 5%, pero si se percibe más pesado, reducirlo un 5%, si la diferencia es de 2 puntos, o 10% si es de más de dos puntos.

- En las direcciones de f**uerza Resistencia**, cuando se entrena para mantener un ritmo de movimientos aplicado a un gesto deportivo, o para estimar el valor porcentual aproximado del peso, se considera la percepción en las primeras 3 repeticiones. Pero cuando se entrena llegando cerca del fallo muscular, puede considerarse la percepción al final de cada serie, asociando el valor 10 con el fallo muscular, el valor 9 con una serie, próxima al fallo, donde se pudiera haber realizado 1 repetición más, el valor 8 con una serie donde se podría haber realizado 2 repeticiones más, etc.

Si en las primeras series del entrenamiento, los esfuerzos se realizan dentro de los parámetros esperados, con el transcurrir de las series se comienza a experimentar fatiga, lo cual implica un consecuente incremento de la percepción del esfuerzo. Por ello, es recomendable, primero alargar las pausas de recuperación hacia los límites máximos descriptos en la tabla 6.4, y si la percepción sigue elevada, para evitar una influencia negativa del entrenamiento, tal vez sea conveniente interrumpirlo, especialmente cuando se entrena para fuerza velocidad o fuerza resistencia aplicada para mejorar el rendimiento deportivo (Siff y Verkhoshansky, 2000; Verkhoshansky, 2002).

4. MÉTODOS, FORMAS DE ORGANIZACIÓN Y SISTEMAS DE APLICACIÓN PARA PLANIFICAR LA SESIÓN DE ENTRENAMIENTO DE FUERZA

Se consideran métodos de entrenamiento de la fuerza, a las diversas estrategias en que pueden configurarse las variables de programación considerando los objetivos específicos, o direcciones de fuerza a entrenar. Se distinguen 3 métodos básicos para entrenar la fuerza muscular:

1. Método de esfuerzos continuos alternado con pausas: comprende la realización de tensiones ligeras a moderados o altas, agrupados en series, y alternadas con pausas de recuperación. Se aplican para entrenar fundamentalmente las direcciones de fuerza resistencia con pesos ligeros a moderados. Por ejemplo: 3 Ser. de 10 Rep con el 65% del 1MR, movilizados al 80% de la máxima potencia relativa para el peso utilizado, por 1 min. de pausa entre series.

2. Métodos de esfuerzos únicos y máximos: comprende la realización de tensiones máximas o casi máximas, por 1 a 6 repeticiones (1 a 6) alternadas con micropausas o pausas de recuperación. Se aplica para entrenar fundamentalmente la fuerza máxima, y las direcciones de fuerza velocidad. Por ejemplo: 3 Sr de 5 rep al 85% de 1 MR con 3 min de pausa o 3 Ser de 3 rep. al 90% del 1MR, con 1 seg. de micropausa entre cada rep. y 3 min. de pausa entre ser, o 3 Sr de 5 rep al 40% del 1 MR, movilizados al 95-100% de la máxima potencia relativa para el peso utilizado, por 3 min de pausa entre series.

3. Método de esfuerzos fraccionados: es una variante de cualquiera de los dos métodos anteriores. Comprende la realización de tensiones ligeras, moderadas a casi máximas, agrupados en series, **alternadas con micropausas**, para conservar la intensidad del esfuerzo, o pausas o macropausas para garantizar la recuperación metabólica y neural entre tandas largas de trabajos. Se aplica fundamentalmente para las direcciones de resistencia a la fuerza o resistencia a la velocidad. Por ejemplo: 3 Sr de 5 rep. con 10 seg de micropausa, al 40% del 1MR, al 90-95% de la máxima potencia relativa para el peso utilizado} realizar 3 bloques con 5 min de macropausa entre cada uno.

A partir de estos métodos pueden mencionarse otros más complejos como el método de transferencia o contraste de pesos, que puede realizarse en forma inmediata, o tardía, cuya aplicación es específica para mejorar el rendimiento en los deportes de fuerza velocidad, especialmente en deportistas destacados.

La explicación de estos métodos puede ampliarse por las referencias: Baker, 2003; García Manso, 1999; Siff y Verkhoshansky, 2000, Verkhoshansky, 2002; Zheylakov, 2001.

Formas de organizar los métodos de trabajo en la sesión de entrenamiento

Una vez determinados los objetivos, y seleccionados los métodos de entrenamiento más acordes para conseguirlos, el entrenador deberá platear en forma clara y organizada, las diversas formas de trabajo. Para esto dispone varias opciones o **formas de organizar los entrenamientos de fuerza**.

Existen tres formas fundamentales para organizar los entrenamientos de fuerza en una sesión:

1. Por series y pausas hasta terminar un ejercicio.
2. Organización circular.
3. Por agrupamiento de series.

1. Organización por series y pausas hasta terminar un ejercicio. En este caso se procede a realizar todas las series indicadas para un ejercicio y luego se pasa al siguiente (Bompa, 1995). Esta forma puede realizarse con las siguientes variantes:

a) Pausas fijas de más de 30 Seg a 5 min.

b) Pausas Variables de más de 30 seg a 5 min.

c) Pausas entre Series (30 seg a 5 min) y Macropausas entre grupos o regiones musculares (> 3 a 5 min).

d) Organización con Macroseries y Micropausas, con duración fija o variable hasta llegar a un Volumen de trabajo determinado.

En los casos c y d las macropausas pueden durar de 3-5 a 15 min entre grupos de series. Estas propuestas normalmente se aplican para mejorar la recuperación y permitir completar el volumen del entrenamiento deseado.

2. Organización circular. Existen tres variantes dentro de esta forma de organización.

a) Circuito general. Es el circuito tradicional donde se pasa de un ejercicio a otro, pero alternando los grupos musculares o zonas de trabajo, de modo que no se realicen dos ejercicios contiguos que afecten a la misma zona o grupo muscular. De este modo, se "alternan" las zonas o grupos musculares. Por ejemplo:

1° Ejercicio para Tren inferior (media sentadilla); 2° Ejercicio para el tronco (abdominales); 3° Ejercicio para tren superior (pres de banca); 4° Ejercicio para tren inferior y tronco (peso muerto); 5° ejercicio para tren superior flexores y espalda (dorsales); 6° Ejercicio para brazos extensores (tríceps) (De Hegedüs, 1981).

b) Circuito concentrado. En este caso se varía la mecánica de los ejercicios, pero se entrena la misma región o grupo muscular en dos o más ejercicios contiguos. Esta organización es típica de los entrenamientos de resistencia a la fuerza con pesos ligeros (Bompa, 1995; De Hegedüs, 1984). Por ejemplo:

1° tracción de dorsal por delante; 2° tracción de dorsal remo sentado; 3° Remo de pie con barra; 4° Bíceps con barra; 5° Bíceps con Mancuernas.

c) Circuito a bloques. Se distinguen dos variantes, según las características de los ejercicios seleccionados:

- **Bloques concentrados:** se realizan de 3 a 5 ejercicios del mismo grupo o zona muscular

- **Bloques alternos**: se realizan de 3 a 5 ejercicios de diferentes grupos o zonas musculares.

La forma de trabajo dentro de cada bloque es circular, realizando el número de series estipuladas por el entrenador, efectuando una pausa o micropausa entre un ejercicio y otro, mientras que al final de cada giro se realiza una pausa o macropausa, para luego repetir el bloque, por el número de veces dispuesto. Por ejemplo:

a) Bloque concentrado

1° bloque: press de banca, plano con barra libre, aperturas en plano inclinado con mancuernas, fondos en el suelo a brazos abiertos.

2° bloque: sentadilla paralela con barra libre, prensa de piernas, extensiones de rodillas

b) Bloque alterno

1° bloque: sentadilla paralela con barra libre, dorsal delante, flexiones para femorales tumbado, remo para dorsales.

2° bloque: prensa de piernas, curl de brazos con barra recta, abdominales de contracción en colchoneta.

Esta forma de organización se diferencia de la forma tradicional en el número más reducido de ejercicios, y sobre todo, en que en una sesión se pueden realizar 2 o más bloques. En cambio, el circuito tradicional consiste en ir realizando giros completos a todos los ejercicios que lo componen.

3. Organización por agrupamiento de series. Se distinguen dos formas principales

a) Organización en series compuestas. Consiste en series de ejercicios contiguas sin dejar pausa de recuperación o solo con una pequeña micropausa. En esta modalidad se **cambia el tipo de ejercicio o sinergia**, pero se actúa sobre el mismo grupo muscular. Ejemplo: 1° pres de banca plano barra libre 2° pres inclinado barra libre o multipower 3° contractora (Earle y Baechle, 2004).

En este forma de trabajo al cambiar la sinergia de movimiento el punto de máxima dificultad mecánica o fase de atasco, se desplaza desde una zona a otra dentro del rango de movimiento, por lo cual a pesar de actuar sobre el mismo núcleo o grupo muscular, se puede continuar entrenando, porque cada ejercicio determina una localización diferente de la fase de atasco, entonces se puede crear una estimulación máxima de una mayor masa muscular en los grupos entrenados (Bompa y Cornacchia, 1998; Harman, 2000). Esta forma de organización, se diferencia del bloque concentrado porque la densidad del trabajo es mayor, debido a que se pasa de un ejercicio a otro casi sin realzar pausa, además se pueden introducir variantes como que el 1° y 3° ejercicio, de la superserie, sea el mismo, lo cual es aplicable para fortalecer una técnica o angulación determinada de una zona corporal.

Ejemplo: 1° Press de banca plano 2° Press inclinado 3° Press de banca plano.

b) Organización por multi o superseries. Se alternan series de ejercicios de diferentes grupos, pudiéndose observar a su vez dos variantes:

- **Superserie por grupos antagónicos.** Ejemplo para el tren inferior: 1° sentadilla paralela con barra libre, 2° femoral tumbado, para el tren superior; 1° Press banca plano barra libre, 2° bíceps con mancuernas.
- **Superserie por grupos sinérgicos.** Ejemplo para el tren superior: Dorsal delante + bíceps barra + curl de antebrazo.

Es un sistema parecido a las superseries, con la diferencia fundamental de que la sucesión de ejercicios se hace cambiando de grupos, es decir, que no se repiten ejercicios que entrenen el mismo grupo muscular. No obstante, en la segunda variante (grupos sinérgicos) se abordan ejercicios que pueden comprender los mismos núcleos articulares, pero al cambiar el tipo de acción, pasando de ejercicios motores principales o multiarticulares a ejercicios asistentes o monoarticulares, la exigencia también se modifica.

Sistemas de aplicación de los métodos de entrenamiento de fuerza

Una vez comprendidos los métodos y las formas de organizar los entrenamientos, sólo queda **estructurar** el trabajo. Así, surgen los **sistemas para aplicar los métodos de entrenamiento**. Piramidal (Creciente, invertida, doble o creciente decreciente, truca); Peso Estable; Repeticiones estables; Escalera, Pirámide chata-estable; Oleaje; Contraste y Combinados (Bompa, 2003; De Hegedüs, 1981).

1. Sistema de organización piramidal: se puede aplicar de cuatro formas diferentes: Creciente; Invertida; Doble o creciente decreciente y truncada.

La pirámide tradicional "**creciente**" se caracteriza por un incremento de los pesos y disminución del numero de repeticiones por serie, en forma progresiva a medida que estas se van sucediendo, dentro de un mismo ejercicio. Se parte de pesos moderados a ligeros, según los objetivos del entrenamiento, para llegar al máximo de las posibilidades, es decir, que la última serie es de 1 MR (figura 5.5.)

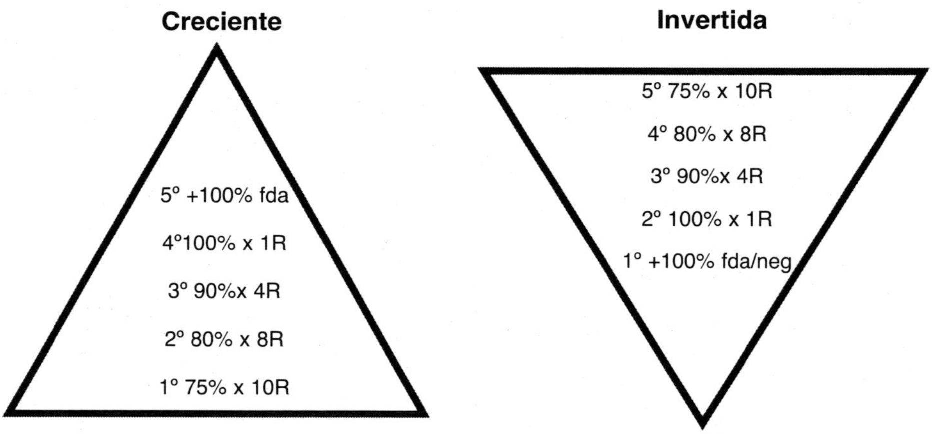

La pirámide tradicional es mas apta, para entrenar la fuerza máxima o la resistencia de fuerza máxima, mientras que la **invertida** comienza por los pesos más elevados para finalizar con los más bajos, siendo más apta para fuerza velocidad, porque los pesos más bajos son utilizados en las últimas series, que es donde se observa el mayor beneficio global del entrenamiento (Baker, 2001; Siff y Verkhoshansky, 2000).

El sistema de **doble pirámide o creciente decreciente**, consiste en dos pirámides seguidas, incrementando el peso y disminuyendo las repeticiones en la 1° pirámide, y realzando lo contrario en la 2°. Suele aplicarse en ejercicios motores principales cuando se deben realizar muchas series por entrenamiento (entre 5 a 6), y para entrenar fundamentalmente las direcciones de fuerza resistencia (Bompa, 1995).

La forma de aplicación por **pirámide truncada** es una variante en la que, durante las últimas series no se llega a entrenar con el peso máximo. Este sistema puede ser realizado en forma creciente o decreciente, adaptándose a cualquiera de las direcciones de fuerza, respetando los mismos criterios expuestos para las otras pirámides (De Hegedüs, 1981).

2. Sistema de organización con peso estable: Se mantiene siempre el mismo peso, de modo que las repeticiones por series puedan mantenerse o variar, puede adaptarse a cualquier dirección de fuerza. Cuando se entrena resistencia de fuerza para ganar hipertrofia, el número de repeticiones disminuye a medida que se avanza en las series, sobretodo si se llega al fallo muscular. Para fuerza máxima o velocidad, las series deben ser cortas e intensas respetando una pausa amplia de recuperación, para permitir el restablecimiento de la capacidad de trabajo, especialmente a nivel del sistema nervioso. En este caso, el número de repeticiones puede mantenerse o variar muy poco, porque lo esencial es conservar la intensidad o potencia de movimiento. Ejemplos:

a) Manteniendo el número de rep. por serie, (apto para fuerza máxima)

3 Sr de 6 a 8 Rep con el 80% por 3 min de pausa (RPE 3° Rep 7-8)

b) Variando o acomodando el número de rep. por serie (apto para fuerza resistencia)

1° Sr de 10 a 12 Rep con el 75% por 1 min. de pausa (RPE 3° Rep 5-6)

2° Sr de 8 a 10 Rep con el 75% por 1 min. de pausa (RPE 3° 6-7)

3° Sr de 6 a 8 Rep (llegando al fallo) con el 75% por 1 min de pausa (RPE 3° rep 7-8, Final 10)

***RPE**: valoración en la escala de percepción 0-10 (figura 5.2.).

3. Sistema de organización por repeticiones estables y variando el peso: Esta forma podría considerarse una variante de la anterior. Se varía el peso y se mantiene el número de repeticiones. Este tipo de planteamiento se produce cuando se indican los entrenamientos en base al máximo numero de repeticiones (Baechle y col, 2000; Earle y Baechele, 2004) Por ejemplo, para fuerza máxima se plantea realizar 3 Ser. de 5 máximas repeticiones con 2 min de pausa. En este caso el sujeto debe acomodar el peso para poder completar siempre 5 repeticiones por Serie, intentando que el peso seleccionado no le permita realizar 6. No obstante, este sistema de aplicación puede adaptarse para entrenar cualquier dirección de fuerza. Por ejemplo, para fuerza resistencia pueden plantearse 3 Series de 10 rep., con 1 minuto de pausa y un RPE de 7 en la 3° rep. sin llegar al fallo, o RPE 9 al final de la serie. En este último caso, los sujetos podrán ajustar el peso según su percepción del esfuerzo para mantenerse dentro de las directrices indicadas.

4. Sistema de organización en escalera: constituye una mezcla de los métodos de peso estable y piramidal, porque implica la realización de al menos dos veces cada serie, luego se eleva el peso, y se sigue entrenando. Es un sistema similar a la doble pirámide, principalmente aplicado para las direcciones de fuerza resistencia. Cada escalón de peso puede incluso realizarse mas de dos veces, para favorecer el efecto de entrenamiento en un rango determinado de pesos. Una variante es hacer la escalera en sentido inverso es decir reducir el peso y aumentar las repeticiones (De Hegedüs, 1981) (ver figura. 5.6.).

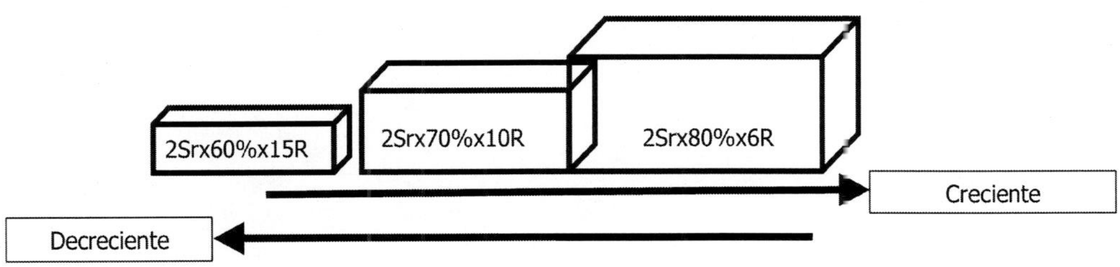

Figura 5.6. Gráfica del sistema de aplicación de escalera, y sus variantes (creciente y decreciente).

4. Organización con pirámide chata-estable. Resulta de la combinación de la doble pirámide, la pirámide trunca y la escalera. Es adecuada para la fuerza máxima o velocidad. (Ver figura 5.7.).

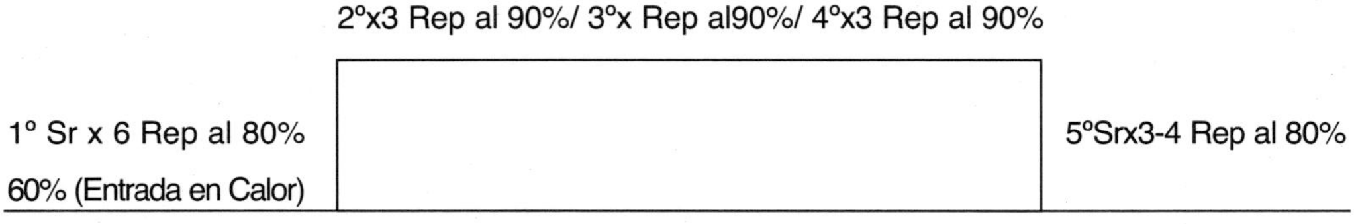

Figura 5.7. Gráfica del sistema de aplicación de pirámide chata-estable.

Sólo se realiza una serie con bajo peso a modo de entrada en calor, que no determina efectos de entrenamiento, mientras que las demás sí. La última serie al 80% es el límite porcentual para entrenar la fuerza máxima. En este caso, se llega al máximo agotamiento de las unidades motoras, manteniendo un rango de pesos similares. Con las pirámides tradicionales las variaciones de los pesos suelen ser muy amplias (más del 10%) corriéndose el riesgo de desvirtuar la dirección de fuerza a entrenar al llegar a las últimas series, donde se utilizan los pesos más altos y específicos para fuerza máxima, muy fatigado. En el entrenamiento de la fuerza es recomendable mantener el rango de pesos relativamente estable induciendo variaciones de los mismos de no más de 5% entre las series, de esta forma las adaptaciones neurofisiológicas son más estables y específicas (Bompa, 1995).

5. Sistema de organización en oleaje. Organización por oleajes: se alternan diferentes magnitudes de peso. Puede orientarse a cualquier dirección de fuerza, pero es más aplicado en los cambios de entrenamiento, como variable psicológica, o para los entrenamientos de resistencia muscular e hipertrofia. En la figura 5.8. se ejemplifica un sistema de aplicación por oleajes (De Hegedüs, 1981).

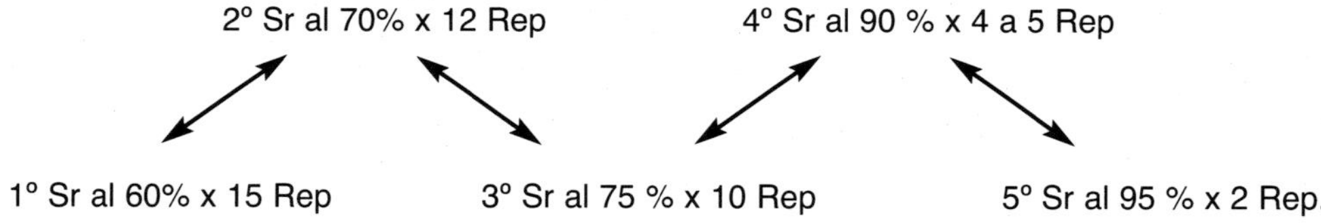

Figura 5.8. Gráfica del sistema de aplicación por oleajes.

6. Sistema de organización por contraste. Es un sistema complejo con aplicación específica para el ámbito del rendimiento deportivo, en la cual se combinan acciones de fuerza máxima, que inducen beneficios sobre la coordinación intramuscular, y trabajos de fuerza explosiva con pesos bajos para coordinación intermuscular.

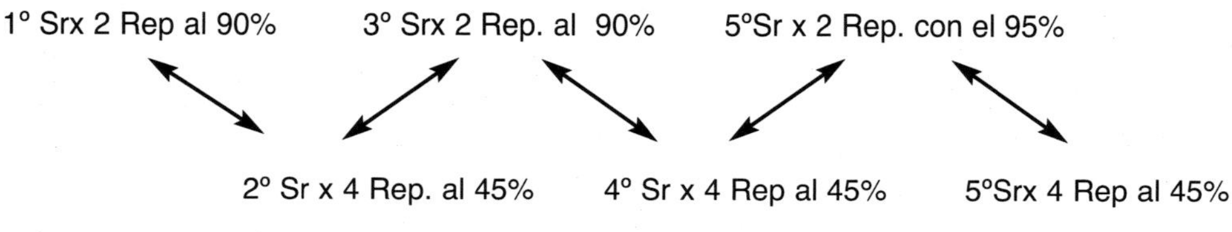

Figura 5.9. Gráfica del sistema de aplicación por contraste.

Esta forma de organización se fundamenta en aprovechar la máxima estimulación del sistema nervioso central, generada en la serie previa de fuerza máxima, y transferir sus beneficios a la realización de movimientos explosivos con los pesos más bajos, de modo que el sistema nervioso central aproveche las huellas dejadas por los esfuerzos con pesos máximos para aplicar la mayor fuerza posible, convocando el máximo de unidades motoras al mover los pesos bajos. (De Hegedüs, 1981; García Manso, 1999). No obstante, la mayoría de los trabajos realizados sobre la eficiencia del sistema de transferencia "inmediata" no han comprobado su efectividad especialmente en personas poco entrenadas (García Manso, 1999; Verkhoshansky, 2002). La forma de utilizar adecuadamente el principio de estimulación neural y transferencia es por medio de la transferencia "retardada", que tiene aplicación en el campo del rendimiento deportivo, utilizando los ejercicios de fuerza con pesos combinados con acciones especificas del deporte, y sólo con sujetos muy bien entrenados. Para ampliar la información de este sistema ver referencias (Baker, 2003; 2001; García Manso, 1999; Siff y Verkhoshansky, 2000).

En resumen, la configuración de la sesión de entrenamiento de fuerza depende de los objetivos perseguidos, y la utilización de los métodos más adecuados para lograrlos. Estos métodos pueden ser organizados en forma de series y pausas, circular, etc., y ser aplicados por medio de sistemas piramidales, escaleras, o peso estable, etc. Dependiendo del criterio del entrenador y otros factores como las características de cada persona, la disponibilidad de material, el tiempo disponible, etc. (Ver tabla 5.5.).

5. CONCEPTOS BÁSICOS SOBRE PLANIFICACIÓN DEL ENTRENAMIENTO DE FUERZA

La **planificación** es el proceso por el cual se define la orientación del entrenamiento a lo largo de varios años (largo plazo), o un año o ciclo de entrenamiento (corto plazo), mientras que la **periodización** es una fase del proceso de elaboración de un plan anual, donde se secuencializan las fases que forman el año de entrenamiento, en periodos particulares de tiempo, con objetivos y contenidos bien determinados (Vanconselos, Raposo, 2000). Otros autores definen a la periodización como la distribución de la planificación del entrenamiento y sus variaciones en los métodos y medios a aplicar, durante un ciclo o periodo de entrenamiento (Grahan, 2002; Stone y col, 1999). Según Plisk y Stone (2003), la periodización consiste en la variación no lineal, y adecuada, de una o más variables utilizadas para programar el entrenamiento.

Según Fleck y Kraemer (1997), Fleck (2002), y Plisk y Stone (2003), los objetivos principales de la periodización del entrenamiento de la fuerza pueden resumirse en:

1. Aprovechar el máximo efecto de los entrenamientos, intentando alcanzar los mejores resultados en el momento determinado (óptimo).
2. Controlar idóneamente los tiempos de fatiga y recuperación.
3. Evitar el estancamiento de las mejoras.
4. Reducir el riesgo de agotamiento y lesión.

El concepto de periodización se originó en base al trabajo de Hans Selye, que estudió el efecto de diferentes tipos de estrés sobre las glándulas adrenales, desarrollando el concepto de *síndrome general de adaptación*, en el cual un agente estresante causa, inicialmente, una disminución significativa de las funciones fisiológicas, pero si no causa un daño irreparable, el organismo se adapta a los efectos del agente estresante, en un periodo de tiempo determinado, capacitándose para tolerar mayores niveles de estrés. No obstante, si los agentes estresantes se aplican muy frecuentemente, no dando al organismo el tiempo necesario para recuperarse, este también puede deteriorarse y morir (Selye, 1976).

El primero en proponer la periodización como elemento fundamental del entrenamiento deportivo fue Matveiev en los años 60 (Matveiev, 1977; Wathen y col, 2000), que planteó un modelo de periodización tradicional, que divide el programa de entrenamiento en diferentes periodos, que todavía son aplicados a los diversas estrategias de periodización que se han desarrollado posteriormente.

1. Macrociclo, que abarca la longitud de un periodo particular de entrenamiento, generalmente 1 año, aunque puede ser de sólo algunos meses hasta varios años. Para un entrenador personal el macrociclo define el plan de entrenamiento anual que desarrolla con cada cliente. (Hassegawa, y col, 2002).

2. Mesociclo. Dentro de cada macrociclo hay dos o más periodos de tiempo (varias semanas o meses) denominados mesociclos. El número de mesociclos dentro de un macrociclo depende de los objetivos del entrenamiento. Originariamente los mesociclos definían las principales fases del periodo de entrenamiento. Fase preparatoria general, preparatoria específica, competitiva o transición, en la periodización tradicional de Matveyev. No obstante, este mismo autor mencionaba la existencia de ciclos naturales de 4 semanas a partir de los cuales se podían establecer las respuestas adaptaivas del organismo a un periodo de entrenamiento (Plisk y Stone, 2003). Zatsiorsky (1995) y Viru (1995) también mencionan la existencia de periodos básicos de **4 a 6 semanas** o **biociclos**, que determinan una ventana biológica "óptima" para las reacciones integradas de carga y adaptación. De esta forma, actualmente el mesociclo es un periodo de tiempo de entre 4 a 6 semanas (aproximadamente un mes), el cual está compuesto por 3 a 5 subfases, llamadas Microciclos, que tienen objetivos específicos, permitiendo sumar y explotar al máximo los efectos de las cargas de entrenamiento (Viru, 1995).

3. Microciclos. Comprenden entre 5 a 10 días (cerca de 1 semana). No obstante, según el diseño particular del entrenamiento, pueden llegar a durar hasta 4 semanas (Hassegawa y col 2002; Wathen y col, 2000). Independientemente de la cantidad de entrenamientos por semana, los microciclos comprenden una serie de sesi ones donde se aplica un tipo específico de trabajo, con direcciones de fuerza bien determinadas, antes de cambiar la dirección del entrenamiento o descansar (Hassegawa y col, 2002). La configuración de los estímulos de entrenamiento, determinada por la manipulación de las variables de programación, comienza por la caracterización de cada microciclo, que va a definir la orientación del mesociclo, y que a su vez determina la orientación del macrociclo (Hassegawa y col, 2002).

División del ciclo de entrenamiento en fases. Las fases se refieren a un periodo de tiempo en el cual la dirección del entrenamiento se orienta hacia aspectos generales o específicos, dependiendo del nivel de rendimiento, los objetivos generales, y el tipo de diseño aplicado. La denominación de las fases describe el tipo de trabajo que se va a desarrollar dentro de cada una de estas. Cada fase del entrenamiento está compuesta por varios mesociclos, compuestos a su vez por microciclos, que definen la dirección de los entrenamientos que los componen (Hassegawa y col, 2002). Matveiev (1977) asocia las fases del entrenamiento a tres periodos fundamentales:

1. **Periodo preparatorio,** que puede dividirse en un **periodo general**, de alto volumen e intensidad baja a moderada, donde se desarrollan trabajos poco específicos dirigidos a mejoras generales de la condición física, o aprendizaje y correcciones técnicas.

2. **Periodo específico,** con un volumen progresivamente más bajo e intensidad creciente, donde se apunta a mejoras más concretas de las capacidades físicas que afectan el rendimiento deportivo, y se afirman los aspectos técnicos y tácticos.

3. **Periodo competitivo.** Se intenta alcanzar la mejor forma o rendimiento, y se desarrollan trabajos muy específicos con bajo volumen y alta intensidad.

4. **Periodo de transición.** Se realizan sólo trabajos inespecíficos con bajo volumen, para

descargar al organismo, permitir su recuperación, y mantener un nivel básico de rendimiento, que permita un adecuado comienzo de la preparación en el ciclo sucesivo.

Bompa (1995) adapta la periodización de Matveiev a la preparación de fuerzas aplicada a los deportes distinguiendo las siguientes fases:

1. **Adaptación anatómica,** donde se acentúa el entrenamiento de la fuerza resistencia con pesos bajos a medios, que puede durar de 4 a 6 semanas en entrenados y hasta 12 en los principiantes.
2. **Fase de fuerza resistencia con pesos altos, para hipertrofia,** de aproximadamente 6 semanas, aplicada sólo en los sujetos que necesiten incrementar significativamente la masa muscular.
3. **Fase de fuerza máxima:** para lograr los niveles de fuerza deseados, que son específicos para cada persona, en principiantes puede durar de 3 a 4 semanas, y en entrenados hasta 12 semanas.
4. **Fase de conversión o de fuerza-velocidad.** Destinada a incrementar la fuerza especifica aplicada en el deporte, o que se corresponde con los objetivos particulares de cada sujeto: Por ejemplo, para un jugador de voley se trabaja la fuerza explosiva.
5. **Fase de mantenimiento.** Destinada a mantener los niveles de fuerza alcanzados, y favorecer el máximo rendimiento en las competiciones. El volumen y la frecuencia del entrenamiento se reducen, mientras que la intensidad tiende a mantenerse. La duración de esta fase depende de la longitud del periodo competitivo.
6. **Fase de compensación.** Similar al periodo de transición de Matveiev, en donde se trabajan grupos musculares poco solicitados, para evitar desequilibrios musculares y inducir un recuperación adecuada.

Los americanos, también adaptaron los criterios de los Europeos del Este desarrollando su propia terminología para describir las fases del entrenamiento (Fleck y Kraemer, 1997; Hassegawa y col, 2002; Wathen y col, 2000). Aplicada a los deportes de fuerza se distinguen las siguientes fases:

1. **Fase de hipertrofia.** Se aborda la fuerza resistencia para desarrollar un nivel de masa muscular adecuado, y necesario para apoyar el rendimiento específico. Dura de 6 a 8 semanas.
2. **Fase de fuerza máxima.** Se entrena la fuerza máxima de los grupos musculares considerados más importantes, con la intención de alcanzar un nivel de fuerza adecuado que garantice el desarrollo óptimo de fuerza velocidad. Puede durar de 4 a 6 semanas (Baker, 2001; Hassegawa y col, 2002).
3. **Fase de máximo rendimiento.** Destinada a mantener los niveles de fuerza alcanzados y lograr el máximo rendimiento durante el desarrollo del deporte específico.
4. **Recuperación activa.** Para facilitar la recuperación, evitar el agotamiento físico y psicológico. Se realizan ejercicios diferentes, con baja intensidad y volumen.

Aplicado a la preparación deportiva existen muchas estrategias de periodización del entrenamiento deportivo: Contemporáneo de Navarro (1996), Pendular de Arosiev (1971), Estructural de Tschiene (1985), Campanas estructurales de Corteza (2000), Complejo de Bondarchuk (1988), o los Bloques concentrados de Verkhoshansky (1985). Estas estrategias pueden aplicarse según el nivel de rendimiento, el tipo de deporte, la longitud de las fases de preparación y competitivas, etc. No obstante, su descripción está más vinculada a la planificación del entrenamiento global aplicado a los deportes, escapando por tanto a los intereses de este capítulo y de este texto.

5.1. Organización de los microciclos de entrenamiento con relación al mesociclo

Existen 2 criterios básicos para organizar el carácter de las cargas de entrenamiento en los microciclos:

1. Forma **no periodizada**, el volumen y la intensidad no varían.
2. **Periodizada**, que introduce variaciones en las variables de programación del entrenamiento. Esta forma ha demostrado ser más efectiva para inducir beneficios en cualquier dirección de fuerza, tanto en los principiantes, tras haber superado el periodo de adaptación de 4 a 12 semanas, como en avanzados (Hassegawa y col, 2002; Jiménez, 2003; Kraemer y col, 1997).

Existen dos modalidades para periodizar las cargas de entrenamiento en los microciclos.

a) Lineal, se parte de intensidades bajas y volúmenes de entrenamiento elevado. El volumen se reduce progresivamente a medida que la intensidad se incrementa. El porcentaje de peso a utilizar aumenta de microciclo a microciclo en forma progresiva, la dirección de fuerza puede cambiar de un microciclo a otro pero no dentro del mismo microciclo. Por ejemplo 1° semana 3 a 5 Ser de 10 a 12 rep con el 70%, 2° semana 4 a 5 Ser de 8 a 10 rep con el 75%, 3° semana 3 a 4 de 4 a 6 rep al 85% (Hassegawa y col, 2002; Wathen y col, 2000).

b) No lineal, presente una variación más acentuada del volumen e intensidad. Se alternan periodos de alto volumen y baja intensidad, con periodos de bajo volumen y alta intensidad. El porcentaje de peso a utilizar se varía dentro del mismo microciclo, la dirección de fuerza puede cambiar de una sesión a otra. Por ejemplo, para un ciclo de 4 entrenamientos distribuidos en 8 días, la 1° Sesión es de 3 Ser de 12 a 15 rep con el 65 %, la 2° Sesión 5 Ser de 3 a 5 rep con el 85%, la 3° Sesión 2 Sr de 10 a 12 rep con el 75% y la 4° Sesión 4 Sr de 3 a 4 rep al 90%, se deja de 1 a 2 días de pausa entre cada sesión de entrenamiento (Hassegawa y col, 2002; Wathen y col, 2000). En este tipo de periodización se cambia la dirección del entrenamiento dentro de un mismo microciclo pero no debe cambiarse dentro de la misma sesión, sino se distorsionan los beneficios del entrenamiento especialmente orientados hacia las capacidades de fuerza máxima o velocidad (Siff y Verkhoshansky, 2000; Verkhoshansky, 2002).

Diferentes autores han propuesto a la forma ondulada como mas efectiva para desarrollar y mantener los niveles de fuerza espacialmente en deportistas, debido a que esta estrategia permite estimular convenientemente la fuerza máxima, alternando elevadas exigencias neurales típicas de este tipo de entrenamiento, con cargas mas ligeras, destinadas a estimular otra dirección de fuerza (Wathen y col, 2000).

No obstante, según mi criterio, la estrategia de planificación siempre debe estar determinada por los objetivos del entrenamiento con relación a la dirección de fuerza que se desea entrenar. Por ejemplo, si una persona desea ganar masa muscular, el tipo de fuerza específico a abordar es la fuerza resistencia con pesos altos, que se basa en una adecuada adaptación anatómica desarrollada durante el periodo de adaptación o preparación general, y niveles adecuados de fuerza máxima logrados en los ejercicios considerados mas importantes. La periodización ondulada puede aplicarse dedicando 2 días a entrenar la dirección de fuerza específica y dos días a entrenar la fuerza máxima. Para profundizar este tema el lector puede remitirse a las referencias (Fleck, 2002; Fleck y Kraemer, 1997; Jiménez, 2003; Wathen y col, 2000).

Estrategias para secuencializar los microciclos dentro de un mesociclo de entrenamiento

Según Plisk y Stone existen 3 estrategias fundamentales para variar las cargas de entrenamiento determinadas por los microciclos:

- **Básica:** aplicable a novicios que se refiere a seguir una periodización lineal progresiva durante 4 a máximo 12 semanas, luego de lo cual hay que evaluar y cambiar el programa de entrenamiento.
- **Intermedia:** aplicable para intermedios o avanzados. Se basa en una periodización ondulada, donde se aplican de 2 a 3 microciclos con exigencias crecientes (aumento de volumen o intensidad o los dos) con uno de descarga, (2 o 3 x 1) para evitar agotamiento y permitir la recuperación y aprovechamiento de los beneficios inducidos por el entrenamiento. La fórmula 3 x 1, es la más aplicada porque permite una longitud suficiente de las cargas de entrenamiento, como para inducir adaptaciones, y no muy prolongada como para causar agotamiento, al mismo tiempo que posibilita una recuperación adecuada para proceder a replanificar otro ciclo o realizar una evaluación del rendimiento en la semana 5. (Zatsiorsky, 1995).
- **Avanzadas**: utilizan estrategias especiales de planificación como los bloques concentrados de carga de Verkhoshansky, que son aplicados a deportistas de alto rendimiento (Verkhoshansky, 2002; Zhelyakov, 2001).

Como normas fundamentales para planificar los microciclos y configurar un mesociclo de entrenamiento debe considerarse nunca realizar más de 3 o 4 semanas seguidas con alta exigencia. La intensidad y el volumen podrán variar en forma creciente o decreciente, según el criterio del entrenador, pero dejando un período de "descarga" o profilaxis de al menos una semana, cada 3 o 4 semanas de entrenamiento (Viru, 1995; Zhlyakov, 2001)

5.2. Organización de las sesiones de entrenamiento dentro de un microciclo

Si bien este aspecto ha sido en parte analizado en la sección anterior, debe considerarse que cada sesión de entrenamiento debería estar dirigida a estimular una dirección de fuerza por vez, realizando un volumen adecuado de trabajo total, que no supere o agote la reservas de adaptación de cada sujeto, y que al mismo tiempo sea optimo para desarrollar las adaptaciones deseadas. (Siff y Verkhoshansky, 2000) En este aspecto se han recomendado que las series totales por entrenamiento de deberían oscilar entre 9 a 27 o máximo 30 series totales, considerando el volumen de entrenamiento mencionado por grupo muscular tabla 5.4. (Naclerio, 2004).

5.3. Distribución de los ejercicios a entrenar a través de las sesiones de entrenamiento en un microciclo (1 semana)

Siendo el objetivo de este capitulo proponer metodologías para prescribir entrenamientos de fuerza, sin especificar ninguna actividad deportiva especifica, tomare como criterio principal, para seleccionar y distribuir los ejercicios a través de las sesiones de entrenamiento, a la organización por grupos musculares, debido a que es un criterio aplicable para mejorar el rendimiento general, la salud y calidad de vida de todas las personas (Bompa y Cornacchia, 1998). Considerando al microciclo o semana como la unidad básica, a partir de la cual, se establece la secuencia de entrenamiento de las diferentes zonas corporales, además de los factores fundamentales como los objetivos perseguidos, las características individuales de cada sujeto, etc la distribución de los grupos musculares esta determinada por:

1. Nivel de rendimiento y; 2. Disponibilidad para entrenar o frecuencia semanal de entrenamiento.

A continuación se proponen diferentes formas de distribución considerando estos dos aspectos mencionados.

1. Personas que entrenan 2 veces por semana

Caso a) dos entrenamientos iguales. Recomendado para Principiantes o novicios. Se realizan ejercicios para todos los grupos musculares. Ejemplo: 2 a 3 ejercicios para pectorales, dorsal-espalda, hombros, tren inferior (muslo y glúteos) y tronco (abdominal y lumbar). 1 a dos ejercicios para brazos, y pierna (tríceps sural).

Caso b) dos entrenamientos diferentes. Recomendado para intermedios y avanzados.

VARIANTE 1: se mantiene un nivel de exigencia alto, en los dos entrenamientos.

Día 1: Pectoral, hombros posterior, flexores del brazo (bíceps) y tronco (abdominales).
Día 2: Dorsal espalda, hombro medio, tríceps y tren inferior (muslo, y piernas).

VARIANTE 2: en ambos entrenamientos se entrenan todos los grupos musculares, pero se cambia el nivel de exigencia, que es máximo solo en los grupos designados como prioritarios (P). Ejemplo:

Día 1: pectorales (p); dorsal-espalda, hombro posterior y medio, flexores del brazo, (bíceps) (p) extensores del brazo (tríceps), tronco (abdominales); dorsales; tren inferior (muslo y pierna)
Día 2: tren inferior (muslo y pierna) (p); dorsal-espalda (p) pectorales; flexores del brazo, (bíceps) extensores del brazo (tríceps), (p) tronco (abdominales);

Debe considerarse que el número máximo de series totales, recomendado por entrenamiento es de 27 a 30, (Bompa, 1995; Keen, 1997) por lo cual no deberían programarse mas de 3 a 4 series por grupo muscular, el caso a. Para el caso b. en la Variante 1. el nivel de exigencia puede elevarse con dos criterios: 1. Aumentando o disminuyendo el numero de series por grupo muscular o 2. Variando la dirección de fuerza a entrenar (Earle y Baechle, 2004).

Los ejercicios de Levantamiento Olímpico y los derivados (Ejercicios multiarticulares, complejos, cargada en un tiempo, o en dos tiempo, cargada colgante, arranque, etc.), podrían agregarse, pero siempre que se respete el numero máximo de 27 a 30 series totales por entren amiento. Debido a su complejidad y al ser ejercicios multiarticulares, es conveniente realizarlos al inicio de la sesión, considerándolos un grupo en si mismo. No obstante debe considerarse que estos comprometen significativamente la acción de los miembros inferiores, por lo cual podrían introducirse al principio de la sesión en el caso a, o en la variante 1 del caso b, o en el día 2 de la variante 2 del caso b (Keen, 1997).

Para cualquiera de los ejemplos citados se aconseja dejar dos días de recuperación como mínimo entre cada entrenamiento, es decir que la persona podría entrenar lunes y jueves o martes y viernes o lunes y viernes, pero nunca dos días seguidos. De todos modos al considerar que la frecuencia de estimulación ideal de los grupos musculares se sitúa entre 3 a 4 o máximo 5 días, la variante 1 del caso b podría ser menos efectiva, para inducir un desarrollo rápido e importante de los niveles de fuerza, pudiendo aplicarse para mantenimiento o en sujetos que toleran y se adaptan a altos volúmenes de entrenamiento por sesión (Hartfield, 1989; Rhea y col, 2003).

2. Personas que entrenan 3 veces por semana

Caso a) tres entrenamientos iguales. Recomendado para novicios o intermedios. Se plantean entre 9 a 12 ejercicios totales por sesión. Dos a tres series para los grupos medios a grandes: Tren inferior (Muslo) Pectorales, Dorsal-espalda, hombros y tronco (abdominales) y una a dos series para grupos pequeños brazos (flexores y extensores) y piernas (tríceps sural).

Caso b) tres entrenamientos diferentes. Recomendable para avanzados. Se plantean de 9 a 12 Ejercicios totales por sesión.

VARIANTE 1: Se entrenan diferentes grupos cada día.

Día 1. Pectorales, flexores del brazo (bíceps), tronco (abdomen)
Día 2. Tren inferior (muslo, glúteos y pierna)
Día 3. Dorsal-espalda, tríceps, hombro medio, y tronco (abdomen)

VARIANTE 2: 3 Entrenamientos diferentes, pero dando **prioridad** a ciertos grupos en cada entrenamiento, de manera que todos entrenen **dos veces por semana**, 1 vez con alta exigencia (P) y otra a con baja exigencia.

Día 1. **Pectorales (P); flexores del brazo, bíceps (P)**, dorsal espalda, hombro medio, extensores del brazo, tríceps.
Día 2. **Tren inferior (P);** pectorales, tronco (abdomen).
Día 3. **Dorsal-espalda (P); extensores del brazo, tríceps (P); tronco abdomen (P)**, tren inferior.

Caso c) Dos entrenamientos diferentes, ciclados en forma rotativa: recomendable para intermedios y avanzados. Ejemplo:

Entrenamiento 1 (E1): pectoral, flexores del brazo, bíceps, extensores del brazo, tríceps, y tronco (abdomen).

Entrenamiento 2 (E2): tren inferior, dorsal-espalda, hombro medio y posterior, ejemplo:

1° Semana: lunes, E1; martes libre; miércoles E2, jueves libre; viernes E1.

2° Semana: lunes, E2; martes libre; miércoles E1, jueves libre; viernes E2, y seguir el ciclo.

En el caso c se dejan entre 4 a 5 días de pausa entre cada entrenamiento para cada grupo muscular, lo cual constituye una frecuencia de estimulo ideal para inducir mejoras en los niveles de fuerza, y promover hipertrofia muscular. No obstante debe considerarse que esta es todavía una frecuencia bastante baja para sujetos muy entrenados o competidores de culturismo o fitness que los obliga a trabajar muchos grupos musculares por sesión y limita el volumen especifico por grupo muscular (Hartfield, 1989; Naclerio, 2004; Rhea, y col, 2003).

Los ejercicios de levantamiento pueden introducirse, al inicio del entrenamiento, en el caso a. En caso b, en la variante 1, el día 1, en la variante 2, el día 1, o en el caso c, el día 1. Estos siempre deberían ir al inicio del entrenamiento, y separados de los ejercicios de tren inferior. Como en el caso anterior no se aconseja superar las 27 a 30 series totales por entrenamiento (Keen, 1997).

3. Personas que entrenan 4 veces por semana

Caso a) Dos entrenamientos diferentes, recomendables para Intermedios o avanzados, según objetivos particulares. Se abordan dos direcciones de fuerza en la semana, por ejemplo fuerza máxima y fuerza resistencia con pesos moderado a altos o fuerza resistencia con pesos altos, y fuerza resistencia con pesos bajos. Se plantean de 8 a 14 ejercicios totales por entrenamiento, realizando entre 2 a 3 series por ejercicio para no superar las 30 totales por entrenamiento. Ejemplo:

Entrenamiento 1: pectoral, hombro posterior, flexores del brazo (bíceps), extensores del brazo (tríceps), tronco (abdominal-lumbar).

Entrenamiento 2: tren inferior, dorsal, hombro medio.

Para **principiantes** se aconseja mantener una exigencia media en los 4 entrenamientos, no llegando al fallo, (nivel 6 a máximo 8 de la escala 0-10 figura 6.2.).

En Intermedios y avanzados, se varía la exigencia, de modo de realizar 1 entrenamiento de alta exigencia y otro de baja exigencia de cada uno de los dos planificados, ejemplo.

Lunes entrenamiento A de alta exigencia; martes entrenamiento B de baja exigencia; miércoles libre; jueves entrenamiento A baja exigencia; viernes entrenamiento B alta exigencia.

Caso b) Tres entrenamientos diferentes, recomendables para intermedios o avanzados. Se aborda una dirección de fuerza específica en la semana y se realizan entre 6 a 10 o 12 ejercicios totales por entrenamiento.

Entrenamiento 1 (E1) pectorales, flexores del brazo, bíceps, y tronco (abdomen-lumbar).

Entrenamiento 2 (E2) dorsal-espalda, extensores del brazo, tríceps, y hombro medio.

Entrenamiento 3 (E3) miembro inferior (muslo y piernas).

Los entrenamientos se rotan de semana a semana, de modo que de una vez por semana un de los tres entrenamientos se repite. Por ejemplo:

Semana 1: lunes E1; martes E2; miércoles libres; jueves E3, viernes E1.

Semana 2: lunes E2; martes E3; miércoles libres; jueves E1, viernes E2.

Semana 3: lunes E3; martes E1; miércoles libres; jueves E2, viernes E3, en la semana 4 se repite el mismo esquema de la semana 1, y se sigue con el ciclo.

Caso c) 4 entrenamientos diferentes, recomendado para avanzados, Se aborda 1 dirección de fuerza con alto volumen, en cada entrenamiento, y 5 a 10 ejercicios totales por sesión. Ejemplo:

Entrenamiento 1, lunes, (E1) pectorales, flexores del brazo (bíceps).

Entrenamiento 2, martes (E2) dorsal-espalda, extensores del brazo (tríceps).

Entrenamiento 3, jueves, (E3) tren inferior.

Entrenamiento 4, viernes, (E4) hombros y cuello.

Caso d) 4 entrenamientos diferentes, entrenando dos veces por semana cada grupo muscular, y dando **prioridad (P)** 1 vez por semana, a grupos musculares diversos, de modo de que todos sean entrenados dos veces por semana, una vez con alta exigencia y otra con moderada a baja exigencia. Recomendado para avanzados. Se plantean entre 9 a 12 ejercicios por sesión, pero sin superar el límite de 27 a 30 series totales por entrenamiento.

Entrenamiento 1 lunes, (E1) **pectorales (P)** flexores del brazo bíceps, extensores del brazo, tríceps y tren inferior.

Entrenamiento 2, martes (E2) **dorsal-espalda, (P)** hombro medio, tronco (abdominal-lumbar).

Entrenamiento 3, jueves, (E3) **flexores del brazo bíceps, (P) extensores del brazo, tríceps (P)**, pectorales.

Entrenamiento 4, viernes, (E4) **tren inferior, (P)** dorsal-espalda, hombro medio, tronco (abdominal-lumbar).

Los trabajos de levantamiento se insertarían siempre al principio de la sesión. En el caso a, en el entrenamiento 1, pero habría que pasar el tronco al día 2. En el caso b se pueden introducir en el entrenamiento 2, pero se pasa el tríceps al entrenamiento 1 y se quita el hombro medio, porque los ejercicios de levantamiento demandan un gran trabajo de este núcleo articular. En el caso c se introducen en el entrenamiento 4, pero se quitan los ejercicios de hombros, o en algunos casos podrían dejarse algunos ejercicios complementarios para rotadores internos, u otros movimientos aislados. En este caso la realización de ejercicios de cuello queda a criterio del entrenador. También es conveniente que el entrenamiento donde se realizan los ejercicios de potencia se el primero de la semana, por lo cual el orden cambiaria. En el caso d, los ejercicios de levantamiento se realizan una vez por semana, entrando en el entrenamiento 3, el pectoral de baja exigencia, pasa al entrenamiento 4, y se quita el hombro medio de baja exigencia.

4. Personas que entrenan de 5 a 6 veces por semana

Caso a) Tres entrenamientos diferentes. Recomendable para intermedios. Los grupos musculares se agrupan por sesiones y se van rotando a lo largo de la semana. Por ejemplo:

Entrenamiento 1, (E1) pectorales, flexores del brazo (bíceps) y abdomen.

Entrenamiento 2, (E2) dorsal-espalda, extensores del brazo (tríceps).

Entrenamiento 3, (E3) tren inferior y hombros.

Semana 1: lunes E1; martes E2; miércoles E3; jueves libre, viernes E1, sábado E2

Semana 2: lunes E3; martes E1; miércoles E2; jueves libre, viernes E3, sábado E1

Semana 3: lunes E2; martes E3; miércoles E1; jueves libre, viernes E2, sábado E3 en la semana 4 se repite la semana 1, y se continua el ciclo.

Caso b) Tres entrenamientos diferentes. Recomendables para intermedios y avanzados. Variando el nivel de exigencia cuando se repita el mismo entrenamiento dentro de una semana, es decir que cuando un entrenamiento se repite, el nivel de exigencia baja, o bien cambiando la dirección de fuerza o bien reduciendo el volumen del entrenamiento entre un 30% a 50%. (se hacen menos ejercicios o menos series por ejercicio) por ejemplo, siguiendo el mismo esquema del caso a en la semana 1 se baja la exigencia en el E1 del viernes y en el E2 del sábado.

Caso c) Cinco entrenamientos diferentes, con alto volumen por sesión. Recomendable sólo para intermedios b y avanzados, (culturismo, fitness, sujetos muy entrenados en general). Ejemplo:

Entrenamiento 1: pectorales y tronco (abdomen).

Entrenamiento 2: dorsal-espalda.

Entrenamiento 3: tren inferior.

Entrenamiento 4: hombros y cuello.

Entrenamiento 5: flexores y extensores del brazo (bíceps y tríceps) y tronco (abdomen-lumbar).

Los ejercicios de levantamiento pueden inserirse al inicio del entrenamiento, en el caso a, o b en el entrenamiento 1, pudiendo pasar los flexores del brazo al entrenamiento 2. En el caso c se introducen en el entrenamiento 4, y se dejan solo algunos ejercicios aislados de hombro o cuello a criterio del entrenador. En este caso también es recomendable hacer el enterramiento con los ejercicios de levantamiento al inicio de la semana, alterando el orden de los entrenamientos.

5. Personas que entrenan sin limitación, deportistas

Este tipo de distribución es la ideal para los deportistas y todo tipo de personas, una vez que han superado la fase de adaptación, y llevan un tiempo realizando entrenamiento de fuerza sistemático (mas de 3 meses). Considerando que el tiempo medio ideal de recuperación de los grupos musculares oscila entre 3 a 4 para los grupos pequeños y entre 4 a 4 para los grupos grandes (Hartfield, 1989; Rhea y col, 2003) se propone el siguiente esquema de entrenamientos para un ciclo semanal. 3 entrenamientos diferentes. Ejemplo 1:

Entrenamiento 1 (E1) pectorales, flexores del brazo (bíceps), y tronco (abdomen lumbar).

Entrenamiento 2 (E2) dorsal-espalda, extensores del brazo (tríceps).

Entrenamiento 3 (E3) tren Inferior, hombros (solo ejercicios localizados) y tronco (abdomen).

La rotación de entrenamiento se plantea siguiendo el siguiente criterio 2 días seguidos de entrenamiento, uno libre, uno de entrenamiento uno libre. Por ejemplo:

Semana 1: lunes E1, martes E2, miércoles libre, jueves E3, viernes libre, sábado E1, domingo E 2.

Semana 2: lunes Libre, martes E3, miércoles libre, jueves E1, viernes E2, sábado libre, domingo E3.

En el caso de que el domingo no se entrene, y como en el ejemplo anterior corresponda entrenar, se deja este día libre y se comienza a entrenar el lunes, siguiendo la mismo secuencia.

6. CONCLUSIONES

El diseño de los programas de entrenamiento de fuerza requiere que el entrenador comprenda la aplicación de los principios de especificidad, progresión y sobrecarga, basados en la respuesta adaptativa del organismo ante los diferentes modos de carga física. El dominio de las diferentes estrategias para manipular las variables de programación (volumen, intensidad, densidad, frecuenta y duración), así como el control de los aspectos mecánicos (selección de medios, ejercicios y orden de realización de los mismos), es de gran importancia para controlar y conducir la evolución de las adaptaciones, y poder valorar el rendimiento aplicando diferentes metodologías (rendimiento en los entrenamientos, tests de control, etc.), que permitan variar y modificar las cargas de entrenamiento para mantener un estimulo efectivo a lo largo de todo el proceso de entrenamiento.

Parámetro	1. fuerza máxima	2. fuerza resistencia pesos medios altos (hipertrofia)	3. fuerza resistencia Pesos bajos (hipertrofia moderada, tono muscular)
Nivel de rendimiento	Avanzado	Intermedio	Novicio
División del entrenamiento	2 entrenamientos iguales	2 entrenamientos iguales a)Pect + Bíceps + triceps + Abd b) T inf. +Dorsal+ Hombro	3 entrenamientos iguales
Ejercicios Medios de E. Ser-Rep-Peso- Pausa	**Cargada Peso libre** 2 Sr x 4 rep x 85%x3 mp 2 Sr x 3 rep 90% x2mp **Carg. Colgante P libre** 2 Sr x 4 rep x 85%x3 mp 2 Sr x 3 rep 90% x2mp **Sentadilla barra libre** 2 Srx 6-8 rep x80%x 2mp 2Sr x2(10 Seg Micp) +2 rep x 90%x3mp **Prensa piernas** 3Sr x6-8 rep x 80%x 2mp **Pres banca** 2 Srx5-6 rep x 85%x 3mp 2 Srx3-4 rep x 90%x3mp **Dorsal Delante** 2 Srx5-6 rep x 85%x 3mp 2 Srx3-4 rep x 90%x3mp **Biceps Barra** 3 Srx 6 a 8 Rep 80% x 2mp **Triceps barra** 3 Srx 6 a 8 Rep 80% x 2mp **Femorales Máquina** 3Srx10 rep x 2mp RPE* 8 **tríceps sural Máquina** 2Srx 12 rep x2mp RPE* 8 **Abdominales Crunch** 5 a 10 Sr x 30 x 45 seg	Ejemplo Entrenamiento a **Pres banca Plano Barra** 1 Sr x 12 rep x70%x1mp 1Sr x 8-10 Rep x 75%x 2mp 1Sr x 8 x 80% x 2mp **Pres inclinado Barra libre** 1 Sr x 12 rep x70%x1mp 1Sr x 8-10 Rep x 75%x 2mp 1Sr x 8 x 80% x 2mp **Contratora máquinas** 3 x 10 a 12 x 1mp RPE 9-10 ult rep **Biceps Barra recta** 1 Sr x 12 rep x70%x1mp 1Sr x 8-10 Rep x 75%x 2mp 1Sr x 8 rep x 80% x 2mp **Biceps Mancuernas** 3 x 10 a 12 x 1mp RPE 9-10 ult rep **Triceps Barra** 1 Sr x 12 rep x70%x1mp 1Sr x 8-10 Rep x 75%x 2mp 1Sr x 8 x 80% x 2mp **Tríceps en poleas** 3 x 10 a 12 x 1mp RPE 9-10 ult rep **Abdominal Máquina** 5 Sr x 15 rep x1mp RPE 8-9 **Abdominal Crunch** 5 Sr x 30 a 40 rep x1mp	**Prensa de piernas Máquina** 3x10-12 rep x 1,30mp RPE 6-7 **Subir banco a una pierna (40cm)** 3x10-12 rep c/pierna x 1 mp RPE 6-7 **Extensiones máquina** 2 x 10 x 2mp RPE 7 **Femorales Maquina** 2 x 10 x 2mp RPE 7 **Pres en máquina pectoral** 3 x 8-10 rep x 2mp RPE 7-8 **Dorsal delante** 3 x 8-10 rep x 2mp RPE 7-8 **Pres hombros delante máquina** 3 x 8-10 rep x 2mp RPE 7-8 **Bíceps Mancuernas simultaneo** 3 x 8-10 rep x 2mp RPE 7-8 **Tríceps hacia abajo poleas** 3 x 8-10 rep x 2mp RPE 7-8 **Abdominales Crunch** 6 x 15 a 20 rep x 1mp RPEfinal 8
Series totales grupo	8 levantamiento; 6 T inferior Ej Motores 1º; 5 T inf. Ej. Asistentes;4 pectoral, dorsal; 3 Biceps, Tríceps	9 pectorales; 6 bíceps, y tríceps Abdominales	10 T. inferior 3 Pectoral, Dorsal, Bíceps, Tríceps Abdominales
Series totales E.	26 + los abdominales		
Métodos	Esf. únicos intensos; Fraccionados, y continuos	Esfuerzos continuos y pausas	Esfuerzos continuos y pausas
Organización	Series y pausas	Series y pausas	Circular general
Sist. De aplicación	Pirámide chata estable Peso estable	Pirámide trunca, rep estables	Repeticiones estable
Frecuencia semanal E	2	3	3

Tabla 5.5. Ejemplos de una sesión de entrenamiento de fuerza con pesas en tres casos diferentes.

***RPE** en algunos ejercicios, y en el entrenamiento 3, (principiante) se indica la exigencia de esfuerzo con relación a la tabla de percepción 0-10, figura 6.2 En los ejercicios asistentes, no es necesario conservar la dirección de fuerza especifica, destinada a la sesión de entrenamiento para los ejercicios principales (Gonzáles Badillo y Ribas Serna, 2003)

Capítulo VI

Análisis kinesiológico de los principales ejercicios de fuerza

Daniel Forte Fernández
Licenciado en Medicina y Cirugía (UCM)
Profesor Nacional de Educación Física (Argentina)
NSCA-CPT
Profesor de Biomecánica de las Lesiones Deportivas
Facultad de Ciencias de la Actividad Física y el Deporte
Universidad Europea de Madrid
Director Médico de la Unidad de Terapia Activa
Lumbar Body Factory (Pozuelo, Madrid)
daniel.forte@uem.es

1. INTRODUCCIÓN

Existe una gran cantidad de libros publicados y páginas web al alcance de los profesionales y del público practicante en general, que muestran con excelentes imágenes fotográficas, dibujos e inclusive videos, la correcta realización de los ejercicios utilizados en el entrenamiento de fuerza. Sin embargo, son pocas las publicaciones que realizan un análisis kinesiológico y mucho menos, estimulan en el estudiante la inquietud de comprender las razones biomecánicas de dichas ejecuciones. Por ello, en este capítulo he realizado una actualización del artículo "Análisis de los principales ejercicios utilizados en el entrenamiento de fuerza orientado a la salud" publicado en el 2000 como parte del libro "Entrenamiento de fuerza para todos" y editado por la Federación Internacional de Halterofilia (Forte, 2000).

La kinesiología (del griego movimiento + ciencia, tratado) se ocupa del estudio del movimiento y de los fenómenos que ocurren en el aparato locomotor durante éste. Se apoya en la biomecánica y en la anatomía funcional, y aplicada al análisis de los ejercicios utilizados en el entrenamiento de fuerza, nos permite valorar sus riesgos y beneficios.

El entrenamiento de fuerza es utilizado por distintos profesionales, ya sea con objetivos deportivos, preventivos o terapéuticos. De ninguna manera se intenta en este trabajo cubrir la totalidad de los ejercicios utilizados en el entrenamiento. Nuestro objetivo es desarrollar en el Entrenador Personal un modo de razonamiento que pueda ser aplicado en su trabajo cotidiano.

Los elementos a considerar en el momento de seleccionar o diseñar un ejercicio específico son comunes a todos. Podemos agruparlos en los siguientes apartados:

a) Estructuras involucradas

De gran importancia es el análisis de la función muscular durante la acción. Como regla general un músculo o grupo muscular es el principal responsable del movimiento (agonista), y otros músculos son los encargados de colaborar o guiar el movimiento (sinergistas). Mientras tanto, otro grupo se encarga de la estabilización (estabilizadores). Además de los músculos, existen otras estructuras sometidas a distintos grados de tensión. Son los cartílagos y los ligamentos, elementos a considerar si queremos realizar una práctica deportiva sin riesgos.

b) Amplitud del movimiento

La posición inicial o final del movimiento, así como los cambios particulares que ocurren durante el recorrido, son importantes a la hora de seleccionar la carga o disminuir las posiciones de riesgo o ineficaces. Dentro de ese recorrido existirán puntos de ventaja mecánica (mayor capacidad para manifestar fuerza) o de desventaja mecánica (Campney y Werh, 1965).

c) Comportamiento de la resistencia

Este concepto está íntimamente relacionado con el tipo de equipamiento a utilizar. La resistencia es la fuerza que se opone a la acción muscular en cada punto de la amplitud del movimiento. Para explicar este concepto, analizaremos los 3 principales tipos de equipamiento utilizados en el campo del fitness.

Peso libre

Al realizar los ejercicios con peso libre (barras, mancuernas, zapatos lastrados) la resistencia se mantiene fija cuando se desplaza perpendicular al suelo (efecto de la gravedad), pero disminuye su acción sobre un músculo en particular, cuando el desplazamiento se realiza en otros planos del movimiento. En el ejercicio "aberturas en banco horizontal con mancuernas", la carga que recibe el pectoral mayor disminuye a lo largo del recorrido. En definitiva, la resistencia es máxima en la posición de brazos abiertos, y mínima en la posición de brazos delante del cuerpo. El análisis de su comportamiento nos indica que esa resistencia es insuficiente para todo el recorrido articular. Un buen conocimiento de las curvas de fuerza (fuerza máxima isométrica en cada punto de un recorrido articular), permite sacar el máximo beneficio de los ejercicios de peso libre. Este tipo de equipamiento se caracteriza por un buen desarrollo de la coordinación intermuscular (Ariel, 1977), la gran cantidad de ejercicios que pueden ser realizados y su bajo coste, que lo colocan al alcance de todos. Sus inconvenientes son la habilidad necesaria para una ejecución segura, el riesgo de lesión al desplazar cargas elevadas, y la necesidad de asistentes, que colaboren con el ejecutante, para realizar muchos gestos.

Resistencia variable

La seguridad y facilidad en la ejecución hace que estas máquinas sean muy utilizadas en todos los modernos gimnasios. En este tipo de equipamiento, la resistencia a vencer se adapta a los distintos momentos de fuerza que se generan en el recorrido de cada movimiento.

Durante la realización de un ejercicio de fuerza, distintos factores intervienen modificando (aumentando o disminuyendo), la capacidad de desarrollar fuerza a lo largo del recorrido del movimiento. La variación en los brazos de palanca en las distintas posiciones, en función de la posición del punto de inserción, así como la participación de los distintos músculos que intervienen a lo largo del recorrido, hace que la magnitud de la fuerza no sea constante. Como ejemplo, podemos citar el ejercicio realizado con las tradicionales prensas de piernas de 45°

de resistencia fija. La posición de máxima flexión de piernas es la que limita la carga que podemos poner (punto de desventaja mecánica) (Lindahl, Movin y Rindqvist, 1969). Una vez superada esa zona del recorrido, no tenemos problema, inclusive llegamos a percibir que la carga que desplazamos a partir de ese punto de mayor dificultad es insuficiente. Uno de los principios del entrenamiento de fuerza, el principio de sobrecarga, requiere de la utilización de cargas superiores a las habituales para obtener beneficios. Ese principio es difícil de cumplir con el peso libre y con el equipamiento de resistencia fija durante toda la amplitud del movimiento (salvo que se adapten las cargas a los distintos intervalos del movimiento). El equipamiento de resistencia variable adapta la resistencia necesaria a todos los puntos de la trayectoria del movimiento. Por otra parte, los músculos ejercen su acción sobre huesos que son desplazados tomando como punto de giro el eje de rotación de la articulación. Las máquinas de resistencia variable, cuando es necesario, ofrecen un patrón de movimiento circular, oponiendo una resistencia perpendicular a cada punto del arco de movimiento. Actúan mediante un sistema de poleas excéntricas específicas, que varían la longitud del brazo de palanca a lo largo de la amplitud de de movimiento. De esta forma, se incrementa la carga cuando el músculo es capaz de ejercer más fuerza y se disminuye cuando está en peores condiciones mecánicas.

En el entrenamiento con estos elementos, el nivel de activación neural es más alto, en comparación con los instrumentos de resistencia fija. Sus beneficios a resaltar son la mejora de la coordinación intramuscular, la gran facilidad de ejecución y la seguridad al desplazar cargas elevadas. Entre sus inconvenientes, podemos citar la necesidad de tener una cantidad mínima (8-10 unidades) para realizar un programa completo y su elevado coste. Ambos condicionantes decantan su uso hacia las instalaciones deportivas.

Poleas

Dispositivo simple, pero de gran utilidad. Permite oponer una resistencia fija en distintas direcciones y planos del espacio. Se adapta mal a los movimientos circulares, pero permite una sobrecarga adecuada en amplitudes de movimiento superiores al compararlo con el peso libre. Su principal ventaja es poder desplazar cargas elevadas con cierta seguridad y su mayor libertad en los planos del movimiento utilizados (movimientos multiplanares).

d) Tipo de contracción

En cada ejercicio los distintos músculos realizan, según sea su función agonista o estabilizadora, un tipo de contracción específico (concéntrico, excéntrico, isométrico). Por ejemplo, con las bandas elásticas al final de la contracción concéntrica puede existir una contracción isométrica si la tensión no se puede vencer. La transferencia funcional es importante. Por ejemplo, los abductores de la cadera (músculos glúteos y tensor de la fascia lata) estabilizan la pelvis durante la marcha, su modo de contracción en esta acción difiere bastante de la forma habitual de entrenarlos.

e) Velocidad de contracción

Es imposible reproducir los patrones de velocidad angular requeridos en las especialidades deportivas durante el entrenamiento de fuerza. Sin embargo, el ritmo de ejecución deberá acercarse en lo posible al gesto. En el campo del entrenamiento para la salud se ha popularizado el tiempo de 1:4 (contracción concéntrica: contracción excéntrica).

f) Características antropométricas y de la estática postural

Son individuales. Debemos analizar cómo actúan las cargas sobre un sujeto en particular. La mayor antepulsión o retropulsión del hombro modificará la intervención de las distintas fibras del deltoides. La longitud relativa tibia-fémur tendrá su influencia en la posición de los miembros inferiores al realizar una sentadilla. La incidencia de las cargas sobre los discos intervertebrales estará condicionada por la posición particular de las vértebras y las características de las curvaturas de la columna vertebral.

g) Lesiones más frecuentes durante la ejecución

Existen pocos estudios epidemiológicos sobre el tema (salvo en halterofilia y entrenamiento de fuerza deportivo), y es difícil su valoración, ya que frecuentemente son lesiones por uso repetido, y a largo plazo. Sin embargo, la experiencia clínica y el conocimiento de la biomecánica nos permiten identificar los riesgos y prevenirlos.

2. EJERCICIOS PARA EL ENTRENAMIENTO DE LA MUSCULATURA DEL TREN INFERIOR

La musculatura de los miembros inferiores realiza una importante función en la mayoría de los gestos deportivos y actividades de la vida cotidiana. Niveles aceptables de fuerza en los miembros inferiores son un requisito indispensable para asegurar una motricidad que permita mantener las funciones de marcha y bipedestación, elementos que garantizan la independencia y autosuficiencia de las personas mayores. La masa muscular decrece con la edad y ha sido demostrado que contribuye de manera importante a la pérdida de fuerza con el envejecimiento. (Green, 1986; Kallman, Plato, y Tobin, 1990). El área de sección transversal máxima del cuádriceps puede ser un 25 % menor a los 70 años, en comparación con los 20 años (Young, Stokes y Crowe, 1985). La disminución en la masa muscular ha sido atribuida a los cambios en los componentes del músculo, como la disminución en el número de fibras musculares y la pérdida de unidades motoras. En adultos mayores una cantidad sustancial de tejido muscular es reemplazada por tejido conectivo (Lexell, 1992). Aunque la masa muscular disminuye con la edad, es menor, en individuos que mantienen unos hábitos de nutrición adecuados acompañados de un entrenamiento de fuerza.

El equilibrio de fuerzas en la musculatura de los miembros inferiores favorece la alineación correcta y el soporte adecuado del peso corporal, evitando o disminuyendo las lesiones por sobrecarga o uso excesivo.

2.1. Sentadillas

Es el principal ejercicio del miembro inferior, aunque para incluirlo dentro de un programa para la salud, se deben establecer algunos criterios de ejecución y experiencia que generalmente no cumplen los practicantes. Sin embargo, el análisis y comprensión de este ejercicio nos permitirá acercarnos a los demás.

Las sentadillas se realizan con una barra puesta sobre la espalda, realizando un movimiento de flexo-extensión de piernas. La colocación de la barra puede ser sobre los hombros (7ª cervical), o algo más baja (espina del omóplato, utilizada en Power-lifting) (Wretenberg, Yi Feng y Arborelius, 1997). Es un ejercicio en cadena cinética cerrada, ya que el extremo distal permanece fijo y se modifica la posición de las articulaciones proximales durante la amplitud del movimiento. Su transferencia a conductas motoras de la vida cotidiana es máxima.

Amplitud del movimiento

En la sentadilla completa hay dos variantes, descender hasta que contacte la parte posterior del muslo con los gemelos, o disminuir la amplitud para no permitir ese contacto. El contacto gemelo muslo posterior funciona como un pivote cambiando el eje de rotación y provocando una separación de las superficies articulares de los cóndilos femorales con el platillo tibial. Esta ejecución no debe ser permitida dentro del entrenamiento para la salud (Kreighbaun y Barthels, 1996).

La media sentadilla, (hasta que los muslos queden paralelos al suelo), implica una flexión de rodilla de 116º-120º (Wretenberg, Yi Feng y Arborelius, 1997). Se discute cual de las sentadillas es menos dañina para la articulación de la rodilla, e inclusive si no debe limitarse la amplitud a los 90º. En el campo de la salud, parece estar aceptado que la mejor opción es la media sentadilla, con el objetivo de disminuir el estrés sobre la articulación de la rodilla. No sólo debe ser considerada la fuerza de compresión que recibe el cartílago rotuliano, sino además los riesgos sobre otras estructuras (meniscos y ligamentos).

Principales músculos involucrados

Al ser un ejercicio en cadena cinética cerrada, actúan de manera sinérgica los extensores de la rodilla (cuádriceps), los extensores de la cadera (glúteos e isquiotibiales) y los gemelos. Por supuesto, también la musculatura encargada de estabilizar el tronco, especialmente la musculatura lumbar (extensores de la columna vertebral y cuadrado lumbar).

El ejercicio con barra baja permite una mayor flexión de cadera, aumentando la participación de los glúteos e isquiotibiales y disminuyendo el momento sobre la articulación de la rodilla (Wretenberg, Yi Feng y Arborelius, 1997). Sin embargo, aumenta la carga sobre la musculatura lumbar. Es la técnica preferida en power lifting, ya que permite desplazar cargas superiores.

Al reducir la flexión de cadera, (barra alta y tronco recto), aumenta la participación del cuádriceps, aumentando la carga sobre la articulación femororrotuliana, pero disminuyendo sobre la musculatura lumbar.

Todas las variaciones de este ejercicio (Hack Machine, Multipower), siguen estos principios. El Entrenador Personal debe ser consciente de los riesgos y beneficios que presenta cada uno de los ejercicios en función de una situación particular.

Ejecución del ejercicio

Posición inicial:

1. Coja la barra con un agarre prono.
2. Colóquese bajo la barra con los pies paralelos o levemente dirigidos hacia fuera.
3. Coloque la barra sobre la espalda y hombros.
4. Barra alta: a nivel de la parte baja del cuello (7ª cervical, sin que apoye en ella).
5. Barra baja: a la altura de la espina del omóplato.
6. Realice una aducción escapular y lleve el pecho adelante.
7. La mirada debe estar dirigida al frente, la cabeza en posición natural.
8. Extienda las piernas para levantar la barra.
9. Realice uno o dos pasos atrás para salir de los apoyos.

Movimiento:

1. Flexione las rodillas con un movimiento controlado, permitiendo una suave flexión de cadera. (determinada por la altura de la barra).
2. Mantenga la posición de la espalda, codos y cabeza.
3. Mantenga la alineación de las rodillas sobre los pies.
4. Al llegar a la posición deseada (media sentadilla o completa), invierta el sentido del movimiento.
5. Recuerde que la posición de flexión es la de desventaja mecánica.
6. Realice todas las repeticiones de cada serie sin descansar.
7. Disminuya la carga si no puede mantener la posición correcta durante la realización del ejercicio.

Consideraciones especiales

Aunque los movimientos en cadena cinética cerrada son los preferidos actualmente en entrenamiento y en rehabilitación, ya que evitan las fuerzas de cizalla (tangenciales) sobre la articulación de la rodilla, recuerde que aumentan mucho las fuerzas de compresión femoro-rotuliana. Esta situación debe ser especialmente considerada en clientes con condropatía o síndrome femororrotuliano. Este ejercicio no está indicado cuando exista patología meniscal. Consulte con un profesional si su cliente se encuentra en estas situaciones.

Comentábamos que este ejercicio requiere un cierto nivel de habilidad y aptitud física para ser realizado. La asistencia del Entrenador Personal es necesaria para garantizar la seguridad en el ejercicio. Lamentablemente, dos asistentes, uno por cada lado de la barra, es lo indicado, situación que muchas veces el Entrenador Personal no puede garantizar. La asistencia también puede realizarse con un sólo asistente, pero requiere una gran experiencia y no pueden levantarse cargas elevadas.

Posición inicial.

Final de la fase excéntrica.

2.2. Prensa de piernas

Las prensas de piernas de resistencia variable son muy fáciles de utilizar, inclusive para los principiantes. La gran ventaja es que la carga se incrementa a medida que se extienden las piernas. En el equipamiento tradicional, o inclusive en la sentadilla, la posición de flexión de piernas es la posición de desventaja mecánica, o sea, que la carga debe ser seleccionada en función de la capacidad de fuerza en ese punto. El problema es que esa carga es insuficiente a medida que se extienden las piernas, siendo la activación muscular menor al llegar al final del recorrido (puede solucionarse realizando el ejercicio con distintas cargas para cada sector del recorrido). Desde las tradicionales prensas a 45° de resistencia fija, hasta las modernas prensas de resistencia variable por polea excéntrica o de palanca, el equipamiento ha mejorado mucho. Algunas de las innovaciones más importantes son la acomodación de la plataforma de pies a la posición del tobillo durante la realización del movimiento (buena transferencia de fuerzas), y el desplazamiento pendular de toda la plataforma. En todas las prensas se debe poder ajustar la amplitud del movimiento, y deben incluir topes de seguridad para prevenir el fallo del ejecutante y sus nefastas consecuencias.

Principales músculos involucrados

Igual que en la sentadilla, es la posición del respaldo y la posición de los pies sobre la plataforma los que provocarán mayor o menor flexión de cadera. A mayor flexión de cadera, mayor participación de los extensores de la cadera (glúteos e isquiotibiales), a menor flexión mayor participación del cuadriceps.

Amplitud del movimiento

Se limita por medio de un asiento que se desplaza, aumentando o disminuyendo la flexión de rodilla. Las prensas modernas tienen un diseño que permite colocar los pies por encima de la articulación de la rodilla, disminuyendo de esa manera la compresión femorrotuliana y la tensión sobre el tendón rotuliano. El punto donde se coloquen los pies sobre la plataforma influye también sobre ello. Se recomienda no pasar de los 90° de flexión en la articulación de la rodilla.

Ejecución del ejercicio

Posición inicial

1. Ajuste el respaldo de la prensa si el equipamiento lo permite (una mayor inclinación de respaldo acentúa la participación del cuádriceps y una menor, a de los isquiotibiales y los glúteos).
2. Ajuste la distancia del asiento para que la posición de inicio sea confortable.
3. Mantenga el contacto de la cabeza, espalda y glúteos con el respaldo y asiento.
4. Coja las empuñaduras laterales para estabilizar la posición.

Movimiento

1. Extienda las piernas manteniendo toda la planta del pie en contacto con la plataforma.
2. Mantenga la contracción del cuádriceps para evitar la hiperextensión de rodillas en la parte final del movimiento.
3. Regrese a la posición inicial con un movimiento suave y controlado.
4. Realice todas las repeticiones de cada serie sin descansar.
5. Disminuya la carga si no puede mantener la postura correcta durante la realización del ejercicio.

Consideraciones especiales

La prensa de piernas puede ser una excelente elección cuando los clientes no tienen la habilidad o experiencia de entrenamiento para realizar sentadillas, cuando se quiera proteger la zona lumbar, o cuando se desee entrenar con cargas muy elevadas.

Prensa de piernas de resistencia variable.
Posición inicial

Prensa de piernas de resistencia variable.
Final de la fase concéntrica.

2.3. Extensión de piernas (cuádriceps)

Las máquinas de extensiones de rodillas son muy utilizadas en el campo de la rehabilitación, aunque existen autores que expresan su preferencia por los ejercicios en cadena cinética cerrada (prensas, sentadillas) (Signorile, Weber, Roll, Caruso y Lowensteyn , 1996). El ejercicio sólo puede ser realizado con equipamiento específico. Al ser un ejercicio en cadena cinética abierta (están libres las articulaciones distales al eje de rotación), su transferencia funcional al salto y la carrera no es óptima, como en los ejercicios anteriores.

Se utiliza frecuentemente equipamiento de resistencia variable, que debe reunir dos condiciones principales: el eje de rotación de la rodilla debe coincidir con el eje de rotación de la máquina, y la estabilización de la articulación de la cadera debe ser adecuada. Esto se consigue por medio del ajuste del respaldo o el desplazamiento del asiento.

Principales músculos involucrados

El grupo principal es el cuádriceps. Por la doble función del recto femoral en la extensión de la rodilla y la flexión de la cadera, esta última articulación debe ser correctamente estabilizada para lograr la máxima eficacia. Existe mucha controversia sobre la activación específica de los vastos (interno y externo), variando la posición de la pierna (tibia en rotación externa e interna). Con electromiografía de superficie las conclusiones son contradictorias, y en el campo del entrenamiento funcional y para la salud debe realizarse el ejercicio en su posición centrada, (rótulas hacia arriba), permitiendo un balance muscular natural (Signorile, Kwiatkowski, Caruso y Robertson, 1995). Las fuerzas de cizalla que actúan sobre la articulación de la rodilla son mayores en este ejercicio que en las prensas y sentadilla, por lo tanto, no se recomienda el desplazamiento de cargas elevadas (Signorile, Weber, Roll, Caruso y Lowensteyn, 1996). La tensión que soporta el ligamento cruzado anterior es mayor en este ejercicio que en los de cadena cinética cerrada.

Amplitud del movimiento

Se recomienda limitar el inicio a los 90° de flexión. Se llegará a la extensión total, salvo objetivos específicos.

Ejecución del ejercicio

Posición inicial

1. Ajuste el respaldo, de manera que la articulación de la rodilla se alinee con el eje de rotación de la máquina.
2. Ajuste el almohadillo de piernas, de manera que apoye por encima de la articulación del tobillo.
3. Si el equipamiento está provisto de limitador de recorrido (ROM), seleccione la amplitud deseada.

Movimiento

1. Contraiga la musculatura del cuadriceps y extienda las piernas manteniendo los muslos paralelos.
2. Evite las rotaciones internas y externas de la pierna. La rótula debe estar orientada hacia arriba.
3. Regrese a la posición inicial con un movimiento suave y controlado.
4. Realice todas las repeticiones de cada serie sin descansar.
5. Disminuya la carga si no puede mantener la postura correcta durante la realización del ejercicio.

Consideraciones especiales

Ejercicio de elección en principiantes, aunque debe cuidarse la estabilización de la pelvis durante la ejecución del ejercicio. Por otra parte, en los ejercicios isométricos con la rodilla en extensión, no actúan fuerzas de compresión sobre la rótula, sin embargo, son pocos los equipamientos que facilitan esta variante de ejercicio. El Entrenador Personal puede colaborar en la ejecución de esta variante, colocando y retirando la carga con sus manos mientras el cliente realiza una contracción isométrica.

Extensiones de piernas en equipamiento de resistencia variable
Posición inicial

Extensiones de piernas en equipamiento de resistencia variable
Final de la fase concéntrica

2.4. Flexión de piernas (isquiotibiales)

Para conseguir una función equilibrada del miembro inferior se considera que la fuerza de los isquiotibiales, realizando la flexión de rodilla, debe ser del 66% con respecto a la fuerza del cuádriceps (existen valores de referencia en función del equipamiento, la posición, el tipo de contracción y la velocidad de ejecución). Esto justifica la necesidad de su entrenamiento con algunos de los ejercicios frecuentemente utilizados.

El ejercicio puede hacerse con poleas, zapatos lastrados, etc., pero lo más utilizado es el equipamiento de resistencia variable. Existen dos tipos de equipamiento de resistencia variable para realizar este ejercicio. En posición sedente y en decúbito prono. Esta última variante ha sufrido un gran cambio en su diseño en los últimos 20 años. Comenzó siendo un banco plano, pero su problema era que no estabilizaba bien la articulación de la cadera, y el usuario realizaba una flexión de cadera excesiva (los isquiotibiales pueden desarrollar más fuerza con la cadera en flexión). Posteriormente, se agregó una ángulo a la altura de la cintura que estabilizaba la flexión de cadera, y finalmente, muchas firmas han puesto un apoyo para los brazos. Esta última opción es la más estable ya que el cuerpo se encuentra agrupado y con mucha superficie de contacto. En la posición sedente, la flexión de cadera es mayor y los isquiotibiales pueden generar más fuerza. El principal requisito es la alineación del eje de rotación de la rodilla con el eje de rotación de la máquina, además de un dispositivo que permita adaptar la palanca a la longitud de la tibia de cada usuario. El equipamiento que viene provisto de limitadores de recorrido (inicio y fin) es mucho más seguro y recomendable.

Principales músculos involucrados

Los principales flexores de la rodilla son el grupo de los isquiotibiales, compuesto por 3 músculos: Bíceps Femoral, Semitendinoso y Semimembranoso. Otros músculos también participan, en menor medida, en la flexión de la rodilla (Recto interno, el Sartorio, el Poplíteo, y los Gemelos). Todos ellos son bíarticulares, salvo la porción corta del bíceps femoral y el poplíteo, por ello, es tan importante la estabilización de la articulación de la cadera durante la realización del ejercicio. El Bíceps Femoral se inserta en el lado externo de la tibia, produciendo con su contracción la rotación externa. El Semitendinoso y el Semimembranoso se insertan en el lado interno de la tibia, produciendo con su contracción junto al poplíteo, la rotación interna. Es necesario prevenir durante la ejecución del movimiento de flexión de rodilla contra resistencia, que la pierna no se coloque en rotación externa, acción frecuentemente producida por una mayor fuerza del bíceps femoral. Los gemelos cruzan también la articulación de la rodilla, pero su función es fundamentalmente la flexión plantar. Puede anularse su acción colocando el tobillo en posición neutra, o realizando una flexión plantar.

Amplitud del movimiento

En función del tipo de equipamiento utilizado, se puede realizar con mayor o menor amplitud. Si se realiza con resistencia variable, al disminuir la carga al final del recorrido, puede llegarse a la flexión máxima. Con otro tipo de equipamiento es imposible movilizar cargas elevadas, ya que la fuerza disminuye al final del recorrido.

Ejecución del ejercicio

Posición inicial

1. Si el equipamiento está provisto de limitador de recorrido (ROM), seleccione la amplitud deseada.
2. Ajuste el almohadillado de piernas de manera que apoye por encima del tobillo.

3. Seleccione la carga.
4. Seleccione las empuñaduras deseadas, apoyando los codos los codos en el almohadillado y manteniendo la espalda y el cuello en una posición confortable (en el equipamiento en posición decúbito prono).

Movimiento

1. Estabilice las caderas y flexione las piernas.
2. Regrese a la posición inicial con un movimiento suave y controlado.
3. Realice todas las repeticiones de cada serie sin descansar.
4. Disminuya la carga si no puede mantener la postura correcta durante la realización del ejercicio.

Consideraciones especiales

No debe permitirse una contracción excesiva de la musculatura cervical ni una hiperextensión de la zona lumbar. Este ejercicio es de gran utilidad cuando existen contracturas en el cuadriceps o comienzos de tendinitis rotuliana, ya que su acción agonista relaja la musculatura anterior. En la ejecución en posición sedente, coloque la pelvis en posición neutra y mantenga la estabilidad durante la ejecución del ejercicio.

Flexión de piernas en posición sedente en equipamiento de resistencia variable. Posición inicial.

Flexión de piernas en posición sedente en equipamiento de resistencia variable. Final de la fase concéntrica.

Flexión de piernas en posición prono en equipamiento de resistencia variable. Posición inicial.

2.5. *Forward lunge*

Ejercicio dinámico, que por su transferencia funcional, es de gran utilidad para deportistas, ya que permite aumentar los niveles de fuerza y flexibilidad dentro de una importante amplitud de movimiento, así como mejorar la estabilidad y el equilibrio.

Principales músculos involucrados

Al ser un ejercicio de cadena cinética cerrada, al igual que en la sentadilla, los principales músculos involucrados son el cuádriceps y los extensores de la cadera (isquiotibiales y glúteo mayor). Gemelos y sóleo tienen también una participación importante en algunas fases del movimiento.

Amplitud de movimiento

Debe permitir una gran estabilidad al ejecutar el ejercicio. En la pierna adelantada la rodilla debe quedar sobre el tobillo al finalizar el movimiento. En la pierna atrasada el muslo debe quedar perpendicular al suelo.

Ejecución del ejercicio

Posición inicial

1. De pie, con los pies separados a la anchura de la cadera.
2. Con barra: coloque la barra sobre la parte baja del cuello y alta de la espalda (altura 7ª cervical), y con agarre prono.
3. Con mancuernas: brazos a los lados del cuerpo, con agarre neutro.
4. Cuerpo erguido y la mirada al frente.
5. Columna lumbar en posición neutra.

Movimiento

1. Realice un paso adelante, con una distancia que permita que la rodilla quede sobre el tobillo y en ningún caso supere la punta del pie.
2. Descienda verticalmente la pierna posterior de forma que la rodilla se acerque al suelo.
3. Mantenga el tronco erguido y la mirada al frente durante la realización del ejercicio.

4. Realice todas las repeticiones de cada serie sin descansar.
5. Disminuya la carga si no puede mantener la postura correcta durante la realización del ejercicio.

Consideraciones especiales

La utilización de mancuernas es más fácil para principiantes. La tendencia inicial es a estrechar la base de sustentación y esto produce una pérdida de equilibrio. No permita la anteversión pélvica durante la realización del ejercicio. Asista la ejecución del ejercicio, colocando ambas manos por detrás en la cintura de su cliente y avanzando y retrocediendo simultáneamente con éste.

Forward lunge *con mancuernas.*
Posición inicial.

Forward lunge *con mancuernas.*
Paso al frente.

Forward lunge *con mancuernas.*
Descenso de la pierna de atrás.

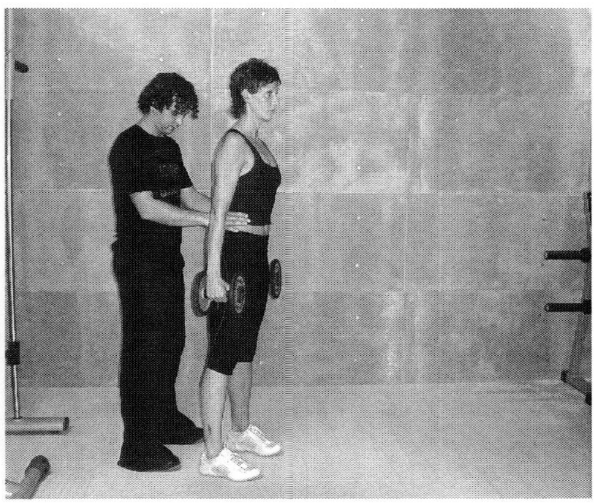

Forward lunge *con mancuernas.*
Regreso a la posición inicial.

2.6. Aductores

La musculatura aductora juega un importante papel en la estabilización del miembro inferior. Aunque participa en muchos gestos de cadena cinética cerrada, su entrenamiento requiere de un equipamiento específico. Los principales ejercicios se realizan con poleas o con equipamiento de resistencia variable. La ventaja de este último es la gran estabilización del cuerpo, y el hecho de que las cargas son transferidas por encima de la articulación de la rodilla. Por el contrario, su ejecución con poleas solicita a los ligamentos de la articulación de la rodilla, siendo éste un efecto deseado en las últimas fases de la rehabilitación de lesiones que afecten al ligamento lateral interno.

Principales músculos involucrados

El grupo de los aductores (Aductor mayor, mediano y menor), el recto interno del muslo y el pectíneo son los principales músculos solicitados cuando no existe rotación interna o externa de la cadera.

Amplitud de movimiento

Tan amplia como permita la flexibilidad y experiencia del practicante.

Ejecución del ejercicio

Posición inicial:

1. Siéntese y coloque los pies confortablemente en las plataformas.
2. Seleccione la carga.
3. Utilice el limitador de recorrido para ajustar la amplitud de movimiento, evitando un estiramiento excesivo.
4. Mantenga el contacto de la cabeza, zona dorsal y glúteos con el respaldo.
5. Coja las empuñaduras a ambos lados para estabilizar la posición.

Movimiento:

1. Contraiga los aductores, aproximando simultáneamente ambas piernas.
2. Regrese a la posición inicial con un movimiento suave y controlado.
3. Realice todas las repeticiones de cada serie sin descansar.
4. Disminuya la carga si no puede mantener la posición correcta durante la realización del ejercicio.

Consideraciones especiales

Aunque el equipamiento moderno no viene provisto de almohadillados en los tobillos, es necesario cuidar que la transferencia de fuerzas se realice por encima de la rodilla con la parte interna del muslo.

Aductores en equipamiento de resistencia variable. Posición inicial.

Aductores en equipamiento de resistencia variable. Final de la fase concéntrica.

La fuerza debe ser realizada con la cara interna de la rodilla o del muslo distal.

2.7. Abductores

La musculatura abductora es estabilizadora de la cadera durante la marcha, y su entrenamiento funcional se realiza con ejercicios de cadena cinética cerrada. Sin embargo, por asociaciones estéticas, es un ejercicio muy utilizado en equipamiento de resistencia variable.

Principales músculos involucrados

El tensor de la fascia lata, el glúteo mediano y el glúteo mayor participan en mayor o menor grado, según los grados de flexión de la cadera.

Ejecución del ejercicio

Posición inicial

1. Siéntese y coloque los pies confortablemente sobre la plataforma.

2. Seleccione la carga.
3. Mantenga el contacto de cabeza, zona dorsal y glúteos con el respaldo.
4. Coja las empuñaduras a ambos lados para estabilizar la posición.

Movimiento

1. Contraiga los abductores empujando los almohadillados y abriendo las piernas.
2. Regrese a la posición inicial con un movimiento suave y controlado.
3. Realice todas las repeticiones de cada serie sin descansar.
4. Disminuya la carga si no puede mantener la posición correcta durante la realización del ejercicio.

Abductores en equipamiento de resistencia variable. Posición inicial.

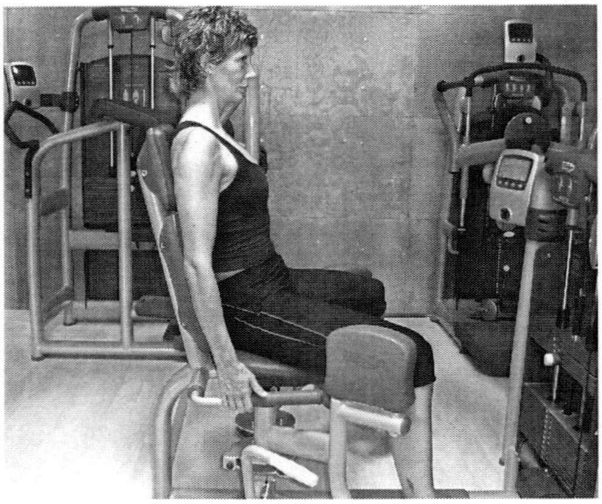

Abductores en equipamiento de resistencia variable. Final de la fase concéntrica.

2.8. Ejercicios de flexión plantar

Los músculos que intervienen en la flexión plantar son especialmente solicitados en la carrera y el salto. Estos ejercicios pueden realizarse con el propio peso corporal, peso libre o con equipamiento específico. Las prensas de gemelo son los últimos dispositivos que aparecieron en el mercado. Además, ya existían desde hace tiempo las prensas para el entrenamiento del sóleo. Estos equipamientos fueron diseñados con el objetivo de disminuir la carga sobre la espalda.

Principales músculos involucrados

Cuando la rodilla está extendida (prensa de gemelos), el tríceps sural (gemelos y soleo) es el principal agonista. El resto de la musculatura lateral externa extrínseca del pie (peroneo lateral corto y largo) y lateral interna (tibial posterior, flexor común de los dedos y flexor largo del primer dedo) intervienen levemente. Cuando la rodilla está flexionada (prensa de soleo), dificulta la participación de los gemelos.

Ejecución del ejercicio

Posición inicial

1. Coloque el asiento en una posición que permita extender las piernas manteniendo una mínima flexión sobre la articulación de la rodilla.
2. Alinee el eje de rotación del tobillo con el eje de rotación de la máquina apoyando el antepié en la plataforma.
3. Coja las empuñaduras laterales para estabilizar la posición.

Movimiento

1. Empuje con el antepié sin mover las rodillas.
2. Regrese a la posición inicial con un movimiento suave y controlado.
3. Realice todas las repeticiones de cada serie sin descansar.
4. Disminuya la carga si no puede mantener la postura correcta durante la realización del ejercicio.

Comentarios especiales

Es necesario cierto control de la estabilidad de la rodilla para realizar este ejercicio.

Prensa de gemelos.

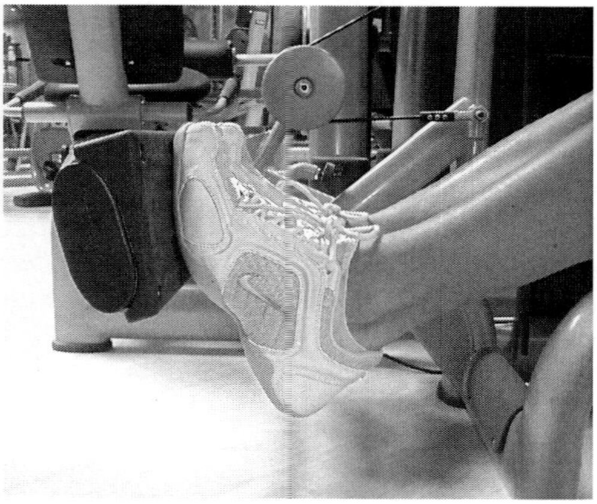

Alinee el eje de rotación del tobillo con el eje de rotación de la máquina.

3. EJERCICIOS PARA EL ENTRENAMIENTO DE LA MUSCULATURA DEL TREN SUPERIOR

Los miembros superiores y la cintura escapular participan en gran parte de los movimientos de la vida cotidiana. El ritmo escápulo-humeral es la relación que existe entre los movimientos de la escápula y el húmero. En la abducción a 180° este ritmo es de 3:1, es decir, que cuando elevamos el brazo hasta los 180°, un tercio del movimiento lo realiza la escápula, la cavidad glenoidea se dirige hacia arriba y el vértice inferior de la escápula hacia fuera (rotación superior). La alteración de este ritmo natural puede ser causa de lesiones, especialmente la compresión del manguito de rotadores. El entrenamiento de fuerza debe considerar y estimular el normal desarrollo de este ritmo.

El hombro es una zona de gran riesgo en el entrenamiento de fuerza. Las causas principales de lesiones son:

- Particularidades del complejo articular del hombro.
- Errores en la técnica de ejecución.
- Errores en la organización del entrenamiento.
- Selección de un equipamiento inadecuado.

El complejo articular del hombro está formado por 5 articulaciones, tres reales y 2 virtuales (Kapandji, 1970). Estas intervienen en los ejercicios específicos de hombro, pero también están involucradas en los ejercicios de espalda, pectoral, brazos, etc. Esa participación constante justifica la gran incidencia de las lesiones del hombro en el entrenamiento de fuerza.

En este apartado analizaremos solamente los ejercicios específicos de hombro.

3.1. *Press* de hombro

Son ejercicios que pueden realizarse con mancuernas, barra, o inclusive, con equipamiento de resistencia variable. El gesto consiste en empujar con las manos contra una resistencia desde la altura de los hombros hacia arriba. Existen distintas variaciones más o menos afortunadas, pero los resultados suelen ser similares. Con barra, si se utiliza un agarre abierto (separación amplia entre las manos, por ejemplo doble distancia biacromial), resulta en un movimiento de abducción del hombro, pero si utiliza un agarre cerrado (distancia biacromial), el movimiento es una flexión de hombro. La posición de los hombros en antepulsión o retropulsión (las escápulas están en abducción o en aducción), modifica la participación muscular en la ejecución del movimiento.

Principales músculos involucrados

Los principales músculos involucrados son el deltoides (fibras anteriores y medias), las fibras superiores del trapecio, los romboides (mantienen la aducción escapular) y el tríceps, que interviene en todos los ejercicios de extensión de brazos.

Con barra, y en la variante trasnuca, el húmero debe colocarse en rotación externa, produciendo un acento mayor sobre las fibras anteriores del deltoides. Es curioso que éste sea uno de los ejercicios más utilizado, cuando son pocas las personas que pueden realizarlo sin someter a la articulación glenohumeral a una tensión excesiva, y compensar la falta de movilidad con una flexión cervical exagerada.

También puede ser realizado con equipamiento específico, que suele estar provisto de dos tipos de agarre. El horizontal, o tipo barra (prono), y el paralelo o neutro, que permite disminuir la rotación externa del húmero. El primer agarre es el más utilizado, y personalmente pienso que de manera equivocada. Cuando analizamos los movimientos que realizamos en nuestra vida cotidiana, todos los gestos de elevación de una carga sobre la cabeza, al ser realizados en el plano sagital, son movimientos de flexión de hombro y no de abducción. El agarre neutro tiene mayor transferencia a esos gestos y permite involucrar muchas más fibras del deltoides, no sólo las anteriores sino además las medias. La contracción simultánea de los romboides permitirá realizar un movimiento de aducción escapular, colocando mejor el hombro para realizar el gesto, y contribuyendo a mejorar la información propioceptiva postural.

Amplitud del movimiento

Es otro de los grandes apartados de la mitología deportiva. Se han diseñado distintos tipos de equipamiento con el fin de aumentar el recorrido de casi todos los ejercicios, contribuyendo a disminuir la eficacia de desarrollar fuerza y aumentando el peligro de lesiones. La amplitud del movimiento debe adaptarse a cada usuario, según el grado de flexibilidad, aptitud de ejecución y objetivos. Por otra parte, existe una longitud óptima a nivel ultraestructural para el ligado de las moléculas de actina y miosina durante la contracción. Toda amplitud que supere esa longitud disminuirá la capacidad de desarrollar fuerza. En los ejercicios de Press de hombros, cuanto más cerca se encuentran las manos del hombro, más peligroso, y cuanto más lejos más seguro. Con el principiante se debe comenzar la ejecución varios centímetros por encima de la línea del hombro, e ir progresivamente ajustando la amplitud. En ningún caso, las manos deben quedar por debajo del hombro.

Ejecución del ejercicio

Posición inicial

1. Ajuste el asiento de manera que la posición de inicio sea confortable quedando el agarre a la altura de los hombros.
2. Seleccione la carga.
3. Si el equipamiento está equipado con liberador de carga, empuje con el pie para iniciar el movimiento.

Movimiento

1. Empuje extendiendo los brazos sobre la cabeza sin llegar a bloquear los codos.
2. Mantenga la columna cervical en posición neutra (mirada al frente).
3. Regrese a la posición inicial con un movimiento suave y controlado.
4. Realice todas las repeticiones de una serie sin descansar
5. Disminuya la carga si no puede mantener la postura correcta durante la realización del ejercicio

Consideraciones especiales

Este ejercicio puede realizarse con barra, en donde se recomienda bajar por delante de la cara hasta la altura del pecho, y con mancuernas, en donde lo ideal es utilizar el agarre neutro. Con barra, la asistencia debe hacerse por detrás, con agarre alterno (una mano en prono y la otra con agarre supinado o palmar). Con mancuernas, debe asistirse cogiendo de las muñecas del ejecutante.

Press de hombros en equipamiento de resistencia variable.
Posición inicial.

Press de hombros en equipamiento de resistencia variable.
Final de la fase concéntrica.

Press de hombros con mancuernas
La asistencia debe hacerse por detrás y desde las muñecas.

3.2. Elevaciones laterales

Otro de los ejercicios muy utilizados, seguramente por motivos estéticos más que funcionales, ya que bien realizado permite la hipertrofia de las fibras medias del deltoides, es el de elevaciones laterales. La transferencia funcional es poca y los peligros de lesión son altos con este ejercicio. Dentro de las lesiones más frecuentes del hombro, encontramos la compresión del manguito de rotadores, y más específicamente, del tendón del supraespinoso. Las causas son variadas, pero una bastante frecuente en el mundo del entrenamiento de fuerza es la mala ejecución de los ejercicios.

El ejercicio se describe como una abducción de hombro en el plano frontal hasta los 90° (no superar la línea de hombros). Sin embargo, en esta posición se involucran más las fibras anteriores del deltoides. Para acentuar la participación de las fibras medias, debe flexionarse el tronco adelante.

Principales músculos involucrados

Realizando una aducción escapular previa por medio de la contracción de los romboides (para evitar la antepulsión del hombro), e inclinando el tronco adelante, las fibras medias del deltoides son las más solicitadas.

Amplitud del movimiento

La tendencia actual es que deben evitarse las posiciones de máxima aducción, ya que podrían extender demasiado el tendón del supraespinoso, y en especial una zona ubicada a un centímetro de su inserción distal que posee una irrigación deficiente. Desde esa posición inicial, el húmero describe un movimiento circular, que nunca deberá superar los 90° de abducción (línea de hombros). A partir de esa posición, todo movimiento de elevación del brazo con la palma hacia abajo provocará un compromiso del espacio subacromial.

Ejecución del ejercicio

Posición inicial

1. Ajuste la altura del asiento, de manera que los hombros coincidan con el eje de rotación de la máquina.
2. Coloque la espalda en posición erguida y la cabeza mirando al frente.
3. Coloque los brazos, con aproximadamente 90° de flexión del codo, y coja suavemente las empuñaduras.

Movimiento

1. Empuje con los codos y antebrazos hacia arriba sin realizar el esfuerzo con los agarres.
2. No sobrepase la altura de los hombros.
3. Regrese a la posición inicial con un movimiento suave y controlado.
4. Realice todas las repeticiones de cada serie sin descansar.
5. Disminuya la carga si no puede mantener la postura correcta durante la realización del ejercicio.

Consideraciones especiales

Este ejercicio también puede ser realizado con mancuernas, de pie, y si no existen problemas lumbares, es preferible una leve inclinación anterior del tronco que acentuará la participación de las fibras medias. De ninguna manera debe realizarse este ejercicio por encima de la línea de hombros, ya que es una de las causas principales de compresión del manquito de rotadores y del supraespinoso en particular. Se utilizan variantes en rehabilitación, realizando el ejercicio con el brazo en rotación interna para acentuar la participación del supraespinoso.

Elevaciones laterales en equipamiento de resistencia variable.
Posición inicial.

Elevaciones laterales en equipamiento de resistencia variable.
Final de la fase concéntrica.

Elevaciones laterales con mancuerna.
Posición inicial.

Elevaciones laterales con mancuerna.
Final de la fase concéntrica.

3.3. *Press* de banca

Los ejercicios de pecho tienen como objetivo principal estimular la acción de los músculos pectorales, en especial el pectoral mayor. Es difícil encontrar un programa de fuerza donde esté ausente el principal ejercicio del grupo, que es el *press* de banca. Además de este ejercicio básico, realizado en banco horizontal con agarre abierto, existen variaciones como el press de banca declinado, el press de banca inclinado, y las distintas posibilidades de realizar el gesto con agarre abierto o cerrado. Todas ellas utilizadas para activar las distintas porciones del músculo pectoral y acentuar la acción de algunos músculos sinergistas (Barnett, Kippers y Turner, 1995).

Pese a la simpleza del equipamiento de peso libre, existen muchas diferencias entre los distintos fabricantes. El elemento más importante en un press de banca (además de la firmeza de la estructura y de la presencia de topes de seguridad), es la altura del banco. A menor altura, mayor será la estabilidad de la zona lumbar, ya que las rodillas quedaran por encima del cuerpo. Dentro del equipamiento de resistencia variable, la gran mayoría de fabricantes optan por una posición algo declinada, que no afecta demasiado al ejercicio, y ofrece una gran seguridad al practicante no experimentado. Un liberador de carga es indispensable para la realización segura del ejercicio.

En el Press de banca horizontal, si el agarre es abierto (se puede utilizar como referencia el doble del espacio biacromial), la acción es una aducción horizontal. Si el agarre es cerrado (espacio biacromial o ancho de hombros del sujeto), la acción es una flexión de hombro (Barnett, Kippers y Turner, 1995). Por supuesto, la participación muscular será diferente en cada uno de ellos. En el press inclinado y con agarre abierto, se combinan la aducción horizontal con la abducción del hombro, realizándose el movimiento más cerca de un plano o de otro según la inclinación. En el press declinado, el movimiento va desde una aducción horizontal hasta una aducción casi total, según el grado de inclinación.

Principales músculos involucrados

El pectoral mayor es el principal músculo involucrado, tiene una porción esternal (origen en el esternón) y una porción clavicular (origen en la clavícula). Ambas porciones tienen su inserción en el húmero. Las variaciones de inclinación y agarre intentan estimular las distintas porciones.

En el press de banca horizontal con agarre abierto, la activación de la porción esternal es máxima. Según sea la ejecución, intervendrá más o menos el deltoides anterior, el coracobraquial, y los músculos aductores de la escápula. Por supuesto, el tríceps interviene en todos los movimientos de Press del tren superior.

En el press de banca inclinado con agarre abierto, la máxima activación de la porción clavicular del pectoral mayor se logra con 18°-20° de inclinación (no se utiliza esta angulación frecuentemente), y a partir de allí, aumentará la activación del deltoides anterior (Barnett, Kippers y Turner, 1995).

En el press de banca declinado, no se mejora la activación del pectoral mayor con ninguna de las inclinaciones, pero la capacidad de desarrollar fuerza por el tríceps será máxima con un agarre cerrado. En contra de los mitos existentes, el dorsal ancho no participa de manera importante en este ejercicio. (Barnett, Kippers, y Turner, 1995)

Amplitud del movimiento

Durante años, se buscó la máxima amplitud del movimiento, inclusive con el consiguiente deterioro de la capacidad de desarrollar fuerza y el peligro de lesiones que acarrean las posiciones forzadas. Suele decirse, ... hasta que la barra toque el pecho (¿pecho de culturista o de maratoniano?). Ese tipo de referencias no se ajusta a todos los practicantes. A menos que los objetivos sean otros, dentro del campo del entrenamiento para la salud, se intentará no pasar los 0° de la articulación escapulo-humeral en la dirección de abducción horizontal (húmero en línea con los hombros). Sin embargo, al realizar una aducción escapular previa por medio de la contracción de los romboides y de las fibras medias del Trapecio se consigue aumentar la amplitud del movimiento sin forzar la articulación escapulo-humeral. Esa aducción escapular previa mantenida, disminuirá la activación del deltoides anterior y del pectoral menor al llegar al final del movimiento.

Ejecución del ejercicio

Posición inicial

1. Colóquese sobre el banco en una posición estable, manteniendo cinco puntos de contacto (cabeza, zona dorsal, glúteos y ambos pies).
2. Coloque las manos bajo la barra con un agarre prono (cerrado o abierto), de manera que los antebrazos queden paralelos al suelo.
3. Avise a su asistente antes de quitar la barra de los apoyos, y empújela colocándola a la altura media del pecho.

Movimiento

1. Descienda con un movimiento suave y controlado, realizando una aducción escapular y finalmente una extensión horizontal del hombro tratando de no forzar la articulación escapulo-humeral.
2. Cuando la barra se encuentre cerca del pecho, empuje hacia arriba, hasta la extensión de brazos.
3. No proyecte los hombros hacia delante al final del recorrido.

Consideraciones especiales

Es el principal ejercicio realizado en peso libre, con equipamiento específico. Es uno de los ejercicios más peligrosos, y tanto en principiantes, como en deportistas experimentados, es necesaria la ayuda de asistencia. El Entrenador Personal se colocará por detrás, en una posición que pueda asegurar el levantamiento de la carga, y con un agarre prono por dentro de la toma del practicante ayudará a levantar la barra hasta la posición de comienzo, guiará el movimiento y asistirá en las repeticiones fallidas.

Press de banca.
Posición inicial.

Press de banca.
Final de la fase concéntrica.

3.4. Aberturas en banco horizontal

Se realiza con mancuernas, acostado sobre un banco horizontal. El problema que tiene este tipo de ejercicios, es que la máxima carga se encuentra al inicio del recorrido (brazos abiertos), siendo esta la zona de máximo riesgo, y disminuyendo la carga a medida que avanza en el recorrido. Esta acción produce una estimulación insuficiente del pectoral durante una gran parte del recorrido. El gesto correcto de entrenamiento del pectoral es la adducción horizontal. Para poder realizar un recorrido completo, los ejercicios deben hacerse con poleas o con equipamiento de resistencia variable. El cruce de poleas permite una acción de aducción horizontal adecuada. El "contractor" es una máquina muy utilizada también para este gesto. Debido a la posición de rotación externa del hombro, se debe ser cuidadoso en su ejecución al final de la contracción excéntrica.

Ejecución del ejercicio

Posición

1. En decúbito supino sobre el banco, con cinco puntos de apoyo definidos en el ejercicio anterior.
2. Brazos abiertos a los lados, con una leve flexión del codo para proteger la articulación.
3. Palmas de las manos hacia arriba (supinación).

Movimiento

1. Eleve los brazos hasta que se aproximen al frente del cuerpo.
2. Regrese con un movimiento suave y controlado a la posición inicial.
3. Realice todas las repeticiones de cada serie sin descansar.
4. Disminuya la carga si no pude mantener la postura correcta durante la realización del ejercicio.

Consideraciones especiales

El Entrenador Personal debe asistir el ejercicio cogiendo las muñecas del practicante, cuidando especialmente la colocación inicial y la salida del ejercicio.

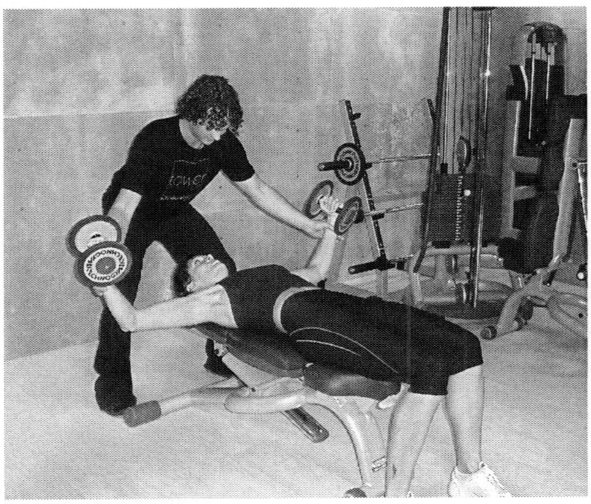

Aberturas.
Posición inicial.

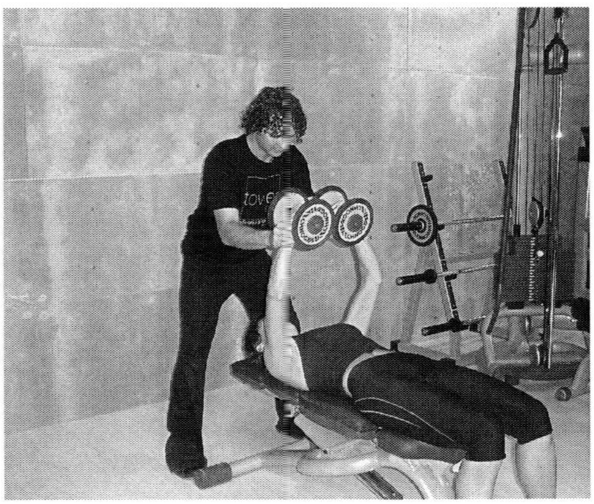

Aberturas.
Final de la fase concéntrica.

3.5. Polea dorsal alta

El dorsal es un músculo importante en todos los gestos de tracción del tren superior, y por supuesto, en las acciones de suspenderse o elevar el propio cuerpo. Su entrenamiento forma parte importante en los programas de fuerza y existe una amplia variedad de ejercicios para solicitarlo. No deja de sorprender el hecho de que, en nuestro medio, el ejercicio más utilizado s sea la variante trasnuca con polea alta. Este ejercicio, no utilizado en todos los medios, ha motivado una toma de posiciones, inclusive en cuanto a los fabricantes de equipamiento deportivo. La realización de la variante trasnuca no está recomendada, ya que la posición de rotación externa a 90°, combinada con abducción a 90° de la articulación del hombro, es una posición muy comprometida para la articulación, aportando poca eficacia y un mayor riesgo de lesiones.

Pocas personas pueden realizar bien este gesto, sin realizar una flexión cervical excesiva. Si analizamos la acción del dorsal ancho, principal aductor de la articulación del hombro, la activación de este músculo es similar al realizar el ejercicio llevando la barra al pecho. Sin embargo, muchos entrenadores y practicantes siguen utilizando la primera acción. A veces se argumenta que obliga a mayor acción de la musculatura de la espalda (romboides mayor y menor, fibras medias del trapecio) y de los rotadores externos, pero esa activación se debe más a la falta de flexibilidad del sujeto, que a la solicitación del ejercicio. Existen ejercicios más seguros para solicitar esos músculos. A veces también se invocan argumentos posturales y de entrenamiento de la propiocepción, pero el riesgo de lesión no justifica su utilización.

Una polea dorsal alta es una máquina simple, sin embargo, al observar la distancia que va de la polea superior (la barra se encuentra horizontal bajo ella) a la torre de placas descubrimos la intención del fabricante. En las firmas importantes, esa distancia es menor, dificultando la acción de la variante trasnuca (en muchos casos vemos a practicantes sentados al revés para poder realizar el ejercicio). En función de este análisis, el jalón al pecho realizado con barra alta es un ejercicio mucho más funcional, seguro y eficaz.

Principales músculos involucrados

El dorsal ancho es el principal responsable de los movimientos de aducción de la articulación del hombro, aunque otros músculos menos potentes colaboran en esta acción, por ejemplo, el Redondo Mayor. Para desarrollar la máxima eficacia y facilitar la mayor amplitud de la contracción concéntrica del dorsal ancho, es necesario realizar un movimiento de aducción y descenso escapular (Kreighbaun y Barthels, 1996). Ese movimiento de aducción y descenso escapular previo es realizado sinérgicamente por el atleta experimentado. Sin embargo, cuando observamos a la población general realizando este ejercicio, una importante cantidad de personas dejan los hombros elevados, no permitiendo una estabilización de la cintura escapular adecuada. Esta alteración del ritmo escápulo-humeral dificulta la ejecución correcta del ejercicio. El bíceps braquial, braquial anterior y supinador largo, participan en todos los movimientos de tracción en los que interviene la flexión del codo.

Ejecución del ejercicio

Posición inicial

1. Ajuste el almohadillado, proporcionando un soporte confortable para las piernas.
2. Seleccione la carga.
3. En posición de pie, coja la barra.
4. Al sentarse, coloque las piernas bajo el almohadillado.
5. Mantenga una postura correcta con los brazos extendidos sobre la cabeza.

Movimiento

1. Lleve la barra al pecho, manteniendo los codos por debajo de las manos durante el movimiento (la abducción escapular previa mejora la eficacia del movimiento).
2. Regrese a la posición inicial con un movimiento suave y controlado.
3. Realice todas las repeticiones de cada serie sin descansar.
4. Disminuya la carga si no puede mantener la posición correcta durante la realización del ejercicio.

Consideraciones especiales

No es un ejercicio de gran dificultad técnica, y sin embargo, la función de ayuda del Entrenador Personal es importante, facilitando la colocación inicial y la salida del ejercicio. Una de las técnicas de toma de conciencia más utilizada en principiantes, es guiar suavemente el movimiento escapular (rotación inferior con la contracción concéntrica, superior con la contracción excéntrica) con las manos y asegurar la aducción escapular.

Polea dorsal alta.
Posición inicial.

Polea dorsal alta.
Final de la fase concéntrica.

3.6. Otros ejercicios de dorsal

Existen infinidad de ejercicios más afortunados (remo a una mano con mancuerna, remo en punta, etc.), o menos afortunados (Pullover con mancuerna), pero analizaremos un ejercicio interesante dentro del campo del entrenamiento para la salud. Me refiero al remo sentado en máquina con agarre abierto u horizontal. La ventaja de este tipo de equipamiento es que proporciona un apoyo de pecho, que anula la participación de la musculatura lumbar. Puede ser un buen ejercicio para iniciar una metodología de enseñanza con principiantes. Pero inclusive, permite a atletas y deportistas de alto nivel, que entrenen con cargas elevadas al disminuir la participación lumbar. El ejercicio realizado es una abducción horizontal, dónde, desde un agarre abierto u horizontal, se realiza una tracción hasta llevar los codos detrás del cuerpo.

Principales músculos involucrados

Utilizando los distintos agarres se puede solicitar la participación de distintos músculos de manera selectiva.

Agarre neutro

Permite realizar el movimiento de extensión de la articulación del hombro con los brazos en aducción, cuyo principal responsable es el dorsal ancho. El redondo mayor colabora con el dorsal ancho en la misma acción.

Agarre prono

Permite realizar el movimiento de abducción horizontal del hombro. El deltoides posterior es especialmente responsable de esta acción si se realiza una aducción escapular (contracción de romboides y de las fibras medias del trapecio). El redondo mayor y las fibras superiores del dorsal ancho también son músculos que participan en esta acción. El deltoides posterior es un músculo que interviene poco (a menos que se lo considere) en el entrenamiento de fuerza. La presencia de este tipo de equipamiento es necesaria para aquellos practicantes que entrenen sólo con máquinas, ya que es la única que solicita al deltoides posterior. Sin embargo, para que la activación del deltoides posterior sea óptima, deberá tener un punto de apoyo en su origen y eso se consigue por medio de una aducción escapular previa y mantenida durante el movimiento. El bíceps braquial, el braquial anterior y el supinador largo intervienen en todos los movimientos de tracción del brazo, que impliquen la flexión de la articulación del codo.

Ejecución del ejercicio

Posición inicial

1. Ajuste la altura del asiento de manera que los brazos queden paralelos al suelo.
2. Ajuste el almohadillado del pecho para que proporcione en apoyo estable y seguro
3. Seleccione la carga.
4. Coja el agarre deseado (prono o neutro).

Movimiento

1. Traccione con los brazos hacia el cuerpo, sin elevar los hombros ni separar el pecho del apoyo.
2. Regrese a la posición inicial con un movimiento suave y controlado.
3. Realice todas las repeticiones de cada serie sin descansar.
4. Disminuya la carga si no puede mantener la posición correcta durante la realización del ejercicio.

Consideraciones especiales

El análisis del equipamiento por el Entrenador Personal es importante en este ejercicio. El movimiento de tracción al pecho es rectilíneo, pero muchas máquinas lo convierten en un movimiento circular y descendente. En la variante de agarre horizontal abierto (prono), los codos descienden mucho y pierde su función más importante, que es la activación de la musculatura del hombro posterior (deltoides posterior y porción larga del tríceps).

Remo sentado en equipamiento de resistencia variable. Posición inicial.

Remo sentado en equipamiento de resistencia variable. Final de la fase concéntrica.

Remo con barra. Posición inicial.

Remo con barra. Final de la fase concéntrica.

3.7. Ejercicios de flexión del codo

Son muchos los ejercicios para fortalecer la musculatura flexora del codo. Los principales músculos involucrados son el bíceps braquial, el braquial anterior y el supinador largo. Las distintas variaciones en el agarre (pronación, supinación y neutro), permiten acentuar la participación de cada uno de los músculos. El equipamiento deportivo de bíceps, suele tener una inclinación intermedia entre la supinación y la posición neutra, que permite la participación armónica de toda la musculatura.

Curl de bíceps

Puede realizarse de pie o sentado y con barras o mancuernas. La posición de supinación permite la máxima activación del bíceps.

Curl *de bíceps con barra.*
Posición inicial.

Curl *de bíceps con barra.*
Final de la fase concéntrica.

Curl martillo

También puede realizarse de pie o sentado, siempre con mancuernas. Permite acentuar la actividad del supinador largo.

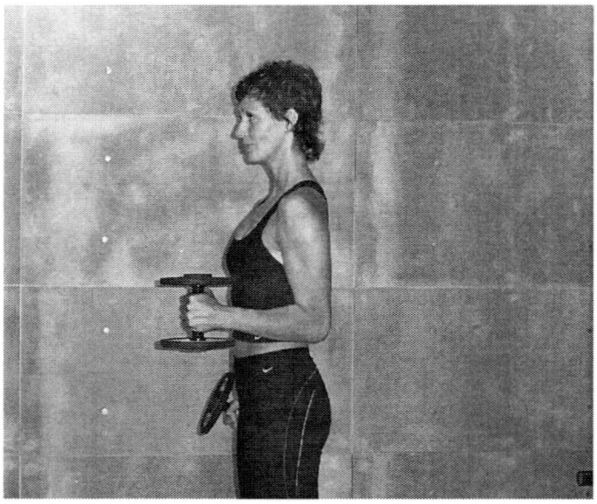

Curl *martillo.*
Agarre neutro.

3.8. Ejercicios de extensión del codo

De entre la variedad que disponemos, son de destacar los que se realizan con el agarre neutro, ya que permiten que el movimiento sea de mayor amplitud de movimiento. El *press* francés, realizado con mancuernas o con la barra T, y todas las variaciones que suelen utilizarse (triceps con mancuerna por detrás, triceps con polea), son útiles para solicitar la participación del triceps y del ancóneo.

Tríceps francés con barra Z.
Posición inicial.

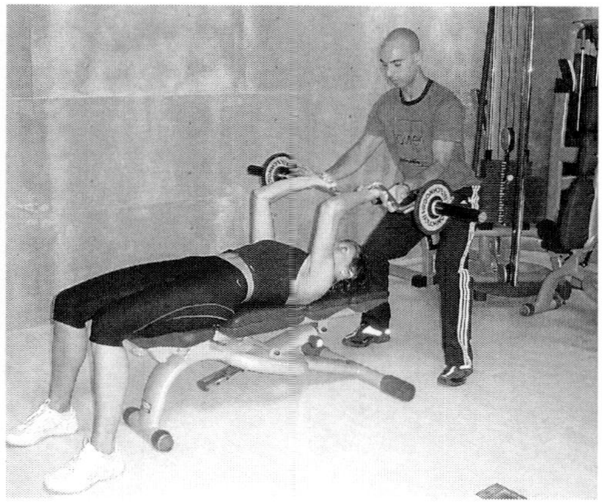

Tríceps francés con barra Z.
Final de la fase concéntrica.

Tríceps con mancuerna por detrás.
Posición inicial.

Tríceps con mancuerna por detrás.
Final de la fase concéntrica.

Tríceps con polea.
Posición inicial.

Tríceps con polea.
Final de la contracción concéntrica.

Tríceps en equipamiento de resistencia variable.
Posición inicial.

Tríceps en equipamiento de resistencia variable.
Final de la fase concéntrica.

4. EJERCICIOS PARA EL ENTRENAMIENTO DE LA MUSCULATURA DE LA ZONA MEDIA

Una parte importante de todo programa de entrenamiento son los ejercicios para la musculatura abdominal y lumbar. El sedentarismo, tan frecuente en las sociedades industrializadas, afecta a la musculatura lumbar y abdominal, siendo éste el inicio de un proceso de alteraciones estáticas y dinámicas que afectarán posteriormente a otras estructuras (discos intervertebrales, ligamentos) (Liebenson, 1999). Las lumbalgias son una de las causas más importantes de absentismo laboral y tienen una gran incidencia en la población general (Kelsey, White, Pastides y Besbee, 1979). Los ejercicios de fuerza isométrica y dinámica de flexión (abdominales) han sido utilizados como agentes terapéuticos y preventivos por muchos profesionales (Abenhaim et al, 2000). Los ejercicios de extensión (lumbares) han demostrado su efectividad en algunos protocolos (Mannion, et al., 2001).

4.1. Ejercicios abdominales

La musculatura abdominal desempeña un importante papel en la estabilización de la pelvis y el tronco, y es uno de los grupos musculares donde más se ha modificado el criterio de entrenamiento. En la selección de los ejercicios debemos considerar:

- Participación o eliminación de la acción del psoas-ilíaco.
- Tipo de contracción (isométrica o dinámica).
- Acción principal producida por el recto anterior del abdomen o por los oblicuos.

Dentro del equipamiento específico, la tendencia ha sido la de desplazar el eje de rotación de la articulación de la cadera, a la zona media abdominal. De esta manera, se ha conseguido un enrollamiento para los abdominales, eliminando la participación del psoas, y una verdadera extensión del tronco para los lumbares, en detrimento de la extensión de cadera.

Curl abdominal

Uno de los grandes problemas en la ejercitación de la musculatura abdominal es el aislamiento de los músculos flexores de la cadera. Al fijar los miembros inferiores y llevar el pecho adelante contra una resistencia, como por ejemplo en los ejercicios realizados en tabla inclinada contra las espalderas, o en las máquinas de abdominales clásicas, los abdominales se contraen con una tensión isométrica, siendo el responsable de la acción dinámica el psoas-ilíaco, desvirtuando de esta manera los objetivos del entrenamiento y produciendo un movimiento de tracción excesivo sobre las vértebras lumbares.

Principales músculos involucrados

La contracción de la musculatura abdominal, y especialmente del recto anterior, produce un movimiento de enrrollamiento (flexión de todas las articulaciones vertebrales), llevando el pecho hacia la pelvis, cuando consideramos como punto fijo la sínfisis pubiana, y la pelvis hacia el pecho, cuando el punto fijo se encuentra en las últimas costillas y el esternón. El Curl abdominal, al colocar las piernas flexionadas, anula la acción del Psoas permitiendo la acción dinámica del recto anterior del abdomen. El recto anterior es el motor primario de la flexión, mientras los músculos oblicuos actúan de manera sinérgica como músculos accesorios. El transverso aumenta la presión intra-abdominal, contribuyendo a la estabilización de la columna vertebral.

Las modernas máquinas de abdominales han sido diseñadas reproduciendo este gesto, permitiendo una adecuada acción de la musculatura abdominal, y anulando la acción de los flexores de cadera. Con este fin, el punto de rotación de la máquina está ubicado a la altura media del abdomen, facilitando un movimiento casi rectilíneo de flexión hacia abajo por medio del almohadillado de brazos. El concepto anterior implica que pueden realizarse otras variaciones, pero deberán ser cuidadosamente seleccionadas en función de los objetivos deseados. En realidad, en la mayoría de los gestos, flexores de la cadera y abdominales funcionan como una unidad, es decir, que además de un trabajo analítico de fortalecimiento, deberá entrenarse la acción funcional conjunta.

Ejecución del ejercicio

Posición inicial

1. Acostado sobre el banco con piernas flexionadas de manera que los muslos estén perpendiculares al suelo (90° de flexión de cadera).
2. Coloque los brazos cruzados sobre el pecho o las manos entrelazadas detrás de la nuca con los codos abiertos (en función de la carga que desee).

Movimiento

1. Contraiga los abdominales enrollando el tronco hasta que la zona dorsal despegue del banco.
2. Regrese a la posición inicial con un movimiento suave y controlado.

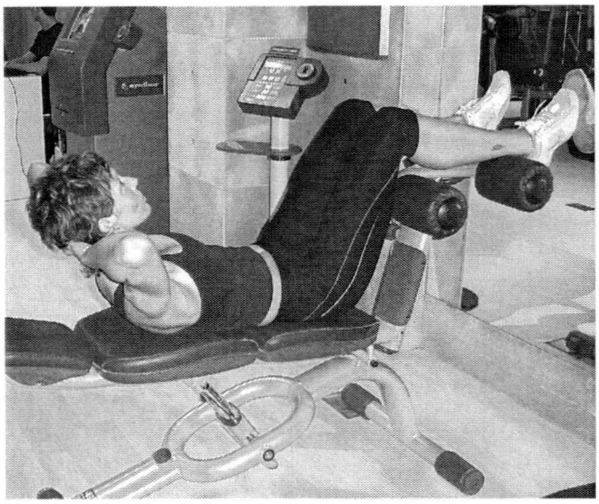

Abdominal en banco.

Abdominal en equipamiento de resistencia variable.

4.2. Ejercicios lumbares

Los mal llamados ejercicios de hiper-extensiones, son en realidad, extensiones de cadera. Si hacemos una contracción isométrica de los extensores de la columna lumbar, con el eje de movimiento situado en la articulación de la cadera, el movimiento es producido por el glúteo mayor y los isquiotibiales. También puede realizarse este ejercicio por contracción dinámica de los extensores de la columna vertebral, como ocurre en algunos equipamientos modernos de fitness, y en todas las máquinas lumbares de valoración y rehabilitación médicas.

Amplitud del movimiento

Los nuevos bancos de ejercicio lumbar permiten una amplitud de recorrido mayor, al estar la posición de partida a 45°, y resultando además mucho más fácil su acceso. En las máquinas de ejercicio lumbar, al hacer coincidir el eje de rotación de la máquina con el eje de rotación de la cadera, se puede conseguir una ejecución muy segura (contracción isométrica de los extensores del tronco y dinámica de los extensores de la cadera). Cuando la estabilidad proporcionada por el equipamiento es máxima y el control sobre el practicante alto, situación común en la rehabilitación de patología lumbar por medio del entrenamiento fuerza, se busca la contracción dinámica de la musculatura extensora del tronco sin la participación de los extensores de la cadera.

Extensiones en banco lumbar.
Posición inicial.

Extensiones en banco lumbar.
Final de la fase excéntrica.

Extensiones en equipamiento de resistencia variable.

5. EJERCICIOS DE POTENCIA

Los ejercicios de potencia son muy utilizados en el entrenamiento de competición. Aunque en nuestro medio no es frecuente ver a los Entrenadores Personales realizando este tipo de ejercicios, en la medida en que las necesidades del cliente se acerquen al rendimiento deportivo su práctica es inevitable. Por otra parte, ya que requieren una ejecución técnica compleja, ofrecen al Entrenador Personal un interesante proceso metodológico a desarrollar en el tiempo. El elemento común entre todos es que por una sucesión encadenada de movimientos se proyecta la carga bajo control desde una posición inferior hacia una superior. Su ejecución requiere un espacio amplio y seguro, (se recomienda la utilización de plataformas de levantamiento), ya que el deportista debe soltar la carga en caso de intento fallido.

5.1. Extensión de hombros de pie (*push press*)

El ejercicio consiste en un movimiento rápido de empuje de la barra desde los hombros hacia una posición de brazos extendidos por encima de la cabeza, en un movimiento continuo sin interrupción.

Principales músculos involucrados

En los ejercicios de potencia existe una participación global de la musculatura del cuerpo. La musculatura de miembros inferiores (glúteo mayor, bíceps femoral, semimembranoso, semitendinoso, cuadriceps, gemelos y soleo), son utilizados para generar un fuerza que proyecte la barra hacia arriba. El deltoides colabora en la elevación de la barra. La musculatura del tronco estabiliza la posición. El resto de la musculatura del tren superior aprovecha la fuerza generada por el tren inferior para recepcionar y estabilizar la barra.

Ejecución del ejercicio

Posición inicial

1. Coja la barra del suelo con un agarre prono levemente más ancho que el ancho de hombros (espacio biacromial).
2. Coloque la barra sobre la parte anterior de los hombros, manteniendo el pecho erguido y la mirada al frente.
3. Los pies deben estar paralelos y con una separación igual a la anchura de las caderas.

Movimiento

1. Flexione las caderas, rodillas y tobillos suavemente para tomar impulso.
2. De forma explosiva, empuje con las piernas hacia arriba, conduciendo la barra fuera de los hombros y extendiendo los brazos sobre la cabeza.
3. Mantenga los brazos extendidos, la espalda erguida y la barra levemente retrasada detrás de la cabeza.
4. Regrese la barra de manera suave y controlada a los hombros.
5. Utilice los miembros inferiores para amortiguar el descenso.

Posición de inicio.

Preparación para la fase de extensión.

Fase de extensión.

Final de la fase de extensión.

5.2. Cargada en un tiempo (*Power Clean*)

Por medio de un movimiento rápido y potente, la barra es llevada desde el suelo hasta la altura de los hombros. Es un ejercicio muy utilizado para mejorar la fuerza explosiva y el rendimiento de ciertos movimientos deportivos (saltos, salida de tacos en carreras de velocidad, movimientos de la lucha, etc.).

Principales músculos involucrados

En todos los ejercicios de potencia participa toda la musculatura de los miembros inferiores (ya citada en el ejercicio anterior), y además la estabilizadora del tronco junto al trapecio, flexores del codo y el deltoides.

Ejecución del ejercicio

Posición inicial

1. Colóquese frente a la barra con los pies levemente orientados hacia fuera, y con una separación algo mayor que la anchura de las caderas.
2. Al agacharse para coger la barra, realice la flexión desde las caderas, manteniendo una posición neutra lumbar, el pecho erguido, las escápulas en aducción y la mirada al frente.
3. Coja la barra con un agarre prono.

Movimiento

1. Realice una extensión rápida de las caderas y rodillas, manteniendo la espalda erguida y los brazos extendidos.
2. Mantenga la barra cerca del cuerpo a la altura de los muslos, la espalda erguida y los codos orientados hacia fuera.
3. Cuando alcance la extensión de los miembros inferiores, continúe el movimiento elevando los hombros, sin permitir que los codos se flexionen.
4. Una vez que la barra haya alcanzado la máxima altura, por medio de la extensión de

piernas, cadera y la elevación de hombros, los codos se flexionarán por el ascenso de la barra, que alcanza la máxima altura posible cuando los brazos estén paralelos al suelo.

5. Desde esta posición, se flexionan las rodillas para colocarse debajo de la barra y amortiguarla.
6. Finalmente, extienda las piernas de forma suave y controlada, manteniendo el tronco erguido, la mirada orientada al frente y las plantas de los pies totalmente apoyadas, y regrese a la posición inicial.

Posición inicial.

Primer tirón.

Transición ente el primer y segundo tirón.

Segundo tirón.

Amortiguación.

5.3. Arrancada (*Snatch*)

En este ejercicio, la barra es llevada por medio de un movimiento continuo desde el suelo a una posición de brazos extendidos sobre la cabeza.

Principales músculos involucrados

En todos los ejercicios de potencia participa la musculatura de los miembros inferiores y la estabilizadora del tronco junto al trapecio, flexores del codo y el deltoides

Ejecución del ejercicio

Posición inicial

1. Colóquese frente a la barra, con los pies algo más separados que la anchura de las caderas y levemente orientados hacia fuera.
2. Coja la barra con los brazos extendidos y con un agarre prono. La separación de manos es más amplia que en el ejercicio anterior.
3. La posición de inicio es con las piernas y caderas flexionadas, las escápulas en aducción, la espalda recta o levemente arqueada, la mirada al frente y las plantas de los pies totalmente apoyadas.

Movimiento

1. Extienda las piernas de manera rápida, manteniendo las caderas por debajo de los hombros.
2. Mantenga la posición del tronco y los brazos totalmente extendidos.
3. Realice una extensión rápida de caderas, rodillas y tobillos manteniendo la barra cerca de los muslos, con la espalda recta y los codos orientados hacia fuera.
4. Cuando las piernas se encuentren totalmente extendidas, tire de los hombros hacia arriba, continuando el movimiento con los brazos para poder colocar el cuerpo debajo de la barra.
5. La espalda se mantiene recta o levemente arqueada, la cabeza levemente retrasada.

6. Cuando la barra alcance la altura máxima, gire los codos en una rotación externa al mismo tiempo que flexiona las rodillas, para meter el cuerpo debajo de la barra y recepcionarla en la posición final.
7. Recepcione la barra sobre la cabeza con los codos totalmente extendidos, la espalda recta, y la barra levemente retrasada detrás de la cabeza.
8. Regrese suavemente la barra al suelo, amortiguando el movimiento de descenso con las piernas.

Posición inicial.

Primer tirón.

Transición.

Fin del segundo tirón.

Recepción.

6. CONCLUSIONES

En este capítulo nos hemos referido a aquellos ejercicios más comunes, sistematizando su análisis, y agregando comentarios, que esperamos sean de utilidad para los Entrenadores Personales.

La totalidad de ejercicios que son utilizados en el Entrenamiento Personal (core training, estabilización lumbar, entrenamiento funcional) es mucho más amplia, y como ya comentamos al iniciar el capítulo, no era nuestra intención cubrirla en toda su extensión. Sin embargo, estimulamos a los profesionales a que desarrollen un análisis kinesiológico exhaustivo de todos los ejercicios que utilicen en sus sesiones.

La estrecha comunicación con el practicante les permitirá descubrir adaptaciones en la ejecución, en función de las características o necesidades individuales, así como diseñar nuevos ejercicios en función de las nuevas tecnologías y materiales que vayan apareciendo en el mercado.

Capítulo VII

Lesiones del aparato locomotor y Entrenamiento Personal

Daniel Forte Fernández
Licenciado en Medicina y Cirugía (UCM)
Profesor Nacional de Educación Física (Argentina)
NSCA-CPT
Profesor de Biomecánica de las Lesiones Deportivas
Facultad de Ciencias de la Actividad Física y el Deporte
Universidad Europea de Madrid
Director Médico de la Unidad de Terapia
Activa Lumbar Body Factory (Pozuelo, Madrid)
daniel.forte@uem.es

1. CONCEPTOS PRELIMINARES

1.1. Introducción

El ejercicio físico es una de las maneras más efectivas de mantener y mejorar la salud. Altos niveles de actividad física han sido relacionados con la disminución del riesgo de padecer enfermedades cardiovasculares, disminución de la presión arterial y reducción del peso corporal, así como producir una mejora en la sensación psicológica de bienestar (Blair et al., 1995). Cada vez son más numerosas las personas que realizan programas de ejercicio y tratan de mantener niveles moderados de actividad física.

Sin embargo, e inclusive en aquellas personas que realizan ejercicio físico de forma regular, se producen algunos cambios de deterioro progresivo en el aparato locomotor que deben ser considerados en la planificación de los programas de entrenamiento. En este capítulo vamos a centrarnos en las alteraciones que se producen como consecuencia del envejecimiento, las secuelas de lesiones o patologías padecidas, el uso repetido de algunos gestos y el sedentarismo.

Entre los objetivos generales del entrenamiento destacan las técnicas que tienen como misión mejorar la coordinación de ciertas áreas específicas, lograr el equilibrio muscular en los grupos más importantes, ayudar a la descarga tendinoso-articular y mejorar la elasticidad muscular. El término utilizado para definir estas técnicas es el de "entrenamiento coadyuvante" (Seirul-lo, 1987).

Algunas zonas del cuerpo humano por sus características anatómicas o funcionales, merecen una especial atención. Nos referimos a la zona lumbar, donde la gran incidencia de dolor en la población y las nuevas tendencias en el ejercicio físico justifican esta revisión. Otras áreas de interés son el hombro y la rodilla. En estos núcleos funcionales de movimiento coinciden elementos comunes a todos los seres humanos producidos por el envejecimiento, a los que se suman las consecuencias del sedentarismo y los efectos derivados de una utilización particular. Pese a estas características, que pueden ser generalizadas, no debemos olvidar la necesidad de individualizar la propuesta de entrenamiento según las necesidades de nuestros clientes.

La prescripción de ejercicio físico es actualmente una tarea que realizan diversos profesionales relacionados con la salud, existiendo contenidos comunes a todos ellos. Puede existir cierto celo profesional sobre las tareas específicas que debe realizar un profesional determinado (licenciados en ciencias de la actividad física, fisioterapeutas, etc.), pero el conocimiento de las principales lesiones que pueden producirse y su prevención es una necesidad y obligación para todos ellos.

El Entrenamiento Personal, por sus características operativas, permite una alta individualización. Las necesidades de los clientes suelen ser amplias, pero la salud, el concepto de bienestar (wellness) y una adecuada aptitud física (fitness) son comunes a todos. Éstos participan en infinidad de actividades en el propio centro deportivo (clases colectivas, actividades acuáticas), realizan deportes (nivel recreativo y competitivo), y actividades de aire libre. Es evidente que las posibles lesiones son muchas y que el objetivo de este capítulo no es escribir un tratado médico. Sin embargo, la gran incidencia y frecuencia de algunas de estas lesiones, y su presencia en los tipos de población que solicita los servicios de Entrenamiento Personal, nos obliga a conocer algunas de ellas. En cualquier caso, un Entrenador Personal debe considerar los riesgos implícitos en la práctica a los que está expuesto su cliente. La realización de una historia detallada que permita conocer las lesiones sufridas en el pasado, los diagnósticos e intervenciones médicas realizadas, y los deportes practicados, así como una propuesta realista de los objetivos de entrenamiento, son el principio de una prescripción segura. El análisis de publicaciones de tipo epidemiológico, donde se recogen el tipo, la frecuencia y los factores que contribuyen a la aparición de lesiones en los deportes y actividades más comunes, es una importante ayuda en la toma de decisiones para la prescripción.

El fitness como actividad en general, presenta muchos inconvenientes para su estudio epidemiológico. La gran diversidad de actividades, la poca homogeneidad de los grupos, y la gran diferencia en el tipo de equipamiento utilizado dificulta esta labor. Remito al lector al excelente libro *Epidemiology of Sports Injuries*, donde diversos autores recogen los estudios epidemiológicos realizados hasta el año 1996 en prácticamente todas las especialidades deportivas, incluyendo un interesante capítulo sobre el fitness (Caine, Caine y Lindner, 1996).

1.2. Etiología y factores contribuyentes

Utilizaremos el término **lesiones deportivas** para referirnos a todas aquellas lesiones del aparato locomotor que se producen en la actividad física, el ejercicio físico y durante la práctica de actividades deportivas.

Desde el punto de vista operativo podemos definir la lesión "como el daño que produce un agente traumático sobre el organismo" (Whiting y Zernicke, 1998). Cuando nos centramos en las lesiones del aparato locomotor, el principal agente son las fuerzas que actúan sobre una estructura determinada. En nuestro caso en particular, nos interesa conocer las lesiones, y además, la forma en que actúan las fuerzas sobre el organismo durante la práctica deportiva y durante la ejecución de determinados ejercicios.

Los profesionales de la salud tienen un cuerpo común de conocimientos, que se estudia en sus respectivas carreras, y que incluye: anatomía, anatomía funcional, biomecánica, kinesiología, fisiología y psicología. Sobre estas áreas debe profundizar el Entrenador Personal, adaptando los contenidos a sus necesidades e intereses. Por supuesto, la actualización constante en cuanto a los nuevos avances tecnológicos, (equipamiento, indumentaria, sistemas de control, etc.) forman también parte de su especialización.

Las lesiones del aparato locomotor pueden producirse de manera fortuita, aunque siempre es necesario buscar una causa o un factor contribuyente (fatiga, equipamiento en mal estado, estado del terreno, mala ejecución técnica, etc.).

Las principales lesiones se producen por:

Uso excesivo

Existe cierta confusión en los términos, y a veces se utilizan de manera sinónima, sobreesfuerzo, sobrecarga, abuso, etc. Personalmente, me inclino por uso excesivo. Suelen ser lesiones que se producen por la repetición continua de un gesto que excede la capacidad física del deportista para realizar esa tarea. En otras ocasiones, la falta de recuperación es el camino para que se produzca la lesión.

Falta de aptitud física

Es un factor de riesgo importante para toda práctica deportiva. Las cargas de entrenamiento deben ajustarse progresivamente, en función de las necesidades de cada sujeto.

Choque o colisión con otro practicante

Los deportes de equipo, con contacto corporal, tienen una elevada incidencia de lesiones, y en muchos casos inevitables. La utilización de protecciones y el respeto de las reglas disminuyen su frecuencia.

Exceso de carga

Durante el entrenamiento de fuerza, el levantamiento de cargas elevadas es una causa frecuente de lesión. Una valoración adecuada y una periodización correcta permiten una práctica más segura.

Factores ambientales

La lluvia, la nieve, el barro, son factores contribuyentes en la mayoría de los deportes al aire libre. No sólo aumentan las lesiones traumáticas accidentales, sino también generan fuerzas que favorecen las lesiones por uso excesivo.

Factores relacionados al equipamiento

Un calzado deportivo defectuoso, o no indicado para nuestro deportista, puede aumentar las fuerzas que inciden sobre el miembro inferior, un equipamiento de musculación en mal estado puede ser mortal.

Accidentes en vehículos

El ciclismo de carretera, tan popular en nuestro medio, produce una cantidad de accidentes importante. Lamentablemente, todos los cuidados que tomemos son insuficientes.

Fallo en el tratamiento previo

En algunos casos, los tratamientos aunque bien indicados y realizados, dejan secuelas que pueden favorecer el desarrollo de lesiones secundarias.

Hemos citado algunas de las causas principales de lesiones, además, existen ciertos factores que de forma aislada, o actuando conjuntamente, deben ser considerados durante la prescripción del ejercicio con el fin de prevenir y disminuir la incidencia de lesiones.

Entre los principales **factores contribuyentes**, cabe destacar:

Edad

La deshidratación progresiva de los tejidos (cartílagos y tendones), y en general, la pérdida progresiva de forma física con el envejecimiento, constituyen un factor que no puede ser pasado por alto durante la prescripción del ejercicio.

Género

En algunos deportes de equipo, la frecuencia de lesiones ligamentosas del miembro inferior, (rodilla y tobillo) es mayor en mujeres que en hombres.

Aptitud motriz

En un estudio realizado en nuestra facultad con jugadores de padel, hemos hallado que los jugadores principiantes tienen más epicondilitis (codo de tenis), que los experimentados, quienes utilizan más la muñeca y hacen más epitrocleítis (codo de golf).

Genética

Lamentablemente, seleccionar a nuestros progenitores no está todavía a nuestro alcance.

Condición física

Es un factor contribuyente de gran importancia, ya que la fatiga, la fuerza insuficiente o la falta de flexibilidad, dejan al deportista en una situación deficitaria para enfrentarse a esfuerzos importantes.

Condición psicológica

El estrés, la ansiedad, la falta de concentración, afectan a la relación con nuestro cuerpo y con nuestro entorno.

Estado nutricional y orgánico general

Incide sobre la forma física en general, así como sobre la capacidad de recuperación.

Fatiga

Afecta al deportista, tanto física como psicológicamente.

Abuso de sustancias

En especial, las estimulantes, colocan al deportista en situación de riesgo.

Entorno

Muy competitivo y agresivo, puede crear en el deportista cierto estado emocional que le coloca en situación de riesgo.

Dolor

El dolor actúa disminuyendo la capacidad de contracción muscular, produciendo rigidez muscular excesiva, alterando la amplitud de movimiento, y, aunque estos elementos pueden servir de protección, producen modificaciones en la técnica de ejecución de los movimientos que pueden provocar lesiones de forma secundaria.

1.3. Clasificación de las lesiones deportivas

Según el mecanismo de acción, podemos clasificar las lesiones deportivas en dos categorías básicas:

- Lesiones traumáticas: Pueden ser de causa extrínseca, como por ejemplo, un golpe directo o una caída; o de causa intrínseca, como por ejemplo, una rotura fibrilar del gemelo al realizar un carrera rápida en tenis.
- Lesiones por uso excesivo: Se producen por una acción repetida durante el entrenamiento o la práctica deportiva. Un claro ejemplo, puede ser el hombro de nadador o el codo de tensita.

También podemos clasificar las lesiones en:

- Lesión primaria y secundaria.
- Lesión crónica y aguda.
- Según el área lesionada (ej. De rodilla).
- Específicas de un deporte (rodilla de saltador, codo de tensita).
- Según el tejido lesionado: lesiones de la piel, óseas, cartílago articular, ligamentosas, musculares, y nerviosas.

1.4. Tipos de lesiones

Lesiones musculares:

Rotura fibrilar:	Llamada (tirón), es una pequeña rotura de las fibras musculares. Frecuentemente se producen por una elongación brusca en un músculo.
Rotura muscular:	Las fuerzas que actúan sobre el músculo pueden ser tan grandes que a veces se puede llegar a la rotura completa.
Espasmo muscular:	una contracción sostenida del músculo. Puede estar causada, por ejemplo, por una rotura fibrilar muscular.
Contusión muscular:	Un golpe puede dañar los vasos sanguíneos, produciéndose una hemorragia muscular y la formación de un hematoma.

Dolor muscular tardío:	Las típicas agujetas. Molestias y dolor muscular que se produce 12-24 horas después de un esfuerzo excesivo
Atrofia muscular:	Se produce por la falta de inervación, la inmovilización y la falta de uso.
Miositis osificante:	Depósitos de calcio que se localizan en lesiones musculares (especialmente en el recto femoral).

Lesiones tendinosas

Tendinitis:	Inflamación que se produce por uso excesivo o presión sobre un tendón.
Microrrotura y rotura:	Las fuerzas que actúan durante el ejercicio pueden dañar un tendón. La edad es un factor que contribuye, ya que estos pierden elasticidad y se vuelven más susceptibles a las lesiones. En situaciones determinadas, la rotura puede ser completa.

Lesiones óseas

Periostitis:	La inflamación del periostio se produce por uso excesivo, y puede preceder a una fractura de estrés.
Fracturas:	Los huesos pueden fracturarse en deportes de contacto o por caídas.
Fractura de esfuerzo:	Una pequeña fisura en la capa laminar del hueso. La principal causa dentro del deporte es la pérdida de equilibrio, entre la actividad y la recuperación.

Además, y aunque no van a ser desarrolladas en este capítulo, podemos encontrar las lesiones de los cartílagos articulares, las lesiones nerviosas, e inclusive, lesiones que afectan al sistema venoso, y/o a distintos órganos de la economía.

1.5. Principios del tratamiento

La cantidad de lesiones que pueden producirse en el campo del ejercicio físico es amplia. No obstante, existen algunos denominadores comunes, o principios esenciales, para que una terapéutica sea exitosa

- Diagnóstico correcto y compresión del proceso fisiopatológico.
- Conocimiento de los requerimientos funcionales de los atletas en sus deportes específicos.
- Establecimiento de las objetivos del tratamiento y su progresión.
- Una evaluación realista y ajustada del posible pronóstico.

En una terapéutica efectiva, además, debe mantenerse la aptitud cardiovascular, la fuerza muscular y la flexibilidad, y desarrollarse una progresión funcional junto a la implementación de una serie de baterías de tests adecuados. Es en este apartado en donde el Entrenador Personal debidamente capacitado puede ser de gran ayuda para el médico y para el paciente.

1.6. Rehabilitación de las lesiones deportivas

La **rehabilitación** es un proceso terapéutico por el cual se intentan recuperar las facultades psicofísicas de un deportista que ha sufrido una lesión. Es una planificación ordenada, en fases sucesivas, con objetivos y actividades específicos para cada fase. En general, sus objetivos principales son:

- Disminuir el dolor
- Disminuir la inflamación
- Mantener la forma física
- Recuperar la forma física
- Recuperar la ejecución técnica
- Contrarrestar las secuelas psicológicas

El proceso de rehabilitación debe ser conducido por personal debidamente cualificado y legalmente autorizado para esa tarea (médicos, fisioterapeutas). Un Entrenador Personal, cuyo trabajo sea supervisado por un profesional de la salud, puede integrarse en este proceso.

Las fases de la rehabilitación corresponden a los distintos momentos de la curación de los tejidos. Existen tres momentos o fases principales:

1. Fase de inflamación
2. Fase de reparación
3. Fase de remodelación

1. Fase de inflamación

La respuesta inflamatoria o inflamación es un proceso generalizado, afectando los vasos sanguíneos y el tejido adyacente. Celsus (38 a.c-38 d.c). describió la respuesta inflamatoria como rubor y tumor con calor y dolor (enrojecimiento, hinchazón, calor y dolor). El enrojecimiento, y el aumento de temperatura, se atribuye a la respuesta vascular, caracterizada por el aumento de permeabilidad de los vasos sanguíneos y el aumento del flujo. El aumento de la presión hidrostática intracapilar, y el aumento de la permeabilidad de los vasos, producen el edema. El aumento de presión sobre los terminales nerviosos es la causa del dolor, siendo éste más pronunciado cuando existe compromiso de espacio. Una lesión produce una respuesta vasoconstrictora de origen nervioso, seguida tras unos minutos de una fase vasodilatadora durante la cual se produce el aumento de la permeabilidad vascular, permitiendo el flujo de sustancias desde los vasos a los tejidos circundantes. Estas sustancias son principalmente proteínas plasmáticas. El proceso inflamatorio es controlado principalmente por mediadores químicos (histamina, serotonina, bradiquinina, prostaglandinas y leucotrienos). El principal objetivo de la inflamación es constituir una primera línea defensiva contra las agresiones. En esta fase debe aplicarse el tratamiento inmediato.

2. Fase de reparación

Durante esta fase se tienden puentes fibrilares, cuyo intento es unir las estructuras dañadas. Pensemos en un cemento que tiende a unir y rellenar espacios. Es el momento de la inmovilización (de las estructuras lesionadas, no del sujeto). Frecuentemente, 3 semanas en los tejidos blandos.

3. Fase de remodelación

Por medio del movimiento se organiza la dirección de las fibras, y se recupera la función biológica de los tejidos. Es aquí donde el ejercicio físico es el principal arma terapéutica.

1.7. Tratamiento inmediato

Los anglosajones utilizan las siglas RICE (Rest, Ice, Compresión, Elevation). Es el tratamiento que se realiza en el momento de la lesión. Cuanto antes actuemos, más rápida será la recuperación, y menores serán las secuelas.

- Reposo: (preferimos el término reposo relativo). Se refiere a la inmovilización de las estructuras lesionadas
- Hielo: 20 m. cada 2 horas es un protocolo que puede utilizarse en todas las áreas corporales
- Compresión: con vendas elásticas, para controlar el edema
- Elevación: del miembro lesionado, también para controlar el edema.

2. LESIONES PRINCIPALES

Una vez revisados algunos conceptos básicos, podemos desarrollar algunas lesiones que, por su alta incidencia en la población que solicita los servicios de un Entrenador Personal, deben ser conocidas. Por otra parte, desarrollaremos particularmente algunas lesiones de tipo crónico, ya que van a condicionar la prescripción del ejercicio, y el ejercicio como terapéutica activa o coadyuvante. Es en este tipo de alteraciones donde el ejercicio físico ofrece sus mejores beneficios.

2.1. Hombro doloroso

Es un cuadro clínico caracterizado por dolor y limitación de la movilidad del hombro. Su comienzo es insidioso y lento. El dolor surge tras algunos movimientos concretos, o por la noche. Las molestias iniciales pueden ser muy leves, hasta que finalmente el dolor se hace más importante y produce una limitación de la movilidad.

Las causas del hombro doloroso pueden ser varias, pero las más frecuentes son la tendinitis del supraespinoso, la tendinitis de la porción larga del bíceps y el síndrome subacromial. El manguito de rotadores (subescapular, supraespinoso, infraespinoso y redondo menor) es un estructura de gran importancia en la biomecánica del hombro. Su función principal es estabilizar la cabeza humeral en la cavidad glenoidea. Por el uso repetido, desequilibrio muscular y errores en la técnica de ejecución de los movimientos, las estructuras se van deteriorando a lo largo de la vida. Los tendones son estructuras muy poco vascularizadas, por ello, no muestran tendencia espontánea a la curación. Por el contrario, las lesiones tienden a hacerse crónicas y a agravarse, pudiendo llegar a la rotura parcial o total. Por otra parte, entre la mayoría de movimientos que realizamos predominan los de rotación interna y la utilización de determinados músculos (pectoral mayor, dorsal ancho, redonde mayor, subescapular), quedando en franca desventaja la rotación externa (deltoides posterior, supraespinoso, redondo menor), pudiendo ser este desequilibrio otro factor predisponente.

Lo más importante de esta afección es que el dolor aparece con el movimiento de abducción y elevación del brazo, especialmente entre los 70º-100º de abducción. La falta de movilidad puede acentuarse con el tiempo, y la falta de uso, debilitará progresivamente las estructuras.

Una vez realizado el tratamiento farmacológico y la fisioterapia pasiva, en las fases inmediatas de la inflamación, es necesario comenzar el fortalecimiento progresivo. La necesidad de iniciar el ejercicio por la musculatura escapular es común a todos los protocolos de tratamiento. El acento debe ponerse en el fortalecimiento de romboides mayor y menor, trapecio (fibras medias e inferiores), angular del omóplato y serrato anterior.

Una vez superada esa fase, se pasará al fortalecimiento de los rotadores externos del hombro, combinado con el trabajo de flexibilidad. Finalmente, el objetivo será potenciar la musculatura: deltoides, pectoral, coracobraquial, dorsal ancho, bíceps y tríceps.

Cuando las características del individuo lo requieran (en función de su aptitud física y requisitos funcionales), se terminará el programa con ejercicios que mejoren la estabilidad funcional del hombro, especialmente, apoyos (superficies estables e inestables), suspensiones y lanzamientos.

Rotación externa del hombro a 0° de abducción con Theraband.

Rotación externa del hombro a 90° de abducción con Theraband.

Elevaciones frontales con rotación interna del hombro.
Acentúa la participación del supraespinoso.

Elevaciones laterales con rotación interna del hombro.
Acentúa la participación del supraespinoso.

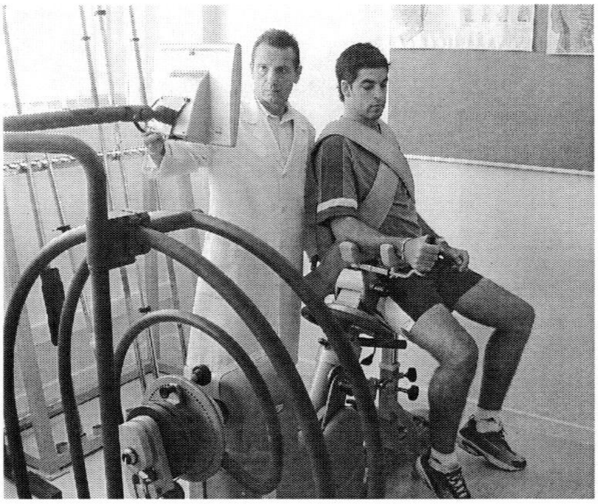

Total Shoulder de Technogym. Equipamiento que permite el entrenamiento de la rotación interna y externa del hombro a 0° y 90° de Abducción así como la valoración dinámica y la isométrica en varios puntos de la amplitud de movimiento.

2.2. Síndrome femoro-rotuliano

El síndrome femoro-rotuliano puede definirse como dolor retro-rotuliano o peri-rotuliano, debido a alteraciones físicas y biomecánicas en la articulación femoro-rotuliana. Debe distinguirse de la condromalacia, en donde existe lesión manifiesta en el cartílago rotuliano. Los pacientes con el síndrome femoro-rotuliano tienen dolor anterior de la rodilla cuando realizan actividad física, y éste se agrava al descender escaleras o cuestas. Frecuentemente, empeora con la posición sedente prolongada. Pueden estar afectadas una o ambas rodillas, y existe una falta de consenso sobre las causas que lo producen y el tratamiento a seguir.

Etiología y fisiopatología

La rótula se articula con la tróclea femoral. Son varias las fuerzas que actúan sobre la rótula para proporcionar estabilidad y mantener un deslizamiento (tracking) apropiado. Sobre la etiología de este síndrome existen varias teorías. Todas ellas encuentran su origen en causas constitucionales, biomecánicas y musculares, en donde el uso repetido es un factor contribuyente de gran importancia. En general, la experiencia clínica sugiere que su etiología es multifactorial. Entre los factores que predisponen, podemos encontrar los de origen biomecánico, los relacionados con la actividad física, los metabólicos y nutricionales, y las secuelas de traumatismos.

Factores biomecánicos

Ningún factor biomecánico único ha sido identificado como causa primaria, aunque se realizaron distintas hipótesis con algunos de ellos. Algunas características constitucionales, como la forma de la rótula o la posición inciden sobre el comportamiento de la articulación. Entre los factores biomecánicos más comunes encontramos:

Genu valgo y varo

El ángulo de carga de la rodilla facilitará la desviación de la rótula hacia uno de los lados. En el genu valgo, la rótula tenderá a desplazarse en dirección lateral (de igual forma que en el valgo fisiológico), desviación que puede ser compensada por una musculatura adecuada, pero que deberá soportar cargas mayores que en la situación normal.

Ángulo Q

Es el ángulo comprendido entre dos líneas que pasan por la rodilla. Una se prolonga desde la tuberosidad tibial hasta el centro de la rótula. La otra, desde el centro de la rótula a la espina iliaca anteroinferior (siguiendo la línea del cuádriceps). El ángulo Q es mayor en las mujeres, el genu valgo y la rotación tibial externa. Se consideran valores comunes entre 7° y 15°. Valores superiores aumentan la probabilidad de padecer alteraciones rotulianas.

Pie plano y pronación

Aunque son cuadros diferentes, estos términos se utilizan frecuentemente de manera intercambiable. La pronación es una combinación de eversión, flexión dorsal y abducción del pie. Esta condición ocurre frecuentemente en pacientes que tienen una deficiencia en el soporte del arco medial. La pronación del pie causa una rotación interna de la tibia o del fémur (anteversión femoral), que desajusta el mecanismo femoro-rotuliano. Esta es la premisa por la que se utilizan órtesis (soporte del arco y cuña supinadora) en estos pacientes.

Pie cavo

Comparado con el pie normal, el pie cavo proporciona menos amortiguación en la pierna cuando toma contacto con el suelo, produciendo más carga sobre el mecanismo femoro-rotuliano. Estas cargas aumentan de forma importante durante la carrera y el salto. El calzado adecuado y la utilización de órtesis compensadoras pueden colaborar en la mejoría del proceso.

Causas musculares

La debilidad o la falta de flexibilidad de algunas estructuras musculares pueden desplazar la rótula durante su movimiento. Entre ellas citaremos:

- Debilidad del cuadriceps
- Debilidad del Vasto interno oblícuo
- Acortamiento de la fascia latae, o banda iliotibial
- Acortamiento de los isquiotibiales
- Debilidad o tensión de las músculos de la cadera (adductores, abductores, rotadores externos)
- Acortamiento de gemelos y sóleo

Sobreuso y sobrecarga

Como la flexión de rodilla aumenta la presión entre la rótula, el síndrome de dolor femoro-rotuliano se clasifica como una lesión por uso repetido. El impacto de la carga del peso corporal puede ser un factor contribuyente en corredores. Las escaleras, las superficies irregulares y las cuestas tienden a agravarlo. El entrenamiento con sentadillas, multisaltos, steps, tiende a agravar el cuadro. Una vez que el síndrome se desarrolla, inclusive el estar sentado de forma prolongada, aumenta la clínica debido a la presión de la rótula contra el fémur.

Factores metabólicos y nutricionales

Aunque no claramente definidos, han dado origen a distintas terapéuticas por medio de nutrientes, con el objetivo de facilitar la renovación y producción de los componentes ultraestructurales de los cartílagos. Entre los tratamientos más utilizados, podemos citar el sulfato de glucosamina, el sulfato de condroitina, los complejos vitamínicos y el cartílago de tiburón.

Prescripción del ejercicio

El fortalecimiento del cuádriceps con la pierna extendida (isometría del cuádriceps a 0º), es el ejercicio más recomendado. También los estiramientos de músculos de la cadera, isquiotibiales y gemelos, así como de la banda iliotibial.

La disminución de las fuerzas de comprensión es otro factor importante a considerar. Las sentadillas, la práctica de steps, las posiciones isométricas en flexión de rodilla, y el apoyo sobre la rótula (arrodillado en el suelo), tienden a agravar la sintomatología en las fases agudas. Existe cierto consenso clínico que la bicicleta estática y la natación terapéutica son actividades ideales para mantener la actividad en la zona, inclusive en fases de dolor. Los ejercicios isométricos con la pierna extendida también pueden ser utilizados durante estas etapas. Una vez mejorada la clínica, puede agregarse otro tipo de ejercicios del miembro inferior, en función de los objetivos de actividad física del individuo.

Una valoración adecuada, un tratamiento médico farmacológico, la utilización de ortesis y el entrenamiento del VMO con electroestimulación, son la base del tratamiento, debiendo la práctica de ejercicio físico regular adaptarse a las características clínicas del proceso.

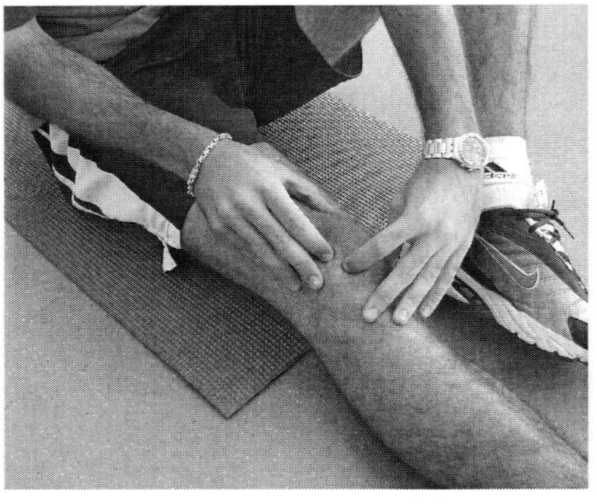

Movilizaciones de rótula con el objetivo de flexibilizar las estructuras

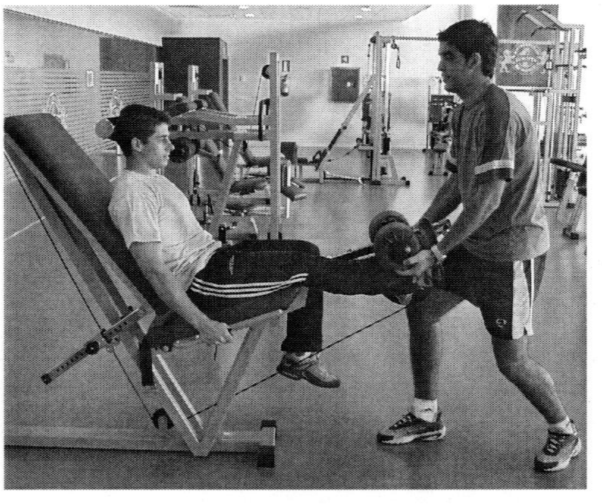

Fuerza isométrica del cuádriceps a 0º. El EP asiste colocando y retirando la carga

2.3. Dolor lumbar

El dolor lumbar es uno de los problemas médicos más costosos en las sociedades industrializadas. En Estados Unidos ha sido estimado que ocho de cada diez personas experimentarán dolor lumbar alguna vez en sus vidas (Kelssey, White, Pastides y Bisbee, 1979). En nuestro país, el dolor lumbar provoca unos 2 millones de consultas anuales, es la primera causa de morbilidad en menores de 50 años y la tercera en mayores de esa edad. Para la Agencia Europea para la Seguridad y la Salud en el Trabajo, los trastornos dorso-lumbares de origen laboral, en los que se incluye el dolor y las lesiones de carácter lumbar, constituyen un problema significativo y de carácter creciente en Europa. Los datos de la Encuesta Europea sobre las condiciones de trabajo (Fundación Europea para la mejora de las condiciones de vida y del trabajo, 1996), revelan que el 30% de los trabajadores europeos padecen dolor lumbar, y que éste constituye el primero de los trastornos de origen laboral del que se informa.

En el estudio Incapacidad por el dolor lumbar en España (González y Condón, 2000), realizado entre la población española ocupada entre 1993 y 1997, obteniendo la información del Ministerio de Trabajo y Asuntos Sociales y el I.N.E., se concluye que:

- El dolor lumbar ocasionó un 11,4 % de las bajas laborales en el período estudiado.
- La media de lumbalgias año fue de 55.338.
- La media de número de días de IT por lumbalgia fue de 21,9 días.
- El coste anual por absentismo laboral fue de 209.666 pts/trabajador.
- Esta cantidad no incluye los gastos estimados de consulta médica y pruebas complementarias.

En función de lo anterior, puede afirmarse que el dolor lumbar es un importante problema médico y social, que tiene como consecuencia la discapacidad, el absentismo laboral y unos elevados costes sanitarios. La proporción de casos en los que es posible llegar a una causa específica de dolor es bastante reducida. Únicamente en 15-20 % de ellos puede hacerse un diagnóstico etiológico, y las infecciones, tumores o enfermedades inflamatorias vertebrales sólo constituyen un 3-4% del total. Por lo tanto, el 85 % de los casos corresponden a lumbalgia inespecífica, en la que no es posible determinar la causa (Borenstein, 1999). En los pacientes cuyos síntomas se solucionan, las recaídas son frecuentes. (Rossignol, Sussisa y Abenheim, 1988; Frymoyer et. al., 1985).

La elevada incidencia, el coste de la incapacidad, y el elevado índice de recaída se suman a un problema de proporciones epidémicas. En su artículo ganador del premio Volvo, Waddell afirmaba: "El tratamiento médico convencional para el dolor lumbar ha fracasado, y el papel de la medicina en la presente epidemia debe ser examinado críticamente" (Waddell, 1987). El dolor lumbar es un problema de salud pública, es un síntoma subvalorado en la práctica médica actual, lo que origina tratamientos que no se adaptan a la seriedad e importancia de la situación. Las técnicas utilizadas en el alivio del dolor lumbar crónico (dolor de más de 3 meses de duración), pueden clasificarse en terapéuticas activas y pasivas.

- Entre las **pasivas** destacaremos la terapéutica farmacológica, las distintas modalidades que utiliza la fisioterapia (Tens, diatermia, masajes, etc.), u otras terapéuticas médicas alternativas, como la acupuntura y la homeopatía.

- Las terapéuticas **activas** implican el esfuerzo físico del paciente y van dirigidas a mejorar la función y conseguir una condición física adecuada, para desempeñarse en las tareas de la vida cotidiana y en las actividades de ocio. Es evidente que la combinación de ambas formas de terapia conseguirá los máximos beneficios sobre el estado general del paciente, es decir, eliminar o disminuir el dolor, y conseguir una verdadera recuperación de la función.

Si el tratamiento se centra sólo en el alivio del dolor y se ignora el restablecimiento funcional, las recurrencias dolorosas son más probables (Hering, 1990). Los programas terapéuticos deben ir encaminados a restablecer la función, mejorando las condiciones físicas y psicológicas del paciente. Con un enfoque terapéutico de restauración funcional, Mayer y cols. (1987), permitieron que un 87% de personas incapacitadas volvieran al trabajo, en contraste con sólo el 41% de un grupo de comparación.

La rehabilitación debe tratar el desacondicionamiento físico, y si es necesario el psicológico, que acompaña a los síndromes de dolor más persistentes (Liebenson, 1999). Los esfuerzos de rehabilitación activos, usando un modelo de medicina deportiva dirigido a un rápido regreso al trabajo, junto a una intervención ergonómica, han reemplazado muchos de los enfoques pasivos tradicionales (Feuerstein, 1991). El desuso muscular conduce a la debilidad, la incoordinación, la atrofia y la pérdida de flexibilidad. La inmovilización articular lleva a la desmineralización, adhesiones capsulares y a una menor tolerancia a la tensión ligamentaria (incluyendo la debilidad anular) (Liebenson, 1999).

Muchos estudios indican una cierta relación entre la disminución de la fuerza muscular y el dolor lumbar. Chaffin et al. (1978) demostraron la existencia de una relación inversa entre la fuerza muscular y la mayor incidencia de dolor lumbar. Cady et al. (1979) encontraron una menor fuerza y capacidad de resistencia de elevación isométrica en bomberos, que posteriormente desarrollaron episodios de dolor lumbar. Melleby et al. (1982) afirmaron que, aproximadamente, el 80% de todos los problemas lumbares eran de origen muscular, y en los pacientes afectados de dolor lumbar crónico se encuentra una deficiencia de fuerza lumbar extensora. Los estudios de Risch et al (1993) y Legget et. al (1999) han detectado también esa deficiencia. Biering-Sorensen (1984) comunicó que individuos con el mayor número de recurrencias de dolor lumbar, tenían una menor fuerza muscular isométrica en la flexión y extensión del tronco.

Ejercicio físico en la prevención y el tratamiento

En los últimos 20 años se ha producido una evolución progresiva en la forma de concebir el tratamiento y la prevención del dolor lumbar crónico. Esos nuevos conceptos atañen al manejo diagnóstico, la clasificación y las recomendaciones generales.

Considerando que la actividad física podía ser un factor de riesgo, y potencialmente agravar el cuadro clínico, una de las conductas más extendidas era recomendar el reposo en cama en las situaciones de recidiva del dolor y especialmente, la limitación de la actividad de forma permanente en el dolor lumbar crónico. Sin embargo, a partir de las sugerencias de varios autores, que postularon que el síndrome de desacondicionamiento físico podía ser un factor que perpetuara el proceso, fue calando de forma progresiva la idea de que el ejercicio físico terapéutico podría, al menos, contrarrestar los cambios fisiológicos producidos por la inactividad. El rápido regreso a la actividad es deseable (Deyo, Diehl y Rosenthal, 1986; Gilbert, 1985) y debe estimularse un aumento en la actividad y el ejercicio, inclusive cuando exista un mínimo disconfort (Fordyce et al, 1986).

El ejercicio físico ha sido utilizado de forma empírica como tratamiento del dolor lumbar. La Paris Task Force (Abenhain, Rossignol, Nordin, et. al, 2000), ordenó una clasificación de definiciones de ejercicios en 6 grandes grupos, en un intento de resaltar y delimitar sus componentes esenciales.

Clasificación de los ejercicios según el grupo de expertos de la Paris Task Force:

- Tipo de movimientos de columna
- Naturaleza del ejercicio
- Tipo de ejercicio
- Parámetros de ejercicio
- Técnicas específicas de evaluación del ejercicio
- Técnicas específicas de ejercicio

En general, los distintos tipos de ejercicio han sido utilizados en pacientes con dolor lumbar con la intención de fortalecer la musculatura de la zona media del tronco (abdominales y extensores de raquis), estirar la musculatura, los tendones y los ligamentos, mejorar la capacidad de resistencia general aeróbica, o mejorar la coordinación y estabilización de la columna lumbar.

Han sido realizados varios ensayos clínicos para valorar la eficacia del ejercicio aeróbico en el tratamiento de pacientes con dolor lumbar crónico (Mannion et al., 2001) Se han empleado el Aeróbic de bajo impacto, la bicicleta estática y la marcha como ejercicio en distintos ensayos. La utilización del ejercicio aeróbico se basa en que las personas en baja forma física tienden a fatigarse rápidamente cuando realizan movimientos repetitivos, y por lo tanto, pueden ser más susceptibles a la lesión de espalda. Además, las actividades que involucran grandes grupos musculares pueden incrementar la secreción endógena de endorfinas (Thorén et al., 1990). Es importante recordar también que el ejercicio aeróbico provoca cambios psicológicos, reduciendo la ansiedad y la depresión, y ello puede influir sobre la percepción del dolor (Romano, Turner, 1985; Blumenthal et al., 1982).

Los ejercicios de estiramiento son muy utilizados en los programas de ejercicio terapéutico para el dolor lumbar, con el objetivo de mejorar la movilidad de la columna, y elongar músculos y ligamentos. Kraus, en 1965, ya comunicó sus posibles beneficios. Suelen asociarse con ejercicios de relajación, y estos últimos han demostrado beneficios sobre el estado de ánimo y el dolor.

A principios de 1930, Williams (Williams, 1965) popularizó los ejercicios isométricos de flexión, realizados con el propio cuerpo. Todavía algunos mecanismos de acción descritos por este autor son utilizados para justificar la utilización de determinados ejercicios en programas actuales.

Según Williams, los ejercicios de flexión:

1. Ensanchan el agujero intervertebral, reduciendo la compresión de las raíces nerviosas.
2. Estiran los flexores de la cadera y los extensores de columna.
3. Fortalecen la musculatura abdominal y glútea.
4. Reducen la fijación posterior de la charnela lumbo-sacra.

Encontramos una importante utilización de estos ejercicios en los programas tradicionales de fortalecimiento en gimnasio.

Mackenzie popularizó los ejercicios de extensión. Conocidos como, ejercicios de McKenzie, son los preferidos por muchos terapeutas para el tratamiento del dolor lumbar (McKenzie, 1979). El autor propuso que este tipo de ejercicios:

1. Mejoran la movilidad de la columna.
2. Restauran la lordosis fisiológica.
3. Empujan el núcleo pulposo hacia el centro del disco intervertebral.

La realidad es que los ejercicios de McKenzie incluyen, no sólo ejercicios de extensión, sino también movimientos de flexión y lateralización, prescritos en función de la clínica y del alivio de los síntomas (Gillan et al., 1998).

Otra de las líneas principales del ejercicio terapéutico es el entrenamiento de fuerza aplicando resistencia progresiva, que aunque es realizada con ejercicios de flexión, extensión, lateralización o rotación del tronco, no debe ser confundida con las formas de ejercicio anteriores, que generalmente se realizan sin resistencia, o a lo sumo utilizando el propio cuerpo como sobrecarga. Los ejercicios de fuerza con resistencia progresiva se han desarrollado en estrecha relación con el equipamiento que permite su ejecución, y en sintonía con las nuevas posibilidades que ofrece la valoración (comparación de resultados, valores de referencia, etc.). Entre ello es interesante destacar el equipamiento Lumbar Extensión (Medx, Ocala) y los artículos publicados por Pollock et al., 1989; Graves et al., 1990, y Risch et al., 1993, y la más reciente aparición en el mercado de Total Trunk (Technogym, Italia).

Actualmente existen otras líneas importantes de ejercicio que se basan en el concepto teórico de estabilización. Entre los más importantes, encontramos el entrenamiento de estabilización de la columna lumbar y el método Pilates. El modelo de estabilización de la columna vertebral de Panjabi, es el marco teórico de donde puede desprenderse la práctica (Panjabi, 1992a, 1992b, 1994). Ese autor propone que la estabilidad de la columna está asegurada por 3 subsistemas en equilibrio. Un subsistema de control (sistema nervioso), un subsistema de estabilidad pasiva (vértebras, cuerpos vertebrales, ligamentos) y un subsistema de estabilidad activa (músculos y tendones). Cuando existe una deficiencia en uno de los subsistemas los otros toman el relevo. Estos métodos de entrenamiento de la zona media (abdominal-lumbar), tienen en común que se realizan ejercicios con las extremidades (superiores e inferiores), con el fin de conseguir una estabilización refleja de la zona media. Estas formas de ejercicio consideran de especial importancia el papel que juega la activación del transverso del abdomen y los multífidos en la estabilización de la columna vertebral (O´Sullivan y Allison, 1997).

Existen sólidas evidencias de que el ejercicio físico es el mejor agente terapéutico en el tratamiento del dolor lumbar crónico. Por otra parte, en función de los conocimientos actuales parece lógico considerar que un ejercicio físico que comprenda ejercicio aeróbico, entrenamiento de fuerza y resistencia muscular general y localizada, entrenamiento de la flexibilidad, y todo ello organizado en función de los requisitos funcionales, y completado por ejercicios de propiocepción y de estabilización, ofrecerá beneficios superiores. Esta hipótesis todavía debe ser contrastada.

Para concluir, es necesario resaltar nuevamente que la terapéutica del dolor lumbar y especialmente del dolor lumbar crónico, no debe estar únicamente centrada en el alivio del dolor sino en recuperar la fuerza, resistencia y movilidad normal de la zona lumbar, así como conseguir un acondicionamiento físico general. Un programa de ejercicio físico específico y adaptado, será la mejor arma terapéutica para conseguir que los pacientes recuperen la sensación de bienestar psicofísico y puedan contrarrestar su discapacidad. Existen importantes evidencias científicas para esperar un pronóstico favorable en cuanto a la sintomatología clínica, retorno al trabajo y mejora de la calidad de vida.

Ejercicio de estabilización zona media con Fitball.

Ejercicio de estabilización zona media con Fitball. Mayor nivel de dificultad.

Press de pecho con tensores utilizado como ejercicio desestabilización zona media.

Equipamiento Total Trunk de Techogym. Permite la valoración isométrica y dinámica de la musculatura flexora y la extensora del tronco.

2.4. Artrosis

Los procesos de síntesis y degradación del colágeno se encuentran en equilibrio en el adulto sano, sin embargo, es frecuente encontrar unas articulaciones desgastadas e inflamadas en el anciano. En la artrosis se alteran los procesos reparadores, y el cartílago articular se va destruyendo. La artrosis define al deterioro progresivo del cartílago articular. Si bien todas las estructuras articulares pueden estar afectadas, los cambios anatómicos se localizan principalmente en el cartílago articular y en el hueso yuxta-articular.

Las alteraciones comienzan por el deterioro de la superficie del cartílago, perdiendo su estructura elástica y erosionándose. El hueso que se encuentra por debajo, en un intento de mantener la estabilidad, prolifera por los lados formado osteofitos. La membrana sinovial también sufre cambios, produciendo una abundante cantidad de líquido. La articulación se inflama y fragmentos de cartílago articular pueden soltarse dentro de la cavidad articular.

Los cartílagos hialinos articulares no están inervados, por ellos esta fase es asintomática. Cuando la alteración progresa y se destruye totalmente el cartílago, el hueso inmediatamente por debajo sufre cambios y se reflejan en un aumento de la clínica.

Se calcula que aproximadamente el 90 % de la población mayor de 60 años presenta un cierto grado de artrosis. A pesar de que la artrosis es la más común de las enfermedades reumáticas, su patogénesis no está perfectamente aclarada. Se ha descrito una cierta predisposición genética hacia esta enfermedad. Su frecuencia aumenta en personas mayores, mujeres, en obesos y después de haber sufrido traumatismos articulares. También puede aparecer de manera secundaria a inestabilidad articular. La artrosis suele presentarse en las zonas que soportan peso (el sobrepeso lo agrava, aunque no existe investigación que lo confirme). Se produce dolor y rigidez y estos síntomas hacen que se mueva menos, lo que provoca mayor debilidad y rigidez muscular.

Resumiendo, las causas más importantes que conducen a esta enfermedad son:

- Genéticas
- Envejecimiento
- Obesidad

- Exceso de uso
- Inestabilidad o deterioro articular por lesión previa

Las articulaciones más afectadas son las caderas, las rodillas, la columna y la articulación distal de los dedos de la mano. La artrosis se desarrolla de manera progresiva a lo largo de los años. Los síntomas principales son dolor, hinchazón articular, y rigidez al realizar los primeros movimientos. El dolor agrava de manera importante después de los esfuerzos físicos. Con el tiempo, el dolor puede ser constante e interferir las actividades de la vida cotidiana.

Artrosis de la columna vertebral

Artrosis cervical

Se manifiesta por dolor en la parte posterior del cuello. Puede irradiar a los hombros. En las radiografías puede apreciarse la presencia de osteofitos (crecimiento óseo en el margen articular y el pinzamiento (disminución del espacio) de los discos intervertebrales. Las alteraciones posturales sostenidas en el tiempo son causa importante de este tipo de artrosis.

Artrosis dorsal

Rara vez ocasiona dolor o molestias

Artrosis lumbar

Esta zona de la columna soporta bastante peso corporal y los procesos suelen ser dolorosos. Los cambios radiológicos son semejantes a los observados en otras zonas de la columna.

Artrosis de cadera

Dificulta la marcha y la movilidad de la cadera, que se encuentra limitada especialmente en los movimientos de flexión y rotación interna. Puede existir una pérdida de masa muscular progresiva que dificultará aún más la marcha e interferirá con los movimientos de la vida cotidiana.

Artrosis de la mano

Afecta a las articulaciones interfalángicas distales, las interfalángicas proximales y la primera carpometacarpiana. La predisposición familiar es importante en este tipo de alteración. Los trabajadores manuales y los practicantes de escalada en el campo deportivo son un grupo de población en riesgo.

Diagnóstico

Debe ser realizado por un médico. Se realiza en función de la historia clínica, exploración física y pruebas complementarias. La radiografía aporta datos suficientes en el diagnóstico inicial de la artrosis. Es importante realizar, además del diagnóstico de la lesión, una valoración de la incapacidad asociada y de los requisitos funcionales del paciente.

Tratamiento

Dentro de las terapéuticas pasivas, el tratamiento farmacológico (antiinflamatorios), la nutriterapia (sulfato de glucosamina, vitaminas, antioxidantes, etc.), el calor (hidrocolatos, parafina), y las técnicas de fisioterapia pasiva (masajes, estiramientos) son muy utilizados. La medicina alternativa (homeopatía, acupuntura), también ofrece resultados interesantes en la disminución del dolor y la inflamación. Sin embargo, el ejercicio físico empleado como agente terapéutico produce también cambios clínicos importantes y es el único que puede contrarrestar la pérdida progresiva de la función.

Efectos del entrenamiento físico

Las personas con artrosis pueden participar en un programa regular de ejercicio físico, con el fin de mantener la función cardiovascular, mejorar la flexibilidad y la fuerza muscular. La mejora de la capacidad aeróbica, la fuerza y la flexibilidad se asocia con la disminución de la inflamación articular y el dolor, una mayor eficacia en el desempeño de las actividades de la vida cotidiana y una disminución de los cuadros de depresión y ansiedad. Uno de los beneficios más inmediatos del ejercicio físico es contrarrestar los efectos negativos producidos por la inactividad.

Objetivos generales

Semejantes que los recomendados para la población general (aeróbico, fuerza y flexibilidad), adaptadas a las características del cliente. Utilizar actividades de bajo impacto y que no conlleven una gran sobrecarga articular.

Objetivos específicos

Aumento o mantenimiento de la amplitud de movimiento por medio de estiramientos, y movilización articular.

Aumento o mantenimiento de la fuerza, utilizando amplitudes de movimiento no dolorosas, inclusive ejercicio isométrico, con el fin de contrarrestar el deterioro muscular progresivo.

Ejercicios propioceptivos y de equilibrio, para mejorar la estabilidad articular y la seguridad en la marcha.

Por supuesto, un calzado que absorba los impactos, la utilización de ortesis que permitan una buena alineación articular y medidas de ayuda al realizar las actividades de la vida cotidiana.

La natación terapéutica ofrece grandes ventajas en los pacientes afectados de artrosis de las extremidades inferiores, ya que permite desarrollar mayores cargas de trabajo sin impacto.

De todas maneras, la prescripción del ejercicio físico debe ser altamente individualizada en función de las características individuales y de las necesidades funcionales del cliente.

Incluimos a continuación la tabla-resumen de recomendaciones emitidas por el ACSM (2000) para la prevención y tratamiento de la zona lumbar.

Tipo de ejercicio	Intensidad	Volumen	Frecuencia
Aeróbico de bajo impacto	40-60 % VO^2 max 50-65 % de la Fcmax. 12-14 RPE	20-30 min. al día	3-5 sesiones/semana
Ejercicios de fuerza Isométrica	40-60 % de la contracción voluntaria máxima	1-10 contracciones mantenidas 1-6 seg de las musculatura involucrada en el trastorno	Diario
Dinámica	40%-69% de 1RM	1-2 series de 8-15 rep.	2-3 sesiones/semanar
Ejercicios de flexibilidad	Inicio: Movilización dentro de la amplitud de movimiento. Progresión: Al final del a amplitud de movimientor.	1 serie de 5-15 seg por músculoProgresar a 3-5 series de 20-30 seg. por músculo	Diario

Tabla 7.1. Recomendaciones para la prevención y el tratamiento del dolor lumbar (ACSM, 2000).

2.5. Osteoporosis

La disminución de la actividad formadora de hueso después de los 35 años, provoca en todos los seres humanos una pérdida progresiva de masa ósea. Este fenómeno ha sido observado en todas las razas, geografías y épocas históricas. Los hábitos dietéticos y la práctica de actividad física a lo largo de la vida puede limitar esta pérdida, pero casi todos las personas mayores, hombres y mujeres en las sociedades industrializadas tienen un cierto grado de osteopenia. Esto es un inconveniente porque la resistencia a la fractura es determinada en gran parte por la masa ósea. Una vez que la osteopenia es lo suficientemente importante para producirse una fractura por un mínimo trauma, como una caída, se define clínicamente como osteoporosis.

En los individuos mayores de 60 años encontramos desde una benigna osteopenia, hasta una importante osteoporosis, capaz de terminar en una fractura. Las mujeres comienzan a perder masa ósea a edad temprana y pueden tener una aceleración en esta pérdida en los 3 a 5 años siguientes a la menopausia ya que los efectos de la falta de estrógenos se suman a la pérdida ósea asociada a la edad. Este hecho, junto a un bajo pico óseo alcanzado a edad juvenil, explica la mayor incidencia de fracturas osteoporóticas en la mujer que en el hombre.

Existen varios tipos de osteopororosis, divididos generalmente en: osteoporosis primaria y osteoporosis secundaria. La osteoporosis primaria se clasifica en tipo I y tipo II.

La **osteoporosis tipo I** es postmenopáusica, por lo que es propia de las mujeres. El hueso trabecular (esponjoso), que se halla principalmente en vértebras, pelvis y demás huesos planos, es el que se ve principalmente afectado. Es el tipo de osteoporósis que se encuentra habitualmente en las fracturas por aplastamiento vertebral, y en la fractura de Colles de antebrazo.

La **osteoporosis tipo II** aparece tanto en hombres como en mujeres, ocasionando una pérdida de hueso trabecular y cortical (compacto). Este estado afecta principalmente a las diáfisis de los huesos largos del esqueleto, produciendo fracturas del fémur proximal y de las apófisis vertebrales.

	Osteoporosis Tipo I	**Osteoporosis Tipo II**
Edad de comienzo	50-75	+ de 70
Tipo de pérdida ósea	Trabecular	Trabecular + cortical
Fracturas	Vértebras, muñecas	Vertebras, cadera

Tabla 7.2. Características principales de las manifestaciones de la osteoporosis.

Factores de riesgo en la osteoporosis

Existen ciertos factores de riesgo que contribuyen al desarrollo de la osteoporosis. Entre ellos destacamos:

- Sexo femenino
- Edad avanzada
- Raza asiática o blanca
- Historia familiar de enfermedad
- Bajo peso corporal
- Menopausia prematura
- Amenorrea premenopaúsica prolongada
- Nulípara
- Falta de actividad física
- Tabaco
- Alcohol
- Baja ingesta de calcio

Prescripción del ejercicio físico

Un programa equilibrado en ejercicio aeróbico, fuerza y flexibilidad puede ser beneficioso para contrarrestar la osteoporosis. Ya que las adaptaciones en el hueso son específicas de las extremidades utilizadas, un programa que incluya ejercicios del tren superior e inferior es el indicado. Por supuesto, no deben ser subestimados los ejercicios del tronco, especialmente de los músculos extensores.

Los ejercicios de suelo, y algunos de fuerza, deben ser modificados para evitar realizar una flexión máxima de tronco. Este tipo de ejercicio puede crear fracturas vertebrales en las personas con osteoporosis establecida. Si las fracturas vertebrales, la osteoporosis grave o el dolor lumbar, impiden la participación en programas regulares de ejercicio. La natación terapéutica, caminar en el agua o los ejercicios en la silla pueden ser una alternativa saludable. Por supuesto, no tienen el mismo resultado que los programas intensivos de fuerza sobre el metabolismo óseo, pero permiten conseguir importantes beneficios generales.

3. CONSIDERACIONES FINALES

Hemos desarrollado unos conceptos generales, y abordado una serie de cuadros, que van desde la casi normalidad de la descompensación muscular, a la alteración patológica de las estructuras con presencia de manifestaciones clínicas. Es evidente, que la prevención es la mejor arma para combatir estos padecimientos y la labor del EP es insuperable si éste tiene los conocimientos y aptitudes necesarias para conducir este proceso. Por otra parte, la estrecha colaboración con médicos y fisioterapeutas, permitirá constituir un sólido equipo de trabajo que será capaz de solucionar o al menos aliviar los procesos avanzados. El coste que asume un cliente al contratar un EP, exige una garantía de seguridad y eficacia, que en pocos casos éste podrá garantizar de forma individual. El trabajo en equipo permite sumar conocimientos y multiplicar los efectos beneficiosos que el cliente espera.

Capítulo VIII

Entrevista inicial: identificación de objetivos y necesidades del cliente

Dr. Alfonso Jiménez Gutiérrez
Doctor en Ciencias de la Actividad Física y el Deporte (ULE)
Licenciado en Educación Física (UPM)
CSCS, NSCA-CPT
Profesor de Actividad Física y Salud
Director del Dpto. de Fundamentos de la Motricidad y del Entrenamiento Deportivo
Facultad de Ciencias de la Actividad Física y el Deporte
Universidad Europea de Madrid
Socio-Director de Proyect@Fit (www.proyectafit.com)
Servicios de Consultoría Especializada para Instalaciones Deportivas
alfonso.jimenez@uem.es

1. LA ENTREVISTA INICIAL. FASE PRELIMINAR EN LA SISTEMATIZACIÓN DEL PROCESO DE ENTRENAMIENTO

Según Rodríguez (1995), la prescripción del ejercicio puede ser definida como el *proceso mediante el cual se recomienda a una persona un régimen de actividad física de manera sistemática e individualizada.* Esta definición coincide claramente con la aportada por otros autores, como Campaigne y Lampman (1994), y Gordon (1995), aunque desde nuestro punto de vista es necesario destacar tres conceptos claves al respecto.

Por un lado, la prescripción es un *proceso*, lo cual conlleva una continua extensión en el tiempo; por otro, y relacionado con el anterior, el ejercicio debe ser formulado de una forma sistemática, esto es, organizada y relacionada adecuadamente en función de la dinámica de los estímulos y las necesidades de recuperación; y por último, necesariamente también debe ser *individualizada*, es decir, adaptada a las capacidades, necesidades e intereses de cada individuo. Esta prescripción debe incluir el *tipo, intensidad, duración, frecuencia y progresión de la actividad física.* Al conjunto ordenado y sistemático de recomendaciones podemos llamarlo *programa de ejercicio físico* (Rodríguez, 1995).

Una correcta prescripción de ejercicio físico, individualizada y sistematizada, requiere de metodologías apropiadas para evaluar las necesidades y carencias específicas de cada individuo (Rodríguez, 1994, 1995). Así, la prescripción deberá realizarse teniendo en cuenta la historia médica individual del sujeto, el perfil de factores de riesgo, las características conductuales y los objetivos y preferencias personales.

1.1. Objetivos de la entrevista inicial

Para el ACSM (1999, 2000) los objetivos fundamentales de esta entrevista inicial serían:

- Identificar y excluir a aquellas personas que tengan contraindicaciones para hacer ejercicio.
- Identificar a aquellas personas con síntomas de alguna enfermedad y/o con factores de riesgo, que deban someterse a un reconocimiento médico antes de comenzar un programa de ejercicio.
- Identificar a personas que, por padecer alguna enfermedad clínicamente importante, deberían participar en un programa de ejercicio supervisado por médicos.
- Identificar a personas con otras necesidades especiales.

El objetivo fundamental de esta prescripción de ejercicio será ayudar a las personas a incrementar su nivel de actividad física habitual. A su vez, los objetivos específicos variarán en función de los intereses de cada persona, sus necesidades, entorno y estado de salud. Según Rodríguez (1995), en la mayoría de los casos se prescribe ejercicio para: 1) mejorar la aptitud física; 2) mejorar la salud reduciendo el riesgo futuro de desarrollar enfermedades o volver a padecer ciertas enfermedades; y 3) mejorar la seguridad al hacer ejercicio.

Ahora bien, esta visión del proceso de prescripción, planteada desde un punto de vista exclusivamente médico, ha limitado, en nuestra modesta opinión, las posibilidades de diseñar programas de actividad física rigurosos, sistemáticos y realmente individualizados, capaces de facilitar las condiciones de la práctica al sujeto, y de proporcionarle experiencias positivas, especialmente cuando es principiante. En realidad, parece que las propuestas de ejercicio son extraordinariamente específicas para los sujetos especialmente dotados y entrenados (deportistas de alto nivel), y alarmantemente genéricas e indiferenciadas para la población general, que por regla general dispone de menos capacidades físicas y presenta mayores riesgos de salud asociados a la ausencia de ejercicio. Es por ello, por lo que consideramos que este proceso de prescripción del ejercicio debería redefinirse, y ser denominado como *sistematización del proceso de entrenamiento* (Jiménez, 2003).

Como tal proceso de entrenamiento, este implica la *mejora sistemática y progresiva de las capacidades físicas del sujeto* (Weineck, 1988). Y esta mejora sistemática y progresiva va a poder materializarse gracias a una correcta planificación de todos los factores que influyen en la misma (características individuales del sujeto, tiempo disponible, objetivos, contenidos, etc.), partiendo de la información recabada en esa entrevista inicial.

Para Verkhoshansky (1995), esto supone asumir ciertas exigencias propias del entrenamiento deportivo: "La principal exigencia que se hace a la organización del entrenamiento es la creación de las condiciones óptimas para un desarrollo normal del proceso de adaptación, a partir del cual es preciso realizar todos los principios metodológicos del entrenamiento y resolver los objetivos de la preparación del sujeto. A su vez, dichos objetivos pueden conseguirse con éxito si se utilizan formas racionales de la organización del proceso de entrenamiento, es decir, métodos para ordenar su contenido en el tiempo. De este modo, el tiempo y la organización (la estructura) de las cargas de entrenamiento actúan como los principales parámetros interdependientes del proceso de entrenamiento".

El planteamiento a este nivel supone asumir el *entrenamiento orientado a la salud* de la población general como un *proceso*, y no como la simple prescripción de un determinado tipo de actividades (Jiménez, 1998).

En este sentido, y como conclusión que justifica la necesidad de realizar una entrevista inicial con el sujeto al que vamos a entrenar, es interesante recoger las palabras de Borms (1995), que no hacen sino reconocer la necesidad de sistematizar cualquier programa de actividad física:

> "La prescripción del ejercicio debe hacerse en función de las necesidades, del estado de salud, del tiempo de que dispone la persona y de las instalaciones disponibles. Los programas de ejercicio deben ser placenteros, deben mejorar la socialización, deben estimular mental e intelectualmente y deben resultar seguros y económicos".

2. LA ENTREVISTA INICIAL

Como especialistas en ejercicio, los Entrenadores Personales necesitan conocer y comprender la relación existente entre la actividad física y la salud, para lo cual es importante que el entrenador pueda identificar y clasificar al sujeto en función de su estado de salud y de su estilo de vida, siempre antes de evaluar su nivel de aptitud física (o fitness) y/o comenzar las sesiones de entrenamiento (Heyward, 1996). Del mismo modo, el ACSM (2000) incentiva a los profesionales del ejercicio físico a incorporar alguna forma de evaluación del estado de salud de sus clientes antes de comenzar el programa de ejercicio.

De hecho, el ACSM (1999, 2000) reconoce y recomienda que para trabajar con seguridad durante la valoración del ejercicio y su participación en él, y permitir de esta forma el desarrollo de una prescripción del ejercicio segura y efectiva, es necesario realizar una identificación y selección inicial de los sujetos atendiendo a los factores de salud, ya que puede haber personas que estén aparentemente sanas o por el contrario, que padezcan alguna enfermedad crónica.

Es esencial que los métodos e instrumentos empleados en esta valoración inicial del estado de salud sean válidos, que el coste sea adecuado a la efectividad y el tiempo a la eficacia. La extensión y características de esta entrevista vendrán determinadas por la edad, el sexo y las características individuales del estado de salud del participante en el programa, y por los recursos de equipamiento, tecnología y nivel de formación del entrenador. Esta acción puede realizarse por medio de breves cuestionarios, entrevistas e incluso evaluaciones informatizadas (ACSM, 2000).

La entrevista inicial debe realizarse en un lugar agradable, independiente y que permita al cliente sentirse cómodo.

Pero además, para nosotros será muy importante identificar si existe alguna limitación del aparato locomotor de carácter crónico o puntual, que requiera ciertas adaptaciones en el programa de entrenamiento. Si el sujeto presenta alguna limitación sensorial que pueda dificultar la puesta en marcha del proceso de enseñanza-aprendizaje inherente al comienzo de un programa de ejercicio físico supervisado (transmisión de la información, visualización de los ejercicios y actividades propuestas, feed-back, etc.). Si el sujeto está consumiendo actualmente algún fármaco que presente contraindicaciones con el ejercicio, y/o que requiera ciertas adaptaciones en la práctica.

Igualmente, necesitamos que esa entrevista inicial nos aporte información suficiente sobre sus antecedentes de práctica deportiva, sus intereses y motivaciones iniciales hacia el ejercicio, las posibles barreras o miedos que puedan dificultar el seguimiento del programa (diagnóstico de su comportamiento hacia el ejercicio), especialmente en las primeras etapas. Y finalmente, sus principales objetivos y el tiempo disponible para poder alcanzarlos.

Fases de la entrevista inicial	Objetivos
Valoración estado de salud	Identificación de la existencia o no de riesgo cardiovascular (estratificación inicial del riesgo cardiovascular en función del análisis de los factores de riesgo) Identificación de la existencia o no de riesgo locomotor (crónico o puntual) Identificación de la existencia o no de Riesgo o limitación sensorial (que requiera una atención especial en el proceso de enseñanza-aprendizaje) Identificación de la existencia o no de consumo de fármacos (contraindicaciones con el ejercicio, y/o adaptaciones en la práctica).
Conclusiones de la valoración preliminar	Estado de salud para la práctica de ejercicio físico.
Valoración del estado de comportamiento	Identificación del estado de comportamiento y de las posibles barreras, tanto internas como externas, que el sujeto pueda manifestar para adquirir continuidad en la práctica.
Antecedentes de práctica deportiva	Identificación de experiencias previas (positivas o negativas), y reconocimiento de los patrones de competencia motriz asociados.
Intereses y motivaciones	Identificación de intereses y motivaciones hacia la práctica.
Tiempo disponible	Identificación del aspecto cuantitativo del programa.
Necesidades detectadas	Identificación de necesidades reales y prioritarias en función de la reflexión sobre la información obtenida.
Objetivos principales	Identificación de objetivos por consenso.

Tabla 8.1. Fases y objetivos de la entrevista Inicial.

Veamos a continuación cómo realizar esta entrevista inicial en cada uno de sus apartados.

2.1. Valoración del estado de salud

La valoración inicial o periódica (a lo largo del programa) del estado de salud debería comenzar con la aplicación del cuestionario PAR-Q, identificando a continuación la presencia o no de riesgo cardiovascular, locomotor, sensorial y/o de otro tipo, que concluiría con una valoración inicial o juicio básico sobre el estado de salud para la práctica de ejercicio físico.

a) Cuestionario PAR-Q (Chisholm et al., 1978)

Se trata de un sencillo cuestionario, previo a la realización de un programa de ejercicio físico y/o una sesión de tests, de carácter preventivo (se utiliza con el objetivo de detectar posibles situaciones de riesgo que contraindiquen la aplicación de determinadas cargas de entrenamiento, actividades, pruebas físicas, etc.). Este cuestionario es utilizado habitualmente en muchas instalaciones deportivas y por muchos Entrenadores Personales de todo el mundo, por su fiabilidad y amplio reconocimiento internacional.

En la figura 8.1. recogemos el Cuestionario PAR-Q (*Physical Activity Readiness Questionary*) de Chisholm (1978), en versión actualizada de Thomas (1992), incluido en el manual de procedimientos de la Batería Eurofit para adultos (Oja, Tuxwotrh, 1995).

Cuestionario PAR-Q:

1. ¿Le ha dicho alguna vez su médico que tiene usted tiene problemas cardíacos y que no debe hacer ejercicios sin consultarlo con un médico?
2. ¿La actividad física le ocasiona dolores en el pecho?
3. En el último mes, ¿ha sentido dolor en el pecho cuando ha hecho algún esfuerzo?
4. ¿Siente mareos que le hacen perder el equilibrio o el conocimiento?
5. ¿Tiene algún problema óseo o articular que pudiera agravarse con el ejercicio físico propuesto?
6. ¿Le receta su médico medicamentos contra la hipertensión o la insuficiencia cardiaca (por ejemplo, diuréticos)?
7. ¿Su experiencia personal o el asesoramiento médico le hacen pensar que no debería hacer ejercicio físico sin prescripción médica?

Certifico que he leído, comprendido y rellenado el presente cuestionario.

Firma:.. Fecha:
....

Figura 8.1. Versión del Cuestionario PAR-Q de Chisholm (1978), en versión actualizada de Thomas (1992), incluida en la Batería Eurofit para Adultos (Oja, Tuxworth, 1995).

b) Diagnóstico de salud cardiovascular (Estratificación inicial del riesgo cardiovascular)

La enfermedad arterial coronaria es la principal causa de muerte en las sociedades occidentales (AHA, 2001). Aunque está bien documentado que el ejercicio físico es un mecanismo de protección y prevención frente a estas enfermedades, algunos sujetos presentan una serie de factores que convierten a este ejercicio en un elemento particularmente estresante y peligroso, pues supone un incremento sustancial en la demanda de oxígeno y energía, que altera el funcionamiento normal del sistema cardiovascular, respiratorio y metabólico (Olds, Norton, 1999).

La investigación epidemiológica sugiere que el riesgo potencial de una persona para desarrollar una enfermedad cardiovascular está asociado con la presencia de esos determinados "factores de riesgo" positivos. A mayor número y severidad de estos factores, mayor probabilidad de sufrir una accidente cardiovascular durante la práctica de ejercicio (Kannel, Gordon, 1974).

Un factor de riesgo positivo puede ser definido como un aspecto del comportamiento habitual o del estilo de vida, una exposición a un ambiente, o una determinada característica, que en base a la actual evidencia epidemiológica, se asocia con una condición de salud que debe ser prevenida y/o evitada por el riesgo que implica para la supervivencia del sujeto (Last, 1988).

Existen ochos factores de riesgo considerados como positivos (esto es, que suman riesgos para la salud del sujeto), y que son: la edad, los antecedentes familiares (en primer grado de consaguinidad), el consumo de tabaco, la hipertensión, la glucosa elevada, el sedentarismo y la hipercolesterolemia. Estos factores han sido definidos como *Factores de Riesgo de las arterias coronarias* en base a los siguientes criterios (ACSM, 1993):

FACTORES POSITIVOS (Suman riesgo)

- Edad: Hombres >45 años; mujeres >55 años, ó menopausia precoz sin terapia de reposición de estrógenos.
- Historia familiar: Infarto de miocardio, muerte prematura (antes de 55 años) en un padre, y en una madre antes de los 65 años.
- Tabaco: Fumador actual o aquellos que lo han dejado durante los 6 meses previos al análisis.
- Hipertensión: Presión sistólica > ó = 140 mmHg; Presión diastólica > ó = 90 mmHg; Medicación para las mismas.
- Glucosa elevada: > ó = 110 mg/dl (6,1 mmol/l) en dos mediciones separadas.
- Sedentarismo: Personas que no cumplen las recomendaciones vigentes (mínimo de 30 minutos de actividad física moderada, realizada a diario o la mayoría de los días de la semana, ACSM, 2000).
- Hipercolesterolemia: Colesterol total > 200 mg/dl (5,2 mmol/l) o HDL < 35 mg/dl (0,9 mmol/l). Valor de LDL > 130 mg/dl (3'4 mmol/l), en lugar del valor del colesterol total.
- Obesidad: IMC > ó = 30 kg/m^2 (peso/h^2), o perímetro de cintura superior a 100 cm.

FACTORES NEGATIVOS (Restan riesgo)

La presencia de un factor de riesgo negativo supone una influencia favorable que puede contribuir a desarrollar un efecto protector saludable frente a los demás factores positivos. Las lipoproteínas de alta densidad (HDL) parecen funcionar como un factor protector en nuestro organismo, al eliminar de la pared arterial las placas de ateroma.

- Se considera al HDL un factor de riesgo negativo cuando su valor es igual o superior a 60 mg/dl (1,6 mmol/l).

Este HDL se puede aumentar con la actividad física (mejoras del fitness cardiorrespiratorio por adaptación al entrenamiento). De hecho, existe suficiente evidencia científica sobre los efectos del ejercicio de resistencia de moderada intensidad en el perfil de lípidos (incremento de la fracción HDL, reducción del colesterol total, LDL y los triglicéridos), con resultados positivos similares en sujetos sanos y con hipercolesterolemia. Además, se han registrado cambios transitorios tras una única sesión en varones sedentarios con valores de lípidos normales y elevados (Boraíta, 2004). Al parecer, el umbral de eficacia se alcanza con 15 km de carrera o marcha rápida, o con ejercicios que ocasionen un gasto de energía de unas 1.000 kcal/semana. A este régimen la tasa de HDL aumenta entre un 5% y un 15% en hombres, aunque mucho menos en las mujeres. El descenso de un 1% de la tasa de LDL representa una disminución del 2% del riesgo de enfermedades coronarias, mientras que un aumento del 1% del colesterol HDL hace disminuir ese riesgo entre el 3-5%. A pesar de estos datos alentadores, según Boraíta (2004), en una reciente revisión publicada en la Revista Española de Cardiología, apenas hay estudios que demuestren el comportamiento de los valores de los lípidos a lo largo de un programa de entrenamiento. Si está claro que a mayor frecuencia de entrenamiento, mayor efecto de aumento del HDL y reducción del LDL y del colesterol total, y ya que el efecto se mantiene hasta 48h (Crouse et al., 1997; Grandjean et al., 2000), se recomienda una sesión cada 2 días.

Estratificación inicial del riesgo cardiovascular

Una vez identificados tanto los factores positivos como el negativo si existe, debemos calcular el riesgo asociado a la práctica de ejercicio para ese sujeto, realizando lo que la literatura especializada denomina "estratificación inicial del Riesgo Cardiovascular". Esta estratificación consiste en sumar aquellos factores identificados como positivos y restar 1 a la puntuación final si el HDL es mayor de 60 (mg/dl). La figura 8.2. representa este sencillo procedimiento.

Factor positivo	SI/NO
Edad	
Historia familiar	
Tabaco	
Hipertensión	
Glucosa elevada	
Sedentarismo	
Hipercolesterolemia	
Obesidad	
Total factores positivos	

Factor negativo	SI/NO
HDL	

Resultado	
(FR+)–(FR-) =	

Figura 8.2. Ejemplo de cálculo del riesgo asociado a la práctica de ejercicio (fase previa a la estratificación inicial del riesgo cardiovascular).

Una vez obtenido el número correspondiente al sumatorio de los factores de riesgo cardiovascular del sujeto (positivos menos negativo, si existe), clasificaremos a este siguiendo las directrices del ACSM (2000).

BAJO RIESGO:

- Sujetos jóvenes asintomáticos con un factor de riesgo o ninguno.

MODERADO RIESGO:

- Sujetos mayores (hombres > ó = 45 años; mujeres > ó = 55 años), o aquellos que tengan dos o más factores de riesgo.

ALTO RIESGO:

- Sujetos con uno o más síntomas de enfermedad cardiovascular, pulmonar o metabólica.

Este juicio final sobre el nivel de riesgo cardiovascular del sujeto nos va a a permitir actuar en consecuencia para garantizar fundamentalmente su seguridad durante el programa de entrenamiento. Así, y siguiendo de nuevo las recomendaciones del ACSM (2000), el sujeto deberá ser sometido a un reconocimiento médico y a una prueba de esfuerzo previa a la participación en el programa, en función de su nivel de riesgo y del tipo de ejercicio a realizar. La tabla 8.2., incluida a continuación, refleja estas recomendaciones (epígrafe A), y recoge también en qué casos debe estar presente el médico supervisando la realización de las pruebas (epígrafe B).

	Bajo riesgo	**Moderado riesgo**	**Alto riesgo**
A Ejercicio moderado	No necesario	No necesario	Recomendado
A Ejercicio Intenso	No necesario	Recomendado	Recomendado
B Test submáximo	No necesario	No necesario	Recomendado
B Test máximo	No necesario	Recomendado	Recomendado

Tabla 8.2. Recomendaciones del ACSM (2000) para realización de reconocimiento médico y prueba de esfuerzo previa a la participación (A), y supervisión del médico en dichas pruebas (B).

Ahora bien, en nuestro país, y en el caso de un test máximo (a pesar de que el sujeto esté clasificado como de bajo riesgo), tan sólo podrá realizarse la prueba si está presente un médico entrenado, siendo éste el responsable de la interpretación de los signos clínicos y de los datos del electrocardiograma (Sociedad Española de Cardiología, 2000).

c) Valoración inicial del aparato locomotor (riesgo locomotor)

Dentro del apartado destinado a identificar si el sujeto presenta o no algún tipo de riesgo relacionado con el funcionamiento del aparato locomotor, el Entrenador Personal debería ser capaz de detectar la presencia de enfermedades crónicas propias del aparato locomotor, alteraciones de carácter estructural y/o alteraciones funcionales, normalmente de carácter puntual o transitorio. Este "riesgo locomotor", de estar presente, tendrá importantes repercusiones en el diseño del programa de entrenamiento, pues afectará clara y fundamentalmente a la selección de actividades y ejercicios.

- **Enfermedad crónica**: La presencia de enfermedades crónicas en el aparato locomotor (principalmente, y por su mayor prevalencia actual, nos referimos en este caso a la osteoporosis, la artritis y la artrosis) tiene importantes repercusiones en la práctica de actividad física. Aunque serán abordadas extensamente en el capítulo dedicado a los problemas músculo-esqueléticos (capítulo 8), será determinante que el entrenador identifique el grado de manifestación crónico de la enfermedad, el tiempo que lleva el sujeto padeciéndola, y si se encuentra actualmente en tratamiento (especialmente farmacológico).
- **Alteración o trastorno estructural**: las alteraciones de la estructura general del aparato locomotor suelen ser habituales hoy en día entre la población, especialmente si el sujeto presenta un patrón de comportamiento sedentario. Aumentos importantes de las curvaturas fisiológicas de la columna vertebral, normalmente en la zona cervical y de los hombros (hipercifosis), o en la zona lumbar (hiperlordosis), se asocian con aumentos del riesgo de sufrir contracturas musculares, dolor y limitaciones importantes de la movilidad. Del mismo modo, la presencia de curvas en el eje de la columna vertebral (escoliosis, identificadas con claridad en una vista posterior de la columna), asociadas a asimetrías del miembro inferior, contracturas mantenidas y/o alteraciones de la postura (actitud), también implican riesgos de manifestación de dolor, limitaciones de la movilidad y contracturas musculares importantes, habitualmente también en sujetos sedentarios. En este caso, el Entrenador Personal debe identificar si existe un cuadro doloroso o de limitación de la movilidad, y si el sujeto está o ha estado en tratamiento en algún momento.
- **Alteración o trastorno funcional**: Por último, también será necesario determinar si el sujeto presenta actualmente alguna alteración o trastorno funcional del aparato locomotor. La identificación en este caso requiere conocer: articulación/es afectada/as (localización); problema (descripción del cuadro); factores determinantes (especialmente los factores causales que hayan producido o contribuido a que se produzca la alteración o trastorno); fecha de manifestación; actuaciones realizadas; situación actual; e implicaciones/limitaciones para la práctica.

d) Valoración sensorial (riesgo sensorial):

Al igual que en el apartado anterior, el Entrenador Personal debería interesarse por la presencia de posibles limitaciones de carácter sensorial en el sujeto a entrenar, fundamentalmente asociadas a la vista y el oído, pues en estos casos, las necesidades de modificación y/o adaptación del proceso de enseñanza-aprendizaje son evidentes y muy determinantes. Tanto la selección de los contenidos del programa (actividades, y sobretodo ejercicios), como la intensidad de los mismos, y la necesidad de tiempo para ser dominados por parte del sujeto, dependerán mucho de la existencia o no de limitaciones sensoriales. De esta forma, el Entrenador Personal debería identificar si existen:

Alteraciones de la vista: y concretamente, conocer los siguientes datos al respecto.

- Manifestación en el sujeto de enfermedades de la vista.
- Efectos de estas alteraciones o enfermedades en la vida del sujeto.
- Implicaciones/limitaciones para la práctica de ejercicio físico (que, en resumidas cuentas, es el factor más importante en nuestro caso).

Alteraciones del oído: como en el caso anterior, referidas en concreto a:

- Manifestación de enfermedades del oído.
- Efectos en la vida del sujeto.
- Implicaciones/limitaciones para la práctica de ejercicio físico.

Esta información de carácter sensorial va a tener mucho peso en los denominados aspectos "cualitativos" del programa de entrenamiento. Como veremos más adelante, uno de los factores que, según los investigadores más interesados en el seguimiento de los programas de ejercicio (adherencia) (Dishman, 1988, 1994; Marcus, 1992), es más determinante para garantizar la continuidad, es la adaptación y adecuación del estímulo a la capacidad inicial del sujeto y a su competencia motriz, y ambos factores estarán muy relacionados con las limitaciones sensoriales del sujeto, si estas existen. La dificultad de comprensión e interpretación de un gesto deportivo va a depender inicialmente de la capacidad del sujeto para ver lo que debe hacer y escuchar las indicaciones del técnico durante el proceso de aprendizaje. Estas cuestiones, que tienen un enorme valor en las actividades físicas realizadas en grupo, también son muy importantes en el Entrenamiento Personal, y como tal deben se entendidas por los profesionales que tengan intención de trabajar en este ámbito. De hecho, y finalmente, la "calidad" del programa de entrenamiento estará relacionada con la capacidad del sujeto para entender lo que tiene que hacer, y si presenta limitaciones sensoriales este proceso estará seriamente dificultado.

e) Otros riesgos asociados (OR)

Consumo de fármacos:

Muchas de las personas que hacen ejercicio regularmente, que quieren comenzar un programa o que se someten a una prueba de esfuerzo, toman medicamentos que afectan a la respuesta al esfuerzo físico (Van Camp, ACSM, 2000). Para comprender la respuesta al ejercicio de esas personas, y poder diseñar un programa de entrenamiento seguro y eficaz, el Entrenador Personal debe conocer qué fármacos consumen, y qué acciones tienen estos, especialmente en situaciones de estrés físico (en nuestro caso, el propio entrenamiento).

Las respuestas fisiológicas crónicas y agudas al ejercicio implican cambios en el tono simpático y parasimpático, en la FC, en la tensión arterial, en la contractilidad miocárdica, en el retorno venoso, en la resistencia arterial, en la pérdida de líquidos y/o en la capacidad de ejercicio. Cualquier medicamento que produzca alteraciones inhibiendo o exagerando estas respuestas, puede afectar a la propia respuesta al ejercicio.

Si a esta importante repercusión del consumo de fármacos en las situaciones de ejercicio, le unimos el hecho de que actualmente en occidente vivimos en una sociedad hipermedicamentada, con un consumo espectacular de fármacos, en muchas ocasiones administrados sin prescripción médica, la conclusión es evidente, necesitamos conocer los efectos principales de ciertos fármacos en la capacidad física del ser humano para soportar estímulos de entrenamiento.

Como se trata de un tema complejo y tremendamente importante para un Entrenador Personal, pero que nos obligaría a extendernos demasiado, recomendamos muy encarecidamente al lector la consulta rigurosa y concienzuda del capítulo 17 del texto del ASCM "Manual de Consulta para el Control y la Prescripción de Ejercicio", denominado "Factores farmacológicos en el ejercicio y la prueba de esfuerzo" (Van Camp, 2000). En este capítulo, el ACSM analiza aquellos fármacos estudiados en relación al ejercicio, en su doble denominación (nombre genérico y marca comercial), y evalúa sus efectos principales en distintos parámetros asociados con el ejercicio físico.

Por lo tanto, el Entrenador Personal debe preguntar a sus clientes sobre el consumo de fármacos, identificando aquellos que puedan producir alteraciones en las respuestas al ejercicio, y adaptando el estímulo de entrenamiento a esa situación concreta en cada caso.

f) Otros factores relacionados con la salud que requieren una consideración especial (ACSM, 2000):

Como hemos comentado en apartados anteriores la práctica de ejercicio físico implica unos riesgos potenciales, que son proporcionales al nivel de sedentarismo del sujeto y a la presencia de otros factores y riesgos asociados (cardiovascular, locomotor, etc.), pues el ejercicio físico supone en sí mismo un esfuerzo importante, que en estos sujetos es mucho mayor del habitual. De hecho, toda la información recogida a través de los indicadores anteriores de salud nos permite emitir un juicio sobre el estado de salud del sujeto, que afecta directamente al proceso de entrenamiento que se va a poner en marcha.

Ahora bien, existen además otros factores que deben ser tenidos en cuenta, y que según el ACSM (2000) deben ser considerados como "banderas rojas", pues su presencia puede implicar cambios en el tipo, frecuencia, intensidad, duración y/o progresión del ejercicio, con el objetivo de hacerlo más adecuado para cada individuo.

Factor	Implicaciones / Importancia
Abuso del alcohol y otras sustancias	La ingestión de alcohol puede elevar la respuesta de la FC al esfuerzo submáximo, reducir la tolerancia al ejercicio, propiciar la deshidratación e incrementar el riesgo de lesiones debidas al calor. Las drogas que crean dependencia, como la cocaína, pueden acentuar el riesgo de complicaciones cardíacas durante el ejercicio.
Dieta / Nutrición	El contenido dietético, en especial la ingestión total de grasas, grasas saturadas y colesterol, influye sobre los lípidos y las lipoproteínas séricos, y por tanto sobre el riesgo de EC.
Trastornos alimentarios, como la anorexia	Hay que asegurarse de no poner énfasis excesivo en la pérdida de peso, y posiblemente en el ejercicio de un alto coste calórico, en los casos en que sea necesario. Para preservar la masa corporal magra ay que insistir en el entrenamiento de fuerza.
Consideraciones ambientales	Al confeccionar el programa hay que tener en cuenta el ambiente en el que el individuo tiene planeado hacer ejercicio. En particular, hay que factorizar el tiempo atmosférico (calor, humedad, frío), la altitud y la polución ambiental (monóxido de carbono, ozono) en el diseño del programa de entrenamiento.
Embarazo y lactancia	Hay que prescribir el ejercicio de acuerdo con las pautas aceptadas para las mujeres embarazadas y en periodo de lactancia. Se debe evitar el aumento excesivo de la temperatura y del cansancio, y la deshidratación; mantener una FC<140 puls/min., y adaptar la ingestión calórica a la cantidad de actividad física.

Tabla 8.3. Factores relacionados con la salud que pueden afectar la prescripción del ejercicio. Adaptado de: ACSM, Evaluación de la Salud en un marco no médico, en Manual de Consulta para el control y la prescripción del ejercicio (ACSM, 2000).

Finalmente, y a modo de conclusión, es importante insistir una vez más en la necesidad de desarrollar un proceso de revisión sistemático de este estado de salud del sujeto (pues lo lógico es que el programa de ejercicio diseñado mejore parte o gran parte de los problemas de salud asociados a un estilo de vida sedentario anterior al inicio del mismo). De esta forma, el Entrenador Personal deberá incorporar una evaluación periódica del estado de salud y de los comportamientos asociados de los participantes en programas de ejercicio a largo plazo para actualizar las prescripciones y los programas, de acuerdo con la variación de las necesidades (ACSM, 2000).

2.2. Valoración del estado de comportamiento del sujeto hacia la práctica de ejercicio

El comportamiento y las conductas de la población hacia la práctica regular de ejercicio físico hoy en día son tremendamente alarmantes por el limitadísimo interés que despiertan en las sociedades occidentales.

En este sentido, los datos disponibles en Canadá sugieren que un alarmante porcentaje de la población (63%) realiza una actividad física insuficiente para optimizar su salud. De hecho, el aumento dramático en la prevalencia de la obesidad y el sobrepeso (Craig et al., 1998; Flegal et al., 1998), y la reducción en el consumo de energía (James, 1995), avalan y dan credibilidad a la actual situación de insuficiente actividad física. En un estudio relativamente reciente, se indicaba que un 29,9% de la población adulta americana no había realizado ninguna actividad física durante el mes anterior (Pratt, Macera, Blanton, 1999). Los datos en el resto de países industrializados no varían mucho de la situación de Canadá o Estados Unidos. Así, y cambiando de continente, en Japón, según datos del Japanese National Nutritional Survey (1998), la población masculina que realiza actividad física regularmente como para mejorar su salud alcanza tan sólo al 25,5%. Si observamos a la población femenina, es particularmente preocupante el hecho de que tan sólo el 15,2% de las mujeres de 20 a 29 años realicen algún tipo de actividad física, frente al 31,2% de las mujeres de 60 años, ó al 27,3% de las de 70 años (Wakui et al., 2002).

En el caso de España, y según los datos de la última encuesta sobre los hábitos deportivos de los españoles (referidos al año 2000), Los españoles y el deporte: prácticas y comportamientos en la última década del siglo XX, realizada por el profesor García Ferrando y editada por el Consejo Superior de Deportes (2001), el análisis de la evolución de la práctica deportiva entre 1975 y el año 2000, tampoco deja lugar a dudas. Un enorme porcentaje de la población (63%) no realiza ningún tipo de actividad deportiva.

Veamos cómo ha evolucionado esta práctica deportiva entre los españoles en el periodo 1975-2000 en tabla 8.4.:

Práctica deportiva	2000	1995	1990	1985	1980	1975
Practica 1 deporte	21	23	18	17	16	15
Practica varios deportes	16	16	17	17	9	7
No practica ningún deporte	63	62	65	66	75	78
N=	5.160	4.271	4.625	2.008	4.493	2.000

Tabla 8.4. Evolución de la práctica deportiva de la población española 1975-2000 (Adaptado de: Gª Ferrando, 2001).

Por su parte, el Ministerio de Sanidad y Consumo desarrolló en 1993, 1995 y 1997, y dentro de la Encuesta Nacional de Salud, un apartado en el que se incluyeron preguntas relacionadas con la práctica de ejercicio físico entre la población española. Como se puede observar en la gráfica incluida a continuación (figura 8.2.), el nivel de ausencia de actividad física en el tiempo libre entre la población española es muy elevada (55% en 1993; 47% en 1995; 43% en 1997). De hecho, tan sólo un porcentaje mínimo (4% en 1993; 5% en 1995; 7% en 1997) alcanza una regularidad suficiente como para obtener beneficios de salud (según las directrices de práctica regular del ACSM, 2000, que establecen un mínimo de 30 minutos diarios de actividad física).

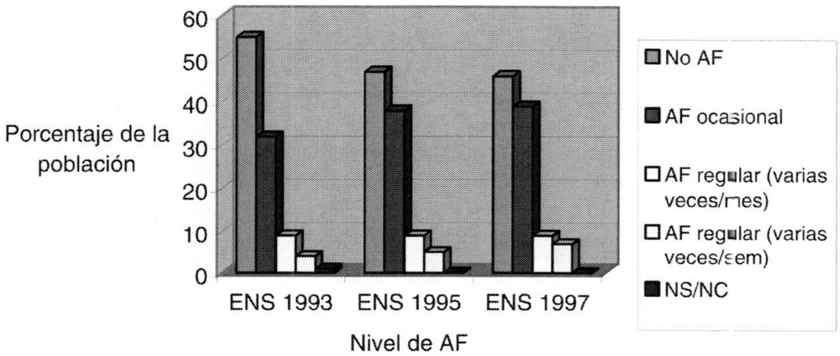

Figura 8.2. Evolución del nivel de AF en función de la frecuencia de prácticaentre la población española (1993-1995-1997). Elaboración propia, según datos del MSC-ENS, 1998.

Ante esta situación "universal" de ausencia de práctica de ejercicio, facilitar la adopción de prácticas de ejercicio físico regular y su mantenimiento a lo largo del tiempo (adherencia) continua siendo un reto, tanto para las instituciones, como para los diferentes profesionales implicados en este proceso, especialmente si consideramos que aproximadamente el 50% de los adultos que comienzan un programa de actividad física, lo abandonarán entre el tercer y el sexto mes (Carmody et al., 1980; Dishman, 1988).

Según muchos de los principales investigadores del campo de la adherencia a la actividad física (Dishman, Sonstroem, Marcus, Shephard, Godin, Sallis, Annessi), la ausencia de una aproximación teórica al estudio del comportamiento de los sujetos respecto al ejercicio parece ser la causa de la escasa comprensión sobre los procesos de adherencia al ejercicio en nuestros días, y consecuentemente, de esos bajos niveles de continuidad en la práctica de actividad física regular entre la población general (Godin, 1994). Uno de los principales problemas detectados en ese abandono prematuro reside en que los programas de actividad física están diseñados para sujetos con una alta motivación y preparados para comenzar una actividad regular (Stephens, 1987). Y la realidad, como hemos señalado, es que una gran proporción de individuos tienen muy poco interés hacia la actividad física (Marcus, Rossi, Selby, et al. 1992).

Esta situación demuestra un planteamiento erróneo entre lo que habitualmente se ofrece (programas orientados a la acción) y la preparación y motivación al cambio de la población (inactiva y a menudo no interesada en la actividad). Consecuentemente, y según Marcus et al. (1998), es importante y necesario realizar intervenciones a medida, para poder atender las necesidades de la mayor parte de la población, constituida por los que son inactivos o poco activos.

Por lo tanto, como Entrenadores Personales, con la sana intención de conseguir que la población aumente su nivel de práctica de ejercicio físico, vamos a necesitar realizar un **diagnóstico específico sobre su comportamiento** inicial respecto al ejercicio, sus creencias, sus barreras y limitaciones hacia la práctica, etc., que nos permitirán clasificar a ese sujeto en función en este caso de su "riesgo de abandono".

Varios han sido los modelos desarrollados en los últimos años para tratar de comprender los procesos de comportamiento de los sujetos respecto al ejercicio físico, e intentar promover la práctica y especialmente la adherencia a la misma. Weinberg y Gould (1999), destacan entre los modelos o teorías fundamentales al Modelo Transteorético de los Estados de Cambio (*Transtheoretical Model*), de Prochaska y DiClemente (1982). Este modelo describe un proceso en espiral, en el que el individuo se traslada a lo largo de seis estados diferentes para producir un cambio en su comportamiento. Entre las ventajas de este modelo para estudiar los comportamientos de salud (y entre ellos el ejercicio), destaca su capacidad para reconocer la naturaleza dinámica de los cambios, y el potencial para modificar un comportamiento o recuperarlo. Además, ayuda al investigador y al practicante a identificar y medir sus progresos, y al profesional a ofrecer estrategias de intervención específicas para cada estado a lo largo de un proceso continuo hasta alcanzar el comportamiento de salud deseado (Klein, Stone, 2002).

Aunque la evaluación de los aspectos relacionados con el comportamiento de los sujetos es un proceso complejo y continuo, consideramos que en una primera fase sería muy interesante conocer el *estado de cambio* en el que se encuentra el sujeto, no tanto hacia la práctica general de ejercicio físico (pues si se trata de nuestra primera entrevista está claro que el sujeto va a comenzar su programa de ejercicio), sino más bien hacia determinados contenidos o actividades que consideremos que es importante desarrollar. Así, en el último apartado de este capítulo incluimos un modelo de cuestionario para valorar el estado de cambio de los sujetos respecto a la aptitud músculo-esquelética, que utilizamos en un estudio sobre una muestra de 843 sujetos físicamente activos (Jiménez et al., 2003). En este trabajo quedó demostrado que este cuestionario es un instrumento útil y válido para caracterizar a los sujetos en función de su estado de cambio, y facilitar de esta forma la puesta en marcha de estrategias de intervención específicas en función de ese estado.

Por lo tanto, esta necesidad de realizar un diagnóstico del comportamiento del sujeto hacia su programa de ejercicio, nos debería obligar a seguir el sencillo, pero tremendamente útil, procedimiento representado en la figura 8.3.:

1. Identificación del EC (cuestionario específico)
    a. Análisis de las posibles causas.
2. Estrategia de intervención específica.
3. Puesta en práctica.
4. Evaluación del proceso.
    a. Feedback al sujeto.

Figura 8.3. Procedimiento para mejorar la continuidad (adherencia) al programa de entrenamiento en función de la identificación del estado de cambio del sujeto.

En este caso, tras identificar el estado de cambio del sujeto (por medio del cuestionario específico), el Entrenador Personal debería tratar de identificar también y analizar después, las posibles causas de ese estado en el sujeto en cuestión. En función de estas causas, pondríamos en marcha una estrategia de intervención, que evaluaríamos periódicamente a lo largo del proceso, ofreciendo información concreta (feedback) al sujeto sobre la evolución de su estado de comportamiento, de la misma forma que le vamos ofreciendo información sobre la mejora de otros parámetros y objetivos de su programa de entrenamiento.

2.3. Antecedentes de práctica deportiva

La práctica deportiva, de cualquier disciplina y nivel, implica necesariamente el desarrollo de diferentes patrones de movimiento, estandarizados en mayor o menor medida, que van a estar muy influenciados por las experiencias motrices previas de los sujetos. Evidentemente, en el caso actual de una sociedad fundamentalmente sedentaria e inactiva, los patrones motrices, de existir, estarán relacionados con la práctica deportiva del periodo infantil y/o juvenil, para la mayoría de los sujetos adultos.

Estos "antecedentes" determinarán en muchos casos no sólo el bagaje motriz del sujeto, sino también y de manera muy significativa, las emociones, vivencias y experiencias asociadas a la práctica del ejercicio físico y del deporte. Por ello, esta información va a tener un valor importante a la hora de diseñar y establecer el programa de entrenamiento de un sujeto. De esta forma, el Entrenador Personal debería conocer qué experiencias positivas asociadas al movimiento tuvo el sujeto anteriormente, qué patrones motrices le son comunes o habituales, y cuales le son desconocidos, qué expectativas y nivel de motivación le podemos presuponer a ese sujeto en función de sus experiencias previas, etc.

Considerando que uno de los principales problemas a los que se enfrentará el Entrenador Personal en las fases iniciales de entrenamiento, es el riesgo de abandono, relacionado en la mayoría de los casos con experiencias anteriores desagradables, y/o con una intensidad inicial del ejercicio demasiado alta, como señalaba claramente Dishman (1988, 1994) en sus trabajos, esta información adquiere una importancia capital.

La capacidad de resolución de problemas motores en el sujeto dependerá fundamentalmente de sus habilidades y destrezas, las cuales han debido ser desarrolladas anteriormente. Poder diseñar un proceso de enseñanza-aprendizaje individual, teniendo en cuenta estos factores, es una responsabilidad ineludible para el Entrenador Personal.

2.4. Intereses y motivaciones

Muy relacionado con el epígrafe anterior, el Entrenador Personal debería conocer igualmente qué intereses y motivaciones principales han llevado a ese sujeto a comenzar un programa de ejercicio, y porqué ha decidido optar por un servicio tan especializado como el Entrenamiento Personal. Asociar la selección de contenidos y actividades a las áreas de interés del sujeto y/o a aquellas experiencias que le susciten una mayor motivación es la mejor manera de alcanzar los objetivos previstos, pues en principio el sujeto estará "interesado y motivado" hacia la práctica.

2.5. Tiempo y recursos disponibles

Como indicaba con claridad Verkhoshansky (1995), y señalábamos en la introducción de este capítulo, el tiempo y la organización (la estructura) de las cargas de entrenamiento actúan como los principales parámetros interdependientes del proceso de entrenamiento. Pues bien, habiéndose desarrollado en los capítulos 4 y 6 de este texto los principales factores a considerar para la adecuada organización de las cargas de entrenamiento (tanto las orientadas al entrenamiento de la resistencia, como al de la fuerza, la resistencia muscular y/o la flexibilidad), deberíamos centrarnos ahora en el factor tiempo.

El **tiempo** disponible es, sin lugar a dudas, el principal factor de carácter cuantitativo determinante de todo el proceso de entrenamiento, pues es el que "construye" el estímulo sistemático, regular y crónico de ejercicio, que permitirá o no que el sujeto se adapte y mejore su capacidad física. Por ello, el Entrenador Personal debe ser un verdadero especialista en la cuantificación temporal del trabajo físico, y un controlador riguroso de los tiempos invertidos en cada sesión de entrenamiento.

Uno de los principales problemas asociados al diseño de programas de entrenamiento, es que lo diseñado por el entrenador suele superar el tiempo real del que dispone el sujeto, y ello afecta a la capacidad de las propias cargas de entrenamiento para producir adaptaciones positivas, además de afectar significativamente también al nivel de motivación inicial del sujeto. Un concepto importante del ámbito del entrenamiento en este sentido es el de "consistencia". Consistencia significa realizar todos los entrenamientos completos, haciendo todas las series, repeticiones, etc. (Hedrick, 2000), y para poder hacerlo, el entrenador ha tenido que diseñar cada sesión en función del tiempo disponible. Si no hay consistencia, los objetivos no podrán cumplirse.

Además del factor tiempo, también los **recursos** de los que disponga el Entrenador Personal determinarán (y mucho) el diseño y posterior desarrollo del programa de entrenamiento definido para un sujeto. Dentro de los recursos disponibles incluiríamos todos aquellos recursos que intervienen directamente o indirectamente en el proceso de entrenamiento del sujeto.

Al no ser este el objetivo fundamental de este capítulo, recomiendo al lector la consulta de un manual monográfico centrado en los recursos y herramientas que un Entrenador Personal tiene a su disposición hoy en día, y que publiqué con el profesor Ramón Lacaba en el año 2002 (ver referencias).

No obstante, sí citaremos los principales grupos de recursos que deberían ser tenidos en cuenta a la hora de diseñar y desarrollar el programa de entrenamiento personal de un sujeto concreto. Así, nos encontramos con:

- Los propios recursos humanos, en este caso, el Entrenador Personal, sus capacidades, especialización, experiencia, conocimientos, etc. Además, sería necesario detectar si las necesidades y limitaciones del sujeto recomendarían la presencia de personal de apoyo en alguna sesión o etapa del proceso de entrenamiento.
- Los recursos materiales, incluyendo aquí el espacio de práctica, el equipamiento deportivo genérico y/o específico a utilizar, los equipos de valoración y control, etc.
- Los recursos económicos disponibles en este caso, financiación directa del cliente, externa, subvenciones, etc.
- Los recursos institucionales, si existieran. En este caso referidos a apoyos de las administraciones y/o de empresas en algún programa o proyecto concreto, etc.
- Otros, cualquier otro tipo de recurso no incluido anteriormente.

2.6. Identificación de las necesidades del cliente

Una vez obtenida la información de todos los apartados anteriores, y como paso previo a la propuesta de objetivos para un sujeto en particular, el Entrenador Personal debe detenerse, y reflexionar. Esta reflexión puntual sobre las necesidades "reales" que el sujeto presenta se realiza en función de toda la información recopilada en la entrevista.

Es lógico que el sujeto/cliente nos haya planteado ya algún objetivo específico y/o inespecífico, pero lo importante en este momento es que el Entrenador Persona identifique con claridad las necesidades "sustantivas" a cubrir con el programa de ejercicio, que se relacionarán inicialmente con garantizar la seguridad en la práctica, y con favorecer la continuidad y el cumplimiento del programa.

Estas necesidades deberían estar presentes en la primera seleccion de objetivos del programa de entrenamiento, pues en la mayoría de los casos, para poder asimilar cargas de entrenamiento con potencial de mejora específica sobre los objetivos del sujeto, antes debemos haber atendido a unos mínimos "condicionales", que permitan al sujeto adaptarse y mejorar. Por ejemplo, si un sujeto quiere perder peso de forma significativa, pero su situación real es de ausencia de movimiento durante muchos años, limitaciones del aparato locomotor y un muy bajo nivel de aptitud cardiorrespiratoria, su programa de entrenamiento debería, antes de centrarse en producir un gasto importante de energía para perder peso, desarrollar mínimamente la aptitud cardiorrespiratoria, invertir un periodo de tiempo en el aprendizaje de las técnicas de ejercicio a utilizar (carrera, ciclismo, etc.), y mejorar la aptitud músculo-esquelética para poder soportar la sobrecarga física y articular de un programa de alto consumo calórico.

2.7. Identificación de objetivos para la práctica (y pautas generales para el diseño del programa de entrenamiento)

La identificación de los objetivos debe partir fundamentalmente de toda la información obtenida en la entrevista hasta el momento, pero lo más determinante es que esa información sea revisada, analizada, relacionada y comprendida por ambas partes (el entrenador y el sujeto), antes de decidir los objetivos a alcanzar con el programa.

Nuestra experiencia en este ámbito nos indica que la identificación de objetivos es la parte más determinante del diseño del programa, pues refleja la comprensión o no, por ambas partes, de los intereses, motivaciones, capacidades y limitaciones del sujeto a la hora de enfrentarse a su programa de ejercicio. Así, consideramos que la identificación de objetivos debe realizarse de forma conjunta con el sujeto y debe cumplir con tres requisitos:

- Ser el resultado de una reflexión profunda;
- Ser funcional;
- Ser intencional.

Para que esa comprensión sea posible, el Entrenador Personal debe plantear una toma de decisiones conjunta y por consenso con su cliente, que parta de una *reflexión profunda* de la situación actual, de los factores que pueden estar implicados en la misma, etc. Partiendo de esa reflexión, los objetivos deberán tener un carácter fundamentalmente *funcional*, es decir, deben tener transferencia directa y completa a las necesidades iniciales del sujeto, de tal forma que todas las demás decisiones a tomar en el diseño y desarrollo de programa tengan una orientación clara y "sumen" valores para alcanzar esos objetivos. Por último, es muy importante también que esta toma de decisiones sobre los objetivos sea *intencional*, esto es, que responda claramente a una intención concreta, cuantificable y medible en su momento (evidentemente, una de las principales herramientas que el Entrenador Personal debe utilizar para poder fijar y replantear objetivos es la evaluación de los resultados del programa o acción diseñada para alcanzarlos). El capítulo siguiente del texto aborda de forma específica este aspecto tan determinante.

Una vez identificados los objetivos, corresponde al Entrenador Personal la responsabilidad de seleccionar los **contenidos** y **actividades** que formarán parte del programa de ejercicio y que permitirán alcanzar esos objetivos en el tiempo establecido. En este caso, los requisitos que debe cumplir esa toma de decisiones sobre los contenidos, son:

- La variabilidad: para permitir una adecuada programación de los contenidos y actividades, y facilitar la continuidad de la práctica por parte del sujeto, es importante garantizar el interés del mismo, ofreciendo variabilidad en las sesiones de entrenamiento.
- La funcionalidad (transferencia): referida fundamentalmente a que el tipo de actividades realizadas en el programa tengan transferencia real y positiva a las actividades habituales del sujeto.
- La seguridad: en ningún caso podremos utilizar o aplicar contenidos y/o actividades que impliquen un riesgo para el sujeto, pues entonces el programa de ejercicio no será positivo, sino todo lo contrario. Para garantizar la seguridad será muy importante tener presentes en todo momento las limitaciones y capacidades del sujeto.

Por último, el Entrenador Personal deberá tomar decisiones concretas sobre los **métodos** a aplicar para alcanzar los objetivos propuestos, referidos estos tanto a los métodos y/o sistemas de entrenamiento, como al tipo de materiales, equipamiento deportivo, etc. En esta ocasión, los requisitos que deberían tenerse presentes al tomar decisiones son:

- Ajuste: los métodos, sistemas y materiales a utilizar en el programa deben estar ajustados fundamentalmente al tiempo disponible para cada sesión, de tal forma, que sea posible alcanzar los objetivos propuestos para la sesión y para el propio programa.
- Motivación: la selección de los métodos, sistemas y materiales debe igualmente orientarse a mantener y/o aumentar el nivel de motivación inicial del sujeto, evitando propuestas muy exigentes en el caso de los principiantes, y teniendo presentes en todos los casos los intereses, preferencias y motivaciones de cada sujeto.
- Gestión estratégica de los recursos disponibles: el técnico debe también seleccionar los métodos y especialmente los materiales a utilizar en el programa en función de la disponibilidad real de estos que exista en el entorno en el que vaya n a desarrollarse las sesiones (instalación deportiva, domicilio, aire libre, etc.).

La tabla 8.5. refleja en un cuadro resumen las decisiones a tomar, las responsabilidades y los requisitos a cumplir en el diseño del programa de entrenamiento tras la entrevista inicial, que debe responder en todos los casos al planteamiento de objetivos, realizado de forma conjunta con el sujeto.

Decisiones	Responsabilidad	Requisitos
Objetivos	Conjunta (Técnico/a + sujeto)	Reflexión profunda Funcional Intencional
Contenidos	Técnico/a	Variabilidad Funcionalidad (transferencia) Seguridad
Métodos (Metodología Entrenamiento, materiales)	Técnico/a	Ajuste Motivación Gestión estratégica de los recursos disponibles

Tabla 8.5. Esquema sobre las decisiones a tomar, responsabilidades y requisitos a cumplir en el diseño del programa de entrenamiento tras la entrevista inicial.

2.8. Consentimiento informado

El proceso de identificación de las capacidades, limitaciones, necesidades y objetivos de un sujeto para el diseño y desarrollo de un programa de entrenamiento es un trabajo minucioso y exhaustivo, que debe permitir al Entrenador Personal realizar su trabajo con tranquilidad y garantizar al sujeto su seguridad en todo momento.

Ahora bien, como hemos analizado extensamente en uno de los apartados iniciales de este capítulo, la práctica de actividades físicas supone un importante riesgo para la salud, tanto mayor cuanto menor sea el nivel de aptitud física del sujeto, mayor la presencia de factores y/o mayor la intensidad del estímulo de entrenamiento. Para informar adecuadamente al sujeto de estos riesgos, y que queda constancia de que como profesionales hemos hecho partícipe y consciente a nuestro cliente de estos posibles riesgos, es recomendable (yo diría imprescindible), que el sujeto, una vez realizada la entrevista inicial y antes de comenzar la valoración de su nivel de aptitud física, complete un formulario de consentimiento informado.

En el anexo final de este capítulo presentamos un formato tipo de consentimiento informado para la valoración de la aptitud física y el desarrollo de un programa de ejercicio físico.

2.9. Acuerdo de Asunción de riesgos

Estrechamente relacionado con el epígrafe anterior, es recomendable igualmente que el Entrenador Personal presente al cliente para su firma un documento de asunción de riesgos, en donde se especifique con claridad hasta donde llega la responsabilidad del entrenador al entrenar a ese sujeto. Este documento debe ser firmado antes de comenzar la sesión inicial de valoración y/o entrenamiento.

En el anexo final de este capítulo presentamos un formato tipo de asunción de riesgos para la valoración de la aptitud física y el desarrollo de un programa de ejercicio físico.

3. CONCLUSIONES

Como ya hemos señalado, el proceso de identificación de las capacidades, limitaciones, necesidades y objetivos de un sujeto, para el diseño y desarrollo de un programa de entrenamiento, es un trabajo minucioso y exhaustivo. Este trabajo, que debe realizarse siempre antes de someter al sujeto a cualquier estímulo de actividad física, permitirá al Entrenador Personal realizar su trabajo con tranquilidad y garantizar al sujeto su seguridad en todo momento.

Si nos planteáramos, a la vista de todo lo analizado en los capítulos anteriores y especialmente en este, cual es nuestra función como Entrenadores Personales, partiendo además de mi propia experiencia personal, creo que la respuesta sería:

Nuestra función consiste en realizar una serie de acciones de forma sistemática y jerárquica, que implican en todos los casos:

1. **Preguntar.** En realidad, todo lo planteado en este capítulo es un sistema organizado de preguntas, pues lo cierto es que necesitamos información, y cuanta más, mejor.
2. **Escuchar.** Ahora bien, además de preguntar, hay que escuchar, y esa escucha debe ser activa y selectiva, tratando de identificar y distinguir lo fundamental de lo importante.
3. **Valorar.** Tras la escucha, el Entrenador Personal debe valorar esa información, y este proceso implica relacionar los datos obtenidos del sujeto con sus conocimientos y

experiencia como técnico.

4. **Comprender.** Una vez que hemos valorado la situación, el técnico se encuentra en una situación óptima para comprender realmente qué es lo que ocurre, y qué es lo que ese sujeto necesita.
5. **Intuir.** Además, necesitamos tener la capacidad para intuir ciertas cuestiones, que el sujeto no nos planteará, al menos inicialmente. Es muy importante tener siempre presente que trabajamos con personas.
6. **Buscar.** El Entrenador Personal tiene que ser capaz de buscar aquella información que no conozca, lo que implica necesariamente un importante ejercicio de humildad y honestidad profesional, al reconocer aquello que no sabe y que debe aprender.
7. **Saber.** Pero en cualquier caso, el Entrenador Personal tiene que tener un elevado y actualizado nivel de conocimientos sobre las Ciencias del Ejercicio, y especialmente sobre los procesos de adaptación a estímulos de carácter crónico y sistemático, y sobre la Teoría y Práctica del Entrenamiento Deportivo.
8. **Transmitir.** La habilidad más determinante en el Entrenador Personal debe ser su capacidad para transmitir al sujeto con claridad lo que esperamos de él, lo que puede y no puede hacer, lo que vamos a hacer, cómo vamos a hacerlo, y específicamente porqué lo hacemos.
9. **TRABAJAR...** Por último, lo que un Entrenador Personal necesita es trabajar, con rigor, profesionalidad, sentido de la responsabilidad, compromiso, honestidad, humildad y criterio.

ANEXO

Principales instrumentos validados que pueden ser utilizados en la entrevista inicial

Cuestionario PAR-Q (Physical Activity Readiness Questionary) de Chisholm et al. (1978), en versión actualizada de Thomas et al. (1992).

Según el Dr. Cooper (1970), los médicos en Estados Unidos han adoptado tradicionalmente una aproximación restrictiva, y de alta tecnología, al ejercicio, estableciendo que cualquier hombre mayor de 35 años que quisiera comenzar a realizar actividad física de forma habitual debía realizar una prueba de esfuerzo antes. No obstante, ha sido aceptado que los cuestionarios auto-completados ofrecen unas bases efectivas de detección de riesgos en adultos jóvenes (varones menores de 40 años, y mujeres menores de 50 años) (ACSM, 1991). Por su parte, los autores canadienses han argumentado durante años que en los sujetos clínicamente saludables, un cuestionario auto-completado facilita unas bases adecuadas de detección de riesgos para realizar actividad física moderada (Shephard, 1976, 1988).

En los orígenes del desarrollo de este cuestionario encontramos los trabajos de Bailey (1974, 1976, citado por Thomas et al., 1992), que fue el primero en sugerir el concepto de un sencillo cuestionario auto-completado en el contexto de los sistemas de detección del riesgo propuestos para el *Canadian Home Fitness Test*. Más tarde, un estudio transversal realizado con 1.253 adultos (Chisholm et al., 1975, 1978) validó un listado de 19 potenciales auto-preguntas frente a un examen médico, con registro de tensión arterial, exploración física, y electrocardiogramas de reposo y esfuerzo. Como resultado de esta investigación, fue desarrollado un breve cuestionario auto-completado, el *Physical Readiness Questionnaire*, o *PAR-Q*, compuesto de siete preguntas.

Este PAR-Q original fue revisado en 1992 con una población de 1.600 sujetos representativos de la población canadiense, constituida por aquellos sujetos que asistieron a los 64 centros de valoración de *fitness* distribuidos por todo el país. Además, y previamente, se realizó un estudio piloto para determinar el mejor método de presentación de los dos cuestionarios (el original y la nueva propuesta revisada) para obtener un mejor feedback por parte de los sujetos evaluados y de los examinadores. El principal cambio del patrón de respuesta de esta nueva versión se centra en la pregunta correspondiente a la tensión arterial, que al parecer y según Shephard (1981), es donde más exclusiones erróneas se producían en la versión original. A pesar de las ventajas de esta nueva versión del cuestionario, sus autores (Thomas et al., 1992) reconocen que la experiencia ha mostrado que la versión original es un instrumento de detección de riesgos más eficaz.

En la figura 8.1. de este capítulo se incluye la versión del cuestionario, incluida en la Batería Eurofit para adultos (Oja, Tuxworth, 1995).

Cuestionario de Paffenbarger et al. (1993)

Uno de los principales autores en el ámbito de la valoración de la actividad física habitual es el profesor Paffenbarger, que se basó en una serie de cuestionarios individuales para realizar los primeros estudios pioneros (desde 1962) con alumnos de universidades de los EEUU. En concreto, él y sus colaboradores, analizaron a 16.936 alumnos de Harvard durante 16 años.

Según el autor, la brevedad, claridad, precisión, y ausencia de ambigüedad son las condiciones *sine qua non* para que un cuestionario sea útil y válido. Con esta visión, fue diseñado el cuestionario original en 1978 (Paffenbarger et al.), con el objetivo de estudiar los riesgos de crisis cardiaca en relación con la práctica de actividades físicas habitualmente practicadas en el transcurso de una semana y durante el tiempo libre. El gasto energético se evaluaba a partir de datos ya conocidos y era utilizado para establecer un índice global de actividad física (Tuero, Márquez, De Paz, 2001). Los datos obtenidos sobre sus hábitos de andar, subir escaleras, y práctica de deportes de ocio fueron utilizados para desarrollar un índice de gasto calórico por actividad física, expresado en kilocalorías por semana. En numerosos análisis este índice ha establecido valores inversamente proporcionales a enfermedades cardiovasculares y otras causas de mortalidad, y directamente al aumento de la longevidad (Paffenbarger, 1986; Paffenbarger, Hyde, Wing, 1990; Paffenbarger, Hyde, Wing, Steinmetz, 1984; Paffenbarger, Notkin, Krueger, et al., 1966; Paffenbarger, Wing, Hyde, 1978; Paffenbarger, Wing, Hyde, Jung, 1983; Paffenbarger, Hyde, Wing, Hsieh, 1986).

En un artículo publicado en 1993 por Paffenbarger, en un número especial del *Medicine and Science in Sports and Exercise* dedicado a la valoración de la actividad física, se describe el cuestionario original utilizado en los diferentes estudios señalados anteriormente. Como indica su autor, la información a completar está organizada en diferentes bloques. Así, encontramos una sección inicial (A), bajo la denominación de "*Información General*", en donde se registran los datos demográficos y personales del sujeto, información esencial, según su autor, para permitir un análisis específico o ajustado por sexo, edad y raza. También en este apartado son requeridas informaciones antropométricas y estimaciones del tamaño corporal que pueden relacionarse con las mediciones del nivel de actividad física y el estado de salud del sujeto. En este sentido, el cuestionario incluye una serie de dibujos de hombres y mujeres con los que el sujeto debe identificarse en función de la evolución de su peso a lo largo de la vida. Estos dibujos fueron realizados por el profesor Stunkard (1983, citado por Paffenbarger et al., 1993).

La sección B, denominada "*Antecedentes médicos y estado de salud*", incluye una valoración rigurosa e histórica de las enfermedades crónicas que pueden: 1) representar variables-resultado en un estudio concreto al ser relacionadas con variables predictoras previamente registradas; 2) identificar poblaciones libres de enfermedades para realizar un seguimiento en estudios prospectivos; 3) identificar poblaciones con enfermedades para realizar un seguimiento y observar los efectos del paso del tiempo, así como realizar estudios de prevención secundaria.

También, en esta sección la historia de antecedentes familiares de enfermedades y muerte permiten estimar las tendencias familiares en el padecimiento y desarrollo de dolencias crónicas.

En la sección C, "*actividad física*", se incluyen una serie de actividades físicas seleccionadas de diferentes cuestionarios diseñados para identificar las actividades de tiempo libre asociadas con la presencia de enfermedades cardiovasculares e hipertensivas, que han sido testadas y validadas. El cuestionario pregunta explícitamente por andar, subir escaleras, y por los niveles de intensidad requeridos (Paffenbarger et al., 1978; Morris et al., 1973; Folsom et al., 1985; Paffenbarger, 1986; Paffenbarger et al., 1986; Morris et al., 1990; citados todos por Paffenbarger et al., 1993). La información sobre las actividades deportivas y recreativas es solicitada por medio de varias preguntas abiertas en relación a la frecuencia de sesiones practicadas anualmente y el número de años de participación, junto con la duración estimada de cada una de las sesiones. La pregunta número 6 de esta sección se deriva, según Paffenbarger (1993), del trabajo del profesor Bruce, que encontró que el mejor predictor casual del consumo de oxígeno evaluado en un tapiz rodante en sujetos normales era el número de veces por semana en que los sujetos participaban en actividades físicas de la suficiente duración e intensidad como para elevar su temperatura y producir sudoración. Por su parte, la pregunta 8 fue desarrollada a partir de la extensa experiencia del profesor Morris, que, como vimos en los antecedentes, estudió los patrones de actividad física diaria de los funcionarios británicos utilizando una técnica de diario de recuerdo (2 días) específico para los días de trabajo y otro para los días festivos (Morris et al., 1973). Así, la pregunta incluida en el cuestionario intenta establecer la frecuencia y duración de los patrones de actividad física intensa, moderada, suave, sentado, y reclinado durante un día habitual entre semana y en fin de semana. Esta información permite establecer el coste total de energía consumida al día por el sujeto. Las estimaciones de la intensidad del esfuerzo pueden ser derivadas de la pregunta 2 sobre el ritmo usual al caminar, de las actividades voluntarias contestadas en la pregunta seis, y de las categorías establecidas en la pregunta 8. Las estimaciones subjetivas sobre este grado de esfuerzo pueden ser, a su vez, derivadas de la pregunta 7, que utiliza la Escala de Borg de auto-evaluación del esfuerzo percibido (Borg, 1982, 1998), como índice de *fitness* fisiológico (Paffenbarger et al., 1993).

Por último, la sección D, bajo el epígrafe "*Hábitos alimenticios y vida social*", incluye datos sobre frecuencia de consumo de alimentos, derivados de la experiencia en el estudio de los hábitos de alimentación y la salud de las enfermeras (realizados a través de la Asociación Americana de Enfermería) del profesor Willet (Hennekens et al., 1979; Willet et al., 1983; Willetet al., 1985, citados por Paffenbarger et al., 1993). Estos datos sobre la dieta permiten clasificar a los sujetos por el tipo y cantidad de alimentos consumidos, estimando los valores de los nutrientes y el consumo calórico aproximado. Este apartado es completado con preguntas sobre el consumo de comida rápida, alimentos preparados, etc.

Los antecedentes en el consumo de tabaco son también solicitados en este apartado, junto a cuestiones relacionadas con la vida social del sujeto. En concreto, sobre el número de personas con quienes mantiene un contacto habitual, y el tipo de apoyo que recibe por su parte para el desarrollo de actividades físicas.

Según su autor, este cuestionario podría ser ampliado o complementado considerablemente en función de los objetivos de la investigación en la que se utilice, como por ejemplo, la valoración de la fuerza y la flexibilidad; las actitudes hacia la salud; el conocimiento de sus niveles de tensión arterial; colesterol en sangre; frecuencia cardiaca; así como mediciones más específicas del consumo energético (Noakes, 1985). Y por último, recomienda que en cualquier caso, el cuestionario se edite en una sola cara, incluyendo siempre una primera página de invitación a completarlo y una serie de instrucciones claras y concisas (Paffenbarger et al., 1993).

Cuestionario de estados de cambio aplicado a la aptitud músculo-esquéletica (Jiménez et al., 2003)

La utilización de cuestionarios específicos para determinar el estado en el que se encuentra un sujeto o grupo de sujetos es hoy por hoy la herramienta más extendida en la investigación en este campo. Normalmente, se diseña una escala ordinal categórica de cinco puntos (o seis, si se incluye el estado de terminación), en donde cada estado se corresponde con una frase concreta, con la que el sujeto se siente identificado.

Wakui y sus colaboradores (2002), realizaron una propuesta de cuestionario en función de los cinco principales estados de cambio:

1. Pre-contemplación: "*Yo actualmente no realizo ejercicio y no tengo planes de empezar en los próximos seis meses*".
2. Contemplación: "*Yo actualmente no hago ejercicio, pero tengo pensado empezar en los próximos seis meses*".
3. Preparación: "*Yo actualmente realizo ejercicio, pero no regularmente*".
4. Acción: "*Yo actualmente realizo ejercicio de forma regular, pero he comenzado hace menos de seis meses*".
5. Mantenimiento: "*Yo actualmente realizo ejercicio, y lo hago desde hace más de seis meses*".

En un reciente estudio (Jiménez, Aznar, De Paz, 2003) adaptamos dicho cuestionario a los diferentes comportamientos de la *aptitud músculo-esquelética*: fuerza general, utilización de máquinas de resistencia variable, utilización de peso libre y trabajo de flexibilidad. La figura 8.4. presenta el modelo de cuestionario adaptado utilizado.

Realización de ejercicios de fuerza muscular:

a) No realizo ejercicios de fuerza muscular, y no considero que sean importantes para mí.
b) No realizo ejercicios de fuerza muscular, pero creo que serían beneficiosos para mí.
c) Realizo ejercicios de fuerza muscular, pero de forma ocasional (sin continuidad).
d) Realizo ejercicios de fuerza muscular de forma regular, desde hace menos de 6 meses.
e) Realizo ejercicios de fuerza muscular de forma regular, desde hace más de 6 meses.

Realización de ejercicios de fuerza muscular utilizando máquinas de resistencia variable:

a) No realizo ejercicios de fuerza muscular utilizando máquinas de resistencia variable, y no considero que sean importantes para mí.
b) No realizo ejercicios de fuerza muscular utilizando máquinas de resistencia variable, pero creo que serían beneficiosos para mí.
c) Realizo ejercicios de fuerza muscular utilizando máquinas de resistencia variable, pero de forma ocasional (sin continuidad).
d) Realizo ejercicios de fuerza muscular utilizando máquinas de resistencia variable de forma regular, desde hace menos de 6 meses.
e) Realizo ejercicios de fuerza muscular utilizando máquinas de resistencia variable de forma regular, desde hace más de 6 meses.

Realización de ejercicios de fuerza muscular utilizando peso libre (barras, discos, mancuernas):

a) No realizo ejercicios de fuerza muscular utilizando peso libre (barras, discos, mancuernas), y no considero que sean importantes para mí.
b) No realizo ejercicios de fuerza muscular utilizando peso libre (barras, discos, mancuernas), pero creo que serían beneficiosos para mí.
c) Realizo ejercicios de fuerza muscular utilizando peso libre (barras, discos, mancuernas), pero de forma ocasional (sin continuidad).
d) Realizo ejercicios de fuerza muscular de forma regular utilizando peso libre (barras, discos, mancuernas), desde hace menos de 6 meses.
e) Realizo ejercicios de fuerza muscular de forma regular utilizando peso libre (barras, discos, mancuernas), desde hace más de 6 meses.

Realización de ejercicios de flexibilidad:

a) No realizo ejercicios de flexibilidad, y no considero que sean importantes para mí.
b) No realizo ejercicios de flexibilidad, pero creo que serían beneficiosos para mí.
c) Realizo ejercicios de flexibilidad, pero de forma ocasional (sin continuidad).
d) Realizo ejercicios de flexibilidad de forma regular, desde hace menos de 6 meses.
e) Realizo ejercicios de flexibilidad de forma regular, desde hace más de 6 meses.

En los cuatro casos, la respuesta "a" corresponde al estado de precontemplación; la "b" al estado de contemplación; la "c" al de preparación; la "d" al de acción; y por último, la "e" al de mantenimiento.

Figura 8.4. Modelo cuestionario estados de cambio específico para la aptitud músculo-esquelética (Jiménez, Aznar, De Paz, 2003).

Modelo de consentimiento informado:

(Adaptado de EARLE, R.W., T.R. BAECHLE. *NSCA's Esssentials of Personal Training.* Champaing, IL. Human Kinetics, 2004).

Los tests incluidos en la evaluación de su nivel de fitness (aptitud física) nos permitirán obtener información sobre su aptitud cardiorrespiratoria, su composición corporal, su fuerza y resistencia muscular y su flexibilidad.

Las pruebas más exigentes son las de aptitud cardiorrespiratoria, fuerza y resistencia muscular. Usted podrá experimentar fatiga muscular durante la realización de las pruebas y/o al finalizar las mismas. Las posibilidades de que se manifieste una complicación son de 1 sobre 10.000 pruebas, que incluiría en ese caso dificultades respiratorias e irregularidades en la función cardiaca. También es posible que se produzca alguna lesión derivada de un uso inadecuado del material y el equipamiento, pero es muy inusual.

Al firmar este documento, usted manifiesta con claridad que ha leído y entendido la descripción de las pruebas a realizar y de sus posibles complicaciones. Además, usted indica que cualquier duda que le haya podido surgir sobre el proceso de evaluación y sus potenciales riesgos ha sido respondida con claridad y está usted satisfecho. Tenga la certeza de que se hará todo lo necesario para garantizar su salud y su seguridad.

La información y los datos obtenidos en cualquiera de las evaluaciones será considerada como confidencial, pudiéndose utilizar en investigación únicamente bajo su expreso consentimiento mediante autorización por escrito.

Recuerde que una evaluación previa realizada por un médico está recomendada para todos aquellos sujetos con algún tipo de restricción respecto a la práctica de ejercicio, y para todos lo varones mayores de 45 años y todas las mujeres mayores de 55 años.

Al firmar el presente documento, usted ACEPTA la completa responsabilidad de su propia salud y bienestar, y RECONOCE que usted ha sido informado y ha entendido que esta responsabilidad no es asumida por los responsables de su programa de ejercicio físico.

Nombre del participante ____

Firma del participante ______________________________ Fecha: ____________________

Firma del padre o tutor* ____________________________ Fecha: ____________________
(*en caso de menor de edad)

Firma del testigo __________________________________ Fecha: ____________________

Modelo de acuerdo de asunción de riesgos:

(Adaptado de EARLE, R.W., T.R. BAECHLE. NSCA's Esssentials of Personal Training. Champaing, IL. Human Kinetics, 2004).

Con la intención de participar en actividades asociadas con ______________________
(nombre del programa, instalación, equipamiento, maquinaria),
Yo ASUMO, ACEPTO y EXIMO de cualquier responsabilidad a ______________________
(nombre de la organización/programa)
y a sus empleados, agentes, representantes y a cualquier otra persona relacionada con dicha entidad/programa de toda responsabilidad por lesiones o accidentes que pudieran resultar de mi participación en cualquiera de las actividades del citado programa.

Yo ENTIENDO los procedimientos aplicados por ________________ (entidad/programa) y manifiesto que he tenido la oportunidad de discutir mis necesidades específicas en relación a mi participación en el citado programa; como resultado de ello, yo voluntariamente ACEPTO participar en este programa preventivo de ejercicio.

Además, y en consideración a otros posibles factores, yo manifiesto CONOCER la existencia de riegos asociados a estas actividades, y estoy de acuerdo en ACEPTAR las responsabilidades derivadas de mi participación y del uso de instalaciones y/o equipamiento específico o genérico. Más específicamente, yo conozco y acepto la responsabilidad de accidentes o lesiones producidas por:

- El uso del equipamiento de la instalación.
- La participación en actividades grupales relacionadas con la actividad del programa.
- La realización de pruebas de valoración de mi aptitud física.
- Los incidentes que pudieran ocurrir en el interior de la instalación, vestuarios, duchas, y cualquier otra área asociada a ________________ (nombre de la organización/programa).

Nombre del participante ____

Firma del participante ______________________ Fecha: ________________

Firma del padre o tutor* ______________________ Fecha: ________________
(*en caso de menor de edad)

Firma del testigo ______________________ Fecha: ________________

Capítulo IX

Evaluación de la aptitud física: selección, administración de protocolos y valores de referencia

Adrián Casas
Profesor Universitario en Educación Física UNLP (Argentina)
Profesor Adjunto de la Cátedra "Fisiología Aplicada a la Educación Física"
Facultad de Humanidades y Ciencias de la Educación. Universidad Nacional de La Plata
Profesor de Grado y de Pos-Grado en la Universidad Favaloro. Buenos Aires. Argentina
Profesor de Pos-Grado en la Universidad Católica de La Plata. La Plata. Argentina
Director de Estudios del Centro de Estudios Terciarios River Plate. Buenos Aires. Argentina
Profesor Invitado por la Facultad de Ciencias de la Actividad Física y el Deporte
Universidad Europea de Madrid
profcasas@yahoo.com.ar

1. INTRODUCCIÓN

La evaluación de la aptitud física constituye uno de los pasos más importantes para la prescripción y planificación del ejercicio. Podemos decir que la aptitud física es el conjunto de elementos que condicionan la capacidad de trabajo (Caspersen y col, 1985), muchos investigadores han aportado enfoques muy enriquecedores acerca de la aptitud física, sus componentes y su relación con el rendimiento y la salud (Blair, S y col, 1989 y 1995; Paffenbarger, R y col, 1993; Bouchard, Shepard y Stephens, 1994; Oja y Tuxworth, 1995; Kraemer, W y col,1995; Heyward V y col, 1996; Norton, K y Olds, T, 1996). La aptitud física está compuesta por: a) aptitud cardiorrespiratoria, b) aptitud muscular, c) composición corporal y d) flexibilidad. Estos componentes se relacionan entre sí, e inciden de diferente manera sobre el rendimiento y la salud (ACSM, 2000).

La evidencia científica demuestra que el Incremento de la Aptitud Física se asocia con la reducción de todas las causas de morbilidad y mortalidad cardiovascular (Blair, 1993). Otros estudios han demostrado la reducción porcentual en la mortalidad por eventos cardiovasculares, tanto en sujetos adultos sanos como con enfermedad cardiovascular, por cada MET[1] de incremento en la capacidad funcional (Blair y col, 1989 y 2001; Dorn y col,1999; Goraya y col,

[1] 1 MET(equivalente metabólico, cantidad de O2 necesaria para mantener las funciones vitales.1MET = 3,5 mlO2/Kg/min).

2000; Williams y col, 2001; Myers y col, 2002). Tradicionalmente, se ha sobrevalorado el aspecto cardiovascular y se ha omitido el estudio en profundidad del componente (aptitud) muscular y sus efectos sobre la Salud y la Aptitud Física. A partir de los años ´90 esto ha cambiado, Instituciones científicas de referencia han incorporado en sus Guías e Indicaciones de Ejercicio trabajos de fitness muscular (ACSM, 1990; USA Department 1996; AHA Advisory, 2000). Diversos estudios durante varios años han aportado evidencia acerca de los beneficios sobre la salud del fitness muscular (Atha J, 1981; Komi P, 1991; Pollock y col, 1996, 1999; Pratley y col, 1994; Warburton, D y col, 2001).

Nos ocuparemos en este capítulo de la evaluación desde una óptica central para la programación, control, seguimiento y la eficacia de los programas de ejercicio. Para tal fin es importante compartir la definición que los Dres. Eduardo De Rose y Jorge Pinto Ribeiro emplean para la evaluación funcional:

> "Cada individuo posee un conjunto de aptitudes y limitaciones propias de su potencial genético, de las actividades físicas previas y de sus eventuales disfunciones orgánicas, se torna imprescindible que esas cualidades y limitaciones sean diagnosticadas, analizadas, clasificadas y orientadas adecuadamente. Este proceso, fundamental para una mayor eficacia y performance, caracteriza la evaluación funcional".

2. EVALUACIÓN. CONCEPTOS BÁSICOS Y PROPÓSITOS

Los términos evaluación y medición no son sinónimos. **medición** es el proceso mediante el cual se recoge la información, en tanto que la **evaluación** implica la utilización de la información, el análisis, procesamiento y asociación de los datos, la toma de decisiones y finalmente, la implementación de las mismas. Ambos conceptos están interrelacionados entre sí, la evaluación utiliza la medición para obtener la información mediante procedimientos denominados Tests.

Los propósitos de la evaluación de la aptitud física (ACSM, 2000) son: (Tabla 9.1)

• Informar a los participantes de los programas de ejercicios acerca de su estado aptitudinal inicial relacionado con su salud, edad y sexo.
• Proveer información útil para la programación de los ejercicios y el desarrollo de los componentes de la aptitud física.
• Recoger datos y mediante un seguimiento de los mismos determinar los progresos de cada participante dentro del programa.
• Motivar a los participantes mediante la determinación y el logro de objetivos razonables de aptitud física.
• Estratificar los niveles de riesgo.

Tabla 9.1. Propósitos de la evaluación de la aptitud física (ACSM, 2000).

Con relación a los **tests**, éstos son procedimientos protocolizados y científicamente validados, es decir, reúnen criterios de objetividad que les permiten ser un instrumento (método) científico de valoración. Pero, ¿cuáles son esos criterios?:

a. VALIDEZ: es el grado de seguridad con que un test mide lo que dice medir.

b. FIABILIDAD: es una expresión de la regularidad de los resultados, es decir, con la aplicación sucesiva del mismo test en la misma persona o población (en condiciones similares), los resultados no tendrán variaciones significativas.

c. REPRODUCTIBILIDAD: este criterio expresa la independencia de los resultados obtenidos del evaluador, es decir, el mismo test aplicado en las mismas poblaciones por otros evaluadores debe garantizar que los datos mantendrán su objetividad.

Es importante destacar que toda evaluación de la aptitud física debe estar precedida por una evaluación Previa del estado de Salud. Esta es una práctica imprescindible, ya que mediante la realización de un "screening" (pesquisa) previo al ejercicio se determina el estado de salud del sujeto. Distintas instituciones científicas de referencia establecen normas claras para esta evaluación Pre-participativa (AHA, 1997; ACSM´s, 2000), las cuales han sido extensamente abordadas en el capítulo anterior.

3. PARÁMETROS FISIOLÓGICOS DE CONTROL

El Entrenador Personal utiliza, tanto en la evaluación como en el desarrollo de sus programas de ejercicio, parámetros fisiológicos de control, que le permiten valorar el comportamiento de la "carga interna", es decir, la respuesta individual al esfuerzo físico. Estos parámetros son básicamente: la frecuencia cardíaca, la tensión arterial y la percepción subjetiva del esfuerzo (escala de Borg). El comportamiento dinámico de estos parámetros brinda diferentes niveles de información (intensidad del esfuerzo, respuesta adaptativa, nivel de recuperación de la carga y/o de la sesión, etc.). En este capítulo me ocuparé de mencionar algunos aspectos básicos y prácticos con relación al comportamiento y a la cinética de estos parámetros, principalmente relacionados con las evaluaciones.

3.1. Frecuencia cardíaca (FC). Tipos de control.

La frecuencia cardíaca es la cantidad de latidos que tiene el corazón por minuto, y debe ser considerada como el principal indicador de estrés (carga) cardiovascular. La frecuencia cardíaca en reposo de un adulto promedio es de 60 a 80 latidos por minuto (7 a 10 latidos más en las mujeres) (Heyward, 2002).

La tabla 9.2 clasifica los valores de frecuencia cardiaca de reposo, y la tabla 9.3 categoriza los valores de frecuencia cardiaca de adultos en reposo.

< 60 latidos/minuto= bradicardia (frecuencia cardiaca baja).
60 a 100 latidos/minuto= frecuencia cardiaca normal
> 100 latidos/minuto= taquicardia (frecuencia cardiaca alta)

Tabla 9.2. Frecuencia cardiaca de reposo: clasificación (Heyward, V., 2002).

Categoría FC	Valores (lat/min) VARONES	Valores (lat/min) MUJERES
BAJA	35-56	39-58
MODERADAMENTE BAJA	57-61	59-63
MEDIA BAJA	62-65	64-67
MEDIA	66-71	68-72
MEDIA ALTA	72-75	73-77
MODERADAMENTE ALTA	76-81	78-83
ALTA	82-103	84-104

Tabla 9.3. Valores de FC de reposo para hombres y mujeres mayores de 18 años (Adams, 2002).

El control o registro de la frecuencia cardiaca se puede realizar por: a) palpación, b) auscultación, y c) utilizando monitores de frecuencia cardiaca. El equipamiento necesario dependerá entonces del tipo de control a utilizar, siendo necesario: cronómetro, estetoscopio y/o monitor de frecuencia cardiaca.

Control por palpación

La palpación de la frecuencia cardiaca es probablemente el método más utilizado en campo. Empleando los dedos índice y medio de la mano se palpa el pulso. Se desaconseja utilizar el pulgar ya que induce a error. Los sitios anatómicos donde se palpará la frecuencia cardiaca pueden ser:

- Arteria braquial: en la zona anterior medial del antebrazo, 2 a 3 centímetros por encima de la fosa antecubital (Heyward, 2002).
- Arteria carótida: en la cara anterior del cuello, al costado de la laringe (Heyward, 2002). En algunos individuos, una fuerte presión externa contra la arteria carótida puede producir un efecto inhibidor sobre la frecuencia cardiaca mediado por acción de los barorreceptores, ubicados en la bifurcación de la carótida y por el seno carotídeo, aumentando la presión externa y provocando por feed-back una disminución de la FC. Como consecuencia se obtiene un resultado erróneo (Kline, 1987).
- Arteria radial: en la cara anterior lateral de la muñeca, en la línea del pulgar (Heyward, 2002).
- Arteria temporal: en la cara lateral del cráneo, sobre la porción anterior de la fosa temporal.

Al iniciar el cronómetro, el primer latido se cuenta como Cero, mientras que si el cronómetro está en funcionamiento el primer latido será Uno (Heyward, 2002). La frecuencia cardiaca puede registrarse en 6, 10, 15, 30 ó 60 segundos. La elección del tiempo dependerá si la FC es de reposo (se puede registrar en tiempos más largos), o si se trata de FC de esfuerzo o postesfuerzo (se emplean tiempos más cortos, generalmente 6 a 10 segundos, para que el registro sea representativo de lo que se pretende valorar y no esté influido por la recuperación).

En el siguiente ejemplo se proponen diferentes registros de FC, en 6, 10, 15 y 30 segundos y su conversión a FC/minuto.

Ejemplo:

15 latidos en 6 segundos= 15 x 10=150 latidos/minuto.
20 latidos en 10 segundos= 20 x 6= 120 latidos/minuto.
35 latidos en 15 segundos= 35 x 4= 140 latidos/minuto.
65 latidos en 30 segundos= 65 x 2= 130 latidos/minuto.

Control por auscultación

La auscultación requiere del uso de un estetoscopio. El estetoscopio debe ubicarse directamente sobre la piel, por debajo del tercer espacio intercostal izquierdo del esternón. Los sonidos escuchados son los latidos del corazón y pueden ser contados durante 30 o 60 segundos (Heyward, 2002).

Control por monitor de frecuencia cardiaca

Los monitores de frecuencia cardiaca son herramientas muy prácticas para el entrenamiento y la evaluación, ya que brindan información en "tiempo real" y garantizan validez y estabilidad en los registros(Leger, 1988). Su uso masivo tiene como contrapartida el coste económico de los mismos.

La dinámica de la FC puede informarnos acerca de diferentes eventos fisiológicos antes, durante y después del ejercicio, que estarán relacionados con el nivel de entrenamiento del sujeto, y por supuesto, con la edad y sexo (ver capítulo 4). Por ejemplo:

1°) "*Índice de Pashkow*". Diversos trabajos científicos (Schwartz, P y col, 1992; Imai, K y col, 1994; Cole, C y col, 1999; Lauer, M y col, 1999; Nishime, E y col, 2000; Watanabe, J y col, 2001) han demostrado que la recuperación de la FC en el primer minuto del postesfuerzo es un importante predictor de mortalidad cardiovascular, considerando una recuperación de 12 latidos o menos como valores anormales. Se denomina a esta valoración "índice de Pashkow".

2°) *Relación FC/%Consumo máximo de O2* (VO2máx). En el campo práctico, en muchas oportunidades es preciso establecer la intensidad del ejercicio, expresada en %VO2máx, a partir de la FC, para lo cual es muy útil emplear la ecuación de Londeree y Ames (Howley, 2001):

% FC máxima = (0,7305 x %VO2máx) + 29,95

Por ejemplo, si una persona debe entrenarse al 70% del VO2máx, aplicando la ecuación de estimación sería: (0,7305 x 70)= 51,13 + 29,95= **81,08(% FC máxima)**. Entonces, ejercitándose al 81% de su FCmáxima, estaría haciéndolo aproximadamente al 70% del VO2máx. Esta ecuación es similar a la de Swain y col, 1994.

3°) *Consumo de O2 miocárdico* (VO2Q). Es posible calcular el VO2miocárdico de manera indirecta, a partir del siguiente cálculo:

VO2Q= FCE(FC de esfuerzo) x TAS(tensión arterial sistólica)/100

Esta ecuación es conocida como "doble producto" o RPP (rate pressure product) y tiene una correlación con el VO2Q de 0,80(ACSM, 1991). Por ejemplo:

Si una persona se ejercita con 150 lat/min. y con una TAS de 200 mmHg, tendrá un RPP de (150 x200) /100 = 30.000/100 = 300.

La determinación del "doble producto", al margen de ser muy utilizado en programas de rehabilitación cardiovascular, permite comprobar "la dirección" de las cargas de entrenamiento (en programas de fitness o salud), ya que éstas pueden provocar con mayor énfasis adaptaciones centrales o periféricas, según se pretenda dirigir los efectos de entrenamiento. De este modo, la disminución del VO2Q en trabajos submáximos cardiovasculares, indicaría mayor eficacia en los programas empleados en cuanto a las adaptaciones centrales (Kitamura y col. 1972).

3.2. Tensión arterial (TA). Control, equipamiento y procedimiento de medición

La Presión Arterial (PA) o Tensión Arterial (TA) puede ser definida como la fuerza que ejerce la sangre contra las paredes de los vasos sanguíneos (Adams, 2002). Los sonidos que emiten esas fuerzas vibratorias son llamados "sonidos de Korotkoff". La detección y desaparición de los sonidos de Korotkoff son la base del método de control de la TA. Además, hay varias técnicas invasivas y no invasivas para determinar la TA (Adams, 2002), la esfigmomanometría es la más utilizada en campo.

Equipamiento (CEPCFAC, 1999)

- Esfigmomanómetro de mercurio (deben estar en valor "0 mmHG") o aneroide, periódicamente calibrado.
- Mango (debe cubrir 2/3 de la longitud del brazo, 15cms es adecuado para adultos). El borde inferior debe estar a 2,5cms por encima del pliegue del codo. Con personas obesas si no se dispone de un mango especial, una buena opción es colocar el mismo en el antebrazo y auscultar la arteria radial.
- Cámara de goma (debe circundar el 80% de la circunferencia, en caso contrario puede se pueden obtener lecturas erróneas).
- Estetoscopio.

Procedimiento

1 Informar al sujeto evaluado que no fume ni ingiera café, té ni bebidas con cola al menos 30 minutos previos a la medición de la TA (NHI, 1997).

2 El sujeto estará sentado en una silla, con la espalda apoyada cómodamente en el respaldo y su brazo (derecho o izquierdo) extendido, supinado y apoyado en una mesa a la altura del corazón.

3 Comenzar la medición después de que el sujeto permaneció, al menos, 5 minutos sentado (NHI, 1997), y hacer, por lo menos 2 lecturas separadas entre sí 5 minutos, se considera el promedio de ambas como el valor de la medición. Si la diferencia es mayor de 5mmHg entre ambas, realizar una tercera valoración y promediar las tres (CEPCFAC, 1999).

4 Inicialmente, tomar en ambos brazos. Si la TA difiere, en lo sucesivo evaluar siempre en el brazo con la TA más alta (CEPCFAC, 1999).

5 Con el mango desinflado palpe el pulso radial.

6 Infle el mango rápidamente hasta 20mmHg por encima de la desaparición del pulso.

7 El nivel de la escala que coincide con la aparición del "1° ruido" define la tensión arterial sistólica (TAS).

8 Desinfle el mango lentamente (2mmHg por segundo).

9 Preste atención a la "desaparición del latido" (fase V de Korotkoff) para obtener el valor de la tensión arterial diastólica (TAD).

10 Si "los ruidos" son débiles (poco audibles) se puede indicar al evaluado que eleve el brazo y abra y cierre la mano unas 5 a 10 veces. Tras esta maniobra, coloca el brazo en posición correcta y rápidamente se infla el mango.

11 La cámara de goma debe estar centrada, para lo cual la referencia es que las mangueras de salida se encuentren sobre la arteria braquial.

12 Anote los registros, la posición en que los evaluó y el tamaño de mango utilizado.

13 Es recomendable hacer tomas en diferentes horas del día, incluido al despertarse. Para lo cual, puede ser muy útil enseñarle a un familiar directo a evaluar bien la TA (100).

14 La medición repetida de la TA permite detectar la hipertensión arterial, siendo necesario repetir varias mediciones de la TA en días diferentes. La tabla 9.4 muestra los valores de TA para mayores de 18 años. El registro de la TA permite también monitorear la respuesta antihipertensiva de los programas de ejercicio y/o de los cambios en las conductas alimentarias (Adams, 2002). Es imprescindible utilizar equipamiento calibrado y reconocido por los estándares internacionales (Prisant, 1995), siguiendo un protocolo de control estandarizado (NHI, 1997).

CATEGORÍA	**T.A.S (mmHg)**	**T.A.D (mmHg)**
Óptima	< 120	< 80
Normal	120-129	80-84
Normal Alta	130-139	85-89
HTA		
Estadio 1	140-159	90-99
Estadio 2	160-179	100-109
Estadio 3	≥ 180	≥ 110

* 6° Reporte del Comité de Prevención, Detección, Evaluación y Tratamiento de la HTA, Servicio de Salud Pública, Instituto Nacional de Salud, Instituto Nacional del Corazón, Pulmones y Sangre, Publicación NIH n° 98-4080, Noviembre de 1997 (ACSM´s, 2000).

Los sujetos no tomaban medicación antihipertensiva y no presentaban enfermedades agudas. Cuando se evalúa la TAS y TAD, se considera el valor más alto para incluirlo dentro de la categoría correspondiente. Por ejemplo, un sujeto presenta 160/92mmHg, es incluido en Estadio 2 y si presenta 174/120, es incluido en Estadio 3. La hipertensión sistólica aislada es definida como Sistólica ≥ 140mmHg y diastólica ≤ 90mmHg. Por ejemplo, un sujeto presenta 170/82, es definido como hipertensión sistólica aislada Estadio2.

+ Los valores óptimos con respecto al riesgo cardiovascular son por debajo de 120/80mmHg, es inusual su evaluación ya que valores tán bajos no presentan significancia clínica.

ß Los datos deben basarse en la media de dos o más registros tomados en días separados después de un screening inicial.

Tabla 9.4. Clasificación de la TA para adultos mayores de 18 años (+ ß).*

Aplicando los criterios desarrollados el ejemplo nº 2, se muestran dos casos de determinación de la TA.

Ejemplo 2:

Sujeto 1	**TAS (mm Hg)**	**TAD (mm Hg)**
1° medición	132	78
2° medición	126	80
diferencia	6	2
3° medición	130	79
media final	129	79
Sujeto 2		
1° medición	110	68
2° medición	114	66
diferencia	4	2
3° medición	no es necesaria	no es necesaria
media final	112	67

- Fumar tabaco (> TA reposo y en ejercicio)
- Ingerir cafeína (la respuesta de la TA es muy varible y depende de la habituación previa y de la cantidad ingerida; la ingestión de cafeína debe ser evitada previa a la valoración de la TA)
- El nivel de estrés (> TA en reposo y en ejercicio)
- La posición del cuerpo (< TA cuando el sujeto está acostado y > TA cuando está sentado y/o parado).
- Hora del día (< en las primeras horas de la mañana, > o se mantiene sin cambios durante las horas de la tarde y/o atardecer).
- Ingesta de medicamentos (>, se mantiene sin cambios o < la TA en reposo y ejercicio, en función del medicamento específico que se trate).

> = aumenta   < = disminuye

Tabla 9.5. Factores que afectan a la Tensión Arterial (Kordich, 2002).

4. COMPOSICIÓN CORPORAL. MÉTODOS DE EVALUACIÓN Y EQUIPAMIENTO

La composición corporal es la distribución porcentual relativa de la masa corporal total de un sujeto en masa grasa (MG) y masa libre de grasa (MLG), esta última a su vez está conformada por: tejido óseo, muscular, residual y piel. Es uno de los componentes de la aptitud física (Fitness) y se relaciona directamente con los niveles de salud y rendimiento del sujeto.

En 1947, un científico francés, el Dr. Jean Vague, desarrolló los conceptos de adiposidad "androide", refiriéndose a la localización de la grasa en la zona media del cuerpo (central/abdominal), y "genoide" para la localización de la grasa en la zona glúteo-femoral (periférica). La distribución androide es la prevalente en hombres y la que más fuerte asociación presenta con el riesgo para la salud, en tanto que la genoide es la predominante en mujeres. En los últimos 20 años, diversas publicaciones científicas han establecido claramente las relaciones entre el exceso de grasa corporal, su localización y la prevalencia de enfermedades cardiovasculares y metabólicas y la tasa de mortalidad (Korotkiewski y col, 1983; Tran y col, 1985; Ducimetiere y col, 1986; Gerber y col, 1987; Donahue y col 1987a y 1987b; Després y col, 1990; Després y col, 1991; Larsson, 1991; Schwartz y col, 1991; Schimidt y col, 1992; Seidell, 1992; Wing y col, 1992; Goldstein y col, 1992; Bray, 1992a y 1992b; King y col, 1995, y Després y col, 2001). Es la localización de la grasa y no la grasa corporal total la principal responsable, por ejemplo, del desarrollo de diabetes de tipo 2 (Després y col, 2001) y de otros importantes desórdenes en la salud como el síndrome metabólico, o síndrome "X". Este síndrome se refiere a la concurrencia de obesidad "androide" (de distribución abdominal), hipertensión arterial, dislipidemias y alteraciones en el metabolismo de la glucosa e insulina. La Obesidad constituye hace ya varios años un motivo de preocupación creciente en diversas poblaciones debido a su crecimiento epidemiológico, al igual que el Síndrome "X" (Ford y col, 2002). El exceso de grasa corporal se asocia también con baja tolerancia al ejercicio y con disminución de la aptitud física.

Otro aspecto de importancia es la valoración del tejido muscular, ya que su disminución, denominada sarcopenia, implica riesgos para la salud y deterioro del rendimiento. La pérdida de proteínas contráctiles musculares (sarcoméricas) es una entidad asociada al sedentarismo, que conlleva un incremento de la resistencia a la insulina, pérdida de masa ósea, disminución de tolerancia a la glucosa, incremento de grasa corporal y disminución de la aptitud física, entre otras consecuencias. Los programas de ejercicios relacionados con la aptitud muscular (ver capítulo 6) previenen y/o revierten estos efectos deletéreos (Atha, 1981; Komi, 1991; Pollock, 1996 y 1999; USA Dep, 1996; ACSM, 1990; Pratley y col, 1994 y ACSM 2000).

La evaluación de la composición corporal constituye una práctica de gran interés para los Entrenadores Personales, una demanda actual de sus alumnos, y al mismo tiempo una herramienta de aplicación directa para el control de los procesos de entrenamiento, su dirección y eficacia y la promoción del rendimiento y la salud.

La valoración de la composición corporal debe trascender la medición del peso, la estatura y el índice de masa corporal (BMI), procurando cuantificar los diferentes tejidos corporales, principalmente, adiposo y muscular. A su vez, los métodos deben ser no invasivos, económicos y científicamente válidos. Existe una variedad de métodos disponibles para la evaluación de la composición corporal (ver tabla 10.6), cada uno de ellos con ventajas, desventajas y con diferentes niveles de complejidad. Se recomienda al lector interesado en profundizar este tema el texto *Antropometrica* (Norton y Olds, 1996).

Abordaremos a continuación algunos aspectos básicos de las mediciones antropométricas (peso, talla, índice de masa corporal y perímetro de cintura), y los pliegues cutáneos y perímetros musculares necesarios para estimar la adiposidad corporal y el porcentaje de tejido muscular, con la intención de aportarle al Entrenador Personal herramientas de aplicación práctica para cualificar su tarea.

Es importante destacar la necesidad de un adecuado y riguroso entrenamiento para las mediciones, así como la adhesión a reglas y normativas internacionales al respecto, sugiero en este sentido los criterios de la Sociedad Internacional para el Avance de la Cineantropometría (ISAK) y remitirse a Norton y Olds (1996).

Equipo de medición

a) **Cintas antropométricas**. Para evaluar perímetros se recomienda una cinta de acero flexible, calibrada en centímetros, con gradaciones en milímetros. En caso de no utilizar cintas metálicas éstas deberán ser inextensibles y calibradas periódicamente.

b) **Estadiómetro**. Es un instrumento utilizado para medir la estatura y la altura sentado. Por lo general, está fijo a la pared y tiene un dispositivo deslizante en la parte superior que se baja hasta el vértex de la cabeza, es conveniente que este mecanismo tenga un dispositivo de seguridad.

c) **Balanzas**. Para evaluar la masa corporal se emplean diferentes tipos de balanzas, éstas deben estar calibradas y ser fiables. Se requerirán balanzas con precisión en el registro de un mínimo de 100 gramos (algunas alcanzan los 50 gramos). Las de mayor uso son las de báscula (con pesas) y también las de tipo electrónicas de alta precisión.

d) **Calibres para pliegues cutáneos**. La ISAK utiliza como instrumento de referencia el calibre Harpenden (ver foto). También pueden utilizarse los calibres Slim Guide, principalmente con población no deportiva, ya que tienen un rango de medición mayor y producen lecturas válidas (Anderson y Ross, 1986; Schimdt y Carter, 1990), no obstante, su uso implica modificaciones en el posicionamiento y manejo del instrumento (Norton y Olds, 1996).

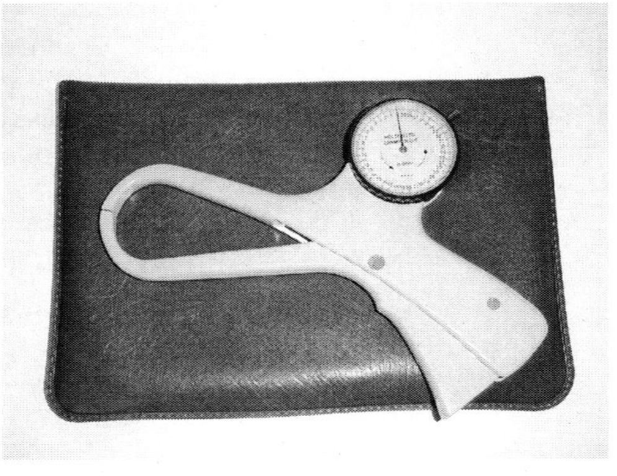

Foto calibre Holtain.

e) **Otros instrumentos**. Existen otros elementos que conforman el equipamiento para las mediciones antropométricas, pero no serán descritos ya que exceden los alcances del presente capítulo.

Métodos "BIOQUÍMICOS" Dividen al cuerpo en lípidos, proteínas, minerales y agua.	**Métodos de "FRACCIONAMIENTO FÍSICO o ANATÓMICO"** Dividen al cuerpo en tejidos anatómicos diseccionables (adiposo, muscular, óseo, residual y piel)
· Hidrodensitometría (HD) · Agua Corporal Total ACT) · Potasio Corporal Total (PCT) · Absorciometría fotónica por rayos X(DEXA) · Bioimpedancia eléctrica (BIE) · Interactancia infrarroja (II) · Antropometría (AA) · Pletismografía (PL)	· Técnicas antropométricas. · Diagnóstico por imágenes. · Tomografía axial computada. · Resonancia magnética nuclear.

Tabla 9.6. Métodos para evaluar la composición corporal (Holway, 2001).

4.1. Preparación de la evaluación

Los sujetos que van a ser medidos deben conocer la evaluación que les será realizada y es conveniente que completen un formulario de consentimiento básico para todo tipo de valoración (ver anexo capítulo anterior). En primer lugar, se realizará una marcación de los diferentes puntos anatómicos (tabla 9.7.), y posteriormente se realizarán las mediciones. Para un detalle pormenorizado ver el texto de referencia (Norton y Olds, 1996).

El sujeto evaluado permanecerá de pie, relajado, con los brazos cómodamente a los costados del cuerpo y los pies levemente separados, en algunos casos se requerirán los pies juntos. Para una correcta y eficaz medición, se les pedirá a los sujetos que presenten la menor cantidad de ropa posible. Los trajes de baño (en el caso de las mujeres, de dos piezas) son una alternativa óptima. El evaluador deberá disponer de suficiente espacio para moverse alrededor del evaluado y manipular el equipamiento. La asistencia de un ayudante entrenado en las técnicas de medición permite ganar tiempo, minimizar errores y optimizar la recolección de los datos (Norton y Olds, 1996).

Marcas o referencias anatómicas	Pliegues o perímetros a medir
1 Punto subescapular	1 Pliegue subescapular: 1 a 2 cm por debajo del ángulo inferior de la escápula, en diagonal (ángulo de 45º).
2 Punto medio acromial-radial	2 Pliegue tríceps: línea media acromial-radial, se mide en la parte más posterior del brazo, sobre el tríceps. 3 Pliegue bíceps: se mide en la parte más anterior del brazo, 1cm por encima de la línea del pliegue tricipital.
3 Punto iliocrestídeo	4 Pliegue cresta Ilíaca (Suprailíaco): se mide por encima de la cresta ilíaca, en línea ilio-axilar.
4 Otros	5 Pliegue Muslo frontal: se mide en la zona media del muslo (entre el pliegue inguinal y el borde anterior de la rótula). 6 Pliegue pantorrila medial: se mide con la rodilla en 90º y el pie apoyado (pantorrilla relajada) en la cara medial de la pantorrilla. 7 Perímetro antebrazo: se mide con el brazo relajado, a la altura del máximo perímetro del antebrazo. 8 Perímetro muslo medial: se toma perpendicular al eje longitudinal del muslo, en el nivel medio entre el punto más superior del trocánter mayor del fémur y el punto más superior de la cabeza lateral de la tibia. 9 Perímetro de pantorrilla: es el máximo perímetro de la pantorrilla, el sujeto debe permanecer parado con su peso corporal repartido entre ambos pies.

Tabla 9.7. Algunos puntos anatómicos necesarios para realizar las mediciones.

4.2. Estatura. Técnica de medición y consideraciones

La estatura (talla) es una medición antropométrica básica. La medición de la estatura presenta una variación durante el día de aproximadamente 1%, siendo mayor por la mañana y menor hacia la tarde (Reilly, Tyrrel y Troup, 1984), por lo tanto, es muy importante registrar el horario de medición en la planilla de datos.

La técnica requiere que el sujeto se pare descalzo, con los pies y los talones juntos, la cara posterior de los glúteos y la parte superior de la espalda apoyada en el estadiómetro. La cabeza se ubica en el plano de frankfort (el margen inferior de la órbita ocular alineado horizontalmente con la protuberancia cartilaginosa superior de la oreja). El evaluador coloca las manos debajo de la mandíbula del evaluado, le pide que respire profundamente alcanzando la máxima extensión y le aplica una suave tracción hacia arriba. En ese momento se registra la medición, colocando la escuadra del estadiómetro en el vértex.

Con respecto a valores de referencia, se recomienda recurrir a tablas (propias) del país de origen de los evaluados, no obstante puede consultarse la referencia (Adams, 2002).

4.3. Masa corporal (Peso). Medición y aplicaciones

El término peso es definido como la masa de un objeto bajo el efecto natural de la aceleración de la gravedad, de modo que el término más preciso para caracterizar el peso corporal es masa corporal (Adams, 2002). Una medición correcta de la masa corporal debe ser realizada sólo con una balanza calibrada y certificada para tal fin. El peso corporal muestra una variación diurna de aproximadamente 1 kg en los niños y 2 kg en los adultos (Sumner y Whitacre, 1931). Los valores más estables se obtienen por la mañana, doce horas después de haber ingerido alimentos y después del vaciado urinario. El sujeto debe estar correctamente hidratado. Es importante registrar el horario de la medición.

El peso puede realizarse pesando primero la ropa que usará el evaluado durante la medición, para estimar el peso desnudo del sujeto. No obstante, el peso con ropa mínima es un registro fiable (Norton y Olds, 1996). El evaluado se para en el centro de la balanza, con el peso distribuido entre ambas piernas, con las piernas extendidas, mirando al frente y quieto, los brazos permanecen a los costados del cuerpo. Se registra el valor con la mayor precisión posible (0,10 a 0,05kg).

Si es preciso convertir el resultado de libras a kilogramos, se aplica el siguiente cálculo:

Peso (libras) / 2,2046 = peso en kilogramos (kg)

Al igual que con la estatura, se recomienda basarse en tablas (propias) del país de aplicación. Para referencias pueden remitirse a Adams (2002).

Desde el punto de vista práctico, la masa corporal y sus variaciones son indicadores muy generales del estado de aptitud física de un sujeto. No obstante, su asociación con el Índice de Masa Corporal (BMI), con el Peso Relativo (cociente entre peso corporal actual y el estimado según estatura), con la adiposidad corporal, con el sumatorio de pliegues cutáneos y con la circunferencia de cintura, permite cualificar las mediciones y determinar niveles de riesgo para enfermedades cardiovasculares y metabólicas, sobre los cuales se puede intervenir con los programas de ejercicio (ver figura 10.1.). Puede emplearse también la estimación del Peso relativo como un indicador más de control, algunas publicaciones sugieren que el peso relativo "óptimo" de una persona está entre 90 y 110% (varones) y 80 y 109% (mujeres), los pesos relativos por encima de ese rango han sido asociados con riesgo de mortalidad específica (Garfinkel, 1985).

4.4. Índice de masa corporal (BMI). Determinación, usos y aplicaciones

El Índice de Masa Corporal, o Índice de Quetelet, relaciona la masa corporal con la estatura, aplicando la siguiente ecuación:

MC/T^2; donde PC es la Masa Corporal (en Kg) y T^2 es la talla (en metros) al cuadrado

Por lo tanto, si una persona pesa 80 kg y su talla es de 1,78, su BMI será estimado de la siguiente manera: 80/ 3,16 = 25,3.

Para calcular el BMI es necesario evaluar el Peso Corporal y la Talla correctamente.

El BMI no discrimina la masa grasa de la masa magra y, por lo tanto constituye una medida de peso, que considerada aisladamente, no puede cuantificar la adiposidad corporal de un sujeto. Sin embargo, el BMI ha sido relacionado con la morbi-mortalidad cardiovascular(mmcv) (Bray, 1992b), indicándose que valores de BMI entre 20 y 25 tenían Muy Baja mmcv; para BMI entre 25 y 30 Baja; para BMI entre 30 y 35 Moderada; para BMI entre 35 y 40 Alta y para BMI >40 Muy Alta.

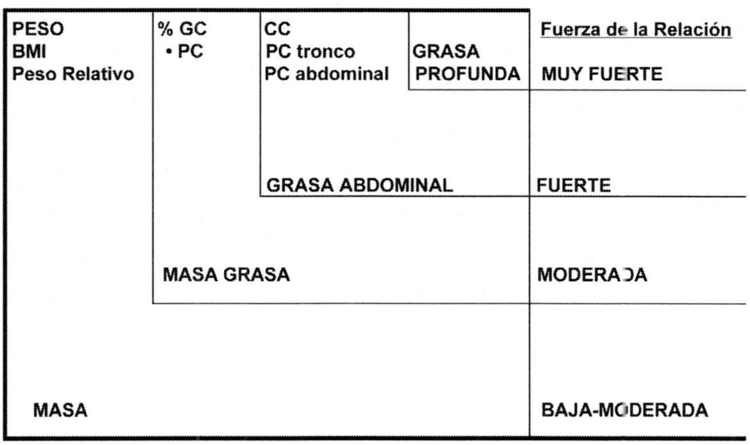

%GC=%grasa corporal; PC=pliegues cutáneos; CC=circunferencia de cintura*.

Figura 9.1. Relación entre mediciones antropométricas y factores de riesgo para enfermedades cardiovasculares y metabólicas (modificado de Norton y Ods, 1996).

Por otra parte, la tabla 9.8. relaciona los valores de BMI y perímetro de cintura con los riesgos de enfermedades.

Clasificación	**BMI (P/T²)**	**Riesgo relativo** (Hombres ≤ 102 cms; Mujeres ≤ 88 cms)	**Riesgo relativo** (Hombres ≤ 102 cms; Mujeres ≤ 88 cms)
Bajo Peso	< 18,5		
Normal***	18,5-24,9		
Sobrepeso	25-29,9	Incrementado	Alto
Obesidad			
I	30-34,9	Alto	Muy alto
II	35-39,9	Muy alto	Muy alto
III	≥40	Extremadamente alto	Extremadamente alto

* Riesgo para enfermedades como: diabetes tipo2, hipertensión arterial y enfermedades cardiovasculares.

** los valores neutrales >100 se sugieren como "índice de obesidad" (Pouliot y col, 1995)

*** el aumento del perímetro de cintura puede indicar riesgo en sí mismo, aún con peso normal.

Tabla 9.8. Clasificación del riesgo para enfermedades relacionando BMI y perímetro de cintura**. (ACSM, 2000).*

4.5. Pliegues cutáneos. Medición y aspectos generales

La medición de los pliegues cutáneos permite estimar indirectamente el espesor del tejido adiposo subcutáneo y tiene una buena correlación con la medición de la densidad corporal realizada por peso subacuático (r = 0,70-0,90) (ACSM, 2000). La estimación del porcentaje de grasa corporal a partir de la medición de los pliegues cutáneos es una práctica válida y confiable que puede ser correctamente realizada por Entrenadores Personales cualificados (Harrison y col, 1988). Se utiliza el equipamiento descrito anteriormente en el epígrafe específico.

Consideraciones para la medición de pliegues cutáneos

- Antes de medir es preciso adquirir la técnica y el entrenamiento correcto a efectos de reducir errores significativos de medición. Es necesario realizar, al menos, mediciones repetidas a unos veinte sujetos. La ayuda de un antropometrista con experiencia es muy importante. La comparación de resultados marcará luego los puntos débiles de la técnica (Norton y Olds, 1996).
- Se debe comprobar la precisión de los calibres para la medición. Asegurarse de que al inicio la aguja de lectura se encuentre en cero.
- El sitio del pliegue cutáneo debe ser correctamente localizado de acuerdo a las marcas anatómicas. La mala ubicación de los calibres constituye una de las principales fuentes de error en las mediciones (Ruiz y col, 1971).
- Realizar la medición de todos los pliegues cutáneos del lado derecho del cuerpo

(Ross, Marfell-Jones, 1991). Para los fines y aplicaciones de este capítulo, las posibles diferencias entre el lado derecho e izquierdo no tienen significación práctica.

- Medir los pliegues con la piel seca y limpia. La medición se realiza siempre antes del ejercicio, ya que éste induce cambios en la hidratación de los diversos tejidos y puede afectar así el espesor de los pliegues cutáneos (Harrison y col, 1988).
- Los pliegues deben tomarse firmemente entre el pulgar y el índice de la mano. El espacio entre ambos dedos debe ser, al menos, de un centímetro (0,4 pulgadas) (Harrison y col, 1988). El dorso de la mano se dirige hacia el evaluador. Se debe tener cuidado para no presionar también el tejido muscular, para lo cual se realizará una pequeña rotación con ambos dedos sobre el pliegue, si hubiese dudas, pedirle al sujeto evaluado que contraiga el músculo hasta asegurarse de haber tomado sólo piel y tejido subcutáneo (Norton y Olds, 1996).
- Los bordes más cercanos de los platillos de compresión de los calibres se aplican a 1cm inferior al pulgar e índice, al sostener un pliegue en orientación vertical y, ante un pliegue de orientación oblícua, el calibre se aplicará a 1cm de los dedos hacia fuera, manteniendo el mismo ángulo de 90° (Norton y Olds, 1996).
- Mantener el pliegue comprimido con los dedos mientras se está realizando la medición.
- Registrar la medición después de uno a dos segundos de aplicar el calibre de pliegues (pero siempre antes de cuatro segundos).
- Si el calibre no está equipado de un display digital (Skyndex I), realizar la lectura del calibre con 0,1mm (Harpenden), 0,5mm (Lange o Lafayette), ó 1mm (Slim Guide, Fat O-Meter, The Body Caliper o Accu-measure). Diversos estudios han comparado las mediciones de pliegues cutáneos y la composición corporal realizadas con distintos tipos de calibres (Schmidt y col, 1990) y las implicaciones prácticas de las variaciones no son relevantes para los alcances de este capítulo.
- Realizar como mínimo dos mediciones de cada sitio (pliegue). Si el valor presenta diferencias mayores a 2mm ó 10%, realizar una medición adicional (Harrison y col, 1988).

4.5.1. Estimación de la adiposidad corporal, del porcentaje de masa muscular y otras

Con la medición de los pliegues cutáneos y perímetros musculares, señalados en la tabla 10.7., podemos realizar la estimación de la Adiposidad Corporal y del Porcentaje de masa muscular, para lo cual se incluye a continuación dos ecuaciones de predicción:

Ecuación de Durnin y Womersley (1974).

Calcula la Densidad Corporal(DC) y a partir de ella se estima el % de adiposidad corporal, aplicando la ecuación de Siri.

Es ideal para población no deportiva y de fitness.

(varones) **DC= 1,1765 - 0,0744($\log_{10}$ X1)**; donde X1= ∑ 4 pliegues (triceps, biceps, subescapular y suprailíaco, en mm)

(mujeres) **DC= 1,1567 - 0,0717($\log^{10}$ X1)**; donde X1= ∑ 4 pliegues (triceps, biceps, subescapular y suprailíaco, en mm).

% Adiposidad Corporal = **495/DC - 450** (Siri,1961)

<u>Ecuación de Martin</u> (1990)

Calcula el % de Masa Muscular (%MM)

$$\% \; MM = Estatura \times 0{,}0553 \times M^2 + 0{,}0987 \times A + 0{,}0331 \times P^2 - 2445/1000$$

donde, M al cuadrado es = Perímetro del muslo - perímetro muslo "corregido"*;
A es = Perímetro de antebrazo
y P al cuadrado es= Perímetro de Pierna - perímetro "corregido" de pierna.

* perímetro "corregido", se denomina así al perímetro que resta el pliegue cutáneo de la región.

Otra aplicación es "la regionalización" de los pliegues, que consiste en medir la distribución de la adiposidad corporal y monitorear la variación y modificación de estos pliegues. "El sumatorio de pliegues", en tanto, permite contar con una medida general de la adiposidad corporal y realizar un seguimiento para valorar la eficacia de un programa. Los pliegues cutáneos del tronco, el perímetro de cintura, los registros de Tensión Arterial (ver tabla 10.4.) y los índices de aptitud cardiovascular y muscular podrían configurar una práctica integral de gran valor para la prevención y promoción de la salud en programas de aptitud física.

Holway (2001) propone el uso de un "índice rápido antropométrico", el cual se establece a partir de relacionar "el sumatorio de 6 pliegues cutáneos" con el Índice de Masa Corporal (BMI). Este concepto es muy interesante y de gran aplicación. Por ejemplo, se establece en una población determinada (Adultos que concurren a un Programa de Fitness) la media correspondiente a "el sumatorio de 6 pliegues" y se la relaciona con el BMI (ver tabla 10.8.) para "ubicar y referenciar" la adiposidad corporal del sujeto y su nivel de riesgo, e implementar las intervenciones necesarias desde el ejercicio (y la nutrición). Cuando se recurre al sumatorio de pliegues, la elección de éstos tendrá en cuenta los objetivos de la medición, en el caso de valorar niveles de salud y riesgo cardiovascular es muy importante incluir, al menos 4 pliegues del tronco (por ejemplo: bíceps, tríceps, subescapular y suprailíaco).

Finalmente, es importante remarcar la necesidad de un riguroso entrenamiento en la técnica de medición, desarrollar tablas y valores de referencia propios y específicos de las poblaciones a evaluar, y recordar que las técnicas de medición tienen error[2], por lo cual sus aplicaciones deben ser realizadas siempre de un modo crítico.

5.

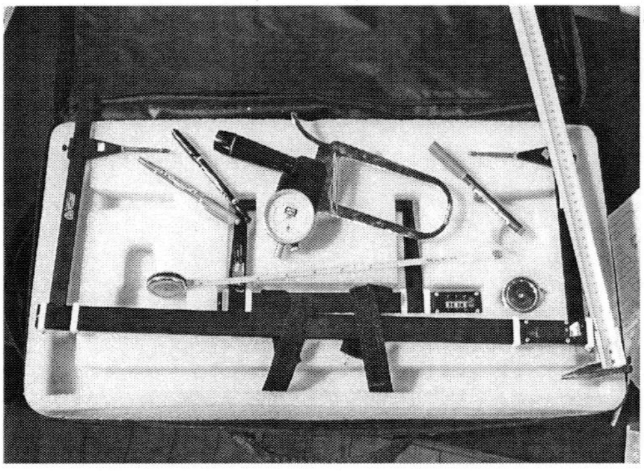

A - Kit antropométrico.

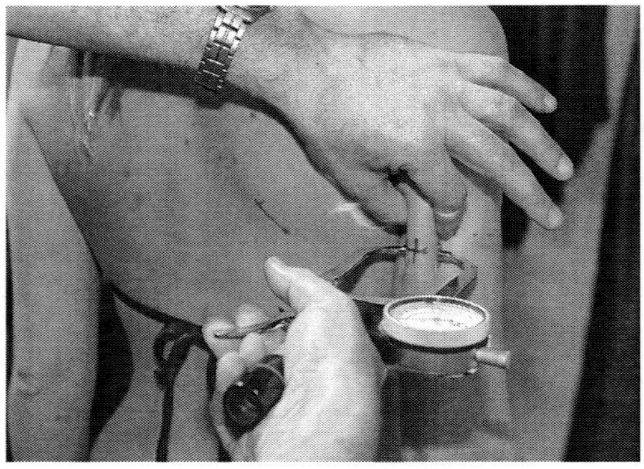

B - Pliegue tricipital.

[2] Por ejemplo, las ecuaciones para estimar adiposidad corporal, en población no deportiva, presentan un error de 2,6 a 5,9%, posiblemente por técnica de medición y homogeneidad de la muestra (Withers y col, 1987; Womersley y col,1976).

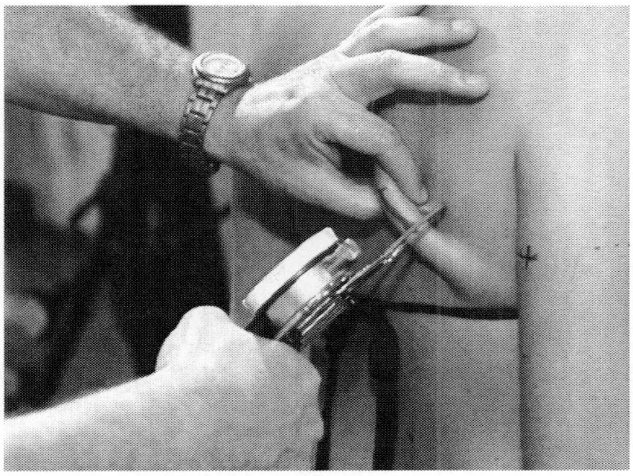

C - Pliegue subescapular.

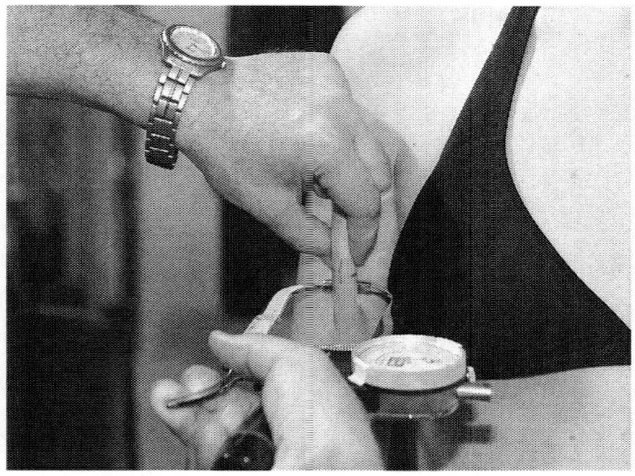

D - Pliegue bicipital.

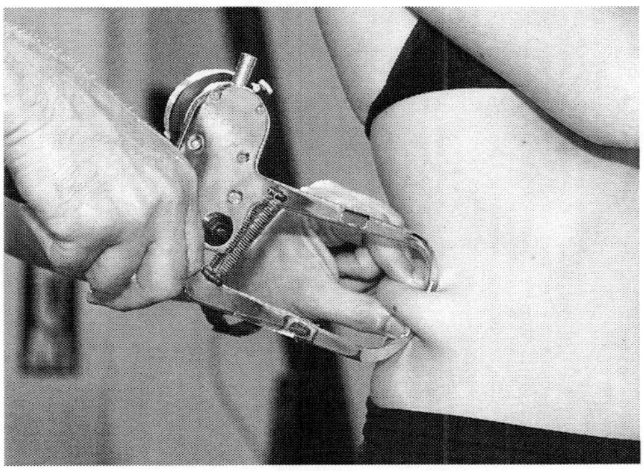

E - Pliegue suprailíaco.

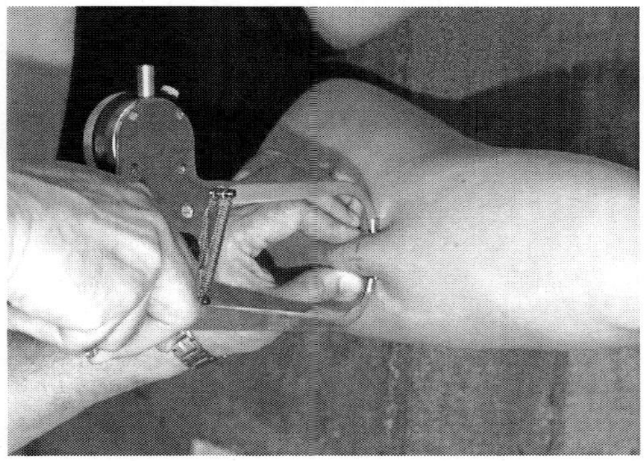

F1 - Muslo, sin ayuda.

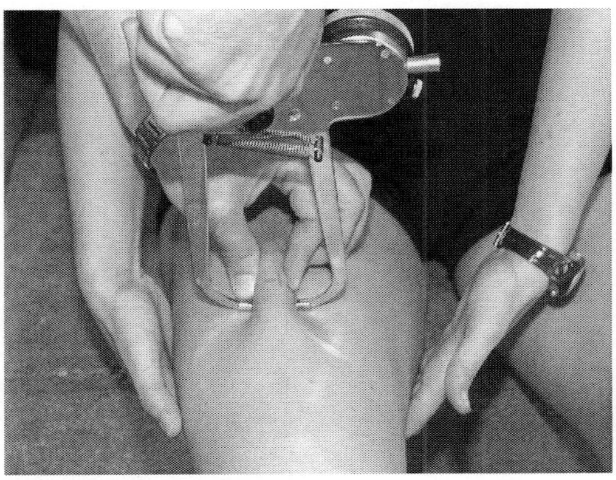

F2 - Muslo con ayuda del evaluado.

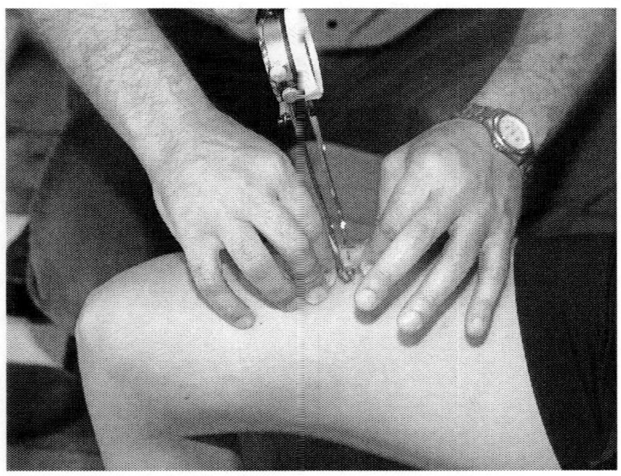

F3 - Muslo con ayuda de un auxiliar.

Figura 9.2. Imágenes de algunos pliegues cutáneos (se ilustran los necesarios para aplicar las ecuaciones de Durnin & Womersley y la de Martin, ambas referidas en el texto).
A-Kit Antropométrico; B-Tricipital; C-Subescapular; D-Bicipital; E-Suprailíaco; F-Muslo, se proponen tres opciones ya que este pliegue puede ofrecer dificultades en su medición. F1-Muslo sin ayuda; F2-Muslo con ayuda del evaluado y F3-Muslo con ayuda de un auxiliar.

Un especial agradecimiento al Dr. Eduardo Martiarena (nivel III ISAK) que participó en la medición de los pliegues.

5. APTITUD CARDIOVASCULAR O AERÓBICA

La aptitud aeróbica es otro de los componentes de la Aptitud Física y, tal vez, uno de los más estudiados. Está conformada por el Consumo Máximo de O_2 (VO_2máx.), el Umbral Láctico y la Eficiencia Mecánica.

El VO_2máx es considerado uno de los principales indicadores de salud y aptitud cardiovascular. El VO_2máx expresa la máxima potencia[3] que tiene el organismo para incorporar aire del medio ambiente, extraer el O_2 (del aire) en los pulmones, transportarlo por la sangre hasta el tejido muscular e incorporarlo al interior de la mitocondria celular para su uso metabólico. Esta secuencia de procesos fisiológicos representa la eficiencia de cada uno de los sistemas involucrados en la función descrita, con un importante protagonismo del sistema cardiovascular. EL VO_2máx es el producto del Volumen Minuto Cardíaco por la Diferencia Arterio-Venosa de O_2, es decir "un componente central cardiovascular" y otro "periférico muscular", respectivamente. Cuando se evalúa el VO_2 máx se está valorando el funcionamiento del sistema cardiovascular en esfuerzo y los resultados indican la Capacidad Funcional Aeróbica Máxima del sujeto, relacionada ésta con la reducción de la morbi-mortalidad para las enfermedades cardiovasculares.

Unidades de medida: a) el VO_2 **Absoluto** se expresa en **mililitros de O_2 por minuto** ó **litros de O_2 por minuto**; b) en tanto el VO_2 **Relativo** se expresa en **mililitros de O2 por Kilogramo de Peso Corporal por minuto**. Entonces, si tenemos el valor del VO_2 absoluto de un sujeto, dividiéndolo por el Peso Corporal obtendremos el VO_2 relativo. En tanto que si tenemos el VO_2 relativo multiplicándolo por el Peso Corporal obtendremos el VO2 absoluto.

Es frecuente utilizar la Unidad METs para expresar la Capacidad Funcional Aeróbica (CAF), en ese caso, debemos obtener el VO_2 relativo del sujeto y dividirlo por 3,5 (1MET), así expresaremos el VO_2 en METs.

Ejemplo 3:

Pedro, 86 kg

VO_2máx = 3300 mlO2/minuto (absoluto),

entonces 3300/86 = 38,3ml/kg/min(relativo).

Y 38,8/3,5= 10,9 METs

Diversos estudios epidemiológicos han establecido una relación entre la Capacidad Funcional (expresada en METs) y el Riesgo Cardiovascular[4], estableciendo que una CFA de hasta 5 METs implica un Riesgo Alto; >5 hasta 8 METs Riesgo Moderado y >8METs Riesgo Bajo. Otros estudios demostraron un aumento en la sobre-vida por cada 1MET de incremento en la CFA (tanto en personas sanas como en pacientes cardíacos, sólo varía el % de incremento en la sobre-vida) (Myers J, 2002; Roger y col,1998). Para revisar los aspectos de entrenamiento del VO_2máx., ver capítulo 4.

5.1. VO_2máx predictivo

Se denomina así a la estimación "predictiva" del VO_2máx que una persona debería tener según su edad, sexo y nivel de actividad física para ser considerado "aptitudinalmente saludable". El cálculo del VO_2máx Predictivo se realiza a partir de la siguiente ecuación (ACSM, 2000):

---

[3] Potencia= trabajo/tiempo. En términos metabólicos se refiere a la disponibilidad de energía en la unidad de tiempo, ejemplo: ATP/minuto.

[4] Los estudios fueron realizados con Adultos asintomáticos y sin otro factor de riesgo cardiovascular que el sedentarismo.

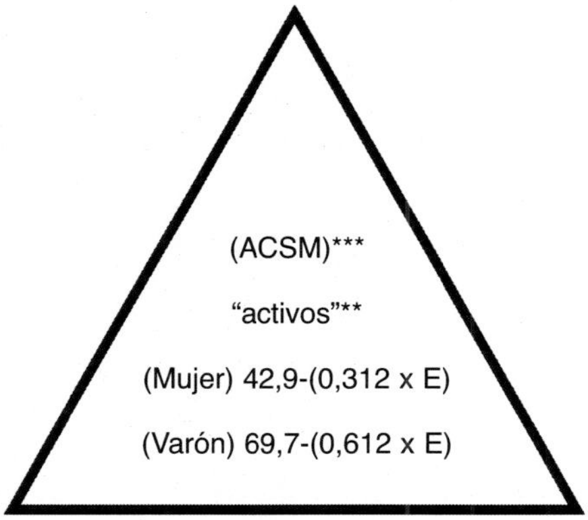

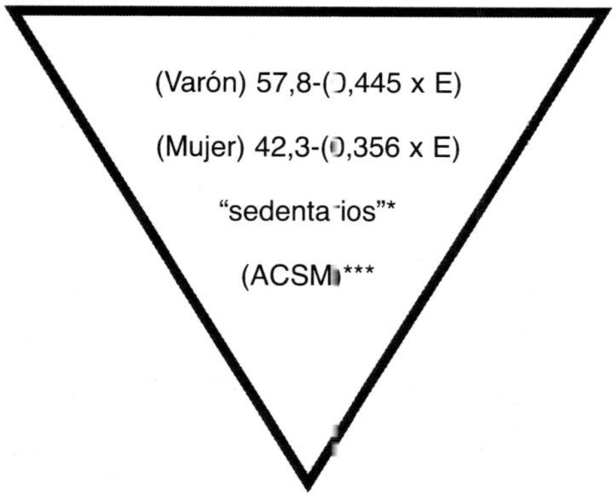

* La persona es considerada sedentaria cuando no realiza de manera sistemática ejercicios aeróbicos (generales), de entrenamiento, al menos tres veces por semana, en días no consecutivos.

** En tanto el alcance del término "activo" refiere a lo análogo, aclarando que la aplicación de esta ecuación no es válida para deportistas de alto rendimiento sino para fitness y ejercicio para la salud.

*** Los valores obtenidos son relativos (mlO2/kg/min)?E = edad en años.

Otra ecuación, propuesta por Jones (1985) (no muy utilizada en la actualidad) planteaba: (resultados en valores absolutos)

VO_2máx.Predictivo = (0,025 x Estatura, cms) - (0,023 x Edad, años) - (0,542 x Sexo, 0 mujeres, 1 varones) + (0,019 x Masa Corporal, en kg) + (0,15 x Nivel de Actividad*) -2,32
(*Nivel de actividad = <1 hora /semana =1; 1 a 3 hs/sem =2; 3 a 6 hs/sem = 3 y >6 hs/sem = 4)

El VO_2máx "predictivo" constituye entonces un valor de referencia aptitudinal.

5.2. Deterioro funcional aeróbico: (DFA)

Se denomina así al déficit aptitudinal aeróbico, no patológico. Su estimación está relacionada con el VO_2 predictivo y se realiza de la siguiente manera:

DFA = (VO_2 predictivo - VO_2 real) / VO_2 predictivo x 100
Se determina el VO_2 predictivo de la persona, luego se realiza una prueba o test de VO_2máx para obtener el VO_2 real y se aplica la ecuación.

Si el valor de VO_2 real es superior al VO2 predictivo, el sujeto no presenta DFA, en caso contrario, se constata un deterioro aptitudinal en la función aeróbica. En cualquier caso, la ecuación expresa sus resultados en porcentaje, por lo que es muy sencillo realizar un pronóstico de mejora aptitudinal (DFA+), basándose en los porcentajes de mejora fisiológica del VO_2máx por entrenamiento.

El DFA es una importante herramienta para la programación, planificación y dirección del entrenamiento, ya que permite al Entrenador Personal realizar un diagnóstico rápido y disponer de un criterio sólido para decidir, por ejemplo, la distribución porcentual de cargas del entrenamiento aeróbico.

Ejemplo 4:

María Pilar, 28 años, sedentaria.

1° paso)	VO_2 predictivo: 42,3-(0,356 x 28 años)=32,34 ml O2/kg/min
2° paso)	VO_2 real: 40mlO2/kg/min (determinado por un test válido, ver tabla 10.9)
3° paso)	DFA: (32,34-40)/32,34 x 100= -23,6%
4° paso)	Conclusión: María Pilar NO tiene DFA, su Aptitud Aeróbica se encuentra un 23,6% por encima de los valores correspondientes a su edad, sexo y nivel de actividad física.

5.3. Las pruebas de evaluación

La evaluación del VO_2máx se puede realizar mediante diferentes tipos de test o protocolos, nos ocuparemos en este capítulo de los test indirectos, de campo, submáximos y máximos (tabla 9.9).

Submáximos	Máximos
1. Astrand y Ryhming (ciclo) 2. Fox (ciclo) 3. 1,0 milla (marcha)	4. ACSM (cinta deslizante) 5. Naveta (Leger)

Tabla 9.9. Pruebas indirectas para VO2máx.

Aspectos generales de la evaluación del VO_2máx.

En primer lugar, debemos recordar que toda evaluación debe ser precedida por un examen médico pre-participativo (refreido extensamente en el capítulo 9 del texto). Para seleccionar el test, se tendrán en cuenta: aspectos del sujeto (edad, sexo, nivel aptitudinal, estilo de vida, actitud frente al ejercicio, hábitos deportivos, etc.), criterios de objetividad de la prueba, y equipamiento disponible (diferentes tipos de ergómetros, cardiotacómetro, cronómetro, etc.).

Los Ergómetros son instrumentos que permiten medir el Trabajo[5], los más conocidos son: cicloergómetro, cinta deslizante (treadmill), remoergómetro, etc. En el caso de los cicloergómetros, no debemos asumir que toda bicicleta "fija" o estacionaria, (por ejemplo, de gimnasio) lo es, ya que éstos deben reunir algunas condiciones:

[5] Trabajo = fuerza x distancia. La unidad de medida más utilizada es el kilográmetro (Kgm).

1. un sistema de freno o resistencia (eléctrico o mecánico) en unidades de peso reconocidas (por ejemplo, el Kg).
2. un "metrónomo" o indicador de la frecuencia de pedaleo o revoluciones de pedaleo por minuto (RPM).
3. ajuste regulable del asiento, en función del sujeto y una amplia gama de cargas posibles de aplicar(según el nivel de rendimiento).
4. el factor distancia es conocido, es decir, el equivalente en metros de desplazamiento por cada vuelta de pedal(en los cicloergómetros en general es 6mts/vuelta de pedal).

Si las bicicletas "fijas" no reúnen los requisitos de un cicloergómetro no podremos instrumentar los protocolos de VO_2máx., ya que las pruebas se basan en la aplicación de la siguiente ecuación:

Potencia = R x RPM x D;

Donde, R es la resistencia o carga(kg), RPM es la revolución pedal minuto y D es la distancia en metros por cada vuelta de pedal.

Ejemplo 5:

Tomás, se ejercita con una R=1,5kg y RPM=70,
su Potencia será = 1,5 x 70 x 6= 630Kgm/min ó 102 Watts[6]

Otro aspecto a destacar es que los diferentes tests, en general, no especifican la fase de acondicionamiento previo o "entrada en calor", y ésta es muy importante ya que psico-fisiológicamente prepara al evaluado, pudiendo condicionar los resultados de la prueba. Es necesario entonces, definir criterios básicos para esta fase y estandarizarlos dentro de todo grupo que realice valoraciones.

Es importante, cuando se evalúa con tests de marcha o carrera, tener en cuenta que la inclusión de pendiente o inclinación en los protocolos modifica la biomecánica del movimiento e implica una acción neuromuscular diferente. Las velocidades desarrolladas en ese tipo de pruebas no son transferibles al desplazamiento en plano horizontal. Se presenta aquí la decisión de optar por tests que utilicen o no la pendiente. Los estudios de Freund y col (1986), con sujetos entrenados, mostraron modificaciones en los resultados en este sentido. Con población desentrenada y de fitness, me inclino por pruebas "más fisiológicas", sin inclinación y con incremento de la velocidad.

5.4. Test indirectos para determinar el VO_2máx

5.4.1. Test de Astrand-Ryhming en cicloergómetro

Es uno de los tests clásicos dentro de la fisiología del ejercicio, fue diseñado por el célebre fisiólogo sueco P.O Astrand, del Instituto Karolinska. Es una prueba sub-máxima, para sujetos con muy baja aptitud aeróbica inicial. Su validez es (r) 0,85. Estima el VO_2máx empleando un nomograma, al cual se ingresa con el dato de la FC y la Carga (en Kgm).

---

[6] Para convertir los Kgm en Watts, se dividen por 6,12 ya que 1Watt = 6,12 Kgm.

Equipamiento: Cicloergómetro y cronómetro.

Desarrollo: Después de un acondicionamiento previo (no está protocolizado) se aplica una única carga durante 6 minutos, el sujeto debe pedalear a 50 revoluciones/pedal/minuto (RPM), de manera constante. La Carga de trabajo se determina del siguiente modo:

Varones (muy desacondicionados): 300 a 600 kgm/min. (50 a 100W)

Varones (en mejor forma): 600 a 900 kgm/min. (100 a 150 W)

Mujeres (muy desacondicionadas): 300 a 450 kgm/min (50 a 75W)

Mujeres (en mejor forma): 450 a 600 Kgm/min. (75 a 100W)

A los dos minutos del ejercicio se controla la FC (tiene que estar ≥ 120 lat/min, en este caso se continúa hasta el minuto 6°, en cambio, en el caso contrario, debe incrementarse la carga al nivel siguiente y se mantiene durante 6 minutos). Es necesario que la carga provoque una activación cardio-circulatoria básica, por eso debe incrementar la FC ≥ 120 lat/min.

Se registra la FC al 5° y al 6° minuto de trabajo. Con el promedio de ambos se ingresan los datos obtenidos en el nomograma de Astrand (figura 9.3.) y se obtiene el VO_2 absoluto (litros/minuto), luego debe corregirse ese valor por el factor edad (tabla 9.10.).

Edad	Factor	Edad	Factor	Edad	Factor	Edad	Factor	Edad	Factor
15	1,10	25	1,00	35	0,87	45	0,78	55	0,71
16	1,10	26	0,99	36	0,86	46	0,77	56	0,70
17	1,09	27	0,98	37	0,85	47	0,77	57	0,70
18	1,07	28	0,96	38	0,85	48	0,76	58	0,69
19	1,06	29	0,95	39	0,84	49	0,76	59	0,69
20	1,05	30	0,93	40	0,83	50	0,75	60	0,68
21	1,04	31	0,93	41	0,82	51	0,74	61	0,67
22	1,03	32	0,91	42	0,81	52	0,73	62	0,67
23	1,02	33	0,90	43	0,80	53	0,73	63	0,66
24	1,01	34	0,88	44	0,79	54	0,72	64	0,66

Tabla 9.10. Factor de corrección para el VO_2 por edad.

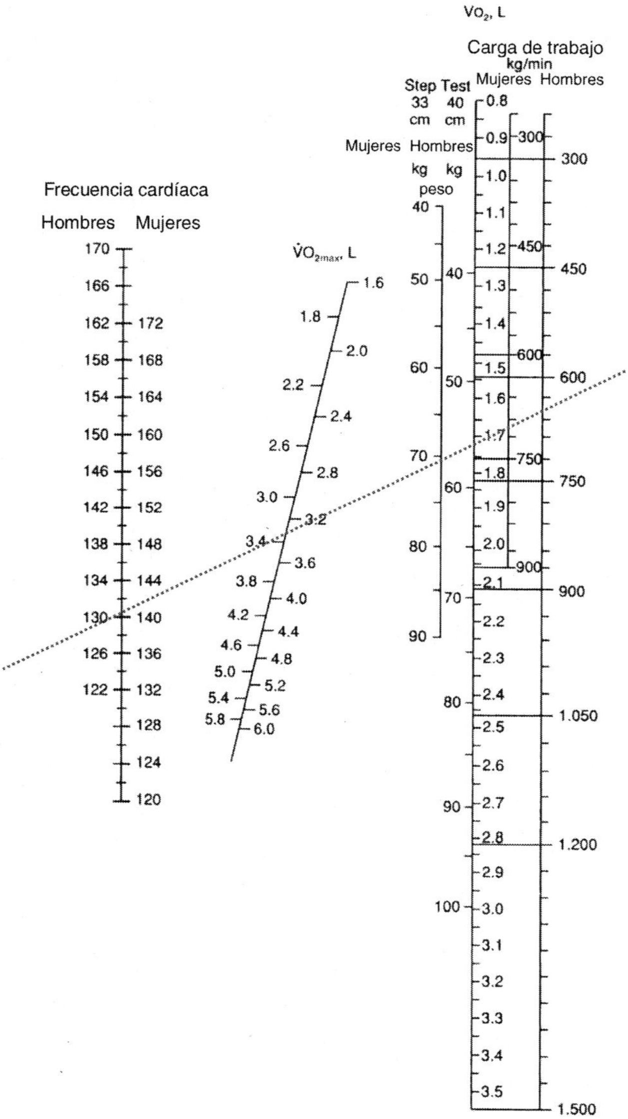

Figura 9.3. Nomograma de Astrand Ryhming (modificado ACSM, 2000)

Ejemplo 6:

(Ver fig. 9.3., línea discontínua)

Fernando, 50 años, 86 kg, realizó la prueba con 600 kgm y su FC fue de 134 lat/min.

Según el nomograma su VO_2 absoluto es de 3,0 litros.

Corregido por el factor edad (tabla 10.9) es 3,0 x 0,75= 2,25Litros de O2/min.

(26,1 ml O2/kg/min; 7,4 METs).

5.4.2. Test de Fox en cicloergómetro

Es una prueba submáxima de sencilla aplicación. Está indicada para personas con baja aptitud aeróbica, pero es más intensa que el Test de Astrand. Fue desarrollada por el fisiólogo Edward Fox (1988). La validez de esta prueba es de 0,88 (mujeres) y 0,74 (varones).

Equipamiento: Cicloergómetro y cronómetro.

Desarrollo: El sujeto debe pedalear durante 5 minutos a un ritmo (RPM) constante y con una carga de 150 Watts. Se registra la FC final y se determina el VO_2máx mediante las siguientes ecuaciones:

Mujeres = 4093 - (35 x Edad)+(9 x Peso Corporal)-(11 x FC final) (Heyward, 1988)

Edad en años y PC en Kg.

Varones = 6300 - (19,26 x FC final) (Fox, 1988)

5.4.3. Test de 1 milla "marcha"

Esta prueba se basa en recorrer 1 milla (1.609 metros) con la mayor velocidad posible, pero caminando, "sin poder correr". Fue diseñada por Kline y col (1987) y su validez es (r) 0,88. Es un test indicado para adultos y personas mayores de cualquier edad, la única condición es que puedan caminar rápido. Es una prueba submáxima y estima el VO2máx. a partir de la siguiente ecuación[7]:

132,853-(0,0769 x Peso Corporal)-(0,3877 x Edad)+(6,315 x Sexo)-
(3,2649 x Tiempo)- (0,1565 x FC final)

Donde, Peso Corporal en Kg,
Sexo= 0 mujer, 1 varón,
Tiempo en minutos

Ejemplo 7:

Melania, 30 años, 60 kg,
14minutos 40 segundos, FC final= 143 lat/min.
132,853-(4,61)-(11,63)+(0)-(47,86)-(22,37) = 46,38 ml O2/kg/min.

5.4.4. ACSM (cinta deslizante/tapiz rodante)

Este test es desarrollado por el Colegio Americano de Medicina del Deporte (ACSM) y es un protocolo indirecto, continuo, progresivo y máximo. Está indicado para poblaciones de cualquier edad que están aptas para realizar pruebas de esfuerzo corriendo. La validez es r=0,91.

---

7 Es frecuente emplear la ecuación equivocada para este Test, ya que muchos lo confunden con el Test de Rockport, el cual presenta diferencias en la constante para el Peso Corporal (ACSM, 2000) y en la validez (Kline, r =0,88 vs 0,82 Rockport).

El sujeto inicia el test a una velocidad de 4millas/hora (6,4 km/h), y cada 1 minuto se incrementa la carga, sin interrupción. El incremento es de 0,5millas/h (0,8 km/h), y 1 milla/h (1,6 km/h), según el sujeto evaluado sea principiante o deportista de rendimiento, respectivamente. En mi experiencia profesional con personas de fitness he utilizado la 2° opción sin inconvenientes, sólo debe prestarse especial atención al acondicionamiento previo de la prueba(ya que ésta es máxima). El test finaliza cuando el evaluado no puede sostener la intensidad de la carga. La prueba está diseñada para aplicar tanto Velocidad como Inclinación, y estimar a partir de la carga el VO2máx. En mi caso, elijo por aplicar Velocidad de desplazamiento, prescindiendo de la inclinación.

El VO2máx. se estima a partir de la siguiente ecuación (ACSM, 2000)

VO_2máx.(relativo)= V(velocidad final, en metros/minuto) x 0,20 + 3,5

Ejemplo 8:

Laura, 27 años,

realiza el test con una Velocidad Final de 9 millas(14,4 km/h).

Su VO_2máx(relativo)= 240mts/min x 0,20 + 3,5 = 51,5mlO2/kg/min. (14,7 METs)

5.4.5. Test de Naveta (Léger y col, 1981)

Este test fue diseñado por Luc Léger (1981). Es progresivo, continuo y máximo. Hay diversas versiones y modificaciones del test, y en este caso me referiré a la prueba de carrera progresiva sobre 20 metros, con estadios de 1 minuto.

Puede ser aplicado en población deportiva de todas las edades y en sujetos con un nivel de aptitud física aún importante. La diferencia de aplicación con el test del ACSM, principalmente está relacionada a factores biomecánicos, ya que en el test Naveta la carrera implica "ir y volver". La validez de la prueba es de (r)=0,84.

Equipamiento: Cronómetro, reproductor de audio y CD con el test.

El test requiere demarcar dos líneas enfrentadas y distantes entre sí 20 metros. La superficie de realización no debe ser resbaladiza.

El sujeto inicia el test al ritmo impuesto por la señal sonora (CD), con una Velocidad inicial de 8,5 km/h. El sujeto evaluado debe correr hasta la línea de enfrente, pisar y volver, respetando el ritmo impuesto por la grabación, procurando no interrumpir la carrera. Así se desarrolla toda la prueba: "va y regresa". Cada minuto, la velocidad se incrementa en 0,5 km/h, **ese período es considerado 1 estadio**. La prueba finaliza cuando el sujeto no puede sostener el ritmo impuesto por la grabación. Se considera el último estadio completo como estadio final.

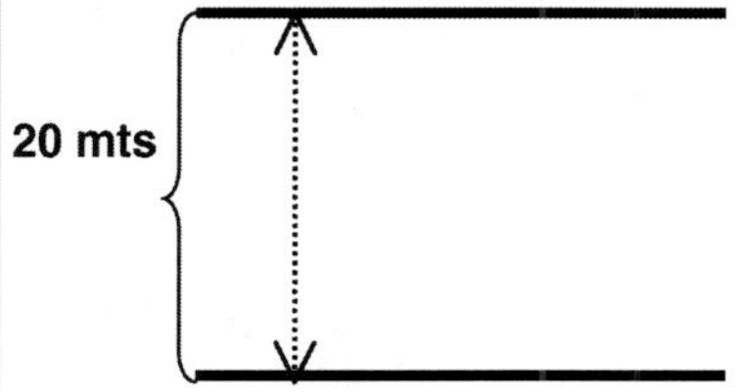

Estadio/Velocidad					
1º	8,5	9º	12,5	17º	16,5
2º	9,0	10º	13	18º	17
3º	9,5	11º	13,5	19º	17,5
4º	10	12º	14	20º	18
5º	10,5	13º	14,5	-----	-----
6º	11	14º	15	-----	-----
7º	11,5	15º	15,5	-----	-----
8º	12	16º	16	-----	-----

Figura 9.4. Test de Naveta.

El VO2máx en este caso se determina mediante las siguientes ecuaciones:

(6 a 18 años) VO2 máx. (relativo)= 31,025+(3,238 x V)-(3,248 x E) +(0,1536 x V x E)

donde, V= velocidad del estadio, y E= edad en años

Adultos (>18 años) VO2máx. (relativo)= (5,857 x V)-19,458

Ejemplo 9:

Damián, 26 años,
completa 11 estadios, abandonando en la mitad del estadio 12.

VO2máx.= (5,857 x 13,5)-19,458 = 59,61 mlO2/kg/min.

6. APTITUD MUSCULAR

La aptitud muscular es otro de los componentes de la aptitud física, relacionado tanto con la salud como con el rendimiento. Para Kraemer y Fry (1995), Graves y col (1998), este componente está conformado por la Fuerza (como capacidad para generar máxima fuerza a una velocidad determinada) y por la Resistencia Muscular (como habilidad muscular para repetir contracciones o para resistir la fatiga) (ACSM, 2000). Para abordar la evaluación de la aptitud muscular es imprescindible conocer y comprender los aspectos básicos de esta capacidad (fuerza) y sus diferentes orientaciones o direcciones (ver capítulo 6). Earle y Baechle (2004), proponen un cuestionario de 5 preguntas para clasificar a los sujetos a partir del dominio técnico y nivel de entrenamiento inicial en la Fuerza (capítulo 6). Este puede ser muy útil y complementario para las evaluaciones de fuerza.

6.1. Aspectos generales de la evaluación de la fuerza

Brown y Weir (2001), han publicado las recomendaciones de la Sociedad Americana de Fisiólogos del Ejercicio (ASEP) para valorar la fuerza y la potencia. En sus aspectos generales mencionan:

1. **Planificación**. Antes de iniciar la evaluación ésta debe ser planificada, el evaluador debe saber qué, para qué y por qué está evaluando. Las valoraciones de fuerza son específicas y altamente especializadas, de modo tal que la información sólo será útil si los aspectos enunciados están resueltos. Bosco (2000), refiere que estudiar los complejos fenómenos que van unidos al desarrollo de la fuerza no es muy fácil. A pesar de ello, tratar de sistematizar de forma orgánica y analítica los distintos componentes que determinan tanto la valoración como la mejora, ha sido y es objetivo de muchos estudios e investigaciones. Volviendo a Brown y Weir, éstos advierten acerca de la necesidad de emplear técnicas de depuración de datos para reducir los errores en la evaluación.
2. **Seguridad**. Es importante inspeccionar el estado del equipo a utilizar para la evaluación, así como la iluminación, temperatura y acondicionamiento del lugar, despejar el sector de trabajo de obstáculos o implementos innecesarios. Revisar y familiarizar a todo el personal

del lugar con los procedimientos de emergencia y garantizar el apoyo de salud básico. El evaluador debe conocer primeros auxilios y técnicas de Reanimación Cardiopulmonar (RCP). Es muy importante que el evaluador esté cualificado y certificado para la tarea. Estas consideraciones protegen al evaluado y al evaluador (Brown y Weir, 2001).

3. **Entrada en calor**. Esta fase es fisiológicamente muy importante ya que incide y/o condiciona los aspectos a evaluar. Para Brown y Weir (2001), se deberían incluir aspectos generales (fase general) como ejercicios cardiovasculares suaves, para aumentar la temperatura corporal, y aspectos específicos (fase específica) como estiramientos musculares de los grupos a valorar. Los autores mencionan también otra fase que estará relacionada con la especificidad de la orientación de Fuerza a valorar.

4. **Familiarización**. Las valoraciones de fuerza son instrumentos rigurosos y confiables (Albernethy y col, 1995), pero sin duda requieren de un período de familiarización o experiencia básica previa. Los sujetos inexpertos evidencian grandes aumentos de fuerza simplemente por la familiarización con el equipamiento y la acción específica de los gestos técnicos (Kroll, 1962; Reinking y col, 1996; citados por Brown y Weir, 2001). Este aspecto es de particular relevancia, principalmente en las evaluaciones de tipo isotónicas y con pesos libres (Brown y Weir, 2001).

5. **Especificidad**. Está bien definido que los aspectos de la fuerza son altamente específicos. Los datos obtenidos en evaluaciones sobre un tipo de tensión muscular podrán correlacionar pobremente con los obtenidos en valoraciones que emplearon otro tipo de tensión muscular. La valoración debe ser tan específica como su marco de aplicación (Brown y Weir, 2001).

6.2. Test de 1MR y pruebas de repeticiones máximas

Las acciones musculares predominantes en la vida diaria, en los gestos deportivos y en el entrenamiento físico son de tipo Dinámicas, mal llamadas Isotónicas (Sale, 1991). Existen muchas metodologías para valorar los niveles de fuerza muscular (Logan y col, 2000; Stone y col, 2000), una de las pruebas de evaluación más reconocida para valorar este tipo de tensiones es el Test de 1 Repetición Máxima(1MR). Otras, son los tests de Repeticiones Máximas aplicando fórmulas validadas (Lesuer y col, 1997).

De acuerdo con Naclerio (capítulo 6), al inicio del entrenamiento, no es aconsejable aplicarlas, debido a que la falta de adaptación y las rápidas mejoras que se producen en las primeras fases del trabajo, arrojarán datos que no podrán utilizarse como parámetros ciertos porque en pocos días ya no serán reales.

El nivel de fuerza dinámica máxima está generalmente asociado al mayor peso movilizado en un ejercicio cuando se realiza 1 repetición y no pueden realizarse 2 en forma consecutiva (Bompa 1995). Este valor de peso máximo es determinado por el test de 1 máxima repetición ("1MR") que constituye una metodología "aceptada" para poder hallar en forma fiable el nivel de resistencia que se corresponde con el valor de 1MR (Sale 1991; Fleck and Kraemer 1997; Earle y Baechle, 2000).

6.3. Protocolo de 1MR

Como norma principal, antes de la evaluación debería desarrollarse un período de adaptación, de entre 8 a 12 semanas, durante las cuales se mantenga una frecuencia de entrenamiento de 2 a 3 sesiones, para que los sujetos adquieran un dominio técnico adecuado de los ejercicios en los que se va a evaluar 1MR (Wathen, 1994).

Si el sujeto a evaluar tiene experiencia en el entrenamiento de la fuerza, realizamos una estimación inicial de 1MR, algunos autores (Dalton y Wallace, 1996) sugieren fórmulas a partir del peso corporal y del sexo del evaluado. Otra opción es estimar el Peso a partir de los valores de carga(kg y número de repeticiones) con los cuales el sujeto habitualmente entrena, aplicando las ecuaciones específicas para tal fín(ver más adelante, Ecuaciones, Lesuer, 1997).

Equipamiento: pesos Libres y/o máquinas de fuerza, con pesos para incrementos de 2,5 a 40kg.

Desarrollo:

1°) Entrada en Calor: Fase General, con ejercicios cardiovasculares y de movilidad articular y flexibilidad. 5 a 10 minutos.

Fase Específica y Aplicativa: 6 a 8 repeticiones con el 40% al 60% del PM Estimado o Teórico (1 minuto de pausa).

"Preparación articular y fibrilar específica": 3 a 5 repeticiones con el 70% a 80% del PM Estimado o Teórico y con velocidad creciente. (3 minutos de pausa).

"Preparación Neuromuscular Específica": aumento del peso, cercano al máximo, 85 Al 90% del PM Estimado o Teórico. Se indica al evaluado que realice 2 repeticiones. (3 a 5 minutos de pausa).

"Máxima Activación Neuromuscular". Con un peso del 95% del PM Estimado o Teórico, se le indica al evaluado que realice 1 repetición, el evaluador valora el nivel de dificultad (1 a 2 minutos de pausa)[8].

2°) Búsqueda del Peso Máximo. Se aplica una carga del 100% y se determina el Peso Máximo (1MR). Se le indica al sujeto que realice "el mayor número de repeticiones posibles". Este paso puede ser repetido 3 a 5 veces, denominándose: "intentos" y deben realizarse con una pausa de 3 a 5 minutos entre sí (Fleck y Kraemer, 1997; Earle y Baechle, 2000).

El test finaliza cuando se logró el peso de 1MR o, en su defecto cuando se agotaron los intentos.

Algunos aspectos metodológicos. Es importante tener en cuenta al planificar la evaluación:

- La Selección de los ejercicios. Se elegirán los ejercicios "más funcionales" o específicos, por su mayor relación con el rendimiento que pretendo evaluar.
- El Número de Ejercicios. Se recomienda no evaluar más de 2 ó 3 ejercicios por sesión, debido al estrés y fatiga que este tipo de esfuerzos genera sobre el sistema nervioso central y el aparato articular (Kraemer y Fry, 1995; Bompa, 1995). Se evita, dentro de la misma sesión, evaluar músculos que hayan participado como sinergistas en otras acciones y se recomienda, incluso, valorar músculos antagónicos o de diferentes regiones del cuerpo (Sale, 1991).
- El Orden de los Ejercicios. Se ordenan los ejercicios ubicando primero "los más localizados" (por provocar menor fatiga global) y después lo más generales. Los de tren superior se valoran antes que los de tren inferior (por menor fatiga global de los primeros). Si se evaluara otra capacidad física en la sesión, primero se realizaría 1MR y después las demás valoraciones (Sale, 1991).

Comentarios. El test de 1MR ofrece como ventajas el requerimiento y uso de equipamiento económico, además, la mayoría de los sistemas de entrenamiento utilizan las tensiones musculares dinámicas (Brown y Weir, 2001). Como desventajas, hay que considerar que el valor de

---

[8] Algunos autores sugieren como criterio de incremento de carga, para la búsqueda de 1MR, 5 a 10% para grupos musculares de tronco y tren superior, y 10 a 20% para músculos de tren inferior (Earle, Baechle y Wathen,2000; Kraemer y Fry, 1995).

1MR está limitado por el punto más débil del recorrido del movimiento ("punto de estancamiento")(Sale, 1991; DeVries, 1994) y que además, los valores de 1MR no expresan información alguna acerca de la Velocidad de desarrollo y aplicación de la fuerza. El test de 1MR brinda información sobre el comportamiento de la tensión dinámica concéntrica, no sobre la excéntrica. Los valores de 1MR pueden no ser específicos de los eventos atléticos en términos de patrones de movimiento, velocidad de contracción y aceleración.(Albernethy 1995)

En el capítulo 6, el profesor Naclerio propone una metodología de prescripción de cargas, para el entrenamiento de la fuerza, basándose en la Percepción Subjetiva del Esfuerzo o escala de Borg, considero de suma utilidad prestar mucha atención a esta propuesta e incluso aplicarla durante las valoraciones de 1MR (ver tabla 6.3.).

6.4. Protocolos de repeticiones máximas

Diversos investigadores han desarrollado evaluaciones sobre 3MR, 5MR, 10MR y otras máximas repeticiones con pesos submáximos, a efectos de predecir el valor de 1MR mediante diferentes ecuaciones. A pesar de que estas pruebas están correlacionadas con el valor de 1MR, la fatiga muscular puede afectar sus resultados (Brown y Weir, 2001).

Los test de máximas repeticiones con pesos submáximos arrojan un valor determinado por el número máximo de repeticiones factibles de realizar con un peso específico. El dato obtenido en estos tests corresponde más a un índice de rendimiento con pesos submáximos, que sólo podrá ser extrapolado al valor de 1MR, aplicando alguna de las ecuaciones desarrolladas y validadas para predecirlo con el menor error posible (Lesuer 1997). Las distintas ecuaciones para Pruebas de Repeticiones Máximas se encuentran en la Tabla 9.11.

Autor	Fórmula	Correlación	Rango de rep. recomendado
Brzycki (1993)	% 1MR = 102,78-2,78 Rep 1MR = kg*100/ (102,78-2,78*Rep)	+ ALTA TREN SUP + MODERADA TREN INF	< 10
Epley (1985)	1MR= (1 + O,033 * Rep) * Kg	+ ALTA TREN SUP + ALTA TREN INF	< 15
Lander (1985)	% 1MR = 101,3 - 2,67123 Rep	+ ALTA TREN SUP + MODERADA TREN INF	< 15
Mayhewy col. (1992)	% 1MR = 52,2 + 41,9*(e (-0,055* Rep)) 1MR= 100*kg/%1MR	+ ALTA TREN SUP + ALTA TREN INF	6 a 20
Wathen (1994)	% MR = 48,8 + 53,8*(e (-0,075* Rep)) 1MR= 100*Kg/% 1MR	+ ALTA TREN SUP + ALTA TREN INF	< 10
O`Connery col. (1989)	1MR = Peso*(1+0,025 *Rep)	+ ALTA TREN SUP + ALTA TREN INF	< 10
Lombardi (1989)	1MR = Rep + Kgr (Rep) ^0,1	+ ALTA	< 10

Tabla 9.11. Ecuaciones para la predicción de 1MR en función de MR (Adaptado de LeSuer, 1997).

La realización del test de 1MR requiere de una preparación metal muy importante, ya que implica la realización de uno o más esfuerzos máximos, para el cual no todas las personas están predispuestas. Por eso, a pesar de no estar demostrado que la realización de esta metodología sea una causa directa de lesión, se recomienda aplicar los tests de repeticiones al fallo con pesos submáximos en poblaciones que no están acostumbradas a manejar pesos máximos o casi máximos en sus entrenamientos habituales (jóvenes, personas mayores, etc) (Matuszak y col 2003, citado por Naclerio, 2004).

7. FLEXIBILIDAD

Es un importante componente de la aptitud física y del rendimiento, pero además, su desarrollo dentro de parámetros saludables se asocia con la calidad de vida. La flexibilidad, según define Di Santo, *es la capacidad psicomotora responsable de la reducción y minimización de todos los tipos de resistencias que las estructuras neuro-mio-articulares de fijación y estabilización ofrecen al intento de ejecución voluntaria de movimientos de amplitud angular óptima, producidos tanto por la acción de agentes endógenos (contracción del grupo muscular antagonista) como exógenos (propio peso corporal, compañero, sobrecarga, inercia, otros implementos, etc).*

El mantenimiento de unos niveles óptimos de esta capacidad contribuye a la "buena salud articular", la manutención postural, la estimulación neuromuscular, el incremento de la eficiencia mecánica y la reducción de dolores localizados. La evaluación de la flexibilidad implica instrumentar protocolos de valoración en todos los núcleos articulares corporales. Los diferentes tests de laboratorio cuantifican la flexibilidad en términos de rango de movimiento, expresado en grados. Es frecuente para este propósito emplear varios tipos de goniómetros, electrogoniómetros, flexómetros Leighton, y otros instrumentos.

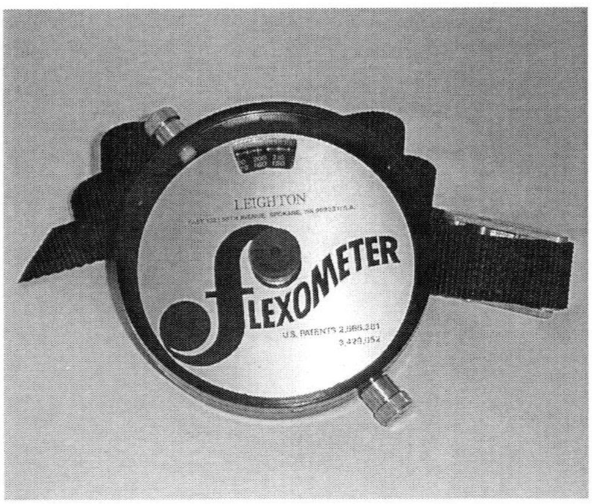

Flexómetro Leighton para la valoración de la amplitud articular.

En cuanto a los tests de campo, para fitness, la valoración visual del recorrido del movimiento de las articulaciones puede ser aplicada en diversos tests, reconociendo sus limitaciones. Por lo general, estos tests de campo son prácticas limitadas o restringidas a algunos núcleos articulares (por ejemplo, coxo femoral, lumbo-sacra, glenohumeral, etc) (Protas, 1998).

7.1. *Sit and reach* (flexión de tronco)

Muchos piensan que esta prueba sirve para valorar la flexibilidad de la cadera y de la columna lumbo-sacra (espalda baja), sin embargo esto no es así, ya que el rendimiento en esta prueba puede verse muy condicionado por bajos niveles de fuerza abdominal, que limitarán la flexión de tronco al frente (ACSM, 2000).

Equipamiento: Norma o Parámetro (adherido al suelo) o cajón para el test; Cinta adhesiva; Cinta métrica.

Procedimiento: El sujeto evaluado realiza una entrada en calor con ejercicios de elongación. La evaluación se realiza sin zapatillas. La prueba se realiza mediante un movimiento (elongación) lento y controlado. Para la YMCA[9] los criterios para el test implican (ver figura 9.5.) al sujeto sentado, con piernas ligeramente separadas y as rodillas extendidas, marcar en el suelo (cinta métrica), con los brazos extendidos y el tronco erecto la posición de las manos, la mirada dirigida hacia las manos. Cuando se utiliza el cajón para el test, la mirada se dirige también hacia las manos. Se realiza un lento movimiento con ambas manos hacia delante, los dedos estarán bien extendidos durante toda la prueba y se busca la mayor extensión posible.

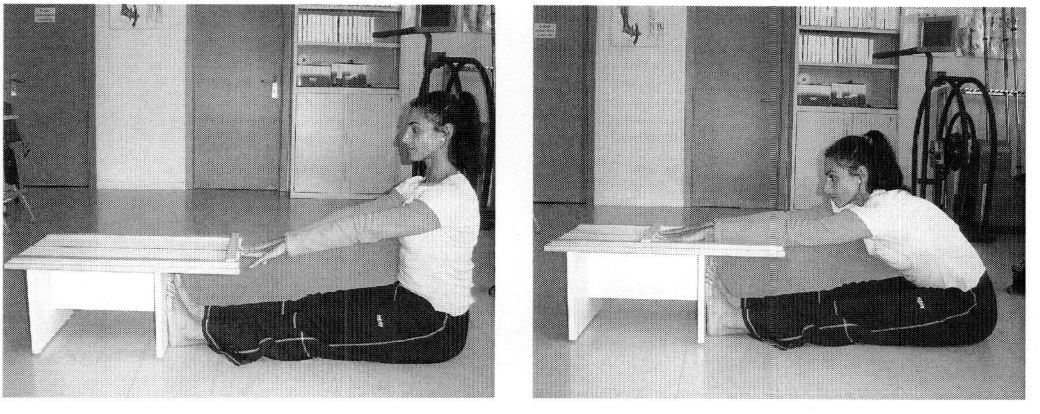

Figura 9.5. Desarrollo test Sit and Reach.

[9] YMCA. Asociación Cristiana de Jóvenes.

EDAD												
Perc.	**18-25**		**26-35**		**36-45**		**46-55**		**56-65**		**>65**	
Sexo	**V**	**F**	**V**	**F**	**V**	**F**	**V**	**F**	**V**	**F**	**V**	**F**
90	22	24	21	23	21	22	19	21	17	20	17	20
80	20	22	19	21	19	21	17	20	15	19	15	18
70	19	21	17	20	17	19	15	18	13	17	13	17
60	18	20	17	20	16	18	14	17	13	16	12	17
50	17	19	15	19	15	17	13	16	11	15	10	15
40	15	18	14	17	13	16	11	14	9	14	9	14
30	14	17	13	16	13	15	10	14	9	13	8	13
20	13	16	11	15	11	14	9	12	7	11	7	11
10	11	14	9	13	7	12	6	10	5	9	4	9

*Tabla 9.12. Percentiles por edad y sexo (*Sit and Reach*, en pulgadas) publicados en ACSM 2000.*

EDAD										
Perc.	**20-29**		**30-39**		**40-49**		**50-59**		**60-69**	
Sexo	**V**	**F**	**V**	**F**	**V**	**F**	**V**	**F**	**V**	**F**
90	42	43	40	42	37	40	38	40	35	37
80	38	40	37	39	34	37	32	37	30	34
70	36	38	34	37	30	35	29	35	26	31
60	33	36	32	35	28	33	27	32	24	30
50	31	34	29	33	25	31	25	30	22	28
40	29	32	27	31	23	29	22	29	18	26
30	26	29	24	28	20	26	18	26	16	24
20	23	26	21	25	16	24	15	23	14	23
10	18	22	17	21	12	19	12	19	11	18

*Tabla 9.13. Percentiles por edad y sexo (*Sit and Reach *con cajón, en cms) publicados en ACSM 2000.*

8. CONCLUSIONES

La evaluación de la aptitud física comienza por la comprensión del Principio de Individualidad Biológica (del entrenamiento deportivo), e implica la identificación de las variables a evaluar, la selección de métodos y técnicas, la recolección, el análisis, procesamiento y asociación de datos, la toma de decisiones, y finalmente, la implementación de las mismas. Su eficacia radica en la búsqueda permanente de "las mejores herramientas", en la crítica y reformulación constante de éstas y en la elaboración y el diseño de verdaderos índices de rendimiento, que resuelvan problemas prácticos para el Entrenador Personal. Los distintos programas de ejercicio y sus aplicaciones al campo de la salud y del fitness demandan más y mejores evaluaciones para Optimizar las Prácticas.

Capítulo X

Nutrición y control del peso corporal

Fernando Naclerio Ayllón
Licenciado en Ciencias de la Actividad Física y el Deporte (UPM)
Profesor en Educación Física (UNLP)
CSCS
Profesor de Entrenamiento Deportivo II
Facultad de Ciencias de la Actividad Física y el Deporte
Universidad Europea de Madrid
Director Científico Globus España
Director Técnico MundoSalud España
fernando.naclerio@uem.es

1. INTRODUCCIÓN

Uno de las funciones más importantes del Entrenador Personal es asesorar adecuadamente a su cliente acerca de los hábitos nutricionales. La dieta no mejora directamente el rendimiento, pero su realización adecuada ayuda a mejorar los resultados inducidos por los entrenamientos. De todas formas, la función del entrenador es sólo aconsejar sobre la selección y organización de alimentos, y no manipular la dieta para tratar situaciones especiales, como alteraciones metabólicas u de otro tipo, que deben ser abordadas por un médico.

1.1. Evaluación nutricional

El término "dieta" se refiere a los hábitos nutricionales que sigue una persona, no a un plan dietético restrictivo destinado específicamente a aumentar o reducir el peso corporal. Antes de realizar cualquier consejo nutricional, el entrenador debe conocer los hábitos, costumbres y necesidades de la persona.

Existen tres formas de recopilar la información sobre los hábitos nutricionales de las personas:

1. Reportar la ingesta realizada en las últimas 24 horas
2. Realizar un historial de los hábitos nutricionales, (alimentos deseados, no deseados, horas de cada ingesta, etc.)
3. Reportar todos los alimentos consumidos en cada ingesta durante los últimos tres días.

De las tres formas mencionadas, la tercera parece ser la más apropiada (Reimers, 2004). No obstante, esta metodología requiere un minucioso análisis, que pocas veces es reportado por los sujetos. Por esto, recomiendo efectuar un interrogatorio bien estructurado que permita guiar al entrenador para asesorar correctamente a su cliente, considerando sus hábitos, horas de descanso y el tipo de actividad desarrollada. Ver sección 4.1.

2. NUTRIENTES

Se entiende por nutriente a cualquier substancia que puede ser asimilada por el organismo y colabora para sostener la vida. (Kent, 1994, Wilmore y Costill, 1994)

Los nutrientes pueden clasificarse en dos grandes categorías:

1. MACRONUTRIENTES (proteínas, hidratos de carbono y grasas)
2. MICRONUTRIENTES vitaminas y minerales.

A estos debe agregarse el agua, único fluido del organismo, que constituye un nutriente fundamental y esencial para la vida. (McArdle y col, 2000).

2.1. Proteínas

Las proteínas están constituidas por largas cadenas lineales de "**aminoácidos**", que forman estructuras o bloques. Existen cerca de 20 aminoácidos distintos, que pueden combinarse en cualquier orden y repetirse de diferentes maneras. Una proteína media está formada por unos cien o doscientos aminoácidos alineados, de modo que habría una inmensa cantidad de combinaciones posibles para formar proteínas (en teoría 20200). Además, según la configuración espacial tridimensional que posea la secuencia de aminoácidos, las propiedades de la proteína formada será diferente en cada caso (Lehninger y *col*, 1993).

Las proteínas presentan una molécula similar a la de las grasas y glúcidos, debido a que están constituidas por átomos de Carbono, Hidrógeno y Oxigeno, pero a diferencia de los otros macronutrientes, presentan una estructura más compleja que contiene Nitrógeno, Sulfuro, Fósforo Y hierro, donde el Nitrógeno forma aproximadamente el 16% de su molécula. (Lehninger y *col*, 1993; Newsholme y Leech, 1994). Si bien el organismo puede obtener grasas a partir de los glúcidos, y glucosa desde la degradación de las proteínas, estas últimas no pueden ser obtenidas desde otros nutrientes, de modo que, para satisfacer sus necesidades orgánicas, siempre se depende de una ingesta adecuada desde las fuentes dietéticas (Di Pasquale, 1997).

En la dieta, las fuentes de proteínas pueden distinguirse entre las de origen vegetal y las de origen animal. Las proteínas de origen animal están presentes en las carnes, pescados, aves, huevos y productos lácteos, mientras que las de origen vegetal se encuentran en los frutos secos, soja, legumbres, champiñones y ciertos cereales, como el germen de trigo, aunque su concertación es baja respecto a la de carbohidratos (Mcardle y *col*, 2000). Puesto que cada especie animal o vegetal está formada por su propio tipo de proteínas, que son incompatibles con los de otras especies, para poder asimilarlas, el organismo humano, debe primero digerirlas y formar aminoácidos, los cuales, se absorben a través del intestino y pasan a la sangre, desde donde se las utiliza para regenerar o formar las proteínas de los tejidos celulares, reponer encimas, u otros elementos indispensables para el organismo (McArdle y *col*, 2000).

Los **aminoácidos** son componentes orgánicos que contienen al menos, un grupo amino radical con nitrógeno e hidrógeno (NH2), y otro carboxilo, con carbono, oxigeno e hidrógeno (COOH), que es un grupo ácido orgánico. Estos grupos se unen a una cadena lateral compuesta principalmente por átomos de carbono, cuya estructura es particular para cada aminoácido, y permite diferenciarlos entre sí (McArdle y *col*, 2000).

Si bien cientos de miles de aminoácidos pueden estar formando las diferentes cadenas péptidas, que configuran las numerosas proteínas que forman los tejidos del organismo, sólo hay 22 aminoácidos individualizados que pueden ser utilizados para formar estructuras proteicas, cuya naturaleza y función depende tanto del tipo de aminoácidos que las formen como de la secuencia en que estos se ordenen para constituir las diversas proteínas.

En la naturaleza existen dos formas de configuración de los aminoácidos: la forma **D** y la **L**. Sólo la **L** es la que tiene efectos biológicos sobre el organismo humano, porque es la única configuración encontrada en las proteínas de los tejidos corporales (Di Pasquale, 1997).

Hay 9 aminoácidos que desempeñan funciones esenciales para la vida y deben consumirse a diario, debido a que no pueden ser sintetizados por el organismo desde otras fuentes, y su falta causaría deficiencias orgánicas, que pueden inducir alteraciones o patologías como atrofias musculares, retraso mental, y otras disfunciones orgánicas (Di Pasquale, 1997). Estos son los aminoácidos esenciales: Leusina, Isoleusina, Valina, Lisina, Treonina, Metionina, Fenilalanina, Triptofano e Histidina* (este ultimo es sólo esencial en la infancia y algunos adultos que no pueden sintetizarlo endógenamente). El resto de los aminoácidos son considerados no esenciales, porque pueden ser producidos a partir los "**esenciales**".

Desde el punto de vista metabólico, los aminoácidos no esenciales son tan importantes como los esenciales, pero los no esenciales, además de poder ser obtenidos desde la dieta, también pueden ser sintetizados a partir de otras sustancias, como los carbohidratos, siempre que se disponga de Nitrógeno en el organismo; por esto, su aporte desde las fuentes externas no es imprescindible (Manore y Thompson, 2000; Newsholme y Leech, 1994). Las dietas que contengan una muy baja concentración de uno o más aminoácidos esenciales serían biológicamente incompletas, mientras que las que aporten una cantidad adecuada de estos, se consideran completas (Paul, 1989).

Dentro de los aminoácidos **no esenciales**, hay algunos que en situaciones de altas exigencias psicofisicas, o en estados patológicos, incrementan momentáneamente sus necesidades, transformándose en un grupo especial de aminoácidos, los **posiblemente esenciales** que en ciertas ocasiones, deben ser ingeridos desde la dieta, para satisfacer sus demandas (Di Pasquale, 1997, McDonald, 1999). Estos aminoácidos posiblemente esenciales son: Arginina, Glutamina, Taurina, Cisterna, Tirosina, y Prolina, mientras que los no esenciales son: Alanita, Asparagina, Acido Aspartico, Citrulina, Acido Glutamico (glutamato), Glisina, Ornitina, Serina e Hidroxiprolina.

Rol de los aminoácidos en el metabolismo energético. El aporte de energía debido a la degradación directa de los aminoácidos es bastante escasa, entre el 3% al 6% durante un ejercicio intenso y sostenido, pudiendo llegar al 10 o 12% del total de la energía producida, cuando las reservas de glucógeno son bajas. Últimamente se ha valorado en gran medida el rol de los aminoácidos como fuente de substratos esenciales o intermediarios metabólicos, indispensables para el funcionamiento adecuado de las vías energéticas aeróbicas, tanto en ejercicio como en recuperación (Gibala, 2001).

Balance de nitrógeno. Considerando que el contenido medio de nitrógeno en las proteínas de la dieta está estimado en un 16%, por medio de la relación entre el consumo de proteínas desde la dieta y su eliminación desde el organismo, puede establecerse la cantidad de nitrógeno retenido (Manore y Thompson J., 2000).

Balance negativo de nitrógeno: ocurre cuando se excreta más nitrógeno del que se consume, e indica un elevado "catabolismo proteico" (Manore y Thompson, 2000). Un balance negativo de Nitrógeno puede ocurrir con un aporte inadecuado de sólo uno de los aminoácidos esenciales, y en el caso de una persona que entrene intensamente la fuerza, incluso puede observarse, con un escaso aporte ciertos aminoácidos como la Arginina, Taurina, Glutamina, y Alanina, cuyos requerimientos aumentan significativamente con volúmenes elevados de entrenamiento (Di Pasquale, 1997). Un Balance negativo puede darse por un desequilibrio entre las proporciones aportadas de los aminoácidos esenciales, o si el consumo de proteínas global no es suficiente para solventar la pérdida de nitrógeno orgánico. Esta situación no puede prolongarse por mucho tiempo, debido a que al contrario de los carbohidratos y las grasas, el organismo no dispone de almacenes de proteínas, debido a que estas tienen una función fundamentalmente estructural (Di Pasquale, 1997, Wagenmarkers, 1998).

Balance positivo de nitrógeno. Ocurre cuando el consumo de nitrógeno supera al excretado, e indica un mayor "anabolismo proteínico", porque el organismo retiene Nitrógeno y se estimula la síntesis proteica (Di Pasquale, 1997, Tipton y Wolf, 2001).

Balance neutro de nitrógeno. Resulta cuando el aporte de Nitrógeno desde las proteínas ingeridas es igual al eliminado por el organismo. (Mcardle y col, 2000).

Aplicado al campo del alto rendimiento deportivo se ha llegado a determinar un 4° estado de **balance de nitrógeno**: "**El altamente positivo**", que se corresponde a una máxima retención de nitrógeno en el organismo, para construir masa muscular. Este estado puede coincidir con el uso de ayudas o suplementos nutricionales, destinadas a mejorar el rendimiento físico y los procesos de recuperación (Di Pasquale, 1997).

Digestión de las proteínas. Su digestión comienza por los mecanismos de masticación en la cavidad bucal, las pepsinas y los ácidos hidroliticos liberados desde las paredes del estomago actúan degradando las proteínas en partículas más pequeñas. Ningún aminoácido es absorbido a través del estómago, por lo que deben ser activados en el intestino delgado por las enzimas pancreáticas (tripsinas, quimiotripsinas y carboxipeptidasa), que promueven la formación de pequeños péptidos (dipéptidos o tripéptidos) y aminoácidos libres. (Guoyao, 1998).

Los aminoácidos pueden ser absorbidos por la mucosa intestinal de las paredes de los intestinos, siendo más fácilmente asimilables en forma de dipéptidos o tripéptidos, los que luego son degradados a aminoácidos libres y liberados a la sangre (Di Pasquale, 1997). Aproximadamente entre el 90% al 95% de todos los aminoácidos son absorbidos en el intestino delgado en condiciones normales de salud, y sólo pequeñas cantidades de proteínas son encontradas en el intestino grueso. Una vez absorbidos los aminoácidos, son transportados a través de la circulación portal hasta el hígado, que es el órgano que regula la liberación de éstos al pool o reserva plasmático, que si bien no constituye un gran depósito de aminoácidos, en cuanto a cantidad, si refleja los cambios y las demandas de los diferentes aminoácidos captados o liberados por los tejidos activos como la masa muscular, y órganos vitales como hígado, riñón, intestino, etc. (Newsholme y Leech, 1994).

Hay un continuo intercambio entre los diferentes depósitos de aminoácidos desde la sangre y los tejidos que depende de la constante síntesis y degradación de proteínas orgánicas, así como de su aporte desde la dieta. El hígado es capaz de oxidar la mayoría de los aminoácidos presentes en las proteínas, mientras que el músculo esquelético, sólo puede oxidar 6 aminoácidos. Los 3 ramificados, Valina, leucina e isoleucina, muy poco metabolizados por el hígado, el ácido aspártico (aspartato), la glutamina y la asparagina (Wagenmarkers, 1998).

Los aminoácidos absorbidos desde la dieta prosiguen una serie de reacciones que finalizan con la donación de su grupo amino (desaminación) a otros compuesto que contengan carbonos, como algunos intermediarios del Ciclo de Krebs, como el alfa Ketoglutarato (OKG) o derivados de la degradación de la glucosa, como el ácido pirúvico, para formar ácido Glutámico o glutamato. Este aminoácido constituye el eje central del metabolismo de los aminoácidos en las células, porque se desamina liberando sus grupos aminos, hacia diversos destinos, como la formación de otros aminoácidos (alanina, aspartato, etc.), amonio (NH_3), que será preferiblemente convertido a urea y eliminado por vía renal, etc. (Gibala, 2001, Wagenmarkers, 1998).

El aporte de proteínas, recomendado por el Organización Mundial de la Salud, para la población adulta sedentaria es de **0,8 gr por kilo de peso**. Aunque esta cantidad contiene un margen de seguridad que garantiza una disponibilidad suficiente de proteínas, existen numerosos estudios que demuestran que este aporte no sería suficiente cuando se realiza actividad física sistemática, especialmente en las primeras etapas de un plan de entrenamiento, especialmente si es de gran exigencia, o se desea aumentar la masa muscular (hipertrofia), o se consumen dietas hipocalóricas (Graham y col, 1997, Mourier y col, 1997). Godrard y col (2002), estudiaron un grupo de adultos mayores que se iniciaban en un plan de actividad física sistemática (carrera y entrenamiento de fuerza), y observaron que los requerimientos de proteínas aumentan sobre los valores 0,8 gr por kg, siendo necesario un aporte mínimo de 1,1 gr por kg al día, para conservar o mejorar el nivel de masa magra.

El aporte de proteínas por kilo de peso corporal recomendado para personas activas oscila entre **1,2 a 2,5 gr**, dependiendo del tipo de actividad deportiva y situación especial de cada persona. Para los deportistas de resistencia aeróbica, se recomiendan 1,2 gr por kg, mientras que para los de fuerza, o cuando se realizan dietas hipocalóricas, el rango sube a 1,6; 1,7 o algo más (Reimers y Ruud, 2000; Paul 1989).

Los perjuicios causados por un aporte excesivo de proteínas, superior a 0,8 gr por Kg de peso corporal, son infundados, especialmente cuando se trata de personas sanas, activas, que consumen adecuados niveles de líquido. Las proteínas ingeridas por encima de las necesidades de cada persona son degradadas, el nitrógeno se excreta como urea por el riñón, y el resto de los ketoácidos que la conforman son metabolizados y utilizados en los procesos de producción de energía, o para sintetizar glucosa o grasa (Reimers y Ruud, 2000). De todos modos, el consumo excesivo de proteínas, en detrimento de los otros macronutrientes, no es beneficioso y hasta puede ser negativo para el rendimiento (Manore y Thompson J , 2000).

Calidad de las fuentes proteicas y el valor biológico de las proteínas

Tanto las proteínas animales como las vegetales contienen aminoácidos esenciales. La falta de uno de estos aminoácidos en la dieta puede llevar a una disminución importante de la síntesis proteica, e incluso en casos extremos, hasta la muerte (Di Pasquale, 1997).

El **valor biológico** se refiere a la cantidad de proteínas contenidas en un alimento, que pueden ser asimiladas y aprovechadas por el organismo. Cuanto mayor es el valor biológico de los alimentos, menor cantidad será necesario consumir para mantener un aporte adecuado de proteínas (Di Pasquale, 1997). Las proteínas con alto valor biológico se encuentran principalmente en las fuentes animales, como las carnes, claras de huevo, mientras que las que tienen un valor biológico inferior se encuentras en las fuentes vegetales, como las patatas, legumbres, y granos (Konopka, 1988). Las claras de huevo presentan una utilidad biológica del 90% al 95%, con variaciones que se relacionan a la forma en que se consumen. Las claras cocidas en agua favorecen el aprovechamiento biológico de las proteínas, mientras que las claras crudas lo disminuyen. (Konopka, 1988).

Los aminoácidos que se encuentran ausentes con más frecuencia en las fuentes vegetales son la lisina, el triptofano y la metionina. Todos los cereales son deficientes en lisina, mientras que el maíz y el arroz son pobres en triptofano y treonina, las legumbres en metionina y triptofano (McDonald, 1999a, McDonald, 1999b).

De todos modos, las proteínas procedentes de ciertos alimentos pueden complementarse y potenciarse mutuamente al mezclar adecuadamente sus diversos aminoácidos, de modo que se obtenga un mayor valor biológico respecto al ofrecido por el alimento aislado.

Un alto valor biológico, incluso superior al ofrecido por fuentes animales (como las carnes) se obtiene al mezclar un 36% de proteínas procedentes de las claras de huevo, con un 64% de las patatas; también resulta adecuado mezclar habichuelas y maíz, claras de huevo y leche, o huevos y trigo. Estas fuentes deben consumirse simultáneamente porque la complementación carece de efecto si todos los aminoácidos esenciales no son ingeridos dentro de un periodo máximo de 2 horas. Así, consumir dos fuentes de proteínas incompletas en períodos espaciados de tiempo no resulta en una mejora de su valor biológico (Konopka, 1988).

2.2. Hidratos de carbono

Los hidratos de carbono son sustancias orgánicas, que constituyen las biomoléculas más abundantes de la naturaleza, elaboradas por los vegetales y microorganismos a partir del dióxido de carbón y el agua con la utilización de la energía solar. Una hoja produce aproximadamente 1 gr. de hidratos de carbono por cada mts^2 de su superficie, calculándose un producción de hidratos de carbono próxima a 200.000 millones de toneladas en todo el planeta, esto supera notablemente las reservas de gas natural, petrolero, y carbón (Mcardle y *col*, 2000).

Los hidratos de carbono, están formados por átomos de carbono, hidrógeno y oxigeno, que en la gran mayoría de las biomoléculas de este grupo, presentan una relación de 2 átomos de H por 1 de Oxígeno, determinando una fórmula general para los hidratos de carbono de **CH20n**, donde **n** puede corresponder a una cantidad de entre 3 a 7 átomos de carbono. Desde el punto de vista químico, existen algunas substancias clasificadas dentro de este grupo, como la ribosa, que no responden a esta fórmula, e incluso puede contener átomos de azufre, nitrógeno, o fósforo, por esto algunos autores utilizan la terminología **glúcidos** para referirse a todas las biomoléculas de este grupo (Lehninger y *col*, 1993).

Los hidratos de carbono constituyen uno de los macronutrientes indispensables en la alimentación, cuya ventaja fundamental en el metabolismo energético es la de ser el único substrato capaz de dar energía, sin utilizar el oxígeno, además, por contener una alta proporción de oxigeno (el cual se aprovecha en los procesos de oxidación), hace que la necesidad de aportar este gas desde el exterior sea menor respecto a los otros macronutrientes, especialmente las grasas (Astrand y Rodahl, 1985, Mcardle y *col*, 2000).

Las moléculas más elementales de los carbohidratos, son los azúcares simples o monosacáridos: glucosa, fructosa, levulosa y galactosa. Cuando se combinan dos azúcares simples, se forman los disacáridos (maltosa, sacarosa y lactosa). Los oligosacáridos, son carbohidratos formados por 3 a 10 monosacáridos, mientras que los polisacáridos están formados desde 10 hasta varios centenares de miles de monosacáridos (Williams, 1999).

El ser humano puede digerir y asimilar algunos polisacáridos, como las féculas vegetales o almidones comestibles, presentes en las patatas, judías, remolachas, legumbres, cereales y granos, a partir de los cuales se elaboran productos como el pan, las pastas, etc. (Konopka, 1988). La celulosa que forma parte de las estructuras de los vegetales, en los tallos, cáscaras de las frutas, semillas y hojas, es un polisacárido no digerible, pero que ayuda a estimular los procesos digestivos y peristálticos (Konopka, 1988). Por otro lado, el glucógeno es el polisacárido que constituye la forma de almacenamiento de la glucosa en los tejidos animales (ver Tabla 10.1) (Konopka, 1988, Mcardle y *col*, 2000).

Tipo	Principales Representantes	Fuentes Principales de hidratos de carbono
Monosacáridos Azúcares simples	Glucosa; Fructosa; Levulosa; Galactosa	Miel, frutas Bebidas, productos refinados Leche
Disacáridos (2 monosacáridos)	Sacarosa Glucosa + fructosa (azúcar de caña) Maltosa Glucosa + glucosa Lactosa Glucosa + galactosa	Azúcar Mermelada Limonadas Cerveza de cebada Leche
Oligosacáridos Mas de 2 hasta 10 monosacáridos	Maltotriosa Maltotetrosa Maltopentosa Dextrina	Bebidas energéticas Para deportistas Tostadas Bizcochos
Polisacáridos glúcidos complejos donde se conjugan mas de 10 monosacáridos	Celulosa Almidón Féculas	Patatas Copos de cereales Pan, pastas Plátanos
	Glucógeno (glúcidos asimilables)	Hígado
	Celulosa; Lignina; Pectina	Fibra vegetal (salvado); Frutas y verduras

* La palabra sacárido deriva del griego "sakkharon" que significa azúcar (Kent, 1994).

Tabla 10.1. Características de los hidratos de carbono encontrados en la naturaleza.

Función de los hidratos de carbono en el organismo. Además de formar parte de la estructura de la célula, ser substancias estructurales y esenciales en la formación de ligamentos y huesos, su aporte es fundamental para mantener un adecuado rendimiento físico y mental. Son el combustible más eficiente para la realización de actividades musculares (Brouns, 1995, Hargreves, 1995, Mcardle y *col*, 2000), por esto su disponibilidad y concentración en la masa muscular y hepática constituye, desde el punto de vista energético, un factor limitante del rendimiento al realizar actividad física, aunque se disponga de reservas de grasas para dar energía (Manore y Thompson J., 2000). El aporte adecuado de hidratos de carbono permite mantener más estable o proteger la integridad de los tejidos orgánicos, especialmente el muscular, que constituye una reserva para reponer las necesidades de glucosa del sistema nervioso, cuando los niveles de glucógeno escasean y el suministro de carbohidratos desde la dieta es limitado. Una reducción significativa, por tiempos prolongados, de los niveles de glucógeno, causado por una dieta baja en carbohidratos o un trabajo muscular intenso, sin la debida compensación dietética, sería contraproducente para el rendimiento físico, debido a la reducción significativa de las reservas de glucógeno muscular (Manore y Thompson J., 2000, Wolinsky, 1998).

La disponibilidad de hidratos de carbono es de vital importancia para que las grasas puedan metabolizarse y dar energía, debido a que varios intermediarios metabólicos que forman el ciclo de Krebs (fase esencial para obtener energía desde los tres macronutrientes), derivan de la degradación de la glucosa. Por ejemplo, el oxaloacetato, o el alfa ketoglutarato deben mantenerse en niveles adecuados para que el ciclo de krebs sea eficiente y pueda completar la degradación de las grasas para producir energía. Por otro lado, la disminución de glucosa restará eficiencia al ciclo de krebs, deteniendo la combustión de las grasas que se acumulan en sangre y forman cuerpos cetónicos (Hargreves, 1995, Wagenmarkers y col, 1995, Wolinsky, 1998). El mantenimiento de los niveles de glucosa evita la producción excesiva de cuerpos cétonicos, porque, si las grasas, que han comenzado a metabolizarse en el ciclo de la "betaoxidacion", detienen su degradación por falta de intermediarios metabólicos en el ciclo de krebs, se produce una acumulación de Acetil CoA (substrato formado tanto desde las grasas como desde los carbohidratos) que debe entrar el ciclo de Krebs, pero que al no poder hacerlo, se acumula, forma acetato y posteriormente cuerpos cetónicos, que pasan a la sangre para ser eliminados por orina (Roming y *col*, 1993). El incremento de los cuerpos cetónicos en la sangre, causa una reducción del Ph sanguíneo, comprometiendo la salud y el equilibrio orgánico funcional (Newsholme y Leech, 1994). No obstante, es necesario considerar que, en situaciones extremas, como los ayunos prolongados de más de 24 a 48 horas, la realización de ejercicio muy intenso, y prolongado como ultramaratones, donde los niveles de glucógeno descienden significativamente, los cuerpos cetónicos constituyen una forma de combustible de "**última instancia**" para el sistema nervioso, riñón, intestino, y la masa muscular, ayudando a atenuar el catabolismo muscular y a ahorrar glucosa (Newsholme y Leech, 1994).

La glucosa es el combustible preferencial y casi exclusivo del sistema nervioso, glóbulos rojos y el riñón. El mantenimiento de niveles adecuados de glucemia depende fundamentalmente del aporte de carbohidratos desde la dieta, aunque otros mecanismos como la glucolisis hepática y la desaminación de los aminoácidos de los tejidos, podrían compensarlo transitoriamente, a consta de un importante catabolismo muscular (Gibala, 2001, Hargreves, 1995).

En condiciones fisiológicas normales, el aporte de hidratos de carbono debe ser suficiente como para mantener un adecuado flujo y funcionamiento de las vías metabólicas, que permite postergar la fatiga en los trabajos prolongados, conservar un adecuado rendimiento en los trabajos cortos e intensos, y facilitar los procesos de recuperación tras los esfuerzos (Hargreves, 1995, Manore y Thompson, 2000).

Aporte de hidratos de carbono y su efecto sobre el sistema nervioso central. La glucosa derivada de los hidratos de carbono consumidos desde la dieta constituye el combustible principal para el sistema nervioso, de ahí que el mantener niveles normales de glucosa sanguínea (denominada normoglucemia), de entre 80 a 100 mlg/ Dl de sangre, es vital para la actividad mental o física (Sears y Lauren, 1995, Szepsi, 1997). Cuando la glucemia sanguínea cae por debajo de estos niveles, el cerebro no puede funcionar adecuadamente, disminuye su actividad, y se generan síntomas relacionados con el estado de hipoglucemia que llegan a ser significativos cuando esta cae por debajo de 50 mlg/dl. Estos síntomas son: Cansancio, sueño, debilidad, falta de energía, fuerza, escaso poder de concentración, ansiedad, sueño, mal humor, perdida de masa muscular, alteración de funciones hormonales vitales, etc., además de un importante deseo de ingerir alimentos, ricos en carbohidratos, como los dulces, pastas, etc., para ofrecer rápidamente glucosa al cerebro y poder recobrar la capacidad de trabajo (Conley, 2000, Sears y Lauren, 1995, Wolinsky, 1998).

La hipoglucemia puede desarrollarse aunque el organismo disponga de altos niveles de glucógeno en la masa muscular. Como el glucógeno muscular es inaccesible para el sistema nervioso, el organismo intentará reponer la glucosa, degradando el glucógeno depositado en el hígado, que será convertido a glucosa e incorporado a la sangre, desde donde puede ser captada por el sistema nervioso. La capacidad del hígado para almacenar glucógeno es limitada, 90 a 120 gr en una persona normal (Newsholme y Leech, 1994), y aunque el entrenamiento, especialmente el de resistencia aeróbica, conduce a un incremento de la capacidad de la masa hepática, y muscular para almacenar mayores niveles de glucógeno, estos nunca llegan a ser lo suficientemente altos como para cubrir las necesidades glucosa, por tiempos muy prolongados (Manore y Thompson, 2000). Los depósitos hepáticos de glucógeno pueden agotarse tras un ayuno prolongado de 9 a 12 horas, de modo que para mantener un aporte adecuado de glucosa al cerebro, sería necesario suministrar alimentos ricos en hidratos de carbono con una cierta frecuencia, que permita mantener relativamente estable la glucemia, y las concentraciones de glucógeno hepático (Sears y Lauren, 1995; Thyfault y *col*, 2004).

Clasificación de los hidratos de carbono. Los carbohidratos consumidos desde la dieta son degradados a azúcares simples: glucosa, galactosa (abundante en los productos lácteos) y fructosa (abundante en la mayoría de las frutas), que difieren en su estructura molecular, y presentan ritmos de asimilación diferentes. Si bien los tres azúcares son absorbidos a nivel hepático, sólo la glucosa pasa a la sangre inmediatamente, mientras que la galactosa y la fructosa, son primero convertidas a glucosa antes de ser liberadas hacia la sangre. Por esto, los alimentos ricos en galactosa y fructosa se asimilan más lentamente respecto a los que contienen mayor proporción de glucosa (Bowers y Fox, 1995).

La velocidad en que tarden los hidratos de carbono consumidos en absorberse como glucosa sanguínea, determinará una respuesta hormonal desde el páncreas que segregará una hormona, la insulina, que estimula la absorción de la glucosa en los tejidos, especialmente el hígado, músculo, y tejido adiposo (Lehninger y *col*, 1993).

Algunos granos, tubérculos, y especialmente los dulces, son alimentos que se asimilan rápidamente y causan una elevación pronunciada de la glucemia, pudiendo en poco tiempo determinar un estado hiperglucemia transitoria (glucemia superior a 140 mlg/Dl), que desencadena una respuesta brusca de la insulina, que estimula una rápida absorción de glucosa en los tejidos y una brusca bajada de la glucemia. Por otro lado, la mayoría de las frutas y verduras, que se asimilan más lentamente, proporcionan un flujo de glucosa más lento y sostenido, determinando una respuesta insulinica algo más atenuada (Foster-Powell y *col*, 2002, Sears y Lauren, 1995, Sears, 1999).

La Insulina estimula la asimilación de la glucosa en los tejidos musculares y hepáticos, donde puede ser utilizada como fuente de energía o ser almacenada como glucógeno, pero también estimula la absorción de glucosa en los adipositos, donde forma grasa y se almacena como Triglicéridos. Esta última posibilidad predomina cuando se consumen altas cantidades de hidratos de carbono, especialmente de rápida asimilación, como los dulces, pan, pasteles, etc., que producen bruscas, y marcadas subidas y caídas de glucosa, a los que se corresponde una abrupta respuesta insulínica que conduce, en pocas horas, a una disminución significativa tanto de la glucosa como de los ácidos grasos en sangre. Esta reducida concentración de combustibles sanguíneos, especialmente de glucosa, produce una señal para estimular el apetito, que se asocia a un estado conocido como **hipoglucemia secundaria**, que se genera a pesar de haber ingerido alimentos, y se expresa por los síntomas mencionados anteriormente, y por el deseo de consumir hidratos de carbono de rápida asimilación, a pesar de tener almacenados suficientes cantidades de glucógeno, e incluso haber inducido la formación de grasa a partir de su consumo excesivo (Sears y Lauren, 1995, Sears, 1999).

Velocidad de absorción de los glúcidos y su clasificación a partir del concepto de "Índice Glucémico" (IG). El índice glucémico (IG) es un ranking de clasificación de los alimentos, determinado por la velocidad con que estos causan aumentos de la glucosa sanguínea (Foster-Powell y *col*, 2002). La primera clasificación de los alimentos de acuerdo al índice glucémico fue realizada por Otto y Niklas en 1980, que valoraron la respuesta de la glucemia al ingerir diversos alimentos (Foster-Powel y Miller, 1995). En 1981, Jenkins realizó un estudio en personas voluntarias (no diabéticas) para valorar la respuesta de la glucemia tras ingerir 62 alimentos distintos, ricos en hidratos de carbono, analizando las respuestas de la glucosa sanguínea cada 15 min durante la 1° hora, y cada 30 min durante la 2° hora, después de consumir cada uno de los alimentos seleccionados. Así, publicó la primera lista de índices glucémicos ,correspondientes a los 62 alimentos evaluados (Foster-Powel y Miller, 1995). Este trabajo estimuló numerosas investigaciones sobre el IG de los alimentos, y las diversas comidas, llegándose a desarrollar varias tablas de referencia, que a pesar de ciertas controversias, coinciden en que el IG es un factor de gran importancia en la alimentación, no sólo para el tratamiento de patologías como la diabetes, las hiperlipidemias, o de la obesidad, sino también para todo tipo de personas, incluso deportistas (Foster-Powel y Miller, 1995, Foster-Powell y *col*, 2002).

Alimentos de referencia para clasificar los índices glucémicos. Originalmente los IG de los alimentos fueron determinados comparando su respuesta glucémica con la causada por el consumo de una solución con 50gr. de glucosa pura, cuya respuesta glucémica fue considerada como referencia (IG = 100%). Pero esta metodología fue cuestionada porque la solución era excesivamente dulce y podría generar una demora en el vaciado gástrico, por lo que algunos científicos optaron por tomar al pan blanco (una porción que aporte 50gr. de hidratos de carbono "puros"), como referencia para establecer los índices glucémicos (IG) de los demás alimentos (Wolever y *col*, 1991).

Debido a la existencia de estas dos metodologías diferentes para clasificar los IG, existen dos alimentos de referencia, **la glucosa y el pan blanco**, a partir de los cuales se clasifica el IG de los demás alimentos, estableciendo un ranking de acuerdo a la velocidad con que estos se asimilan en sangre. Estas dos referencias podrán ser ajustadas proporcionalmente, debido a que el IG del pan blanco es de media el 73% respecto al de la glucosa; entonces, si se dispone de los IG basados en la glucosa, se debe multiplicar el valor por 1,37 y se obtiene el equivalente para la clasificación, en base al pan blanco, y del mismo modo, si se tienen los índices basados en el pan blanco, éstos se multiplican, por 0,73 para obtener la clasificación basada en la glucosa (Foster-Powel y Miller, 1995, Foster-Powell y *col*, 2002, Miller y *col*, 1992, Wolever y *col*, 1991). La tabla 10.2. muestra una clasificación general de los alimentos basados en el IG de la glucosa (Burke y *col*, 1998)

Índice glicémico	Categoría	Característica	Fuentes Alimenticias
Menos de 40	Bajo	Bajo contenido de energía por cantidad de alimento y alto volumen	Verduras,(repollo, coliflor, cebolla, acelgas) algunas legumbres (garbanzos, lentejas) y frutas, (manzana, pera, fresas, cerezas, etc)
41 a 57	Moderado	Moderado contenidos de energía por cantidad de alimento y volumen intermedio	Frutas como plátano, sandía legumbres, almidones poco procesados ricos en amilasa y antinutrientes, batatas, arroz integral grano largo, etc.
Más de 57	Alto	Alto contenido de energía por cantidad de alimento, y bajo volumen	Cereales muy procesados, frutas maduras, como uvas, higos zumos, harinas, granos y dulces, como pan, bollos, caramelos, etc.

Adaptado de Burke, y col (1998)

Tabla 10.2. Clasificación general de los alimentos basado En el IG de la glucosa.

Factores que determinan el índice glucémico. El índice glucémico de los alimentos depende de la facilidad con que estos quedan disponibles para que las enzimas digestivas, realicen su hidrólisis, y absorción intestinal, y faciliten su asimilación en sangre. Pero el IG de los alimentos no es un valor fijo que afecte a todas las personas por igual, sino que hay factores (internos y externos) que determinan variaciones en el IG, no sólo de persona a persona, sino en un mismo sujeto en diferentes situaciones (Foster-Powell y *col*, 2002).

a) Factores INTERNOS. Son los propios de la persona, como la composición corporal (nivel de desarrollo muscular, porcentaje y distribución de grasa corporal), actividad de las enzimas digestivas, la sensibilidad del páncreas para desencadenar una respuesta hormonal ante las modificaciones de los niveles de glucemia, etc. La influencia sobre estos, es sólo parcial porque la genética de cada individuo determinará la respuesta individual de cada sujeto al consumir diferentes alimentos (Lehninger y *col*, 1993).

b) Factores EXTERNOS. Son más fáciles de controlar o modificar, se refieren a la organización de la dieta (frecuencia, volumen, y tipo de comida), la relación entre ingestas, y las actividades desarrolladas (descanso, ligera actividad, entrenamiento, etc.), y los aspectos vinculados a la composición y preparación de los alimentos, como el grado de procesamiento y maduración de los granos, la gelatinización y trituración, tipo de hidratos de carbono que contiene la fuente alimenticia (relación entre Amilasa y Amilopectina en los almidones), modo de preparación de, contenido de otros Macronutrientes (proporciones de grasas y proteínas), contenido de fibra soluble, antinutrientes, y ácidos, la densidad de los alimentos (cantidad de hidratos de carbono puros por cantidad de alimento consumido) (Miller y *col*, 1992, Naclerio, 2001a).

1. **Grado procesamiento y maduración de los granos.** Cuanto más procesados sean los granos, mayor superficie de contacto ofrecerán éstos para la acción de las enzimas digestivas, y se agilizará la velocidad de absorción de la glucosa en sangre, y el índice glucémico tenderá a subir (Miller y *col*, 1992).

2. **Grado de gelatinización y trituración.** Dentro de los granos, las moléculas de almidón están agrupadas en estructuras más densas, llamadas gránulos. La gelatinización ocurre cuando el calor y el agua hacen que el gránulo se hinche, e incluso se rompa, facilitando la acción de las enzimas digestivas, con la glucosa entra más rápido y el índice glucémico tiende a subir (Miller y *col*, 1992).

3. **Tipos de hidratos de carbono contenidos en las fuentes alimenticias.** El almidón es la forma en que se almacena la glucosa en los vegetales, éste contiene dos tipos de polímeros de glucosa: la amilasa y la amilopectina:

   La amilasa. Está constituida por moléculas de glucosas encadenadas en forma de línea recta, lo cual deja poca superficie para la acción de las enzimas digestivas, que tardan más en degradarla, e incluso no lo hacen completamente, con lo que los alimentos ricos en amilasa (cáscara de las frutas) tienden a producir un IG más bajo (Miller y *col*, 1992, Trout y *col*, 1993).

   Amilopectina. Es una forma más compleja de almidón y presenta una estructura ramificada, que ofrece mas superficie para la acción de las encimas digestivas, las cuales actúan con mas facilidad, velocidad y eficiencia, lo que hace a los alimentos ricos en amilopectina (harina de maíz) que tiendan a tener un IG mas alto (Miller y col, 1992, Trout y *col*, 1993).

   La mayoría de los almidones están constituidos por una proporción mayor o menor de éstos polímeros, siendo esta relación (**Amilasa/Amilopectina**) un factor importante en determinar el IG de los vegetales, como el arroz, la avena, el maíz, etc., ya que cuanto más alto es el contenido de Amilasa, más bajo podría a ser el IG (Miller y *col*, 1992, Trout y *col*, 1993).

   La harina de maíz cruda tiene un 70% de Amilasa, algunos tipos de arroces varían notablemente entre sí en cuanto a su contenido de Amilasa. Así, hay arroces que contienen un 28% de Amilasa, y otros sólo un 2%, lo cual puede determinar una tendencia a tener un IG más alto o más bajo, aunque si bien este factor puede parecer muy importante, en realidad no se ha demostrado que tenga una influencia significativa sobre la velocidad de asimilación de la glucosa (Wolever y *col*, 1991).

4. **Modo de preparación de los alimentos.** La forma de preparación de los alimentos influye notablemente en el IG. Así, en líneas generales, se debería considerar que cuanto más preparado, horneado, cocido, hervido, procesado, esté un alimento, el IG tiende a ser más alto. Por ejemplo, las pastas deben cocerse lo menos posible, aproximadamente 5 min, ya que tiempos superiores de cocción incrementan el IG (Wolever y *col*, 1991).

   Los **arroces**, independientemente de la constitución de sus granos, presentarán IG distintos en función de su tiempo de cocción. Se aconsejan no más de 5 a 7 min para mantener un índice moderado (el grano de arroz debería consumirse "lo mas duro posible), porque aunque su contenido de amilasa sea alto, como en el arroz de grano largo integral, su índice se dispara notablemente con una cocción muy prolongada (Naclerio, 2001b, Wolever y *col*, 1991).

   Las **patatas** presentan grandes variaciones en el índice glucémico, dependiendo de su preparación. Si se hierven, su índice tiende a ser más moderado, mientras que en el microondas el IG aumenta notablemente (Naclerio, 2001b).

   La **avena** muy procesada y precocida, típica de los cereales comunes del mercado, tiene un índice moderado a alto, por lo tanto se aconseja consumir aquella menos procesada y natural, que presenta un IG más moderado a bajo (Naclerio, 2001b).

   En general, la transmisión del calor al interior de alimento para cocinarlo produce un cambio en la constitución de los almidones, que altera el IG. Cuanto más alto y profundo llegue el calor dentro del alimento, más sube el índice, por lo que siempre se aconseja hervir, antes que hornear, siendo menos conveniente el microondas o freír por mucho tiempo (Naclerio, 2001b).

5. **Grado de maduración.** En las frutas, la maduración altera la composición de sus almidones, que se rompen originando una mayor concentración de glucosas libres, que son más fácilmente asimilables, y por lo tanto tienden a elevar el IG. Por ejemplo, el plátano muy maduro, con excesiva cantidad de puntos negros en su cáscara, tiende a tener un IG más alto que el plátano verde (Naclerio, 2001b).

6. **Contenido de antinutrientes.** Los antinutrienes son compuestos que interfieren con la Amilasa uniéndose a los minerales necesarios (principalmente Calcio y Potasio), para que las enzimas digestivas actúen sobre ésta, ralentizando su degradación en el intestino delgado (Wolever y col, 1991). El ácido Fítico es el antinutriente más efectivo, porque no sólo actúa reduciendo el IG de algunos hidratos de carbono, como las legumbres, sino que también actúa como antioxidante. Aunque lamentablemente el ácido fítico es eliminado, en gran medida, durante los procesos de cocción, que neutralizan su acción para reducir el IG (Naclerio, 2001b).

7. **Contenido de ácidos.** Los alimentos con mayor contenido de ácidos como los cítricos, presentan un vaciado gástrico más lento y tienden tener un IG más bajo (Naclerio, 2001b).

8. **Contenido de otros macronutrientes (grasas y proteínas).** El contenido de grasas y proteínas de la comida afectan a la respuesta glucémica, al retardar el tránsito gastrointestinal e incrementar la secreción insulinica. En general, el contenido de proteínas de un alimento rico en hidratos de carbono tiende a moderar la respuesta glucémica, aunque para que su efecto moderador sea eficaz, se debe considerar también la cantidad aportada junto con los hidratos de carbono. Para moderar el IG de los hidratos de

carbono de rápida asimilación deberían aportarse 0,75 gr de proteínas puras por cada 1 gr, de hidratos de carbono puro. Por ejemplo, si en 78 gr de arroz se aportan aproximadamente 55,8 gr de hidratos de carbono puros, este puede combinarse con 192 gr de pechuga de pollo, que aporta aproximadamente 43 gr de proteínas, consumiéndose así 43 gr de proteínas por 55,8 gr de hidratos de carbono (relación 0,78) (Sears y Lauren, 1995).

Las grasas, en general, retardan el vaciado gástrico, pudiendo modificar la respuesta insulinica de diferentes maneras: las grasas saturadas (mantequilla) tienden a elevarla, mientras que las mono y poli insaturadas (aceites crudos como oliva, lino) la moderan. Aunque no está claro su mecanismo de acción, se acepta que las grasas pueden moderar el IG de algunos hidratos de carbono (Sears y Lauren, 1995).

9. **Contenido porcentual de fibra.** Hay dos tipos de Fibras: **Solubles**: como la avena, soja, parte interna de la fruta, e **Insolubles** como las fibras de los arroces y trigo.

   Las **fibras solubles** son ideales para bajar el IG de otras comidas, porque cuando éstas se disuelven con otros alimentos forman un gel que ralentiza el vaciado gástrico (Konopka, 1988).

   Las **fibras insolubles** actúan como una barrera dentro un grano intacto, por lo que las enzimas digestivas tienen más dificultades en digerir el almidón, pero su efecto protector disminuye y hasta desaparece durante el procesamiento de los granos. Tampoco al adherir fibra insoluble a los granos (como la harina de trigo) baja el IG, porque esta fibra se destruye al moler el grano.

   Las fibras contenidas en los arroces y pastas integrales no bloquean la acción de las enzimas digestivas, y el IG sigue siendo el mismo en las pastas y arroces blancos. El salvado, en cambio, debido a su contenido de antinutrientes, como el ácido fítico, si modera el IG de otros hidratos de carbono, teniendo una influencia mayor respecto a las fibras (Trout y *col*, 1993).

10. **Densidad de hidratos de carbono por cantidad de alimento.** La concentración de hidratos de carbono aportados, por cantidad de alimento consumido, es un factor a considerar debido a que los que tienen más concentración por gramo de alimento (Hidratos de carbono de **alta densidad**), tenderán a producir una respuesta glucémica más alta (pan, harinas, pastas, arroces, etc), respecto a otros con menor concentración (Hidratos de carbono de **baja densidad**), cuya respuesta glucémica tiende a ser más baja o moderada (verduras, algunas, frutas y legumbres) (Sears, 1999).

Determinación de IG en las comidas mixtas. Sólo los alimentos aislados son enumerados en las listas de IG (ver tablas 11.2 y 11.4), pero las ingestas diarias (desayuno, aperitivos, comida, cenas, etc.) en general se componen de diferentes fuentes de macronutrientes, además de que puedan ingerirse simultáneamente alimentos con IG variable. Debido a esto, el IG de la comida en sí no podrá predecirse con precisión partiendo de los valores de las tablas, pero si podría estimarse un IG medio a partir del peso de los alimentos, su IG individual, y sus porcentajes de contribución al peso total de la comida (Wolever y *col*, 1991).

En la tabla 10.3. se dan dos ejemplos para calcular el IG de las comidas mixtas, donde al combinar diferentes proporciones de alimentos con IG individual, altos moderados y bajos se obtienen IG medios diferentes (Wolever y *col*, 1991).

1) Alimento	**Gr. Consumidos**	**% aportado**	**IG del alimento**	**Calculo del IG**
Cereales All Bran	5,7 gr (30gr)	22%	73	73*22%= 16,6
Leche desnatada (2%)	9,6 gr (200 ml)	38%	48	48*38%=18,24
Zumo de Naranja	10,4 gr (100 ml)	40%	59	59*40%=23,6
	Contenido de HC puros 25,7gr (330 gr de alimento)	**100%**		**IG Medio= 58,4**
Miel	18 gr(22gr)			
Copos de avena	27 gr (42gr)	35%	75	75*35%= 26,25
Fresas	7 gr(128gr)	52%	62	62*52%= 32,24
	Contenido de HC	13%	20	20*13%=2,6
	puros **52gr** (92gr de alimento)	**100%**		**IG medio= 61,1**
2) Alimento	**Gr. Consumidos**	**% aportado**	**IG del alimento**	**Calculo del IG**
CornFlakes	**24 gr (30 gr)**	57%	86	86*57= 49
Platano verde	13,2gr (60 gr)	31%	53	53*31= 16,4
Yogurt natural 125gr	5,8gr (125gr)	13%	15	15*13=1,95
	Total de HC puros consumido 43 (215 gr de alimento)	**100%**		**IG Medio=67,35**
Proteínas Whey	2,55 gr (30gr)	7%	20	20*7=1,4
Manzana	18 gr, (150gr)	49,3%	36	36*=18
Avena	9 gr (14 gr)	24,6%	66	66*24,6%=16,2
Fresas	7 (128gr)	19,1%	13	13*19,1=2,5
Agua mineral	Total de HC puros consumido **36,5** (322 gr de alimento)	**100%**		**IG medio=38,1**

Tabla 10.3. Determinación del IG en comidas mixtas.

En el ejemplo 2 vemos que, al adherir proporciones adecuadas de alimentos de bajo IG, como las fresas, se modera el IG medio, de la comida mixta, a pesar de contener alimentos de IG moderado a alto, como la avena y la miel. Manteniendo una relación adecuada con las proteínas y las grasas se puede moderar aún más el IG de la comida mixta, para determinar una respuesta hormonal más favorable.

Hay otra metodología para valorar el IG de las comidas mixtas, que combina las **calorías**, y los **IG** de cada uno de los alimentos, pero según mi criterio es más recomendable basarse en los gramos, debido a que, si bien las calorías aportadas son un factor a tener en cuenta en los procesos digestivos, y la dieta en general, hay otros como el volumen, la frecuencia y la cantidad de nutrientes asimilados, que tienen mayor influencia en la respuesta hormonal (Sears y Lauren, 1995, Sears, 1999, Wolever y *col*, 1991).

En resumen, el control del IG de los hidratos de carbono en la dieta, evita que su ingesta indiscriminada conduzca a disturbios metabólicos y hormonales, con episodios reiterados de hiperglucemia e hiperinsulinemia, que facilitan el almacenamiento excesivo de grasa, especialmente en las zonas centrales, aunque en algunos casos el peso corporal pueda parecer normal (Burke y col, 1998, Sears y Lauren, 1995). Estas situaciones también se relacionan con el desarrollo de patologías como diabetes, hipertensión, hiperlipidemias, etc., que afectan al sistema cardiovascular (Thibodeau y Patton, 1996).

Seleccionar los alimentos adecuados y consumirlos en el momento justo puede ayudar a mejorar el rendimiento físico y los procesos de recuperación, además de beneficiar los estados de ánimo y humor. Los carbohidratos de bajo IG moderan positivamente la sensación de hambre a largo plazo respecto a los de alto o moderado IG, que son más adecuados para consumirlos inmediatamente después de haber realizado ejercicio, para facilitar la regeneración de los niveles de glucógeno muscular y la recuperación general (Burke 2001a, Sears, 1999).

La tabla 10.4. muestra el IG medio calculado para algunos alimentos individuales.

Granos y harinas	Cereales	Frutas	Almidones y vegetales	Legumbres	Lácteos	Bebidas	Bollos, pasteles, y azúcares
Creps 76	De Arroz- 82	Sandía 72	Patata instantánea 83	Judías cocidas- 48	Helado 87	Bebidas endulzadas 68 a 90	Tortas de arroz 82
Donuts 76	Copos de uvas y frutos secos 80	Piña 66	Puré de patatas 83/73	Guisantes – 33	Yogur, azucarado 33	Zumo de uva 90-100	Maíz inflado 73
Bagel 72	CornFlakes - 77/88	Pasas uva 64	Patata al horno 83 Patata hervida 70	Lentejas – 29	Yogurt natural 32	Zumo de piña 80 a 90	Crackers 74
Pan blanco trigo 70	Copos de Maíz 80	Plátano Maduro 52/65 Plátano Verde 30	zanahoria 71	Judías en lata - 27	Leche grasa - 27	Solución de glucosa al 40% 100	Crackers de trigo - 67
Pan de trigo integral 69	Weetbix 70	Uvas 52	Remolacha 64	Judías de soja - 18	Leche semi desn - 30	Zumo naranja 57 a 90	Palomitas de maíz 55
Tortas de trigo 68	Cereales deTrigo 69	Mango 55	Maíz Dulce 59	Habas –36	Leche desnatada 32	Zumo manzana 41 80	Tortitas de Avena 55
Tortas de salvado 60	Mezclas de avena uva y frutos secos 67 Marca Life - 66	Naranja 43 Mandarina 40	Batatas 54				Patatas infladas 54
Arroz Blanco 56	Avena 1 min. 66	Pera 36	Guisantes 48				Chocolate 49
Arroz instantáneo 91 Arroz al vapor 72	Avena prensada copos Porridge 62	Manzana 36	Habas 36				Torta de plátano 47
Arroz integral 55	All Bran - 42	Albaricoque y Melocotón 35	Coliflor 33				Cacahuetes 14 Manteca de cacahuetes 31
Espaguetis 41			Tomates 20				Maltosa 105
Trigo entero o integral 37			Espárragos 20				Glucosa 100
Tortas de trigo con frutas 41			Alcachofas 20				Miel 73
Cebada 25							Sucrosa 65
							Lactosa 46
							Fructosa 23

Adaptado de referencias: (Foster-Powell *y col*, 2002, Reimers y Ruud, 2000) IG de referencia (100%) la glucosa

Tabla 10.4. IG por 50 gr de hidrato de carbono, contenido en los alimentos.

2.3. Grasas

Las grasas y aceites, utilizados por los organismos para almacenar energía, son compuestos derivados de los ácidos grasos, que constituyen Biomoléculas orgánicas complejas, insolubles en agua, formadas por una cadena hidrocarbonada lineal, cuya longitud puede variar entre 14, 16, 18, 20, 22, o 24 átomos de carbono, aunque también se encuentran otros ácidos grasos que poseen cadenas de carbonos algo más cortas de entre 4, 6 a 8 átomos, y otros con una longitud media de entre 9 a 10 átomos (Ferreti, 1989).

Hay más de 100 clases diferentes de ácidos grasos, procedentes desde las especies animales, vegetales y microorganismos, que no se encuentran aislados, sino combinados con otros compuestos como los hidratos de carbono, proteínas, vitaminas, minerales, fibras, etc. Según como se encuentren en la naturaleza, los compuestos que contienen ácidos grasos se denominan **lípidos** cuya molécula contiene los mismos elementos estructurales que la de los hidratos de carbono, pero sus uniones atómicas específicas son diferentes (Lehninger y col, 1993). En la naturaleza los lípidos pueden clasificarse en lípidos simples, compuestos y derivados.

Los **lípidos simples** comprenden:

- **Ceras**: tienen poca importancia el metabolismo humano.
- **Grasas y aceites**: también llamadas grasas neutrales cuyo principal exponente son los **triglicéridos**, forma en que los lípidos pueden almacenarse en el organismo, determinando una importante fuente de combustible biológico, capaz de metabolizarse lentamente y cuyas reservas suelen ser muy amplias (Mcardle y *col*, 2000).

La diferenciación entre grasas y aceites sólo se basa en su condición de sólido o líquido cuando son expuestos a la temperatura ambiente. En la práctica, se ha hecho frecuente usar la terminología de grasas aplicadas a ambos tipos de substancias, aunque sería más correcto utilizar el término lípidos al hacer referencia a las "grasas en general" (Ferreti, 1989).

Los **lípidos compuestos**, resultan de la combinación de algunos lípidos simples con otras moléculas no lipídicas para formar compuestos como los fosfolípidos, combinación de lípidos con fosfatos orgánicos como las lecitinas y las cefálinas, que son integrantes de las membranas), las lipoproteínas (combinación de lípidos con moléculas relativamente solubles en el plasma, aptas para transportar lípidos por la sangre) (Ferreti, 1989).

Los **lípidos derivados** comprenden a los esteroles, como el colesterol, que es esencial para la síntesis de hormonas esteroideas (corticoides, andrógenos, estrógenos, etc).

Tipos de ácidos grasos: esenciales y no esenciales, saturados y no saturados:

Grasas saturadas e insaturadas. Los átomos de carbono que forman los ácidos grasos pueden estar completamente saturados de H (ácidos grasos saturados), o bien pueden presentar sectores no saturados de H, originando ácidos grasos insaturados (Ferreti, 1989, Lehninger y col, 1993). Los ácidos grasos saturados contienen sólo una simple unión entre los carbonos, dejando las otras 3 unidas a átomos de H, de modo que contienen tantos H como le es químicamente posible. (Ver figura 10.1.)

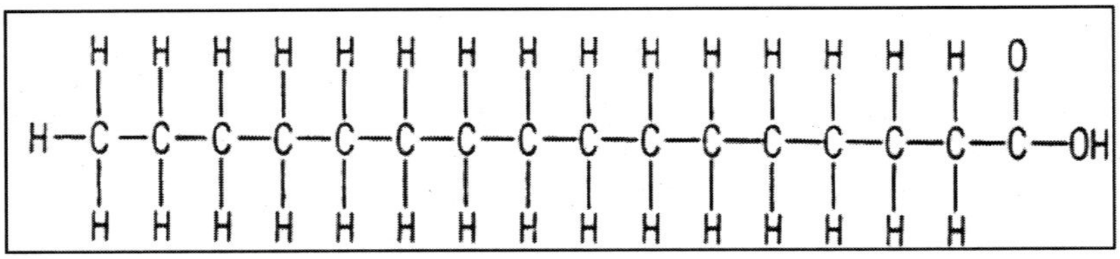

Figura 10.1. Ácido esteárico, con una cadena larga hidroacarbonada y un grupo carboxilo (-OH) final (Ferreti, 1989).

Las fuentes de ácidos grasos saturados son las carnes animales, como las de cordero, las yemas de huevo, y las grasas encontradas en los productos lácteos o sus derivados, como la mantequilla. El cacao y el coco son vegetales que aportan grasas saturadas (Williams, 1999).

Los ácidos grasos no saturados contienen una o más "dobles" ligaduras a lo largo de la cadena de carbonos. Cada doble ligadura reducirá la posibilidad potencial que tienen los carbonos para transportar H, entonces se los denomina ácidos grasos no saturados porque no llevan todos los H que podría contener, si todas ligaduras estuviesen saturadas (Williams, 1999).

Los **ácidos grasos monosaturados** contienen sólo una doble ligadura a lo largo de la cadena de carbonos. Por ejemplo, el ácido graso Oleico o Palmitoleico, que pueden ser sintetizados por todos lo mamíferos, incluso el hombre, pero también pueden ser asimilados desde los alimentos como el aceite de oliva, o de maní, la canela, etc. (Mcardle y col, 2000, Williams, 1999).

Los **ácidos grasos polinsaturados** presentan 2 o más dobles ligaduras a lo largo de la cadena de Carbonos. (Ver figura 10.2).

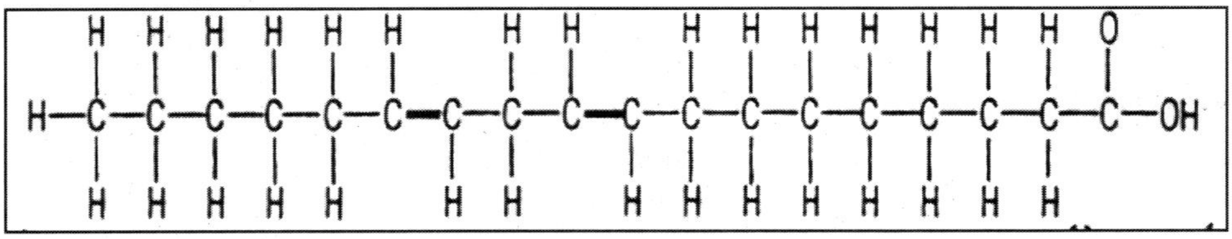

Figura 10.2. Ácido Linoléico, con una cadena larga hidrocarbonada, insaturada entre los carbonos, 6-7 y 9-10. (Ferreti, 1989).

Dentro de los ácidos grasos poliinsaturados, existen dos subtipos, que se diferencian por el sitio en donde se localiza la primera doble ligadura. Los **ácidos grasos Omega 6, (O6)** cuyo mayor exponente es el ácido Linoleico, presente en el aceite de oliva, girasol, frutos secos, y el germen de trigo; y los **ácidos grasos Omega 3 (O3)**, representados por el ácido Linolénico, que se encuentran en cantidades pequeñas en algunos vegetales como la borraja, la onagra, la primula, la espirulina, el rosellero negro, siendo especialmente abundante en el plancton de los vegetales marinos, la leche humana, el aceite de lino, los aceites de pescado, el aceite de hígado de bacalao, y el salmón. Ciertos ácidos grasos, derivados del ácido Linolénico, el

Eicosapentenoico (EPA) y el Docosapentanico (DHA), son encontrados en altas cantidades en algunos peces como el salmón, que los sintetiza a partir de plancton marino (Sears, 1999).

Diversos motivos, relacionados a los hábitos o al procesamiento de los alimentos, han influido para que el aporte de los O3 en la dieta actual sea inferior a las necesidades del organismo humano, pudiendo afectar negativamente el desarrollo de ciertas funciones vitales. Por esto en ciertas circunstancias se ha aconsejado complementar la dieta con suplementos de O3, especialmente de EPA y el DHA, que constituyen los verdaderos mediadores de las funciones de éstos ácidos grasos en el organismo (Sears, 1999, Simopoulos, 1991).

En los seres que habitan a temperaturas bajas (Ballenas, esquimales), los ácidos grasos no saturados o Insaturados, predominan sobre los saturados, mientras que en las grasas de los animales terrestres que habitan en climas más cálidos, tienden a predominar los ácidos grasos saturados (Sears, 1999). En general, las grasas de origen vegetal (a excepción del cacao y el coco) son de tipo no saturadas, mientras que las fuentes animales predominan las saturadas (Williams, 1999). Los ácidos O3 y O6 constituyen grasas esenciales, debido a que el cuerpo no dispone de los medios para sintetizarlos, haciendo indispensable su aporte desde la dieta (Sears y Lauren, 1995, Sears, 1999).

Metabolismo y rol de los ácidos grasos en el organismo. En el organismo humano los ácidos grasos saturados son utilizados para producir energía, y si bien su papel como parte estructural de las membranas no es muy significativo, un aporte mínimo, es fundamental para garantizar la adecuada síntesis de substancias vitales como el colesterol, las hormonas sexuales, etc. (Mcardle y *col*, 2000).

Las grasas no saturadas, por el contrario, desempeñan fundamentalmente una función estructural en la configuración de las membranas celulares y hormonas, aunque también pueden ser usadas como fuentes de energía, cuando su aporte es muy elevado, o se consumen escasas cantidades de grasas saturadas, o de los otros macronutrientes, como hidratos de carbono y proteínas (Simopoulos, 1991).

Los ácidos grasos esenciales, después de ingerirse, son procesados por el hígado que los modifica, alargando sus cadenas de carbono hasta 20 ó 22 átomos, de modo que el ácido Linoleico (AG LA) es metabolizado a ácido Gama Linolenico (AGL), y luego a Diomno gama linolenico (DGLA), desde donde puede sufrir diferentes destinos, formando o bien ácido Araquidonico o distintas clases de eicosanoides. El AG Linolenico (AG LAN) es metabolizado a ácido Eicosapentanoico (EPA) y a ácido DeicosaHexanoico (DHA) (Ver Figura 10.3.)

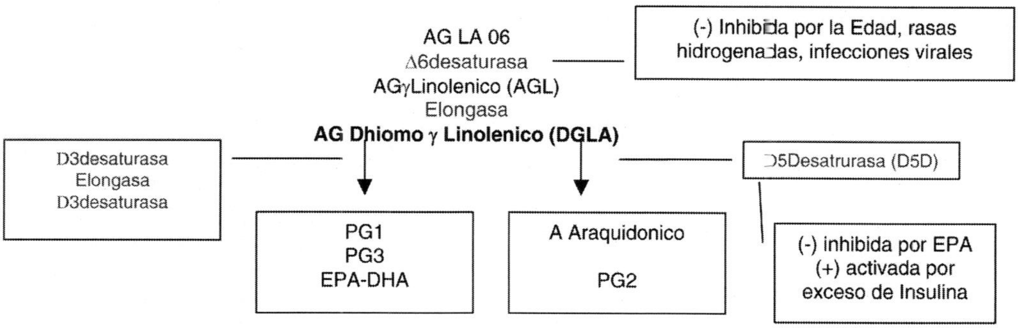

Figura 10.3. Metabolismo de los ácidos grasos esenciales. (Sears, 1995, Simopoulos, 1991).

Los **eicosanoides** son sustancias sintetizadas por las propias células, a partir de los ácidos grasos, que actúan en forma similar a las hormonas, ejerciendo un poderoso efecto regulador de todas las funciones celulares. El desarrollo de alteraciones metabólicas, vasculares, gástricas, inmunológicas e incluso musculares, puede relacionarse con un desequilibrio en la síntesis de eicosanoides (Sears y Lauren, 1995, Sears, 1999).

La figura 11.3 muestra como el ácido, DGLA puede ser metabolizado por dos vías: en una actúa la enzima D5 Desaturasa, que produce ácido Araquidonico y Eicosanoides de la serie PG2 considerados "**malos**", debido a su relación con el desarrollo de procesos inflamatorios, retención de agua, coagulación, trombos, aumento de la presión arterial, vasoconstricción, etc. El organismo sólo necesita una pequeña cantidad de este tipo de eicosanoides, para mantener el equilibrio metabólico, con relación a las funciones desempeñadas por los otros Eicosanoides, que son sintetizados por la vía de las enzimas D3 Desaturasa, Elongasa y D3 Desaturasa, que forman los Eicosanoides de las series PG1 Y PG3, considerados "**buenos**", porque se relacionan con la inhibición de los procesos de agregación plaquetaria, estimulación del flujo sanguíneo y vasodilatación, respuestas anti-inflamatorias, procesos de regeneración de tejidos, eficiente actividad inmunológica, rápida normalización de los niveles de glucemia después de las comidas, etc. (Sears y Lauren, 1995, Sears, 1999).

Los ácidos O3 y O6 constituyen la materia prima para la construcción de las membranas celulares, que a su vez, es la fuente a partir de la cual cada célula sintetiza los eicosanoides. Su aporte equilibrado desde la dieta es uno de los factores a considerar para mantener un óptimo funcionamiento metabólico (Sears y Lauren, 1995, Sears, 1999, Simopoulos, 1991).

La forma en que una persona organice su alimentación influye notablemente en la modulación de la síntesis de eicosanoides, que es influida por numerosos factores, como el consumo excesivo de glúcidos, que causan frecuentes y elevadas secreciones de insulina, lo que a su vez estimula la acción de la D5D, favoreciendo la síntesis de ácido Araquidonico y Eicosanoides "malos", o un aporte desequilibrado de grasas esenciales con elevadas cantidades de ácidos O6 y escaso o ningún aporte de ácidos O3 (situación muy común en algunas conductas dietéticas), que causan altas acumulaciones de ácido g Linolenico (GLA), lo que se relaciona con una excesiva formación DGLA, que de por si estimula la formación de Araquidonico y Eicosnoides malos, incluso cuando el consumo de hidratos de carbono es moderado (Sears y Lauren, 1995, Sears, 1999). Respecto a este fenómeno, es importante considerar que el ácido EPA (derivado de los O3), inhibe la D5D y permite mantener un flujo equilibrado del ácido graso DGLA para producir buenos y malos eicosanoides. Figura 11.3 (Sears y Lauren, 1995, Sears, 1999).

La necesidad media de ácidos grasos esenciales, en humanos, ha sido establecida entre **5 a 8 gr. por día**, cantidades que se ven incrementadas durante el embarazo, lactancia y en la niñez, porque en estos periodos son altamente requeridos para la síntesis de las membranas celulares (Simopoulos, 1991).

La ingesta de ácidos grasos esenciales debe mantenerse dentro de una relación 4:1 (O6:O3), es decir, que si se aportan 8 gr por día, 6.4gr deberían ser O6 y 1.6 de O3. (Simopoulos, 1991). Algunos de los síntomas producidos por un escaso aporte de ácidos grasos esenciales, son la aparición de eczemas, infecciones en la piel, infertilidad, reducción de la capacidad de crecimiento y desarrollo muscular, anormalidades en el desarrollo del feto, especialmente en el cerebro y la retina (Simopoulos, 1991). Por otro lado, un exceso de grasas esenciales puede inducir cierto tipo de alteraciones. El exceso de O6 se relaciona a una síntesis excesiva de eicosanoides malos, mientras que un exceso de O3, si bien es más raro, puede conducir a una mayor predisposición a sufrir daños desde los radicales libres, que encuentran en los O3 de las membranas, objetivos altamente susceptibles para sus ataques degenerativos.

Siempre que se consuman las cantidades anteriormente recomendadas para los O6 y O3, es aconsejable que la mayor proporción de grasas en la dieta esté comprendida por los ácidos grasos monoinsaturados (presentes en el aceite de oliva virgen), que pueden también formar parte de las membranas celulares, manteniendo su eficiencia, y permeabilidad, al mismo tiempo que son menos susceptibles de sufrir daños por los radicales libres (Verdú, 1998).

Funciones más importantes de los lípidos en el organismo: Los lípidos constituyen un substrato energético fundamental, que permite al organismo almacenar altas cantidades de energía, en una forma muy económica, que puede ser utilizada a largo plazo y en situaciones de ayuno prolongado (Mcardle y *col*, 2000). No obstante, este nutriente desempeña otras funciones de gran importancia en el organismo humano:

Protección y aislamiento contra el frío: La grasa depositada en el tejido adiposo puede ejercer un efecto aislante contra el frío, aunque una excesiva grasa subcutánea puede perjudicar la acción de los mecanismos de termorregulación (Ferreti, 1989).

Transporte de vitaminas liposolubles: A; D; E; K.

Depresor del hambre, e incremento del sabor de los alimentos La grasa contenida en los alimentos es el factor más relacionado con el sabor. También los alimentos grasos crean una sensación de saciedad causada por la lentitud de sus procesos de digestión, y la estimulación de la hormona colositokinina, vinculada a la sensación de saciedad, en los receptores hipotalámicos. Por otro lado, la cantidad de tejido adiposo del cuerpo se relaciona a la secreción de una proteína, la **leptina**, que estimula receptores específicos en el hipotálamo vinculados al desarrollo de la sensación de saciedad, por lo que los niveles de esta proteína pueden intervenir dinámicamente en la regulación de la ingesta alimentaría y en el control del balance energético total de organismo (Mcardle y *col*, 2000).

Aporte de grasas desde la dieta: No conozco suficientes datos que permitan efectuar recomendaciones exactas respecto a las cantidades en que deben consumirse las diferentes formas de grasas (saturadas y no saturadas) en la dieta habitual, pero las ultimas investigaciones mencionan un aporte adecuado de entre un **20 a 30% del aporte calórico total**, e incluso un 40% si se mantiene un equilibrio entre las calorías aportadas desde los alimentos y las gastadas entre el metabolismo basal y las actividades desarrolladas (Brown y Cox 1998).

Del total de las grasas aportadas en la dieta, la mayoría deberían ser mono insaturadas, luego las poliinsaturadas y en menor medida las saturadas, que deberían aportar entre un 6 al 8% del total de las calorías ingeridas. De todas formas, es necesario considerar que las grasas saturadas son muy importantes para mantener una adecuada síntesis de hormonas esteroideas, como la testosterona, y niveles de necesarios de colesterol, que es fundamental para transportar substratos a hacia los tejidos (Brown y Cox 1998). Por lo tanto, si las grasas ofrecen cerca del 30% del total de las calorías ingeridas, del 6 al 8% deberían ser saturadas, un 10% Poliinsaturadas, y un 12% al 14% mono insaturadas.

El consumo "adecuado" de grasas se vincula a:

- Promover la oxidación de lípidos como fuente de energía y preservar los niveles de glucosa y glucógeno en el organismo.
- Rellenar los depósitos de TGL intramusculares tras un entrenamiento.
- Mejorar la función inmunológica.
- Mejorar el ambiente hormonal durante los procesos de recuperación, favoreciendo la síntesis de hormonas sexuales y el equilibrio adecuado de eicosanoides (Brown y Cox 1998, Kiens, 1997, Leddy y *col*, 1997).
- El aporte escaso de grasas se vincula a una combustión excesiva de glucosa o glucógeno para obtener energía, a un perfil negativo de grasas (TGL) y lipoproteínas sanguíneas (colesterol), disturbios en la síntesis de eicosanoides, e insuficiente producción de

hormonas sexuales, con deterioro del rendimiento y los procesos de recuperación postesfuerzo (Kiens, 1997, Leddy y *col*, 1997).

- El aporte excesivo de grasas se vincula a un exceso de peso corporal, disturbios metabólicos, exceso de colesterol, hiperglucemia, estados de resistencia a la insulina, hipertensión, disturbios en la síntesis de eicosanoides (Kiens, 1997, Leddy y col, 1997).

Manteniendo un equilibrio calórico adecuado entre la energía aportada desde los alimentos y la gastada por la persona en sus actividades, un aporte de grasas de un 20%, hasta incluso un 40%, del total de las calorías torales, sería positivo y no induciría disturbios metabólicos. Mientras tanto, cuando su aporte es extremadamente bajo, inferior al 10% de las calorías totales, se afecta negativamente el rendimiento físico y psíquico, perjudicándose la síntesis de hormonas, especialmente los andrógenos, pudiéndose alterar los procesos de recuperación, la producción de eicosanoides y otros factores, relacionados con el control del apetito, que incluso pueden acarrear trastornos alimenticios como la bulimia, o anorexia, o episodios de amenorreas, etc. (Brouns, 1995, Helge y col, 1998, Kiens, 1997, Leddy y col, 1997).

2.4. Vitaminas y minerales

Las vitaminas son sustancias orgánicas esenciales, cuya presencia en cantidades óptimas es fundamental para el desarrollo de numerosas funciones metabólicas, pero el organismo no es capaz de sintetizarlas por si sólo, por lo que su aporte desde la dieta es fundamental (Mcardle y col, 2000). Las vitaminas son pequeños nutrientes que de por si **no ofrecen energía**, pero desempeñan un rol fundamental, actuando como coenzimas o cofactores esenciales para el eficiente funcionamiento de las vías energéticas, los procesos de síntesis de tejidos, y otras funciones vitales (Mcardle y col, 2000).

Una **coenzima** es un elemento necesario e indispensable para que la enzima o proteína, que hace posible una reacción orgánica específica, pueda actuar convenientemente (Lehninger y col, 1993). Según sus propiedades químicas, las vitaminas se pueden clasificarse en dos grupos:

Hidrosolubles: Son las vitaminas del grupo B y la vitamina C, cuya estructura química les permite ser solubles en agua, y por lo tanto, pueden ser transportadas por la sangre. No se almacenan en cantidades importantes en cuerpo, entonces cuando sus concentraciones aumentan, el organismo incrementa sus excreciones por medio de la orina y el sudor. Debido a esto la intoxicación o hipervitaminosis causada por consumos masivos de este tipo de vitaminas suele ser muy rara y sólo se han visto algunos trastornos vinculados a ingestas extremadamente masivas (Manore y Thompson, 2000).

Debido a sus importantes funciones en los procesos energéticos, los mecanismos antioxidantes, la regeneración de tejido muscular, y la síntesis de neurotransmisores, sus necesidades aumentan en personas con altos niveles de actividad física y mental. Aunque respecto a la población general, puede aceptarse que manteniendo un aporte calórico adecuado, con una dieta rica en vegetales, frutas, y suficiente cantidad de proteínas desde las fuentes animales, sin abusar de dulces y estimulantes como el café o el té, no sería necesario considerar la ingestión de suplementos, si la dieta aporta menos del 50% de las cantidades necesarias, de estas vitaminas, puede perjudicarse el rendimiento y la salud (Mcardle y *col*, 2000).

Liposolubles: son las vitaminas denominadas A, D, E y K, cuya estructura química les permite ser solubles en grasa y en los aceites de las comidas. Son transportadas por los lípidos, y pueden almacenarse en el organismo, especialmente en el tejido adiposo, donde pueden ser retenidas por períodos relativamente largos. Debido a que no existen medios para eliminarlas, a no ser como subproductos derivados de su eventual degradación, su intoxicación o hipervitaminosis podría darse por un excesivo consumo desde la dieta en forma de suplementos.

Niveles insuficientes de algunas de estas vitaminas o hipovitaminosis, pueden llegar a producirse en situaciones extremas, con dietas desequilibradas, con bajo aporte de grasas y exceso de dulces, alcohol, y substancias estimulantes como el café o el té (Mcardle y *col*, 2000).

Disponibilidad de vitaminas: Las vitaminas no siempre están disponibles en los alimentos en formas biológicamente utilizables para el organismo humano. Por ejemplo, la vitamina B3 o niacina, se encuentra casi siempre ligada a otros elementos que dificultan su absorción a través del aparato digestivo. Las vitaminas liposolubles dependen del aporte de grasas y su digestibilidad para ser asimiladas.

Antivitaminas: Sustancias tóxicas que bloquean la absorción de las vitaminas, al inhibir la acción de ciertas enzimas fundamentales. Algunos fármacos pueden causar este efecto.

Provitaminas: Sustancias presentes en los alimentos, que pueden transformarse en vitaminas en el organismo. Por ejemplo, los carotenos contenidos en las zanahorias y los tomates se transforman en vitamina A.

Recomendaciones sobre la ingesta de vitaminas: Las recomendaciones sobre la ingestión de suplementos vitamínicos, se relacionan con mantener un margen de seguridad por encima de los requerimientos fisiológicos medios, para mantener un estado óptimo de salud respecto a las necesidades individuales de cada sujeto, que prevenga de posibles deficiencias que perjudiquen el rendimiento psicofísico (Villegas García, 1998).

Minerales: macrominerales y microminerales

Además de los elementos básicos, carbono, oxígeno, y nitrógeno, aproximadamente el 4% de la masa corporal está compuesto por 22 elementos metálicos encontrados en enzimas, hormonas, vitaminas, y en los fluidos orgánicos en forma libre o compuesta es decir, unidos a otros componentes específicos, como por ejemplo, el fosfato de calcio de los huesos, que es la unión del calcio con el fósforo (Mcardle y *col*, 2000).

Los minerales pueden clasificarse en Minerales **menores o microminerales y minerales mayores o macrominerales**.

- Los **microminerales** son aquellos cuyas necesidades diarias son menores de los 100mlg/día: Calcio, Fósforo, Potasio, Sodio, Sulfuro, Magnesio, Cloro.
- Los **macrominerales** son aquellos cuyas necesidades diarias superan los 100mlg /día: Hierro, Zinc, Cobre, Cromo, Cobalto, Yodo, Manganeso, Selenio, Flúor.

Los minerales, al igual que las vitaminas, desempeñan funciones esenciales en el organismo. Como cofactores necesarios para la realización de reacciones vitales, participan en la formación de tejidos, facilitan la absorción de otros nutrientes, ayudan a la formación de estructuras óseas y dientes, colaboran en los procesos de generación energía, producción de fuerza muscular, conducción de impulsos nerviosos, favorecen el equilibrio ácido base, ayudan a regular el metabolismo energético celular, los procesos transporte de oxigeno y facilitan la síntesis de hormonas (Mcardle y *col*, 2000).

La tabla 10.5. muestra las funciones más importantes, las fuentes de obtención en la naturaleza, las cantidades recomendadas, y él limite máximo estimado en el consumo de vitaminas y minerales (Reimers 2004).

Nutriente	Aporte hombres	Aporte Mujeres	máximo	Fuentes principales
Vitamina A (mg/día)	900	700	3000	Hígado, yema de huevo, leche entera, mantequilla,...
Vitamina E (mg/día)	15	15	1000	Salmón, sardinas atún, leche, yema de huevo,...
Vitamina K (mg/día)	120	90	ND	Coles, espinacas, coliflor, brócoli, zanahorias, tomates...
Vitamina C (mg/día)	90	75	2000	Brócoli, coliflor, cítricos, fresas, papaya, tomates, patata...
Tiamina B1 (mg/día)	1,2	1,1	ND	Cereales, harinas, arroz enriquecido integral,...
Riboflavina (mg/día)	1,3	1,1	ND	Hígado, trigo, productos lácteos, pavo, cerdo,...
Niacina (mg/día)	1,6	1,4	35	Soja, extractos proteínas de soja o whey, carne de vaca...
Vitamina B6 (mg /día)	1,3	1,3	100	Cereales, pollo, extractos de proteínas soja, whey, atún,..
Folatos (mg/día)	400	400	1000	Hígado, espinacas, huevos, naranja, judías blancas,...
Vitamina B12 (mg/día)	2,4	2,4	ND	Hígado, pavo, huevos, pollo, pescados...
Á. Pantotenico (mg/día)	5	5	ND	Hígado, cereales fortificados, extractos de proteínas...
Biotina (mg/día)	30	30	ND	Nueces, quesos, aguacates, cacahuetes, huevos...
Calcio (mg/día)	1000	1000	2500	Jugos de frutas, productos lácteos
Cromo (mg/día)	35	25	ND	Champiñones blancos, manzana, cerveza, pavo
Hierrro (mg/día)	8	18	45	Lentejas, carnes rojas, hígado, pavo...
Magnesio (mg/día)	400-420	310-320	350	Espinacas, salvado, nueces,...
Fósforo (mg/día)	700	700	4000	Pescados, carnes rojas, cerdo...
Selenio (mg/día)	55	55	400	Atún, trucha, hígado, trigo
Zinc (mg/día)	11	8	40	Ostras, carne roja, pavo, pollo, guisantes...

ND: no se ha determinado.

Tabla 10.5. Funciones, fuentes y recomendaciones sobre el aporte de algunas vitaminas y minerales.

2.5. Agua y electrolitos

El agua constituye el nutriente más importante del organismo. Es esencial para el desarrollo de los procesos metabólicos, para transportar sustancias hacia las células, que ayudan al crecimiento, la reparación de los tejidos, y la producción de energía. Facilita el intercambio de nutrientes y metabolitos entre los tejidos y el medio exterior. Es el lubricante que baña cada tejido, y constituye el medio por el cual los metabolitos derivados del trabajo celular son eliminados desde las células, y finalmente expulsados del organismo, por los riñones. Ayuda en la lubricación de las articulaciones, es el único fluido del organismo, y por lo tanto el medio indispensable donde solutos como el potasio, o el sodio, se disuelven formando iones (Manore y Thompson, 2000).

El agua constituye un componente estructural de los tejidos corporales, siendo especialmente esencial para almacenar glucosa en forma de glucógeno (el 75% del glucógeno almacenado es agua), y también para la formación y metabolización de las proteínas corporales. El agua otorga al cuerpo su estructura y forma general (Mcardle y *col*, 2000).

Las propiedades físico-químicas del agua posibilitan el mantenimiento de la homeostasis térmica, posibilitando la conducción del calor y su eliminación por evaporación.

En el cuerpo humano el agua se distribuye en dos compartimentos fundamentales: el **intracelular** (agua contenida dentro de las células), y el **extracelular** (comprende el agua que se encuentra fuera de las células). Este compartimiento se puede subdividir en **intravascular** (agua contenida dentro de los vasos sanguíneos), y el **intersticial** (espacio comprendido entre las células y los vasos sanguíneos).

El agua **extracelular**, constituye el medio en el cual ocurren todos los intercambios metabólicos del organismo, mientras que el agua **intracelular**, es el medio en el que ocurren todas las reacciones químicas del metabolismo celular.

Para mantener el equilibrio hídrico, el organismo necesita concentraciones de micronutrientes en forma de iones de Sodio, Potasio, Cloro, Calcio, y Magnesio, así como otras pequeñas moléculas y nutrientes que juegan roles fundamentales en la retención y distribución del agua en el organismo. Como el agua puede fácilmente difundir a través de la membrana celular, la actividad química y la relativa concentración de los iones, o pequeñas moléculas de glucosa, o proteínas (creatina o albúminas), determinan una influencia fundamental en la distribución de este fluido hacia uno u otro compartimiento (Manore y Thompson, 2000, Mcardle y *col*, 2000). La concentración de agua contenida en los tres compartimientos está principalmente determinada por la **presión osmótica**, causada por la osmolaridad de diversas partículas, (electrolitos) cuyas concentraciones son diferentes en los compartimentos intra y extracelulares.

Los electrolitos principales son el Sodio (Na+), el Potasio (K+) y el Cloruro (Cl-), que ejercen su influencia en la distribución del agua por medio de los siguientes mecanismos:

Osmosis: paso de un solvente (no una solución) a través de una membrana semipermeable. En el organismo, el agua es el único solvente que se desplaza por ósmosis a través de las membranas celulares, determinando el movimiento neto desde un compartimiento de alta concentración a uno de baja concentración (Thibodeau y Patton, 1996).

Presión osmótica: es la fuerza con la que el fluido atraviesa una membrana. También se refiere a la fuerza de presión necesaria para impedir los movimientos osmóticos del fluido a través de la membrana. **La presión osmótica es la máxima presión que puede crear una solución para causar su desplazamiento por ósmosis**. Hay un mínimo de presión necesaria para forzar el paso de fluidos a través de las membranas (Thibodeau y Patton, 1996).

Osmolaridad: es la medición de la presión osmótica determinada por la concentración de solutos (electrolitos y otras moléculas) en un volumen de agua determinado. Cuando se acumula agua en el espacio intersticial, se debe a que ésta, es arrastrada por un soluto, como el Sodio (Na+), que es el que más afinidad presenta por el agua, haciendo que ésta se desplace hacia los sitios con mayor concentración de Sodio (Thibodeau y Patton, 1996). Cuando la concentración de Sodio es baja, el agua seguirá otros elementos, como los la glucosa (glucógeno), que constituye el segundo soluto preferencial para el agua. Otro elemento que atrae agua es la creatina, que ejerce un efecto osmótico reteniéndola en el sarcoplasma de la célula (Manore y Thompson, 2000).

Presión oncótica. Es la fuerza que ejercen las proteínas concentradas dentro de un compartimiento para atraer los fluidos hacia ellas. Esta presión se refiere a la afinidad que poseen las proteínas por el agua, y se manifiesta por la retención de fluidos dentro de los vasos sanguíneos, que favorece la expansión vascular (Thibodeau y Patton, 1996).

Agua corporal y pérdida de electrolitos. En condiciones normales, el organismo elimina agua a través de la orina, las heces, la respiración y el sudor, siendo la vía urinaria, por la que mayor cantidad de liquido se elimina. La pérdida de agua está regulada por los mecanismos de "termorregulación", que constituyen un sistema de defensa del organismo para eliminar el exceso de calor producido, y mantener la temperatura corporal dentro de niveles óptimos y adecuados (Astrand y Rodahl, 1985).

En ejercicio, el metabolismo puede aumentar entre 5 a 20 veces, por encima de los niveles de reposo, dependiendo de las características del esfuerzo y el nivel de entrenamiento de cada sujeto. Este incremento de la tasa metabólica, induce un importante aumento del calor corporal, que debe ser eliminado para poder mantener la temperatura normal y evitar que se alteren las funciones metabólicas.

La cantidad de sudor producido depende de:

1. Las condiciones ambientales (aire, temperatura, humedad, velocidad del viento, radiación de calor producida desde el sol, u otros factores).
2. Vestimenta, aislante, o permeable.
3. Tipo y nivel de actividad.
4. Capacidad física de cada sujeto.
5. Aclimatación a las condiciones particulares del ambiente (calor, frío, altura).

La **sudoración** es el mecanismo principal por el cual se pierde calor durante la realización de ejercicio (a excepción de actividades como la natación o el ciclismo, donde la convección y la conducción cobran gran importancia). Cuanto mayor sea la actividad física, el calor y la humedad del ambiente, más elevado será el sudor, y por ende las pérdidas de fluidos y electrolitos, pudiéndose manifestar perjuicios en el rendimiento. 1 litro de sudor implica la disipación de cerca de 600kcal de calor, pero si la humedad entorpece su evaporación, entonces el organismo pierde más agua para disipar la misma cantidad de calor, deshidratándose con mayor rapidez, afectando al transporte de nutrientes, la termorregulación, y el rendimiento (Konopka, 1988).

A pesar de que muchos minerales son perdidos por sudor (Sodio, Cloruro, Potasio, Magnesio, Calcio, e Hierro), el principal electrolito eliminado es el Sodio, que se encuentra en el sudor con una concentración de entre 20 a 80mM/L (1 mMol/L corresponde a una concentración de 25mlg de Sodio por litro) (Wemple y *col*, 1997).

Regulación del agua y electrolitos corporales. El organismo dispone de un complejo sistema para regular su concentración de fluidos y electrolitos, aumentando o disminuyendo su excreción, especialmente por la vía renal. Para esto, el sistema nervioso central valora constantemente la relación entre la cantidad de agua y los electrolitos en los diversos compartimientos corporales, para poder ajustar tanto el consumo como las pérdidas, y mantener el nivel de agua dentro de los niveles óptimos requeridos por cada individuo. Por ejemplo, cuando el volumen del plasma se reduce, porque se pierde mucha agua por sudor, el organismo causa vasoconstricción de los vasos sanguíneos, incrementa la presión arterial y disminuye las pérdidas de fluidos por la vía renal, mientras que estimula el desarrollo de la sensación de sed. La sensación de sed es un poderoso regulador de las necesidades hídricas, que actúa más que nada a largo plazo, pero no en un corto plazo (minutos) (Wemple y *col.* 1997).

La sed es regulada por la presión osmótica y el volumen de los fluidos corporales. Los receptores en el hipotálamo y en la zona anterior del cerebro responden directamente a los cambios de osmolaridad, volumen de fluidos y presión Arterial. Estas regiones del cerebro también reciben impulsos aferentes, desde receptores que controlan la osmolaridad y la concentración de Sodio. Del mismo modo, las alteraciones del volumen sanguíneo y la presión arterial son informadas al cerebro y al hipotálamo (Shirreffs y Maughan, 2000).

Una caída del 2 al 3% de la osmolaridad plasmática induce altas sensaciones de sed. No obstante, la sensación de sed inducida por la pérdida de agua del plasma se genera significativamente y fundamentalmente cuando el volumen plasmático cae cerca del 10% (Shirreffs y Maughan, 2000).

La sensación de sed no es regulada por valores absolutos de agua y electrolitos, sino por el mantenimiento de las relaciones de estos en el organismo. Como por sudor se pierde proporcionalmente más agua que Sodio, las estrategias de rehidratación deben estar dirigidas a reponer las cantidades de agua y Sodio, no en las concentraciones presentes en el organismo, sino en las que se pierden por sudor (Burke, 2001b). Ver Tabla 10.6.

	Sodio (Na+)	**Potasio (K+)**	**Cloruro (Cl-)**	**Magnesio (+)**	**Calcio (Ca+)**
PLASMA	137-144	3,5 - 4,9	100 - 108	1,5 - 2,1	4,4 - 5,2
SUDOR	40 - 80	4 a 8	30 - 70	1 - 4	3 - 4
CELULA MUSCULAR	10	148	2	30 - 40	0 - 2

Tabla 10.6. Concentración aproximada de electrólitos mmol/litro en plasma, sudor y músculo.

Los valores expresados en esta tabla evidencian una gran variabilidad interindividual en la concentración de los principales electrolitos, especialmente perdidos por sudor, donde el Sodio es el principal electrolito positivo (anión), y el Cloruro el principal electrolito negativo (catión). No obstante, la composición del sudor es bastante hipotónica respecto al plasma, porque al sudar se pierde proporcionalmente mucha más agua que electrolitos (especialmente Sodio), generándose un aumento de la concentración proporcional de Sodio en el plasma. Este aumento induce un incremento de la osmolaridad, afectando su relación en el organismo, de modo que, si un sujeto se hidrata sólo con agua, este reequilibrará antes la relación entre agua y Sodio, pero todavía no habrá restituido la cantidad total de agua, ni de Sodio perdido, a pesar de que el organismo dejará de detectar el desequilibrio entre los fluidos y los solutos, y por ende, suprimirá el deseo de beber. Debido a esto, para estimular una adecuada hidratación, es importante que la bebida contenga una cantidad idónea de Sodio, que permita una rápida asimilación del agua en el organismo, y reponga las cantidades perdidas, facilitando un total reestablecimiento de los fluidos y electrolitos, hasta alcanzar no sólo sus relaciones ideales, sino las concentraciones adecuadas para desarrollar eficientemente sus funciones (Maughan, 2001).

Deshidratación y rendimiento físico. Un estado de deshidratación se determina cuando disminuye el contenido de agua del cuerpo, debido a que el consumo de líquidos no es suficiente para atenuar su pérdida (Manore y Thompson, 2000). Los efectos de la deshidratación sobre el rendimiento varían en relación al grado de pérdida de fluidos y al tipo de actividad desarrollada.

Es recomendable beber antes de sentir sed, debido a que esta sensación es "tardía" y aparece cuando se ha perdido cerca del 2% del peso corporal, lo cual se relaciona con disminuciones significativas del rendimiento. Por esto, cuando se realizan actividades físicas en ambientes calurosos y húmedos, la pérdida descompensada de fluidos puede causar deshidratación involuntaria, especialmente cuando el sudor supera los 400 ml por hora (Wemple y *col*, 1997). La deshidratación involuntaria se reduce por ingestión de soluciones con agua y electrolitos (sodio), pudiendo agregarse cantidades moderadas de hidratos de carbono, debido a que como he mencionado anteriormente, al ingerir agua sola, no se llega a cubrir el déficit de sales (Wemple y *col*, 1997).

Consecuencias de la deshidratación. Hay una correlación importante entre la deshidratación y la disminución del rendimiento, especialmente aplicada a los deportes de larga duración (resistencia). Los dos sistemas más afectados por la deshidratación son el cardiovascular y los mecanismos de termorregulación (Horswill, 1998).

El sistema cardiovascular muestra una disminución significativa del volumen plasmático, aumento de la viscosidad sanguínea y de la osmolaridad, que causa un incremento desproporcionado de la frecuencia cardiaca, para mantener el flujo de sangre a la musculatura. El perjuicio más importante de la deshidratación es que el organismo pierde capacidad de disipar el calor, causando incrementos importantes de la temperatura corporal, pudiendo llegar a generar un golpe de calor (Convertino y *col*, 1996; Manore y Thompson, 2000).

Una pérdida de líquidos, de un 2% del peso corporal, determina una disminución del rendimiento, en resistencia. Pérdidas superiores, del 3% al 5% del peso corporal, inducen perjuicios, también en la fuerza muscular, pudiendo reducir el rendimiento en un 30% o más, dependiendo del tipo de ejercicio y de los métodos para determinar las reducciones de la capacidad de trabajo (Garrido, 1998). Ver Tabla 10.7.

Porcentaje de disminución del peso corporal	Pérdida de rendimiento
1% 2%	Eventos de moderada a larga duración
3% 4%	Perdida de fuerza, en cada gesto
5% 6%	Debilidad e irritabilidad, agotamiento
+ 6%	Se acentúan los síntomas anteriores y se pierde coordinación, hay mareos, y trastornos psicológicos.
+10 % 12 %	Peligro de golpe de calor extremo, y muerte.

Tabla 10.7. Trastornos Inducidos por la deshidratación causada por la actividad física.

Los cambios negativos inducidos por la pérdida de fluidos corporales pueden atenuarse realizando una adecuada hidratación antes, durante y después del ejercicio. De este modo, se podrá mantener el volumen de sangre, para favorecer el intercambio de substratos en la masa muscular, la disipación del calor producido, la combustión de grasas para dar energía y ahorrar glucógeno muscular y hepático. De todas formas, estos factores también están influenciados por la intensidad y duración del ejercicio (Convertino y col, 1996, Horswill, 1998, Shirreffs y Maughan, 2000).

Consumo de líquidos. El objetivo del consumo de líquidos es evitar la deshidratación, manteniendo el equilibrio de los fluidos corporales, compensando las pérdidas de éstos que se producen por orina, sudor, y en pequeña cantidad, por las heces y la respiración (Reimers, 2004). La pérdida diaria de agua en una persona adulta activa normal (no deportista) se ha valorado en aproximadamente un 4% del peso corporal (Shirreffs y Maughan, 2000). Para evitar disturbios metabólicos, en personas normales, debe mantenerse una hidratación cercana a los 30ml de agua por kg de peso corporal por día (Coleman, 1996). No obstante, también se ha recomendado mantener un aporte de 1ml por cada kilocaloría gastada metabólicamente (Shirreffs y Maughan, 2000).

Consumo de líquidos y ejercicio físico. Consideraré tres momentos fundamentales para el consumo de líquidos: antes, durante y después de realizar ejercicio.

Consumo de líquidos antes del ejercicio. Cualquier deficiencia en los fluidos corporales antes de un ejercicio, comprometerá los mecanismos de termorregulación. No obstante, debe considerarse que las pérdidas por sudor, y por ende la necesidad de ingerir fluidos, son proporcionales al aumento de la temperatura corporal, que a su vez está en función de la intensidad, y duración del ejercicio, así como de las condiciones ambientales (temperatura, humedad, velocidad del viento, etc.) (Convertino y *col*, 1996). En un ejercicio de resistencia realizado en ambientes calurosos y húmedos, la tasa de sudor puede llegar a 3 0ml por minuto o más, que implica perder cerca de 1,8 kg de peso corporal en una hora (Burke, 2001a, Convertino y *col*, 1996). Para evitar o retrasar los efectos de la deshidratación durante ejercicios prolongados, se recomienda ingerir líquidos, entre 1 ó 2 horas antes. Diversos estudios han mostrado que beber agua o bebidas con electrolitos 1 hora antes de realizar un ejercicio prolongado, mejora los procesos de termorregulación y disminuye el estrés cardiovascular durante el ejercicio (Convertino y col, 1996). La ingestión de 400-600ml de líquido 2h antes del ejercicio, ayuda a atenuar los efectos de la deshidratación, y deja suficiente tiempo al riñón para poder regular el volumen de fluidos, y la osmolaridad a niveles normales (Reimers, 2004, Convertino y *col*, 1996). Por esto, se recomienda beber cerca de 500ml de agua (2 vasos aproximadamente) o bebida deportiva, o la cantidad equivalente a la mitad del peso que se estima perder por sudoración (teniendo como base las fluctuaciones generales del peso corporal, antes y después del ejercicio), para reducir el estrés cardiovascular y atenuar la subida brusca de la temperatura central, especialmente cuando se realizan ejercicios prolongados en ambientes calurosos y húmedos (Horswill, 1998).

Consumo de líquidos durante el ejercicio. Ingerir fluidos durante el ejercicio, ayuda a mantener más estable el volumen plasmático, y aumentar el flujo de sangre hacia la piel, mejorando la capacidad de eliminar el calor corporal. Los efectos deletéreos de la deshidratación se producen especialmente cuando los sujetos no son capaces de consumir fluidos durante la realización del ejercicio. El calor corporal aumenta progresivamente y los mecanismos de termorregulación van perdiendo eficacia para disiparlo, el volumen de sangre cae, y una menor cantidad de ésta es desviada a la piel para eliminar el calor. La tasa de sudor se reduce, limitando la evaporación, que es el medio por el cual se pierde la mayor cantidad de calor (más del 80%) en ambientes calurosos y húmedos. El resultado es un aumento del calor corporal, que puede desencadenar un golpe de calor, con desvanecimientos y hasta la muerte. Hidratarse durante el ejercicio, especialmente en ambientes calurosos, es esencial no sólo para optimizar el rendimiento, sino para cualquier persona que realice actividad física independientemente de su objetivo (Convertino y *col*, 1996).

En general, al realizar ejercicio, se tiende a consumir menor cantidad de fluidos respecto al perdido por sudor. Este fenómeno se denomina **deshidratación voluntaria** (Convertino y *col*, 1996, McArdle y *col*, 2000).

Para prevenir la deshidratación durante el ejercicio se recomienda ingerir líquidos con la misma velocidad con que se pierden, pero como durante el ejercicio, se tiende a consumir menos agua de la que se requiere, y la hidratación voluntaria sólo alcanza para reemplazar 2/3 del agua perdida (Burke, 2001a).

Las personas que entrenan en ambientes calurosos, pueden perder entre el 2% al 6% del peso corporal, a pesar de disponer de adecuadas cantidades de fluidos durante el ejercicio (Burke, 2001a, Convertino y *col*, 1996). Por otro lado, la ingesta de elevadas cantidades de fluidos, entre más de 0,6 a 1 litro por hora, si bien serían adecuadas para compensar las pérdidas por sudor, también pueden producir trastornos gastrointestinales. Por esto, se recomienda que cada sujeto experimente, cual es el volumen de fluido que puede ingerir sin causar desórdenes gastrointestinales, hasta compensar la cantidad perdida por sudor (Convertino y *col*, 1996).

Hacer las bebidas más agradables, mejorando el sabor y la temperatura, influencia notablemente el deseo de beber. Durante la recuperación después de realizar ejercicios en ambientes calurosos, la mayoría de los sujetos prefieren consumir bebidas con temperaturas menores de 5°C. Pero cuando se ingieren durante el ejercicio, y especialmente en volúmenes elevados, las temperaturas más agradables se sitúan entre los 15°C a 21°C (Convertino y *col*, 1996).

En general, se acepta que las bebidas deportivas endulzadas con una pequeña cantidad de hidratos de carbono o edulcorantes artificiales, con una temperatura de entre 15°C a 21°C, son ideales para estimular el consumo de fluidos durante el ejercicio (Convertino y *col*, 1996).

La velocidad con que los fluidos pasan por el estomago es influenciada por su volumen, su temperatura, y especialmente su composición, así como también por el tipo de ejercicio. No obstante, el factor más importante es el volumen que ingresa al estomago, en un momento determinado. Volúmenes de 230 a 300ml ingresan más rápido que volúmenes más reducidos (Reimers, 2004). El contenido de hidratos de carbono es otro factor determinante, porque a partir de una concentración del 8% (8gr por 100ml) la tasa de vaciado gástrico se estabiliza y comienza a ralentizarse (Convertino y *col*, 1996, Manore y Thompson, 2000). Con una proporción de 4% a 8% de hidratos de carbono (4 a 8 gr por 100ml), el ingerir un volumen de fluidos de 600ml o algo más, puede aumentar la velocidad de vaciado gástrico hasta 1000ml por hora, mientras que concentraciones superiores pueden ralentizarlo (Convertino y *col*, 1996, Manore y Thompson, 2000).

Electrolitos e hidratos de carbono en la bebida, durante el ejercicio. La inclusión de Sodio en las bebidas con el objetivo de mejorar la capacidad de absorción de los líquidos a través del intestino, no sería de gran importancia, siempre que se disponga de Sodio en el intestino, proveniente de la ingesta de alimentos, o desde las secreciones pancreáticas.

La inclusión de electrolitos en las bebidas deportivas a ingerir durante la actividad física, se basa en la necesidad de reemplazar los electrolitos perdidos por el sudor, especialmente cuando los ejercicios se prolongan más de 2 a 5 horas. Si por litro de sudor se pierden aproximadamente unos 50mmol de Sodio, y en el plasma hay una concentración de 140mmol, el sudor es mucho más hipotónico, porque tiene una concentración de Sodio del 64,2% inferior a la del plasma. Al realizar una actividad física y perder 1,5 litros de sudor, se genera un déficit de Sodio de cerca de 75mmol, pero como se ha perdido proporcionalmente más agua, la concentración de Sodio en el organismo se **incrementa**. En este caso, la ingesta de agua puede reducir y normalizar la concentración proporcional de Sodio y reestablecer la capacidad de seguir eliminando calor por la sudoración, pero el reestablecimiento total de los fluidos extracelulares no podrá completarse hasta aportar la cantidad de Sodio perdida, que puede complementarse por la ingesta normal de alimentos, o por la aportación de pequeñas cantidades de Sodio en las bebidas, que mejora su sabor y mantiene el deseo de beber durante más tiempo (Burke, 2001a, Convertino y *col*, 1996).

Los hidratos de carbono, contenidos en las bebidas deportivas pueden mejorar la capacidad de absorción del agua, aunque su rol principal será mantener los niveles de glucemia, mejorar el aporte de substratos energéticos a la masa muscular y preservar los depósitos de glucógeno, prolongando la capacidad de trabajo, especialmente en eventos de más de 1 hora (Senay, 1998). Para mantener la glucemia estable durante ejercicios de moderada a alta intensidad, el aporte de glucosa debería realizarse a una tasa de entre 30 a 60gr por hora. Dar más cantidad no aumenta la oxidación de este substrato, que se oxida a un ritmo máximo de 1gr por minuto, e incluso puede inhibir la combustión de grasas durante el ejercicio (Jeukendrup, 1997). Esta cantidad de hidratos de carbono puede obtenerse consumiendo líquido, con concentraciones de hidratos de carbono **inferiores al 10%**. Por ejemplo, si se ingieren entre 600 a 1200ml por hora, el aporte de hidratos de carbono puede satisfacerse manteniendo una concentración del 4% al 8% (40 a 80gr por litro), de modo que tanto los requerimientos de fluidos como de glucosa pueden ser satisfechos adecuadamente. Las bebidas que aportan más del 10% de hidratos de carbono, al poseer una mayor osmolaridad, causan un desplazamiento inicial de fluidos desde el organismo hacia el intestino, que acentúa la pérdida de agua e induce una mayor deshidratación. Por eso, no son aconsejados para ejercicios que duren más de 30 a 60min, ni en cualquier tipo de actividad que se realice en ambientes calurosos y húmedos (Convertino y *col*, 1996, Manore y Thompson, 2000).

En resumen para atenuar los efectos de la deshidratación, mantener la capacidad de rendimiento y motivar el deseo de beber durante el ejercicio, es aconsejable consumir entre 500 a 1200 ml por hora, fraccionados en tomas de 250ml a 600 ml cada 30 min, respetando la capacidad de cada sujeto para absorber líquidos sin causar disturbios gastrointestinales (Convertino y *col*, 1996, Manore y Thompson, 2000).

Consumo de líquidos tras el ejercicio. En sujetos normales, el reemplazo diario de las pérdidas de fluidos y el mantenimiento del equilibrio hídrico corporal es normalmente regulado por la sed y las pérdidas de orina, pero durante un ejercicio prolongado, o estancias en ambientes calurosos y húmedos, la sensación de sed no es suficiente para regular y mantener un equilibrio hídrico del organismo, pudiendo haber un retardo de entre 4 a 24 horas antes de que el organismo reestablezca su nivel de hidratación normal (euhidratacion) (Burke, 2001a).

Después del ejercicio la prioridad principal es hidratarse adecuadamente para reponer el volumen total de agua y electrolitos perdidos. Diversas investigaciones han demostrado que la voluntad para hidratarse, luego de diferentes tipos de ejercicio, sólo permite recuperar entre el 30% y el 70% de los fluidos perdidos (Burke, 2001a). El consumo de agua sola, induce a un rápido reestablecimiento de las relaciones entre los fluidos y el Sodio del organismo, por lo cual la sensación de sed desaparece, aún cuando todavía no se ha recuperado el total de los fluidos perdidos. Por otro lado, la retención de los fluidos ingeridos se relaciona al contenido de Sodio, ya que si se ingiere mucha agua, el organismo detecta un incremento de sus proporciones respecto al sodio, y estimula su expulsión por orina, reteniendo menos cantidad, para poder mantener las relaciones, aunque los niveles de agua total todavía sean reducidos (Burke, 2001b, Shirreffs y Maughan, 2000).

El aporte de fluidos, tras realizar un ejercicio físico de gran exigencia, o de haber estado expuesto a ambientes calurosos y húmedos, debe ser realizado por medio de soluciones que contengan electrolitos, debido a que el reestablecimiento del volumen de fluidos totales del organismo no es posible sin el adecuado aporte de los electrolitos perdidos, especialmente el Sodio, aunque el consumo de éste, también puede ser satisfecho por los alimentos sólidos, pudiendo en este caso compensar la hidratación por el aporte de agua sola (Reimers, 2004). Se estima que la cantidad mínima necesaria de Sodio en un adulto es de aproximadamente 500mlg diarios, y la sal común (Cloruro de Sodio, NaCl) contiene un 40% de Sodio, por lo que sólo con 1,25gr de sal al día, se solventarían las necesidades del organismo. Esta cantidad puede ser perfectamente satisfecha por la ingesta variada de alimentos sólidos, incluso sin utilizar la sal (Konopka, 1988). La ingesta máxima recomendada de Sodio es de 2,4gr, lo cual equivale a 6gr de sal por día (Manore y Thompson, 2000).

Las necesidades mínimas de cloruro, son aproximadamente de 750 mlg/día. Al igual que el Sodio, sus necesidades pueden ser satisfechas por la ingesta de sal aportada desde la dieta (Manore y Thompson, 2000).

La cantidad mínima estimada de Potasio (K) al día es de 2000mlg, aunque normalmente se recomienda una ingesta de 3500mlg al día. Esta ingesta puede ser perfectamente satisfecha por alimentos como verduras, plátanos, lácteos, etc. (Manore y Thompson, 2000).

En general, la reposición de agua y electrolitos puede satisfacerse en un rango de 24 horas. Cuando se consumen alimentos sólidos, una adecuada cantidad de electrolitos son ingeridos, haciendo que su contenido en las bebidas no sea un factor determinante (Burke 2001a).

Para estimular una adecuada rehidratación y retención de líquidos tras la realización de ejercicios de resistencia, en ambientes calurosos, que inducen altas pérdidas de sudor, se recomienda consumir bebidas con una concentración de 50mmol de Sodio por litro (1250mlg), aunque muchos autores han reportado que una concentración de Sodio de 10 a 25mmol (250 a 625mlg) por litro, es adecuada para estimular la rehidratación en los periodos posteriores al ejercicio, siempre que se complete la ingesta de Sodio por medio de los alimentos (Burke, 2001a, Horswill, 1998).

Hay estudios que comparan los efectos sobre la capacidad de hidratación del agua sola respecto a una bebida deportiva con una concentración del 6% de hidratos de carbono y 20mmol de Sodio por litro, observándose que el agua permitía recuperar el 65% del peso corporal, mientras que la bebida deportiva lo hacía en un 75%. Esta diferencia era causada por una disminución significativa de las pérdidas de orina que se producían durante el periodo posterior al ejercicio (Burke, 2001a). Para potenciar la retención de agua en el organismo, y mejorar los procesos de recuperación post esfuerzo, se debería aumentar la concentración de Sodio, incluso por encima del que normalmente se encuentra en las bebidas deportivas, que oscila entre 250 a 500mlg por litro, aunque si se consumen alimentos sólidos en las 2 a 4 horas posteriores al ejercicio, una concentración reducida, como las de las bebidas deportivas, sería muy efectiva para estimular la rehidratación (Burke, 2001a).

El Sodio introducido en los líquidos influye en la distribución de los fluidos ingeridos en los diferentes compartimentos. La recuperación de fluidos mejora notablemente cuando se adhiere una cantidad pequeña de Sodio, de 20 a 25mmol/ L, con más de 25mmol/l a 50mmol/L, se altera el sabor, pudiendo limitar la ingesta, e incluso, en algunos sujetos se han manifestado disfunciones y molestias gástricas (Wemple y *col*, 1997).

Otra de las desventajas de hidratar sólo con agua es que, además de eliminar anticipadamente la sensación de sed, cuando todavía hay una importante deshidratación orgánica, e incluso los niveles absolutos de Sodio son bajos, el agua se concentra donde hay más nivel de Sodio, que es en el espacio extracelular (vasos sanguíneos y espacio intersticial), pero no dentro de la célula, perjudicando los procesos de recuperación celular, y favoreciendo la retención de agua intersticial (Wemple y *col*, 1997). Por otro lado, una excesiva cantidad de Sodio en proporciones similares a las que se encuentran en el plasma, puede disparar sus concentraciones en el espacio extracelular. En estos casos el cuerpo detecta una relación favorable al Sodio, e interpreta que falta agua, y comienza a deshidratar la célula para equilibrar el líquido vascular (Wemple y *col*, 1997).

Lo ideal es ingerir bebidas con cantidades adecuadas de Sodio, respetando las proporciones encontradas en el sudor. De esta forma, las pérdidas podrán compensarse más rápidamente hasta alcanzar una completa recuperación de los fluidos perdidos por el organismo.

La cantidad de líquido necesario a consumir durante la recuperación debe ser mayor respecto al perdido durante la actividad, porque el organismo sigue perdiendo líquidos en las horas posteriores al ejercicio. Diversos estudios han mostrado que, cuando los sujetos reponen la misma cantidad de fluidos que se han perdido durante el ejercicio (determinado por la diferencia de peso corporal antes y después del trabajo), la capacidad de rehidratación llega a ser de entre el 50 al 70% en las 2 a 4 horas posteriores (Burke, 2001a).

La concentración de Sodio es fundamental para estimular la retención de agua y alcanzar cuanto antes el estado de rehidratación, porque si no, por más que el volumen de fluidos ingeridos sea elevado, este no se retendrá y será expulsado por la orina. Un consumo de líquidos equivalente al 150 a 200% del perdido durante el ejercicio, que mantenga una concentración de Sodio de entre 25 a máximo 50mmol por litro, conduce a un adecuado reestablecimiento de los fluidos corporales. e incluso en un estado de hiperhidratación en las 6 horas posteriores al ejercicio (Burke, 2001a).

Por consiguiente, la cantidad de líquidos a consumir en las horas posteriores al ejercicio depende de la diferencia del peso corporal antes e inmediatamente después de entrenar, aconsejándose beber alrededor del 150% de la diferencia en kg. Esto permite compensar las pérdidas por orina y mantener el peso corporal en lo que respecta a pérdida de fluidos, facilitando la recuperación de substratos, la regeneración de los tejidos musculares y la utilización de las grasas como combustibles regeneradores tras los entrenamientos.

Características de los diferentes tipos de líquidos:

Líquido isotónico: contiene las mismas concentraciones de Na y K (0,95% de Cloruro de Na) que el líquido extracelular, por lo que tiende a permanecer en equilibrio con los fluidos y electrolitos internos, de modo que no se estimula el desplazamiento de estos entre los diferentes compartimentos, y por ello no tiende a salir ni a entrar agua de la célula.

Líquido hipertónico: presenta una concentración elevada de Na, respecto al líquido extracelular, y por ello induce una salida de agua desde la célula hacia el espacio extracelular, para compensar la mayor concentración de Na que se ingiere. Entonces la célula se deshidrata y pierde volumen y fuerza (**Soluciones hipersalinas**).

Liquido hipotónico: la concentración de Na u otros solutos es muy baja. En este caso se ingiere más agua que Sodio, y se incrementa la concentración de agua fuera de la célula, de modo que el organismo interpreta que la cantidad de Na extracelular ha disminuido. En un principio, la célula absorberá agua hacia dentro, para reestablecer la relación en el líquido extracelular, pero si la situación no se corrige porque se aporta excesiva cantidad de este líquido, el organismo corregirá las relaciones eliminando agua por la vía renal, y estimulando la deshidratación.

Osmolaridad de los fluidos: este factor se correlaciona negativamente con la velocidad de vaciado gástrico, es decir, cuanto mayor osmolaridad tenga una bebida, menor será la velocidad de asimilación del fluido y viceversa (Manore y Thompson, 2000). Por eso, las bebidas hidratantes deben mantener concentraciones adecuadas de Sodio, y bajas de hidratos de carbono, para no perjudicar e incluso potenciar la hidratación (Burke, 2001a).

Temperatura: es recomendable que los fluidos mantengan una temperatura inferior a la del medio ambiente, entre 15° C y 22° C, cuando se entrena en ambientes calurosos, pudiendo ser de hasta 8° a 13° en ambientes con temperaturas moderadas a bajas (Bowers y Fox, 1995, Convertino y *col*, 1996).

Composición: una bebida hidratante debiera tener una concentración ideal de Sodio (Na+) que estimule la hidratación, aunque también puede contener otros electrolitos como Potasio y Magnesio, pero en menores proporciones. Al mismo tiempo, si se desea completar esta bebida con otros nutrientes que mejoren el aporte energético, se pueden agregar hidratos de carbono en una proporción del 5% al 8% (5 a 8gr por 100ml) (Williams, 1999). Soluciones con una concentración del 10% o más de hidratos de carbono, si bien pueden ofrecer mayor cantidad de glucosa a la sangre, también retardan al vaciado gástrico, y por lo tanto, no son recomendadas como fluidos hidratantes (las bebidas de cola, gaseosas, etc., tienen un 10% o más de hidratos de carbono). De todos modos, las consecuencias negativas de la deshidratación pronunciada y la hipertermia son potencialmente fatales para la salud, mientras que los síntomas de reducción de los niveles de glucógeno, suelen sólo relacionarse con una disminución del rendimiento y de la capacidad de trabajo (Maughan, 2001).

3. BALANCE ENERGÉTICO

La unidad para medir la energía gastada o aportada al organismo es la Kilocaloría, que se refiere a la cantidad de calor necesario para elevar la temperatura de un 1kg de agua 1 grado centígrado (Reimers, 2004).

El balance calórico se refiere a la relación entre las calorías aportadas desde la dieta y las gastadas por las actividades orgánicas (Mcardle y *col*, 2000). Las necesidades calóricas de una persona se relacionan con los siguientes factores: Gasto energético basal, Actividades diarias, (Entrenamiento) y Efecto térmico de las comidas (Mcardle y *col*, 2000). El balance calórico final es un aspecto general que influencia la pérdida o ganancia de peso corporal, pero no es totalmente decisivo en la determinación de la composición corporal, que refleja la cantidad de masa magra, o grasa que posee cada persona.

El **gasto metabólico basal** (GMB) se refiere a la cantidad de energía necesaria para mantener las funciones vitales (respiración, cardiaca, temperatura corporal, etc), y es el factor que más energía consume (60 al 75% del total). Los factores que incrementan el GMB son el nivel de masa magra (muscular y ósea), la edad, el crecimiento, la temperatura corporal, el ciclo menstrual y el hipertiroidismo, mientras que los que lo disminuyen son: bajo aporte calórico, pérdida de masa magra, e hipotiroidismo. De todas formas, existe una diferencia interindividual del 20%, debido a variaciones genéticas, relacionadas al metabolismo (Poehlman y Melby, 1998, Reimers, 2004).

Las **actividades diarias.** Es el segundo factor más importante que afecta el gasto calórico. Las actividades físicas desarrolladas, considerando no sólo una actividad física sistemática, como el entrenamiento deportivo, sino también a las del trabajo cotidiano o las tareas del hogar, determinan en gran medida el gasto calórico de cada persona. De todos modos, no deben dejarse de lado las condiciones ambientales porque las situaciones extremas de calor, humedad y altura potencian el gasto calórico (Mcardle y *col*, 2000).

El **efecto térmico de las comidas** se refiere al incremento del gasto metabólico que se produce por los procesos de digestión y asimilación de los alimentos, y oscila entre el 7% al 10% de las necesidades calóricas diarias (Reimers, 2004).

Estimación de las necesidades energéticas de cada persona. Debido a las altas diferencias individuales, es extremadamente difícil calcular el gasto calórico diario de una persona. Indirectamente, el gasto energético puede estimarse por ecuaciones matemáticas, que tienen en cuenta las dimensiones corporales (peso y talla) y la edad en años (Mcardle y *col*, 2000). A partir de los 30 años aproximadamente, el gasto metabólico basal tiende a bajar entre un 2% a 3% cada 10 años, lo cual se debe especialmente a pérdidas de masa muscular. Por esto, la realización de actividad física sistemática es una herramienta que ayuda a mantener el gasto calórico más elevado, mejora la eficiencia muscular, el nivel de masa magra y atenúa el aumento de peso corporal (Poehlman y Melby, 1998).

Algunas de las fórmulas propuestas para estimar el gasto metabólico basal (GMB) por día son:

Hombres GMB = 66,473 + (13,7516*Peso kg.) + (5,0033*Talla cm)-(6,755*Edad años)
Mujeres GMB = 655,0955 + (9,5634* Peso kg) + (1,8496* Talla cm)-(4,6756*Edad años)

Hombres	Mujeres
18 a 30 años GMB = (15,3*Peso Kg) + 679	18 a 30 años GMB = (14,7*Peso Kg) + 496
+ 30 a 60 años GMB = (11,6*peso KG) + 879	+ 30 a 60 años GMB = (8,7*Peso Kg) + 829
> 60 años GMB = (13,5*Peso Kg) + 487	> 60 años GMB = (10,5*Peso Kg) + 596

Tabla 10.8. Fórmulas publicadas por la Organización Mundial de la Salud, para estimar la GMB. (Adaptado de Reimers, 2004).

Para obtener una idea aproximada del gasto calórico diario, el valor obtenido por la aplicación de cualquiera de las fórmulas anteriores puede multiplicarse por un factor que indica el nivel de actividad física. A continuación recogemos el valor numérico de esos factores:

- **1,3** Actividades muy ligeras, tareas domesticas, paseos, etc.
- **1,5 a 1,6** Actividades ligeras, subir escaleras, yoga, gimnasia localizada de baja intensidad, sesiones de flexibilidad, etc.
- **1,6 a 1,7** Actividades moderadas, trabajo aeróbico a baja intensidad, gimnasia localizada, entrenamiento con resistencias ligeras a medias, pilates, máquina con elevada exigencia, etc.
- **1,9 a 2,1** Actividades pesadas, trabajo aeróbico a intensidad elevada, entrenamiento de musculación, clases colectivas, etc.
- **2,2 a 2,4** Actividades extremas, entrenamiento aeróbico de alta intensidad y larga duración, entrenamiento de fuerza de alto volumen e intensidad, preparación deportiva, etc.

Por ejemplo, para un varón de 30 años, que pese 70 Kg y mida 1,75m., que realice una actividad moderada, el gasto calórico estimado será:

GMB = (15,3*Peso Kg) + 679
GMB = (15,3 * 70) + 679 = 1750
Gasto Calórico estimado = 1750 *1,7 = 2975 Kcal al día.

Con un balance calórico positivo aumenta el peso corporal, y con un balance negativo disminuye, mientras que con un balance calórico equilibrado el peso corporal se mantiene relativamente constante. De esto se desprende que, para inducir modificaciones en el peso corporal, se debe alterar el consumo calórico, ya sea disminuyéndolo, para perder peso, o aumentándolo para ganarlo. Esto constituye un razonamiento muy simple, pero confuso, porque lo que en realidad se busca, al menos en el campo del deporte y la salud, es **modificar positivamente composición corporal**, favoreciendo la ganancia o mantenimiento de la masa magra y reduciendo la grasa hasta niveles óptimos.

Si bien las modificaciones en el balance calórico van a afectar al peso corporal, también es importante analizar cómo se modifican los diferentes componentes cuando el peso corporal varía. Por ejemplo, al aumentar de peso, debemos valorar si este aumento es causado por el incremento de masa muscular o de grasa, o de las dos, u otras causas. El mismo criterio deberíamos aplicar al valorar la disminución de peso corporal, porque esta puede deberse tanto a una pérdida de masa muscular, o deshidratación, como a la reducción de grasa, o una combinación de todos estos factores, que pueden afectar de diferentes maneras al rendimiento y a la salud.

4. FORMAS DE ORGANIZAR LA DIETA: DIETA TRADICIONAL Y DIETA METABÓLICA

Existen dos tendencias acerca del aporte relativo de cada macronutriente en la ingesta diaria.

DIETA TRADICIONAL

La tendencia tradicional, basada en la pirámide alimenticia, fue desarrollada por el Departamento de Agricultura de los Estados Unidos. Esta propuesta aconseja organizar la alimentación considerando a los granos, cereales, pastas, etc. (hidratos de carbono de índice glucemico moderado a alto) como las fuentes principales, luego las frutas y vegetales (carbohidratos de índice glucémico bajo), y en tercer lugar las carnes, pescados, huevos y frutos secos, por un lado, y los productos lácteos por el otro, terminando con las grasas y azúcares simples, que deben ser consumidos en menor medida, aunque también se puedan añadir o formar parte de los alimentos de otros grupos. Ver Figura 10.4. (Reimers, 2004, Williams, 1999).

Figura 10.4. Pirámide alimenticia tradicional, indica los alimentos según la cantidad de calorías que debe ser aportadas desde cada grupo. En este criterio no se quita importancia a ningún grupo de alimentos, sólo se da prioridad a un grupo sobre los otros, partiendo desde la base de la pirámide (Williams, 1999).

En el criterio tradicional se organizan y determinan los alimentos basándose en la cantidad de calorías aportadas por cada macronutriente. Por ejemplo, considerando que los hidratos de carbono y las proteínas aportan 4,1Kcal, y las grasas 9,3kcal por gramo de alimento consumido, una dieta equilibrada según el criterio tradicional debería respetar la siguiente relación de nutrientes (Mcardle y *col*, 2000):

Glúcidos = 55-60% de las calorías totales

Proteínas = 10 al 15% de las calorías totales

Grasas = 20 al 30% de las calorías totales

DIETA METABÓLICA

Algunos investigadores proponen organizar la alimentación considerando la respuesta metabólica hormonal al consumir diferentes tipos y cantidades de alimentos (Sears, 1999; Burke y *col*, 1998, Sears y Lauren, 1995). En este caso, se da prioridad a los hidratos de carbono de moderado a bajo índice glucémico (frutas, verduras, legumbres, etc), hay un aporte algo más elevado de proteínas respecto al recomendado por la Organización Mundial de la Salud (OMS), y se da una mayor importancia al consumo de las grasas, especialmente monosaturadas y esenciales. Por otro lado, el consumo de hidratos de carbono de moderado a alto índice glucémico (pastas, arroces, harinas), que en el criterio tradicional constituían la base de la alimentación, en la dieta metabólica son aportados en forma mucho más controlada, en los momentos óptimos del día, cuando el organismo puede asimilarlos con mayor facilidad, para evitar alteraciones hormonales significativas.

Por ejemplo, el consumo más alto de hidratos de carbono de alto índice debería ser justo después de realizar un esfuerzo físico (entrenamiento), para atenuar la subida de la insulina, y facilitar su absorción a nivel muscular, mientras que en la cena, justo antes de realizar un descanso prolongado, deben predominar los hidratos de carbono de muy bajo índice, como las verduras, junto a fuentes de proteínas y grasas monosaturadas. El aporte de hidratos de carbono de moderado a alto índice glucémico debería ser mayor cuanto más activa es la persona, mientras que debe ser más controlado en la medida que el nivel de sedentarismo aumenta (Burke, 2001a, Burke y *col*, 1998, Naclerio, 2001a, Naclerio, 2001b, Sears y Lauren, 1995, Sears, 1999). La figura 10.5. muestra una pirámide que representa el criterio metabólico, donde se consideran no sólo los macronutrientes, sino también el aporte de líquidos como base de la nutrición.

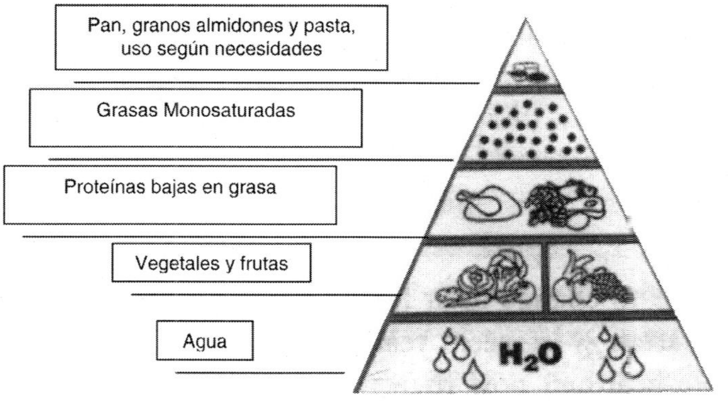

Figura 10.5. Pirámide alimenticia, basada en la respuesta metabólica del organismo con relación al tipo, y cantidad de alimentos consumidos.

La dieta metabólica se basa en un cambio de hábitos de vida, control de la conducta, realización de actividad física sistemática, y una organización de la alimentación basada en la hidratación, el consumo de glúcidos de baja densidad y mayor volumen (vegetales y algunas frutas), optimo aporte de proteínas bajas en grasas, aporte de grasas, especialmente monosaturadas y esenciales, y un control del consumo de hidratos de carbono de alta densidad y bajo volumen como harinas, almidones, etc. (Sears y Lauren, 1995, Sears, 1999).

Las dietas tradicionales deberían controlar el índice glucémico de los alimentos, recomendando el mayor consumo de los carbohidratos de alto índice tras realizar niveles de actividad física más elevados (Reimers y Ruud, 2000).

Las tendencias metabólicas, generadas a partir de la publicación de los trabajos de Sears, referidas a la existencia de una zona de máxima eficiencia funcional (física y mental), determinada por las respuestas de la insulina y glucagón, han originado diversos estudios donde se propone cambiar la relación de los macronutrientes, para favorecer el equilibrio hormonal, controlar mejor las sensaciones de hambre, prolongar el estado de vigilia, mejorar el rendimiento y favorecer la combustión de grasas, ahorrando y preservando los niveles de glucógeno (Burke y *col*, 1998, Sears y Lauren, 1995, Sears, 1999).

4.1. Directrices para organizar la dieta

Independientemente del criterio utilizando, es aconsejable considerar los siguientes aspectos para organizar la alimentación:

- Controlar el volumen de las comidas, siendo las más abundantes las inmediatamente posteriores a la realización de ejercicio (Burke, 2001a).
- No realizar comidas copiosas antes de periodos de descanso o de inactividad prolongada (Konopka, 1988, Sears y Lauren, 1995).
- Controlar o Moderar el aporte calórico total y de cada comida, consumiendo los tres macronutrientes en cada ingesta (Sears y Lauren, 1995).
- La frecuencia ideal de comidas es cada 3 a 5 horas, para evitar la sensación de hambre, que debe considerarse un síntoma negativo. El mejor momento para comer es cuando no se tiene hambre (Konopka, 1988, Sears y Lauren, 1995).
- En personas con bajo a moderado nivel de actividad física, se recomienda moderar el consumo de carbohidratos de alta densidad (<25% del total de los hidratos de carbono consumidos), y dar importancia a los de baja densidad y alto volumen (verduras, frutas, y legumbres) con alto contenido de micronutrientes (>75% del total de los hidratos de carbono consumidos) (Sears, 1999).
- Consumir adecuada cantidad de proteínas desde sus fuentes bajas en grasa.
- Considerar el "agua" como el nutriente básico (mínimo 30ml/Kg/día) (Coleman, 1996, Sears, 1999).
- Mantener un aporte de grasas adecuado, en donde predominen las monoinsaturadas, sin descuidar las esenciales O6/O3, que deben ser consumidas en una relación 1/4 (Simopoulos, 1991).
- Utilizar suplementos dietéticos, sólo si es necesario para mejorar la calidad de la dieta (Vitaminas, minerales, ácidos grasos O3, Proteínas en polvo de alta calidad, etc.) (Sears, 1999).

Cómo organizar y distribuir las comidas a lo largo del día: La selección de los alimentos en cada comida varía en función de la actividad que se desarrolle antes y luego de cada ingesta.

Los siguientes pasos ayudarán a organizar adecuadamente los alimentos de cada ingesta, considerando las necesidades de cada persona:

1° Determinar las **necesidades proteicas**, con relación al peso corporal o masa magra, y los objetivos perseguidos, (subir, bajar o mantener peso, etc.).

2° Determinar la **cantidad de proteínas** (gramos totales a aportar).

3° Determinar la **cantidad de hidratos de carbono** (gramos totales a aportar), con relación a las proteínas aportadas y según los objetivos perseguidos.

4° Controlar la **cantidad de hidratos de carbono** por Kg. de peso corporal o masa magra, para aportar la cantidad necesaria según cada caso.

5° Determinar la **cantidad de grasas** (gramos totales a aportar), con relación a las proteínas aportadas y según los objetivos perseguidos.

6° Calcular las **calorías** aportadas por cada nutriente, al valor calórico total de la ingesta.

8° Ajustar la dieta a los **hábitos individuales** de cada persona.

Burke (2001a) aconseja planificar la dieta a partir de la cantidad y composición de los alimentos dejando el aporte calórico como un aspecto más flexible, que resulte de las necesidades individuales de cada persona, porque el efecto de este factor puede controlarse por las modificaciones en la composición corporal y el rendimiento de cada sujeto en sus actividades cotidianas. Por otro lado, es la cantidad de alimento ingerido lo que va a determinar su impacto hormonal y metabólico más que su contenido de calorías (Burke, 2001b, Sears y Lauren, 1995, Sears, 1999).

Para facilitar la planificación de la dieta he agrupado a los nutrientes en bloques que aportan cantidades específicas de alimentos. Así, una cantidad de alimentos rico en hidratos de carbono que aporte 9gr de hidratos de carbono puros es 1 bloque de carbohidratos; una cantidad de alimentos rico en proteínas que aporte 7gr de proteínas puras es 1 bloque de proteínas, y una cantidad de alimento rico en grasas que aporte 1,5gr de grasas puras es 1 bloque de grasas. Como las fuentes de proteínas, en mayor o menor medida, siempre contienen algo de grasa, al mantener estas relaciones, el aporte de grasa sube a cerca de 3gr. Por lo tanto, si se ingiriera un bloque de cada nutriente, la relación de la ingesta sería:

Bloque	Gr de nutriente por bloque	Calorías aportadas
1 B de carbohidratos	9,3	38 Cal (40%)
1 B de proteínas	7	29 Cal (30%)
2 B de grasas (1 junto a las proteínas)	3	28 Cal (30%)

La organización en bloques, además de facilitar la determinación de la cantidad de comidas se basa en que el aporte de un bloque de cada macronutriente determina una ingesta de hidratos de carbono, proteínas y grasas, relacionada a una respuesta hormonal más equilibrada, que atenúa la liberación aguda de insulina desde el páncreas (Sears y Lauren, 1995, Sears, 1999). Al aportar un bloque de cada macronutriente, la relación proteínas(Pr)/hidratos de carbono(Hc) es de 0,75gr de proteínas por cada gramo de hidratos de carbono. Cuando la relación baja a 0,7 hasta 0,4 ó 0,3 se entra en una zona con una respuesta hormonal progresivamente más favorable a la insulina. Esta respuesta puede controlarse consumiendo hidratos de carbono de moderado a bajo índice glucémico.

Esta opción es más recomendable para personas sedentarias o con bajo nivel de actividad física, mientras que a medida que la actividad física es más exigente, la ingesta de hidratos de carbono de moderado a alto índice debería aumentar especialmente en las horas posteriores al ejercicio (Burke, 2001a).

Cuando la relación Pr:Hc es de 0,80 a 1, la ingesta de proteínas, con relación a los carbohidratos se incrementa, necesitándose un mayor aporte de líquidos y control de los hidratos de carbono, que nunca deben bajar extremadamente para no comprometer el rendimiento y la salud (Bowers y Fox, 1995, Jeukendrup, 1997, Manore y Thompson, 2000).

Aunque la dieta metabólica considere principalmente la cantidad de alimentos, y no las calorías aportadas, siempre se sugiere mantener un aporte prioritario de carbohidratos respecto a los otros macronutrientes, siendo la relación recomendada para las calorías aportadas por cada macronutriente la siguiente:

Hidratos de carbono 45% al 55%

Proteínas 20% a 25%

Grasas 20% a 30%

Considerando a las proteínas como el macronutriente fundamental que provee la materia prima para construir los tejidos, podemos establecer los objetivos de la dieta considerando las necesidades proteicas con relación al peso corporal (ver tabla 10.9.)

Gr. de proteínas puras por Kg de peso	**Gr de hidratos de carbono puros por Kg de peso**	**Gr de grasas, puras por Kg de peso**	**Objetivos**
1 a 1,5 gr.	3 a 5 gr	0,45 gr por cada gr. de pr. aportada	Bajar peso graso
1,6 a 1,8 gr.	5 a 7 gr hombres y 4,5 a 6 gr. mujeres	0,45 gr por gr de pr. aportada	Mantener peso magro. Deportes de fuerza.
1,4 a 1.6 gr	5 gr o más según tipo de actividad desarrollada o 7gr a 10gr o hasta 12 gr en alto rendimiento	0,45 a 0,55 gr por gr. de pr. aportada	Mantener peso.Deportes de resistencia
1,6 a 2 gr.	5 a 6 gr mujeres y 7 gr. hombres	0,45 a 0,6 gr por gr. de pr aportada	Aumentar peso magro, condición física general.
1.8 a 2 gr.	6 gr mujeres y 7 a 7,5 gr en hombres	0,45 a 0,7 gr por gr. de pr aportada	Aumento de fuerza y masa muscular

Tabla 10.9. Relación entre macronutrientes, y objetivos perseguidos para organizar la dieta.

La cantidad de gasas se determina con relación a las proteínas, es decir, que las dietas para ganar peso corporal, que ofrecen mayor contenido de proteínas por kg de peso, también proporcionan mayores cantidades de grasas, que ayudan a mantener un balance calórico positivo, para estimular el aumento de masa muscular (que debe ser generado por una actividad física intensa, especialmente de fuerza). El incremento de las grasas se hace desde 0,45 gr hasta 0,7gr de grasa por gr. de proteínas aportadas.

La tabla 10.10. ofrece un esquema para poder planificar la dieta de forma personalizada, considerando el peso corporal y los objetivos particulares de cada persona. En la tabla se ejemplifican los cálculos, considerando a un varón de 70 Kg, de modo que para aplicarla en otras personas sólo debe reemplazarse el peso corporal y los gramos de proteínas, considerando los objetivos particulares para cada caso, según la tabla 10.9.

Gr de proteínas y bloques resultantes	Rel Pr:Hc	Hc (totales** y con relación al peso corporal	Objetivos
1,5 gr x 70 = 105 gr 105/7= 15 Bloques*	0,30 0,40 0,50	350 (37,5bl) 5gr / kg 262,5 (28bl) 3,75 / kg 210 (22,5bl) 3 gr / kg	Mantener peso Bajar peso Bajar peso rápido, puede perder masa muscular
2 x 70 = 140 gr 140/7= 20 bloques*	0,30 0,40 0,50 0,60 0,75	466,6(50bl) 6,66gr/ kg 350 (37,5bl) 5 gr/ kg 280 (30bl) 4gr/ kg 233 (25bl) 3,3 gr/ kg 186,6 (20bl) 2,6 g/ kg	Subir peso En dep Resist recargar glucógeno Mantener peso, y rend. Gral Mantener peso, actividad gral. Bajar peso, o mantener con apoyo de proteínas Bajar peso, puede perder masa muscular
2,5x70 = 175 gr 175/7 = 25 bloques*	0,30 0,40 0,50 0,60 0,75	583 (62,7bl) 8,3gr/ kg 437,5 (47 bl) 6,25 gr/ kg 350 (37,5bl) 5 gr/ kg 291,6 (31,3) 4,16 gr/ kg 233 (25bl) 3,3 gr/ kg	Recarga glucógeno deportes de resistencia o aumento peso en deportes de fuerza Aumento de peso, Recarga de glucógeno en deportes de resistencia. Mantener peso o aumento con apoyo proteínas Mantener peso o aumento lento con apoyo proteínas Mantener peso con apoyo proteínas

* Los gramos de proteínas totales, que resultan al multiplicar la cantidad aportada, por Kg de peso corporal, por el peso del sujeto, se dividen por 7 porque es la cantidad total de proteínas en un bloque de este macronutriente.

** Para determinar la cantidad total de hidratos de carbono debe dividirse la cantidad de proteínas totales por la relación determinada entre pr:Hc. Por ejemplo, para mantener el peso corporal, con un aporte de 1,5gr de proteínas, en este sujeto de 70Kg, la relación pr:Hc, es 0,3; entonces los gramos totales de hidratos de carbono son 350 (1,5gr x 70kg = 105/ 0,30 = 350gr)

Tabla 10.10. Esquema de planificación de la dieta en forma personalizada.

Ejemplo de planificación de la dieta en un sujeto de 70kg que desee mantener o aumentar de masa muscular, y realizar entrenamiento de fuerza contra resistencias:

1°) Determinación de la cantidad de proteínas con relación al peso corporal: 70* 2gr =140gr de proteínas totales, que se corresponden con 20 bloques (140gr/7gr=20)

2°) Determinación del aporte de hidratos de carbono, seleccionando una relación 0,40. 140/0,40= 350gr de carbohidratos totales, que se corresponden con 37,6 bloques (350gr/9,3gr= 37,6)

3°) Determinación del aporte de grasas en una relación de 0,45gr por gr. de proteínas aportadas, 140 * 0,45 = 63gr totales, que se corresponden con 42 bloques, de los cuales la mitad se aportan en forma de grasas ocultas desde las fuentes de proteínas animales; entonces se deben consumir 21 bloques desde los aceites, frutos secos, etc.

Cálculo del aporte de calorías derivadas desde cada nutriente.

Proteínas 140gr (20bl) *4,1 cal*gr = 574 Kcal (22,2%)

Glucidos350 gr (37,5 bl) * 4,1 = 1435 Kcal (55,7%)

Grasas 63 gr (42 bl) * 9 = 567 Kcal (22%)

Kilocalorías Totales = 2.576 Kcal aproximadamente.

Este cálculo está sujeto a variaciones en los contenidos de pequeñas cantidades de macronutrientes no consideradas en las fuentes de alimentos mixtos, como la leche, y sus derivados, y especialmente las fuentes de hidratos de carbono, que suelen contener pequeñas cantidades de proteínas y grasas, que no son considerados en esta metodología. No obstante, al controlar el rendimiento, el peso corporal y especialmente los parámetros antropométricos, se pueden ir realizando los ajustes necesarios.

Notas: Los bloques pueden construirse a partir de las tablas de composición de alimentos publicadas en los diferentes libros de nutrición. En este caso, se aconseja remitirse a fuentes que hayan analizado la composición de los alimentos en el mismo país donde se desarrolle la actividad profesional (en nuestro caso, España).

Distribución de las comidas a lo largo del día: Una vez determinada la cantidad de bloques totales desde las proteínas, hidratos de carbono y grasas, estos se distribuyen respetando el esquema siguiente.

Dieta típica sin entrenamiento	Dieta con entrenamiento
desayuno 25% al 30% aperitivo 10% comida 25 al 30% aperitivo 10% cena 10 al 20%	desayuno 20% aperitivo 10% comida 25% aperitivo de antes de entrenar 5% **Entrenamiento** 1° carga después de entrenar 20% 2° carga después de entrenar 10% cena 10%

En segundo lugar, se distribuyen los hidratos de carbono, bajando la cantidad de bloques de la cena (-2% a -5%), pero incrementándolos en la ingesta inmediatamente posterior al entrenamiento. De esta manera se realiza un intercambio de bloques que permite contemplar la actividad desarrollada por cada persona y mantener la cantidad de alimentos estimada.

5. PLANES DIETÉTICOS Y SUS EFECTOS SOBRE LA COMPOSICIÓN CORPORAL

La actividad y los hábitos nutricionales conducen a variaciones en la composición corporal, que a su vez, determinan alteraciones en el peso corporal y el rendimiento físico (Bowers y Fox 1995).

5.1. Indicaciones generales para bajar de peso graso

La forma más sana de realizar un plan de adelgazamiento es combinar una dieta ligeramente hipocalórica con un plan de ejercicios sistemático (ACSM Position Stand 1998).

Se recomienda que la disminución del gasto calórico no exceda las 500 a 1000Kcal por día. Esto se relaciona a una disminución de 0,5 a 1Kg de grasa por semana, porque en este periodo se produciría un déficit de 3500 a 7000Kcal, que se corresponde con la combustión de entre 450 gr. a 900 gr. de tejido adiposo (Bowers y Fox 1995).

Estos datos constituyen sólo una guía, porque en la práctica es muy difícil para un Entrenador Personal determinar el balance calórico de una persona. De esta forma, el asesoramiento y control podría efectuarse considerando los siguientes aspectos:

- La capacidad para perder un alto contenido de grasa, manteniendo el estado de salud y bienestar, está determinada genéticamente (Reimers, 2004).
- La capacidad de perder grasa y ganar masa muscular depende del nivel de entrenamiento. Los principiantes con exceso de peso suelen perder grasa y ganar masa muscular con cierta facilidad en las primeras 8 a 12 semanas de un plan de entrenamiento y nutrición, pero en los entrenados, con niveles de grasa más bajos, es muy difícil reducir el peso corporal sin perder masa magra (Reimers, 2004).
- Controlar las variaciones del peso corporal por semana, evitando reducciones bruscas de más de 1kg, que se relacionan a deshidratación y pérdida de minerales (Reimers, 2004).
- La pérdida de peso corporal puede también relacionarse el peso actual. En general, se recomienda perder aproximadamente cerca del 1% del peso corporal por semana (Coleman, 1996, Reimers, 2004).
- Valorar el rendimiento físico, que puede caer cuando se pierde peso bruscamente, a expensas de la masa muscular, agua y electrolitos.
- Valorar la predisposición para entrenar, el estado de ánimo, y los cambios de conducta. La desgana, la apatía y la agresividad se relacionan con dietas hipocalóricas, especialmente bajas en hidratos de carbono, con pérdidas de masa muscular, fuerza, y potencia (Mcardle y col, 2000).
- Los estados de ansiedad, depresión y angustia también se relacionan con dietas muy estrictas de limitado aporte de macronutrientes.
- Si es posible, efectuar estudios de la composición corporal para estimar las variaciones de las masas magra y grasa.

Las reducciones bruscas de alimentos no son adecuadas para producir cambios positivos en la composición corporal. Lo más aconsejable es intentar modificar los hábitos alimenticios de forma paulatina para lograr un descenso lento del peso corporal, a expensas de un déficit calórico moderado (Coleman, 1996, Reimers, 2004, Sears y Lauren, 1995, Sears, 1999).

Las dietas para controlar el peso corporal siempre deben considerar la inclusión de todos los grupos de alimentos mencionados en las dietas tradicional o metabólica. De lo contrario, se incurrirá en una deficiencia de nutrientes que no permitirá mantener la dieta por mucho tiempo, porque no se actúa para cambiar los hábitos, sino imponiendo una conducta restrictiva (Reimers, 2004). La tabla 10.11. muestra una orientación general para bajar de peso, de forma lenta y controlada.

	Porcentaje de grasa actual**	Ritmo de pérdida de peso por semana	Déficit calórico por día. Kcal	Déficit calórico semanal. Kcal	Pérdida aproximada de tejido adiposo por semana
Mujeres	> 30%	0,9 a 1 Kg	1000	~ 7000	~ 0,9 Kg
	25 a 30%	0,450 a 0,7 Kg	500 a 750	3500 a 5259	0,45 a 0,675 Kg.
	< 20%*	~ 0,3 Kg.	300	2100	~ 0,270 Kg
Hombres	> 20%	0,9 a 1 Kg	1000	~ 7000	~ 0,9 Kg
	15 a 20%	0,450 a 0,7 Kg	500 a 750	3500 a 5259	0,45 a 0,675 Kg.
	< 15%*	~ 0,3 Kg.	300	2100	~ 0,270 Kg

* En mujeres con menos de un 20% y varones con menos de un 15% de grasa (que constituye un nivel de grasa que puede ser considerado como normal y adecuado para personas normales, no deportistas), el seguimiento de la una dieta hipocalórica debería ser consultada con un especialista.

** Los porcentajes de grasa son sólo orientativos, y basados en la determinación del porcentaje de grasa por métodos antropométricos.

Tabla 10.11. Recomendaciones para bajar de peso graso.

5.2. Indicaciones generales para aumentar de peso muscular

El mantenimiento de un nivel de masa muscular adecuado beneficia el rendimiento y garantiza una calidad de vida óptima, con independencia funcional y menor incidencia de lesiones o sobrecargas articulares.

Para inducir un adecuado aumento del peso muscular debe combinarse una dieta ligeramente hipercalórica junto a un plan de entrenamiento relativamente intenso (de fuerza contra resistencias, etc.) (ACSM Position Stand, 1998, Reimers, 2004, Reimers y Ruud, 2000).

El ritmo de ganancia de peso recomendado es de 450 a 500gr de masa muscular por semana. Ganancias muy bruscas, pueden inducir aumentos no deseados de grasa corporal (Bowers y Fox 1995).

Las estrategias generales para inducir un aumento de peso corporal combinando entrenamiento y dieta hipercalórica pueden resumirse en:

Generar un incremento calórico de 500 a 1000Kcal en los días de entrenamiento más intenso, y voluminoso, este exceso debe producirse especialmente en las comidas inmediatamente posteriores y hasta un máximo de 4 horas después del entrenamiento. En 5 días, con un exceso calórico de 500Kcal cada día, si todas las kilocalorías extras fueran utilizadas para sintetizar masa muscular, podrían generarse 500gr de masa, que requieren 2500Kcal extras (la síntesis de 1kg de masa muscular consume cerca de 5000kcal) (Bowers y Fox 1995). Esto incluye la energía necesaria para sintetizar el tejido, así como para realizar el entrenamiento de fuerza (Reimers, 2004).

Los procedimientos para aumentar de masa muscular implican mantener una frecuencia de 5 a 6 comidas por día, pudiendo ser necesario en muchos casos incrementar el aporte calórico desde las grasas (aceites monosaturados) para evitar un exceso de hidratos de carbono, que pueden favorecer la acumulación de tejido adiposo, especialmente cuando se consumen en horas previas a los descansos prolongados (Sears y Lauren, 1995).

6. SUPLEMENTOS NATURALES O INTEGRADORES DIETÉTICOS

Los suplementos nutricionales o integradores son regulados por las mismas condiciones de seguridad que los alimentos, pero a diferencia de estos, no pasan los mismos controles de calidad (Reimers, 2004). Los suplementos naturales son una amplia y diferenciada gama de alimentos de alta calidad, destinados a mejorar la calidad de la alimentación y la salud, porque **favorecen** el funcionamiento y recuperación del organismo, y **ayudan** a disminuir la incidencia de patologías causadas por una alimentación inadecuada a las necesidades de cada persona (Naclerio, 1999).

Los suplementos naturales **no aumentan el rendimiento**, sino que evitan su disminución por deficiencias nutricionales. A diferencia de los integradores dietéticos, las substancias clasificadas como drogas son aquellas que se aplican en situaciones especiales con el objetivo de aliviar, prevenir o curar daños físicos o mentales, pudiendo afectar a la estructura o funcionamiento del organismo, y por ello no pueden ser ingeridas como complemento de la dieta normal, sino que deben ser prescritas por un profesional médico. Hay numerosas sustancias que son clasificadas como drogas por el Comité Olímpico Internacional que, si bien pueden, en una primera instancia, mejorar el rendimiento, su uso sin la debida supervisión médica puede ser peligroso para la salud, y por ello no serán incluidas en el campo de los suplementos naturales (Manore y Thompson, 2000). Los suplementos dietéticos presentan las siguientes ventajas y desventajas.

- **Ventajas.** Mayor concentración de nutrientes en proporciones determinadas u óptimas; ausencia o escasez de sustancias no deseadas, como purinas, grasas saturadas, etc.; fácil preparación y consumo; control más preciso de la energía consumida; rapidez de asimilación; y disponibilidad de los nutrientes deseados en las cantidades justas y en los momentos adecuados en que son requeridos por el organismo (Naclerio 1999).
- **Desventajas.** Hay poca información acerca de su utilidad, consumo y aplicación real; algunos fabricantes desarrollan una publicidad engañosa y promueven una aplicación irreal de ciertos productos; las concentraciones indicadas por los fabricantes muchas veces no coinciden con las aconsejadas por la ciencia; son fáciles de abusar e ingerir en cantidades excesivas; tienen un coste elevado; en la mayoría de los casos es necesaria la asistencia de un profesional cualificado para hacer un uso adecuado y conveniente (Naclerio, 1999).

De acuerdo a la función que cada nutriente desarrolla en el organismo, he determinado 4 grupos básicos de suplementos naturales.

1. Suplementos funcionales para mejorar la calidad de vida y la salud. Destinados a cubrir deficiencias causadas por una dieta inadecuada a las necesidades de cada persona. Es recomendable que se consuman con el debido asesoramiento facultativo. A este grupo pertenecen las vitaminas, minerales, sustancias con efecto antioxidamte, ácidos grasos esenciales, y ciertas hierbas con efectos beneficiosos sobre el organismo, como la hoja de palma. Es necesario considerar que el consumo excesivo de algunos suplementos de este grupo podría causar alteraciones. Por ejemplo, el exceso de Hierro sería peligroso para sujetos con tendencia a desarrollar alteraciones circulatorias; el exceso de Zinc puede causar disminuciones excesivas del colesterol de baja densidad (LDL); y el exceso de Calcio puede ser perjudicial para personas con alteraciones renales (Reimers, 2004).

2. Suplementos optimizadores de la dieta: preparados destinados a mejorar la calidad de la nutrición, con diferentes concentraciones de macronutrientes (proteínas, carbohidratos y grasas), así como micronutrientes (vitaminas, minerales y oligoelementos), que pueden incluso usarse como sustitutos de comidas o aperitivos. Estas mezclas serían alimentos de alta calidad que pueden ser consumidos libremente por la mayoría de las personas, porque su efecto metabólico depende de la composición y aporte proporcional de los macro y micro-nutrientes. Estos se dividen en dos subcategorías: los que contienen mayor proporción de hidratos de carbono, y los que contienen mayor proporción de proteínas (concentrados de proteínas extraídas desde diferentes fuentes como la soja, el suero lácteo, la albúmina de huevo, el calostro de bovino, etc.)

3. Estimulantes y suplementos destinados a bajar el peso graso. Son sustancias que modifican las respuestas neuroendocrinas y metabólicas. La mayoría son consideradas drogas, y en general, no deberían ser consideradas suplementos naturales. Dentro de este grupo se incluyen a los complejos con efecto termogénico, cafeína, efedrina y derivados, sustancias con efectos lipotrópicos, y aceleradores del metabolismo (tiroxina, fenilalanina, yoimbina, etc.).

4. Suplementos ergogénicos que favorecen el rendimiento psicofísico y los procesos de recuperación general. En este grupo se incluyen aquellas substancias que favorecen un optimo desarrollo de los procesos de producción de energía, protegen la masa muscular, ahorran substratos energéticos, y cumplen funciones esenciales en el metabolismo, de modo que su baja disponibilidad, en ciertos momentos, puede afectar el rendimiento, y retardar los procesos de recuperación. En este grupo encontramos:

a) **Las sustancias que favorecen tanto el rendimiento como la recuperación**: Carnitina, Aminoácidos esenciales y posiblemente esenciales (glutamina, taurina arginina), Creatina, Prohormonas que favorecen el mantenimiento de los niveles de testosterona en el organismo*, Bicarbonato de Sodio, Aceti-L Carnitina, etc.

   1. **las pro-hormonas** son sustancias consideradas drogas, porque alteran las concentraciones normales de los andrógenos en el organismo, por lo que, al igual que las substancias del grupo 3 tampoco serán incluidas dentro del grupo de suplementos o integradores dietéticos naturales, siendo su uso contraindicado, al menos sino no son prescriptas por un médico.

b) **Las que favorecen fundamentalmente los procesos de recuperación metabólica**: Aminoácidos Ramificados (BCAA), N Acetil L-Cisteina.

c) **Las que favorecen fundamentalmente los procesos de recuperación, a nivel articular**: Glucosamino-glicanos, extracto de cartílagos de tiburón, etc.

En resumen, si el Entrenador Personal lo considera adecuado, es conveniente mejorar la calidad de la nutrición utilizando (si es necesario) los suplementos citados en el grupo 1, mientras que los citados en el 2°, y especialmente el 3° y el 4°, deben ser consumidas bajo la supervisión de un especialista debido a que su uso y función es sólo aconsejable en situaciones específicas.

7. CONCLUSIONES

Para desarrollar adecuadamente su función, el Entrenador Personal debe conocer los fundamentos metabólicos que gobiernan la nutrición, y considerar las condiciones particulares y objetivos de cada persona, para poder identificar a aquellos que presentan situaciones que escapan a su conocimiento, y derivarlos a los profesionales idóneos para cada caso.

Capítulo XI

Entrenando a poblaciones especiales

Dr. Alfonso Jiménez Gutiérrez
Doctor en Ciencias de la Actividad Física y el Deporte (ULE)
Licenciado en Educación Física (UPM)
CSCS, NSCA-CPT
Profesor de Actividad Física y Salud
Director del Dpto. de Fundamentos de la Motricidad y del Entrenamiento Deportivo
Facultad de Ciencias de la Actividad Física y el Deporte
Universidad Europea de Madrid
Socio-Director del Proyect@Fit (www.proyectafit.com)
Servicios de Consultoría Especializada para Instalaciones Deportivas
alfonso.jimenez@uem.es

1. INTRODUCCIÓN

Según García Ferrando (2001), que cita datos procedentes de la OCDE, en las primeras etapas de las sociedades industriales europeas la duración anual del trabajo era de unas 3.500 horas, mientras que a finales del siglo XX dicha duración oscila entre 1.699 y 1.800 horas anuales en los países de la Unión Europea.

Hace un siglo, un tercio de la energía gastada en fábricas y granjas de EEUU era de origen humano. Actualmente, menos del 1% del total de esta energía proviene de la fuerza muscular del hombre (Tomás, 1996).

Evidentemente, el avance tecnológico y los cambios experimentados en los modelos de producción de nuestras sociedades modernas, han favorecido el aumento de la vida sedentaria de forma espectacular. Este nuevo modelo inactivo de comportamiento ha producido a su vez un incremento exponencial en la prevalencia de las denominadas **enfermedades hipocinéticas**, afectando directamente a la calidad de vida, y poniendo en entredicho las ventajas y virtudes de este supuesto "bienestar" (Jiménez et al., 2003).

En este sentido, no debemos olvidar que el ser humano es un animal básicamente dinámico, y que disponemos de infinidad de músculos, articulaciones y sistemas de control motor para garantizar unas posibilidades de movimiento enormes. La vida sedentaria en el fondo no es sino una acción contra-natura, que implica inevitablemente fallos en este sistema de movimiento (nuestro cuerpo) a corto y medio plazo, y daños severos a largo plazo (Jiménez, 2001).

La relación positiva entre Actividad Física y Salud, tal como la comprendemos actualmente, se desarrolló en Estados Unidos durante la última década del siglo pasado (años 90), bajo el impulso de la comunidad de Salud Pública. Desde los diversos organismos que constituían esta comunidad, se emprendieron una serie de acciones políticas y pedagógicas que tuvieron como resultado la asociación de la actividad física a la salud (Manidi, Dafflon-Arvanitou, 2002).

La publicación de los trabajos presentados en las *Conferencias Internacionales sobre Actividad Física, Aptitud física y Salud* de 1988 y de 1992 (Bouchard et al. 1990, 1994), consolidó suficientemente la evidencia científica de la relación entre actividad física, aptitud física y salud. Y fue precisamente en 1992 cuando Bouchard, Shepard y Stephens desarrollaron el modelo que asociaba la actividad física a la salud, definiéndolo como un modelo complejo que tenía en cuenta el nivel de actividad física habitual, la aptitud física y la salud.

Del mismo modo, y como también hemos analizado en los capítulos anteriores, los estudios han revelado que existe una correlación entre la falta de ejercicio y de aptitud física y un determinado número de patologías (obesidad, osteoporosis, dolores de espalda, enfermedades cardiovasculares, alteraciones del metabolismo de los glúcidos y lípidos, problemas psico-sociológicos). De hecho, y citando a Oja y Tuxworth (1995), la mayoría de las funciones fisiológicas correspondientes reaccionan a la actividad física sostenida y regular porque el ejercicio estimula las capacidades funcionales del organismo, mejorando la aptitud física, lo que influye de forma muy favorable en la salud.

Por lo tanto, y en base a toda la literatura especializada existente hoy en día, no tenemos ninguna duda al respecto, la aptitud física presenta una estrecha relación con la salud, determinada en cualquier caso por el nivel de actividad física regular de los sujetos (Jiménez, 2003).

Efectos generales positivos de la actividad física regular sobre los distintos sistemas del organismo

Aunque el contenido de este capítulo está claramente orientado a aportar una visión concreta y actualizada sobre las principales directrices de ejercicio en importantes trastornos de salud, consideramos básico referirnos inicialmente a las conclusiones de algunas de las más importantes investigaciones que han demostrado la validez de esa relación existente entre actividad física y salud, sobre los distintos sistemas de organismo.

De esta forma, establecer la importancia de la práctica regular de actividades físicas como elemento preventivo y/o terapéutico en el caso de las enfermedades cardiovasculares ha sido uno de los principales núcleos de interés de la comunidad científica desde la publicación de los primeros estudios[1]. De hecho, en el informe "*Physical Activity and Health*" (1996) se resumían los resultados de numerosos estudios de esta forma:

1. La actividad física regular y la aptitud cardiorrespiratoria reducen el riesgo de mortalidad por enfermedad cardiovascular en general, y por cardiopatía coronaria en particular.
2. El nivel de reducción del riesgo de cardiopatía coronaria atribuible a la actividad física regular es similar al de otros factores relacionados con el estilo de vida, como la abstención del tabaquismo.
3. La actividad física regular previene o retrasa el desarrollo de la hipertensión arterial y mejora la situación de las personas que ya la padecen.

La función beneficiosa del ejercicio en la reeducación y la prevención secundaria de las enfermedades coronarias es bien conocida. La actividad física mejora y mantiene el nivel de aptitud física y la capacidad funcional, disminuye la mortalidad y la morbilidad, contribuye a reducir los factores de riesgo coronario y mejora el humor y el bienestar (Leon, 1990).

En este sentido, se han formulado varias recomendaciones sobre la actividad física encaminada a la prevención de enfermedades cardiovasculares. Se ha tendido a hacer un mayor hincapié en la cantidad total, la elevada frecuencia y la moderada intensidad de la actividad.

---

[1] Desde principios de los años cuarenta, en donde los cardiólogos de Boston Samuel A. Levine, Paul Dudley White y Howard B. Sprague comenzaron a prescribir la deambulación temprana, han sido muchos los investigadores que han analizado el papel protector de la actividad física para el corazón (Shapiro, et al., 1965; Frank et al., 1966; Cassel, et al., 1971; Montoye, et al., 1976; Morris, et al., 1967; Taylor et al., 1978; Paffenbarger et al., 1978, 1983, 1984, 1986, 1990; Blair, et al., 1985; Sallis, et al., 1985; etc).

Comparada con la imposición de una intensidad elevada, esta recomendación puede ofrecer una alternativa más motivadora, viable y segura para la mayoría de los adultos (Vuori et al., 1998). Estos principios figuran en las recomendaciones del CDC (US Centers for Disease Control and Prevention), del ACSM (American Collage of Sports Medicine) y del PCSPF (President's Council on Sports and Physical Aptitud física) (1993).

Por otra parte, analizando el papel de la actividad física en sujetos afectados por la Obesidad, en el citado informe "*Physical Activity and Health*" (1996) se establece claramente que la actividad física puede afectar favorablemente a la distribución de la grasa corporal.

Al parecer, el papel de la actividad física en la prevención del sobrepeso y la obesidad, y en la recuperación de peso tras su reducción, es esencial por tres razones:

1. El sobrepeso es muy frecuente y aumenta en las poblaciones europeas.
2. El sobrepeso es un factor de riesgo muy importante y causa de muchas enfermedades comunes como la cardiopatía coronaria, el accidente cerebro-vascular, la diabetes, la artrosis, el dolor lumbar y algunos cánceres, además de numerosos problemas psicológicos y sociales (Lissner, 1997, citado por Vuori et al. 1998).
3. Los estudios demuestran de manera convincente que, sin una actividad física regular, el control del peso suele resultar imposible de lograr (Byerss, 1995, citado por Vuori et al. 1998).

En relación a esta última afirmación, en una población finlandesa, el riesgo de ganancias de peso clínicamente significativas en el transcurso de diez años en el grupo de personas sedentarias era de 2 a 2,5 veces superior al de los sujetos que realizaban una actividad física regular (Haapanen et al., 1997). El grado de actividad necesario, por ejemplo, para mantener el peso después de haberlo perdido es considerable, en torno a los 80 minutos diarios de ejercicio moderado, o a los 35 minutos al día de práctica intensa en el caso de un estilo de vida sedentario (Schoeller et al., 1997). No obstante, ese número de minutos puede alcanzarse mediante la acumulación de períodos de tiempo de menor duración durante el día, adoptando un estilo de vida físicamente activo.

Si observamos igualmente los efectos de la actividad física practicada de forma regular en relación a la Diabetes Mellitus tipo 2, en el mismo informe se afirma con claridad que la actividad física regular reduce el riesgo de desarrollar la Diabetes Mellitus no insulino dependiente.

Para Vuori y Fentem (1996), una serie de estudios epidemiológicos confirma sin ambigüedad que el ejercicio físico continuado disminuye los riesgos de diabetes en la edad adulta. Los estudios epidemiológicos de seguimiento efectuados con diabéticos muestran que la cantidad de ejercicio físico es inversamente proporcional a la tasa de mortalidad. Por tanto, confirman la utilidad de la actividad física (Moy et al., 1993, citado por Vuori y Fentem, 1996).

Por su parte, y respecto a la relación entre la actividad física y el cáncer, en el informe "*Physical Activity and Health*" (1996) se establece que la actividad física regular se asocia con una reducción del riesgo de padecer cáncer de colon.

Los datos epidemiológicos, así como los mecanismos propuestos (Surgeon General's Report 1996; McTiernan, 1997), indican que el efecto protector de la práctica de ejercicio es generado fundamentalmente por las actividades de fortalecimiento, pero resultaría algo prematuro formular recomendaciones específicas sobre actividad física para la prevención del cáncer.

Por otro lado, y haciendo referencia al informe de Vuori y Fentem (1996), al parecer son numerosos los estudios epidemiológicos que han examinado las posibles relaciones entre la presencia de cáncer en diversas partes del cuerpo y la actividad física recreativa o vinculada al ejercicio profesional. Sus conclusiones se resumen en una serie de grandes investigaciones (Kohl et al. 1988; Blair et al., 1992; Lee, 1994). Ciertos indicios permitirían suponer una correlación inversa entre la actividad física y el número de fallecimientos por cáncer (Wannamethee et al., 1993, citado por Vuori et al., 1998).

En relación a la Salud mental y la calidad de vida relacionada, la actividad física parece aliviar los síntomas de la depresión y la ansiedad, y mejorar el estado de ánimo. Así, muchos estudios han puesto de manifiesto que los individuos que hacen ejercicio de forma regular y desde hace mucho tiempo obtienen unos beneficios psicológicos lo bastante fuertes como para querer continuar con la práctica. Los conocimientos actuales provienen de una serie de metaanálisis y de datos empíricos recientes (Brown, 1990; Biddle y Mutrie, 1991; Biddle, 1992; Brown, 1992; Willis y Campbell, 1992; Berger y Mclnman, 1993; Landers y Petruzello, 1994; McAuley, 1994; Morgan, 1994; Weyerer y Kupfer, 1994).

Se aprecia una correlación positiva entre el ejercicio regular y la imagen de uno mismo a todas las edades de la vida (Biddle, 1992; McAuley, 1994); y todavía más si el hecho de practicar un deporte o actividad física tiene gran importancia en la vida del individuo. Asimismo, puede observarse una relación entre el bienestar mental y el ejercicio, pudiendo medirse los efectos positivos. Unas sesiones adecuadas de ejercicio y la práctica regular de un deporte suministran energía, como puede comprobarse sistemáticamente en los adultos de ambos sexos, tanto de la población general como entre los enfermos mentales (Bouchard et al., 1994; McAuley, 1994).

Los efectos de la actividad física sobre la salud mental y el bienestar psicológico son objeto de un menor número de estudios que los relacionados con la salud biológica. En la mayoría de los casos, la importancia de los efectos y las asociaciones va de escasa a moderada. Al parecer, dependen en gran medida de factores individuales y circunstanciales, y por tanto, resultan menos predecibles que los biológicos. Por tanto, las actividades beneficiosas a escala individual actualmente constituyen en buena parte una cuestión de experimentación personal. Al menos, en las personas de edad avanzada, la práctica de ejercicio físico puede mejorar el bienestar psicológico, independientemente de los cambios en la aptitud cardiorrespiratoria.

Efectos adversos de la actividad física

El efecto adverso más común de la actividad física no competitiva en la población adulta consiste en el padecimiento de lesiones agudas y lesiones por sobreuso y los accidentes cardiovasculares, en especial el infarto de miocardio agudo y la muerte súbita.

En el informe "*Physical Activity and Health*" (1996) se resume esta cuestión con los siguientes puntos:

- La mayoría de las lesiones músculo-esqueléticas relacionadas con la actividad física se consideran susceptibles de prevención mediante un desarrollo gradual de la práctica hasta alcanzar el nivel deseado, y evitando los excesos de actividad.
- Pueden producirse accidentes cardiovasculares graves a causa de un ejercicio excesivo, pero el efecto neto de la actividad física regular es una disminución del riesgo de mortalidad debido a las enfermedades cardiovasculares.

El riesgo de padecer lesiones relacionadas con un ejercicio intenso es considerable en las disciplinas deportivas que requieren velocidad y potencia y conllevan contacto físico, como los deportes de pelota por equipos. Ahora bien, todas las dificultades de la actividad física pueden mantenerse a raya mediante una práctica razonable.

Resumiendo

Aunque existen diferencias por edad y género en las respuestas a la actividad física, los datos acumulados indican que la mayoría de los efectos pueden observarse en los dos sexos y en una amplia gama de edades (Vuori et al., 1998).

A la vista de toda la información presentada al respecto, la capacidad de la actividad física para influir positivamente en la salud por lo tanto está considerada como elevada. De hecho:

- La gama de las ventajas que proporciona es amplia.
- La importancia de los efectos oscila entre escasa y moderada, en ocasiones sustancial, y parte de los mismos no puede generarse por ningún otro medio.
- El número y la prevalencia de las enfermedades que afectan a las poblaciones occidentales y están relacionadas con el sedentarismo o son susceptibles de mejora mediante la actividad física son elevados.
- La difusión de un estilo de vida sedentario en las poblaciones de los países industrializados es generalizada.
- La mayoría de las actividades físicas eficaces en la mejora de la salud son viables, seguras y económicas para la mayor parte de la población.

2. ENTRENANDO A POBLACIONES ESPECIALES

Este término de "Poblaciones Especiales" tiene hoy en día una enorme presencia en distintos entornos de las sociedades modernas, estando muy presente también entre los profesionales del campo de la actividad física y el deporte. Bajo esta denominación encontramos a un grupo de sujetos afectados por alguna enfermedad y/o trastorno de salud importante (por ejemplo, y en el caso de la mujer, el embarazo va a suponer un importante trastorno transitorio de su estado de salud, que requerirá de una serie de adaptaciones importantes durante ese periodo, aunque evidente una embarazada nunca podrá ser considerada como una persona enferma). Ahora bien, en el caso de las enfermedades, bajo este término se engloban fundamentalmente las derivadas de un estilo de vida inadecuado, caracterizado por el sedentarismo, y que se engloban dentro del concepto, ya identificado en capítulos anteriores, de "enfermedades hipocinéticas".

Es evidente que, ante la preocupante ausencia de actividad física entre la población en nuestras sociedades modernas (si recordamos los datos aportados por la Encuesta Nacional de Salud, 1997, en nuestro país, tan sólo el 7% de la población realiza actividad física regularmente varias veces en la misma semana) estas enfermedades tienen una enorme prevalencia, siendo por tanto habitual que en algún momento de su desarrollo profesional, el Entrenador Personal se encuentre con sujetos que podrían ser englobados en algún tipo de "población especial".

Como veíamos en el epígrafe anterior, la actividad física, y especialmente el ejercicio físico (organizado, estructurado, repetitivo y con una serie de objetivos concretos), ha demostrado su capacidad como herramienta válida tanto en la prevención como en el tratamiento de sujetos incluidos en estas Poblaciones Especiales.

No obstante, y desde el punto de vista de nuestro trabajo como Entrenadores Personales, consideramos que será necesario desarrollar una formación complementaria importante, tanto en conocimientos específicos (epidemiología, etiología, efectos del ejercicio, etc.) como en procedimientos aplicados (valoración, seguimiento, seguridad, etc.), para poder desarrollar programas de ejercicio con sujetos en estas situaciones.

Sin esta formación especializada consideramos que un Entrenador Personal **NUNCA** debería entrenar a sujetos con trastornos importantes de salud y/o enfermos. Se trata de una decisión personal, pero que debe basarse en todos los casos en el criterio de la profesionalidad, el rigor, y la capacidad de cada uno para atender las necesidades reales de sus clientes. Asumir riesgos en estas cuestiones debe ser algo **inaceptable** para un Entrenador Personal.

Es por ello, por lo que en este capítulo nos vamos a limitar a recoger las principales indicaciones, directrices y recomendaciones vigentes hoy en día para la aplicación de programas de ejercicio físico en los principales trastornos cardiovasculares, metabólicos y del aparato locomotor (que no fueron desarrollados en el capítulo de lesiones del profesor Forte), partiendo de los trabajos realizados por el American College of Sports Medicine (ACSM), y publicados en sus famosos "Position Stands". Estos documentos recogen indicaciones y recomendaciones concretas sobre cómo deben ser los programas de ejercicio físico en cada trastorno de salud, partiendo de las evidencias científicas aportadas por la literatura especializada, cuando estas son válidas, contrastadas y suficientes.

Además de la información disponible en los "Position Stands", hemos utilizado como fuente básica de información en este capítulo el texto *ACSM's Exercise Managament for Persons with Chronic Diseases and Disabilities* (Human Kinetics, 1997).

Recomiendo encarecidamente a aquellos lectores interesados realmente en el campo de las Poblaciones Especiales que visiten regularmente la web del ACSM (www.acsm.org), y accedan a toda la información disponible en esta organización.

Ahora bien, y debido a la importante demanda social existente orientada a la reducción del peso y a la modificación de la composición corporal, sí dedicaremos un apartado específico a los requisitos y directrices de los programas de ejercicio para el control y/o la reducción del peso, pues en este campo el Entrenador Personal desde nuestro punto de vista tiene mucho que decir. Igualmente, y por la evolución de la pirámide poblacional en nuestras sociedades, también incluiremos una serie de recomendaciones básicas para el entrenamiento y el desarrollo de la aptitud músculo-esquelética entre las Personas Mayores.

Las directrices y recomendaciones de ejercicio físico en el resto de trastornos de salud se recogen en forma de tablas, siguiendo la estructura utilizada en los textos de referencias del ACSM citados anteriormente en la parte final del capítulo.

3. EL EJERCICIO FÍSICO EN EL SOBREPESO Y LA OBESIDAD

Si existe en nuestro contexto un grupo que realmente hoy en día pueda beneficiarse de una actividad física regular, ese es el de los sujetos con sobrepeso u obesos, pues en cualquier caso un aumento significativo del nivel de actividad, por pequeño que sea, siempre irá asociado a un mayor consumo energético, que mejorará la composición corporal.

En este caso concreto, para identificar las principales orientaciones a la hora de diseñar, implantar, desarrollar y evaluar programas de ejercicio físico dirigidos a sujetos con sobrepeso u obesos, partiremos del análisis del Position Stand específico del ACSM del año 2001:

> AMERICAN COLLEGE OF SPORTS MEDICINE. Position Stand: Appropiate Intervention Strategies for Weight Loss and Prevention of weight Regain for Adults. *Med. Sci. Sports Exerc.* 33 (12):2145-2156, 2001.

Aunque existe mucha información sobre los valores diagnósticos que permiten establecer la situación de sobrepeso o de obesidad de un sujeto o de un grupo de sujetos, consideramos importante detenernos previamente y de forma breve en esta cuestión, y revisar los valores de referencia tanto del IMC, como del ICC, y de la combinación de ambos.

Una vez definidos estos indicadores diagnósticos, pasaremos a analizar específicamente los aspectos más determinantes en los programas de ejercicio para el sobrepeso y la obesidad (intensidad, duración, frecuencia, orientación de las sesiones, planificación, etc.), que deberían permitir al Entrenador Personal desarrollar su trabajo con garantías.

3.1. Índice de Masa Corporal (IMC)

El índice de masa corporal es uno de los principales indicadores utilizados en el mundo para establecer los riesgos o la presencia de obesidad y/o trastornos del peso corporal, de hecho, es el indicador más frecuentemente utilizado en estudios epidemiológicos sobre prevalencia de la obesidad. Como tal indicador epidemiológico, la OMS estableció en 1998 una clasificación de la Obesidad en función de este índice, que aparece recogida en la tabla 11.1.

Clasificación	IMC (kg/m²)	Riesgos de salud asociados
Peso bajo	< 18.5	Bajo (pero riesgo de otros problemas clínicos asociados)
Normal	18.5-24.9	Medio
Sobrepeso	25.0 ó más	
Pre-obesidad	25.0-29.9	Incrementado
Severa grado I	30.0-34.9	Moderadamente incrementado
Severa grado II	35.0-39.9	Severamente incrementado
Severa grado III	40 ó más	Muy severamente incrementado

Tabla 11.1. Clasificación de la obesidad en función del IMC según la OMS (1998).

Ahora bien, en los últimos años se ha planteado una aguda controversia en el campo de la investigación epidemiológica y la cinantropometría sobre la validez de este indicador para diagnosticar la presencia de obesidad, especialmente entre aquellos sujetos activos, que presentan un importante aumento de peso corporal asociado a una mayor proporción de masa magra (Eston, 2002).

En un reciente artículo de opinión, publicado como editorial del número 20 del *Journal of Sports Sciences* del año 2003 (páginas 515-518), el profesor Eston, de la Universidad de Gales, cita el primer trabajo crítico con el IMC desarrollado por Ross (1986), en donde los coeficientes de correlación con el sumatorio de seis pliegues en un grupo de 66 levantadores de peso no fueron significativos (r=0,18). El mismo autor desarrolló dos años más tarde otro estudio, en este caso con 18.000 canadienses hombres y mujeres de 20 a 70 años (Ross et al., 1988), cuyos resultados fueron similares en aquellos sujetos con un nivel de masa muscular importante derivado de una práctica deportiva regular e intensa. En esta editorial, Eston repasa los diferentes trabajos publicados en los últimos años que ponen en entredicho la validez del IMC entre los sujetos físicamente activos, y recoge un nuevo indicador que podría según él tener una mayor aplicabilidad entre población no sedentaria. Se trata del FFMI (fat free mass index, o índice de masa libre de grasa), utilizado por Kouri (1995) en un trabajo con 157 atletas varones, que permitió a Gruber (2000), citados por Seidell (2000), proponer una clasificación en cinco niveles para los hombres y cuatro para las mujeres.

La tabla siguiente (11.2.) presenta los valores de FFMI propuestos por este autor para hombres y mujeres:

Hombres FFMI (kg x m^{-2})	Mujeres FFMI (kg x m^{-2})
18 (baja musculatura)	13 (baja musculatura)
20 (musculatura normal)	15 (musculatura normal)
22 (musculatura destacable)	17 (musculatura destacable)
>22 (musculatura importante no desarrollada sin entrenamiento de fuerza)	=22 (raramente alcanzado sin la utilización de agentes farmacológicos)
25 (límite de desarrollo muscular sin utilización de agentes farmacológicos)	-

Tabla 11.2. Clasificación muscular de los sujetos en función de su FFMI (Gruber et al., 2000).

3.2. Índice Cintura-Cadera (ICC)

El índice cintura-cadera (ICC) es otro de los indicadores utilizados habitualmente para establecer niveles de riesgo asociados a la manifestación de enfermedades y trastornos cardiovasculares. Según Seidell (2000), la mayor parte de la investigación realizada en la década pasada ha sugerido que la obesidad abdominal necesita ser considerada en orden a realizar una correcta clasificación del sobrepeso de los sujetos en relación a sus riesgos de salud. Tradicionalmente, esta obesidad abdominal ha sido indicada en función de un índice cintura-cadera elevado.

Ahora bien, para obtener una visión más clara de la situación de cada sujeto o grupo de sujetos, en función de su edad y sexo, incluimos a continuación una tabla específica (11.3.) que recoge la clasificación del nivel de riesgo en función del ICC por grupos de edad y sexo, según McArdle, Katch y Katch (2000).

Edad y sexo	Nivel Riesgo			
Hombres	**Bajo**	**Moderado**	**Alto**	**Muy alto**
20-29	<0,83	0,83-0,88	0,89-0,94	>0,94
30-39	<0,84	0,84-0,91	0,92-0,96	>0,96
40-49	<0,88	0,88-0,95	0,96-1,00	>1,00
50-59	<0,90	0,90-0,96	0,97-1,02	>1,02
60-69	<0,91	0,91-0,98	0,99-1,03	>1,03
Mujeres				
20-29	<0,71	0,71-0,77	0,78-0,82	>0,82
30-39	<0,72	0,72-0,78	0,79-0,84	>0,84
40-49	<0,73	0,73-0,79	0,80-0,87	>0,87
50-59	<0,74	0,74-0,81	0,82-0,88	>0,88
60-69	<0,76	0,76-0,83	0,84-0,90	>0,90

Tabla. 11.3. Clasificación del riesgo en función de los valores de ICC por grupos de edad y sexo. Adaptado de McArdle, Katch, Katch (2000).

3.3. Relación entre el IMC y el ICC

Por último, y analizando el papel diagnóstico de este indicador y del anterior, al parecer empieza a quedar claro que la compleja clasificación del índice de masa corporal y del índice cintura-cadera no es una herramienta útil en el ámbito de la promoción de la salud (Seidell, 2000).

De hecho, y en este sentido, Han, Van Leer, Seidell y Lean (1995), citados por Seidell (2000) en un interesante capítulo del texto editado por el Dr. Bouchard en relación al papel de la actividad en la prevención y tratamiento de la obesidad[2], propusieron un nuevo esquema que combinaba el IMC con el ICC, y que recogemos por su interés y actualidad en la siguiente tabla (11.4.):

Sexo	Nivel 1 "zona de alerta"	Prevalencia	Nivel 2 "nivel de acción"	Prevalencia
Hombres	>ó= 94 cm	24,1%	>ó= 102 cm	18,0%
Mujeres	>ó= 80 cm	24,4%	>ó= 88 cm	23,9%

Tabla 11.4. Esquema de identificación del riesgo en función de los valores del perímetro de cintura adaptado de Han, Van Leer, Seidell, Lean (1995), citados por Seidell (2000).

El nivel 1 estaba basado en principio en la combinación de un IMC $\geq$25 kg/m^2, más un elevado ICC ($\geq$0,95 en hombres y 0,80 en mujeres), mientras que el *nivel 2* estaba basado en la clasificación de obesidad (IMC $\geq$30 kg/m^2), más un elevado ICC ($\geq$0,95 en hombres y 0,80 en mujeres).

Seidell (2000) vuelve a referirse a los trabajos de Han (1995), y tres años más tarde, de Lean, Han y Seidell (1998), cuando éstos plantearon que esta compleja clasificación del índice de masa corporal y del índice cintura-cadera debería ser reemplazada por una clasificación basada tan sólo en la *circunferencia de la cintura*, seguramente una herramienta mucho más útil en el ámbito de la promoción de la salud. De esta forma, según él, en 1998 el *National Institutes of Health* adoptó la clasificación del IMC combinada con la identificación de riesgo en función de los umbrales de perímetro de cintura. En esta clasificación, la combinación de sobrepeso (IMC entre 25 y 30 kg/m^2) o de obesidad grado I (IMC entre 30 y 35 kg/m^2), unida a un perímetro de cintura elevado (mayor o igual a 102cm en el hombre y a 88cm en la mujer), es considerado como un riesgo adicional para la salud.

3.4. Los programas de ejercicio físico

La investigación sugiere que, incluso modestas reducciones del peso corporal (5-10%), supondrían importantes mejoras en la salud para los sujetos, por lo que la inclusión en un programa de ejercicio debe ser una herramienta habitual en el tratamiento de estos trastornos. De hecho, Wing et al. (1998) demostraron que pérdidas de peso de 4,5kg mantenidas 24 meses redujeron de forma significativa el riesgo de desarrollar Diabetes Mellitus en adultos con sobrepeso y antecedentes familiares. No obstante, es evidente que los beneficios a largo plazo para la salud podrían ser superiores con reducciones del peso = ó > del 10%.

[2] SEIDELL, J.C. The current epidemic of obesity. In: Bouchard, C. (Ed.) *Physical Activity and Obesity*. Champaign, IL. Human Kinetics, pp. 21-30, 2000.

La combinación simultánea de dieta y ejercicio físico ha sido extensamente estudiada en los últimos años, pues el ejercicio juega además un importante papel en el control de estrés y la ansiedad asociados a la reducción sistemática del consumo de alimentos. En cualquier caso, el ejercicio en sí mismo tiene un enorme valor en la reducción del peso corporal, por aumento del gasto energético. Así, Ross et al. (2000) mostraron que un déficit diario por ejercicio de 700 kcal/día, con alimentación habitual, reducía el peso 7,6kg a los 3 meses, frente a la pérdida de 7,4kg en el grupo que sólo redujo su alimentación.

En relación a las **diferencias de género** asociadas a la práctica de ejercicio, Wood et al. (1991) reportaron que el ejercicio parecía producir pérdidas mayores de peso en los varones frente a las mujeres.

Respecto a la **duración del ejercicio**, encontramos varios estudios de enorme interés, que clarifican adecuadamente la relación entre los beneficios en la pérdida de peso y la duración semanal. Así, en un trabajo realizado con mujeres con sobrepeso, que entrenaron durante 18 meses (Jakicic et al., 1999), se observaron interesantes diferencias en función del total de tiempo semanal dedicado al ejercicio: aquellas que entrenaron menos de 150 min/sem obtuvieron una pérdida de 3,5kg; para las que dedicaron de 150-200 min/sem la pérdida de peso alcanzó los 6,5kg; y para las que superaron los 280 min/sem, la pérdida de peso ses ituó de media en 13kg. Además, estas últimas no experimentaron una recuperación del peso tras un periodo de 6 a 18 meses desde la finalización del entrenamiento.

Por su parte, Schoeller et al. (1997), en otro trabajo realizado con mujeres obesas, que realizaban el equivalente a 65 min/día de actividad física moderada, los resultados obtenidos se asociaban claramente con el mantenimiento del peso a largo plazo.

En base a estos resultados, y a otros muchos estudios, el ACSM (2001) recomienda una duración de ejercicio físico de 200-300 min/sem (lo que supone consumir más de 2000 kcal/sem).

En cuanto a la **intensidad del ejercicio**, la información actual disponible pone de manifiesto que pocos estudios han examinado adecuadamente el impacto de varias intensidades de ejercicio en la pérdida de peso (ACSM, 2001). Así, Duncan et al. (1991), en un trabajo con mujeres con sobrepeso mantuvo el volumen de entrenamiento durante 24 semanas, modificando la intensidad. Los resultados de su estudio mostraron que la intensidad afectaba a la magnitud del cambio en el fitness cardiovascular, con aumentos mayores a mayor intensidad, pero la intensidad no produjo efectos diferentes en el peso o en la composición corporal tras las 24 semanas de trabajo.

Parece que una intensidad moderada (55-69% de la FCmáx) puede ser beneficiosa para gestionar el exceso de peso. Además, existen limitadas publicaciones que soporten la necesidad de una mayor intensidad (> ó = 70% FCmáx) para controlar el peso a largo plazo.

Ahora bien, según Esteve (2002), en una interesante revisión realizada sobre la planificación y organización del entrenamiento de la resistencia, en el campo de la salud, manifiesta que suelen estudiarse los mínimos necesarios para obtener beneficios. Así, por ejemplo, para usar el máximo de grasas parece que el punto máximo es el 64% de VO_2max (o bien el 74% de la máxima frecuencia cardiaca), y que a partir del 85% de VO_2max desciende mucho la contribución energética de las grasas al esfuerzo (Achten et al., 2002).

Los trabajos con poblaciones de diverso nivel de fitness suelen indicar que éstos mínimos varían según el nivel de VO2máx inicial, habiendo una gran diferencia en la respuesta al entrenamiento. Así, un trabajo reciente de Swain y Franklin (2002), indica que los sujetos de más de 40 ml/kg/min, necesitan ejercitarse a un mínimo del 50% de VO2máx para mejorar, mientras que los de nivel inferior, deben hacerlo a un mínimo de intensidad del 38% VO2máx.

4. LAS PERSONAS MAYORES Y LA FUERZA MUSCULAR

Al igual que en el epígrafe anterior, también el número de personas de edad avanzada está creciendo en los países industrializados. Evidentemente, la mejora de la esperanza de vida, asociada a la disponibilidad de mayores recursos económicos y sanitarios, y al control de importantes enfermedades epidémicas que en el pasado eran mortíferas, está facilitando una mayor longevidad que a su vez está modificando los perfiles de las pirámides de población en las sociedades occidentales.

En este nuevo contexto, la población de Personas Mayores está creciendo, pero su calidad de vida se está viendo muy comprometida por el patrón de comportamiento inactivo. Dentro de las principales necesidades objetivas de este grupo de población inactivo, el desarrollo de la aptitud músculo-esquelética (fuerza, resistencia muscular y flexibilidad) se convierte en una prioridad, pues será una de las principales herramientas para prevenir el deterioro del funcionamiento del aparato locomotor, y los riesgos de caídas y fracturas asociadas a este.

De esta forma, es evidente que el Entrenador Personal deberá manejar adecuadamente los contenidos del entrenamiento de la aptitud músculo-esquelética con esta población (por otra parte, tan numerosa). Es por esta razón por la que incluimos a continuación una serie de recomendaciones básicas, pero de enorme importancia, para el entrenamiento de esta aptitud.

4.1. Recomendaciones para la prescripción del entrenamiento de la aptitud músculo-esquelética en las personas mayores

La capacidad para generar fuerza (como término genérico) ha fascinado a la humanidad a lo largo de la historia. No sólo porque las grandes proezas de fuerza han cautivado la imaginación de los pueblos, sino también porque un nivel suficiente de fuerza muscular era importante para garantizar la supervivencia. Aunque la moderna tecnología ha reducido las necesidades de producir niveles elevados de fuerza durante las actividades diarias, en nuestros días ya está bien reconocido, tanto en el campo científico como en el médico, que la fuerza muscular es un cualidad física fundamental y necesaria para la salud, la capacidad funcional, y el mantenimiento de la calidad de vida (ACSM, Kraemer et al., 2002), especialmente en las Personas Mayores.

Ya que la sarcopenia y la debilidad muscular pueden ser una característica casi universal del envejecimiento, deben ponerse en práctica estrategias para preservar o aumentar la masa muscular en los adultos mayores (ACSM, 1998). Aunque se ha demostrado que la fuerza aumenta en respuesta al entrenamiento entre el 60 y el 100% de 1RM (MacDougall, 1986), está claro que cuando la intensidad del ejercicio es baja los ancianos sólo logran aumentos leves en su fuerza (Larsson, 1985; Aniansson, Gustafsson, 1981).

La visión habitual del proceso de prescripción de ejercicio con Personas Mayores ha sido planteada desde un punto de vista exclusivamente médico, y ello ha limitado, en nuestra opinión, las posibilidades de diseñar programas de actividad física rigurosos, sistemáticos y realmente individualizados, capaces de facilitar las condiciones de la práctica al sujeto, y de proporcionarle experiencias positivas, especialmente cuando es principiante. En realidad, parece que las propuestas de ejercicio en nuestro ámbito son extraordinariamente específicas para los sujetos especialmente dotados y entrenados (deportistas de alto nivel), y alarmantemente genéricas e indiferenciadas para la población general de edad avanzada, que por regla general dispone de menos capacidades físicas y presenta mayores riesgos de salud, asociados a la ausencia de ejercicio y a los deterioros y procesos degenerativos propios del paso de los años. Es por ello, por lo que consideramos que este proceso de prescripción del ejercicio debería redefinirse, y ser denominado como *sistematización del entrenamiento para la salud*, como fue extensamente desarrollado en el capítulo 9 de este texto.

Evidentemente, aunque las generalizaciones en nuestro contexto siempre tienen el riesgo de producir estímulos de entrenamiento demasiado genéricos, y por tanto, con limitadas capacidades para producir adaptaciones estables en los practicantes, lo cierto es que ya disponemos hoy en día de suficiente información como para poder identificar con claridad unas Recomendaciones Generales, que nos ayuden a tomar decisiones en el diseño de programas de entrenamiento de fuerza para las Personas Mayores.

De esta forma, incluimos a continuación y a modo de conclusión de este epígrafe, una tabla-resumen con una serie de recomendaciones generales basadas en los trabajos de Wescott y Baechle, publicados en *Strength Training Past 50* (1998), en el Position Stand del American College of Sports Medicine "*Exercise and Physical Activity for Older Adults*" (1998), y en las recomendaciones de Clarck en el texto "*Exercise for older adults. ACE`s Guide for fitness profesionals*" (1998) del American Council on Exercise.

Variable	Recomendación
Selección y orden de los ejercicios	Principales grupos musculares (ejercicios poliarticulares), combinando agonistas y antagonistas por parejas.
Frecuencia de entrenamiento	2 a 3 días/semana (48 a 72 horas de recuperación entre sesiones).
Series	Iniciar programa con 1 serie/ejercicio. 1 a 3 series/ejercicio Garantizar descanso de 2' entre series, en fases avanzadas.
Carga (intensidad)	75% 1 RM (70-80% 1RM) (8-12 RM); 12 a 14 RPE
Repeticiones	8 a 12 RM/serie (mínimo 5 rep. y máximo 15 rep.)
Progresión en el entrenamiento	Aumento de la carga 2,5 libras (kg) cuando el sujeto completa 12 rep en dos series consecutivas de la misma sesión (*)
Velocidad de ejecución	6"-9"/repetición 2" para la fase concéntrica + 4" para la fase excéntrica 3" para la fase concéntrica + 6" para la fase excéntrica
Tiempo de trabajo	Al ritmo medio, 8 a 12 RM requiere entre 50" y 70" de ejercicio anaeróbico de alta intensidad
Rango de movimiento	Completo
Respiración durante el ejercicio	No mantener la respiración en ningún momento (evitar maniobra de Valsalva) Exhalar cuando el peso es levantado e inhalar cuando el peso vuelve a la posición de partida.
Orden de actividades dentro de la sesión	A preferencia del sujeto. Si el objetivo prioritario es aumentar la fuerza, debe ser siempre el primer bloque de la sesión.

(*) "Doble programa progresivo": en la progresión del programa de entrenamiento se aumentan primero las repeticiones y después la carga.

Tabla 11.5. Recomendaciones generales para el entrenamiento de la fuerza con personas mayores adaptado de Wescott, Baechle (1998), ACSM (1998) y Clark (1998).

5. DIRECTRICES GENERALES PARA EL DESARROLLO DE PROGRAMAS DE EJERCICIO EN EL RESTO DE TRASTORNOS DE SALUD MÁS COMUNES ENTRE LA POBLACIÓN SEDENTARIA (TABLAS ACSM, 1997, 2000)

Modalidad	Objetivos	Intensidad/Frecuencia/Duración	Tiempo de entrenamiento hasta alcanzar los obejtivos
Aeróbico Actividades que impliquen grandes grupos musculares (+1/6) Ergómetro de brazos/piernas	Aumentar capacidad aeróbica Reducir presión sanguínea y el pulso durante ejercicio submáximo Reducir demanda de VO2 del miocardio Reducir riesgo ECDV*	40-85% VO2máx o FC reserva RPE 11-16 3-4 días/semana 20-40 min/sesión 5-10 min calentamiento y vuelta a la calma	4-6 meses
Fuerza Entrenamiento en Circuito	Aumentar la habilidad y capacidad para ejecutar actividades diarias Aumentar la resistencia y la fuerza muscular	Poca resistencia 40%- 50% 1RM y muchas repeticiones. Evitar Valsalva. 2-3 días/semana 1-3 series/10-15 rep. La carga debe incrementarse gradualmente a lo largo del programa	4-6 meses
Flexibilidad Actividades para ampliar el rago de movimiento del tren superior e inferior	Reducir riesgo de lesión	2-3 días/semana	4-6 meses

Fármacos	Consideraciones especiales
Beta bloqueantes: no afectan significativamente a la entrenabilidad del paciente cardiaco. Bloqueadores del canal de: no afectan significativamente a la entrenabilidad del paciente cardiaco.	Sujetos con baja CF (<5METS) pueden entrenar al 40-50% VO2 pico, resto al 70%. Monitorizar posibles síntomas en la práctica (dolor de pecho, mareos, etc.). Atención: ejercicio de lata intensidad puede provocar complicaciones en postinfartados. Supervisión constante. Utilizar equipamiento que permita realizar incrementos de intensidad de 1MET. El aumento de la fuerza muscular es un factor importante en el postinfartado, pues reduce la FC, la TA y la demanda de VO2 del miocardio a una intensidad determinada.

*ECDV: Enfermedad Cardiovascular

Tabla 11.6. Directrices para la programación de ejercicio en el infarto agudo de miocardio (IAM). (Adaptado del ACSM, 1997).

Modalidad	Objetivos	Intensidad/Frecuencia/Duración	Tiempo de entrenamiento hasta alcanzar los obejtivos
Aeróbico Actividades que impliquen grandes grupos musculares (+1/6) Ergómetro de brazos/piernas	Aumentar capacidad funional Reducir los factores de riesgo cardiov. Reducir la presión sanguínea y el pulso durante ejercicio submáximo Reducir demanda de VO2 del miocardio	FC 10-25 latidos por debajo del "umbral de isquemia" (FC pico) 3-7 días/semana 20-60 min/sesión 5-10 min calentamiento y vuelta a la calma	4-6 meses
Fuerza Entrenamiento en Circuito	Mejorar capacidad funcional	Poca resistencia 40%- 50% 1RM y muchas repeticiones. Evitar Valsalva. 2-3 días/semana 15-20min/sesión Evitar ejercicios isométricos!!	4-6 meses
Flexibilidad Actividades para ampliar el rago de movimiento del tren superior e inferior	Reducir riesgo de lesión	2-3 días/semana	4-6 meses

Fármacos	Consideraciones especiales
La mayoría de los fármacos cardíacos pueden alterar la hemodinámica durante el ejercicio.	Sujetos deben saber que nunca podrán superar su FC pico en el entrenamiento!! Si los síntomas cambian, deben dirigirse automáticamente a su médico. El sujeto siempre debe llevar encima nitroglicerina si está diagnosticado de enfermedad coronaria. Pasear a baja intensidad es una actividad muy recomendable. Pacientes con baja fracción de eyección, pobre capacidad de ejercicio, o disrritmias frecuentes deben ser controlados constantemente. Los programas en el propio domicilio pueden ser una alternativa válida para pacientes de bajo riesgo. Calentamientos y vueltas a la calma prolongados (>19min) tiene un efecto anti-angina.

Tabla 11.7. Directrices para la programación de ejercicio en angina de pecho e isquemia silenciosa (Adaptado del ACSM, 1997).

Modalidad	Objetivos	Intensidad/Frecuencia/Duración	Tiempo de entrenamiento hasta alcanzar los obejtivos
Aeróbico Actividades que impliquen grandes grupos musculares (+1/6) (remo, trote, caminar, ciclismo, aerobic en el agua, etc.)	Aumento del VO2máx y del umbral de ventilación Perder peso, si el sujeto tiene sobrepeso Aumentar el gasto calórico Aumentar rendimiento funcional Control de la tensión arterial	40-70% VO2máx 50-85% FCmáx RPE 11-13 3-7 días/semana 30-60 min/sesión 700-2000 kcal/semana	4-6 meses
Fuerza Entrenamiento en Circuito	Aumentar fuerza muscular	Poca resistencia 40%- 50% 1RM y muchas repeticiones. Controlar Valsalva. No realizar ejercicios isométricos!!	4-6 meses

Fármacos	Consideraciones especiales
▪ Beta-bloqueantes reducen la FC (15-30 lat/min). ▪ Importante: alargar vuelta a la calma. ▪ Bloqueadores alpha 1 y 2, bloqueadores del canal de calcio y vasodilatadores: pueden causar hipotensión después del ejercicio. ▪ Medicación que limita el gasto cardíaco: usar simultáneamente FC y RPE. ▪ Los diuréticos pueden causar un descenso del K+, causando arritmias. Garantizar hidratación adecuada.	▪ No realizar ejercicio si PS mayor de 200 mmHg y PD mayor de 115 mmHg ▪ La AF de 40-70% VO2max, parece disminuir la PA tanto o más que intensidades mayores ▪ 700 Kcal/sem inicialmente; 2000 Kcal/sem posteriormente ▪ Evitar maniobra de Valsalva.

Tabla 11.8. Directrices para la programación de ejercicio en la hipertensión (Adaptado del ACSM, 1997).

Modalidad	Objetivos	Intensidad/Frecuencia/Duración	Tiempo de entrenamiento hasta alcanzar los obejtivos
Aeróbico Actividades que impliquen grandes grupos musculares (+1/6) (remo, trote, caminar, ciclismo, aerobic en el agua, etc.)	Perder peso Aumentar rendimiento funcional Reducir riesgo de ECDV*	50-70% VO2máx Controlar FC y RPE 5 días/semana 40-60 min/sesión (2 sesiones/día 20-30min) Énfasis en la duración más que en la intensidad	9-12 meses
Flexibilidad Estiramientos	Aumentar amplitud articular Mejorar elasticidad muscular	Diariamente, o al menos 5 sesiones/semana	
Funcional Ejercicio/actividad específica	Aumentar facilidad para llevar a cabo las actividades diarias Aumentar potencial vocacional Aumentar la confianza física		

Consideraciones especiales
Utilizar modalidades de ejercicio de bajo impacto. Atención al aumento del riesgo de hipertermia Posible necesidad de modificar y/o adaptar el equipamiento a utilizar (ampliar asientos en cicloergómetros, etc.) Utilizar el entrenamiento de fuerza como complemento al trabajo aeróbico para mejorar la masa magra (que es más activa metabólicamente) Desarrollar un proceso de enseñanza-aprendizaje de la técnica de los ejercicios utilizados habitualmente en el programa (carrera, pedaleo, etc.)

*ECDV: Enfermedad Cardiovascular.

Tabla 11.9. Directrices para la programación de ejercicio para la obesidad (Adaptado del ACSM, 1997).

Modalidad	Objetivos	Intensidad/Frecuencia/Duración	Tiempo de entrenamiento hasta alcanzar los obejtivos
Aeróbico Actividades que impliquen grandes grupos musculares (+1/6) (remo, trote, caminar, ciclismo, aerobic en el agua, etc.)	Aumentar capacidad aeróbica Aumentar resistencia Disminuir concentraciones de colesterol y triglicéridos Aumentar gasto calórico Disminuir adiposidad y Perder peso	40-70% tasa de trabajo máximo RPE 11-13 5-7 días/semana (1-2 sesiones/día) 40 min/día Énfasis en la duración más que en la intensidad	4 meses (aptitud) 9-12 meses (cambio en lípidos)

Consideraciones especiales
Obesidad puede limitar opciones de entrenamiento.

Tabla 11.10. Directrices para la programación de ejercicio para la hiperlipemia (Adaptado del ACSM, 1997).

Modalidad	Objetivos	Intensidad/Frecuencia/Duración	Tiempo de entrenamiento hasta alcanzar los obejtivos
Aeróbico Actividades que impliquen grandes grupos musculares (+1/6) (remo, trote, caminar, ciclismo, aerobic en el agua, etc.)	Perder peso Aumentar rendimiento funcional Reducir riesgo de ECDV*	50-90% FCmáx (con complicaciones y/o DM de larga duración, intensidades menores) Controlar RPE 4-7 días/semana 20-60 min/sesión	4-6 meses
Fuerza Peso libre, Resistencia variable, Resistencia Isocinética	Aumentar número máximo de repeticiones Mejorar el rdto en aquellos interesados en competir		4-6 meses
Flexibilidad Estiramientos/Yoga	Aumentar amplitud articular Mejorar elasticidad muscular	Diariamente, o al menos 5 sesiones/semana	4-6 meses
Funcional Ejercicio/actividad específica	Aumentar facilidad para llevar a cabo las actividades diarias Aumentar potencial vocacional Aumentar la confianza física		

Consideraciones especiales
Pueden ser necesarios aportes previos de hidratos de carbono y/o dosis de insulina 30-60 minutos antes del ejercicio. Monitorizar el nivel de glucosa en sangre antes y después del ejercicio Atención con el entrenamiento nocturno, que puede aumentar el riesgo de hipoglucemia nocturna

Tabla 11.11. Directrices para la programación de ejercicio en la diabetes (Adaptado del ACSM, 1997).

Modalidad	Objetivos	Intensidad/Frecuencia/Duración	Tiempo de entrenamiento hasta alcanzar los obejtivos
Aeróbico Actividades que impliquen grandes grupos musculares (+1/6) (remo, trote, caminar, ciclismo, aerobic en el agua, etc.)	Aumentar VO2máx, pico de trabajo y resistencia aeróbica Aumentra umbral de lactato y ventilatorio Reducir la sensibilidad a la disnea Desarrollar patrones respiratorios más eficientes Facilitar mejoras en Activ. Diarias.	RPE 11-13 (ritmo cómodo) Monitorizar disnea 3-7 días/semana 1-2 sesiones/día 30 min/sesión (menores en etapa inicial) Énfasis en la duración más que en la intensidad	2-3 meses
Fuerza Pesos libres, resistencia variable, resistencia isocinética	Aumentar nº máximo de reps. Mejorar momento de fuerza y potencia Aumentar masa magra	Baja intensidad, muchas repeticiones 2-3 días/semana	2-3 meses
Flexibilidad Estiramientos Tai-Chi	Aumentar/mantener el rango de movilidad articular	3 sesiones/semana	
Neuromuscular Andar, ejercicos de equilibrio Ejercicios respiratorios	Mejorar equilibrio y postura. Mejorar eficiencia respiratoria.	Diario	
Funcional Ejercicos y actividades específicas	Aumentar/mantener actividad diaria Volver al trabajo Mejorar calidad de vida Recreación	Diario.	

Fármacos	Consideraciones especiales
Corticoesteroides pueden predisponer a manifestar trastornos psicológicos.	Utilización preferente de RPE y síntomas de disnea para cot rolar la intensidad. En estos pacientes es normal la presencia de cardiopatía coronaria, EVP, artritis, osteoporosis, etc. Los pacientes responden mejor al ejercicio a media mañana o antes de la comida (no a primera hora). Evitar temperaturas y humedad extremas. Aporte suplementario de O2 puede ser necesario para mantener SaO2>90%. Ansiedad, depresión y miedo son comunes debido a la disnea y a la discapacidad física.

Tabla 11.12. Directrices para la programación de ejercicio en enfermedades pulmonares (Adaptado del ACSM, 1997).

Modalidad	Objetivos	Intensidad/Frecuencia/Duración	Tiempo de entrenamiento hasta alcanzar los obejtivos
Aeróbico Actividades que impliquen grandes grupos musculares (+1/6) (remo, trote, caminar, ciclismo, aerobic en el agua, etc.)	Aumentar VO2máx, pico de trabajo y resistencia	40-60% VO2máx (60-80% FC máx) RPE 11-16 3-5 días/semana 5 min/sesión inicialmente hasta 30 min/sesión Énfasis en la duración más que en la intensidad	4-6 meses
Fuerza Entrenamiento en Circuito Con pesos libres, resistencia variable, ejercicos isométricos, gomas elásticas, etc.	Mejorar 1RM, momento de fuerza y potencia	Aplicar el umbral de dolor para fijar el %1RM 2-3 rep inicialmente hasta 10-12 rep. (pocas repeticiones) 2-3 días/semana	
Flexibilidad Estiramientos	Aumentar/mantener el rango de movilidad sin dolor Reducir rigidez articular	1-2 sesiones/día	
Neuromuscular Cualquier actividad apropiada	Mejorar equilibrio y postura.		
Funcional Ejercicos y actividades específicas	Aumentar/mantener actividad diaria Volver al trabajo Mejorar calidad de vida		

Fármacos	Consideraciones especiales
▪ Esteroides predisponen a las fracturas por estrés.	▪ Evitar el sobre-estiramiento en articulaciones de alta inestabilidad. ▪ Elevadas repeticiones, mucha carga o alto impacto no están recomendados. ▪ La depresión puede ser un obstáculo para cambiar el estilo de vida del sujeto.

Tabla 11.13. Directrices para la programación de ejercicio en la Artritis (Adaptado del ACSM, 1997).

Capítulo XII

La comunicación y el marketing en el Entrenamiento Personal

Dr. Alfonso Jiménez Gutiérrez
Doctor en Ciencias de la Actividad Física y el Deporte (ULE)
Licenciado en Educación Física (UPM)
CSCS, NSCA-CPT
Profesor de Actividad Física y Salud
Director del Dpto. de Fundamentos de la Motricidad y del Entrenamiento Deportivo
Facultad de Ciencias de la Actividad Física y el Deporte
Universidad Europea de Madrid
Socio-Director del Proyect@Fit (www.proyectafit.com)
Servicios de Consultoría Especializada para Instalaciones Deportivas
alfonso.jimenez@uem.es

1. INTRODUCCIÓN

La comunicación es poder, mueve fronteras, permite conseguir metas inalcanzables de otra manera,… la comunicación es la más humana de nuestras capacidades, la que más nos diferencia de los demás animales. Y esta capacidad humana es innata en nosotros, pero a la vez es entrenable y, por lo tanto, perfectible.

Si existe un profesional de nuestro ámbito que deba destacar en la comunicación, ese es (también) el Entrenador Personal. Por ello, en este capítulo nos centraremos concretamente en los recursos de comunicación que un Entrenador Personal debería desarrollar para poder afrontar su actividad profesional con éxito, al menos inicialmente. Pero además de estos recursos, el Entrenador Personal necesita herramientas específicas de comunicación, y el Plan de Marketing es la principal. Así, en la segunda parte del capítulo ofreceremos al lector una guía de desarrollo para la elaboración, puesta en marcha y control de un Plan de Marketing específico para Entrenadores Personales.

Recordemos que, como veíamos en las conclusiones del capítulo inicial de este texto, según el profesor Saura (2002), Director del Departamento de Formación de la compañía TechnoGym en España, en base a los resultados de un pequeño estudio realizado en los centros del área metropolitana de Barcelona que ofrecían el servicio de Entrenamiento Personal a sus clientes, los propios entrenadores reconocían que su perfil profesional requería de un 50% de habilidades psicológicas, marketing y comunicación, y técnicas de venta; un 20% de conocimientos sólidos de anatomía, kinesiología y biomecánica; otro 20% de fisiología de ejercicio y del entrenamiento deportivo; y finalmente, un 10% tan sólo dedicado al entrenamiento de las cualidades físicas básicas (ver figura 12.1.).

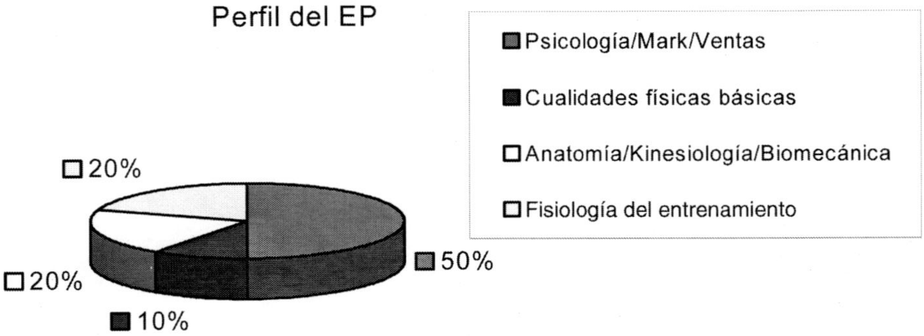

Figura 12.1. Necesidades de formación y utilización de recursos asociados en una muestra de EP de Barcelona informe sobre el presente y el futuro de los servicios personalizados Adaptado de: Saura, R. TechnoGym España (2002). Sin publicar.

A la vista de estos resultados es evidente que estas cuestiones suscitan interés entre los actuales Entrenadores Personales, fundamentalmente porque su actividad profesional diaria se ve muy necesitada de la aplicación de estos "otros" recursos y habilidades.

Este capítulo parte del tiempo de análisis, síntesis y orientación que desarrollamos entre los años 2001 y 2002 para la publicación de varios trabajos sobre esta importante necesidad del Entrenador Personal (y de cualquier profesional del campo de la actividad física y el deporte). Así, publicamos un primer trabajo en la revista Sport Managers (nº 17), centrado en un plan de marketing genérico para cualquier profesional de nuestro campo (Jiménez, 2001); un año más tarde salió al mercado el texto *Manual del Entrenador Personal. Marketing y Nuevas Tecnologías,* publicado con Ramón Lacaba; y finalmente, publicamos otro artículo ese mismo año en el newsletter *En Forma News* (Aeróbic & Fitness Asociación, nº 12, 2002). El texto monográfico publicado con el profesor Lacaba está disponible a través de la Escuela Nacional de Entrenadores de la Federación Española de Halterofilia y Físico-Culturismo, para aquellos técnicos que hayan obtenido el título de Entrenador Nacional.

En su momento este texto supuso la primera publicación específica en nuestro país sobre estas cuestiones relacionadas con la Comunicación. Hoy en día ya han sido publicados otros trabajos, y la expansión del servicio de Entrenamiento Personal es innegable e imparable, pero consideramos que existen determinadas áreas y propuestas de esta publicación que siguen vigentes.

2. RECURSOS DE COMUNICACIÓN Y ATENCIÓN CON EL CLIENTE

a) El modelo SPIRIT (Gavin, 1995)

Como hemos recogido extensamente en apartados anteriores, el trabajo del Entrenador Personal contempla en todos los casos la necesidad de establecer una relación positiva y fructífera con su cliente, desarrollada en un entorno dinámico pero estable, y basada en la mutua confianza y respeto (Jiménez, Lacaba, 2002).

Nuestro objetivo, por tanto, será el de alcanzar el máximo reconocimiento por parte de nuestros clientes, que se verá traducido en lo que denominamos "fidelidad". Para poder garantizar en lo posible una masa de fieles clientes, no deberíamos olvidar nunca las palabras de Henry Ford, sin duda uno de los más grandes empresarios de todos los tiempos:

> "Las dos cosas más importantes de una empresa no aparecen en su balance anual: una es su reputación; la otra, su personal".

Pues bien, ¿cómo podemos materializar algo tan complejo y delicado como la reputación o el personal con éxito?

En principio, y tomando como referencia las palabras de Ford, cuidando nuestra reputación (esto es, nuestra imagen profesional), y cuidando nuestras relaciones personales con nuestros clientes. Para ello, es evidente que como herramienta clave, debemos actuar siempre de forma profesional, seria y consciente.

En 1995, el Dr. James Gavin y su colaboradora, Nettie Gavin, publicaron un texto clave en el campo de las relaciones personales para los profesionales del fitness y la salud. Su libro, "*Psychology for Health Fitness Professionals*" se ha convertido desde entonces en una referencia básica para muchos profesionales de la actividad física en todo el mundo, y muy especialmente para los Entrenadores Personales.

En su libro, Gavin plantea un modelo conceptual sobre cómo deben ser las relaciones entre el profesional de la actividad física y sus clientes. Este modelo es el denominado **SPIRIT Model**, y gracias a él, el profesional podrá interactuar de forma más efectiva con sus clientes, creando ese entorno favorable y estable del que hablábamos anteriormente. El lema del libro es "*Cómo capturar el ESPÍRITU de una relación profesional efectiva*".

Así, el modelo consta de seis apartados o acciones, una por cada letra contenida en SPIRIT, en donde el profesional debe ser capaz de desarrollar una serie de habilidades y capacidades. Si el profesional actúa correctamente en relación a cada una de ellas, habrá recorrido la mayor parte del camino hacia la credibilidad.

- *Support* (APOYO): S
- *Purpose* (propósito-OBJETIVOS): P
- *Integrity* (INTEGRIDAD): I
- *Resolution* (RESOLUCIÓN): R
- *Inspiration* (INSPIRACIÓN): I
- *Timing* (TIEMPO): T

→ "S.P.I.R.I.T."

Support (APOYO): S

Una de nuestras principales funciones en nuestro trabajo (como docentes, indudablemente) consiste en ayudar y apoyar a los demás a desarrollar programas de actividad física que promuevan cambios positivos no sólo en el plano físico, sino también en el cognitivo y en el socioafectivo. La actividad física, el deporte, es una actividad plena, pero para realizarla el sujeto necesita en la mayoría de los casos que le apoyemos, sobre todo facilitándole las condiciones de la práctica.

Purpose (propósito-OBJETIVOS): P

En el campo de la actividad física y de la salud siempre estamos haciendo referencia a los objetivos, a alcanzar metas que nos permitan mejorar o cambiar determinados elementos o situaciones. Nuestra función en este caso implica ayudar a los demás a descubrir qué es lo que quieren, y después que sean capaces de conseguirlo.

Integrity (INTEGRIDAD): I

Gavin cita a Albert Camus en este apartado, cuando dice: "Hay dignidad en el trabajo solo cuando éste ha sido libremente aceptado". Nuestra función, si deseamos libremente dedicarnos a esto, conlleva también reconocer cuales son las reglas que consideramos justas y válidas, cuales nuestras necesidades y limitaciones y si vamos a estar dispuestos a respetar las de la otra parte, nuestro cliente.

Resolution (RESOLUCIÓN): R

Los conflictos son inevitables en la vida, y aprender a resolverlos con éxito es fundamental en nuestro futuro como profesionales. Debemos ser capaces de identificar los conflictos, analizarlos y desarrollar estrategias para solucionarlos. Esconder la cabeza y eludir nuestra responsabilidad es un mal principio profesional para un entrenador personal.

Inspiration (INSPIRACIÓN): I

Trabajar con otras personas supone en la mayoría de los casos invertir mucha energía y recursos, pues además, en nuestro ámbito debemos desarrollar una gran capacidad de dinamización y motivación hacia la práctica de la actividad física. Para ello, necesitamos estar inspirados, y ello supone a la vez estar centrados y ser sistemáticos y organizados (de otro modo, la inspiración llegará y pasará de largo en cualquier momento).

Timing (TIEMPO): T

Todo en la vida está relacionado con el tiempo. Debemos aprender a manejar correctamente el tiempo disponible con cada persona en cada momento. Debemos identificar los momentos para hablar, los momentos para escuchar, los momentos para actuar,... En este sentido, debemos ser especialistas en gestionar el tiempo.

Este es, brevemente y planteado de forma muy esquemática, el modelo propuesto por Gavin para estructurar las acciones de un profesional del fitness y la salud (traducido y publicado con Lacaba en el 2002). Invertir tiempo y energía en ser consciente de estas necesidades y en trabajar para mejorarlas es sin duda una de las mejores inversiones que podemos hacer como profesionales.

b) Propuesta para el desarrollo de un procedimiento de actuación operativo

Además, y a modo de conclusión sobre este importante aspecto de la actividad del Entrenador Personal, consideramos que sería interesante recoger también una propuesta de actuación más orientada a la parte operativa de la relación con nuestros clientes. Es decir, al momento habitual de mantener un primer contacto, o una serie de contactos regulares, muy orientados a captar e identificar las necesidades "reales" de nuestro cliente.

Esta propuesta o procedimiento de actuación fue definido por el profesor Forte (1998) en el Programa de Formación en Atención al Cliente del Instituto Image (Image Fitness Systems), y contempla, según él, el desarrollo de una serie de pasos concretos, y organizados de forma jerárquica. Esta actuación pormenorizada tiene como principal objetivo estructurar la relación con el cliente (especialmente para evitar errores y olvidos, algo imperdonable en un Entrenador Personal).

Así, el profesor Forte propone este sencillo esquema de actuación:

Paso 1.	Escuchar (necesitamos información) Preguntas abiertas ("¿en qué puedo ayudarle?")
Paso 2.	Comprender al otro. "Te comprendo perfectamente" (el objetivo es facilitar una empatía manifiesta respecto a las necesidades del cliente).
Paso 3.	Encontrar soluciones. Informándole puntualmente (sobre todo si aún no tenemos la solución a su problema).
Paso 4.	Evaluar el proceso. Esta evaluación es clave para ajustar las propuestas a sus intereses y necesidades, pues éstos irán cambiando con el paso del tiempo.

Finalmente, es muy importante insistir en la necesidad del Entrenador Personal de invertir tiempo y energía en desarrollar recursos y habilidades de comunicación. Estas habilidades y recursos se basarán fundamentalmente en ser capaz de diagnosticar cuáles son las necesidades "reales" del cliente y qué es lo que espera de nosotros, como señalamos anteriormente.

Sólo si estamos dispuestos a trabajar estos aspectos conseguiremos convertirnos en auténticos PROFESIONALES, claramente orientados a atender las necesidades de nuestros clientes. Es evidente que si no somos capaces de captar e identificar esas necesidades, no podremos atenderlas en ningún momento.

3. COMUNICACIÓN Y MARKETING PERSONAL PARA ENTRENADORES PERSONALES

3.1. El marketing deportivo, un marketing diferente

Si partimos de una de las definiciones clásicas del término 'Marketing', Kotler (2000), este puede ser definido como "todo proceso social y de gestión, a través del cual los distintos grupos e individuos obtienen lo que necesitan y desean, creando, ofreciendo e intercambiando productos con valor para otros". Esta definición, que se aplica de forma correcta en el mercado de productos o bienes de consumo, necesita una serie de aclaraciones cuando se centra en el campo del marketing deportivo.

Así, el Marketing Deportivo presenta una serie de peculiaridades o características que le hacen diferente, y que es necesario tener en cuenta a la hora de desarrollar estrategias de Marketing:

1. En el marketing deportivo, el concepto de "producto" hace referencia a dos tipos bien diferenciados, lo que implica conocerlos bien para adoptar las decisiones de marketing más correctas respecto a cada uno de ellos. Así encontramos:

- Bienes tangibles: Artículos deportivos propiamente dichos, como pueden ser zapatillas de deporte, patines, raquetas de tenis, etc.
- Bienes intangibles: aquí encontramos desde los distintos acontecimientos que surgen a raíz de un deporte concreto (por ejemplo : ligas de fútbol, campeonatos de tenis, vueltas ciclistas, etc.); hasta los distintos servicios deportivos ofrecidos por las distintas instalaciones deportivas (gimnasios, polideportivos, etc.) y profesionales, con el objetivo de conseguir clientes para practicar algún tipo de deporte (de manera organizada, mediante una clase con profesor, un entrenamiento personal y/o de forma independiente). También en este apartado podemos encontrar aquellos soportes de comunicación que utilizan el deporte como un reclamo para captar consumidores (como por ejemplo, diarios o revistas deportivas o canales de televisión).

2. El consumidor deportivo puede ser aquella persona que practica un deporte concreto o aquella otra que no lo practica, pero le gusta consumir servicios deportivos relacionados con este sector, simplemente como un mero espectador. Un aspecto importante de los consumidores de deporte es que a menudo se consideran expertos debido a la implicación e identificación personal que manifiestan al consumirlo.

3. Mucho del Marketing Deportivo puede ser considerado como un Marketing de Servicios, lo que conlleva una serie de implicaciones que es necesario conocer para poder desarrollar las estrategias de marketing con la máxima eficacia y rentabilidad. Los servicios deportivos que ofrecen las instalaciones deportivas y/o los profesionales presentan las siguientes características:

- Son intangibles, aunque puedan apoyarse en aspectos tangibles para poderse llevar a cabo.
- Presentan un carácter inseparable, es decir, van ligados a la persona que presta el servicio deportivo (en este caso el entrenador personal).
- Son variables, es decir, se adaptan a las características de cada consumidor, es decir, son bastante heterogéneos.
- Presentan un carácter perecedero, es decir, se consumen en el mismo momento en que se utilizan.

4. El considerar el Marketing Deportivo como un marketing de servicios hace que se tengan que tener en cuenta los siguientes aspectos:

- Existen muchos servicios deportivos cuya calidad técnica no se puede juzgar hasta que el cliente los recibe y ello dificulta su evaluación.
- Los consumidores se sienten con más riesgo en su decisión de compra/contratación del servicio. Por ello se apoyarán en aspectos como la experiencia, la credibilidad o la confianza a la hora de seleccionar un servicio concreto.
- Los consumidores conceden mucha importancia al precio, al personal y a los aspectos tangibles (como por ejemplo las instalaciones), para juzgar la calidad del servicio deportivo.
- Cuando los consumidores se encuentran satisfechos son muy leales a su suministrador del servicio deportivo.

5. Dentro del marketing deportivo las acciones de comunicación que tienen más desarrollo son: la publicidad, las acciones de relaciones públicas, el marketing directo y el patrocinio deportivo.

Está claro que el mundo del deporte (referido a productos o servicios deportivos) es un negocio que genera mucho dinero a su alrededor, y como tal, las empresas y profesionales tienen que saber cómo "venderlo" de la mejor manera.

Esto implica aplicar los principios del marketing al sector deportivo con las peculiaridades que éste tiene, y, por tanto, es necesario conocer éstas para desarrollar políticas y estrategias de marketing que aporten los resultados más satisfactorios a los profesionales y empresas que decidan ponerlas en práctica.

3.2. Desarrollo de un marketing plan para entrenadores personales

A lo largo de mi vida profesional en este sector he tenido la oportunidad de conocer a grandes profesionales del sector deportivo y de compartir con ellos inquietudes, proyectos, planteamientos y experiencias. Y también en estos años he conocido y aprendido mucho de otros grandes profesionales de sectores mucho más maduros que el nuestro.

En infinidad de circunstancias los profesionales del sector deportivo nos percatamos de las limitaciones y de la problemática que implica trabajar en entornos jóvenes, en empresas pequeñas, poco profesionalizadas, con recursos limitados, con poco capital corporativo, con una limitada credibilidad frente a sus clientes, en definitiva, con un pasado tan breve que prácticamente no ha dado aún su fruto. Esta situación, en muchos casos, se instrumentaliza con el objetivo de justificar resultados insuficientes, servicios mal gestionados, expectativas de crecimiento limitadas, etc. (Jiménez, 2001; Jiménez, Lacaba, 2002).

Ahora bien, desde una visión crítica y rigurosa, estas circunstancias "ambientales" no deben plantearse como una excusa en el desarrollo de nuestro ejercicio profesional, sino todo lo contrario, deben convertirse en punto de referencia y en elemento diferencial, ya que nos van a obligar a trabajar con criterio, con imaginación y sobretodo, con "método".

Estos métodos (o sistemas de hacer las cosas de forma organizada) deben estar presentes en todos los ámbitos o áreas de la actividad que desarrollemos, bien en un centro y/o en una empresa de servicios deportivos, desde el contacto con el potencial cliente, a la gestión de recursos, pasando por la gestión comercial, la financiera, etc.

Pero tenemos también que considerar que, al igual que nuestro sector, los profesionales del sector deportivo, y especialmente los Entrenadores Personales, somos sujetos bastante anárquicos e imprevisibles, tanto en nuestras decisiones y/o en nuestras acciones, como sobretodo en la falta de interés que endémicamente presentamos por la forma en que los demás (clientes, proveedores, servicios) nos conocen y nos valoran.

Es por esto por lo que, entre las muchas herramientas que como Entrenadores Personales debemos manejar, es absolutamente imprescindible que consideremos la necesidad de desarrollar un **Plan de Marketing**, que nos ayude a materializar en hechos positivos todas las ideas y toda la energía que habitualmente ponemos en nuestro trabajo.

Veamos a continuación una propuesta básica de organización de un **Plan de Marketing para Entrenadores Personales**, partiendo de nuestros trabajos del 2001 y 2002 ya publicados.

Como es evidente hoy en día, la situación del deporte y de la actividad física en el seno de las sociedades modernas ha cambiado mucho en los últimos tiempos, pasando de ser tan sólo un complemento educativo en determinados momentos de la vida del niño, o una práctica totalmente espontánea de carácter social y lúdico, a convertirse en uno de los más importantes fenómenos de nuestra "aldea global", tanto desde el punto de vista de fenómeno de masas (deporte espectáculo), como de fulgurante agente económico. Así lo manifiestan con claridad los profesores Andreff y Weber en un informe específico desarrollado para el Comité para el Desarrollo del Deporte (CDDS) del Consejo de Europa, en donde se analiza el valor y la repercusión del deporte como fenómeno económico en Occidente, y especialmente en Europa.

> "... el deporte sostiene la industria y distintos mercados, la creación de empleo, el desarrollo económico regional y la inversión en instalaciones deportivas. De él se derivan consecuencias de mayor amplitud, al crear flujos económicos y relaciones sociales y mercantiles que no existirían sin la presencia del fenómeno deportivo. Numerosos aspectos de la realidad económica dan testimonio de todos estos efectos" (Andreff, Weber, 1996).

Si nos detenemos a analizar este mercado deportivo, normalmente manejamos dos productos básicos:

- el deporte-espectáculo por un lado, como elemento de masas de gran repercusión social y por tanto económica;
- y por otro, el deporte-salud o la actividad física saludable, de menor repercusión puntual, pero con un interesante elemento de estabilidad para nuestro mercado, como es la necesidad de una práctica regular y constante para obtener beneficios significativos en la salud del practicante.

Es decir, la actividad física saludable es un producto de consumo a largo plazo y el deporte espectáculo es un producto de consumo inmediato. En el primero el cliente es un agente activo, y en el segundo es un agente pasivo. En un caso, el cliente consume servicios a lo largo de un periodo de tiempo (por ejemplo, una cuota mensual o anual para asistir a un centro deportivo), y en el otro, los consume in situ y en el momento (ya sea en directo o a través de los MMCC).

Ambos productos generan recursos, pero de forma totalmente diferente, y por ello los profesionales del sector deportivo orientados al mercado de la actividad física saludable (Entrenador Personal) debemos adaptar, como ya comentábamos en el epígrafe inicial, nuestro Plan de Marketing Personal al tipo de producto y al entorno en el que estemos trabajando.

Así, en este apartado nos centraremos en la implantación de un plan para profesionales del sector deportivo que desarrollen su actividad profesional de forma individual en el área de deporte-salud y/o rendimiento deportivo no profesional (centros deportivos, gimnasios, servicios públicos de deporte, a domicilio, etc.).

El **Programa** a desarrollar en este plan, según nuestra propuesta (Jiménez, Lacaba, 2002) debería ser el siguiente, realizado además y necesariamente en este orden jerárquico:

1. Definición (¿quién soy? ¿qué ofrezco?)
2. Imagen (¿cómo lo vendo?)
3. Comunicación/Información (el valor de los rasgos diferenciales, ¿por qué soy mejor/especial/diferente?)
4. Resultados (¿para qué?, cuál es la finalidad "útil" de nuestros servicios)
5. Control y Evaluación (cómo adelantarnos a los errores y/o aprender de ellos para mejorar)

a) Definición: ¿Quién soy yo como profesional?

El objetivo fundamental de esta primera etapa es definir lo más exacta y concretamente el tipo de profesional que soy, y cuales son mis virtudes o "ventajas" (tanto para darme a conocer al cliente inexperto, inmaduro y/o desconfiado, como para poder luchar frente a mi posible competencia). La idea es potenciar mis principales "excelencias", mis capacidades y mis recursos, para que ese cliente me identifique como un profesional cualificado y con prestigio. No se trata en ningún caso de mentir, transformar y/o inventar aspectos o experiencias atractivas, sino de mejorar la percepción de todas mis capacidades por parte de mis futuros clientes.

Así, y como guión-soporte, debemos concretar e identificar:

a.1. ¿Cuál es mi **formación**, tanto académica (conocimientos), como de procedimientos (herramientas)?

A este respecto es muy interesante construir correctamente un currículum básico de presentación, que incluya los apartados tradicionales de formación académica, experiencia profesional, etc., y además, y sobretodo, aquellas habilidades específicas orientadas al entrenamiento individual (utilización de tecnologías de vanguardia, recursos de planificación y control, etc.).

En este apartado es muy importante recoger además, nuestra formación universitaria, si la hubiere, aunque no tenga una relación directa o estrecha con el mundo de la actividad física y el deporte, pues para nuestro potencial cliente éste será siempre un valor de reconocimiento. No obstante, y según un interesante trabajo publicado por Malek et al. (2002), tras un estudio realizado con 115 profesionales del sector del fitness, la formación universitaria específica en el campo de las Ciencias de la Actividad Física y el Deporte, dotaba al Entrenador Personal de mejores y más aplicables conocimientos para desarrollar su labor.

a.2. ¿Qué **experiencia** aporto, a nivel profesional, deportivo, de consumo (¿qué tipo de consumidor de servicios deportivos soy?)?

Experiencias vividas que potencien nuestra capacidad de entender y entrenar al sujeto en función de sus necesidades (si hemos dedicado una parte de nuestra vida al deporte de competición, si hemos participado en la organización o desarrollo de algún evento deportivo importante, si tenemos experiencia de entrenamiento con deportistas de cierto nivel o con grupos de población con necesidades especiales, etc.). El objetivo último es que nuestro cliente se sienta "orgulloso" de su Entrenador Personal.

Otro aspecto interesante a analizar en este punto es el referido a nuestra propia experiencia como consumidores (no solo de servicios deportivos, sino más bien como consumidores finales). Dentro del mundo de las empresas de servicios hay un lema muy antiguo, pero que por más que avance la técnica y los recursos, nunca pierde su validez y actualidad. Se trata del concepto, "intenta tratar a tus clientes como te gusta que te traten a ti". Esta máxima es uno de los principales indicadores de calidad de los que disponemos hoy en día los consumidores, y como profesionales de los servicios, debemos conocer primeramente qué es lo que esperamos nosotros cuando somos clientes. Tan sólo si somos conscientes de nuestras necesidades y demandas podremos ser capaces de estructurar y desarrollar un verdadero servicio de entrenamiento personal de calidad.

a.3. ¿Cuáles son mis principales **recursos** (técnicos, materiales, didácticos, etc.)?

Ya lo señalábamos en el apartado anterior, pero es fundamental insistir en este aspecto. Debemos potenciar nuestra imagen de "técnicos especialistas en entrenamiento", y para ello el conocimiento, utilización e interpretación de recursos variados es un indicador clave en la percepción de servicio de calidad que el cliente demanda. Así, disponer para las sesiones de equipos de análisis y valoración, recoger todos los datos y actividades realizadas por el sujeto en cada sesión en un soporte informático, asistir a las sesiones con el ordenador portátil para registrar información del entrenamiento "in situ", etc., hacen que nuestros clientes reconozcan nuestra capacidad, preparación y valía. Y para ello lo primero y principal es transmitírselo claramente.

a.4. ¿Qué **ofrezco a mi entorno profesional** (clientes, proveedores, trabajadores)?

El trabajo es una forma fundamental de realización para el ser humano, y por tanto, es una fuente importante (y por supuesto, no la única) de satisfacciones y alegrías. Si nos gusta nuestro trabajo, si consideramos que somos buenos profesionales, serios, comprometidos y rigurosos, si disfrutamos con lo que hacemos, debemos conseguir que los demás lo conozcan y lo valoren. De esta forma, potenciaremos nuestro prestigio profesional, basándonos en el respeto y admiración que nuestro trabajo, y especialmente, nuestra "actitud" despiertan en aquellos con los que nos relacionamos.

a.5. De todo lo anterior, qué es lo que yo aporto en mi realidad concreta como profesional.

Esto es, a modo de resumen:

- ¿qué es lo que nosotros, como especialistas en actividad física, ofrecemos a los demás?,
- o lo que es lo mismo, ¿por qué deben mis clientes entrenar conmigo?,
- ¿por qué deben confiar en mi?,
- ¿en qué se debe basar esa confianza?

Si somos capaces de concretar y definir estos aspectos, seremos capaces de transmitir a nuestros clientes las razones fundamentales que soportarán su decisión de contratarnos como sus entrenadores personales.

b) La imagen

¿Cómo "vendo" esas definiciones, cómo consigo comprometer a los demás para que confíen en mi y colaboren en mi proyecto?

Una vez definido, lo más concretamente posible, el tipo de profesional que soy y las ventajas que supone mi trabajo frente al de los demás, debemos concretar:

b.1. ¿Cuáles son mis **Valores Esenciales** (mi concepto del servicio deportivo, del entrenamiento personal, mi filosofía profesional y personal)?

Hablar de los "valores esenciales" y del siguiente punto, los "rasgos diferenciales", significa hablar de un término clave en el mundo del Marketing y la Comunicación empresarial. Se trata del término "**Cultura Corporativa**", esto es, el nombre y apellidos completos de una empresa, su misión, su forma de entender el mundo y el trabajo, su "porqué está aquí". Tratar de definir, concretar y verbalizar esta cultura es un proceso complejo y delicado que nos va a obligar a definirnos como profesionales y como personas, pero que es la principal y mayor aportación de nuestra actividad profesional, pues es la forma en que queremos ser reconocidos y valorados por los demás, y especialmente por nuestros clientes.

Así, al tratar de "vender" nuestro producto, nuestros servicios de entrenamiento personal, debemos ser capaces de comunicar a nuestros potenciales clientes qué entendemos nosotros por "entrenamiento personal", qué queremos aportar y qué aportamos a nuestros clientes con nuestro trabajo, qué tipo de profesionales somos, qué filosofía dirige nuestras decisiones, tanto profesionales, como éticas y/o humanas.

En definitiva, qué es lo "esencial" y qué es a lo que damos "valor".

Este aspecto del Plan de Marketing es fundamental en nuestro ámbito, pues la "compra" de nuestros servicios y sobretodo, la fidelidad de nuestros clientes, va a estar basada principalmente en aspectos emocionales, subjetivos, personales, más que en la mera consecución de unos objetivos-resultados concretos. Aunque en una primera visión simplista podríamos considerar al entrenamiento personal como una actividad utilitaria (esto es, orientada y justificada tan solo por la consecución de unos objetivos mesurables), no lo es en ningún caso, y depende en un altísimo porcentaje de la relación personal que el técnico sea capaz de establecer con su cliente. Por ello, invertir en la identificación y comunicación de nuestros valores esenciales va a ser siempre una gran "inversión", tanto económica como organizativamente, pues si tengo claro lo que quiero y no quiero hacer, tendré solucionados gran parte de los problemas asociados al trato con el cliente.

b.2. ¿Cuáles son mis **rasgos diferenciales**? En qué me distingo de mi competencia (otros profesionales, otras filosofías, etc).

Si hemos sido capaces de responder a la pregunta anterior, en este caso los rasgos que nos diferencian de los demás ya están claros. Ahora bien, tengo que trabajar para que mi cliente (potencial o estable) los reconozca igualmente, y los valore positivamente.

Para este apartado siempre será de gran utilidad invertir tiempo en analizar y estudiar tanto la oferta de mi competencia como su forma de comunicarse con los clientes (en nuestro caso, de vender sus servicios de entrenamiento personal). Así, podremos definir nuestra oferta de servicios y actividades no solo partiendo de lo que nosotros queramos, sepamos y podamos hacer, sino también, mejorando lo ofertado por otros, modificándolo y/o desarrollando nuevos servicios y actividades.

b.3. Definir mi propia "**imagen profesional**" (aspecto, actitud, lenguaje, otros).

La Imagen Profesional no es otra cosa que la materialización de mis valores esenciales y mis rasgos diferenciales en una determinada manera de ser, aparecer, comunicarme y actuar ante mis clientes. Normalmente, al hacer referencia a esta "imagen" sólo nos planteamos aspectos directos relacionados con nuestra indumentaria (ropa deportiva, calzado, complementos) y con nuestra apariencia física (corte de pelo, color de piel, etc.), cuando en realidad, y especialmente en el caso del entrenamiento personal, vamos a necesitar transmitir con nuestra imagen muchas más cosas. El objetivo a la hora de establecer una estrategia de imagen profesional debe contemplar distintas y complementarias acciones orientadas a potenciar nuestras virtudes y habilidades, pero siempre respetando muchísimo la situación, necesidades y circunstancias de nuestros clientes (algo desgraciadamente habitual en nuestro ámbito es el hecho de encontrarnos con profesionales más encantados consigo mismos que dispuestos a escuchar y ayudar a sus clientes ...).

Hay en esta cuestión un importante punto a tener en cuenta al hablar de imagen y comunicación. Como profesionales orientados a la atención al cliente, debemos desarrollar habilidades de comunicación, sobre todo orientadas a diagnosticar inmediatamente el nivel cultural y expresivo de nuestro cliente, con el fin de ajustar nuestro discurso a su capacidad de comprensión y a sus expectativas. Para ello debemos aprender a realizar preguntas abiertas en los primeros encuentros, de tal manera que sea el cliente el que determine el nivel de nuestra conversación y el grado de interés que le suscite nuestra persona (debemos evitar, en la medida de lo posible, "apabullar" con información, capacidades y anécdotas, etc., a nuestro sufrido cliente).

c) Comunicación/Información

La información es la clave para alcanzar nuestros objetivos, y es por ello por lo que debemos concretar cada una de nuestras acciones en base al esquema básico de pregunta-respuesta, solucionando a priori cualquier duda que al cliente se le pueda plantear. Así, debemos concretar, qué vamos a hacer, cómo vamos a hacerlo y para qué lo hacemos. Veámoslo:

c.1. ¿Qué vamos a hacer?

Se trata de definir la **información** necesaria, y perfectamente estructurada, para que el cliente conozca, entienda y valore cada acción propuesta en su programa individual.

Este aspecto es especialmente importante en los primeros contactos con el cliente, pues en la medida en la que seamos claros en estas cuestiones mejoraremos el clima de confianza con él.

c.2. ¿Cómo vamos a hacerlo?

Qué recursos (**materiales, técnicos y humanos**) consideramos necesarios y vamos a emplear para poder desarrollar las actividades propuestas dentro del proceso, adaptándolas en cada momento a la situación del cliente y a su evolución individual. El objetivo debe ser implicarle al máximo, haciéndole partícipe y protagonista de su propia acción de entrenamiento.

c.3. ¿Para qué lo hacemos?

O lo que es lo mismo, ¿cual es la finalidad última y útil de nuestros servicios?, ¿para qué le sirven a nuestro cliente? Dar respuesta a esta cuestión nos obliga a diseñar y poner a su disposición los **sistemas de control y evaluación específicos** para poder garantizar el cumplimiento de los objetivos previstos en cada caso, conociendo en profundidad los factores y situaciones que puedan afectarlos, constituyéndose éstos en una herramienta imprescindible de motivación y de transferencia en cada actividad de las propuestas para cada individuo.

Cada acción de entrenamiento, cada sesión (siempre formativa), debe ser considerada como un proceso, un **proceso de Enseñanza/Aprendizaje**, en donde actuamos como directores y facilitadores del mismo de forma continua. Para ello debemos ofrecer:

La información necesaria y debidamente estructurada en una **sistematización completa y temporizada** sobre cada una de las acciones que configuren nuestra relación con el cliente. En esta sistematización estará definido qué es lo que consideramos que necesita conocer, entender y valorar el cliente en cada actividad en cada momento. Así, y de esta forma, podremos materializar el compromiso de seguimiento individual y de atención a las necesidades que un "servicio de valor añadido" como el entrenamiento personal debe aportar.

Por último, y no por ello menos importante, debemos comunicar a nuestro entorno porqué somos especiales, esto es, cuál es el valor de nuestros rasgos diferenciales frente a nuestra competencia (otros entrenadores personales y/o servicios deportivos).

d) Resultados:

Los resultados son el pilar de un buen Plan de Marketing Personal, pues deben corroborar el éxito de su planteamiento y servirnos para mejorar la percepción que el cliente ha obtenido de nuestro trabajo.

Ahora bien, estos resultados deben referirse siempre a dos elementos:

d.1. Por un lado, a la **consecución de los objetivos previstos**. Alcanzar objetivos es el principal "valor añadido" del servicio de entrenamiento personal, pues en este caso el factor tiempo suele jugar a nuestro favor (en principio disponemos del tiempo necesario para conseguirlos, pues el cliente está dispuesto a pagar por ello). En este sentido, debemos pues analizar la **eficiencia** (referida al proceso, a lo realizado a lo largo del programa) frente a la **eficacia** (referida concretamente a los resultados obtenidos). En muchas ocasiones podríamos plantear métodos o programaciones muy sencillas y cómodas que posiblemente no nos permitieran alcanzar resultados, o viceversa, esto es, alcanzar los objetivos tras un costosísimo proceso, que en muchos casos no estaría justificado.

d.2. La **aplicación de recursos** (de todos los disponibles, cuales hemos utilizado y cuales no, y porqué). Incluyendo aquí los principales recursos utilizados y especialmente aquellos que hayan sido determinantes o consideramos que pueden serlo para alcanzar los objetivos del sujeto.

e) Control y evaluación

O lo que es lo mismo, la posibilidad de disponer de estrategias de anticipación a los problemas y/o de aprendizaje de los errores.

El Marketing Plan de un profesional del Entrenamiento Personal debe tener la capacidad de ser analizado y revisado continuamente, pues la actividad individual en servicios deportivos está inevitablemente sumida en un caos estructural (incidencias de instalaciones, anulaciones en el último momento, fallos de última hora con el material, clientes con escasa experiencia previa, etc...).

e.1. Estas estrategias o sistemas de reflexión pueden ser de **carácter cualitativo**: grado de aceptación de nuestras propuestas y planteamientos por parte de los clientes, por parte del centro (si trabajamos para otros) en donde desempeñamos nuestra actividad, reconocimiento a nuestra labor, "cuota de mercado" de nuestra actividad (censo de clientes, fidelidad de los mismos), etc.

e.2. O bien de **carácter cuantitativo**: resultados de nuestra gestión en fidelidad de clientes (altas en activo), en ingresos y en control del gasto (mejoras en presupuesto), escasa movilidad de nuestros clientes, etc.

Los recursos a aplicar en ambos casos serían: cuestionarios, entrevistas personales, grupos de análisis, reflexiones parciales y/o en conjunto, etc. (En el anexo final de este capítulo se incluye una propuesta de soporte de análisis cualitativo y cuantitativo).

4. CONCLUSIONES

El Entrenador Personal debe manejar muchas herramientas en su actividad profesional, y **él mismo** es la más importante. Desarrollar un **Plan de Marketing Personal**, o al menos revisar con un sentido crítico nuestro trabajo de forma habitual, será, sin duda, lo que podrá ayudarnos a materializar en hechos positivos todas las ideas y toda la energía que habitualmente ponemos en nuestro trabajo (Jiménez, Lacaba, 2002).

Esperamos que este capítulo de actualización y síntesis de un tema tan extenso, y a veces tan lejano y desconocido para nosotros, pueda mejorar significativamente las habilidades de comunicación, y especialmente de estructuración, de toda la información que como profesionales del Entrenamiento Personal queremos transmitir a nuestros clientes (potenciales y/o reales).

En cualquier caso, recomendamos muy especialmente a cualquier profesional de las Ciencias de la Actividad Física y el Deporte que quiera orientar su carrera profesional hacia el Entrenamiento Personal, que desarrolle alguna formación especializada en recursos de comunicación y atención al cliente con regularidad, y que cuando tenga dudas se deje asesorar por los profesionales del Marketing, de los que sin duda tenemos mucho que aprender...

ANEXO

Soporte de análisis cuantitativo y cualitativo del plan de marketing
(Modificado de Jiménez, Lacaba, 2002)

Indicadores del plan marketing	Resultados	Valoración 1-10	Observaciones
Eficacia de los Canales de Comunicación utilizados: • Acción directa. • Mailing genérico. • Mailing especializado. • Anuncios (MMCC, otros). • Web/correo electrónico. • Otros.			
Eficacia del soporte de comunicación diseñado (logotipo, folleto, díptico, cartelería, tarjetas, ...)			
Respuesta al Programa de Comunicación (lanzamiento) • Solicitudes de información. • Contactos: • Directos/Telefónicos. • Entrevistas personales. • Primera sesión. • Contratación "pack" sesiones. • Asistencia.			
Grado de aceptación de las propuestas por parte de los clientes: • Cuota de mercado			
Efectividad operativa de los protocolos de control y seguimiento de clientes: • Valoración Inicial. • Evaluaciones periódicas.			
Retroalimentación (feed-back): • Información registrada por el EP. • Información registrada por otros técnicos. • Información registrada por el resto de áreas del Centro Deportivo.			
Desarrollo Actividades de Conocimiento: • Encuestas, • Entrevistas, • Buzón sugerencias, (vía e-mail, etc)			

ANEXO

La información y la formación en el campo del Entrenamiento Personal

La desinformación en el campo del Entrenamiento Personal

El acceso a las fuentes de información ha sido sin duda una de las principales limitaciones que durante años han vivido y sufrido gran parte de los investigadores de cualquier ámbito del conocimiento. Y esta realidad ha sido especialmente importante en un ámbito tan multidisciplinar, complejo y dinámico como es el de las Ciencias de la Actividad física y el Deporte, y en un entorno cultural tan limitado hacia las segundas lenguas (especialmente el inglés) como el hispanoparlante (Jiménez, 2003).

Estas limitaciones en el acceso a la información rigurosa y científica han fomentado, en gran parte, una serie de falsas creencias e importantes prejuicios, totalmente infundados, que han limitado el desarrollo y conocimiento del Entrenamiento Personal como actividad profesional de vanguardia y de sus necesidades, tanto de cara al entrenamiento como a la valoración, evaluación y control, de distintos grupos de población (deportistas, sujetos físicamente activos y/o sedentarios).

Un importante factor de peso en este ámbito ha sido el origen de gran parte de los principales técnicos e investigadores, que desarrollaron la mayoría de sus trabajos en los Países del Este (U.R.S.S., Polonia, Hungría, Alemania Democrática) durante muchas décadas. Autores como Zatsiorsky, Verhkoshansky, Platonov, Poliquin, Matveyev, Kuznetsov, Harre, etc., llegaron a ser conocidos y reconocidos en Occidente tan sólo después de muchos años y/o al abandonar sus países de origen.

Ahora bien, gracias al desembarco en nuestras vidas de la "*worldwide web*", la situación y posibilidades de acceso a la información han experimentado un espectacular cambio, inimaginable hace una década, derivado de una acusada aceleración en el desarrollo de infraestructuras y del acceso generalizado a las nuevas tecnologías, experimentado en los años noventa.

Esta nueva realidad nos abre las puertas del conocimiento, siempre y cuando seamos capaces de "buscar" adecuadamente (esto es, aunando efectividad y eficacia).

La información y la formación en el campo del Entrenamiento Personal

Hablar de información y formación especializada en el campo del Entrenamiento Personal, y especialmente del entrenamiento de la fuerza, supone referirnos inexcusablemente a los programas de formación y a las publicaciones de la **National Strength & Conditioning Association** (NSCA).

Esta asociación, fundada en 1978, desarrolla e imparte las certificaciones de mayor prestigio, representación y reconocimiento en el mundo: el Especialista Certificado en Fuerza y Acondicionamiento Físico, o *Certified Strength & Conditioning Specialist (CSCS-NSCA), y el Entrenador Personal Certificado, o Certified Personal Trainer* (NSCA-CPT).

Además, NSCA edita dos de las principales publicaciones científicas de nuestro área de conocimiento, el *Strength & Conditioning Journal y el Journal of Strength & Conditioning Research*, en donde se recogen puntualmente gran parte de los avances que la investigación aplicada aporta al entrenamiento y valoración de la fuerza, y al Entrenamiento Personal.

Con una orientación más divulgativa, NSCA, a través de su web (www.nsca-lift.org) edita también una revista bimensual gratuita, el *NSCA's Performance Training Journal.* Esta publicación, así como un newsletter periódico, pueden solicitarse sin coste desde cualquier país del mundo.

Como comentamos anteriormente, NSCA ofrece diferentes programas de formación y actualización para los profesionales de la actividad física de todo el mundo, de enorme prestigio y reconocida calidad. La Comisión de Certificaciones (www.nsca-cc.org) realizaba estas actividades fundamentalmente en Estados Unidos, pero en los últimos años han reorientado sus objetivos de formación hacia un entorno global y ya tiene presencia en Japón, Canadá, México, Sudáfrica, Inglaterra, Puerto Rico, Filipinas, China, Australia, y muy recientemente en nuestro país.

Aparte de estas dos líneas de actuación preferente, NSCA también desarrolla otra serie de actividades de un enorme valor en diferentes áreas de divulgación, investigación, discusión y reflexión. Así, podemos destacar iniciativas tan necesarias e interesantes como son:

- *Grupos de interés especial o preferente*, constituidos por especialistas de diferentes ámbitos que desarrollan proyectos comunes en torno a un tema concreto de interés;
- *Becas y estancias en programas de investigación*, tanto para estudiantes como para investigadores, con diferentes orientaciones, tanto hacia el ámbito del rendimiento deportivo como al de la atención de grupos con necesidades especiales;
- *Formación on-line*, desarrollada por medio de créditos de libre configuración que el interesado realiza desde su domicilio, con el apoyo de especialistas en cada área;
- *Centros de formación reconocidos*, una base de datos con los mejores centros de formación y universidades del mundo en el campo del entrenamiento de la fuerza y del Entrenamiento Personal;
- *Conferencia Anual, la National Conference*, un verdadero evento multidisciplinar en donde se dan cita parte de los principales investigadores y profesionales de este campo (muy recomendable asistir al menos una vez en la vida);
- *Conferencias específicas*, desarrolladas sobre aspectos concretos, entre las que destaca su *Personal Training Conference*, también para no perdérsela al menos una vez en la vida....;
- *Clinics*, con un elevado componente práctico, en donde se realizan talleres y workshops sobre temas de actualidad, nuevas soluciones y propuestas concretas de aplicación al entrenamiento:
- *Bolsa de trabajo*, orientada específicamente a los profesionales e investigadores de este campo, que permite acceder a ofertas muy enfocadas realmente al entrenamiento de fuerza y/o al Entrenamiento Personal.

Recomiendo a todos aquellos interesados en este campo de conocimiento que visiten asiduamente la web de esta organización y, si lo consideran interesante, se hagan miembros de la misma y/o accedan a sus programas de formación y certificaciones. Será muy difícil que no valoren positivamente su experiencia.

Información general sobre la Certificación Internacional NSCA-CPT "Certified Personal Trainer"

La certificación internacional NSCA-CPT está diseñada para aquellos profesionales que trabajan con clientes de forma individualizada en diferentes contextos y entornos, incluyendo centros de entrenamiento específicos, escuelas y centros docentes, centros de fitness y/o residencias de los propios clientes. La prueba evalúa cabalmente el conocimiento y las destrezas necesarias para poder entrenar con éxito a individuos físicamente activos y/o sedentarios, así como a personas mayores u obesos. Los Entrenadores Personales con una formación complementaria especializada pueden también involucrarse en el entrenamiento de sujetos con enfermedades ortopédicas, cardiovasculares, metabólicas, etc.

Los candidatos interesados en acceder al examen de la NSCA-CPT deben contar previamente con una certificación RCP (en nuestro país, esta certificación RCP se puede obtener a través de los programas de formación de las Federaciones Autonómicas de Salvamento y Socorrismo, o de Cruz Roja Española). Aunque no se requieren cursos de postgrado formales, se espera que los candidatos posean un nivel de conocimientos apropiado en conceptos de biomecánica, adaptaciones al entrenamiento, anatomía, fisiología del ejercicio, diseño de guías para los programas de entrenamiento, e información actualizada sobre los requisitos y recomendaciones para el desarrollo de programas de ejercicio físico con poblaciones especiales.

Formato de la prueba de certificación NSCA-CPT

La prueba en castellano, de una duración de 2.5 horas, consiste en 120 preguntas de selección múltiple, 30 de las cuales corresponden a 30 segmentos de video que evalúan los conocimientos del candidato principalmente en las áreas de técnicas de ejercicio y evaluación del cliente. La mayor parte del resto de preguntas se fundamentan en otros escenarios (con un formato similar al estudio de casos).

El contenido evaluado en la prueba para la obtención de la certificación internacional NSCA-CPT incluye:

- **Evaluación/ Consulta con el cliente**: entrevista inicial, evaluación de la salud/ historial médico, evaluación de la aptitud física, nutrición básica y control de peso (26 preguntas);
- **Planificación del programa**: establecimiento de las metas, diseño del programa, efectos del entrenamiento y poblaciones especiales (46 preguntas);
- **Técnicas de ejercicio**: aparatos para el entrenamiento con resistencias, pesas libres, máquinas cardiovasculares y técnicas de ejercicio que no utilizan equipos (por ejemplo, correr, subir y bajar escalones, ejercicios de flexibilidad, ejercicios pliométricos, entre otros) (36 preguntas);
- **Seguridad, procedimientos de emergencia y situaciones legales**: procedimientos de seguridad, procedimientos de emergencia y problemáticas profesionales, legales y éticas (12 preguntas).

Informe de los resultados / envío de la información

Las pruebas de la Comisión de Certificación de la NSCA son administradas y calificadas por un servicio independiente de evaluación para el examen. El servicio de evaluación del examen (no la Comisión), envía los informes de las puntuaciones directamente a los candidatos aproximadamente entre seis a ocho semanas después de la realización del examen de certificación.

Tanto la Comisión como el servicio de evaluación de pruebas están comprometidos a proteger la confidencialidad de los expedientes de los candidatos. Por esta razón, las puntuaciones del examen nunca serán comunicadas por teléfono, ni aún al propio candidato. Además, la información concerniente a las puntuaciones del candidato nunca será enviada a un tercero. La verificación del estado de certificación de la persona sólo podrá suministrarse cuando se reciba una solicitud por escrito.

Puntuaciones aprobadas

La puntuación mínima para aprobar el examen es de 70. La puntuación de aprobación refleja la cantidad de conocimiento que el Comité de Expertos ha determinado como apropiada para la competencia designada en la prueba. No se establecen curvas para las puntuaciones, la habilidad para aprobar el examen depende del conocimiento que posea cada candidato. No existe ninguna limitación respecto al número de veces que una candidato/a puede realizar el examen.

Cómo comunicarse con la Comisión de Certificación de la NSCA

Para obtener más información sobre el programa de certificaciones de la NSCA, pueden contactar directamente con la Comisión de Certificaciones en la siguiente dirección:

3333 Landmark Circle
Lincoln NE 68504
USA
Teléfono: 01402-476-6669
Fax: 01402-476-7141
e-mail: commission@nsca-cc.org
web: www.nsca-cc.org

Las actividades de la NSCA en España son
desarrolladas por Proyectafit, en cuya web
www.proyectafit.com está disponible toda
la información de cursos, exámenes, eventos, etc.

Referencias bibliográficas

CAPÍTULO I

AMERICAN COUNCIL ON EXERCISE. *Personal Trainer Manual.* San Diego, CA. ACE, 1996.

AMERICAN COUNCIL ON EXERCISE. The future of Fitness: Trends Predictions for 2000 and Beyond. *ACE Fitnessmatters*, 2000.

ASHTON, A. Building bridges with the Healthcare Community. *ACE Certified News* 4 (3), pp.1-3, 1998.

BROOKS, D. *The complete book of Personal Training.* Champaign, IL. Human Kinetics, 2004.

CAMPOS, C. *Industria Española Fitness 2000, Estudio de Benchmarking sobre las instalaciones deportivas en España.* Estudio patrocinado por Image Fitness Systems y el Instituto Image, 2000. (Sin editar).

COUTTS, A.J., A.J. MURPHY, B.J. DASCOMBE. Effect of direct supervision of a strength coach on measures of muscular strength and power in young rugby league players. *J. Strength Cond. Res.* 18 (2): 316-323, 2004.

COUZENS, G. Personal Trainers: a formula for Fitness? *The Physician and SportsMedicine*, 20, pp. 131-140, 1992.

DISHMAN, R. K. *Advances in Exercise Adherence.* Human Kinetics, Champaing, IL. 1994.

EARLE, R.W., T.R. BAECHLE. *NSCA's Essentials of Personal Training.* Human Kinetics, Champaing, IL, 2004.

GAVIN, J., GAVIN, N. *Psychology for Health Fitness Professionals.* Human Kinetics, Champaing, IL, 1995.

GESING, B.F. All for One: Client/Trainer/Physician. *IDEA Today*, nov/dec., pp. 26-28, 1990.

IHRSA, *1999 Profiles of Success IHRSA Report on the State of the Health Club Industry.* Boston, IHRSA, 1999.

IHRSA, *1998 Profiles of Success IHRSA Report on the State of the Health Club Industry.* Boston, IHRSA, 1998.

IHRSA. *American Sports data Health Club Trend Report*, Boston, IHRSA, 2000.

IHRSA, *2003 Profiles of Success IHRSA Report on the State of the Health Club Industry.* Boston, IHRSA, 2003.

JIMÉNEZ, A. Los programas de actividad física como forma de vida. *Sport Managers, Revista profesional de salud e instalaciones deportivas.* Nº 2, pp.: Noviembre 1998.

JIMÉNEZ, A., LACABA, R. *Manual del Entrenador Personal (Fundamentos y Recursos de Marketing y Nuevas Tecnologías).* Editado por: Ramón Lacaba-Gymnos. Madrid, 2002.

JIMÉNEZ, A. Marketing Personal para Entrenadores Personales. *En Forma News*, Revista Aeróbic & Fitness Asociación. Nº 12, abril 2002.

JIMÉNEZ, A. Marketing Personal para profesionales del sector deportivo. *Sport Managers, Revista profesional de salud e instalaciones deportivas.* Nº 17, pp.: 22-26, 2001.

JONES, J. *The Personal Trainer Manual*, Human Kinetics, Champaing, IL., 1996.

MAZZETTI, S.A., KRAEMER, W.J. et al. The influence of direct supervision of resistance training on strength performance. *Med. Sci. Sports Exerc.*, Vol. 32, Nº 6, pp.1175-1184, 2000.

MOLK, B. Connecting with physicians. *IDEA Personal Trainer*, sept., pp. 29-33, 1996.

MULLIN, B., HARDY, S., SUTTON, W. *Marketing Deportivo*, Editorial Paidotribo, Barcelona, 1995.

O'BRIEN, T.S. *The Personal Trainer's Handbook*, Human Kinetics, Champaing, IL., 1997.

PEIRÓ, J., RAMOS, J. *Gestión de instalaciones deportivas. Una perspectiva psicosocial.* Monografías UIPOT, nº 6. Edita Nau Llibres, Valencia, 1995.

REED, C. The evolution of the Personal Trainer Profesión. *Personal Fitness Professional.* (Mar/Apr): 18, 1999.

REJESKY, W.J., KENNEY, E.A. *Fitness Motivation. Preventing Participant Dropout.* Human Kinetics, Champaing, IL, 1988.

ROBERTS, S.O. Editor, *The business of Personal Training*, Human Kinetics, 1996.

SAURA, R. *Presente y Futuro de los servicios de entrenamiento personalizado.* Conferencia presentada en la Universidad Europea de Madrid, octubre, 2002. (Sin publicar).

VVAA. *La función del deporte en la sociedad. Salud, socialización, economía.* Edita: Ministerio de Educación y Cultura. Consejo Superior de Deportes y Consejo de Europa, Madrid 1996.

CAPÍTULO II

AMERICAN COLLEGE OF SPORTS MEDICINE. *Manual de consulta para el control y la prescripción de ejercicio.* Paidotribo, Barcelona, 2000.

GUYTON, A.C. *Manual de fisiología médica.* McGraw-Hill Interamericana, Madrid, 2002.

KUZON, W.M., ROSENBLATT, J.D., HUEBEL, S.C., LEATT, P., PLYLEY, M.J., MCKEE, N.H., JACOBS, I. Skeletal muscle fiber type, fiber size, and capillary supply in elite soccer players. *Int J Sports Med.* Vol 11, Nº2, pp.99-102, 1990.

LATARJET, M.; RUIZ LIARD, A. *Anatomía Humana.* Médica Panamericana, Madrid, 1995.

MAUGHAN, R., GLEESON, M., GREENHAFF, P.L. *Biochemistry of exercise and training.* Oxford University Press, Gran Bretaña, 1997.

MCARDLE, W.D. *Exercise physiology: energy, nutrition, and human performance.* Lippincott Williams & Wilkins, Philadelphia, 2001

STAUB, N.C. *Basic Respiratory Physiology.* Churchill Livingstone, New York, 1991.

THIBODEAU, G.A., PATTON, K.T. *Anatomía y fisiología.* Harcourt, Madrid, 2002.

THIBODEAU, G.A., PATTON, K.T. *Estructura y función del cuerpo humano.* Elsevier, Madrid, 2002.

TRESGUERRES, J. A. F. *Fisiología humana.* Interamericana-McGraw-Hill, Madrid, 2000.

WEST, J. B. *Fisiología respiratoria.* Médica Panamericana, Buenos Aires, 2002.

WILLIAMS, M.A. 2000. Cardiovascular and respiratory anatomy and physiology: response to exercise. En: Essentials of strength training and conditioning. Baechle, T.R., Earle, R.W. Champaign, IL, Human Kinetics, pp.115-136.

WILMORE, J.H., COSTILL, D.L. *Fisiología del esfuerzo y del deporte.* Paidotribo, Barcelona, 2004.

CAPÍTULO III

AMERICAN COLLEGE OF SPORTS MEDICINE. *Manual de consulta para el control y la prescripción de ejercicio.* Paidotribo, Barcelona, 2000.

BROOKS, G.A, FAHEY, T.D., WHITE, T.P. *Exercise physiology: human bioenergetics and its applications.* 2ª ed, Mountain View, Mayfield, 1996.

CAHILL, B.R., MISNER, J.E., BOILEAU, R.A. The clinical importance of the anaerobic energy system and its assessment in human performance - Current Concepts. *Am J Sports Med*, Vol. 25, No.6, pp. 863-72,1997.

COSTILL, D.L., COYLE, E.F., FINK, W.F., LESMES, G.R., WITZMANN, F.A. Adaptations in skeletal muscle following strength traning. *J Appl Physiol,* 46, pp. 96-99, 1979.

COYLE, E.F. Detraining and retention of training-induced adaptations. *Sports Sci. Exchange,* 2:pp. 1-5, 1990.

DART, A.M., MEREDITH, I.T., JENNINGS, G.L. Effects of 4 weeks endurance training on cardiac left ventricular structure and function. *Clin Exp Pharmacol Physiol.*, Vol. 19, No. 11, pp. 777-83, 1992.

DELA, F., MIKINES, K.J., VON LINSTOW, M., SECHER, N.H., GALBO, H. Effect of training on insulin-mediated glucose uptake in human muscle. *Am J Physiol,* Vol. 263, No. 6 Pt 1, pp. E1134-E1143, 1992.

DEMPSEY, J.A. Is the lung built for exercise? *Med Sci Sports Exerc,* 18, pp. 143-155, 1986.

DUDLEY, G.A. Metabolic consequences of resistive-type exercise. *Med Sci Sports Exerc* 20,pp. SI58-SI61, 1988.

DUNCAN, C.S., BLIMKIE, C.J., COWELL, C.T., BURKE, S.T., BRIODY, J.N., WOODHEAD, H., HOWMAN-GILES, R. Bone mineral density in adolescent female athletes: relationship to exercise type and muscle strength. *Med Sci Sports Exerc,* Vol. 34, No. 2, pp. 286-294, 2002.

FRY, R.W., MORTON, A.R., KEAST, D. Overtraining in athletes: an update. *Sports Med* Vol. 12, No.1, pp. 32-65, 1991.

HAWLEY, C.J., SCHOENE, R.B. Overtraining syndrome. A Guide to Diagnosis, Treatment, and Prevention. *Phys Sportsmed.* Vol 31, N° 6, 2003.

HOLLMANN, W., HETTINGER, T. Sportmedizin Arbeite- und trainingsgrundlagen. Stutgard - New York. 1980. 223 S. En: *La adaptación en el deporte.* Platonov NV. Paidotribo, Barcelona, 1991.

HOUMARD, J.A., HORTOBÁGYI, t., NEUFER, P.D., JOHNS, R.A., FRASER, D.D. ISRAEL, R.G., DOHM, G.L. Training cessation does not alter GLUT-4 protein levels in human skeletal muscle. *J. Appl. Physiol.* 74, pp. 776 -781, 1993.

HOUMARD, J.A., T. HORTOBÁGYI, R. A. JOHNS, et al. Effect of short-term training cessation on performance measures in distance runners. *Int. J. Sports Med.* 13, pp. 572-576, 1992.

HOUSTON, M.E., BENTZEN, H. LARSEN, H. Interrelationships between skeletal muscle adaptations and performance as studied by detraining and retraining. *Acta Physiol. Scand.* 105, pp. 163-170, 1979.

INGJER, F. Effects of endurance training on muscle fibre ATPase activity, capillary suppy and mitochondrial content in man. *J Physiol,* 294, pp. 419-32, 1979.

JAKICIC, J.M., WING, R.R., BUTLER, B.A., ROBERTSON, R.J. Prescribing exercise in multiple short bouts versus one continuous bout: effects on adherence, cardiorespiratory fitness, and weight loss in overweight women. *Int J Obes Relat Metab Disord.* 1995, Vol. 19, No. 12, pp. 893-901, 1995.

KRAEMER, W.J. (2000). Physiological adaptations to anaerobic and aerobic endurance training programs. En: Essentials of strength training and conditioning. Baechle, T.R., Earle, R.W. Champaign, IL, Human Kinetics, pp.137-168.

KREIDER, R.B., FRY, A.C., O'TOOLE, M,L.. Overtraining in Sport. Champaign, IL, Human Kinetics, 1998

LAYNE, J.E., NELSON, M.E.The effects of progressive resistance training on bone density: a review. *Med Sci Sports Exerc.* Vol. 31, No. 1,pp. 25-30, 1999.

LEHMANN, M., FOSTER, C., NETZER, N. *Physiological responses to short and long-term overtraining in endurance athletes,* En Kreider, R.B., Fry, A.C., O'Toole, M.L. *Overtraining in Sport.* Champaign, IL, Human Kinetics, 1998, pp 19-47

MACKINNON, L.T., HOOPER, S.L. *Overtraining and overreaching: causes, effects, and prevention,* En Garrett, W.E., Kirkendall, D.T. Exercise and Sport Science. Philadelphia, Lippincott Williams & Wilkins, 2000, pp 487-498

MADSEN, K., PEDERSEN, P.K., DJURHUUS, M.S., KLITGAARD, N.A. Effects of detraining on endurance capacity and metabolic changes during prolonged exhaustive exercise. *J. Appl. Physiol.* 75:pp. 1444 -1451, 1993.

MAUGHAN, R., GLEESON, M., GREENHAFF, P.L. *Biochemistry of exercise and training.* Oxford University Press, Gran Bretaña, 1997.

MCARDLE, W.D. *Exercise physiology: energy, nutrition, and human performance.* Lippincott Williams & Wilkins, Philadelphia, 2001.

MCCALL, G.E., BYERNES, W.C., DICKINSON, A., PATTANY, P.M., FLECK, S.J. Muscle fiber hypertrophy, hyperplasia, and capillary density in college men after resistance training. *J Appl Physiol,* 81, pp. 2004-2012, 1984.

McCALL, G.E., BYRNES, W.C., DICKINSON, A., PATTANY, P.M., FLECK, S.J. Muscle fiber hypertrophy , hyperplasia, and capillary density in college men after resistance training. *J Appl Physiol,* 81, pp. 130-36, 1996.

MORGAN, W.P., BROWN, D.R., RAGLIN, J.S., O'Connor, P.J., Ellickson, K.A. Psychological monitoring of overtraining and staleness. *Br J Sports Med* Vol. 21, No.3, pp. 107-114, 1987.

MUJIKA I, PADILLA S. Muscular characteristics of detraining in humans. *Med Sci Sports Exerc,* Vol. 33, No. 8, pp. 1297-303, 2001.

MUJIKA, I., PADILLA, S. Cardiorespiratory and metabolic characteristics of detraining in humans. *Med. Sci. Sports Exerc.*, Vol. 33, No. 3, pp. 413-421, 2001.

MUJIKA, I., PADILLA, S. Detraining: loss of training-induced physiological and performance adaptations. Part I. Short-term insufficient training stimulus. *Sports Med.* 30, pp. 79-87, 2000.

NEVILL, M.E., BOOBIS, L.H., BROOKS, S., WILLIAMS, C. Effect of training on muscle metabolism during treadmill sprintng. *J Appl Physiol.*, Vol. 67, No. 6, pp. 2376-82, 1989.

PLATONOV, V.N. *La adaptación en el deporte.* Paidotribo, Barcelona, 1991.

RIBAS, J. Respiración pulmonar: adaptaciones en el ejercicio. En: Fisiología de la actividad física y del deporte. González Gallego J. Interamericana McGraw-Hill, Madrid, 1992.

RUBAL, B.J., AL-MUHAILANI, A.R., ROSENTSWIEG, J. Effects of physical conditioning on the heart size and wall thickness of college women. *Med Sci Sports Exerc.*, Vol. 19, No. 5,pp. 423-9, 1987.

SALE, D.G. Influence of exercise and training on motor unit activation. *Exerc Sport Sci Rev,* 15, pp. 95-151, 1987.

SALE, D.G. Neural adaptation to resistance training. *Med. Sci. Sports Exerc.* 20 (suppl.): pp. S135-S145, 1988.

SEYLE, H. *The Stress Of Life.* New York, McGraw-Hill, 1984.

STARON, R.S., MALICKY, E.S., LEONARDI, M.J., FALKEL, J.E., HAGERMAN, E.C., DUDLEY, G.A. Muscle hypertrophy and fase fiber type conversions in heavy resistance-trained women. Eur *J Appl Physiol,* 60,pp. 71-79, 1990.

STONE, M.H. Implications for connective tissue and bone alterations resulting from resistance exercise training. *Med Sci Sports Exerc.* Vol. 20, Nº 5 Suppl, pp. S162-8, 1988.

URHAUSEN, A., KINDERMANN, W. Diagnosis of overtraining: what tools do we have? *Sports Med,* Vol. 32, No. 2, pp.95-102, 2002.

UUSITALO, A.L. Overtraining: making a difficult diagnosis and implementing targeted treatment. *Phys Sportsmed,* Vol. 29, No. 5,pp. 35-50, 2001.

WASSERMAN, K., HANSEN, J.E., SUE, D.Y., CASABURI, R., WHIPP, B.J. *Principles of exercise testing and interpretation.* Lippincott Williams & Wilkins, 1999.

WILMORE, J.H. Aerobic Exercise and Endurance. Improving Fitness for Health Benefits. *Phys Sportsmed.* Vol 31, No. 5, 2003.

WILMORE, J.H., COSTILL, D.L. *Training for sport and activity.* IA: Wm C. Brown, Dubuque, 1988.

CAPÍTULO IV

ACHTEN J, GLEESON M, JEUKENDRUP AE. Determination of the exercise intensity that elicits maximal fat oxidation. *Med Sci Sports Exerc* Vol 34: pp 92-97, 2002.

AMERICAN COLLEGE OF SPORTS MEDICINE. Position Stand: The recommended quantity and quality of exercise for developing and mantanining cardiorespiratory and muscular fitness, and flexibility in healthy adults. *Med Sci Sports Exerc,* Vol 30, No 6, pp 975-991, 1998.

AMERICAN COLLEGE OF SPORTS MEDICINE. Position Stand: Appropiate intervention strategies for weight loss and prevention of weight regain for adults. *Med Sci Sports Exerc,* Vol 33, No 12, pp 2145-2156, 2001.

AINSWORTH BE et al. Compendium of physical activities: an update of activity codes and MET intensities. *Med Sci Sports Exerc* Vol 32, s498-S516, 2000.

BILLAT V, RICHARD R, VINSSE VM, KORALZSTEIN JP, HAOUZI P. The VO2 slow component for severe exercise depends on type of exercise and is not correlated with time to fatigue. *J Appl Physiol* Vol 85, 2118-2124, 1998.

BILLAT V, MILLE-HAMARD L, PETIT B, KORALZSTEIN JP. The role of cadence on VO_2 slow component in cycling and running in triathletes. *Int J Sports Med.* Vol 20, 429-437, 1999.

BILLAT V, MILLE-HAMARD L, BOCQUET V, DEMARIE S, BERONI M, PETIT B, KORALZSTEIN JP. Influence of light additional arm-cranking exercise on the kinetics of VO_2 in severe cycling exercise. *Int J Sports Med* Vol 21, 344-350, 2000.

BLYTH M, GOSLIN BR. Cardiorespiratory responses to "aeróbic dance". *J Sports Med* Vol 25, pp 57-64, 1985.

BORG G. *Borg's perceived exertion and pain scales.* Champagin, IL. Human Kinetics 1998.

BRANDON LJ. Physiological factors associated with middle distance running performance. *Sports Med* Vol 19, No 4, pp 268-277, 1995.

CHENG YJ, MACERA CA, CHURCH TS, BLAIR SN. Heart rate reserve as a predictor of cardiovascular and all-cause mortality in men. *Med Sci Sports Exerc* Vol 34, No 12, pp 1873-1878, 2002.

DALLECK LC, KRAVITZ L, ROBERGS RA. Maximal exercise testing using the elliptical cross-trainer and treadmill. *J Exerc Physiol Online,* Vol 7, No 3, pp 94-101, 2004.

DE ANGELIS M, VINCIGUERRA G, GASBARRI A, PACITTI C. Oxygen uptake, heart rate and blood lactate concentration during a normal training session of an aerobic dance class. *Eur J Appl Physiol Occup Physiol* Vol 78, 121-127, 1998.

DOHERTY D, SPORER B. A proposed model for examining the interference phenomenon between concurrent aerobic and strength training. *Sports Med* Vol 30, 385-394, 2000.

FRANKLIN BA. Aerobic exercise training programs for the upper body. *Med Sci Sports Exerc* Vol. 21, No 5 (suppl) pp s141-s148, 1989.

GAESSER GA. O2 uptake during high intensity cycling at slow and fast cadences (abstract) *Physiologist* Vol 35, 210, 1992.

GARCIN M, VAUTIER JF, VANDEWALLE H, WOLFF M, MONOD H. Ratings of perceived exertion (RPE) during cycling exercises at constant power output. *Ergonomics.* Vol 41, nº10, pp 1500-1509, 1998.

HOWLEY ET, FRANKS BD. Health fitness instructor's handbook. Champagin, IL. Human Kinetics 1997.

JONES AM, CARTER H. The effect of endurance training on parameters of aerobic fitness. *Sports Med.* Vol 29, nº6, pp 373-386, 2000.

KARVONEN MJ, KENTALA E, MUSTALA O. The effects of training on heart rate: a longitudinal study. *Ann Med Exp Biol Fenn* Vol 35, 307-315, 1957.

KRAEMER W, NINDL B. Factors involved with overtraining for strength and power. En: Kreider R, Fry A, O'Toole M. editores. Overtraining in sport. Champaign, IL. Human Kinetics 69-86, 1998.

KRAVITZ L, CISAR CJ, CHRISTENSEN CL, SETTERLUND SS. The physiological effects of step training with and without handweights. *J Sports Med Phys Fitness* Vol 33, 348-358, 1993.

LEE IM, PAFFENBARGER RS. Association of light, moderate and vigorous intensity physical activity with longevity: the Harvard Alumni Health Study. *Am J Epidemiol* , Vol 151, 293-299, 2000.

LEVERITT M, ;MACLAUGHLIN H, ABENERTHY PJ. Changes in leg strength 8 and 32 h after endurance exercise. *J Sports Sci* , Vol 18, 865-871, 2000.

MAUGHAN RJ Aerobic function. *Sports Science Review* Vol 1, 28-42, 1992

MC ARDLE, KATCH, KATCH. Exrecise Physiology. Baltimore. Lippinkott, Williams and Wilkins, 2001.

MC CARTHY JP, POZNIAK MA, AGRE JC. Neuromuscular adaptations to concurrent strength and endurance training. *Med Sci Sports Exerc* Vol 34, 511-519, 2002.

MEYER T, GABRIEL HH, KINDERMANN W. Is determination of exercise intensities as percentages of VO2 max or HR max adequate?. *Med Sci Sports Exerc* Vol 31, 1342-1345, 1999.

MILLE-HAMARD L, BILLAT V, KORALZSTEIN JP, DEMARLE A, LAFFITE L. Oxygen-pulse steady state allows estimation of VO_2 by heart rate monitoring in a severe submaximal run. *Biology of sport* Vol 17, 389-399, 2000.

PARKER SB, HURLEY BF, HANLON DP, VACCARO P. Failure of target heart rate to accurately monitor intensity during aerobic dance. *Med Sci Sports Exerc* Vol 21, 230-234, 1989.

POOLE DC, SCHAFFARTZIK W, KNIGHT DR et al. Contribution of exercising legs to the slow component of oxygen uptake kinetics in humans. *J Appl Physiol* Vol 71, 1245-1253, 1991.

ROBERGS RA, LANDWEHR R. The surprinsing history of the "HRmax=220-age" equation. *J Exerc Physiol Online,* Vol 5, No 2, pp 1-10, 2002.

SARNA S, KAPRIO J. Life expectancy of former elite athletes. *Sports Med* , Vol 17, 149-151, 1993.

SCHAEFFER-GERSCHUTZ SA, DARBY LA, BROWDER KD. Differentiated ratings of perceived exertion and physiological responses during aerobic dance steps by impact/type of arm movement. *Percept Mot Skills* Vol 90, 457-471, 2000.

SCHARFF-OLSON M, WILLIFORD HN, SMITH FH. The heart rate VO2 relationship of aerobic dance: a comparison of target heart rate methods. *J Sports Med Phys Fitness* Vol 32, 372-377, 1992.

STRATH SJ, SWARTH AM, BASSETT DR, O'BRIEN WL, KING GA, AINSWORTH BE. Evaluation of heart rate as a method for assesing moderate intensity physical activity. *Med Sci Sports Exerc* Vol 32, No 9, s465-s470, 2000.

SWAIN DP, ABERNATHY KS, SMITH CS, LEE SJ, BUNN S. Target heart rates for the development of cardiorespiratory fitness. *Med Sci Sports Exerc* Vol 26, 112-116, 1994.

SWAIN DP, LEUTHOLD BC. Heart rate reserve is equivalent to % VO_2 reserve, not to % VO_2 max. *Med Sci Sports Exerc* Vol 29, 410-414, 1997.

SWAIN DP, FRANKLIN BA. VO_2 reserve and the minimal intensity for improving cardiorespiratory fitness. *Med Sci Sports Exerc* Vol 34, 152-157, 2002.

TANAKA H, MONAHAN KD, SEALS DR. Age-predicted maximal heart-rate revisited. *J Am Coll Cardiol* Vol 37, 153-156, 2001.

TEH KC, AZIZ AR. Heart rate, oxygen uptake, and energy cost of ascending and descending stairs. *Med Sci Sports Exerc,* Vol 34, No 4, pp 695-699, 2002.

TERJUNG RL. Muscle adaptations to endurance training. *Gatorade Science Sports Institute* Vol 8, 1995.

TOMLIN DL, WENGER HA. The relationship between aerobic fitness and recovery from high intensity intermittetn exercise. *Sports Med* Vol 31, No 1, pp 1-11, 2001.

TRAVLOS AK, MARISI DQ. Perceived exertion during physical exercise among individuals high and low in fitness. *Percept Mot Skills* Vol 82, No2,pp 419-424, 1996.

WENGER HA, BELL GJ. The interaction of intensity, frequency and duration of exercise training in altering cardiorespiratory fitness. *Sports Med* Vol 3, 346-356, 1986.

WILLIFORD HN, SCHARFF-OLSON M, BLESSING DL. The physiological effects of aerobic dance. A review. *Sports Med* Vol 8, 335-345, 1989.

WILMORE JH, COSTILL DL. Fisiología del esfuerzo y del deporte. Paidotribo, Barcelona, 1999.

CAPÍTULO V

AHTIAINEN J. P., PAKARIMEN A., KRAEMER W. J., HÄKKINEN K., . Acute Hormonal and neuromuscular Responses and Recovery for forced vs Maximum Repetition Multiple Resistance Exercises. Int. Journal of Sport Med. 24: 410-418., 2003.

ARMTRONG D. Power Training The key to Athletics Success. NSCA Journal 15 (6): 7-10, 1993.

AUGUSTSSON J., THOMEÉ R., HÓRNSTEDT P., LINDBLOM J., KARLSSON J., GRIMBY G. Effects of pre exhaustion Exercise on lower Extremety muscle Activarion During a leg press Exercise. J. Strength and Cond. Res. 17 (2): 411-416, 2003.

BAECHLE T. R., EAERLE R. W., WATHEN D., . Resistance Training, Chapter 18. In: Baechle TR, Earle RW, . eds. Essential of Strength Training and Conditioning (NSCA). 2° ed. Champaign IL: Human Kinetics, pp. 395-425, 2000.

BAKER D. Acute Effect of alternation Heavy and light Resistance on power During Upper-Body Complex Power Training. J. Strength and Cond. Res. 17 (3): 493-497, 2003.

BAKER D. A series of studies on the training of High Intensity Muscle Power in Rugby League Football Player. J. Strength and Cond. Res. 15 (2): 198-209., 2001.

BERHM D. G., REARDOM G., FITZGERALD J., DRINKWATER E. The effect of 5,10 and 20 Repetition Maximums on the recovery of voluntary and evoked contractile Properties. J. Strength and Cond. Res. 16 (2): 209-218, 2002.

BOMPA T. O. Periodización de la fuerza, la nueva onda en el entrenamiento de la fuerza,. Rosario, Argentina.: Biosystem Servicio educativo, 1995.

BOMPA T. O. Periodización, Teoría y Metodología del Entrenamiento. Barcelona: Hispano Europea, 2003.

BOMPA T. O., CORNACCHIA L., . Serious Resistance Training. Champaing IL: Human kinetics, 1998.

BORG G., . Perceived exertion and pain scales. Champing IL: Human Kinetics, 1998.

BOSCHETTI G. Che Cose`e l`Eletrostimolazione. Milano: Libreria dell sport, 2000.

BOSCO C. La valutazione della Forza con il test di Bosco, . Roma: Società Stampa Sportiva,, 1992.

BOSCO C. La fuerza Muscular Aspectos metodológicos. Barcelona: Inde, 2000.

BOSCO C. Nuove Metodologie per la valutazione e la programmazione dell´allenamento. Rvista di Cultura Sportiva, (SDS) (22): 13-22., 1991.

CHANDLER J. T. Letters To the Editor, by Naclerio A. F. Strength and Conditioning Journal, 23 (1): 7-9., 2001.

DAY M. L., MCGUIGAN M. R., G. B., FOSTER C., . Monitoring Exercise Intensity During Resistance Training Using The Session RPE Scale. J of strength and Cond. Res. 18 (2): 353-358, 2004.

DE HEGEDÜS J. La ciencia del Entrenamiento deportivo. Bs As: Stadium, 1984.

DE HEGEDÜS J., . Enciclopedia de la Musculación Deportiva. Bs As: Satadium, 1981.

DL`SLEP R., GOLLIN M., . Il recupero nell`allenamento con sovraccarichi,. Rivista de cultura sportive, (SDS) 54: 54-58, 2002.

EARLE R. W., BAECHLE T. R. Resistance Training, and spotting techniques, Chapter 17. In: Baechle T.R. and Earle R.W., ed. Essential of Strength Training and Conditioning (NSCA),. 2° ed. Champaign IL.: Human Kinetics,, pp. 343-389, 2000.

ARLE R. W., BAECHLE T. R., . NSCA´s Essential of Personal Training, chapter 15. In: Earle RW, Baechle TR, . eds. NSCA Personal trainer manual. 2° ed. Champaing IL: Human Kinetics, pp. 361-398, 2004.

FLECK S. J., . Periodization of training. In: Kraemer WJ, Häkkinene K, . eds. Strength Training for sport: Blackwell Science, pp. 55-68, 2002.

FLECK S. J., KRAEMER W. J. Designing Resistance Training Programs. 2° ed. Champaign IL: Human Kinetics., 1997.

FRY A. C., HÄKKINEN K., KRAEMER W. J. Special Consideration in strength training chapter 6. In: Kraemer WJ, Häkkinen K, eds. Stgrength Training for Sport: Blacwell Science, pp. 135-162, 2002.

FRY A. C., NEWTON R. U. A brief history of strength training and basic principoles and concepts. In: Kraemer WJ, Häkkinen K, eds. Stgrength Training for Sport: Blackwell Science, pp. 1-19, 2002.

GARCÍA MANSO J. M. La Fuerza. Madrid: Gymnos, 1999.

GARHAMMER J. A review of Power output, Studies of Olimpic and Powerlifting: Methodology, Performance prediction and Evaluation test,. J. Strength and Cond. Res 7 (2): 76.89., 1993.

GEARHART R. F., GOSS F. L., LAGALLY K., M., JAKICIC J., GALLAGHER J., GALLAGHER K. I., ROBERTSON R., J,. Rating of perceived Exertion in Active Muscle During High Intensity and low Intensity Resistance Exercise. J. Strength and Cond. Res. 16 (1): 87-91, 2002.

GEARHART R. F. J., GOSS F. L., LAGALLY K. M., JAKICIC J. M., GALLAGHER J., ROBERTSON R. J., . Standarized Scaling Procedures for Rating Perceived exertion During Resistance Exercise. J. strength and Cond. Res. 15 (3): 320-325., 2000.

GLASS S. C., STANON D. R., . Self Selected Resistance training intensity in Novice Weightlifters. J of Strength and Cond. Res. 18 (2): 324-327, 2004.

GONZÁLES BADILLO J. J., GOROSTIAGA A. D. E. Metodología Del Entrenamiento para el Desarrollo de la fuerza,. Vol. Primer Curso modulo 2.2.2, Master en Alto Rendimiento,. Madrid: Centro Olímpico de Estudios superiores,, 2000.

GONZÁLES BADILLO J. J., RIBAS SERNA J., . Bases de la Programación del Entrenamiento de la fuerza,. Barcelona: Inde., 2003.

GRAHAM J., . Periodizatión Research and Example Application. Strength and conditioning Journal 24 (6): 52-70, 2002.

GUTIÉRREZ DÁVILA M., . Biomecánica Deportiva. Madrid: Síntesis, 1998.

HAFF G. G., WHITLEY A., MCCOY L. B., O'BRYANT H. S., KJLGORE L. J., HAFF E. E., PIERCE K., STONE M. H., . Effects of different set Configuration on barbell Velocity Displacement During a clean Pull. J Strength and Cond. Res. 17 (1): 95-103, 2003.

HARMAN E. The Biomechanics of Resistance Exercise, Chapter 3. In: Baechle TR, Earle RW, eds. Essential of Strength Training and Conditioning (NSCA). Champaign IL: Human Kinetics, pp. 25-56, 2000.

HARRE D. La resistenza alla forza, parte 2. Rivista di Cultura Sportiva (SDS) (nº10): 45-49, 1987.

HARRE D., . La resistenza alla forza, parte 1. Rivista di Cultura Sportiva (SDS) (9): 29-35, 1987.

HARTFIELD F. C. Power a scientific approach. Chicago Inc: Contemporaty books, 1989.

HASSEGAWA H., DZIADOS J., NEWTON R. U., FRY A. C., KRAEMER W. J., HÄKKINEN K. Periodiized Training Programmes for Athletes, chapter 5. In: Kraemer WJ, Häkkinen K, eds. Strength and Training for Sport: Blackwell Science, pp. 69-134, 2002.

JIMÉNEZ A. Fuerza y salud, la Aptitud Músculo-esquelética, el entrenamiento de la fuerza y la salud,. Barcelona: Ergo, 2003.

KEEN J. Program Design for the Tier system. Strength and Cond. Journal 19 (2): 66-73, 1997.

KRAEMER J. W., ADAMS K., CAFARELLI E., DUDLEY G. A., DOOLY C., FEIGENBAUM M. S., FLEXK S. J., FRANKLIN B., FRY A. C., HOFFMAN J. R., NEWTON R. U., POTTEIGER J., STONE M. H., RATAMESS M., A., MCBRIDE R. T., . Progression Models in Resistance training for healthy adults, American College of sport Medicine, Position Stand,. Med Sci. In Sport and Exc. 34 (2): 364-380, 2002.

KRAEMER W., FLECK S., WILLIAMS J. E., . Strength and power training: Physiological mechanism of adaptation,. Exerc. Sport sci. rev. 24 (363-397), 1996.

KRAEMER W. J. Developing a strength training workout. In: Kraemer WJ, Häkkinen K, . eds. Strength Training for sport: Blackwell Science, pp. 37-54, 2002.

KRAEMER W. J., BRADLEY C., NIDL M. S. Factor Involved with Overtraining for Strength and Power,

Chapter 4. In: Kreider RB, Fry AC, O´Toole M.L, eds. Ovedrtraining in Sport. Champaign IL: Human Kinetics, pp. pp 69-83, 1998.

KRAEMER W. J., RATAMES N. A. Fundamentals of Resistance Training Progression and Exercise Prescription. Med Sci. in sport and Exc. 36 (4): 674-688, 2004.

KRAEMER W. J., RATAMESS N., FRY A. C., TRIPLETT-MCBRDGE T., KOZIRIS L. P., BAUER J. A., LYNCH J. M., FLECK S. J., . Influence of resistance training Volume and Periodization on Physiological and Performance Adaptation in Collegiate Women Tennis Placer. Am J. of Sport Med. 28 (5): 626-632, 2000.

KRAMER J. B., STONE M. H., O´BRYANT H., CONLEY M. S., JOHNSON R. L., NIEMAN D. C., HONEYCUTT D. R., HOKE T. P. Effects of single Vs multiple Sts of weight training: impact of Volume and intensity. J. Strength Cond. Res. 11 (3): 143-147, 1997.

KUZNETZOV V. V. Metodología del entrenamiento de fuerza para deportistas de alto nivel. Buenos Aires: Stadium, 1989.

LA CHANCE P. F., . ACSM´S Safety and Prescriptive Guidelines in Chandler Letter To the Editor. Strength and conditioning Journal 22 (2): 12-13, 2000.

LAGALLY K. M., MCGAW S. T., YOUNG G. T., HEATHER C. M., THOMAS D. Q. Rating of perceived Exertion and Muscle Activity During The Bench Press Exercise in Recreational And Novice Lifters. J. of Strength and Cond. Res. 18 (2): 359-364, 2004.

LAGALLY K. M., ROBERTSON K. M., GALLAGHER K. I., GOSS F. L., JAKICIC J. M., LEPHART S., GOOSPASTER B. Perceibed exertion, electromyography and blood lactate during acute bouts of resistance exercise. Med and Sci. Sports Exerc. 34 (3): 552-559., 2002.

LESUER D. A., MCCORMICK J. H., MAYHEW J., L., WASSERSTEIN R. L., ARNOLD D. M., . The Accuracy of seven prediction equation for estimating 1 - RM Performance in the Bench Press, Squat, and Dead lift. J. Strength and Cond. Res 11 (4): 211-213., 1997.

LOGAN P., FORNASIERO D., ABERNETHY P., LYNCH K., . Protocols For Assessment of isoinertial Strength. In: Commission AS, ed. Physiological Test For Elite Athletes. 1 th ed. Champaing IL: Human Kinetics, 2000.

MACALUSO A., DE VITO G., . Muscle Strength, power and Adaptation to resistance training in older people. Eur J Appl Physiol. 91: 450-472, 2004.

MARTIN D., CARL K., LEHNERTZ K., . Manual de Metodología del Entrenamiento Deportivo. Baracelona: Paidotribo, 2001.

MATVEIEV L. P. Periodización del entrenamiento deportivo. Madrid: INEF, 1977.

MAYHEW J. L., BALL T. E., ARNOLD M. D., BOWEN J., . Relative muscular endurance performance as a predictor of bench press strength in college men and woman. J. of Applied Sport Science Research, 6 (4): 200-206, 1992.

MAYHEW J. L., MAYHEW D. L., WARE J. S., BOWEN J. C. Accuracy of various repetition Maximum Weight for predicting Bench Press. Med. And Sci. In Sport And Exc. . Supplement to Vol 32 (5): S1782- S352, 2000.

MCGINNIS P., . Biomechanics of Sport and exercise. Champaing IL: human kinetics, 1999.

MCLESTER J. R., BISHOP P. A., SMITH J., L. W., DALE B., KOZUSKO J., RICHARSON M., NEVETT M. E., LOMAX R., . A series of studies_ A Practical Protocol for Testing Muscular Endurance Recovery. J. Strength and Cond. Res.. 17 (2): 259-273, 2003.

MESTER. J. SPITZENPFEIL. P. YUE. Z. Vibration Loads: Potential for Strength and Power Development, Chapter 24 in KOMI. P.V. Srength and Power in Sport. 2° Ed., Blackwell Sciences, pp 488-501, 2002.

MORALES J., SOBONYA S. Use of Submaximal Repetition Test for Predicting 1-MR Strength in Class Athletes. J. of Strength and Cond. Res. Vol 10 (n°3): pp 186-189, 1996.

NACLERIO A. F. Entrenamiento de la fuerza con pesas: cómo determinar la intensidad del esfuerzo y los diferentes tipos de fuerza a entrenar. Vol. 2001: Revista Digital - Buenos Aires - Año 6 - N° 29, 2001.

NACLERIO A. F., . Condiciones de seguridad a tener en cuenta en el entrenamiento de sobrecarga, parte

I. Sport Managers (nº1): 24-26, 1998.

NACLERIO A. F., . Condiciones de seguridad a tener en cuenta en el entrenamiento de sobrecarga,Parte 2. Sport Managers (3): 22-24, 1999.

NACLERIO A. F., . El volumen en los entrenamientos de fuerza contra resistencias: Revista Digital - Buenos Aires - Año 10 - N° 74, 2004.

NACLERIO A. F., . Variables considerar en la planificación del entrenamiento de la fuerza contra resistencias. Parte 1. Sport Managers (24): 34-37, 2002.

NACLERIO A. F., . Variables considerar en la planificación del entrenamiento de la fuerza contra resistencias. Parte 2. Sport Managers (25): 46-49, 2002.

NACLERIO F. J., FIGUEROA A. J. Determinación De Los Niveles De Fuerza Máxima Aplicada, Velocidad Y Potencia Por Medio De Un Test Creciente En Pres De Banca Plano, En Levantadores Españoles. Valencia: III congreso de la Asociación Española de Ciencias del Deporte, 2004.

NIGG B. M. Forces Acting on and in the human Body chapter 14. In: Nigg B.M. MBR, and Mester J.,, ed. Biomechanics and Biology of Movements,. Champaign Il.: Human Kinetics, 2000.

NOBLE B. J., ROBERTSON R. J., . Perceived Exertion. Champing IL: Human Kinetics., 1996.

O`CONNOR P. J., POUDEVIGNE M. S., PASLEY J. D. Perceived exertion responses to novel elbow flexor eccentric action in women and men. Med and Sci. in sport and exerc. 34 (5): 862-868, 2002.

OSTROWOKI K. J., WILSON G., J. , WEATHERBY R., MURPHY P. W., LYTTLE A. D., . The effect of weight training volume on hormonal Output and muscular Size and function. J. of Strength and Cond. Res. 11 (1): 148-154., 1997.

PETERSON M. D., RHEA M. R., ALVAR B. A., . Maximizing Strength development in athletes: A Meta-Analysis to determine the dose response relationship. J of Strength and Cond. Res. 18 (2): 377-382, 2004.

PINCIVERO P. M., COELHO A. J., CAMPY R. M., . Perceived exertion and máximal quadripces femoris muscle strength during dynamic knee exercise in young adult males and females. Eur. J Appl Physiol. 89: 150-156, 2003.

PLISK S. S., STONE M. H., . Periodization Strategies. Strength and Cond. journal. 15 (6): 19-37, 2003.

RHEA M. R., ALVER B. A., BURKETT L., BALL S. A Meta Analysis to determine the Dose Response for strength development. Medi and Sci. In sport and Exc. Vol 35 (nº 3): pp 456-464, 2003.

ROBERTSON R. J., GOSS F. L., RUTKOWSKI J., LENZ B., DIXON C., TIMMER J., FRAZEE K., DUBE J., ANDREACCI J., . Concurrent Validation of the OMNI Perceived Exertion Scale For Resistance Exercise. Med. And Sci. In Sport And Exc. 35 (2): 333-341., 2003.

SALE G. D., . Testing Stregth and Power, chapter 3. In: MacDougal JC, Wenger HA, Green HJ, eds. Physiological Testing of high performance athlete. 2º ed. Champaign IL: Human Kinetics,, pp. 21-106, 1991.

SELYE H. Forty years of stress research: principal remaining problems and misconceptions. Can Med. Assoc. J. 115: 53-56, 1976.

SFORZO G. A., TOUSEY R. Manipulating Exercise Order Affects Muscular Performance During A resistance Exercise Training Session. J. Strength and Cond. Res. 10 (1): 20.24., 1996.

SIFF M. C., VERKHOSHANSKY Y. Superentrenamiento,. Barcelona: Paidotribo, 2000.

STONE H. S., PIERCE K. C., HAFF G. G., KOTCH A. J., STONE M., . Periodization: Effects of Manipulation Volume and intensity Part 2. Strength and Conditioning Journal 21 (3): 54-60, 1999.

STONE M. H., COLLINS D., PLISK S., HAFF G., STONE M., . Training Principles: Evaluation and Methods of Resistance Training. Strength And conditioning Journal 22 (3): 65-76, 2000.

SUMINISKI R. R., ROBERTSON R. J., ARSLANINAN S., KANG J., UTTER A. C., DASILVA S. J., GOSS F. L., METZ K. F., . Perception of Effort during resistance Exercise. J. Strength and Cond. Res. 11 (4): 261-265, 1997.

TERREROS J. L., NAVAS F. J., GOMEZ CARRAMIÑANA M. A., ARAGONÉS M. T., . Valoración Funcional, Aplicaciones al entrenamiento deportivo. Madrid: Gymnos, 2003.

TOUS FAJARDO J. Nuevas Tendencias en fuerza y musculación, Barcelona: Ergo, 1999.

VASCONSELOS RAPOSO A. Planificación y Organización del entrenamiento deportivo. Barcelona: Paidotribo, 2000.

VERKHOSHANSKY Y. V. Componenti e Structura Dell impegno explosivo di Forza,. Rivista di cultura Sportiva, 34: 15-21., 1996.

VERKHOSHANSKY Y. V., Teoría y Metodología del Entrenamiento Deportivo. Barcelona: Paidotribo, 2002.

VIRU A. Adaptation in sport training: CRC, Press LLC, 1995.

WARE J. S., CLEMENS C. T., MAYEHEW J. L., JOHNSTON T. J., . Muscular Endurance Repetition to predict Bench Press and Squat In College Football Player. J. of strength and Cond. Res. 9 (2): 99-103, 1995.

WATHEN D., BAECHLE T. R., EARLE R., W,. Training Variation Periodization, chapter 22. In: Baechle TR, Earle R, W,. eds. Essential of Strength Training and Conditioning (NSCA). 2° ed. Champaing IL: Human Kinetics, pp. 513-528, 2000.

WATHEN D., ROLL F., . Training Methods and Modes, chapter 22. In: Baechle TR, . ed. Essential of Strength Training and Conditioning (NSCA). Champaign IL: Human Kinetics, pp. 403-415, 1994.

WATKINS J. Structure and function of the Musculoskeletal system. Champaing IL: Human Kinetics, 1999.

ZATSIORSKY V. M., . Science and practice of strength training. Champaign IL.: Human Kinetics, 1995.

ZHELYAZKOV T. Bases del Entrenamiento Deportivo. Barcelona: Paidotribo, 2001.

CAPÍTULO VI

ABENHAIM, L., ROSSIGNOL, M., NORDIN, M. et. al.(2000). The Role of Activity in the Therapeutic Management of Back Pain. Report of the International Paris Task Force on Back Pain. *Spine 25: 1S-33S.*

ARIEL, G. (1977). *Barbell vs dynamic variable resistance.* U.S. Sports Association News, 1, 7.

BARNETT, C. H., KIPPERS, V. y TURNER, P. (1995). Effects of variation of the bench press exercise on the EMG activity of five shoulder muscles. *Journal of Strength and Conditioning Research,* 9 (4), 222-227.

CAMPNEY, H. K. y WERH, R. W. (1965). An interpretation of the strength differences associated with varying angles of pull. *Res. Q.* 36:403-412.

FORTE, D. (2000). Análisis de los principales ejercicios utilizados en el entrenamiento de fuerza orientado a la salud. En: J. F. Marcos Becerro: *Entrenamiento de fuerza para todos.* Edit. Federación Internacional de Halterofilia. Madrid.

GREEN, H. J. (1986). Characteristics of aging human skeletal muscles. In: J.R. Sutton y R.M. Brock (Eds.), *Sports medicine for the mature athlete.* Indianapolis: Benchmark Press.

KALLMAN, D. A., PLATO, C. C. y TOBIN, J. D. (1990). The role of muscle loss in the age-related decline grip strength: cross -sectional and longitudinal perspectives. *Journal of Gerontology: Medical Sciences,* 45: M82-M88.

KAPANDJI, A. I (1970). *Cuadernos de fisiología articular.* 1. Miembro superior. 2. Miembro inferior. 3. Tronco y raquis. Maloine. Paris

KELSEY, J.L.; WHITE, A.A.; PASTIDES, H. Y BESBEE, G.E. (1979). The impact of musculoskeletal disorders on the population of the Unites States. *J. Bone Joint Surg.* 61 : 959-964.

KREIGHBAUN, E. y BARTHELS, K. (1996). BIOMECHANICS. 4ª Edición. Allyn and Bacon. Needham Heights, M. A.

LEXELL, J. (1992). The structure and function of the ageing human muscle. En Stelmach y Hömberg (Eds.), *Sensorimotor impairments in the elderly: Are they reversible?.* Boston Kluwer Academic.

LIEBENSON, C. (1999). *Manual de Rehabilitación de la Columna Vertebral.* pp.31-67. Edit. Paidotribo. Barcelona

LINDAHL, MOVIN y RINDQVIST. (1969). Knee extension measurent of isometric force in different positions of the knee joint. *Acta Orthop. Scand.* 40:79-85.

MANNION, A. F., TAIMELA, S., MÜNTENER, M., y DVORK, J. (2001). Active Therapy for Chronic Low Back Pain. Part1. Effects on Back Muscle Activation, Fatigability, and Strength. *Spine;* Vol 26:8, 897-908

SIGNORILE, KWIATKOWSKI, CARUSO y ROBERTSON (1995). Effect of Foot position on the electromiographical activity of the superficial quadriceps muscles during the parallel squat and knee extension. *Journal of Strength and conditioning research.* 9 (3), 182-187.

SIGNORILE, WEBER, ROLL, CARUSO y LOWENSTEYN (1994). An Electromyographical comparison of the Squat and Knee Extension exercises. *Journal of Strength and conditioning research.* 8 (3), 178-183.

WRETENBERG, YI FENG, ARBORELIUS. (1994). Kinesiology research group High and low-bar squatting techiques during weight-training. Karolinska Institute, S-171 77, Stockholm, Sweden. Publish by *Medicine and Science in sports and exercise.* October.

YOUNG, A., STOKES, M. y CROWE, M. (1985). The size and strength of the cuadriceps muscles of old and young men. *Clinical Physiology,* 5: 145-154.

CAPÍTULO VII

Referencias bibliográficas conceptos preliminares

BLAIR, S.N., H.W. KOHL, C.E. BARLOW, R.S. PAFFENBARGER, L.W GIBBONS, and C.A. MACERA. Changes in physical fitness and all-cause mortality: A prospective study of healthy and unhealthy men. *JAMA* 273: 1093-1098, 1995.

CAINE, D. J., CAINE, G. y LINDNER, K.(1996). *Epidemiology of Sports Injuries.* Human Kinetics, Champaign.

SEIRUL-LO, F. (1987). Las funciones y competencias del preparador físico en un club deportivo. *Revista de Entrenamiento Deportivo.* Vol: 1-1.

WHITING, W. y ZERNICKE, R.. (1998). *Biomechanics o Musculoskeletal Injury.* Human Kinetics. Champaign.

Bibliografía recomendada Conceptos Preliminares

BAKER, CH.(1998). *Manual de Campo de Medicina del deporte.* Ed Médica Panamericana, Buenos Aires.

MELLION, M. B. (1999). Secretos de la medicina del deporte (2ª ed.). McGraw-Hill Interamericana. D. F., México.

PRENTICE, W. (1998). *Técnicas de rehabilitación en la medicina deportiva,* Paidotribo, Barcelona.

PETERSON, L. y RENSTRÖM, P. (1988). *Lesiones en el deporte, su prevención y tratamiento,.* Edit. Jims, Barcelona.

TIPPET, V. (1995). *Functional Progressions for Sport Rehabilitation,* Human Kinetics, Champaign.

WHITING, W. Y ZERNICKE, R.. (1998). *Biomechanics of musculoskeletal injury.* Human Kinetics. Champaign.

Bibliografía recomendada hombro doloroso

BORREL, F. (2002). Hombro doloroso. Tomo I: síndromes dolorosos. Exploración física orientada a los problemas. , Doyma. Barcelona.

ESSMAN J. A. , BELL, R. H. ASKEW M. (1991). Full-thickness rotator cuff tear. An analysis of results. Clin Orthop 265:170-7.

FUCHS,S.,CHYLARECKI,C. y LANGENBRINCK A. (1999). Incidence and symptoms of clinically manifest rotator cuff lesions. Int J Sport Med 20(3):201-5.

HODLER, J. (1996). Diagnosis of shoulder impingement syndrome. Radiology 36(12):944-50.

KREIGHBAUM E.y BARTHELS, K. (1996). Biomechanics. A qualitative approach for studying human movement. (4ª ed.): Allyn and Bacon, Boston.

LUTTGENS, K. Y HAMILTON, N. (1997). Kinesiology. Scientific Basis of Human Motion. McGraw Hill, Dubuque, U.S.A.

LÓPEZ DE LA IGLESIA, J. , GARCÍA ANDRÉS, L. y MEDINA MARTOS, M. (2001). Fisioterapia del hombro doloroso. FMC 8 (4):266-80.

SOSLOWSKY, L.J. (1997). Biomechanics of the rotator cuff. Orthop *Clin North Am 28(1):17-30.*

WIRTH M. A., BASAMANIA, C. y ROCKWOOD, C.A. (1997). Nonoperative management of full-thickness tears of rotator cuff. *Orthop Clin North Am 28(1):59-67.*

Bibliografía recomendada síndrome fermororotuliano

ARROLL B, ELLIS-PEGLER E, EDWARDS A, SUTCLIFFE G. (1997). Patellofemoral pain syndrome. A critical review of the clinical trials on nonoperative therapy. *Am J Sports Med 25:207-12.*

CERNY, K. (1995). Vastus medialis oblique/vastus lateralis muscle activity ratios for selected exercises in persons with and without patellofemoral pain syndrome. *Phys Ther* 75:672-83.

CROSSLEY, K., BENNELL, K., GREEN, S. (2001). A systematic review of physical interventions for patellofemoral pain syndrome. *Clin J Sport Med*, 11(2):103-10.

CUTBILL JW, LADLY KO, BRAY RC, THORNE P, VERHOEF M. (1997). Anterior knee pain: a review. *Clin J Sport Med* 7:40-5.

DOUCETTE SA, GOBLE EM. (1992). The effect of exercise on patellar tracking in lateral patellar compression syndrome. *The American Journal of Sports Medicine.* 20:434-440.

LAPRADE J, CULHAM E, BROUWER B. (1998). Comparison of five isometric exercises in the recruitment of the vastus medialis oblique in persons with and without patellofemoral pain syndrome. *J Orthop Sports Phys Ther* 27:197-204.

MCCONNELL JS. (1986). The management of chondromalacia patellae: a long-term solution. *Aust J Physiotherapy* 32:215-23.

MIRZABEIGI E, JORDAN C, GRONLEY JK, ROCKOWITZ NL, PERRY J. (1999). Isolation of the vastus medialis oblique muscle during exercise. *Am J Sports Med* 27:50-3.

POWERS CM, LANDEL R, PERRY J. (1996). Timing and intensity of vastus muscle activity during functional activities in subjects with and without patellofemoral pain. *Phys Ther 76:946-55.*

SCOTT, S. H., WINTER, D. A. (19909. Internal forces of chronic running injury sites. *Med Sci Sport Exerc,* 22(3):357-69.

THOMEE, R., AUGUSTSSON, J., KARLSSON, J. (1999). Patellofemoral pain syndrome: a review of current issues. *Sports Med* 28(4):245-62.

VAD V, HONG HM, ZAZZALIT M, AGI N, BARAI D. (2002). Exercise recommendations in athletes with early osteoarthritis of the knee. *Sports Med 32 (11): pp. 729-39*

Referencias bibliográficas dolor lumbar

ABENHAIM, L., ROSSIGNOL, M., NORDIN, M. et. al.(2000). The Role of Activity in the Therapeutic Management of Back Pain. Report of the International Paris Task Force on Back Pain. *Spine 25: 1S-33S.*

BIERING-SORENSEN, F. (1984). Physical measurements as risk indicators for low back trouble over a one-year period. *Spine* 9:106,

BORENSTEIN, D.G. Y WIESEL D.W. (1989). Dolor lumbar, diagnostico y tratamiento. Barcelona: Ancora S.A.

CADY, L. D., BISCHOFF, L. P., O´CONNEL, E. R, ET AL.(1979) . Strength and Fitness and subsequent back injuries in firefighters. *J Occup Med* . 21:269.

CHAFFIN, D. B., HERRIN G. D, KEYSERLING W.M. (1978). Premployment strength testing: An update position. *J. Occup Med* 20:403

DEYO, R. A., DIEHL, A. K. y ROSENTHAL, M. (1986). How many days of bed rest for acute low back pain?. A randomized clinical trial. *N Engl J Med 315:1064-1070.*

FORDYCE, W. E., et al.(1986). Acute back pain: A control group comparision of behabioral vs tradional mangement methods. *J Behav Med 9:127-140.*

FEUERSTEIN , M. (1991). A multidisciplinary approach t the prevention, evaluation, and management of work disability. *J Ocuup Rehab* 1:11.

FRYMOYER, J.W.; ROSEN, J.C.; CLEMENTS, J.; et al (1985). Psychologic factors in low back pain disability. Clin. Orthop. 195: 178.

GILBERT, J. R., et al.(1985). Clinical trial of common treatments for low back pain in family practice. *BMJ 291:791-794*

GILLAN, M. G. C. , ROSS, J. C., McLEAN, I. P. Y PORTER, R. W. (1998). The natural history of trunk list, its associated disability and the influencie of McKenzie management. *Eur Spine J, 7:480-483*

GONZALEZ, M. A. y CONDÓN, M. J.(2000). Incapacidad para el dolor lumbar en España. *Med. Clin. 114:491-492.*

GRAVES, J., POLLOCK, M., CARPENTER, D., LEGETT, S., JONES, A., MACMILLAN, M. y FULTON, M..(1990). Quantitative assessmente of full range-of-motion isometric lumbar extension strength. *Spine*, Vol.15, N°4,

GRAVES, J. E., POLLOCK, M. L., FOSTER D. et al (1990). Effective training frequency and specificity on isometric lumbar extensor strength: *Spine* 15:504-9.

HERRING, S.A. (1990). Rehabilitation of muscle injuries. *Med Sci Sports Exerc* 22:453.

KELSEY, J.L.; WHITE, A.A.; PASTIDES, H. Y BESBEE, G.E. (1979). The impact of musculoskeletal disorders on the population of the Unites States. *J. Bone Joint Surg.* 61 : 959-964.

KRAUS, H. (1965). *Backache, Stress and Tension: Cause, Prevention and Treatment.* Ed. Simon and Schuster: New York.

LEGGETT, S., MOONEY, V., MATHENSON, L.; NELSON, B., DREISINGER, T., VAN ZYTVELD, B. y VIE, L. (1999). Restorative exercise for clinical low back pain. A prospective two-center study with 1 year follow up. *Spine* 24 (9): pp889-898.

LIEBENSON, C. (1999). *Manual de Rehabilitación de la Columna Vertebral.* pp.31-67. Edit. Paidotribo. Barcelona

MANNION, A. F., TAIMELA, S., MÜNTENER, M., y DVORK, J. (2001). Active Therapy for Chronic Low Back Pain. Part1. Effects on Back Muscle Activation, Fatigability, and Strength. *Spine*; Vol 26:8, 897-908

MAYER, T.G. ; GATCHELL, R.J. ; MAYER, H. et al (1987). A prospective two year study of functional restoration in industrial low back injury. *JAMA* 258:1763.

MCKENZIE, R. A. (1979). Prophylaxis in recurrent low back pain. *N Z Med J 89 : 22-23.*

MELLEBY A. (1982) The Y´s Way to Healthy Back. Piscataway, N.J.: New Centry Publishers.

O´SULLIVAN, P. B. y ALLISON, L. (1997). Dynamic Stabilization of the lumbar spine. *Physcal and Rehabilitation Medicine 9:315-330.*

PANJABI, M. M. (1992a). The stabilising system of the spine. Part I. Function, dysfunction, adaptation, and enhacement. *Journal of Spinal Disorders 5:383-389.*

PANJABI, M. M. (1992b). The stabilising system of the spine. Part II. Neutra Zone and stability hypothesis. *Journal of Spinal Disorders 5:390-397.*

PANJABI, M. M. (1994). Lumbar spine instability; a biomechanical challenge. *Current Orthopaedics 8:100-105.*

POLLOCK, M. L., LEGGETT, S. H.; GRAVES, J. E., JONES, A., FULTON, M. y CIRULLI, J.. (1989) Effect of resistance training on lumbar extension strength. *AM J Sports Med;* 17:624-9

RISCH, S.; NORVELL, N.; POLLOCK, M. ; RISCH, E.; LANGER, H; FULTON, M.; GRAVES, J. Y LEGGETT, M. (1993). Lumbar strengthening in chronic low back pain patients: Psychological and physiological benefits. *Spine* 18(2)232-238.

ROSSIGNOL, M; SUISSA, S. ; ABENHEIM, L. (1988). Working disability due to ocupational back pain : Three year follow-up of 2.300 compensated workers in Quebec, *J. Occup. Med.* 30:502.

THORÉN, P., FLORAS, J. S., HOFFMAN, P., et al. Endorphins and exercise: Physiological mechanisms and clinical implications. *Med Scie Sports Exerc* 1990; 22:417-28

WADDELL, G (1987). A nee clinical model for the treatment of low back pain *Spine* 12:634.

WILLIAMS, P. C. (1965). *The Lumbosacral Spine, Emphasizing Conservative Management.* pp 80-93. Mc Graw-Hill. New York.

Bibliografía recomendada Artrosis y Osteoporosis

AMERICAN COLLEGE OF SPORTS MEDICINE (1995). Osteoporosis & exercise. *MSSE*, 27-4, pp I-vii.

AMERICAN COLLEGE OF SPORTS MEDICINE (2000). *Manual de consulta para el control y la prescripción de ejercicio.* Edit. Paidotribo. Barcelona.

AMERICAN GERIATRICS SOCIETY. Exercise prescription for older adults with osteoarthritis pain: Consensus Practice Recommendations (2001). *JAGS* 49:808-823.

BOUCHARD, C., SHEPARD, R. y STEPHENS, T. (192). *Physical Activity, Fitness and Health.* Human Kinetics Publishers. Champaign.

SOVA, R. (1995). Water fitness after 40. Ed. Human Kinetics. Champaign.

SPIRDUSO, W. (1995). Physical dimention of aging. Human Kinetics. Champaign.

ZANCHETA, J. (2001). *Osteporosis, Fisiopatología, Diagnóstico, Prevención y tratamiento.* Edit. Panamericana. Buenos Aires.

CAPÍTULO VIII

AMERICAN COLLEGE OF SPORTS MEDICINE. *ACSM's Guidelines for Exercise Testing and Prescription* 6th Edition. Philadelphia, Lippincott Williams & Williams, 2000.

AMERICAN COLLEGE OF SPORTS MEDICINE. *Manual ACSM para la valoración y prescripción del ejercicio.* Ed. Paidotribo, Barcelona 1999.

AMERICAN COLLEGE OF SPORTS MEDICINE. *Manual de Consulta para el control y la prescripción del ejercicio.* Ed. Paidotribo, Barcelona 2000.

BERGNER, M. Measurement of health status. *Med. Care.* 23: 696-704, 1985.

BLANCHET, M. Assessment of health status. En: Bouchard C., Shepard R.J , Stephens T., Sutton J.R., McPherson B.D. (eds.). *Exercise, fitness, and health: a consensus of current knowledge.* Human Kinetics, Champaign, IL: 127-131, 1990.

BORAITA, A. La práctica deportiva mejora el perfil lipídico plasmático, pero ¿a cualquier intensidad? *Rev Esp Cardiol* 57: 495-498, 2004.

BORMS, J. El ejercicio, la salud, la condición física y las personas de edad. En: *UNISPORT, el deporte hacia el siglo XXI.* Málaga: UNISPORT, Junta de Andalucía, pp.317-324, 1995.

BOUCHARD, C., R.J. SHEPARD, T. STEPHENS. *Physical Activity, Fitness and Health Consensus.* Human Kinetics, Champaign, IL. 1993.

BOUCHARD, C., R.J. SHEPARD, T. STEPHENS. Editors. *Physical Activity, Fitness and Health. International Proceedings and Consensus Statement.* Human Kinetics, Champaign, IL. 1994.

BOUCHARD, C., R.J. SHEPARD. Physical Activity, Fitness and Health: the model and key concepts. In:

BOUCHARD, C., SHEPARD, R.J., STEPHENS, T. Editors. *Physical Activity,* Fitness and Health. *International Proceedings and Consensus Statement*, pp.77-88. Human Kinetics, Champaign, IL. 1994.

CARMODY, T.P., J.W. SENNER, M.R. MANILOW, J.D. MATARAZZO. Physical exercise rehabilitation: long-term dropout rate in cardiac patients. *J. Behavioral Med.*, 3:163-169, 1980.

CASPERSEN, C.J., K.E. POWELL, R.K. MERRIT. Measurements of health status and well being. En: Bouchard C., Shepard R.J., Stephens T. (eds.). *Physical Activity, Fitness, and Health. International Proceedings and Consensus Statement.* Human Kinetics, Champaign, IL: 180-202, 1994.

DEPARTMENT OF HEALTH AND HUMAN SERVICES. *Physical Activity and Health: A Report of the Surgeon General.* Atlanta, GA: U.S. Department of Health and Human Services, Centers for Disease Control and Prevention, National Center for Chronic Disease Prevention and Health Promotion, 1996.

DEVÍS, J. *Actividad Física, Deporte y Salud.* Barcelona, INDE, 2000.

DISHMAN, R. K. *Exercise Adherence.* Human Kinetics, Champaign, IL. 1988.

DISHMAN, R.K. Compliance/adherence in health-related exercise. *Health Psychol.* 1:237-267, 1982.

DISHMAN, R.K. Exercise adherence research: future directions. *American J. of Health Prom.* 3:52-56, 1988a.

DISHMAN, R. K. *Advances in Exercise Adherence.* Human Kinetics, Champaing, IL. 1994.

EARLE, R.W., T.R. BAECHLE. NSCA's *Esssentials of Personal Training.* Champaing, IL. Human Kinetics, 2004.

GAVIN, J., GAVIN, N. Psychology for Health Fitness Professionals. Human Kinetics, Champaing, IL, 1995.

GLEDHILL, N. Assessment of fitness. In: Bouchard C., Shepard R.J., Stephens T., Sutton J.R., McPherson B.D. (eds.). *Exercise, fitness, and health: a consensus of current knowledge.* Champaign, IL. Human Kinetics 121-126, 1990.

HEDRICK, A. Learning from each other: Adherence to training programs. *Strength & Cond. J.* 22(6), 14-15, 2000.

HEYWARD, V.H. *Evaluación y Prescripción del ejercicio.* Editorial Paidotribo, Barcelona, 1996.

HOWLEY, E.T., B.D. FRANKS. *Health Fitness Instructors Handbook*, 2nd Edition. Champaign, Human Kinetics, 1992.

JIMÉNEZ, A. Los programas de actividad física como forma de vida. *Sport Managers, Revista profesional de salud e instalaciones deportivas.* N° 2. Noviembre, 1998.

JIMÉNEZ, A., LACABA, R. *Manual del Entrenador Personal (Fundamentos y Recursos de Marketing y Nuevas Tecnologías).* Editado por: Ramón Lacaba-Gymnos. Madrid, 2002.

JIMÉNEZ, A., AZNAR, S., DE PAZ, J. A. Aplicación del modelo de estados de cambio a la aptitud músculo-esquelética en una población de adultos activos. *Kronos, Revista Universitaria Actividad Física y Deporte.* Vol. II (4), pp- 19-28, 2003.

JIMÉNEZ, A. *Fuerza y Salud. La aptitud músculo-esquelética, el entrenamiento de fuerza y la salud.* Editorial Ergo, Barcelona, 2003.

KENNEY, W.L., HUMPHREY, R.H., BRYANT, C.X. Editors. ACSM's *Guidelines for Exercise Testing and Prescription (Fifht Edition).* Williams & Wilkins, Media PA 1995.

MARCUS, B.H., K.M. EMMONS, L.R. SIMKIN-SILVERMAN, L.A. LINNAN, E.R. TAYLOR, B.C. BOCK, M.B. ROBERTS, J.S. ROSSI, D.B. ABRAMS. Evaluation of motivationally tailored vs. Standard self-help physical activity interventions at the workplace. *Am. J. Health Promot.* 12(4):246-253, 1998.

MATEO, J. ¿Medir la forma física para evaluar la salud? *Apunts, Educació Física i Esports* 31:70-75, 1993.

OLDS, T., K. NORTON. *Pre-Exercise Health Screening Guide*, Champaign, IL. Human Kinetics, 1999.

PATE, R.R. The evolving definition of fitness. *Quest,* 40: 174-179, 1988.

REJESKY, W.J., KENNEY, E.A. *Fitness Motivation. Preventing Participant Dropout.* Human Kinetics, Champaing, IL, 1988.

RIVERA, M.A., C.A. PADRÓ. El concepto "fitness". Definiciones conceptuales y operacionales (I), *Archivos Med. Deporte,* vol. XIII, n° 52, pp.143-148, 1996.

RODRÍGUEZ, F.A. Prescripción de ejercicio para la salud (I). Resistencia cardiorrespiratoria. *APUNTS, Educación Física y Deportes.* 39:87-102, 1995.

RODRÍGUEZ, F.A. Prescripción de ejercicio para la salud (y II). Pérdida de peso y condición músculo-esquelética. *APUNTS, Educación Física y Deportes.* 40:83-92, 1995.

RODRÍGUEZ, F.A., N. GUSI, A. VALENZUELA, S. NÁCHER, J. NOGUÉS, M MARINA. Valoración de la condición física saludable en adultos (I): Antecedentes y protocolos de la Batería AFISAL-INEFC. *Apunts Educación Física y Deportes* 52: 54-75, 1998.

RODRÍGUEZ-MARÍN, J. *Psicología Social de la Salud.* Ed. Síntesis Psicológica, Madrid, 1995.

SERRA, J.R. (Coordinador) *Prescripción de Ejercicio Físico para la Salud.* Editorial Paidotribo, Barcelona 1996.

SOCIEDAD ESPAÑOLA DE CARDIOLOGÍA (Arós et al.). Guías de práctica clínica de la Sociedad Española de Cardiología en pruebas de esfuerzo. *Rev Esp Cardiol*, vol. 53, nº 8, 00-00, 2000.

SUNI, J.H., P.OJA, S.I. MIILUMPALO, M.E. PASANEN, M.I. VUORI, K. BÖS. Health-related fitness test battery for middle-aged adults: associations with physical activity patterns. *Int. J. Sports Med.* 20: 183-191, 1999.

VERKHOSHANSKY, I. V. Bases científicas de la teoría moderna y de la metodología del entrenamiento deportivo. En: *UNISPORT, el deporte hacia el siglo XXI.* Málaga: UNISPORT, Junta de Andalucía, pp.388-389, 1995.

VERKHOSHANSKY, I. V. *Entrenamiento Deportivo. Planificación y Programación.* Martínez Roca, Barcelona, 1990.

WAKUI, S., T. SHIMOMITSU, Y. ODAGIRI, S. INOUE, T. TAKAMIYA, Y. OHYA. Relation of the stages of change for exercise behaviors, self-efficacy, decisional-balance, and diet-related psycho-behavioral factors in young Japanese women. *J. Sports Med. Phys. Fitness*, 42:224-232, 2002.

WEINBERG, R.S., D. GOULD. *Foundations of Sport and Exercise Psychology, 2nd Ed.* Human Kinetics, Champaign, IL., 1999.

WEINECK, J. *Entrenamiento Óptimo.* Barcelona, Hispano Europea, 1988.

CAPÍTULO IX

AMERICAN COLLEGE OF SPORTS MEDICINE Position Stand: the recommended quantity and quality of exercise for developing and maintaining cardiorespiratory and muscular fitness in healthy adults. *Med Sci Sports Exerc.* 22:265-274. 1990.

AMERICAN COLLEGE OF SPORTS MEDICINE. ACSM´s Guidelines for Exercise Testing and Prescription. 6ºed.Lippincott Williams&Wilkins. 2000.

ADAMS G. Physiology Laboratory Manual.4ºed. New York: McGraw-Hill.2002.

AHA Science Advisory: Guide to primary prevention of cardiovascular diseases. A statement for health-care professionals from the task force on risk reduction. *Circulation*, 95:2329-2331, 1997.

POLLOCK M, FRANKLIN B, BALADY G, CHAITMAN B, FLEG J, FLETCHER B, LIMACHER M; PIÑA I, STEIN R, WILLIAMS M Y BAZZARRE T. AHA Science Advisory: Resistance Exercise in Individuals With and Without Cardiovascular Disease. Benefits, Rationale, Safety, and PrescriptionAn Advisory From the Committee on Exercise, Rehabilitation, and Prevention, Council on Clinical Cardiology, American Heart Association.. *Circulation*, 101: 828.2000.

ALBERNETHY P, WILSON G Y LOGAN P. Strength and power assessment Issues, Controversies and Challenges. Sports Med.19:401-417. 1995.

ANDERSON N Y ROSS W. Reliability and Objectivity in skinfold caliper and ultrasound measurements of skin and adipose tissue thickness at six sites. Kineanthropometry III. Reilly T Watkins J y Borms J(editors). Human Kinetics. 1986.

ASTRAND P, RYHMING I. A nomogram for calculation of aerobic capacity(physical fitness) from pulse rate during submaximal work. *Journal of Applied Physiology*, 7:218-221. 1954.

ATHA J. Strengthening muscle. *Exerc Sport Sci Rev.*9:1-73.1981.

BLAIR S, KOHL H, PAFFENBARGER RJr y col. Physical fitness and all-cause mortality:a prospective study of healthy and unhealthy men. *JAMA*, 262:2395-2401.1989.

BLAIR S. Physical activity, physical fitness and health.Res. Q Exerc Sport.64:365-376.1993.

BLAIR S, KOHL H Y BARLOW C.Changes in physical fitness and all-cause mortality:a prospective study of healthy and unhealthy men. JAMA, 273:1093-1098.1995.

BLAIR SN, JACKSON AS. Physical fitness and activity as separate heart disease risk factors: a meta analysis. Med Sci Sports Exerc 33:762-764.2001.

BOMPA T. Periodización de la fuerza, la nueva onda en el entrenamiento de la Fuerza. Ediciones Biosystem Servicio educativo. Argentina. 1995.

BOSCO C. La Fuerza Muscular: aspectos metodológicos. Ed. INDE. 2000

BOUCHARD C, SHEPHARD R Y STEPHENS T.Physical activity and health: the model and key concepts. In: Physical activity, fitness and health.International Proceedings and Consensus Statement, pp77-78.Human Kinetics, Champaign,IL.1994.

BRAY, G. Obesity increases risk for diabetes. International Journal of Obesity, 16(suppl.4) 13-17. 1992a.

BRAY, G. Pathophysiology of Obesity. American Journal of Clinical Nutrition, 55, 488-494. 1992b.

BROWN L., WEIR J. ASEP Procedures Recommendation I: Accurate Assessment of Muscular Strenght and Power. JEP online 4(3) 1-21. 2001.

CASPERSON C, POWELL K Y CHRISTENSON G. Physical activity, exercise and physical fitness: definitions and distinctions for health-related research.Public Health Rep.;100: 126-131, 1985.

CEPCFAC. Comité de Epidemiología y Prevención Cardiovascular Federación Argentina de Cardiología, "Resumen de Normativas del Primer Grupo de Consenso en Prevención Cardiovascular", 1999.

COLE C, BLACKSTONE E, PASHKOW F, SNADER C Y LAUER M. Heart-Rate Recovery Immediately after Exercise as a Predictor of Mortality. N.Engl.J Med.341: 1351-1357.1999.

DALTON N. J., WALLACE J. E. Strength Testing Protocols for College-Age Women, Strength and Conditioning Journal. Vol 18 nº2 pp 7-10. 1996.

DARBY L Y POHLMAN R. Prediction of maxVO2 for women: Adaptation of the Fox cycle ergometer protocol. Journal for Exercise Physiologist(JEP)Vol 2(4) Octubre1999.

DESPRÉS JP, MOORJANI S, LUPIEN PJ, TREMBLAY A, NADEAU A, BOUCHARD C. Regional distribution of body fat, plasma lipoproteins, and cardiovascular disease. Arteriosclerosis, 10:497-511. 1990.

DESPRÉS, J, POULIOT, M, MOORJANI, S, NADEAU, A, TREMBLAY, A, LUPIEN, P, THÉRIAULT, G, BOUCHARD, C. Loss of abdominal fat and metabolic response to exercise training in obese women. American Journal of Physiology, 261, 159-167. 1991.

DESPRÉS, J.P., I. LEMIEUX, AND D. PRUD'HOMME. Treatment of obesity: need to focus on high risk abdominally obese patients. BMJ 322:716-720, 2001.

DEVRIES H Y HOUSH T. Physiological Exercise for Physical Education, Athletics and Exercise Science. 5ºed.Dubuque.IA. Brown and Benchmark.1994

DONAHUE, R, ORCHARD, T, BECKER, D, KULLER, L. Sex differences in the coronary heart disease risk profile: a possible role for insulin. American Journal of Epidemiology, 125, 650-657. 1987a.

DONAHUE RP, ABBOTT RD, BLOOM E, REED DM, YANO K. Central obesity and coronary heart disease in men. Lancet.1:821-824. 1987b.

DORN J, NAUGHTON J, IMAMURA D, TREVISAN MA. Results of a multicenter randomized clinical trial of exercise and long-term survival in myocardial infarction patients. Circulation 100:1764-1769.1999.

DUCIMETIÈRE, P, RICHARD J, CAMBIEN, F. The pattern of subcutaneous fat distribution in middle-age men and the risk of coronary heart disease: the Paris prospective study. International Journal of Obesity, 10,229-240. 1986.

EARLE R, BAECHLE T. Resistance Training, and spotting techniques Chapter 17, in Baechle T.R. and Earle R.W. Essential of Strength Training and Conditioning (NSCA), 2° Edit. Human Kinetics, Champaign IL. 2000.

EARLE R, BAECHLE T. NSCA´s Resistance Training Program Design, chapter 15. In: Earle RW, Baechle TR, eds. NSCA *Personal trainer manual.* 2° ed. Champaing IL: Human Kinetics, pp. 361-398, 2004.

FLECK S., KRAEMER W. Designing Resistance Training Programs 2° Edition. Human Kinetics. Champaign IL. 1997.

FREUND H y col. Interaction of test protocol and inclined run training on maximal oxygen uptake. Med. Sc.Sport Exerc 18(5)588-592. 1986.

FORD, E.S., W.H. GILES, W.H. DIETZ. Prevalence of the metabolic syndrome among US adults. JAMA 287:356-359, 2002

FOX E, BOWERS R, FOSS M. The physiological basis of physical education and athletics. Philadelphia:Saunders College Publishing, 1988.

GARFINKEL L. Overweigth and Cancer. Annals of Internal Medicine, 103(6.2) 1034-1036. 1985.

GERBER, L, MADHAVEN, S, ALDERMAN M. Waist-to-hip ratio as an index of risk for hyperglycemia among hypertensive patients. American Journal of Preventive Medicine, 3, 64-68.1987.

GORAYA TY, JACOBSEN SJ, PELLIKKA PA, et al. Prognostic value of treadmill exercise testing in elderly persons. Ann Intern Med.132:862-870.2000.

GOLDSTEIN, D. Beneficial health effects of modest weight loss. International Journal of Obesity, 16, 397-415. 1992.

GRAVES J, POLLOCK M Y BRYANT C. Assessment of muscular strength and endurance. In: Roitman J ed. ACSM´s Resource Manual for Guidelines for Exercise Testing and Prescription. 3°ed. Baltimore:Williams & Wilkins, 363-367.1998.

HARRISON G, BUSKIRK E, CARTER LINSEY J, JOHNSTON F, LOHMAN T, POLLOCK M, ROCHE A WILMORE J. Skinfold thicknesses and measurement technique. In: Anthropometric Standardization Reference Manual. Lohman T, Roche A y Martorell R(editors), Champaign, IL, Human Kinetics pp55-70.1988.

HEYWARD V., STOLARCZYK L. Applied Body Composition Assessment. Champaign,IL:Human Kinetics.1996.

HEYWARD V. Advanced fitness assessment and exercise prescription. Champaign, IL: Human Kinetics, 1998.

HEYWARD V. Advanced Fitness Assessment and Exercise Prescription. 4° ed. Champaign, IL: Human Kinetics.2002.

HOLWAY, F. La Composición Corporal: mitos y presunciones científicas. Sitio web: www.nutrideporte.com.ar.

HOWLEY E. Type of activity: resistance, aerobic and leisure versus occupational physical activity. Medicine and Sciences in Sports and Exercise.33(6)364-369. Suppl.2001.

IMAI K, SATO H, HORI M, et al. Vagally mediated heart rate recovery after exercise is accelerated in athletes but blunted in patients with chronic heart failure. J Am Coll Cardiol.24:1529-1535. 1994.

KING AC, HASKELL WL, YOUNG DR, OKA RK, STEFANICK ML. Long-term effects of varying intensities and formats of physical activity on participation rates, fitness, and lipoproteins in men and women aged 50 to 65 years. Circulation, 91:2596-2604. 1995.

KITAMURA K, JORGENSEN C, GOBEL F y col. Hemodynamic correlates of myocardial oxygen consumption during upright exercise. J. Appl. Physiol.32:516-522. 1972.

KLINE G, PORCARI J, HINTERMEISTER R, FREEDSON P, WARD A, MCCARRON R, ROSS J Y RIPPE J. Estimation of VO2máx. from a one-mile track walk, gender, age and body weight. Medicine and Sciences in Sports and Exercise.19:253-259. 1987.

KOMI PV, ed. Strength and Power in Sport. Oxford, UK: Blackwell Scientific Publications; 1991.

KORDICH, J. Evaluating Your Client:fitness assessment and protocol forms. Lincoln, NE:NSCA Certification Commission.2002.

KRAMER W y FRY A.Strength testing: development and evaluation of methodology.In Maud P, FOSTER C, eds.Physiological Assessment of Human Fitness. Champaign,IL.Human Kinetics.115-138, 1995.

KROTKIEWSKI M, BJORNTORP P, SJOSTROM L, SMITH U. Impact of obesity on metabolism in men and women: importance of regional adipose tissue distribution. J Clin Invest. 72:1150-1162. 1983.

LARSSON, B. Obesity, fat distribution and cardiovascular disease. International Journal of Obesity, 15, 53-57. 1991.

LAUER MS, FRANCIS GS, OKIN PM, PASHKOW FJ, SNADER CE, MARWICK TH. Impaired chronotropic response to exercise stress testing as a predictor of mortality. JAMA.281:524-529. 1999.

LEGER L Y BOUCHER R. An indirect continuous running multistage field test. The Univertisy of Montreal Track Test. Can. J. Appl. Sports Sci. 5: 77-84. 1980.

LEGER L Y THIVIERGE M. Heart Rate monitors:validity, stability and functionality.Physician and Sportsmedicine 16:143-151.1988.

LESUER D, MC CORMICK J, MAYHEW J, WASSERSTEIN R Y ARNOLD D. The Accuracy of seven prediction equation for estimating 1 - RM Performance in the Bench Press, Squat, and Dead lift. J. Strength and Cond. Res 11 (4): 211-213., 1997.

LOGAN P, FORNASIERO D, ABERNETHY P Y LYNCH K . Protocols For Assessment of isoinertial Strength.In: Commission AS, ed. Physiological Test For Elite Athletes. 1 th ed. Champaing IL: Human Kinetics, 2000.

MATUSZAK M, FRY A, WEISS L, IRELAND T AND MCKNIGHT M. Effect of rest Interval Length on Repeated 1 Repetition Maximum Back Squats J. of Strength and Cond. Res. Vol 17 nº 4, pp 634-637. 2003.

MYERS J, PRAKASH M, FROELICHER V, DO D, PARTINGTON S Y ATWOOD E. Exercise Capacity and Mortality among Men Referred for Exercise Testing. N.Engl.J Med.346:793-801.2002.

NHI. National Institutes of Health and National Heart, Lung and Blood Institute. The sixth report of the joint National Comitee on Prevention, Detection, Evaluation and Treatment of high blood pressure. 1997.

NISHIME E, COLE C, BLACKSTONE E, PASHLOW F Y LAUER M. Heart Rate recovery and treadmill exercise score as predictor of mortality in patients referred for exercise. ECG. JAMA, 284(11): 1392-1398. 2000.

NORTON K Y OLDS T(editors) Antropometrica.Southwood Press, NSW.Australia.1996(Edición en español: Antropometrica, Dr. Mazza, JC. Biosystem Servicio Educativo,2000).

OJA P Y TUXWORTH B. Eurofit para adultos, evaluación de la aptitud física en relación con la salud. CDDS-CE,1995 (edición española CSD,1998).

PAFFENBARGER R JR, HYDE R, WING A y col. The association of changes in physical-activity level and other lifestyle characteristics with mortality among men. N.Engl.J Med. 328:538-545.1993.

POLLOCK ML, VINCENT KR. Resistance training for health. The President's Council on Physical Fitness and Sports Research Digest. December.Series 2, No. 8. 1996.

Pollock ML, Evans WJ. Resistance training for health and disease. Med Sci Sports Exerc.31:10-11.1999.

POULIOT M, DESPRES J, LEMIEUX S y col. Waist circunference and abdominal sagittal diameter: best simple anthropometric indexes of abdominal visceral adipose tissue accumulation and related cardiovascular risk in men and women. AM.J Cardiol, 273:460-468. 1995.

PRATLEY R, NICKLAS B, RUBIN M, MILLER J, SMITH A, SMITH M, HURLEY B, GOLDBERG A. Strength training increases resting metabolic rate and norepinephrine levels in healthy 50- to 65-yr old men. J Appl Physiol.76:133-137. 1994.

PRISANT L, ALPERT B, ROBBINS C, BERSON A, HAYES M, COHEN M Y SHEPS S. American National Standard for nonautomated sphygmomanometers. Summary report. Am.Jou. of Hypertension,8: 210-213. 1995.

PROTAS E. Flexibility and range of motion.In Roitman J, editor: ACSM´s Resource Manual for Guidelines for Exercise Testing and Prescription. 3ºed. Baltimore. Williams &Wilkins, 368-367. 1998.

REILLY T, TYRRELL A Y TROUP T. Circadian variation in human stature. Chronobiol.Int, I:121-126. 1984.

ROGER VL, JACOBSEN SJ, PELLIKKA PA, MILLER TD, BAILEY KR, GERSH BJ. Prognostic value of treadmill exercise testing: a population-based study in Olmsted County, Minnesota. Circulation, 198:2836-2841. 1998.

ROSS W Y MARFELL-JONES M. Kinanthropometry. In Mac Dougall J, Wenger H y Green H(editors). Physiological Testing of the high performance athlete(2°ed). Champaign Il, Human Kinetics. 1991.

RUIZ L, COLLEY J Y HAMILTON P. Measurement of tricpes skinfold thickness. An investigation of sources of variation. British Journal of Preventive and Social Medicine, 25:165-167. 1971.

SALE D. Testing Strength and Power. In: Mac Dougall J, Wenger H y Green H(editors). Physiological Testing of the high performance athlete(2°ed). Champaign Il, Human Kinetics. 1991.

SCHIMDT P Y CARTER J. Static and dynamic differences among five types of skinfold calipers. Human Biology, 62: 369-388. 1990.

SCHMIDT, M, DUNCAN, B, CANANI, L, KAROHL, C, CHAMBLESS, L. Association of waist-hip ratio with diabetes mellitus. Diabetes Care, 15(7) 912-914. 1992.

SCHWARTZ RS, SHUMAN WP, LARSON V, CAIN KC, FELLINGHAM GW, BEARD JC, KAHN SE, STRATTON JR, CERQUEIRA MD, ABRASS IB. The effect of intensive endurance exercise training on body fat distribution in young and older men. Metabolism, 40:545-551. 1991.

SCHWARTZ PJ, LA ROVERE MT, VANOLI E. Autonomic nervous system and sudden cardiac death: experimental basis and clinical observations for post-myocardial infarction risk stratification. Circulation.85:Suppl I:I-77. 1992.

SEIDELL, J. Regional Obesity and health. International Journal of Obesity, 16(suppl.2) 31-34.1992.

STONE M, COLLINS D, PLISK S., HAFF G. Training Principles: Evaluation and Methods of Resistance Training. Strength And conditioning Journal 22 (3): 65-76, 2000.

SUMNER E Y WHITACRE J. Some factors affecting accuracy in the collection of data on the growth of weight in school children. 1931.

TRAN ZV, WELTMAN A. Differential effects of exercise on serum lipid and lipoprotein levels seen with changes in body weight: a meta-analysis. JAMA. 254:919-924. 1985.

US DEPARTMENT OF HEALTH AND HUMAN SERVICES. Physical Activity and Health: A Report of the Surgeon General. Atlanta, Ga: US Dept of Health and Human Services, Centers for Disease Control and Prevention, National Center for Chronic Disease Prevention and Health Promotion; 1996.

VAGUE, J. La differenciation sexuelle, facteur determinant de formes de l'obesite. Presse Med 30:339-340, 1947.

WARBURTON D, GLEDHILL A Y QUINNEY A. Musculoskeletal fitness and Health. Can.J.Appl.Physiol.26(2):217-237. 2001.

WATANABE J, THAMILARASAN M, BLACKSTONE E, THOMAS J Y LAUER M. Heart rate recovery immediately after treadmill exercise and left ventricular systolic dysfunction as predictor of mortality: the case of stress echocardiography. Circulation, 104(16)1911-1916. 2001.

WATHEN D. Load Asignement, In Beachle T. R., Essential of Strength Training and Conditioning (NSCA), Human Kinetics, Champaing IL. 1994

WING, R, JEFFERY, R, BURTON, L, THORSON, C, KULLER, L, FOLSOM, A. Change in waist-hip ratio with weigh loss and its association with change in cardiovascular risk factors. American Journal of Clinical Nutrition, 55, 1086-1092. 1992.

WITHERS R, NORTON K, CRAIG N, HARTLAND M Y VENABLES W. The relative body fat and anthropometry prediction of body density of South Australian females age 17-35 years. European Journal of Applied Physiology, 56:169-180. 1987.

WILLIAMS PT. Physical fitness and activity as separate heart disease risk factors: a meta-analysis. Med Sci Sports Exerc 22:754-761.2001.

WOMERSLEY J, DURNIN J, BODDY K Y MAHAFFY M. Influence of muscular development, obesity and age on the fat-free mass in adults. Journal of Applied Physiology, 41:223-229. 1976.

CAPÍTULO X

ASTRAND P.O. RODAHL K. Fisiología del trabajo físico,. Bs As: Edit Panamericana,, 1985.

BOWERS R. W., FOX E. L. Fisiología del Deporte,. 3° ed: Médica Panamericana, 1995.

BROUNS F. Nutritional Needs of Athletes. Chichester: Wiley & Sons, 1995.

BROWN R. C., COX C. M. Effects of high fat versus high carbohydrate diets on plasma lipids and lipoproteins in endurance athletes. Med Sci sports and Exerc 30 (12): 1667-1683, 1998.

BURKE L., . Nutrition for Recovery after competition Chap. 15. In: Burke L, Deakin V, eds. Clinical Sport Nutrition: McGraw-Hill Companies, Inc., 2001a.

BURKE L., . Preparation for Competition Chap. 13. In: Burke L, Deakin V, . eds. Clinical Sport Nutrition: McGraw-Hill Companies, Inc., 2001b.

BURKE L. M., COLLIER G. R., HARGREAVES M., . Glycemix index- A new Tool in Sport Nutrition? Int. Journal Of Sport Nutrition 8 (4): 401-415, 1998.

COLEMAN E. Diet, Exercise & Fitness. 3° ed. San Marcos, CA: Nutrition Dimension, 1996.

CONLEY M. Bioenergetics of Exercise and Training. In: Baechle TR, Earle RW, . eds. Essential of Strength Training and Conditioning (NSCA). 2° ed. Champaing IL: Human Kinetics, pp. 73-90, 2000.

CONVERTINO V. A., ARMOSTRONG L. E., COYEL E. F., MACK G. W., SWKA M. N., SENAY L. C., SHERMAN W. M., . Exercise and Fluid Replacement, Position Stand. Med. And Sci. in Sport and Exercise. 28 (1), 1996.

DI PASQUALE M. Amino Acids And Protein For The Athletes, The Anabolic Edge. Boca Raton New York: CRC Press, 1997.

FERRETI J. L. Papel de los Lípidos en el metabolismo energético. ABCD, actualizaciones Byosistem en ciencias del deporte, Rosario, Argentina 1 (3): 3-10, 1989.

FOSTER-POWEL K., MILLER B. J. International Tables Of Glicemix Index. Am J Clin, Nutr. (62): 871s-893s., 1995.

FOSTER-POWELL K., HOLT S. A., BRAND-MILLER C. B., . International Table of Glycemix and Glycemix Load Values: 2002. Am Clin Nutr 76: 5-56, 2002.

GARRIDO P. G. Hidratación y Rehidratación durante el Ejercicio, capitulo 6. In: Gonzáles G, Villa Vicente JC, eds. Nutrición y Ayudas Ergogénicas en el Deporte. Madrid: Síntesis, pp. 137-164, 1998.

GIBALA M. J. Regulation Of Skeletal Muscle Amino Acid Metabolism During Exercise. Int. Journal Of Sport Nutrition And Exc. Metabolism 11 (1): 87-108, 2001.

GRAHAM T. E., TURCOTE L. P., KIENS B., RICHTER E. A., . Effect Of Endurance Training On Ammonia And Aminoacid Metabolism In Human. Med ans Sci. In Sport and Exers. 29 (5): 646-653, 1997.

GUOYAO W., . Intestinal Mucosal Amino Acid Catabolism. Journal Of Nutrition 28 (8): 1249-1252, 1998.

HARGREVES M., . Exercise Metabolism. Champaign IL: Human Kinetics, 1995.

HELGE J. E., BOLETTE W., KIENS B., . Impact of fat- rich diet on endurance in man: role of the dietary period. Med. and sci. in sports and Exersc. 30 (3): 456-461, 1998.

HORSWILL C. A., . Effective Fluid Replacement. Int. Journal of sport nutrition 8 (2): 175-195, 1998.

JEUKENDRUP A., . Metabolismo dei Carbohidrati ed attività fisica. Rivista de cultura sportive (SDS) (38): 2-9, 1997.

KENT M., . The Oxford Dictionary of Sports Science and Medicine: Oxford University Press, 1994.

KIENS B., . Effect of endurance training on fatty acid metabolism: local adaptations. Med and Science in sport & Exerc. 29 (5): 640-645, 1997.

KONOPKA P., . La Alimentacion del Deportista. Barcelona: Martinez Roca, S.A., 1988.

LEDDY J., HORVATH P., ROWLAND J., PENDERGAST D. Effect of a high or low fat diet on Cardiovascular risk factor in male and female runners. Med and Sci. in Sport and Excerc. 29 (1): 17-25, 1997.

LEHNINGER A. L., NELSON D. L., COX M. M., . Principios De Bioquímica. 2° ed. Barcelona: OMEGA, 1993.

MANORE M., THOMPSON J. Sport Nutrition For Health And Performance. Champaing IL: Human Kinetics, 2000.

MAUGHAN R., . Fluid and Carbohydrate intake during exercise, Chap. 14. In: Burke L, Deakin V, . eds. Clinical Sport Nutrition,: McGraw-Hill Companies, 2001.

MCARDLE W., KATCH F. I., KATCH V. L., . Essentials Of Exercise Physiology. 2° ed: Lippincott Williams & Wilkins, 2000.

MCDONALD L. Protein, Part 2 - Protein Metabolism and Requirements. http://www.thinkmuscle.com/magazine/Volume/1999/990201.htm. 2 (2), 1999a.

MCDONALD L. Protein, Part 3 - Individual Amino acid Requirements. http://www.thinkmuscle.com/magazine/Volume/1999/990201.htm. 3 (2), 1999b.

AMERICAN COLLEGE OF SPORT MEDICINE, POSITION STAND. The Recommended quantity and quality of exercise for developing and maintaining cardiorespiratoy and muscular fitness and flexibility in healthy adults: Med and Sci. in sport and Exerc. 30 (6): 975-981, 1998.

MILLER B. J., PANG E., BRAMALL L. R. A. Rice: High Or Low Glicemix Index Food? Am J Clin Nutr 56: 1034- 1036, 1992.

MOURIER A., BIGARD A. X., DE KERVILER E., ROGER B., LEGRAND H., GUEZENNEC C. Y. Combined effects of caloric restriction and branched-chain amino acid supplementation on body composition and exercise performance in elite wrestlers. Int J Sports Med 18 (1): 47-55, 1997.

NACLERIO A. F. Guía Completa de los suplementos Naturales. Madrid: Sport Managers, 1999.

NACLERIO A. F. Índice Glucémico, su importancia en la alimentación, Parte 1. Sport Managers, News 2 (3): 10-12, 2001a.

NACLERIO A. F. Índice Glucémico, Su importancia en la alimentación, Parte 2. Sport Managers News 2 (4): 10-12, 2001b.

NEWSHOLME E. A., LEECH A. R., . Biochemical For The Medical Sciences: John Whiley & Sons, 1994.

PAUL L. G. Dietary Protein Requirements Of Physically Active Individuals, Review Article. Sport Medicine 8 (3): 154-156, 1989.

POEHLMAN E. T., MELBY C. Resistance training and Energy Balance. Int. J. Sport Nutrition 8 (2): 143-159, 1998.

REIMERS K. Nutritional in The Personal TRaining Setting, Chapter 7. In: Baechle TR, Earle RW, eds. NSCA´s Essential of Personal Training. Champaing Il: Human Kinetics, pp. 119-140, 2004.

REIMERS K., RUUD J. Nutrition Factors in Health and Performance, chapter 12. In: Baechle TR, Earle RW, eds. Essential of Strength Training and Conditioning (NSCA). 2° ed. Champaing IL: Human Kinetics, pp. 229-257, 2000.

ROMING J. A., COYLE E. F., SIDOSSIS L. S., GASTALDELLI A., HOROWITZ J. F., ENDERT E., WOLFE R. R. Regulation of endogenous fat and carbohydrate metabolism in relation to exercise intensity and duration. Am J. Physiology. 265 (Endocrinology Metabolism.28): 380-E391, 1993.

SEARS B., LAUREN W., "The Zone": Regan Books, Harper Collins., 1995.

SEARS B. D., The anti- Anging Zone: Regan Books, harper collins., 1999.

SENAY C. L. Water and Electrolytes during physical activity, Chapter 11. In: Wolinsky I, ed. Nutrition in exercise and sport: CRC, Press, 1998.

SHIRREFFS S. M., MAUGHAN R. J. X. Rehydratation and Recovery of fluid Balance after Exercise. Exc. and Sport Sci. Rev. 28 (1): 27-32, 2000.

SIMOPOULOS A. P. Omega 3 fatty acid in health and disease and in growth and development. Am journal of clinical nutrition (54): 438-463, 1991.

SZEPSI B. Carbohidratos, Capitulo 5. In: Ziegler EE, Filer JLJ, . eds. Conocimientos actuales sobre nutrición. 7° ed. Washington D.C. OPS: Copublicación Organización Panamericana de la Salud e Instituto Internacional de Ciencias de la Vida, 1997.

THIBODEAU G. A., T. P. K. Anatomy & Physiology. 3° ed: Mosby, 1996.

THYFAULT J. P., CARPER M. J., RICHMOND S. R., HULTER M. W., POTTEIGER J. A. Effects of liquid Carbohydrate Ingestion on Markers of Anabolism Following High Intensity Resistance Exercise. J of Strength and Cond. Res. 18 (1): 174-179, 2004.

TIPTON K. D., WOLF R. Exercise, Protein Metabolism And Muscle Growth. Int. J. Of Sport Nutrition And Exc. Metab. 11 (1): 109-132, 2001.

TROUT D. L., BEHAL K. M., OSILESI O. Prediction Of Glicemix Index For Startchy Foods. , Am J Clin Nutr (58): 873-878, 1993.

VERDÚ J. M. Lípidos y actividad física, Cap 4. In: González Gallego J., Villa Vicente J.G., eds. Nutrición y Ayudas ergogénicas en el deporte. Madrid: Síntesis, pp. 81-108, 1998.

VILLEGAS GARCÍA J. A. Vitaminas en la actividad física Cap 7. In: Gonzáles Gallego J, Villa Vicente JG. eds. Ayudas ergogénicas en el Deporte. Madrid: Síntesis, pp. 166-189, 1998.

WAGENMARKERS A. J. M. Muscle Amino Acid Metabolism at Rest and during Exercise in human physiology and Metabolism. Exeerc. and Sport Sci. Rev. 26: 287-314, 1998.

WAGENMARKERS A. J. M., BECKERS E. D. J., BONUS F., KIUPERS H., SOETERS P., GER J., VAN DER VUSSE S., SARIS W. H. M., . Suplementación con Carbohidratos, depleción de glucógeno y Metabolismo de los aminoácidos durante el Ejercicio,. Resúmenes del 4° Simposio Internacional de Actualización en Ciencias Aplicadas al Deporte, Simposio 3, Biosystem, Argentina: 297-306, 1995.

WEMPLE R. D., MOROCO T. S., GARY W. M. Influence of sodium Replacement on fluid Ingestion Following Exercise-Induced Dehydratation. Int. Journal of Sport Nutrition 7 (2): 104-116, 1997.

WILLIAMS M. H. Nutrition for Health Fitness and Sport. 5° ed. New York.: WCB/McGraw-Hill Companies, Inc., 1999.

WILMORE J., COSTILL D. Physiology of Sport and Exercise. Champaing IL: Human Kinetics, 1994.

WOLEVER T. M., JENKINS D. J. A., L. J. A., G. J. R. The Glicemix Index Methodology and Clinical Implication. Am J Clin Nutr. . (54): 846-854, 1991.

WOLINSKY I., . Nutrition in Exercise and sport. 3° ed: CRC, press, 1998.

CAPÍTULO XI

AINSWORTH, B.E., W.L. HASKELL, M.C. WHITT, M.L. IRWIN, A.M. SWARTZ, S.J. STRATH, W.L. O'BRIEN, D.R. BASSETT, K.H. SCHMITZ, P.O. EMPLAINCOURT, D.R. JACOBS, and A.S. LEON. Compendium of physical activities: an update of activity codes and MET intensities. *Med. Sci. Sports Exerc.* 32 (9): S498-S516, 2000.

AMERICAN COLLEGE OF SPORTS MEDICINE. *ACSM's Exercise Managament for Persons with Chronic Diseases and Disabilities.* Human Kinetics, Champaing, IL., 1997.

AMERICAN COLLEGE OF SPORTS MEDICINE. Position Stand: Appropiate Intervention Strategies for Weight Loss and Prevention of weight Regain for Adults. *Med. Sci. Sports Exerc.* 33 (12):2145-2156, 2001.

AMERICAN COLLEGE OF SPORTS MEDICINE. Position Stand: The recommended quantity and quality of exercise for developing and maintaining cardiorespiratory and muscular fitness, and flexibility in healthy adults. *Med. Sci. Sports Exerc.* 30:975-991, 1998.

AMERICAN COLLEGE OF SPORTS MEDICINE. Exercise and physical activity for older adults. *Med. Sci. Sports Exerc.* 30:992-1008, 1998.

AMERICAN COLLEGE OF SPORTS MEDICINE. Position Stand on Progression Models in Resistance Training for Healthy Adults. *Med. Sci. Sports Exerc.* Vol. 34, No. 2, pp. 364-380, 2002.

AMERICAN COLLEGE OF SPORTS MEDICINE. *ACSM's Guidelines for Exercise Testing and Prescription* 6th Edition. Philadelphia, Lippincott Williams & Williams, 2000.

AMERICAN COLLEGE OF SPORTS MEDICINE. *Manual ACSM para la valoración y prescripción del ejercicio.* Ed. Paidotribo, Barcelona 1999.

AMERICAN COLLEGE OF SPORTS MEDICINE. *Manual de Consulta para el control y la prescripción del ejercicio.* Ed. Paidotribo, Barcelona 2000.

BERGNER, M. Measurement of health status. *Med. Care.* 23: 696-704, 1985.

BLANCHET, M. Assessment of health status. En: Bouchard C., Shepard R.J , Stephens T., Sutton J.R., McPherson B.D. (eds.). *Exercise, fitness, and health: a consensus of current knowledge.* Human Kinetics, Champaign, IL: 127-131, 1990.

BORAITA, A. La práctica deportiva mejora el perfil lipídico plasmático, pero ¿a cualquier intensidad? *Rev Esp Cardiol* 57: 495-498, 2004.

BORMS, J. El ejercicio, la salud, la condición física y las personas de edad. En: *UNISPORT, el deporte hacia el siglo XXI.* Málaga: UNISPORT, Junta de Andalucía, pp.317-324, 1995.

BOUCHARD, C., R.J. SHEPARD, T. STEPHENS. *Physical Activity, Fitness and Health Consensus.* Human Kinetics, Champaign, IL. 1993.

BOUCHARD, C., R.J. SHEPARD, T. STEPHENS. Editors. *Physical Activity, Fitness and Health. International Proceedings and Consensus Statement.* Human Kinetics, Champaign, IL. 1994.

BOUCHARD, C., R.J. SHEPARD. Physical Activity, Fitness and Health: the model and key concepts. In: BOUCHARD, C., SHEPARD, R.J., STEPHENS, T. Editors. *Physical Activity, Fitness and Health. International Proceedings and Consensus Statement*, pp.77-88. Human Kinetics, Champaign, IL. 1994.

BOUCHARD, C. (Ed.) *Physical Activity and Obesity.* Champaign, IL. Human Kinetics, 2000.

CARMODY, T.P., J.W. SENNER, M.R. MANILOW, J.D. MATARAZZO. Physical exercise rehabilitation: long-term dropout rate in cardiac patients. *J. Behavioral Med.,* 3:163-169, 1980.

CASPERSEN, C.J., K.E. POWELL, R.K. MERRIT. Measurements of health status and well being. En: Bouchard C., Shepard R.J., Stephens T. (eds.). *Physical Activity, Fitness, and Health. International Proceedings and Consensus Statement.* Human Kinetics, Champaign, IL: 180-202, 1994.

CLARK, J. Older adult exercise techniques. In: Cotton, R.T. (editor) *Exercise for older adults. ACE`s Guide for fitness profesionals.* Human Kinetics, Champaing, IL., pp: 128-181, 1998.

DEPARTMENT OF HEALTH AND HUMAN SERVICES. *Physical Activity and Health: A Report of the Surgeon General.* Atlanta, GA: U.S. Department of Health and Human Services, Centers for Disease Control and Prevention, National Center for Chronic Disease Prevention and Health Promotion, 1996.

DEVÍS, J. *Actividad Física, Deporte y Salud.* Barcelona, INDE, 2000.

DISHMAN, R. K. *Exercise Adherence.* Human Kinetics, Champaign, IL. 1988

DISHMAN, R.K. Compliance/adherence in health-related exercise. *Health Psychol.* 1:237-267, 1982.

DISHMAN, R.K. Exercise adherence research: future directions. *American J. of Health Prom.* 3:52-56, 1988a.

DISHMAN, R. K. *Advances in Exercise Adherence.* Human Kinetics, Champaing, IL. 1994.

EARLE, R.W., T.R. BAECHLE. *NSCA's Esssentials of Personal Training.* Champaing, IL. Human Kinetics, 2004.

GARCÍA FERRANDO, M. *Los españoles y el deporte: prácticas y comportamientos en la última década del siglo XX. Encuesta sobre los hábitos deportivos de los españoles, 2000.* MECyD, Consejo Superior de Deportes, Madrid, 2001.

GAVIN, J., GAVIN, N. *Psychology for Health Fitness Professionals.* Human Kinetics, Champaing, IL, 1995.

GLEDHILL, N. Assessment of fitness. In: Bouchard C., Shepard R.J., Stephens T., Sutton J.R.,

McPherson B.D. (eds.). *Exercise, fitness, and health: a consensus of current knowledge.* Champaign, IL. Human Kinetics 121-126, 1990.

HEDRICK, A. Learning from each other: Adherence to training programs. *Strength & Cond. J.* 22(6), 14-15, 2000.

HEYWARD, V.H. *Evaluación y Prescripción del ejercicio.* Editorial Paidotribo, Barcelona, 1996.

HOWLEY, E.T., B.D. FRANKS. *Health Fitness Instructors Handbook,* 2nd Edition. Champaign, Human Kinetics, 1992.

JIMÉNEZ, A. Los programas de actividad física como forma de vida. *Sport Managers, Revista profesional de salud e instalaciones deportivas.* N° 2. Noviembre, 1998.

JIMÉNEZ, A., LACABA, R. *Manual del Entrenador Personal (Fundamentos y Recursos de Marketing y Nuevas Tecnologías).* Editado por: Ramón Lacaba-Gymnos. Madrid, 2002.

JIMÉNEZ, A., DE PAZ, J. A., AZNAR, S. Aspectos metodológicos del entrenamiento de la fuerza en el campo de la salud. *Lecturas EF y Deportes, Revista digital.* N° 61, Junio 2003.

JIMÉNEZ, A., AZNAR, S., DE PAZ, J. A. Aplicación del modelo de estados de cambio a la aptitud músculo-esquelética en una población de adultos activos. *Kronos, Revista Universitaria Actividad Física y Deporte.* Vol. II (4), pp- 19-28, 2003.

JIMÉNEZ, A. Fuerza y Salud. *La aptitud músculo-esquelética, el entrenamiento de fuerza y la salud.* Editorial Ergo, Barcelona, 2003.

JIMÉNEZ, A., DE PAZ, J. A. La periodización en el entrenamiento de la fuerza. *Lecturas EF y Deportes, Revista digital.* N° 72, Mayo 2004.

KENNEY, W.L., HUMPHREY, R.H., BRYANT, C.X. Editors. *ACSM's Guidelines for Exercise Testing and Prescription (Fifht Edition).* Williams & Wilkins, Media PA 1995.

MARCUS, B.H., K.M. EMMONS, L.R. SIMKIN-SILVERMAN, L.A. LINNAN, E.R. TAYLOR, B.C. BOCK, M.B. ROBERTS, J.S. ROSSI, D.B. ABRAMS. Evaluation of motivationally tailored vs. Standard self-help physical activity interventions at the workplace. *Am. J. Health Promot.* 12(4):246-253, 1998.

MATEO, J. ¿Medir la forma física para evaluar la salud? *Apunts, Educació Física i Esports* 31:70-75, 1993.

OLDS, T., K. NORTON. *Pre-Exercise Health Screening Guide,* Champaign, IL. Human Kinetics, 1999.

PATE, R.R. The evolving definition of fitness. *Quest,* 40: 174-179, 1988.

REJESKY, W.J., KENNEY, E.A. *Fitness Motivation. Preventing Participant Dropout.* Human Kinetics, Champaing, IL, 1988.

RIVERA, M.A., C.A. PADRÓ. El concepto "fitness". Definiciones conceptuales y operacionales (I), *Archivos Med. Deporte,* vol. XIII, n° 52, pp.143-148, 1996.

RODRÍGUEZ, F.A. Prescripción de ejercicio para la salud (I). Resistencia cardiorrespiratoria. *APUNTS, Educación Física y Deportes.* 39:87-102, 1995.

RODRÍGUEZ, F.A. Prescripción de ejercicio para la salud (y II). Pérdida de peso y condición músculo-esquelética. *APUNTS, Educación Física y Deportes.* 40:83-92, 1995.

RODRÍGUEZ, F.A., N. GUSI, A. VALENZUELA, S. NÁCHER, J. NOGUÉS, M. MARINA. Valoración de la condición física saludable en adultos (I): Antecedentes y protocolos de la Batería AFISAL-INEFC. *Apunts Educación Física y Deportes* 52: 54-75, 1998.

RODRÍGUEZ-MARÍN, J. *Psicología Social de la Salud.* Ed. Síntesis Psicológica, Madrid, 1995.

SEIDELL, J.C. The current epidemic of obesity. In: Bouchard, C. (Ed.) *Physical Activity and Obesity.* Champaign, IL. Human Kinetics, pp. 21-30, 2000.

SERRA, J.R. (Coordinador) *Prescripción de Ejercicio Físico para la Salud.* Editorial Paidotribo, Barcelona 1996.

SOCIEDAD ESPAÑOLA DE CARDIOLOGÍA (Arós et al.). Guías de práctica clínica de la Sociedad Española de Cardiología en pruebas de esfuerzo. *Rev Esp Cardiol,* vol. 53, n° 8, 00-00, 2000.

SUNI, J.H., P.OJA, S.I. MIILUMPALO, M.E. PASANEN, M.I. VUORI, K. BÖS. Health-related fitness test battery for middle-aged adults: associations with physical activity patterns. *Int. J. Sports Med.* 20: 183-191, 1999.

TOMÁS, LL. La evolución de los programas de ejercicio físico en el ámbito de la salud. En: Serra, J.R. (coord.), *Prescripción de ejercicio físico para la salud.* Barcelona, Ed. Paidotribo, pp.9-25, 1996.

U.S. DEPARTMENT OF HEALTH AND HUMAN SERVICES. *Physical Activity and Health: A Report of the Surgeon General.* Atlanta, GA: US Dept of Health and Human Services, Centers for Disease Control and Prevention, National Center for Chronic Disease Prevention and Health Promotion, 1996.

VERKHOSHANSKY, I. V. Bases científicas de la teoría moderna y de la metodología del entrenamiento deportivo. En: *UNISPORT, el deporte hacia el siglo XXI.* Málaga: UNISPORT, Junta de Andalucía, pp.388-389, 1995.

VERKHOSHANSKY, I. V. *Entrenamiento Deportivo. Planificación y Programación.* Martínez Roca, Barcelona, 1990.

WAKUI, S., T. SHIMOMITSU, Y. ODAGIRI, S. INOUE, T. TAKAMIYA, Y. OHYA. Relation of the stages of change for exercise behaviors, self-efficacy, decisional-balance, and diet-related psycho-behavioral factors in young Japanese women. *J. Sports Med. Phys. Fitness*, 42:224-232, 2002.

WEINBERG, R.S., D. GOULD. *Foundations of Sport and Exercise Psychology.* 2nd Ed. Human Kinetics, Champaign, IL., 1999.

WEINECK, J. *Entrenamiento Óptimo.* Barcelona, Hispano Europea, 1988.

CAPÍTULO XII

ANDREFF, W. WEBER, W. Informe de toma de postura: Economía. En: VVAA. *La función del deporte en la sociedad. Salud, socialización, economía.* Edita: Ministerio de Educación y Cultura. Consejo Superior de Deportes y Consejo de Europa, Madrid, 1996.

ARAGÓN, P. *Técnicas de Dirección y Marketing para entidades deportivas.* Cuadernos Técnicos nº 18. Edita Unisport, Málaga, 1991.

CAMPOS, C. *Industria Española Fitness 2000, Estudio de Benchmarking sobre las instalaciones deportivas en España.* Estudio patrocinado por Image Fitness Systems y el Instituto Image (Sin editar).

CARCELÉN, S. *Peculiaridades del Marketing Deportivo.* Conferencia presentada en el 3er Congreso Nacional del Instituto Image/Reebok Fitness Forum, 2000. Madrid (sin editar).

DE ANDRÉS, F., ORTEGO, G., ORTEGO, L., GÓMEZ, J.C. *La funcionalidad y el coste de los equipamientos deportivos.* Ed. CSD y FEMP, Madrid, 1997.

DISHMAN, R. K. *Advances in Exercise Adherence.* Human Kinetics, Champaing, IL. 1994.

GAVIN, J., GAVIN, N. *Psychology for Health Fitness Professionals.* Human Kinetics, Champaing, IL, 1995.

IHRSA, *1999 IHRSA Report on the State of the Health Club Industry.* Edita IHRSA, 1999.

IHRSA, *1998 IHRSA Report on the State of the Health Club Industry.* Edita IHRSA, 1998.

JIMÉNEZ, A. Los programas de actividad física como forma de vida. *Sport Managers, Revista profesional de salud e instalaciones deportivas.* Nº 2. Noviembre, 1998.

JIMÉNEZ, A., LACABA, R. *Manual del Entrenador Personal (Fundamentos y Recursos de Marketing y Nuevas Tecnologías).* Editado por: Ramón Lacaba-Gymnos. Madrid, 2002.

JIMÉNEZ, A. Marketing Personal para Entrenadores Personales. *En Forma News*, Revista Aeróbic & Fitness Asociación Nº 12, abril 2002.

JIMÉNEZ, A. Marketing personal para profesionales del sector deportivo. *Sport Managers, Revista profesional de salud e instalaciones deportivas.* Nº 17, 2001.

LAMBIN, J.J. *Marketing Estratégico.* 3ª edición. Mc Graw Hill, Madrid, 1995.

LÓPEZ, A., ALEF. MILLWARD BROWN, S.A. *La Actividad Física en la Población Adulta de Madrid.* Edita Dirección General de Prevención y promoción de la Salud. Consejería de Salud. Comunidad de Madrid. Documento Técnico de Salud Pública nº 34. Madrid, 1996.

MALEK, M.H., D. P. NALBONE, et al. Importance of Health Sciences Education for Personal Fitness Trainers. *J. Strength Cond. Res.* 16(1): 19-24, 2002.

MARTÍNEZ DEL CASTILLO, J. *II Censo Nacional de Instalaciones Deportivas 1997.* Tomo 20. Edita Consejo Superior de Deportes. Ministerio de Educación y Cultura, Madrid, 1998.

MULLIN, B., HARDY, S., SUTTON, W. *Marketing Deportivo,* Editorial Paidotribo, Barcelona, 1995.

O'BRIEN, T.S. *The Personal Trainer's Handbook*, Human Kinetics, 1997.

PEIRÓ, J., RAMOS, J. *Gestión de instalaciones deportivas. Una perspectiva psicosocial.* Monografías UIPOT, nº 6. Edita Nau Llibres, Valencia, 1995.

QUINTANA, M.A. *Principios de Marketing.* Ediciones Deusto, Bilbao 1997.

REED, C. The evolution of the Personal Trainer Profesión. *Personal Fitness Professional.* (Mar/Apr): 18, 1999.

REJESKY, W.J., KENNEY, E.A. *Fitness Motivation. Preventing Participant Dropout.* Human Kinetics, Champaing, IL, 1988.

ROBERTS, S.O. Editor, *The business of Personal Training*, Human Kinetics, 1996.

SAURA, R. *Presente y Futuro de los servicios de entrenamiento personalizado.* Conferencia presentada en la Universidad Europea de Madrid, octubre, 2002. (Sin publicar).

VVAA. *La función del deporte en la sociedad. Salud, socialización, economía.* Edita: Ministerio de Educación y Cultura. Consejo Superior de Deportes y Consejo de Europa, Madrid 1996.

COLECCIÓN FITNESS

Ciclismo indoor. Desde una perspectiva saludabe
José María Muyor Rodríguez

Entrenamiento funcional en programas de fitness (2 vol.)
Julio Diéguez Papí

GAP: Glúteos, abdominales y piernas.
Principios para una tonificación muscular eficaz
Julio Diéguez Papí

Stretching postural
Jean Le Bivic

Fitness acuático
Juan Carlos Colado y Juan Antonio Moreno

Hip hop / funk.
Programa de fitness
Julio Diéguez Papí e Irene Pallarés

Aquafitness.
Gimnasia acuática en grupos reducidos
Magali Schneider

Diver-fit.
Aeróbic y fitness para niños y adolescentes
Toni Liarte y Rosa Nonell

Aeróbic en salas de fitness.
Manual teórico-práctico
Julio Diéguez Papí

Fitness en las salas de musculación
Juan Carlos Colado Sánchez

Trage die fehlenden Zahlen ein.

1 | 2 | ___

___ | 7 | ___

___ | 11 | ___ | 13

___ | ___ | ___ | ___ | 18

___ | 6 | ___ | ___

___ | 9 | ___ | ___

___ | 15 | 16 | ___ | 18 | ___ | 20

0 | ___ | ___

7 | ___ | ___ | ___ | 11

Lösungen

1 2 3

6 7 8

10 11 12 13

14 15 16 17 18

5 6 7 8

8 9 10 11

14 15 16 17 18 19 20

0 1 2

7 8 9 10 11

Rechne immer + 2.

Schreibe die Ergebnisse in die grauen Kästchen.

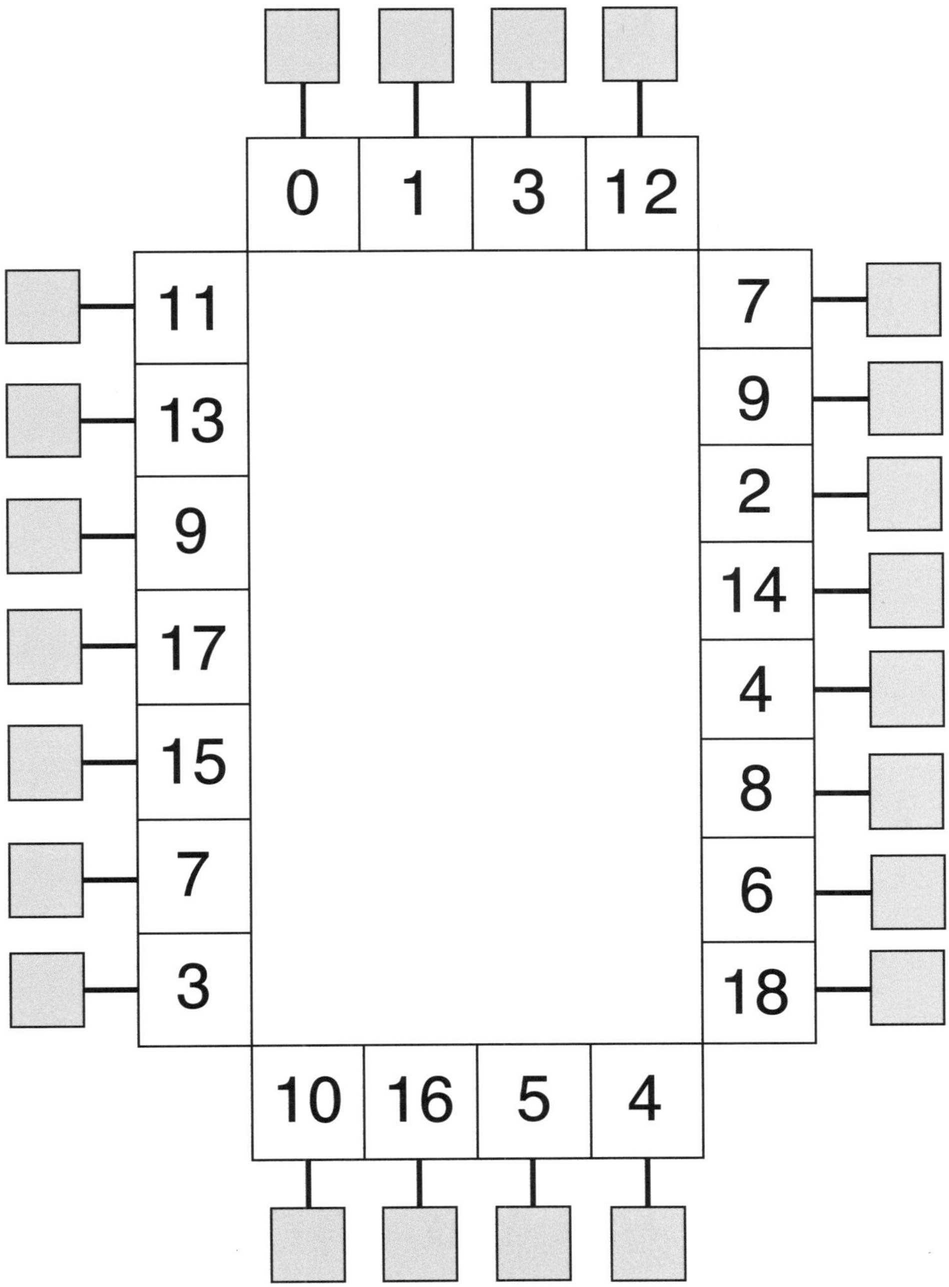

Lösungen

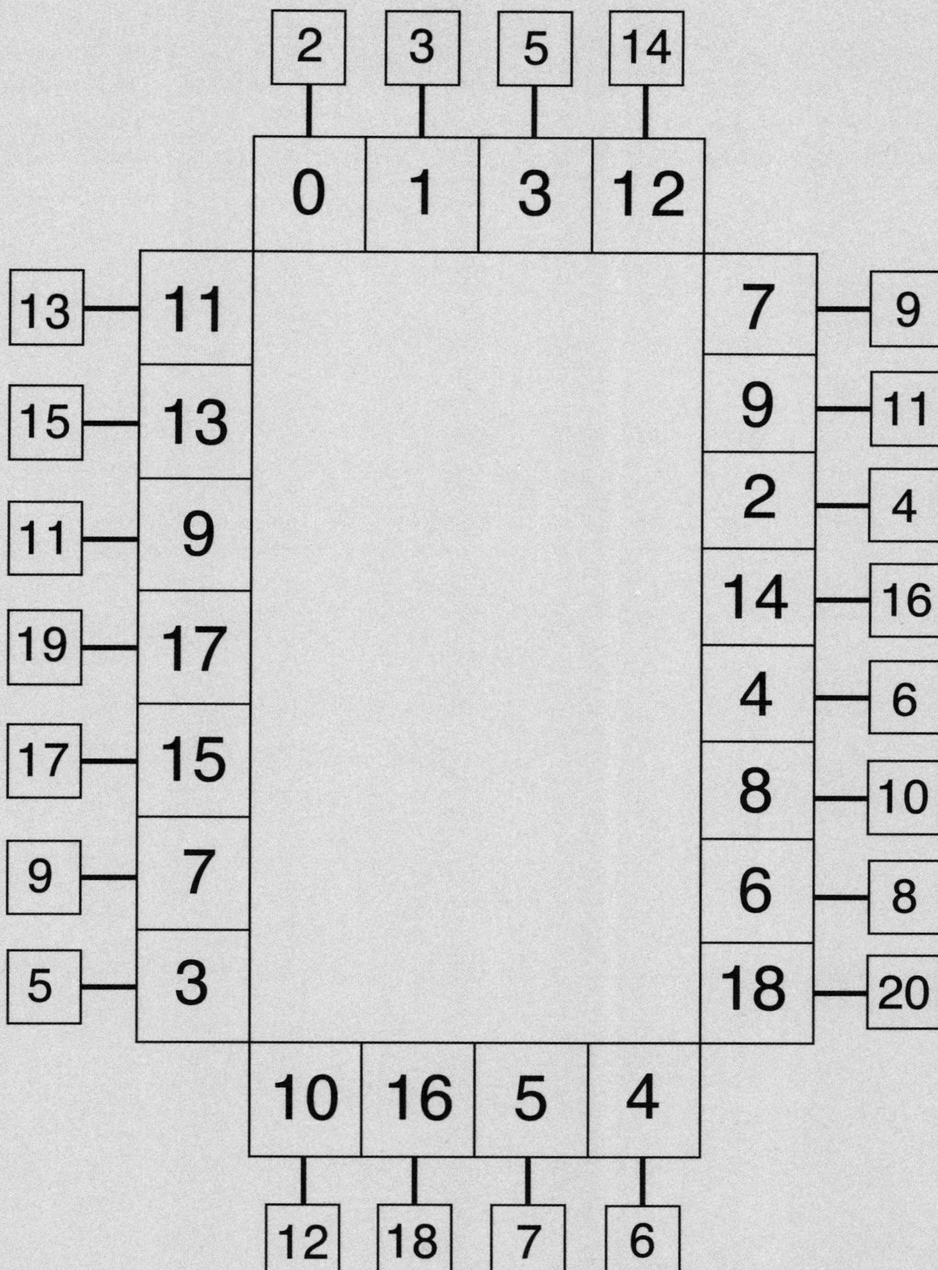

2 3 5 14
0 1 3 12
13 11
15 13
11 9
19 17
17 15
9 7
5 3
7 9
9 11
2 4
14 16
4 6
8 10
6 8
18 20
10 16 5 4
12 18 7 6

Rechne die Aufgaben.

4 + ☐ = 9	☐ + 8 = 12
7 + ☐ = 15	☐ + 3 = 6
3 + ☐ = 8	☐ + 5 = 11
2 + ☐ = 11	☐ + 7 = 13
1 + ☐ = 10	☐ + 4 = 9
5 + ☐ = 12	☐ + 6 = 15
6 + ☐ = 9	☐ + 3 = 8
4 + ☐ = 7	☐ + 2 = 16
7 + ☐ = 10	☐ + 0 = 4
2 + ☐ = 18	☐ + 3 = 3
9 + ☐ = 18	☐ + 8 = 11

Lösungen

$4 + \boxed{5} = 9$

$7 + \boxed{8} = 15$

$3 + \boxed{5} = 8$

$2 + \boxed{9} = 11$

$1 + \boxed{9} = 10$

$5 + \boxed{7} = 12$

$6 + \boxed{3} = 9$

$4 + \boxed{3} = 7$

$7 + \boxed{3} = 10$

$2 + \boxed{16} = 18$

$9 + \boxed{9} = 18$

$\boxed{4} + 8 = 12$

$\boxed{3} + 3 = 6$

$\boxed{6} + 5 = 11$

$\boxed{6} + 7 = 13$

$\boxed{5} + 4 = 9$

$\boxed{9} + 6 = 15$

$\boxed{5} + 3 = 8$

$\boxed{14} + 2 = 16$

$\boxed{4} + 0 = 4$

$\boxed{0} + 3 = 3$

$\boxed{3} + 8 = 11$

Male das kleinste Tier jeder Art gelb an und das größte Tier rot.

Wie viele Tiere sind es insgesamt von jeder Art? Schreibe die Anzahl in das Kästchen.

Lösungen

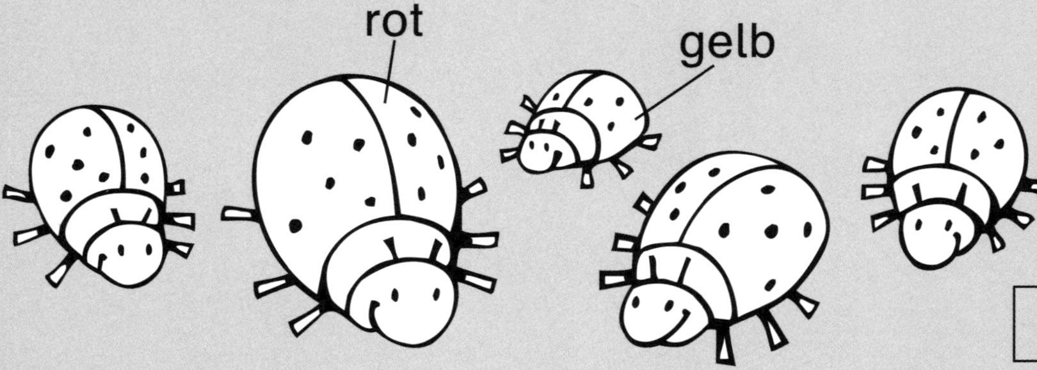

5

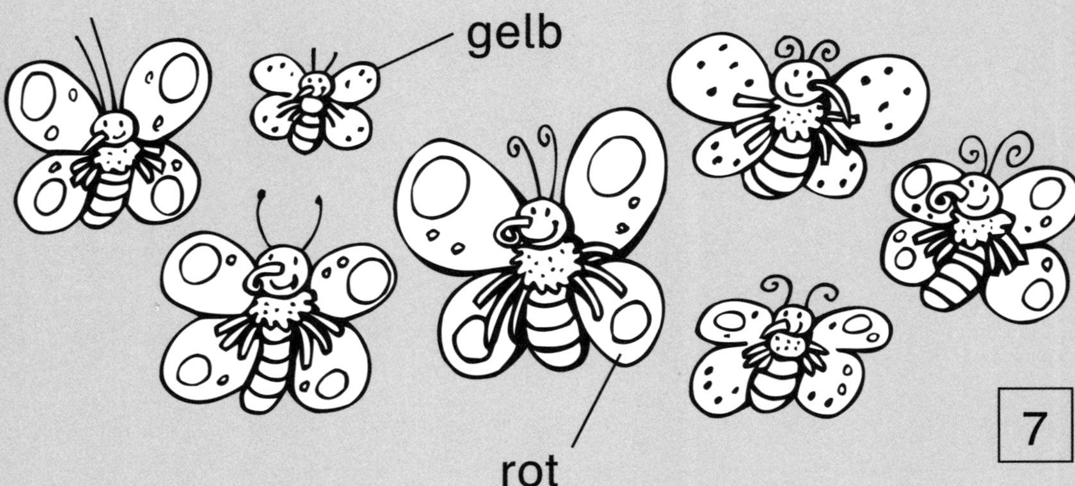

7

6

Male die fehlenden Dinge dazu.

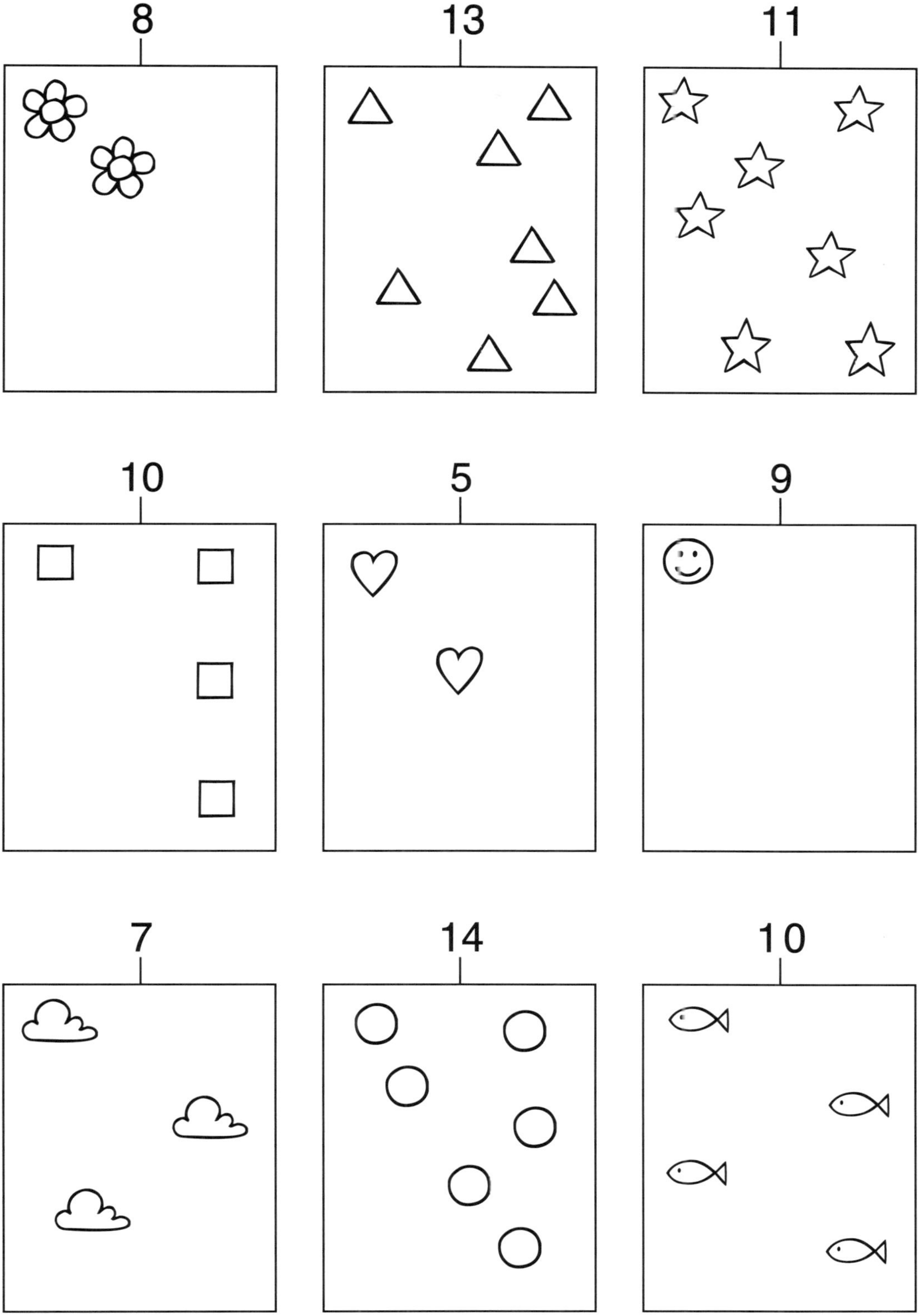

Lösungen

8

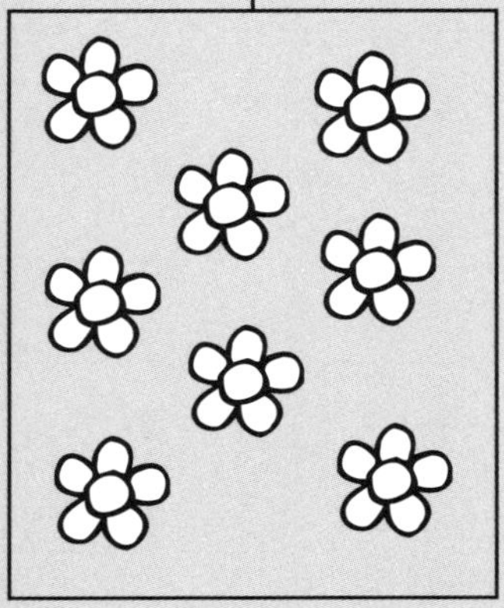

13

11

10

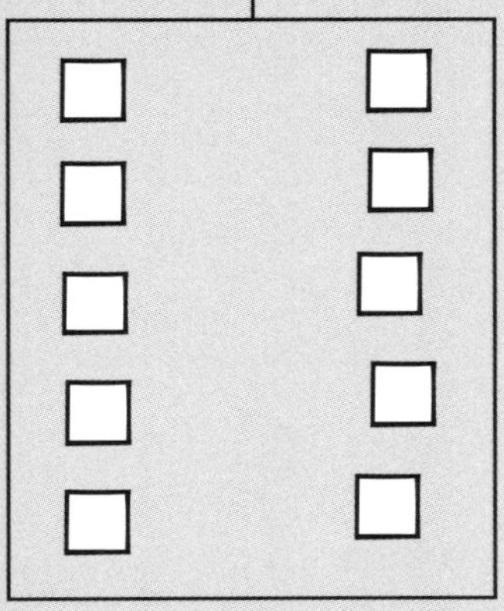

5

9

7

14

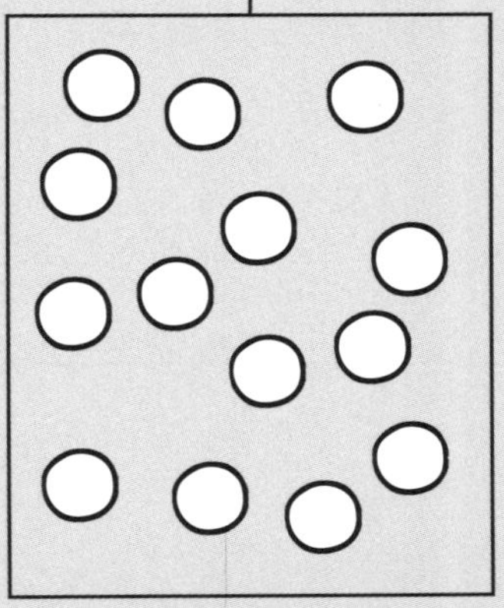

10

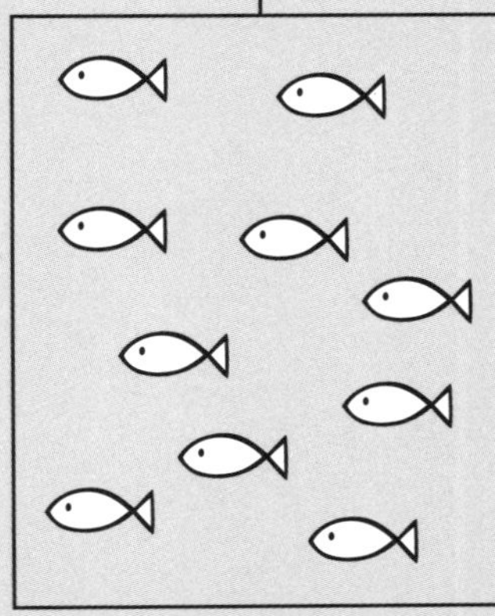

Hansi hat 3 rote, 4 gelbe, 2 grüne und 7 blaue Autos.

F : Wie viele Autos hat Hansi insgesamt?

R : ______________________________

A : ______________________________

Ute knetet Brezeln: 5 große Brezeln und 8 kleine. 2 Brezeln gehen kaputt.

F : Wie viele Brezeln sind heil geblieben?

R : ______________________________

A : ______________________________

Frau Huber taucht 12 Bananen in Schokolade. Hund Fiffi schnappt sich 3 davon.

F : Wie viele Bananen sind noch übrig?

R : ______________________________

A : ______________________________

Lösungen

F: Wie viele Autos hat Hansi insgesamt?

R: $3 + 4 + 2 + 7 = 16$

A: Hansi hat insgesamt 16 Autos.

F: Wie viele Brezeln sind heil geblieben?

R: $5 + 8 = 13$ $13 - 2 = 11$

A: Es sind 11 Brezeln heil geblieben.

F: Wie viele Bananen sind noch übrig?

R: $12 - 3 = 9$

A: Es sind noch 9 Bananen übrig.

Zähle die Klecks-Zahlen zusammen.

1 2 3 4 5 6 8 9 10 12 13 14 15

□ + □ = □

15 14 13 11 10 9 8 7 6 4 3 2 1

□ + □ = □

1 3 4 5 6 7 8 10 11 12 13 14 15

□ + □ = □

15 14 13 12 11 10 9 7 6 4 3 2 1

□ + □ = □

Lösungen

1 2 3 4 5 6 _ 8 9 10 _ 12 13 14 15

$7 + 11 = 18$

15 14 13 _ 11 10 9 8 7 6 _ 4 3 2 1

$12 + 5 = 17$

1 _ 3 4 5 6 7 8 _ 10 11 12 13 14 15

$2 + 9 = 11$

15 14 13 12 11 10 9 _ 7 6 _ 4 3 2 1

$8 + 5 = 13$

Zähle die Würfelaugen zusammen.

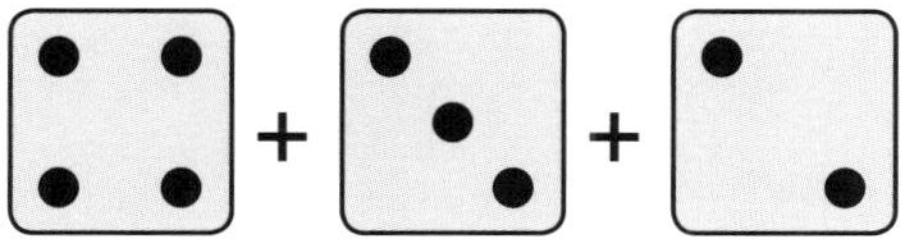 = 9

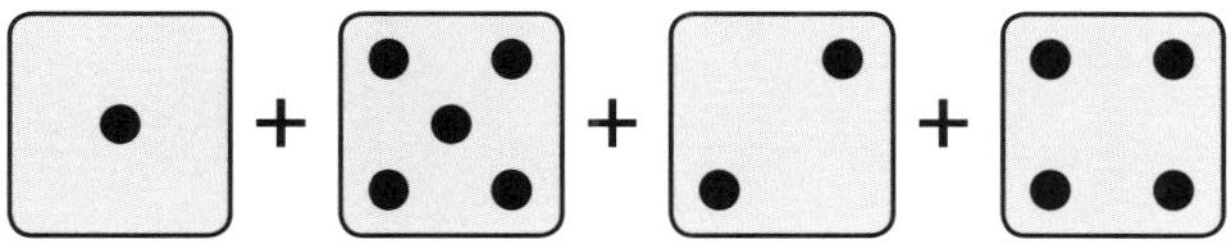 =

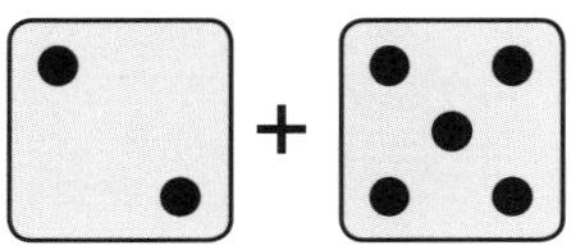 =

 =

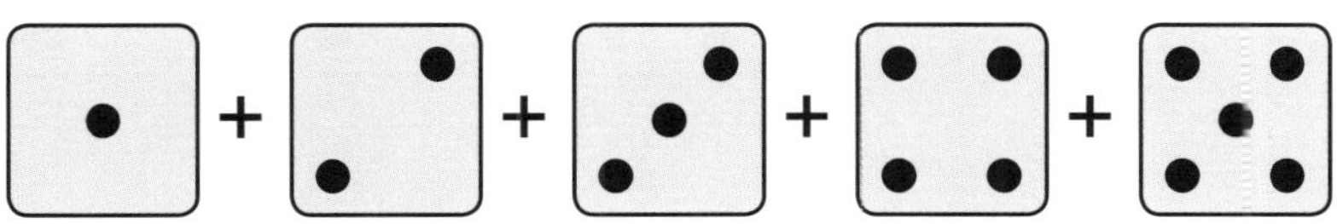 =

 =

 =

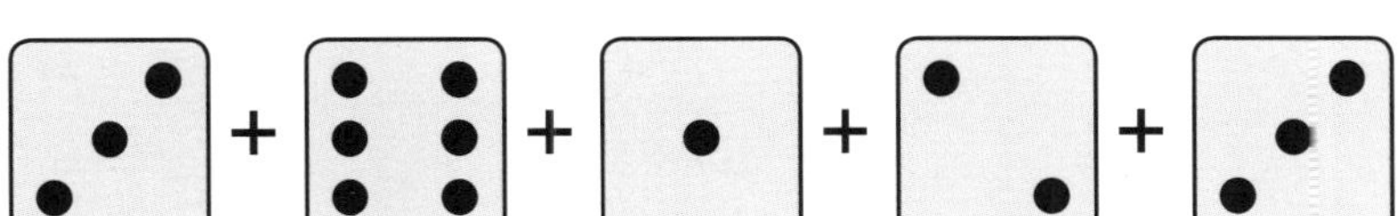 =

Lösungen

= 9

= 12

= 7

= 14

= 15

= 13

= 9

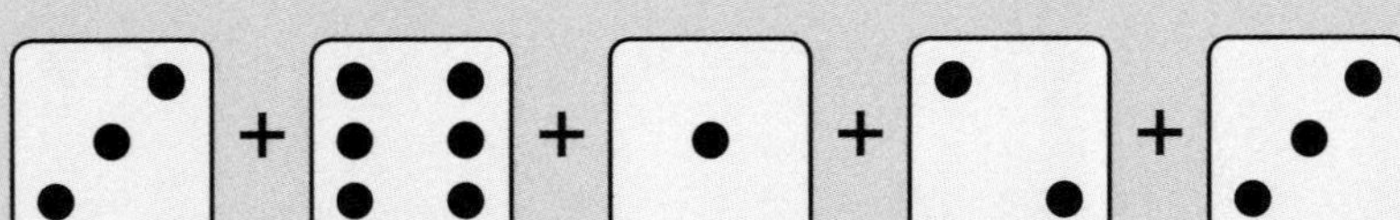
= 15

Sandro hat 9 € gespart. Er kauft Seifenblasen für 2 €.

F: Wie viel Euro bleiben übrig?

R: ______________________________

A: ______________________________

Oma pflückt Tulpen: 5 rote, 3 gelbe und 4 weiße.

F: ______________________________

R: ______________________________

A: ______________________________

Maria bastelt 8 Sterne für das Fenster.
3 weht der Wind davon.

F: ______________________________

R: ______________________________

A: ______________________________

Lösungen

F: Wie viel Euro bleiben übrig?

R: 9€ – 2€ = 7€

A: Es bleiben 7€ übrig.

F: Wie viele Tulpen hat Oma insgesamt?

R: 5 + 3 + 4 = 12

A: Oma hat insgesamt 12 Tulpen.

F: Wie viele Sterne hat Maria übrig?

R: 8 – 3 = 5

A: Maria hat noch 5 Sterne übrig.

Fülle die Rechenquadrate aus.

–	8	6	3	5
14	6			
9				
11				
8				

–	9	7	2	3
10				
15				
12				
13				

Lösungen

–	8	6	3	5
14	6	8	11	9
9	1	3	6	4
11	3	5	8	6
8	0	2	5	3

–	9	7	2	3
10	1	3	8	7
15	6	8	13	12
12	3	5	10	9
13	4	6	11	10

Kannst du das ausrechnen?

sechs plus vier	=	☐
zwölf minus drei	=	☐
acht plus sieben	=	☐
zehn minus sechs	=	☐
vierzehn minus fünf	=	☐
drei plus neun	=	☐
dreizehn minus sieben	=	☐
sieben plus neun	=	☐
sechzehn minus sechs	=	☐
zwei plus zwölf	=	☐
siebzehn minus zehn	=	☐
fünf plus dreizehn	=	☐

Lösungen

sechs plus vier	=	10
zwölf minus drei	=	9
acht plus sieben	=	15
zehn minus sechs	=	4
vierzehn minus fünf	=	9
drei plus neun	=	12
dreizehn minus sieben	=	6
sieben plus neun	=	16
sechzehn minus sechs	=	10
zwei plus zwölf	=	14
siebzehn minus zehn	=	7
fünf plus dreizehn	=	18

Zerlege die Zahlen.

8	
4	
	6
7	
	3
5	

11	
6	
	8
2	
	7
4	

6	
3	
	2
0	
	5
4	

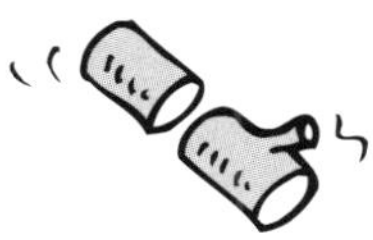

7	
3	
	5
2	
	6
4	

9	
3	
	6
5	
	2
4	

5	
2	
	1
3	
	4
5	

Lösungen

8

4	4
2	6
7	1
5	3
5	3

11

6	5
3	8
2	9
4	7
4	7

6

3	3
4	2
0	6
1	5
4	2

7

3	4
2	5
2	5
1	6
4	3

9

3	6
3	6
5	4
7	2
4	5

5

2	3
4	1
3	2
1	4
5	0

Was muss über den Pfeilen stehen?

3 —[+ 5]→ 8	7 —[ ]→ 9
2 —[ ]→ 11	6 —[ ]→ 13
12 —[ ]→ 9	14 —[ ]→ 7
6 —[ ]→ 2	9 —[ ]→ 4
5 —[ ]→ 12	2 —[ ]→ 8
6 —[ ]→ 8	8 —[ ]→ 6

2 —[ ]→ 13

6 —[ ]→ 10

10 —[ ]→ 4

Lösungen

$3 \xrightarrow{+5} 8$

$2 \xrightarrow{+9} 11$

$12 \xrightarrow{-3} 9$

$7 \xrightarrow{+2} 9$

$6 \xrightarrow{+7} 13$

$14 \xrightarrow{-7} 7$

$6 \xrightarrow{-4} 2$

$5 \xrightarrow{+7} 12$

$6 \xrightarrow{+2} 8$

$9 \xrightarrow{-5} 4$

$2 \xrightarrow{+6} 8$

$8 \xrightarrow{-2} 6$

$2 \xrightarrow{+11} 13$

$6 \xrightarrow{+4} 10$

$10 \xrightarrow{-6} 4$

Wie viele Dreiecke findest du?

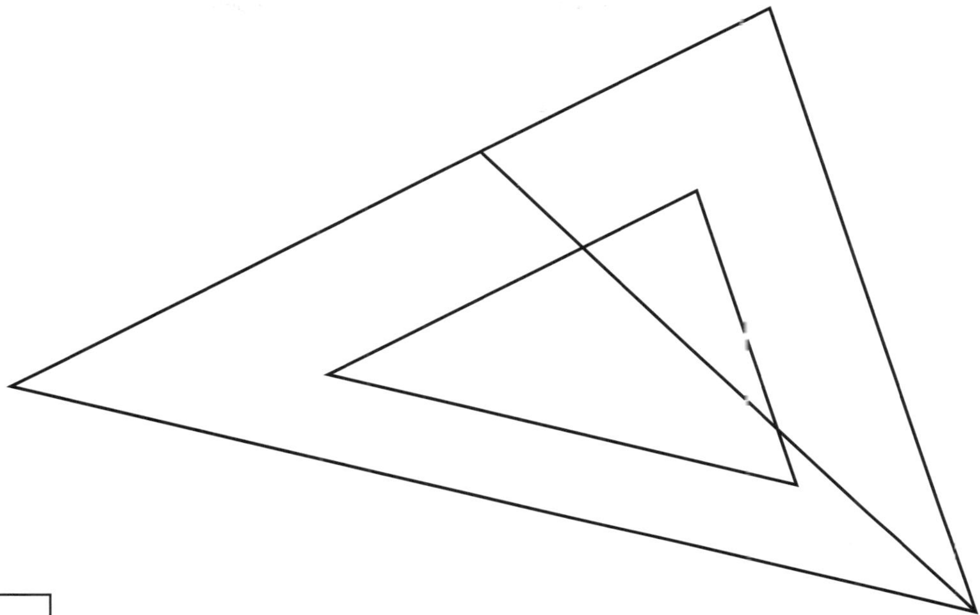

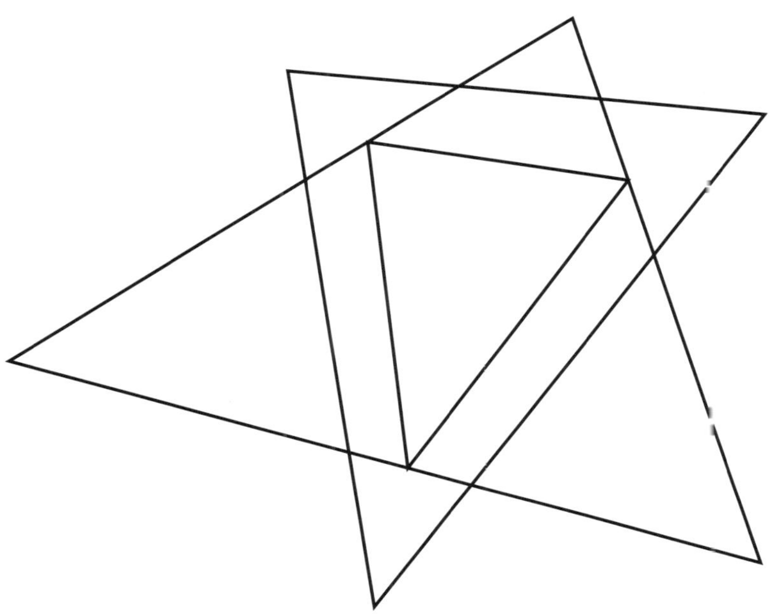

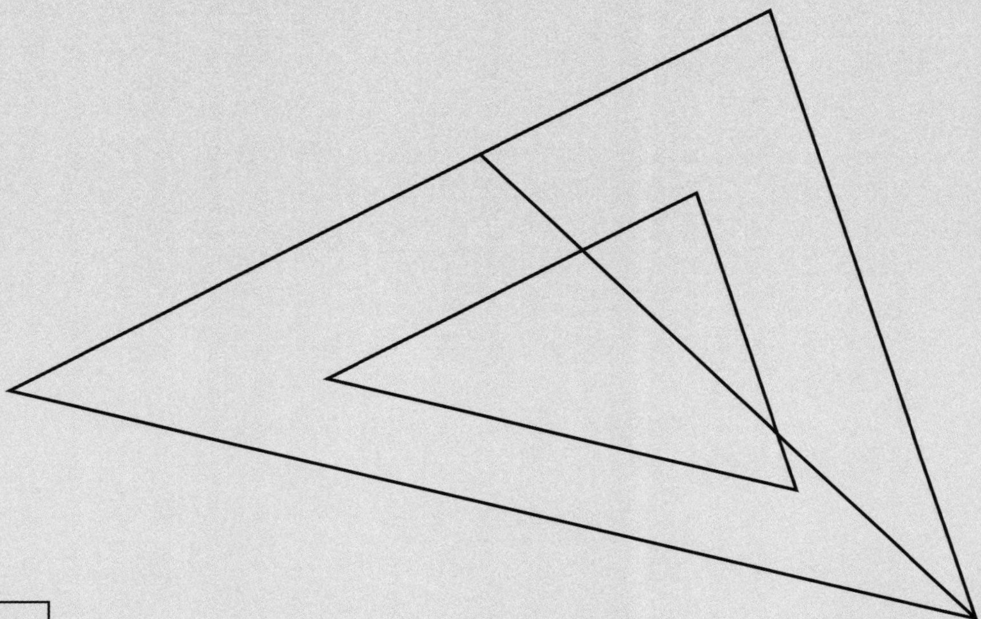

5

12

Beschreibe die Lage der Gegenstände.

Der  ist ________________ vom Tisch.

Die  ist ________________ dem Tisch.

Die  ist ________________ dem Tisch.

Die  ist ________________ dem Tisch.

Der  ist ________________ vom Tisch.

Die  ist ________________ dem Tisch.

Der  ist ________________ dem Tisch.

Lösungen

Der  ist rechts vom Tisch.

Die  ist auf dem Tisch.

Die  ist über dem Tisch.

Die  ist unter dem Tisch.

Der  ist links vom Tisch.

Die  ist hinter dem Tisch.

Der  ist vor dem Tisch.

Welche Tiere siehst du hier?

Lösungen

Katze Hund

Fisch

Ente Hase

Rechne.

$3 + 7 - 4 + 8 - 2 + 5 = \square$

$6 - 4 + 9 - 3 + 7 - 1 + 6 = \square$

$8 + 5 - 7 + 6 - 2 + 9 - 2 = \square$

$11 - 6 + 4 - 5 + 9 - 3 + 4 = \square$

$14 + 3 - 9 + 5 - 6 + 3 - 5 = \square$

$13 - 6 + 7 - 9 + 4 + 7 = \square$

$9 + 9 - 5 + 7 - 6 - 4 + 3 = \square$

$5 - 5 + 9 + 7 - 3 + 7 - 4 = \square$

$15 - 8 + 6 - 3 + 9 - 7 + 8 = \square$

$17 - 9 + 6 - 3 + 5 - 8 + 9 = \square$

$8 + 9 + 3 - 7 - 6 + 8 - 5 = \square$

Lösungen

$3 + 7 - 4 + 8 - 2 + 5 = \boxed{17}$

$6 - 4 + 9 - 3 + 7 - 1 + 6 = \boxed{20}$

$8 + 5 - 7 + 6 - 2 + 9 - 2 = \boxed{17}$

$11 - 6 + 4 - 5 + 9 - 3 + 4 = \boxed{14}$

$14 + 3 - 9 + 5 - 6 + 3 - 5 = \boxed{5}$

$13 - 6 + 7 - 9 + 4 + 7 = \boxed{16}$

$9 + 9 - 5 + 7 - 6 - 4 + 3 = \boxed{13}$

$5 - 5 + 9 + 7 - 3 + 7 - 4 = \boxed{16}$

$15 - 8 + 6 - 3 + 9 - 7 + 8 = \boxed{20}$

$17 - 9 + 6 - 3 + 5 - 8 + 9 = \boxed{17}$

$8 + 9 + 3 - 7 - 6 + 8 - 5 = \boxed{10}$

Ergänze auf 20.

4 + 7 + □ = 20	7 + 8 + □ = 20
5 + □ + 10 = 20	2 + □ + 10 = 20
8 + 6 + □ = 20	3 + 9 + □ = 20
7 + 5 + □ = 20	6 + 7 + □ = 20
9 + 4 + □ = 20	4 + 8 + □ = 20
6 + 9 + □ = 20	8 + 5 + □ = 20
3 + 8 + □ = 20	11 + 2 + □ = 20
16 – 4 + □ = 20	13 – 5 + □ = 20
11 + 9 + □ = 20	17 – 8 + □ = 20
15 – 8 + □ = 20	13 + 6 + □ = 20
20 – 3 + □ = 20	14 – 7 + □ = 20

Lösungen

$4 + 7 + \boxed{9} = 20$

$5 + \boxed{5} + 10 = 20$

$8 + 6 + \boxed{6} = 20$

$7 + 5 + \boxed{8} = 20$

$9 + 4 + \boxed{7} = 20$

$6 + 9 + \boxed{5} = 20$

$3 + 8 + \boxed{9} = 20$

$16 - 4 + \boxed{8} = 20$

$11 + 9 + \boxed{0} = 20$

$15 - 8 + \boxed{13} = 20$

$20 - 3 + \boxed{3} = 20$

$7 + 8 + \boxed{5} = 20$

$2 + \boxed{8} + 10 = 20$

$3 + 9 + \boxed{8} = 20$

$6 + 7 + \boxed{7} = 20$

$4 + 8 + \boxed{8} = 20$

$8 + 5 + \boxed{7} = 20$

$11 + 2 + \boxed{7} = 20$

$13 - 5 + \boxed{12} = 20$

$17 - 8 + \boxed{11} = 20$

$13 + 6 + \boxed{1} = 20$

$14 - 7 + \boxed{13} = 20$

Folge mit einem Stift dieser Wegbeschreibung.
Beginne beim Punkt.

2→	2↑	2→	2↑	2→	2↑	2→
2↓	2→	2↓	2→	2↓	2→	12↓
5←	5↑	4←	5↓	5←	12↑	

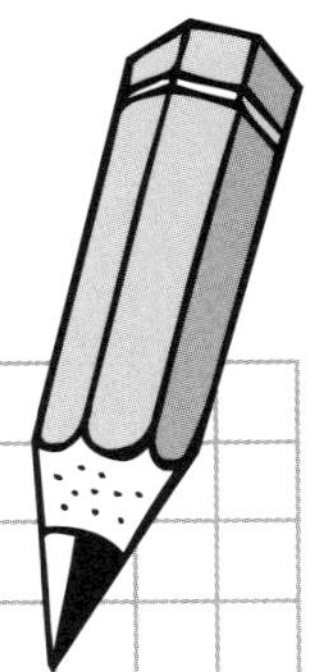

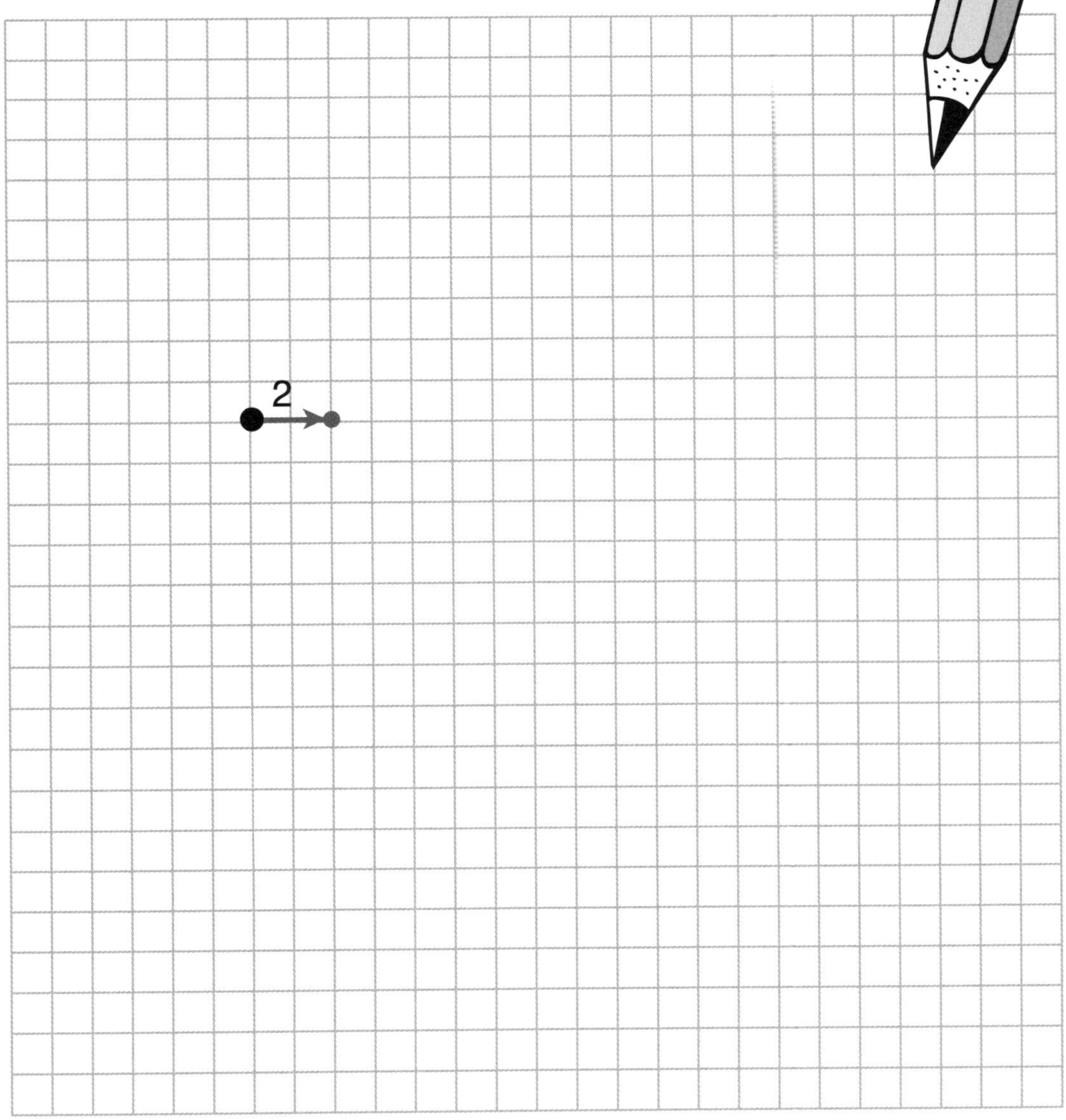

Lösungen

2→	2↑	2→	2↑	2→	2↑	2→
2↓	2→	2↓	2→	2↓	2→	12↓
5←	5↑	4←	5↓	5←	12↑	

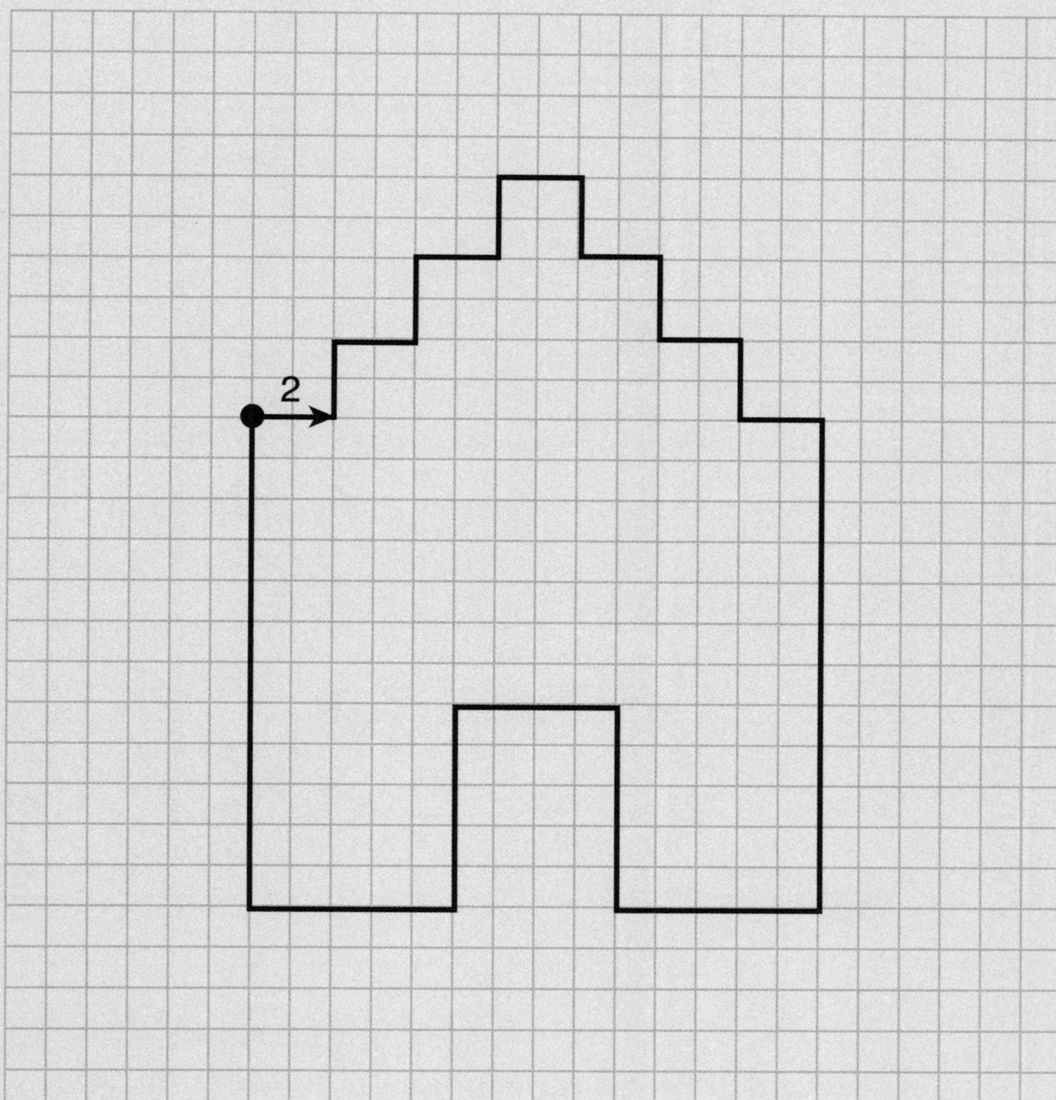

Wie viele Vierecke findest du?

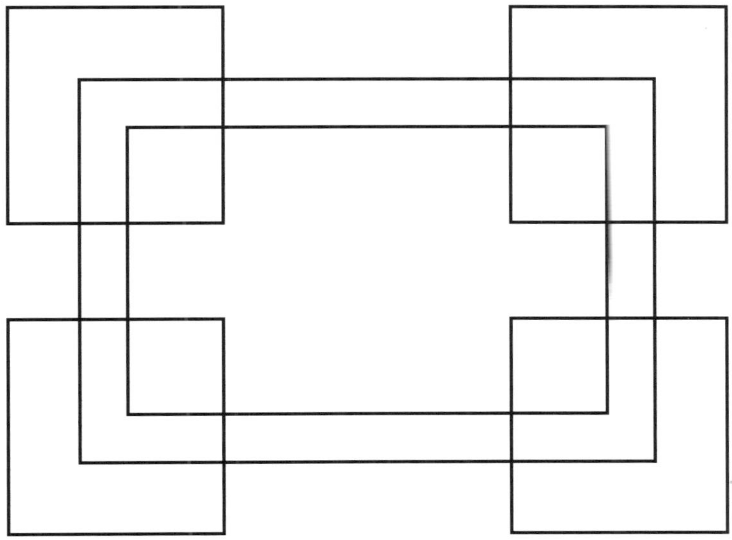

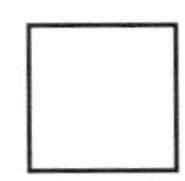

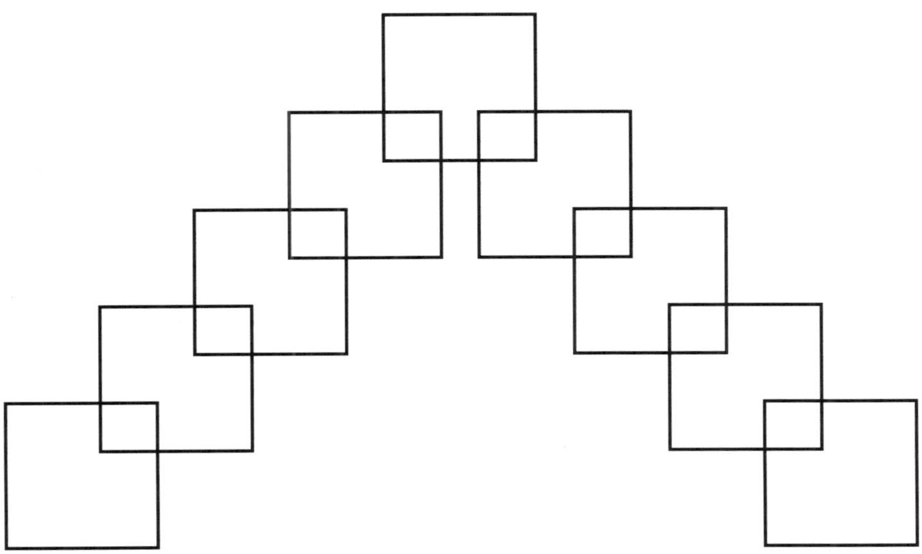

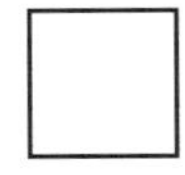

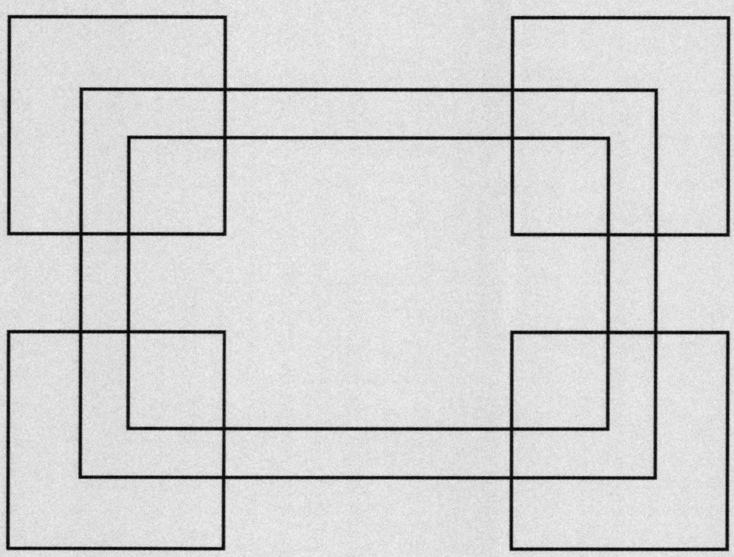

18

17

Wie heißen diese Flächen – Dreieck, Quadrat, Kreis oder Rechteck? Ordne richtig zu.

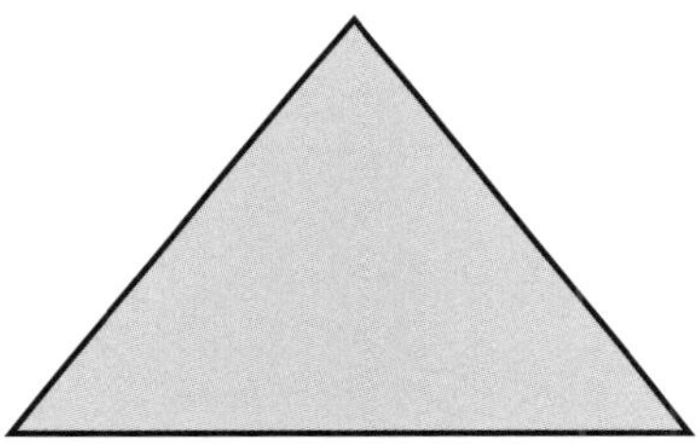

Lösungen

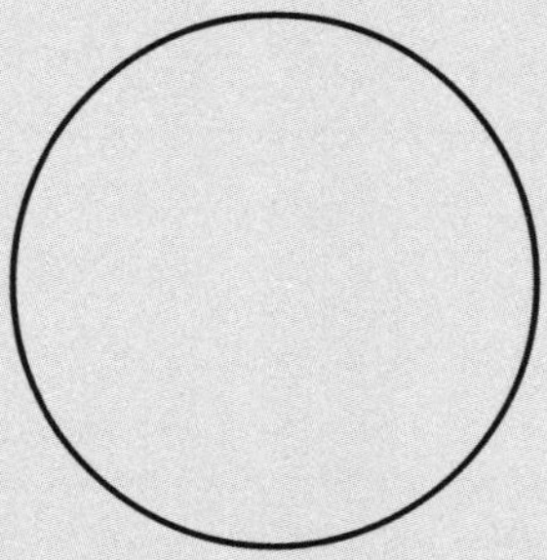

Kreis

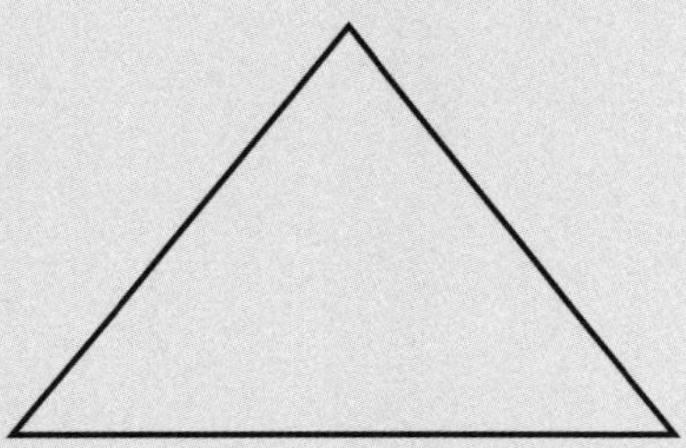

Dreieck

Rechteck

Quadrat

Wie viel Zeit vergeht?
Berechne die Zeitspannen.

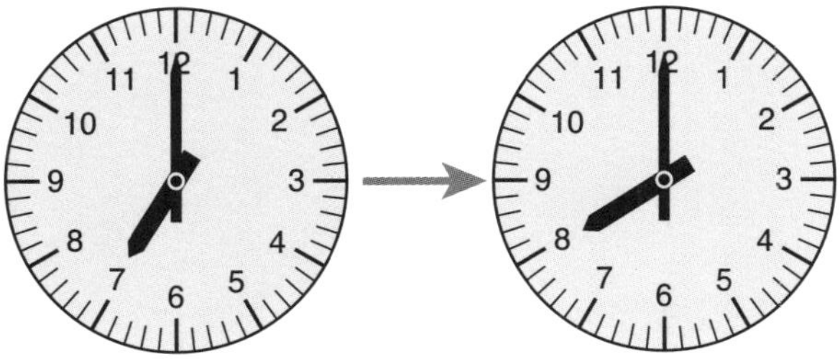

1 Stunde

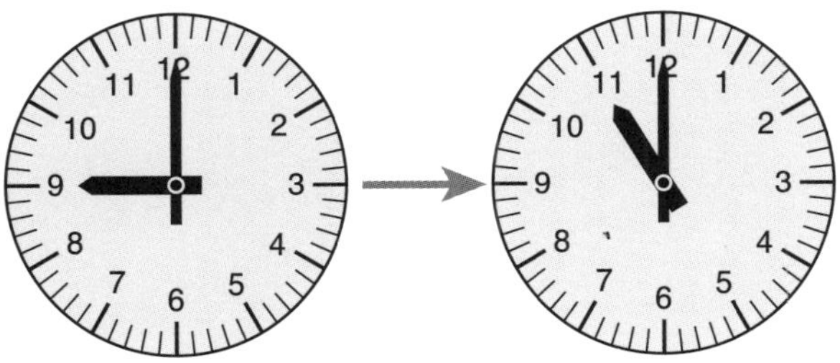

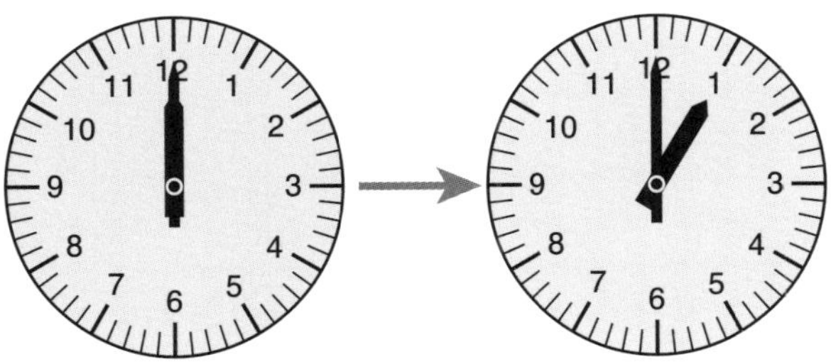

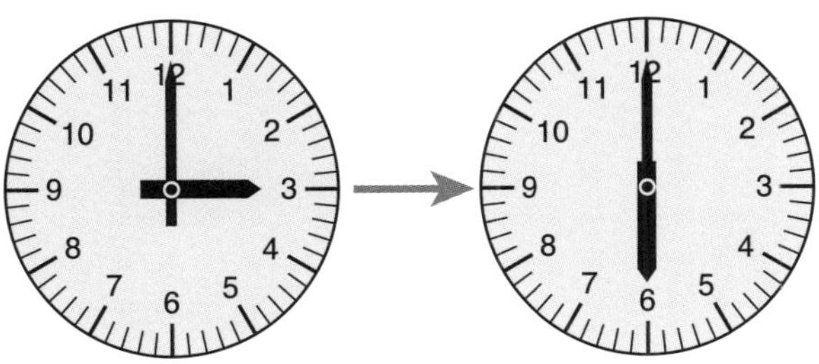

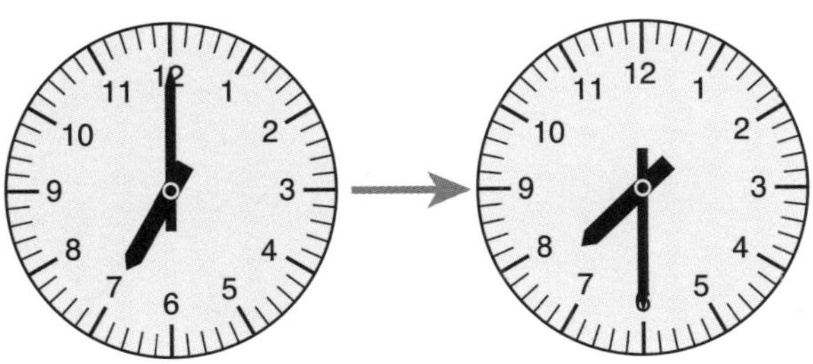

Lösungen

1 Stunde

2 Stunden

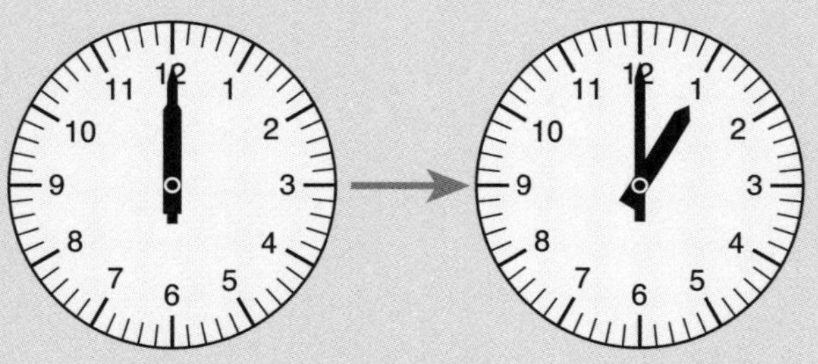

1 Stunde

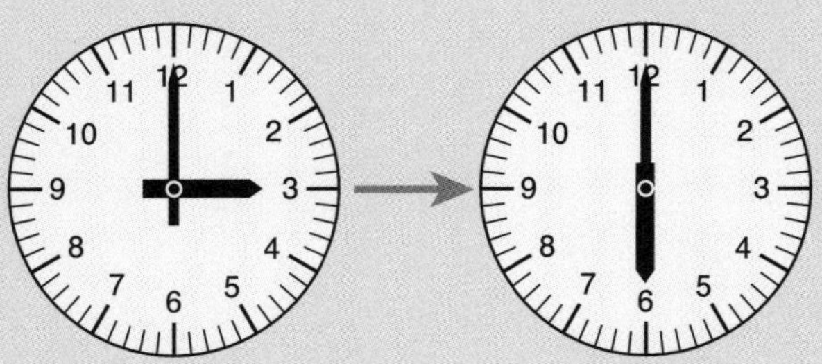

3 Stunden

halbe Stunde

Wie viel Geld muss jede Familie bezahlen?

Der Eintritt ins Kinderkino kostet für einen Erwachsenen 2 €, für ein Kind 1 €.

	Familie Berg	Familie Fichte
Erwachsene	2	1
Kinder	2	3
	€	€

	Familie Hold	Familie Nesch
Erwachsene	3	4
Kinder	4	2
	€	€

	Familie Berg	Familie Fichte
Erwachsene	2	1
Kinder	2	3
	6 €	5 €

	Familie Hold	Familie Nesch
Erwachsene	3	4
Kinder	4	2
	10 €	10 €

Ergänze die Tabelle.

rote Bonbons	grüne Bonbons	Bonbons insgesamt
5		11
	8	12
3	9	
	6	15
2		13
	7	10
4		16
7	8	
9		14
6	7	
12		20
10		18

Lösungen

rote Bonbons	grüne Bonbons	Bonbons insgesamt
5	6	11
4	8	12
3	9	12
9	6	15
2	11	13
3	7	10
4	12	16
7	8	15
9	5	14
6	7	13
12	8	20
10	8	18

Verbinde Punktbild und Zahl.

8

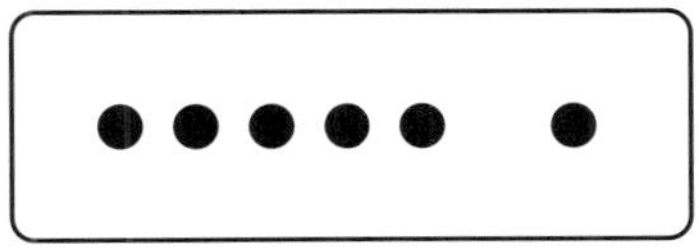

16

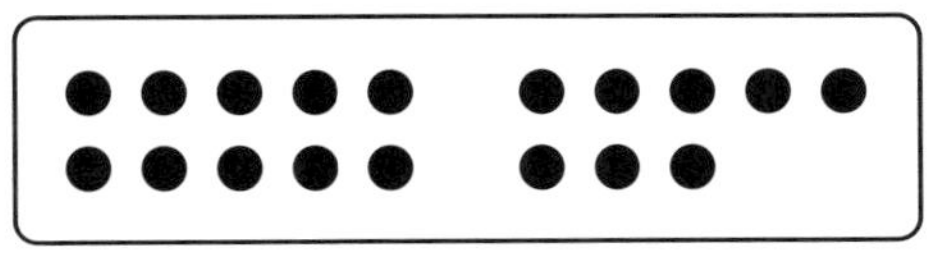

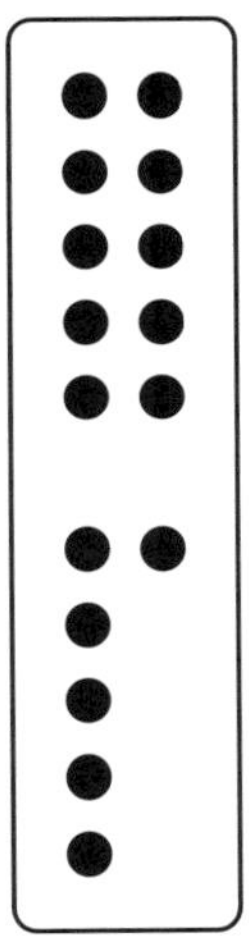

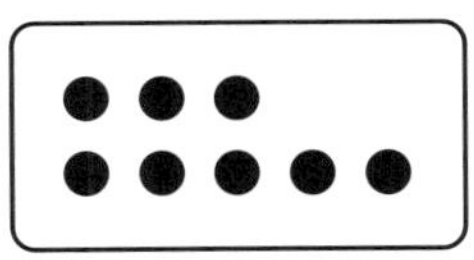

7

6

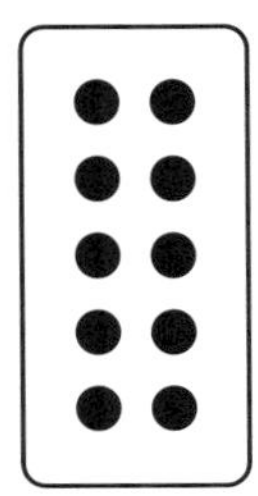

10

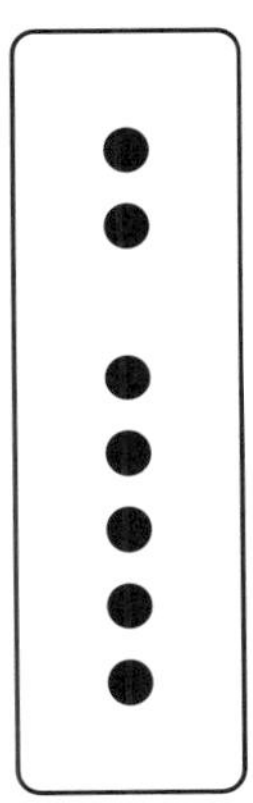

18

Lösungen

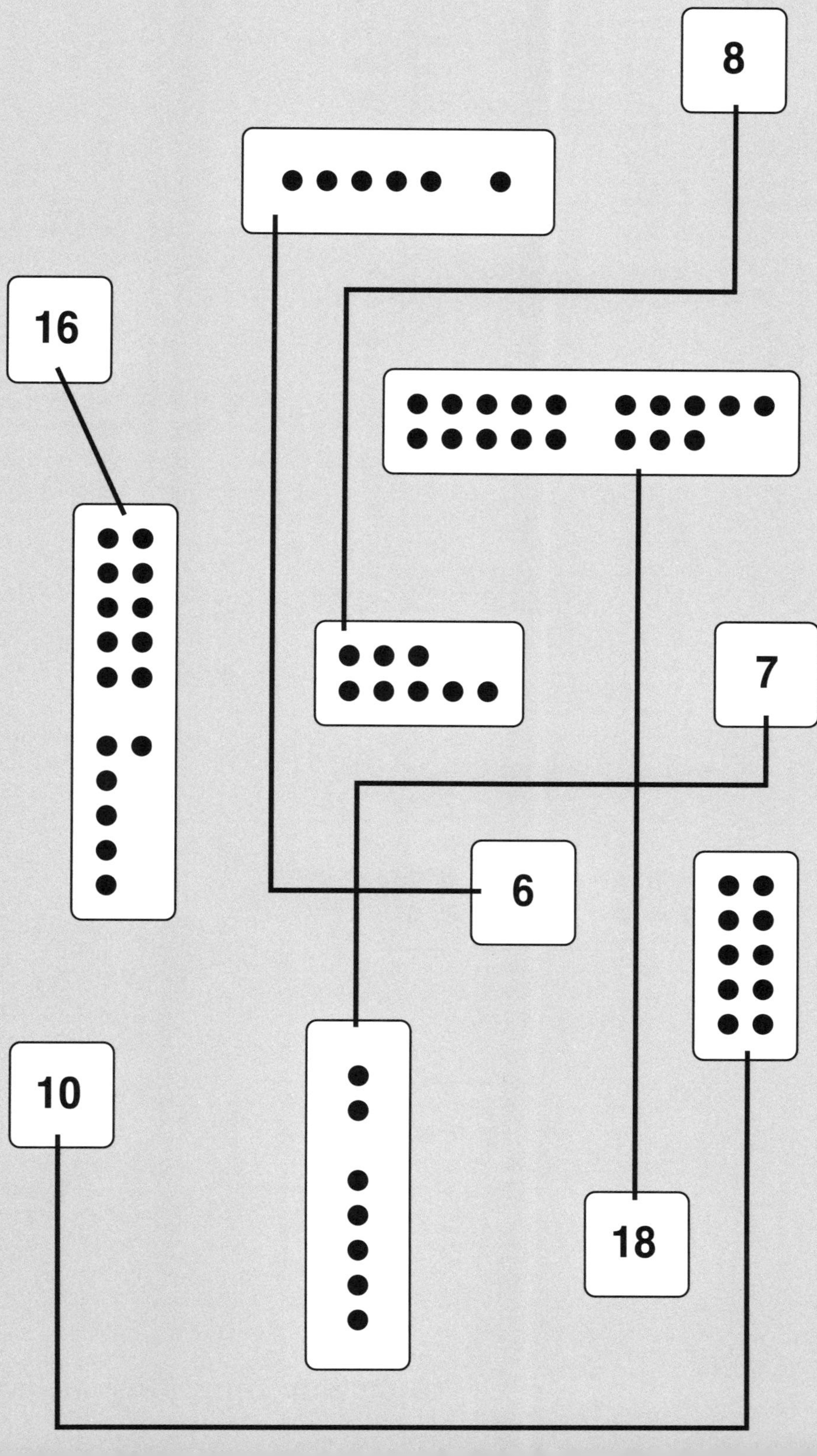

Schreibe die Zahlen als Wörter.

2 ____________________

6 ____________________

14 ____________________

12 ____________________

9 ____________________

11 ____________________

17 ____________________

5 ____________________

18 ____________________

16 ____________________

4 ____________________

19 ____________________

7 ____________________

20 ____________________

Lösungen

2	zwei
6	sechs
14	vierzehn
12	zwölf
9	neun
11	elf
17	siebzehn
5	fünf
18	achtzehn
16	sechzehn
4	vier
19	neunzehn
7	sieben
20	zwanzig

Rechne.

11 – 6 – 3 = ☐	17 – 5 – 2 = ☐
14 – 3 – 5 = ☐	18 – 9 – 5 = ☐
16 – 8 – 1 = ☐	13 – 6 – 6 = ☐
19 – 4 – 9 = ☐	15 – 7 – 7 = ☐
17 – 8 – 3 = ☐	18 – 9 – 2 = ☐
20 – 6 – 3 = ☐	17 – 0 – 8 = ☐
13 – 7 – 2 = ☐	19 – 6 – 6 = ☐
15 – 3 – 9 = ☐	16 – 3 – 9 = ☐
16 – 2 – 7 = ☐	15 – 5 – 5 = ☐
20 – 9 – 8 = ☐	20 – 7 – 7 = ☐
12 – 7 – 3 = ☐	16 – 4 – 9 = ☐

Lösungen

11 – 6 – 3 = 2

14 – 3 – 5 = 6

16 – 8 – 1 = 7

19 – 4 – 9 = 6

17 – 8 – 3 = 6

20 – 6 – 3 = 11

13 – 7 – 2 = 4

15 – 3 – 9 = 3

16 – 2 – 7 = 7

20 – 9 – 8 = 3

12 – 7 – 3 = 2

17 – 5 – 2 = 10

18 – 9 – 5 = 4

13 – 6 – 6 = 1

15 – 7 – 7 = 1

18 – 9 – 2 = 7

17 – 0 – 8 = 9

19 – 6 – 6 = 7

16 – 3 – 9 = 4

15 – 5 – 5 = 5

20 – 7 – 7 = 6

16 – 4 – 9 = 3

Setze die Zeichen ein.

> (größer) < (kleiner) = (ist gleich)

5 + 8 ○ 3 + 9

7 + 5 ○ 14 − 3

6 + 8 ○ 19 − 6

2 + 11 ○ 14 + 3

12 + 7 ○ 15 + 5

6 + 8 ○ 19 − 5

7 + 8 ○ 18 − 7

12 + 4 ○ 16 − 2

16 − 3 ○ 19 − 6

14 + 5 ○ 7 + 12

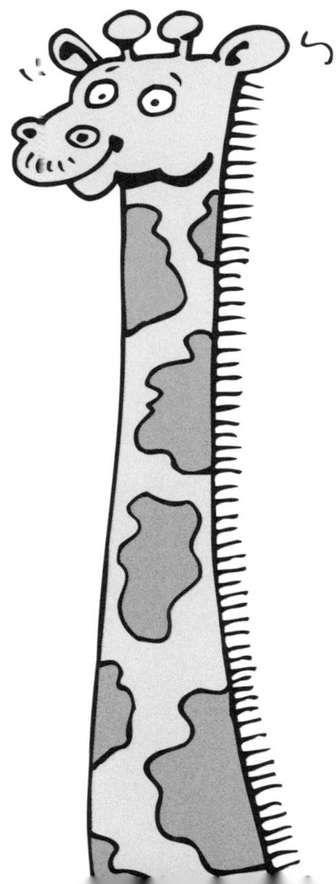

Lösungen

$5 + 8 > 3 + 9$

$7 + 5 > 14 - 3$

$6 + 8 > 19 - 6$

$2 + 11 < 14 + 3$

$12 + 7 < 15 + 5$

$6 + 8 = 19 - 5$

$7 + 8 > 18 - 7$

$12 + 4 > 16 - 2$

$16 - 3 = 19 - 6$

$14 + 5 = 7 + 12$

Rechne und schreibe die Tauschaufgaben auf.

7 + 12 = ☐

________ =

2 + 11 = ☐

________ =

5 + 7 = ☐

________ =

9 + 9 = ☐

________ =

6 + 14 = ☐

________ =

4 + 11 = ☐

________ =

8 + 8 = ☐

________ =

11 + 7 = ☐

________ =

4 + 13 = ☐

________ =

3 + 16 = ☐

________ =

Lösungen

$7 + 12 = \boxed{19}$

$12 + 7 = 19$

$5 + 7 = \boxed{12}$

$7 + 5 = 12$

$6 + 14 = \boxed{20}$

$14 + 6 = 20$

$8 + 8 = \boxed{16}$

$8 + 8 = 16$

$4 + 13 = \boxed{17}$

$13 + 4 = 17$

$3 + 16 = \boxed{19}$

$16 + 3 = 19$

$2 + 11 = \boxed{13}$

$11 + 2 = 13$

$9 + 9 = \boxed{18}$

$9 + 9 = 18$

$4 + 11 = \boxed{15}$

$11 + 4 = 15$

$11 + 7 = \boxed{18}$

$7 + 11 = 18$

Kreuze das richtige Ergebnis an.

$7 + 14 =$	23 ☐ 21 ☐		
$13 + 5 =$	17 ☐ 18 ☐		
$6 + 6 =$	12 ☐ 10 ☐	$11 - 9 =$	3 ☐ 2 ☐
$13 + 4 =$	16 ☐ 17 ☐	$17 - 5 =$	12 ☐ 10 ☐
$0 + 11 =$	10 ☐ 11 ☐	$8 + 9 =$	17 ☐ 16 ☐
$5 + 8 + 3 =$	16 ☐ 15 ☐	$19 - 0 =$	0 ☐ 19 ☐
$12 - 5 + 3 =$	10 ☐ 11 ☐	$4 + 7 - 3 =$	7 ☐ 8 ☐
$9 + 7 - 2 =$	13 ☐ 14 ☐	$17 - 8 - 4 =$	7 ☐ 5 ☐

Lösungen

7 + 14 = 23 ☐ / 21 ☒

13 + 5 = 17 ☐ / 18 ☒

6 + 6 = 12 ☒ / 10 ☐

13 + 4 = 16 ☐ / 17 ☒

0 + 11 = 10 ☐ / 11 ☒

5 + 8 + 3 = 16 ☒ / 15 ☐

12 – 5 + 3 = 10 ☒ / 11 ☐

9 + 7 – 2 = 13 ☐ / 14 ☒

11 – 9 = 3 ☐ / 2 ☒

17 – 5 = 12 ☒ / 10 ☐

8 + 9 = 17 ☒ / 16 ☐

19 – 0 = 0 ☐ / 19 ☒

4 + 7 – 3 = 7 ☐ / 8 ☒

17 – 8 – 4 = 7 ☐ / 5 ☒

Wie viele Würfel von jeder Art zählst du?

			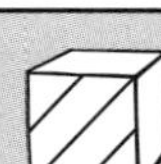	

Lösungen

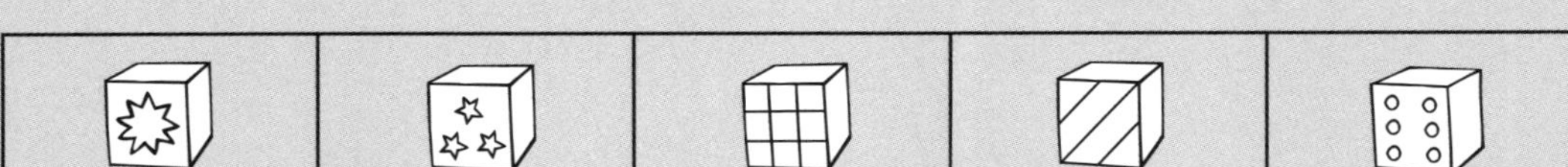

2	5	3	7	4

Deutsch

Beschrifte die Kleidungsstücke.

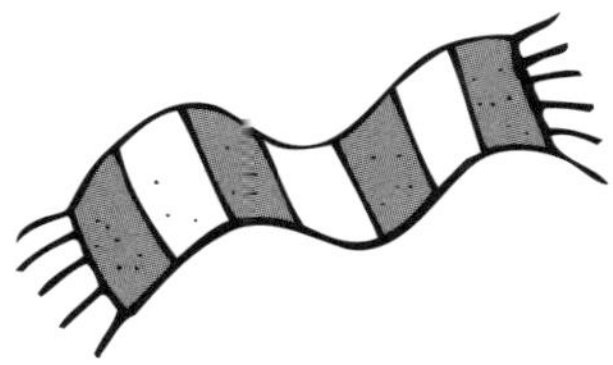

Lösungen

H	E	M	D

H	O	S	E

S	C	H	U	H	E

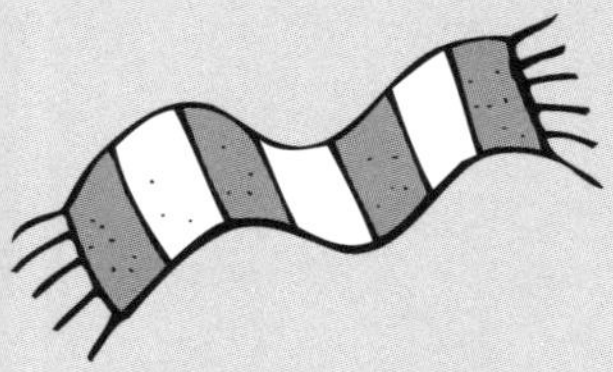

S	C	H	A	L

H	U	T

J	A	C	K	E

R	O	C	K

K	L	E	I	D

Schreibe die Namenwörter mit ihren bestimmten Begleitern in die Zeilen.

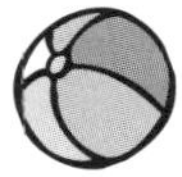

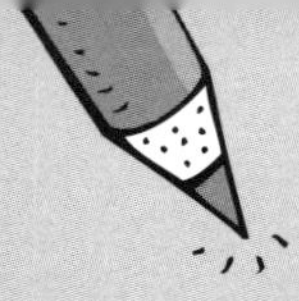

Lösungen

 die Ente

 das Obst

 das Haus

 das Geld

 die Biene

 die Blume

 das Buch

 der Brief

 das Blatt

 der Baum

 die Bank

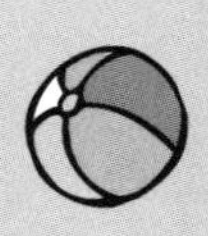 der Ball

 die Ampel

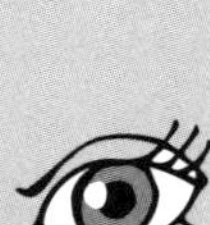 das Auge

Auf der Fensterbank sind:

- [ ] eine Vase
- [ ] zwei Gläser
- [ ] eine Kerze
- [ ] eine Katze
- [ ] drei Birnen
- [ ] ein Euro

Male diese Dinge auf die Fensterbank.
Kreuze an, was du schon gemalt hast.

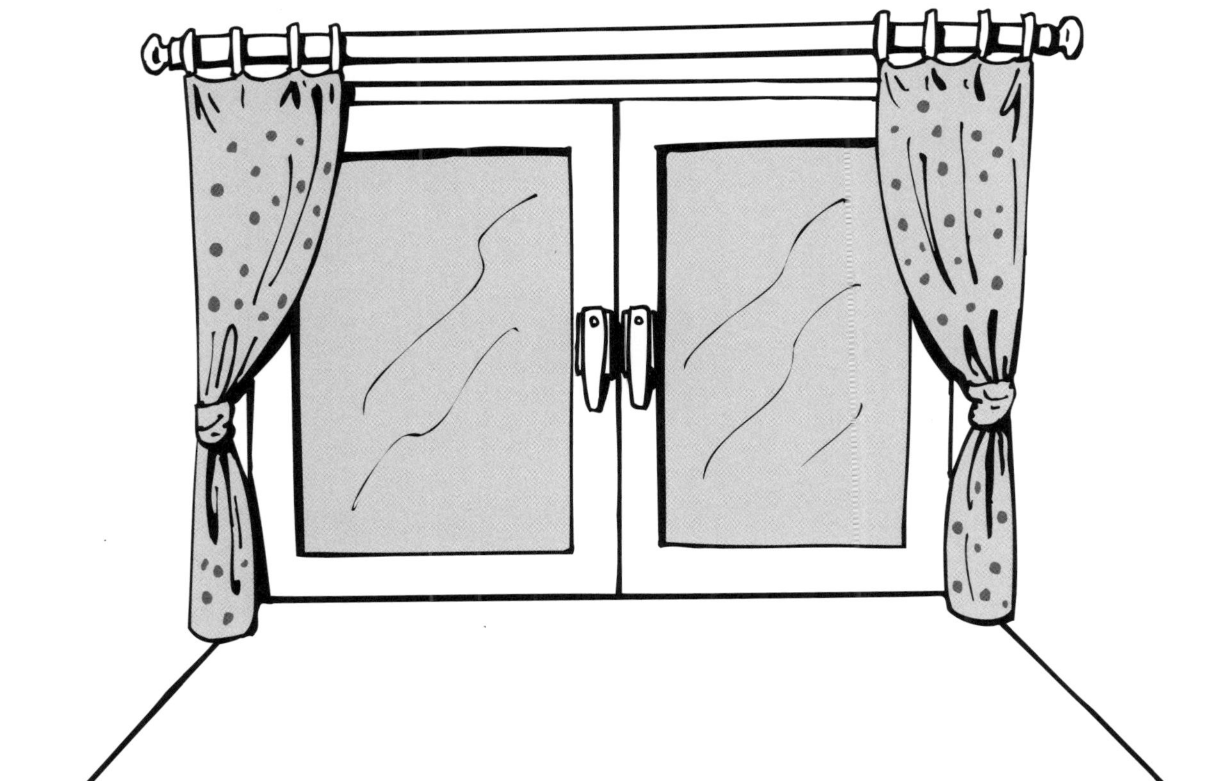

Trage die Wochentage richtig in die Kalenderspalten ein.

April

1	Montag
2	
3	
4	
5	
6	
7	
8	
9	
10	
11	

September

14	Mittwoch
15	
16	
17	
18	
19	
20	
21	
22	
23	
24	

Lösungen

April

1	Montag
2	Dienstag
3	Mittwoch
4	Donnerstag
5	Freitag
6	Samstag
7	Sonntag
8	Montag
9	Dienstag
10	Mittwoch
11	Donnerstag

September

14	Mittwoch
15	Donnerstag
16	Freitag
17	Samstag
18	Sonntag
19	Montag
20	Dienstag
21	Mittwoch
22	Donnerstag
23	Freitag
24	Samstag

Bilde die Mehrzahl.

das Blatt ______________________

die Schule ______________________

die Blüte ______________________

das Haus ______________________

der Freund ______________________

die Klasse ______________________

die Ente ______________________

der Hase ______________________

die Blume ______________________

der Hund ______________________

das Auto ______________________

das Kind ______________________

das Haar ______________________

die Nase ______________________

die Katze ______________________

die Seife ______________________

Lösungen

das Blatt	die Blätter
die Schule	die Schulen
die Blüte	die Blüten
das Haus	die Häuser
der Freund	die Freunde
die Klasse	die Klassen
die Ente	die Enten
der Hase	die Hasen
die Blume	die Blumen
der Hund	die Hunde
das Auto	die Autos
das Kind	die Kinder
das Haar	die Haare
die Nase	die Nasen
die Katze	die Katzen
die Seife	die Seifen

Male die Formen richtig an.

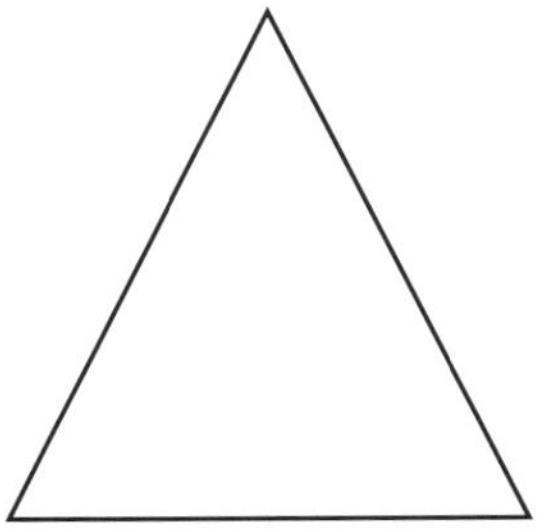

rot

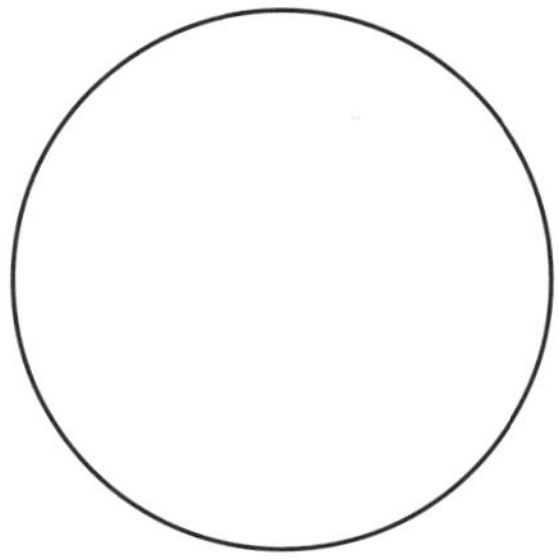

blau

gelb

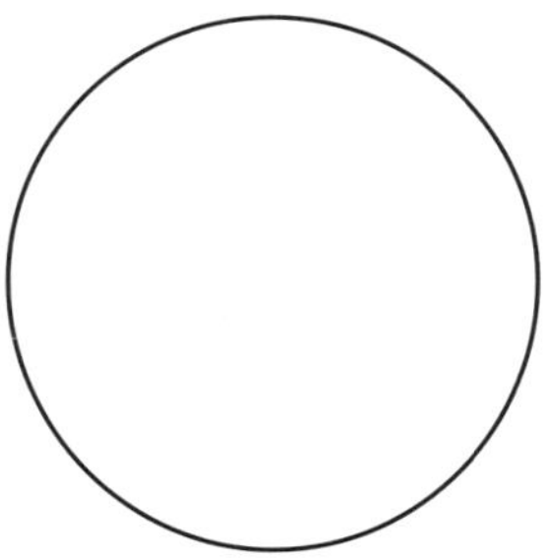

schwarz

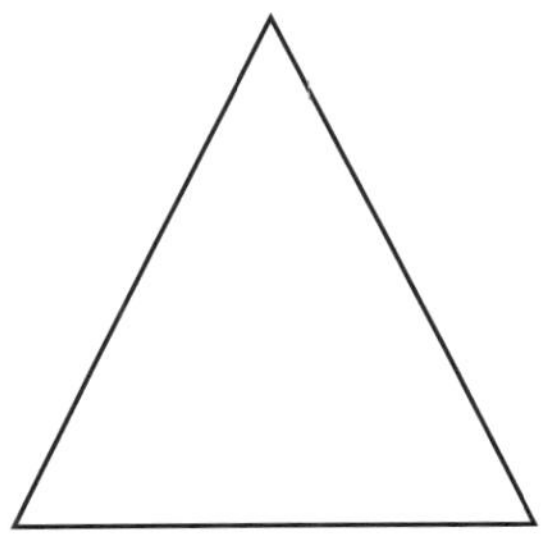

lila

grün

braun

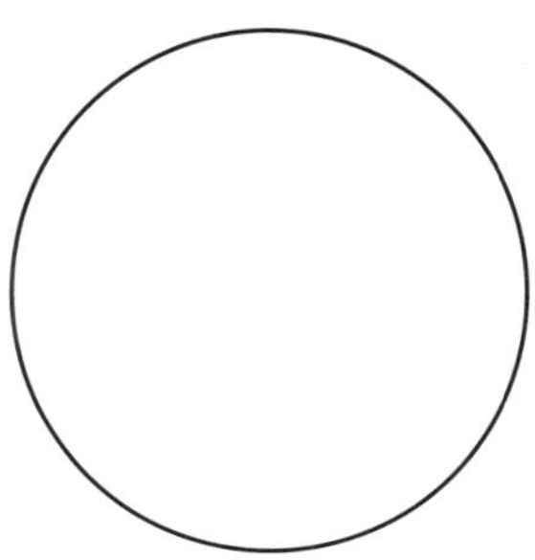

rosa

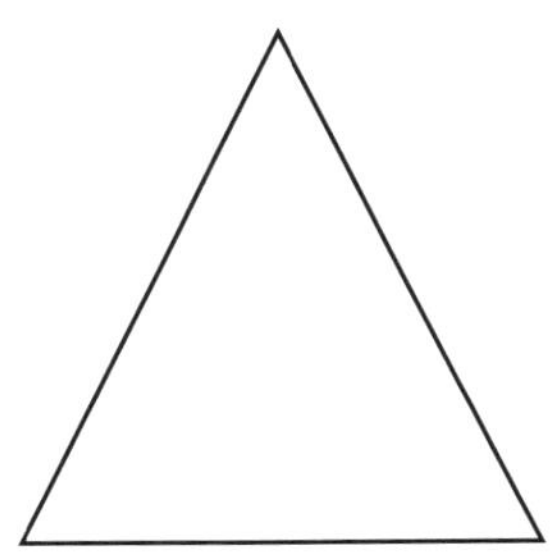

orange

Lösungen

Frage deine Eltern oder Lehrer, ob du alles richtig angemalt hast.

Baue die Wörter ab.

Wind W i n W i W

Vogel

Wiese

Vater

Sport

Sand

Regen

Saft

Seife

Lösungen

Wind	W i n	W i	W	
Vogel	V o g e	V o g	V o	V
Wiese	W i e s	W i e	W i	W
Vater	V a t e	V a t	V a	V
Sport	S p o r	S p o	S p	S
Sand	S a n	S a	S	
Regen	R e g e	R e g	R e	R
Saft	S a f	S a	S	
Seife	S e i f	S e i	S e	S

Male, was du liest.

Die Raupe hat Streifen.

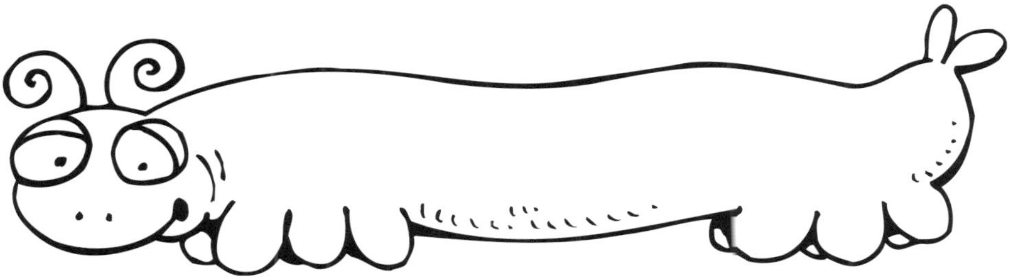

Der Käfer hat Punkte,
sieben links,
sieben rechts.

Der Vogel hat viele Federn.

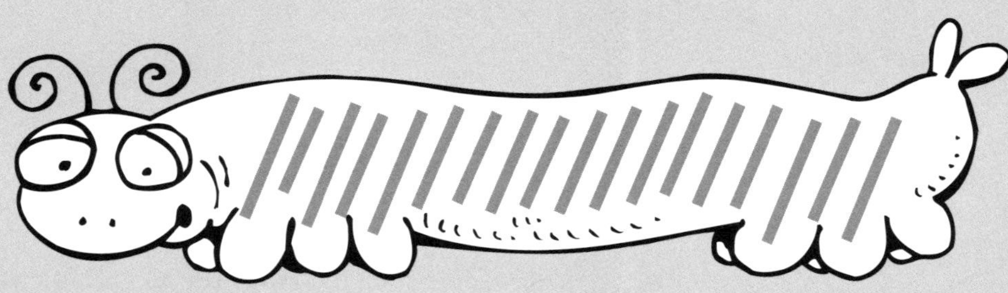

Im Buchstaben-Gitter verstecken sich 7 Tiernamen. Spure sie farbig nach.

Sie können ↓ oder → geschrieben sein.

V	H	U	N	D	O
S	A	F	F	E	P
E	S	E	L	Q	P
R	E	R	A	B	E
T	G	M	A	U	S
C	K	A	M	E	L

V	H	U	N	D	O
S	A	F	F	E	P
E	S	E	L	Q	P
R	E	R	A	B	E
T	G	M	A	U	S
C	K	A	M	E	L

Welcher Satz passt am besten zum Bild?
Kreuze an.

- [ ] Peter und Lisa haben Ferien.
- [ ] Peter und Paul sind krank.
- [ ] Lisa und Paul spielen Ball.

- [ ] Frau Huber führt Waldi aus.
- [ ] Der Hund ist 7 Jahre alt.
- [ ] Da geht Opa mit seinem Hund.

- [ ] Peter und Lisa haben Ferien.
- [ ] Peter und Paul sind krank.
- [x] Lisa und Paul spielen Ball.

- [ ] Frau Huber führt Waldi aus.
- [ ] Der Hund ist 7 Jahre alt.
- [x] Da geht Opa mit seinem Hund.

Schreibe auf die Schilder, was sich in den Päckchen versteckt.

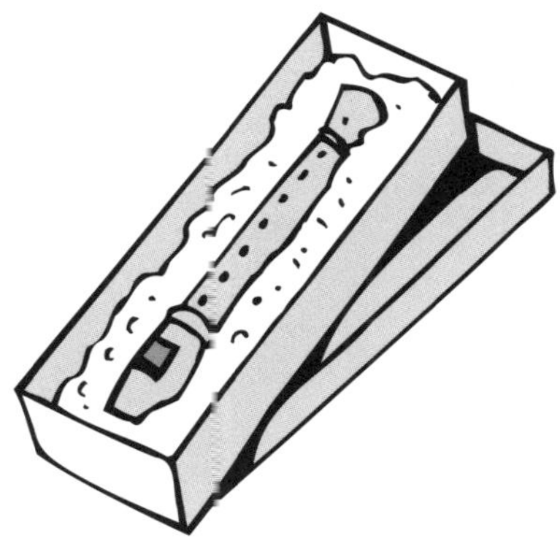

Lösungen

Puppe

Lampe

Schokolade

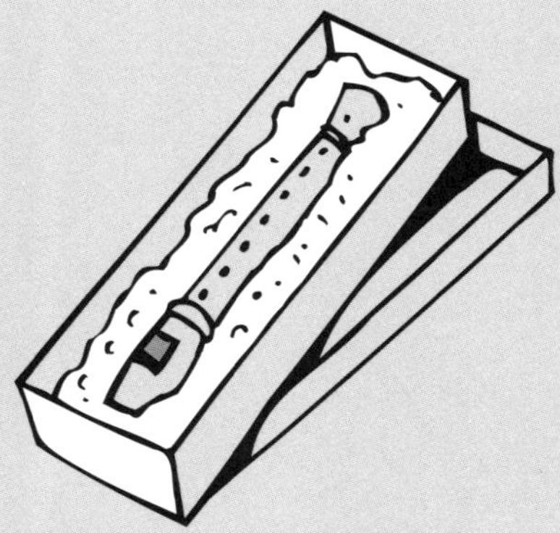

Flöte

Tasche

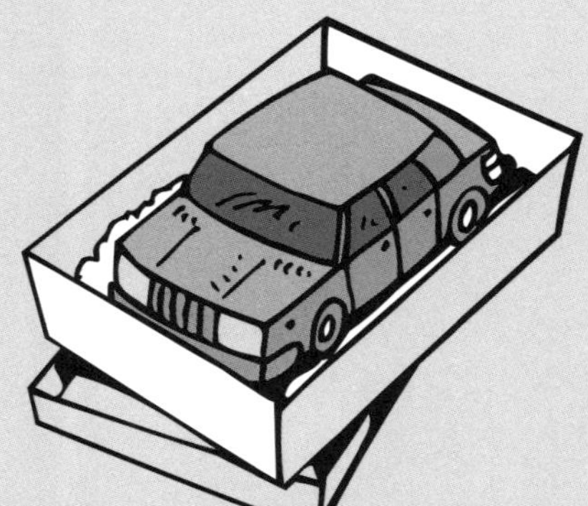

Auto

Male, was du liest.

- [ ] In der Mitte ist eine Schule.
- [ ] Rechts von der Schule ist ein Baum.
- [ ] Links von der Schule ist eine Bank.
- [ ] Über der Schule sind drei Wolken.
- [ ] Auf dem Dach sitzt ein Vogel.
- [ ] Vor dem Haus stehen zwei Kinder.

Tipp: Kreuze an, was du schon gemalt hast.

SCHULE

Ordne die Purzelwörter.

a l
W d

K
o e
f
f r

r e
f
d P

c n S
e e
h

Lösungen

a l W d

Wald

K o f e f r

Koffer

r e f d P

Pferd

c n S e h e

Schnee

Lies immer einen Satz.
Merke dir den Satz und schreibe ihn auswendig unten in die Zeile.

1. Opa mag Mandarinen.
2. Tina kauft eine Puppe.
3. Rolf malt ein Bild.
4. Oma kocht Spaghetti.
5. Der Garten ist klein.

1. ______________________________

2. ______________________________

3. ______________________________

4. ______________________________

5. ______________________________

Hast du alles richtig geschrieben? Falls nicht, übe einfach noch einmal. Beim nächsten Mal klappt es bestimmt!

Schreibe alle Tunwörter in der Ich-Form auf.

laufen → ____________________

gehen → ____________________

singen → ____________________

warten → ____________________

glauben → ____________________

reiten → ____________________

rufen → ____________________

waschen → ____________________

zeigen → ____________________

wünschen → ____________________

werden → ____________________

stellen → ____________________

suchen → ____________________

Lösungen

laufen ⟶ ich laufe

gehen ⟶ ich gehe

singen ⟶ ich singe

warten ⟶ ich warte

glauben ⟶ ich glaube

reiten ⟶ ich reite

rufen ⟶ ich rufe

waschen ⟶ ich wasche

zeigen ⟶ ich zeige

wünschen ⟶ ich wünsche

werden ⟶ ich werde

stellen ⟶ ich stelle

suchen ⟶ ich suche

Umkreise alle Namenwörter in der Wörterschlange.

FINDELADENZIEHEN

SCHÖNSTIFTGRÜNROT

FENSTERZWEIBLÜTEN

ÜBTSTANGESPORTOFT

TURNENPIZZAGEBEN

PAPIERBUNTFLÜGEL

BUCHHALLEFABENDVIER

Lösungen

F I N D E **L A D E N** Z I E H E N

S C H Ö N **S T I F T** G R Ü N R O T

F E N S T E R Z W E I **B L Ü T E N**

Ü B T **S T A N G E** **S P O R T** O F T

T U R N E N **P I Z Z A** G E B E N

P A P I E R B U N T **F L Ü G E L**

B U C H **H A L L E** F **A B E N D** V I E R

So stimmen die Sätze nicht. Stelle sie um.

Die Erde kriecht in den Wurm.

Das Pferd sitzt auf dem Reiter.

Die Tür läutet an der Oma.

Der Gartenzaun bellt am Hund.

Das Auto sitzt im Kind.

Lösungen

Die Erde kriecht in den Wurm.

Der Wurm kriecht in die Erde.

Das Pferd sitzt auf dem Reiter.

Der Reiter sitzt auf dem Pferd.

Die Tür läutet an der Oma.

Die Oma läutet an der Tür.

Der Gartenzaun bellt am Hund.

Der Hund bellt am Gartenzaun.

Das Auto sitzt im Kind.

Das Kind sitzt im Auto.

Welche Buchstaben brauchst du für das Wort?
Kreise sie ein.

G S m o W n I n A e r

G K E a d t z s e ä

V F r L l a z i s c h t h i e

C Z i O S c h T l e A r e

P I A B E i l t d

B ü r u c h z d t f

Lösungen

G S m o W n I n A e r

G K E a d t z s e ä

V F r L l a z i s c h t h i e

C Z i O S c h T I e A r e

P I A B E i l t d

B ü r u c h z d t f

Schreibe auf:

Was macht Alex?

Was macht Olli nicht?

Alex malt.

Olli malt nicht.

____

____

____

____

____

____

Lösungen

Was macht Alex?

Alex malt.

Alex reitet.

Alex baut.

Alex liest.

Was macht Olli nicht?

Olli malt nicht.

Olli reitet nicht.

Olli baut nicht.

Olli liest nicht.

Links oder rechts?

Der Topf ist ______________________________.

Die Ente ist ______________________________.

Die Tasse ist ______________________________.

Die Schuhe sind ______________________________.

Das Bild ist ______________________________.

Die Blumen sind ______________________________.

Lösungen

Der Topf ist links.

Die Ente ist links.

Die Tasse ist rechts.

Die Schuhe sind links.

Das Bild ist rechts.

Die Blumen sind rechts.

Schreibe das Gegenteil.

groß	⟷	
	⟷	neu
viel	⟷	
	⟷	tief
alles	⟷	
	⟷	unten
vorne	⟷	

Lösungen

groß	⟷	klein
alt	⟷	neu
viel	⟷	wenig
hoch	⟷	tief
alles	⟷	nichts
oben	⟷	unten
vorne	⟷	hinten

Setze mein und dein ein.

Das ist ____________________ Obst.

Das ist ____________________ Obst.

Das ist ____________________ Geld.

Das ist ____________________ Geld.

Das ist ____________________ Papier.

Das ist ____________________ Papier.

Das ist ____________________ Stift.

Das ist ____________________ Stift.

Das ist ____________________ Kleber.

Das ist ____________________ Kleber.

Das ist ____________________ Saft.

Das ist ____________________ Saft.

Lösungen

Das ist mein Obst.

Das ist dein Obst.

Das ist mein Geld.

Das ist dein Geld.

Das ist mein Papier.

Das ist dein Papier.

Das ist mein Stift.

Das ist dein Stift.

Das ist mein Kleber.

Das ist dein Kleber.

Das ist mein Saft.

Das ist dein Saft.

Setze mein, meine, meinen ein.

Ich suche ________________ Tasche.

Ich bemale ________________ Heft.

Ich binde ________________ Schuh.

Ich rufe ________________ Mutter.

Ich spare ________________ Geld.

Ich mache ____________ Hausaufgabe.

Ich streichle ________________ Hund.

Ich falte ________________ Papier.

Ich hole ________________ Bild.

Ich esse ________________ Brot.

Ich füttere _______________ Katze.

Lösungen

Ich suche ___meine___ Tasche.

Ich bemale ___mein___ Heft.

Ich binde ___meinen___ Schuh.

Ich rufe ___meine___ Mutter.

Ich spare ___mein___ Geld.

Ich mache ___meine___ Hausaufgabe.

Ich streichle ___meinen___ Hund.

Ich falte ___mein___ Papier.

Ich hole ___mein___ Bild.

Ich esse ___mein___ Brot.

Ich füttere ___meine___ Katze.

Wie kannst du fragen: wo oder wann?
Kreuze an.

	Wo?	Wann?
Anna ist im Zug.	○	○

	Wo?	Wann?
Peter badet am Freitag.	○	○

	Wo?	Wann?
Mimi ist auf dem Dach.	○	○

	Wo?	Wann?
Bello ist gestern verschwunden.	○	○

	Wo?	Wann?
Opi hat im Juni Geburtstag.	○	○

Lösungen

	Wo?	Wann?
Anna ist im Zug.	⊗	○
Peter badet am Freitag.	○	⊗
Mimi ist auf dem Dach.	⊗	○
Bello ist gestern verschwunden.	○	⊗
Opi hat im Juni Geburtstag.	○	⊗

Folge den Linien und schreibe das Wort zum Bild mit dem bestimmten Begleiter auf (der, die, das).

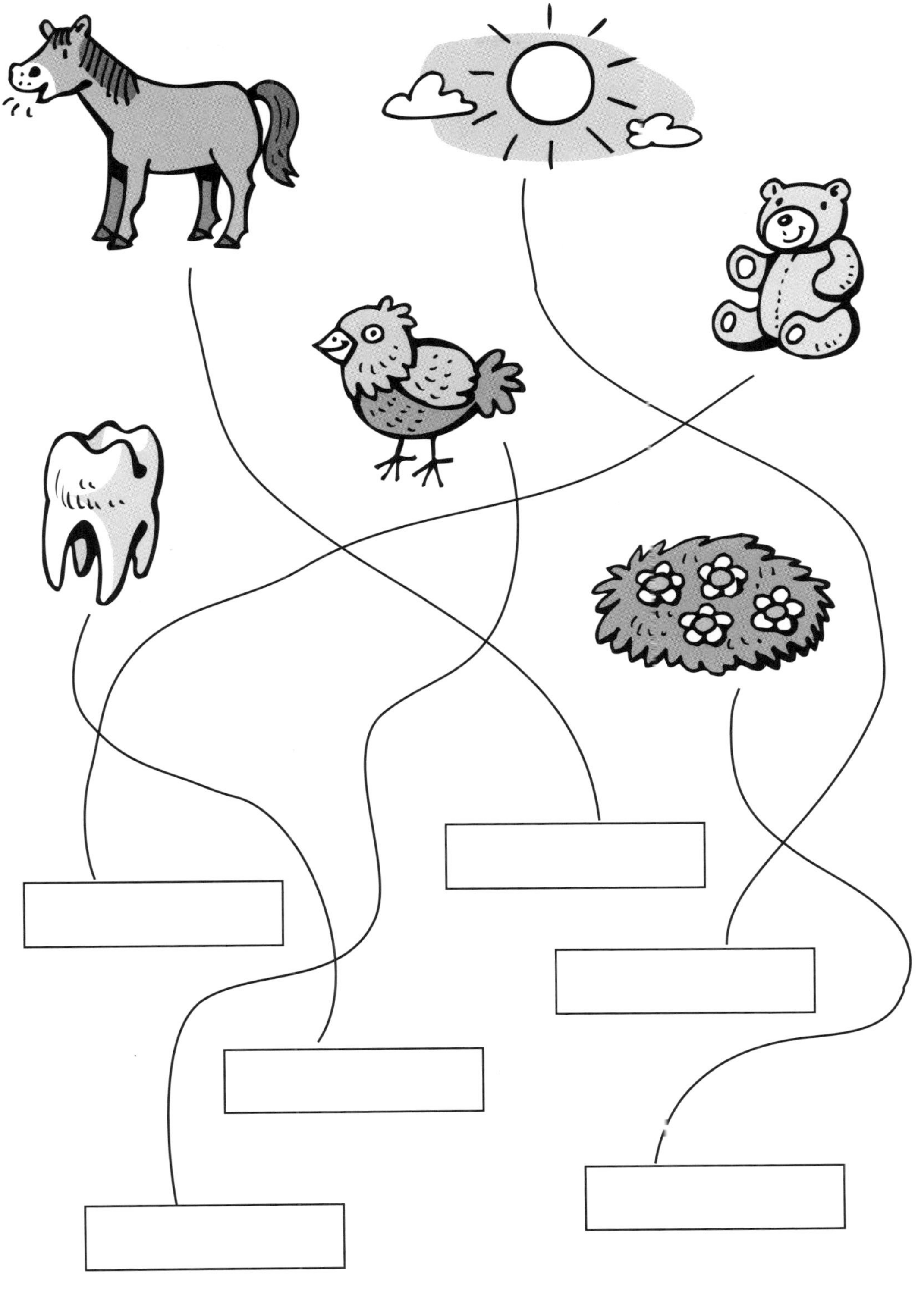

Lösungen

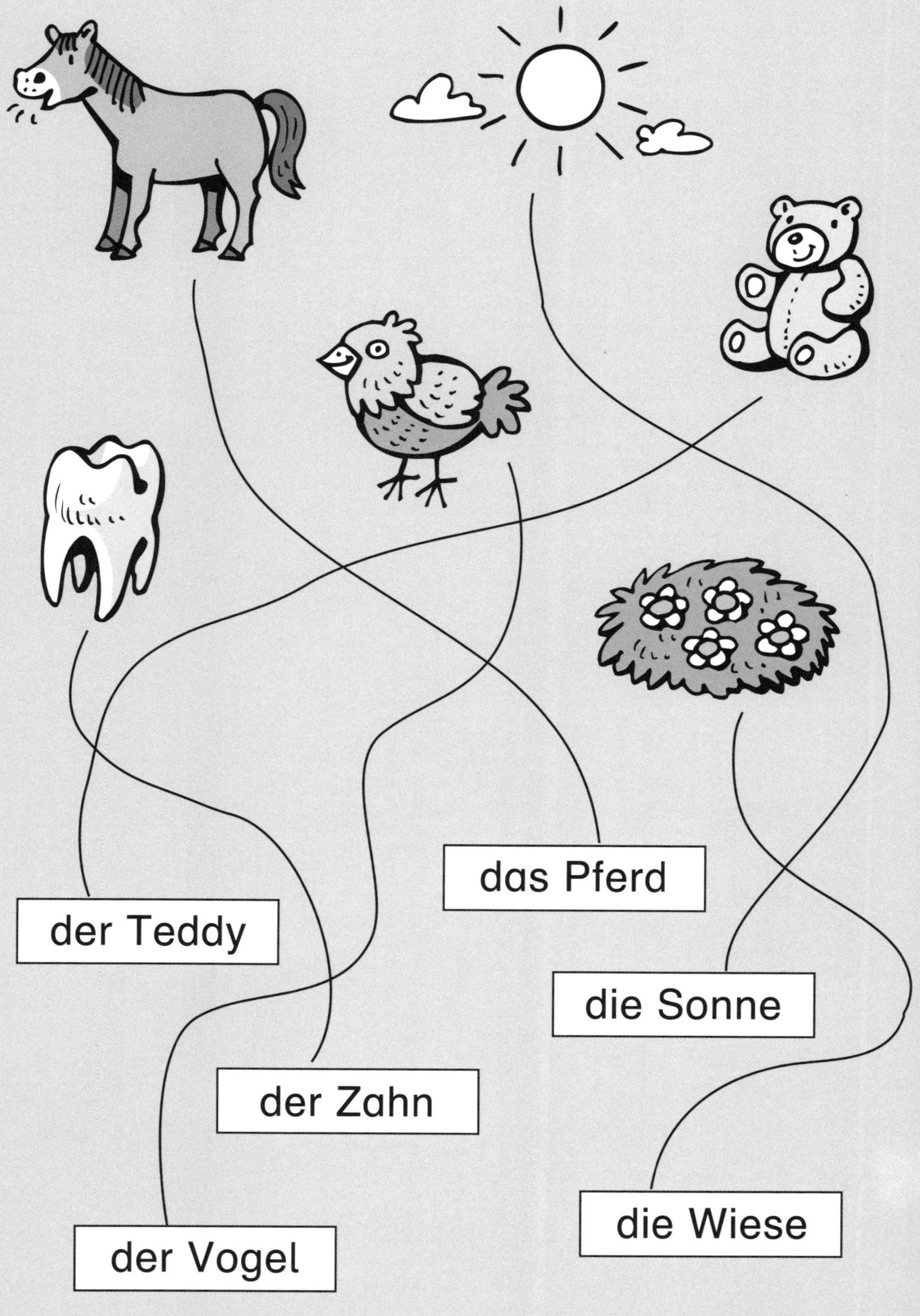

Wo hörst du E/e? Kreuze an.

vorn Mitte hinten

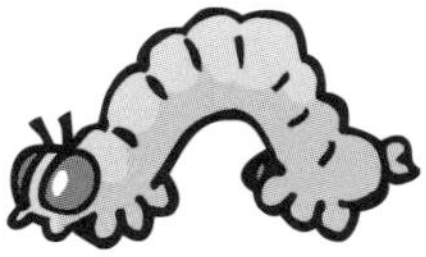

Lösungen

	vorn	Mitte	hinten
Kamel	○	⊗	○
Glas	○	○	○
Sonne	○	○	⊗
Regen	○	⊗	○
Jacke	○	○	⊗
Kerze	○	⊗	⊗
Raupe	○	○	⊗
Baum	○	○	○
Haus	○	○	○

Wo hörst du O/o? Kreuze an.

vorn Mitte hinten

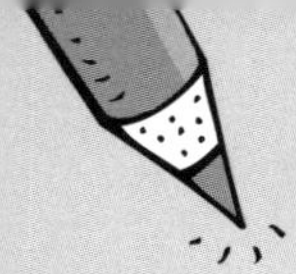

Lösungen

	vorn	Mitte	hinten
Ofen	⊗	○	○
Hose	○	⊗	○
Computer	○	⊗	○
Uhr	○	○	○
Wolke	○	⊗	○
Brot	○	⊗	○
Hund	○	○	○
Obst	⊗	○	○
Socke	○	⊗	○

Beschrifte die Teile des Engels.

Lösungen

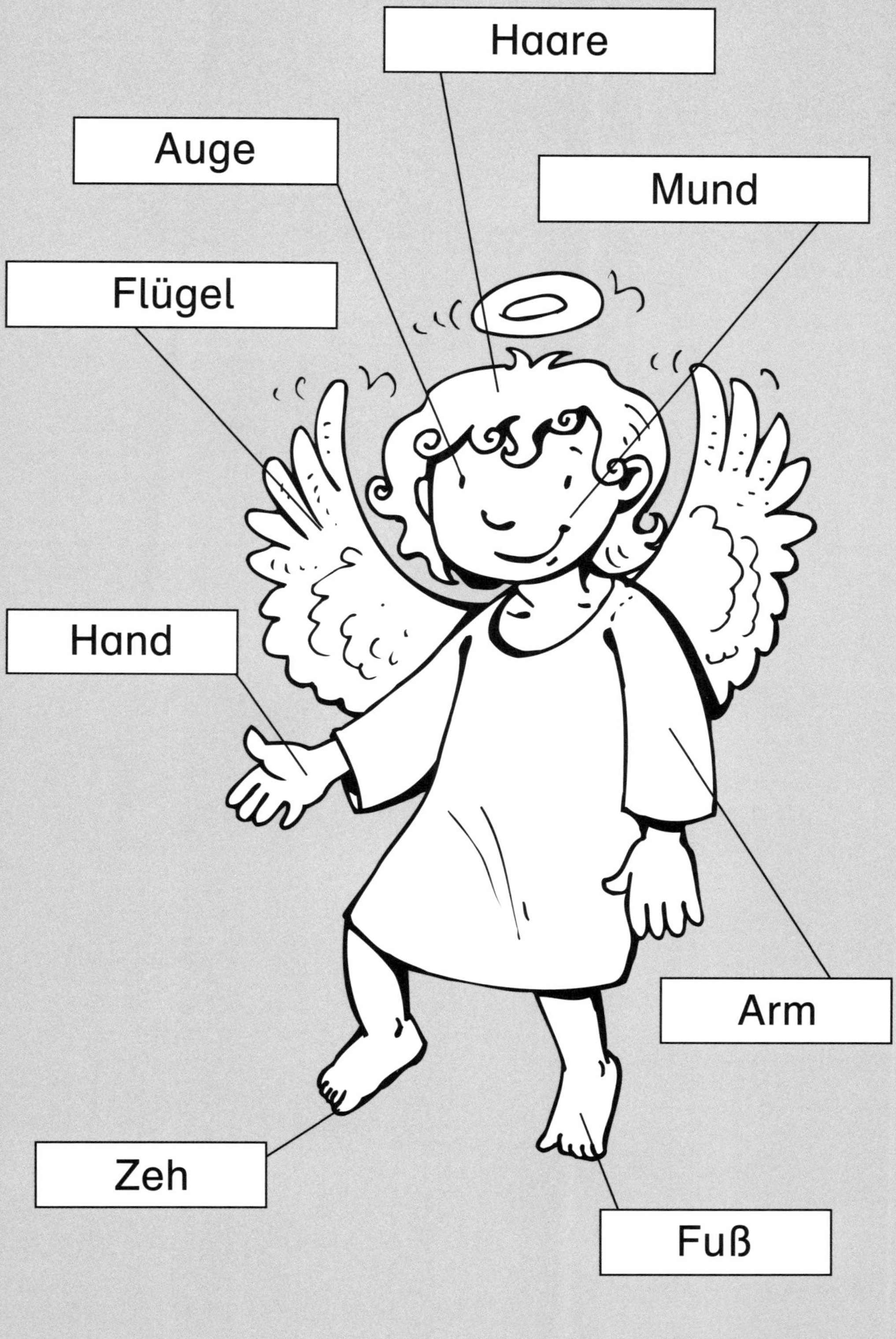

Welcher Wortrahmen passt zum Bild?
Verbinde und schreibe das Wort in den Rahmen.

Lösungen

Katze

Hemd

Hand

Fenster

Maus

Ohr

Mund

Verbinde immer zwei gleiche Buchstabenschlangen miteinander.

MAUI

BLEK

bemon

rabdida

ZPLETA

blek

maui

RABDIDA

BEMON

zpleta

bathar

BATHAR

Lösungen

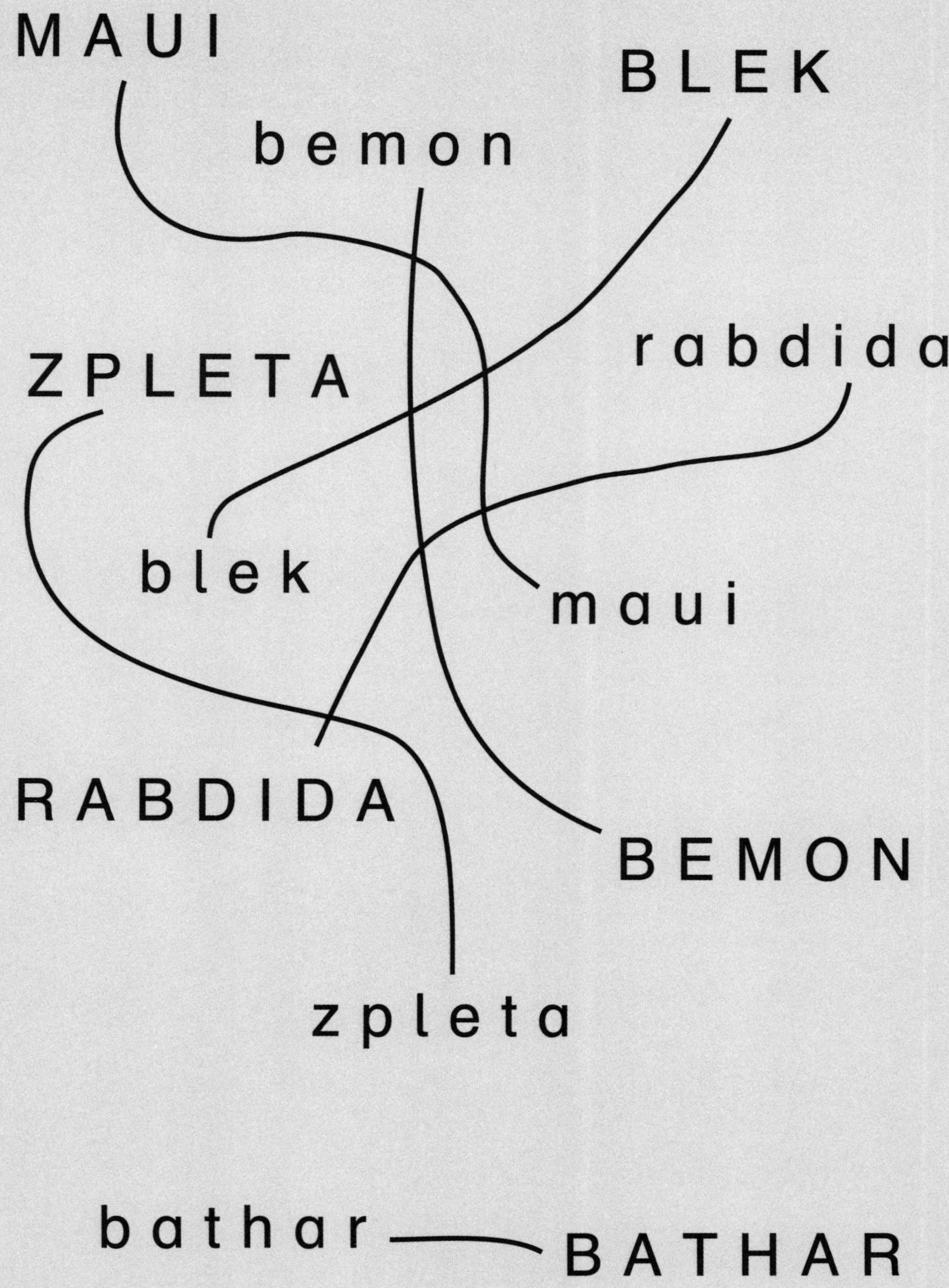
MAUI
BLEK
bemon
rabdida
ZPLETA
blek
maui
RABDIDA
BEMON
zpleta
bathar
BATHAR

Schreibe in die Sprechblasen, welche Laute die Tiere machen.

Lösungen